L. F.

ROBERT MUSIL
STUDIEN
ZU SEINEM
WERK

IM AUFTRAGE DER
VEREINIGUNG
ROBERT-MUSIL-ARCHIV
KLAGENFURT
HERAUSGEGEBEN VON
KARL DINKLAGE
ZUSAMMEN MIT
ELISABETH ALBERTSEN
UND
KARL CORINO

ROWOHLT VERLAG

Schutzumschlag- und Einbandentwurf von Werner Rebhuhn

1.—3. Tausend September 1970
© Vereinigung Robert-Musil-Archiv Klagenfurt, 1970
Veröffentlicht im Auftrage der Vereinigung Robert-Musil-Archiv Klagenfurt
durch den Rowohlt Verlag GmbH, Reinbek bei Hamburg
Alle Rechte, auch die des auszugsweisen Nachdrucks
und der fotomechanischen Wiedergabe, vorbehalten
Gesamtherstellung
Druck- und Verlagshaus Ernst Ploetz, Wolfsberg/Kärnten
Printed in Austria
ISBN 3 498 04229 7

INHALTSVERZEICHNIS

Zum Geleit

Vor zehn Jahren gab ich im Auftrage des Landes Kärnten und der Stadt Klagenfurt ein ähnliches Buch heraus, das aber ganz vorwiegend dem Bestreben gewidmet war, Zeitgenossen Musils zu Worte kommen zu lassen, selbst wenn ihre Beiträge von verschiedenem Niveau waren. Auf diese Weise blieben Äußerungen von Persönlichkeiten über Robert Musil erhalten, von denen acht heute nicht mehr unter den Lebenden weilen.

Aus der Beschäftigung mit Musils Leben und Werk erwuchs die vor zehn Jahren aufgebaute Robert Musil-Ausstellung, die bisher in 43 Städten von neun Ländern zweier Erdteile gezeigt wurde und in Italien auch zu einem Musil-Symposion führte. Die Vereinigung Robert Musil-Archiv in Klagenfurt zeichnet seit ihrer Gründung vor neun Jahren als Trägerin dieser Schau. Der Enthusiasmus, mit dem dieselbe von den Musil-Freunden in aller Welt aufgenommen wird, und das tiefe Interesse, das sie bei vielen Tausenden weckt, die den Dichter und sein Werk noch nicht kennen, erscheinen mir als Lohn über Verdienst und Bestärkung in dem Begonnenen. Daß allerdings noch viel zum Verständnis Musils beigetragen werden muß, auch mit Hilfe guter Ausgaben, soll dabei nicht unbeachtet bleiben.

Langsam reifen nun nach umfangreichen, oft schwierigen Vorarbeiten die ersten Früchte auf dem Gebiete neuer Musil-Editionen. Deren Förderung und dabei der Kundmachung großer noch unveröffentlichter Partien aus dem Werke des Dichters gilt unsere besondere Sorge.

Als eine Frucht der beiden genannten Aufgaben der Vereinigung Robert Musil-Archiv erwuchs auch dieses Buch, das ebenso Beiträge von Forschern enthält, die mit uns bei Editionsvorbereitungen in Verbindung kamen, wie einzelne bedeutsame Vorträge aus Anlaß der Musil-Ausstellungen. Meine Mitarbeiter Elisabeth Albertsen und Karl Corino haben sich um die Sammlung der Abhandlungen, die hier vorgelegt werden, große Verdienste erworben. Daß dabei das Werk Musils im Mittelpunkt der allermeisten Beiträge steht, entspricht dem Fortschritt der literaturwissenschaftlichen Forschung über den Dichter in den letzten zehn Jahren und hat daher auch den Titel dieses Buches bestimmt.

Im September 1970

Karl Dinklage

Der junge Musil

JUGENDSÜNDEN?

Die literarischen Anfänge Musils
(mit unbekannten Texten)

Elisabeth Albertsen

> „Sodann: alles Fertige, Vollkommene wird an-
> gestaunt, alles Werdende unterschätzt ... denn
> überall, wo man das Werden sehen kann, wird
> man etwas abgekühlt."
>
> Friedrich Nietzsche[1]

Es mag sein, daß man einem Autor Bärendienste erweist, wenn man seine literarischen Jugendsünden aufdeckt, und den Entdecker, der diese zweifelhaften Produkte aus dem Dunkel verstaubter Laden ans harte Licht der literarischen Öffentlichkeit zerrt, kann vielleicht sogar noch der peinliche Vorwurf der Indiskretion oder „Bilderstürmerei" treffen. Sehr viele junge Dichter allerdings sind herostratisch genug, ihre Erstlinge breit unter das Volk zu streuen, anstatt sie, wie Lichtenberg es empfiehlt, in aller Stille zu opfern. Man denke zum Beispiel an die unsagbar dilettantischen und sentimentalen Prager Gedichte Rilkes oder an die doch reichlich farblosen Dekadenznovellen des jungen Thomas Mann: wären sie nicht besser unbekannt geblieben?

Aber Entwicklung ist nun einmal ein Schlüsselbegriff unserer Kultur. Für den Interpreten jedenfalls gibt es wohl kaum etwas Spannenderes, als gerade diese ersten tastenden literarischen Versuche großer Schriftsteller zu beobachten; selten wieder liegen ihre geistigen Wurzeln in solcher Offenheit da. Und wenn auch von modisch gespreizter Attitüde und literarischer Schablone überdeckt: hier oder dort nimmt man eine Sprachgeste wahr, die man zu kennen glaubt, einen Ton, der aufhorchen läßt, ein Thema wird angeschlagen, zaghaft, das im späteren Werk dann klar und überzeugend in allen Variationen durchgeführt wird. Und wem tut es schon weh, wenn daneben auch der Kitsch augenfällig wird? Dem Autor gewiß nicht, denn er ist — frei nach Hebbel — wie einer, der die Leiter wegwirft, nachdem er den Turm erklommen hat. —

„Robert Musil ist . . . fünfundzwanzig Jahre alt, und hat ein Buch geschrieben, das bleiben wird. Er nennt es: ‚Die Verwirrungen des Zöglings Törleß‘.“[1a] So der lapidare Anfang der berühmten Rezension Alfred Kerrs, die Musils Erstling einen so furiosen Start brachte.

Was aber war vor diesem formal und inhaltlich so ausgewogenen und reifen Debut?

Wie viele schüchterne junge Männer versuchte Musil seine Gefühle zunächst einmal in Gedichten loszuwerden. Etwa 1938 erinnert er sich an einen Herbst in Velden: „Ich war wohl zwischen 18 und 20 Jahren. Mondscheinspaziergänge auf der pappelgesäumten Straße. Nebel vom See. Ich habe Gedichte gemacht, die aus schwerem und sehnsüchtigem Gemüt gekommen sind, und nicht viel wert waren.“[2] Daß der Autor diesen Ergüssen eines jugendlichen Dilettantismus selbst kaum literarisches Gewicht beimißt, enthebt uns der Notwendigkeit, hier unbedingt den Apologeten spielen zu müssen.

Sehen wir uns doch (Spaßes halber) einmal so ein Poem an:

„ P a d e r e w s k i - P h a n t a s i e [3]

Da trat unter uns der Mann mit den träumenden Händen
Und wies unseren Seelen Pfade die sie nimmer sonst fänden
Und seine Finger träumten
Wie Beter auf wolkenumsäumten
Sachte besonnten Geländen.

Und mit den Geheimnissen seiner seltsamen, ungegriffenen
                                                         Saiten
Schien ein unendliches Trauern aus seinen Augen zu gleiten
Aus den Augen, die da träumten
Von herbstzeitlos umsäumten
Wehmüthigen Sinnlichkeiten.

Und es schien uns als ob weiße Schäferwölkchen durch den
                                                    Saal flögen
Und heiße Frauenlenden sich zu den unseren bögen
Als läge unendliches Trauern
Uns Wehrlose zu belauern
Und wir es doch betrögen.

Und während unsre Glieder und unsre Lippen sich küßten
Schien mir als ob wir von einem grausen Schicksal wüßten
Das mit gigantischer Trauer
Nach mir lag auf der Lauer
Mit starren giftigen Brüsten."

Das Paderewski-Konzert war offenbar Musils einziges tief-
greifendes Musik-Erlebnis.[4] Dabei hat er „das Klavier als Möbel" nie ausstehen können; es hatte für ihn immer „etwas vom
Salon der Siebzigerjahre, von seiner faszinierenden Geschmack-
losigkeit."[5] In der satirischen Darstellung der vierhändigen
Klavier-Ekstasen Walters und Clarissens bricht diese Aversion
ja unverhohlen wieder durch.[6] Ob Musils kompliziert abwei-
sende Haltung gegenüber der Musik nun eine Reaktion auf den
musikalisch ungewöhnlich gebildeten und begabten Freund
Gustl alias Walter oder ob er selbst schlechterdings unmusika-
lisch war, mag dahingestellt bleiben. Auf jeden Fall — man
halte Benns „Valse triste", in dem der Tonfall den Rhythmus
des Chopinschen Walzers nachahmt, gegen die holperigen Verse
der Paderewski-Phantasie — scheint Musil kein Gefühl für
Rhythmus gehabt zu haben. In Gedanken an seine Tanzstunde
gesteht er: „Ich bin merkwürdigerweise nie rhythmisch begabt
gewesen."[7] Um so erstaunlicher ist es, daß ihm in seiner Prosa
später dann doch Passagen gelingen, die trotz ihrer Makel, ja
vielleicht gerade durch „jene feinere und bewußte Ungelenk-
heit"[8] von einer ganz eigenen tänzerischen Leichtigkeit und
Grazie sind, „hell, luftig, einräumend" . . .[9]
    Nach den erhitzten erotischen Musik-Phantasien des Jüng-
lings Robert jetzt ein wohltemperiertes Liebesgedicht:[10]

„Heut morgens da den Tag ich sah
Mit Flammen hinter weißen Gardinen
Wie ist mir doch alles seltsam erschienen
Heut morgens, da den Tag ich sah . . .

Und weiß doch nicht einmal wo Du bist:
Im alten Schloß hinter breiten Linden,
Hinter blühenden Wiesen mit Sterngebinden
Das irgendwo ist?!

Heut morgens da den Tag ich sah
Mit seinen rothen Seidengewändern
Mit seinen glühgold flatternden Bändern
Warst Du mir nah

Heut morgens da den Tag ich sah
Gingst Du zögernden Schrittes von hinnen
Und ein wunderlich süßes Sinnen
Meiner Seele geschah."

Es ist kaum zu glauben, wie herzig und naiv und lieb der bald darauf so kalte und herzlose Vivisektor und Nordpolbewohner[11] sein kann; so sieht es aus, wenn er sich den locus amoenus erträumt, mit „Schloß" und „breiten Linden" und „blühenden Wiesen mit Sterngebinden"?!

Ließen Bilder wie die der „weißen Schäferwölkchen", der „träumenden Hände", der „Beter auf wolkenumsäumten sachte besonnten Geländen" oder auch eine so pastoral und feierlich einherstelzende Wendung wie das „Da trat unter uns . . ." in der Paderewski-Phantasie schon auf eine neuromantische Vorstellungswelt schließen, so würde man diese Verse wohl ganz bestimmt im Jugendstil ansiedeln. Die „Flammen hinter weißen Gardinen", die „blühenden Wiesen mit Sterngebinden", die „rothen Seidengewänder", die „glühgold flatternden Bänder" muten an wie Art-Nouveau-Arabesken, schwungvoll, preziös, rein ornamental. Selbst die „zögernden Schritts von hinnen" gehende Maid, die ein so „wunderlich süßes Sinnen" in der Seele des guten Robert evoziert, kann man sich kaum anders als einem späten Kolossalgemälde Hodlers oder Klimts entsprungen denken: seraphisch blaß und knabenhaft, mit engelsmildem Antlitz . . .
Ja, könnte man jetzt sagen, Musil ist eben kein Lyriker. Er war es nie.[12] Das späte, formal doch immer noch recht peinliche Isisund Osiris-Gedicht sei der beste Beweis dafür. Das stimmt natürlich. Nehmen wir deshalb zur Abwechslung ein frühes Stück Prosa[13] unter die Lupe:

„In einigen Tagen reise ich. — Ich habe gründlichen Abschied von unserem lieben, kleinen Dorf genommen — schweren Abschied. In der Ruhe des Herbstes wurde es hier ganz anders. — Ein paar verschlafene Hunde, die sich auf einem Stückchen fadenscheinig besonnter Erde wärmen, — abblätternde Bäume am Platz, — unser stillrauschender Brunnen — hie und da der schwere Schritt eines Bauers. Es ist wirklich schön!
Da gieng ich all die lieben Wege noch einmal. Da und dort fielen mir Worte ein, die wir zueinander sagten, und solche, die wir einander verschwiegen und von denen wir doch wußten. Erinnerst du dich noch an den abendfinsteren Wald, der uns vom Rohr-Moos herunterführte?

Du giengst ganz vorne, ganz in der Dämmerung, die dich mit grauem Leuchten umgab. Und ich als letzter in unsrer langen Reihe; — ich sah von dir nur einen dunklen Schatten und den Heiligenschein, den die grauen Flammenzungen der Dämmerung um dich flochten.
Und ich betete dich damals an. Irrend, fiebernd.
Und als ich dann dein Lachen hörte, — hell-flatternd — wie ein Spitzentuch zwischen den schlanken Baumstämmen — da fühlte ich mich gepeitscht und gedemüthigt und wäre am liebsten in den Wald hineingelaufen, wie ein Kind, das den Lindwurm erschlagen will, weil es zu Hause gescholten wurde. Wie ein Kind haßte ich dich."

Das ist eine Anthologie zerschlissener Topoi: das „liebe, kleine Dorf", der „schwere Abschied", die „verschlafenen Hunde", der „stillrauschende Brunnen", der „schwere Schritt des Bauers", der „abendfinstere Wald". Daneben gibt es wieder „Jugendstilhaftes": „graue Flammenzungen der Dämmerung" und „Lachen — hell-flatternd — wie ein Spitzentuch". Und doch fallen schon sprachliche Wendungen auf, die nicht ohne Reiz sind. Einem Bild wie dem vom „Stückchen fadenscheinig besonnter Erde", auf dem sich die Hunde wärmen, kann man eine gewisse Suggestivität nicht absprechen. Sicherlich stand ein substanzbildendes Erlebnis im Hintergrund, ein Flurname wie „Rohr-Moos" zeigt dies deutlich, aber wenn der junge Autor, fast zeitlebens Städter, davon sprechen will, fließen ihm doch unwillkürlich die „tausendjährigen Wendungen" aus der Feder, mit denen mindere Schriftsteller und Heimatpoeten seit Anno tobak vom Landleben schwärmen.

Immer wieder fasziniert die, manchmal atemberaubende, Mischung von Alt und Neu, von abgetakelten Traditionen und Szenerien einerseits und nicht dagewesener Optik, kühnen Vorgriffen auf die späteren Werke andererseits.

„Kiefernwald — Krankenstube — ich[14]
Nun — da ich wieder weiß daß ich sterben muß — haben meine Gedanken wieder den Glanz der Spätherbstfarben und meine Träume sind müd von letzter Frauenliebe.
Es gibt eine seltene Art des Sonnenscheinens. Wie von überall her und nirgends, das Licht erstarrt in der Luft und spannt die Farben wie feine, kalte Häute über die Gegenstände. Meist gegen Abend. Über Stadt und Land. —
Zweimal in meinem Leben schien es mir, als sollte ich diese Schönheit enträtseln.

Das eine Mal war es ein Sterbender. Die Bibliothek des alten nur zum Theil bewohnten Schlosses, drei Wände — hoh mit Büchern, die vierte Wand beinahe in ihrer Gänze ein mächtiges Fenster. Und eben jenes Licht. Unbeweglich lag es zu Füßen des Kranken — der richtete sich in dem hohen Lehnstuhle auf, so daß er über die Brüstung des Fensters ins Land hinaussehen konnte, das sich weit und in dunkler Fruchtbarkeit dehnte."

Noch einmal Neuromantik mit altem Schloßherrn, Todeserwartung, Frauenliebe und allen nötigen Stimmungsingredienzien. Da stilisiert sich der junge Musil beinahe zum alten Salomon, über den sich Abisag neigt ...

Aber ist nicht zugleich schon jenes dämmrige Café gegenwärtig, aus dem der Zögling Törleß in den herbstlichen Garten hinausschaut, diesen verlassenen so beklemmend stillen Garten, dessen Mysterien ihn quälen und locken?[15]

Auch die Szenerie zu Beginn der „Vereinigungen" ist vielleicht präsent, auch dort erstarrt das Licht zu goldenen Spitzen ... Nur gewinnt dieses Bild, das hier ein überraschend gelungenes Aperçu, ein schönes Detail ist, im Kontext der „Vollendung der Liebe" erst Bedeutung und Transparenz.[16]

Die beiden eben zitierten Prosa-Fragmente gehören vermutlich in den Umkreis der Paraphrasen, von denen Frisé die erste in den Tagebüchern abgedruckt hat,[17] die ja ganz eigentümlich schwankt zwischen romantischer Gefühlsduselei und unbeholfener Ironie, die die Klischees der „Tausend" ablehnt, um dafür selbst nur solche zu bieten. Diese Paraphrasen, von denen nur ganz wenige erhalten sind, wollte Musil in einem „ca. 250 bis 300 Seiten" starken Buch zusammenfassen. Als er es einem Verlag anbot — ein entsprechendes Briefkonzept ist im Nachlaß erhalten[18] — sollten etwa 160 Seiten davon vollendet sein.

Das Buch wurde bekanntlich nie veröffentlicht; der „Kritiker" Flögl bewahrte Musil davor.[19] Und was die angeblich vollendeten 160 Seiten betrifft, so kann der junge Robert durchaus aufgeschnitten haben, denn einen kleinen Hang zur Renommisterei und Selbstüberschätzung hatte er nun einmal.

Da gibt es im Nachlaß zum Beispiel einen Briefentwurf[20] an die Redaktion einer noch nicht näher identifizierten Tageszeitung, der diese jugendliche Überheblichkeit ad oculos gaudentes demonstriert:

„Mich ihrer Annonce — Zukunft vom 17. V. — erinnernd würde ich gerne in Verbindung mit ihrem geschätzten Blatte treten und ersuche Sie daher um nähere Angaben, insbesondere den Inhalt der von Ihnen gewünschten Feuilletons betreffend, da ich in der Lage bin über verschiedene Gebiete mit der erforderlichen Sachkenntnis zu schreiben. Literarische Themen jeden Charakters — außerdem jedoch auch orientierende Aufsätze über ethische und ästhetische Gebiete — populäre Darstellung philosophischer Fragen würde mir wol in erster Linie zusagen, jedoch bin ich auch befähigt in ebensolcher Weise technische Fragen mit dem nöthigen Einblick zu behandeln. In dritter Linie Plaudereien über sportliche Gegenstände, wobei ich mir zu bemerken erlaube, daß ich selbst als Sportsmann bekannt bin und in diesen Kreisen Verbindungen habe. Als Probe meiner Art solche Gebiete zu behandeln, lege ich ein Feuilleton bei.“

Vor solch einem allround-man kann einem ja fast angst werden!

Aber es wäre zu einfach, im Musil von damals nur den — und dies ist nur die andere Seite seiner Schüchternheit — aufschneiderisch selbstbewußten, ungestümen, seelisch etwas verkitschten jungen Mann zu sehen. Tatsächlich befand er sich ja bildungsmäßig in einer ziemlich schwierigen Situation. Die Militärzeit lag hinter ihm, das technische Studium hatte begonnen, zugleich aber auch die Neigung zur Literatur, erste schriftstellerische Ambitionen. Zwischen beiden Feuern hin- und hergerissen, hatte er eigentlich kaum Gelegenheit, seinen literarischen Geschmack zu festigen. Auch Törleß, seinem mutmaßlichen Spiegelbild, ging es so: „Denn dort [im Institut zu Mährisch-Weiskirchen] waren in der Büchersammlung wohl die Klassiker enthalten, aber diese galten als langweilig, und sonst fanden sich nur sentimentale Novellenbände und witzlose Militärhumoresken. Der kleine Törleß hatte sie wohl alle förmlich in einer Gier nach Büchern durchgelesen, irgendeine banal zärtliche Vorstellung aus der ein oder anderen Novelle wirkte manchmal auch noch eine Weile nach, allein einen Einfluß, einen wirklichen Einfluß, nahm dies auf seinen Charakter nicht.“[21]

Auf Törleß-Roberts Charakter vielleicht nicht, — auf seinen Stil bestimmt! In einer Szene wie der folgenden, die leider nur unfreiwillig eine Militärhumoreske ist, spürt man diesen anonymen literarischen Hintergrund sehr deutlich:

„Der Letzte“[22]

Blos beim Klavier brennen in schweren broncenen Leuchtern zwei Kerzen. Hie und da huscht von ihnen ein Licht über die Politur. In dem Raume liegt ein feiner, ein sinnlicher, abgetönter Athem. Manchmal stehen die schwarzen Umrisse eines Möbels aus dem Dunkel.

Der Diener: Soll ich Licht machen?
Der Herr: Nein — warte noch. Setzt sich an den Flügel spielt
Der Diener: Soll ich Licht machen
Der Herr: Noch nicht.
Der Diener: Es ist schon sieben Uhr
Der Herr: Warte noch — Ist gedeckt?
Der Diener: Ja.
Der Herr: Fehlt nichts?
Der Diener: Nein Herr.
Der Herr: Und ist mir doch, als ob noch etwas fehlen müßte

— (Es läutet.) — Geh — öffne. Geh — geh.
— Ah — (deckt einen Leuchter auf. Man sieht einen für zwei Personen gedeckten Tisch) — (Horcht auf die Stimmen — die Spannung seiner Züge läßt nach. Resignation.)

Der Diener: Die Zeitung Herr.
Der Herr: Sag wieviel Uhr ist's (nimmt die Zeitung und blättert darin — fährt plötzlich zusammen)
Der Diener: will sich zurückziehen
Der Herr: Nein bleib — ich will nicht allein sein. (geht auf und ab) Da lies mir vor.
Der Diener: schickt sich an die Zeitung zu entfalten.
Der Herr: Nein — nein — es geht nicht — laß das. (blättert hastig) Was steht da?
Der Diener: Duell. Heute vormittag fand in der Reiterkaserne ein Pistolenduell zwischen dem Leutnant X und dem Rechtsanwalt Y statt. Der Leutnant welchem die Kugel die Lunge zerriß blieb sofort am Platze.
Der Herr: Ja .. das steht also da. (Seine Schritte werden immer hastiger. Mit einer plötzlichen Bewegung dreht er das Licht ab, so daß wieder nur die beiden Kerzen brennen)
Der Diener: der gnädige Herr sind erregt.
Der Herr: wirft sich nach einigen Schritten in einen weiten Stuhl — Schweigen —
Was lasest du vorhin? Handelte es sich nicht um einen Leutnant X.?
Der Diener: Ja — vom 3ten Husarenregiment.
Der Herr: Und tot?
Der Diener: Ja.

Der Herr: .. So — oo: — Wie viel Uhr —
(Es schlägt Neun)
Der Diener: Wollen der Herr nicht essen
Der Herr: Nein ich werde noch warten. Neun Uhr — da ist es
zwar nicht mehr wahrscheinlich ....
Du kannst auf dein Zimmer gehen — ich öffne selbst.

Krachen in den Möbeln, Rieseln in der Wand, einmal fällt eine
Blume vom Tisch auf die Erde.
Plötzlich erwacht Robert — die Kerzen sind stark herabge-
brannt — sieht auf die Uhr — halb Zwölf
Es läutet. — Robert fährt zusammen.
Robert: — Unmöglich — zu spät — ich muß mich getäuscht
haben. — (Geht zögernd ins Vorzimmer)
Tritt wieder ein
— Täuschung —
Hinter ihm ein großer, schlanker, bildhübscher Cavallerieoffi-
zier in langem Mantel. Robert sieht im Spiegel, daß er nicht
mehr allein ist, fährt jäh herum und droht zusammenzustürzen:
..... Benno?! ...
Plötzliches Flackern des Lichtes. Nachdem es wieder ruhig
brennt ist nichts mehr zu sehen. Nur hie und da verdichtet sich
der Schatten in irgendeiner Ecke."

Diese Gespenster-Etude wirft ein bezeichnendes Licht auf die
extreme geistige Gespaltenheit Musils zu jener Zeit: Hier, im
Leben, der Offizier und Techniker, drahtig, gedrillt, dis-
zipliniert, nüchtern und kalt — dort, auf dem Papier,
der Romantiker, Irrationalist und Geisterseher, hier die ärm-
liche, prosaische, knochentrockene und tief unmusische Wirklichkeit, — dort die poetische Fiktion, die Selbststilisierung, die
gepflegte, von ihm so oft verräterisch geschmähte Salon-Atmo-
sphäre, mit Dienern, die ihren Herren aus Zeitungen vorlesen,
mit Leuchtern und — man lese und staune — Klavier, auf dem
gar er selbst spielt, er, Robert, der eine Idiosynkrasie gegen das
Klavierspiel zu haben schien! Dabei sitzt er wahrscheinlich gerade wieder in seinem Kinderzimmer, diesem „scheußlichen
Durcheinander von Stilplashemien" (so die Orthographie in
der Handschrift),[23] an seinem alten kleinen Schreibtisch, an
dem noch der Fünfundzwanzigjährige arbeitet.[24]
Das Verso des Blatts übrigens, auf dem er die „Paderewski-
Phantasie" entwarf — und das ist nicht ohne rührende Symbolik — ist bedeckt mit Formeln, der komplizierten physikalischen Berechnung eines Motors. Aber das ist kennzeichnend für

die geistige Ausgangsposition des jungen Musil: Mathematik und „Mystik" sind noch schroffe Antithesen; es fehlt das Anzeichen jeglicher Vermittlung.

Ein Mann wartet auf eine Frau: das ist auch die Situation zu Beginn unseres nächsten „Genre-Bildchens":[25]

„Es war einfach eine Unverschämtheit!
Er wartete mit dem Abendessen schon dreiviertel Stunden. Und diese Mainacht vor den Fenstern! Dieser verträumte Mond!
Das Dienstmädchen kicherte hinter der Thüre.
— Das war nun also die Offensive — die verzweifelte Rücksichtslosigkeit. Das „Was kannst Du mir thun?"
Schlagen? — Nein; man schlägt wenn man dazu Lust hat, wenn einem das Blut in die Augen tritt. Das regelt sich von selbst — und wenn es nicht von selbst kommt, hat es offenbar keinen Zweck. — Man muß ruhig warten und dann einen jener kalten, leblosen Entschlüsse fassen, wie manchesmal, wenn man zb. seine Koffer packte, weil es selbstverständlich war, daß man abreiste. —

Sie kam. Offenbar wartete sie nur auf ein Wort um zu platzen — elementar — von Grund aus — alles aus sich herausreißend. Diese Erleichterung wollte er ihr nicht zukommen lassen. So schwieg er — und ließ sie ruhig ihr Abendessen durch die trokkene Kehle würgen. Sie suchte nach einem Angriffspunkt — und er konnte diese wahnwitzige Nervosität aus ihrem Gesicht entnehmen.

Er war auf der Hut, sich nicht zu einer jener Szenen hinreißen zu lassen, die nicht fein und nicht brutal den Zynismus verderben.

Nach dem Mahle gieng sie in den Salon. Der dort stand war zur Hälfte Mond zur Hälfte Schatten. Und das Licht das hereinfiel war zur Hälfte Mond und zur Hälfte noch Spaziergang — duftende Bäume, niederes Gras — Grillen — Blut an Blut. Er konnte sich dies natürlich an den Fingern abzählen.

Er sah, wie ihre Aufregung sanft wurde, einem Rückerinnern wich, — jenes gewisse Wort für Wort bemühte, das süße Zwischen den Worten, Zwischen den Gedanken neu zu beleben. — Er mußte sich gestehen, daß sie jetzt gewiß besser, seelisch schöner, reiner sei — als seit langem.

Der Gedanke an den Andern kam ihm nur flüchtig. Er war zu weltklug, zu skeptisch. Frauen sind einmal so. Sie haben keinen festen Geschmack.
Dann gieng er weg und als er sich um Zwölf Uhr niederlegen

wollte, fand er sie noch auf dem Sofa im Salon. Zur Hälfte
Mond — das konnte die Ehe freilich nicht geben — ihm nicht
und ihr nicht —
Diese Romantik, dieses Unvorhergesehene — Improvisierte —
daß man im Salon schläft wie auf der weiten Haide —
weiß nicht wohin ich mein Haupt betten soll."
Entzückend — wieder weit über das Thatsächliche hinausge-
dehnt.
Wie eine seiner Narrheiten.
So sehen also diese aus — seine Frau — kann aussehen wie
einer seiner närrischen Träume.
Eine angenehme Erkenntnis.
Komisches Finale einer Ehe."

Da ist zunächst einmal die bekannte Geste des „Schlagens":
sadistische oder auch masochistische Komponente in der Sexualität Musilscher Gestalten. Die Schilderung, wie Beineberg
und Reiting ihr Triebobjekt Basini auspeitschen,[26] kehrt zwar
in dieser kruden Realität nicht wieder, doch auch Claudine
fühlt später, in Erwartung ihres Verführers, im Raum hinter
sich „etwas wie Geschlagenwerden".[27] Der Gewaltakt ist hier
metaphorisch aufgehoben und suspendiert. Wenn dann im
„Mann ohne Eigenschaften" Moosbrugger das Stubenmädchen
Rachel verprügelt,[28] so distanziert sich der Autor von vornherein dadurch, daß er den Gewalttäter als pathologisch einführt.
Man schlägt eben, „wenn einem das Blut in die Augen tritt":
das hätte eventuell auch Moosbrugger in einem hellen Moment
sagen können, und: „Das regelt sich von selbst" . . .

Dem „appetitiven", aggressiven Vektor der „Liebe" steht
schon in diesem Text das Mondnächtig-Mystische gegenüber.

Wirkt diese ganze Szene nicht wie ein Präludium des Roman-
kapitels „Beginn einer Reihe wundersamer Erlebnisse"[29] mit
seinem Heraufbeschwören zauberischer Mondnächte, in denen
die in der „verarmten Vernunft des Tages" erstarrte Welt plötzlich eine ungeahnte Zärtlichkeit enthüllt, die festen Verhältnisse dahinschmelzen und sich neu ordnen im „flüsternden Beilager von Licht und Schatten"? Und der Held dieser kleinen
Skizze — „halb Licht, halb Schatten" — ist er nicht schon ein
Pierrot Lunaire? Die gesprochenen Worte bekommen „Nachbarsinn": „das süße Zwischen den Worten", und auch jenes
bekannte Phantastischwerden der Wirklichkeit — sie erscheint
„weit über das Thatsächliche hinausgedehnt" — finden wir am
Schluß, Verwirrung von Traum und Wachen, diese Grund-

erfahrung der Musilschen Helden, die nicht immer eine „angenehme Erkenntnis" ist ...

Die Blätter aus dem Nachtbuch des „monsieur le vivisecteur" sind zweifellos das reifste und eindringlichste Prosastück des jungen Musil.[30] Es mag psychologisch ganz klug gewesen sein, daß A. Frisé diese eigenartigen, subtilen Skizzen, gewissermaßen als captatio benevolentiae für den Leser an den Beginn seiner Tagebuch-Ausgabe gestellt hat, ob es chronologisch haltbar ist, wäre eine andere Frage.[31]

Interessant ist dieser Text vor allem deshalb, weil man an ihm die Nietzsche-Rezeption des TH-Studenten Musil studieren kann. Das beginnt mit dem Titel: Vivisektion war bekanntlich eine Forschungsrichtung, die gegen Ende des 19. Jahrhunderts Furore machte, einerseits in den Sälen der Wissenschaft, andererseits in den Bürgerstuben; die „Dichtungen" der Tante Alfred Kerrs, des schlesischen Schwans Friederike Kempner, die das Entsetzen der Bourgeoisie artikulieren möchten, sind ein belustigendes Zeugnis dafür. Bei dem Namen, den Musil seinem Helden gibt, hat natürlich Nietzsche Pate gestanden, der unter Vivisektion vor allem die Tätigkeit des Psychologen versteht; Begriffe wie „Vivisektion des Glaubens",[32] „Gewissens-Vivisektion",[33] „Vivisektion am guten Menschen"[34], sind eindeutige Belege dafür. Auf die „Vivisektoren des Geistes" in der „Genealogie der Moral" hat schon Herbert W. Reichert hingewiesen, und auch darauf, daß die Situation des Musilschen Vivisektors an Nietzsches Gedicht „Vereinsamt" erinnere.[35] Es scheinen freilich hier die Unterschiede größer zu sein als die Gemeinsamkeiten.

Hingegen betrachte man einen Passus aus Nietzsches Abhandlung „Was bedeuten asketische Ideale?":[36]

„Man sieht einen traurigen, harten, aber entschlossenen Blick — ein Auge, das hinausschaut, wie ein vereinsamter Nordpolfahrer hinausschaut (vielleicht um nicht hineinzuschauen? um nicht zurückzuschauen? ...). Hier ist Schnee, hier ist das Leben verstummt; die letzten Krähen, die hier laut werden, heißen ‚Wozu?', ‚Umsonst!', ‚Nada!' — hier gedeiht und wächst nichts mehr ..."

Es dürfte kein Zweifel darüber sein, daß die Musilsche Szenerie hier ihren geistigen Ursprung hat. Das zitierte Bild soll eben jenen bestimmten Typ der modernen Geschichtsschreibung symbolisieren, der vor allem bloßer Spiegel sein möchte, alle Teleologie ablehnt, nichts beweisen, nicht richten will. „Sie bejaht so wenig, als sie verneint, sie stellt fest, sie ,beschreibt'".[37] Das Stichwort „Historiker" durfte also bei Musil nicht fehlen — und prompt fällt es:[38]

„Bei mir ist es die Wonne mit mir selbst allein zu sein, ganz allein. Die Gelegenheit in der nicht uninteressanten Geschichte des monsieur le vivisekteur blättern zu können, ohne Obligo mich hier zu entrüsten, dort zu freuen, mein eigener Historiker sein zu können, oder der Gelehrte zu sein der seinen eigenen Organismus unter das Mikroskop setzt und sich freut sobald er etwas Neues findet."

Monsieur le vivisecteur, der „Mikroskopiker der Seele",[89] der eigenen Seele wohlgemerkt, distanziert sich also nachdrücklich von jenen asketischen, nihilistischen modernen Historikern, die Nietzsche beschreibt, und gegen ihr rigoroses „sine ira et studio" setzt er betont seine Maxime, sich „hier zu entrüsten, dort zu freuen".

Während jene nur hinschauen, kennt der vivisecteur die doppelte Blickrichtung: „summa summarum gibt mir dieses von außen nach innen und von innen nach außen die beschauliche Ruhe des Philosophen."[40] Jedoch gleich darauf heißt es bei Nietzsche:

„Was aber jene Art von Historikern betrifft, eine vielleicht noch ,modernere Art, eine genüßliche, wollüstige, mit dem Leben ebensosehr als mit dem asketischen Ideal liebäugelnde Art, welche das Wort ,Artist' als Handschuh gebraucht und heute das Lob der Contemplation ganz und gar für sich in Pacht genommen hat: . . . Nein! dies ,beschauliche' Volk mag sich der Teufel holen!"[41]

Trifft da den vivisecteur nicht der Bannfluch, den Nietzsche über jene schleudert, die sowohl mit dem Lebensgenuß wie mit dem enthaltsamen Wissenschaftsgeist paktieren? Es gewittert um unseren „Wohlig-Begrabenen"; seine „Eisgrabüberwölbung"[42] gleicht fatal einem jener „übertünchten Gräber", „die das Leben schauspielern".[43]

Man sieht hier sehr schön, wie Musils Erinnerung sich der Theorien Nietzsches — vielleicht unschuldig, unbewußt — bedient, sie poetisch, d. h. bildlich und erlebnishaft anreichert, den strengen Gedankengang des Philosophen auflöst, dabei jedoch beinahe unter dessen Verdikt gerät: noch aus der „furchtbaren

Isolation, in der jeder vorwärts- und vorausfliegende Geist lebt",[44] schlägt der Adept Kapital an Nervenkitzel.

Es dürfte deutlich geworden sein, daß Musil um 1900 noch kein anderes Lese-Erlebnis vom Rang seiner Begegnung mit Nietzsche gehabt haben kann. Dostojewski, Flaubert, Hamsun, d'Annunzio, denen sich der junge Autor nach seinem Bekenntnis „spezifisch dichterisch" geöffnet hat,[45] dazu vielleicht Stendhal, Oscar Wilde, Baudelaire, Maeterlinck, Schaukal,[46] Altenberg, der frühe Rilke[47] — sie alle scheinen ihm noch unbekannt oder doch zu verblassen neben dem Einen. Er hatte mit seinem Schreckbild der literarischen décadence[48] dem jungen Dichter das ästhetische Ideal gezeigt, daß „kein Wort des Ganzen" die „schöne Einheitlichkeit der Empfindung" stören dürfe.[49] Ist damit nicht Anfang und Ziel einer Schriftsteller-Laufbahn exakt bezeichnet?

Für die Genehmigung des Abdrucks bisher unveröffentlichter Texte danke ich den Musil-Erben, Herrn Professor Gaetano Marcovaldi, Rom, und Herrn Dr. Otto Rosenthal, Philadelphia, sowie dem Herausgeber der Gesammelten Werke Musils, Herrn Dr. Adolf Frisé, Bad Homburg.

[1] Friedrich Nietzsche, Werke in drei Bänden, hrsg. von Karl Schlechta, München 1955, Bd. I, S. 554.

[1a] Alfred Kerr: Robert Musil. In: Berliner Tageblatt v. 21. 12. 1906.

[2] Robert Musil, Tagebücher, Aphorismen, Essays und Reden, hrsg. v. Adolf Frisé. Hamburg 1955, S. 426. (Im Folgenden abgekürzt: T.)

[3] Dieses Gedicht, zu dem es noch einige Varianten und Entwürfe gibt, befindet sich auf einem losen Blatt in Tagebuch-Heft 4. Musils unorthodoxe Zeichensetzung und Orthographie wurde absichtlich in diesem und in allen folgenden Texten nicht korrigiert. Wo es doch geschah, wird es angegeben. Abkürzungen wurden aufgelöst.

[4] In einer „Reiseblätter" betitelten Skizze im Nachlaß heißt es: „Ich merke mir keine Melodien. Aber ich weiß genau, wann mir ein Gefühl auffiel. Damals mit siebzehn Jahren als Pad.[erewski] spielte, war es mit der Vorstellung einer Frau verbunden. Diese Frau sollte älter sein als ich; ich sah sie aber nicht vor mir, ich hatte nur ein Gefühl meiner Neigung zu ihr. Auf die Winkelminute genau; das gibt es." (Katalognummer des Manuskripts: IV/2, 133.)

[5] T 421.

[6] Robert Musil, Der Mann ohne Eigenschaften, hrsg. v. Adolf Frisé. Hamburg 1965, S. 47 ff.

[7] T 479. — Interessant ist auch, was Musil am 22. 2. 1902 notiert: „.... Sehr selten findet er das Musikalische, das in der Poesie das Geheimnis des Gesanges bildet, jenes Melodische, das Racine, Heine, Baudelaire, Poe, Verlaine besaßen und das in den entlegensten Seelen zittert, Hugo besaß auch nicht den mystischen Sinn für die Harmonie.... Er besaß wenig von den Haupteigenschaften des Dichters, der geheimnisvollen Melodik und der Gabe, die Wirklichkeit mit einer Atmosphäre der Suggestion zu umgeben. (Stephan Mallarmé über Viktor Hugo.) Es ist nicht auszuschließen, daß Musil sich in späteren Jahren als dichterische Figur Hugo nannte, weil er

sich in Mallarmés Charakteristik von Hugo wiedererkennt. (Aus den unveröffentlichten Tagebüchern.)

8 Beda Allemann, Ironie und Dichtung, Pfullingen 1956, S. 181.

9 T. 33.

10 Das Gedicht steht auf einem eingelegten Blatt in Tagebuch-Heft 4. Auch hierzu gibt es mehrere Entwürfe und Varianten.

11 T. 23 ff.

12 Vgl. dazu, was Musil im Entwurf zu einer Selbstbiographie (Katalognummer VI/1, 20) schreibt:
   „Wenn ich mich frage, wann und wodurch es sich zum erstenmal zeigte, daß ich / bescheiden ausdrücken: Dichter sei / so geschah es kaum mit Deutlichkeit in den Gedichten, die ich als Knabe und Heranwachsender machte, sondern in meinen Leistungen im Religions- und Geschichtsunterricht. Die Gedichte zeigen es mir noch heute nicht. Sogar die journalistisch-lyrische Fähigkeit. Die Gedichte zeigen eher einen auf melancholische Gefühle fixierten Menschen. Überdies Einfluß schlechter Lektüre. Justament habe ich dann Mathematik und Physik forciert."

13 Dieser Text hat im Katalog des Nachlasses die Nummer IV/3, 140.

14 Auch dieser Text steht auf einem eingelegten Blatt in Tagebuch-Heft 4.

15 Robert Musil, Prosa, Dramen, späte Briefe, hrsg. v. Adolf Frisé. Hamburg 1955, S. 26 ff. (Im Folgenden abgekürzt: PD.)

16 PD 163.

17 T. 30 f.

18 Musil schreibt dort: „Da ich derzeit an der Fertigstellung eines Buches arbeite, erlaube ich mir die höfliche Anfrage, ob Sie geneigt wären, mit mir behufs Verlag desselben in Verbindung zu treten. Dasselbe soll den Namen „Paraphrasen" führen und erlaube ich mir, Sie zur näheren Orientierung auf die Beilagen zu verweisen, welche das Concept eines Vorworts enthält.
   In der von mir geplanten Ausstattung — durchschnittlich 218 Worte auf der Druckseite — dürfte die Arbeit, nach ihrer Vollendung ca. 250—300 Seiten stark werden.
   Sollten Sie also prinzipiell geneigt sein ein solches Buch in Verlag zu nehmen, so ersuche ich Sie mir mitzuteilen, ob Sie, um sich ein Urteil bilden zu können, einzelne Theile desselben oder das bisher Vollendete [,ca. 160 S.', später hinzugefügt] zur Einsicht wünschen. Erwünschter wäre mir ersteres." (Katalognummer IV/2, 116.)

19 T. 178. Nach Dr. Jan Skutil, Brünn, lautet der Name Flögl, nicht Flegl.

20 Katalognummer IV/2, 112.

21 PD 21.

22 Katalognummer IV/2, 308 ff. Hinter den sprechenden Personen (Herr, Diener) wurden z. T. die Doppelpunkte ergänzt.

23 Tagebuch-Heft 4.

24 Robert Musil, Leben, Werk, Wirkung, hrsg. im Auftrag des Landes Kärnten und der Stadt Klagenfurt von Karl Dinklage, Hamburg 1960, S. 275, Brief an Frau Stefanie Tyrka-Gebell v. 22. 3. 1905. (Im Folgenden abgekürzt: LWW.)

25 Katalognummer IV/2.

26 PD 128.

27 PD 177.

28 MoE S. 1485.

29 MoE S. 1087 ff.

30 T. 23 ff.

[31] Vermutlich druckt A. Frisé die Hefte 3 und 4 in falscher Reihenfolge ab. Schon die Numerierung, obwohl bei späteren Heften nicht mehr relevant, dürfte ein Indiz sein, daß Heft 3 früher begonnen wurde als Heft 4. Die Notiz am Anfang von Heft 3, Musil habe Josza im Oktober 98 kennengelernt (T. 42), zeigt doch wohl auch, daß die Niederschrift von ca. 1899 stammt. Die Datierung des vivisecteur-Fragments auf 1898 stammt von Martha Musil, ist also eine bloße Mutmaßung und deshalb nicht als verbindlich zu betrachten. Fest steht, daß Musil erst mit achtzehn Jahren zum ersten Male Nietzsches Werke in die Hand bekam (vgl. T. 37), der bei diesen ersten Gehversuchen so wichtige Schrittmacherdienste geleistet hat. Es ist ganz unwahrscheinlich, daß Musil schon im Jänner 1898 oder gar schon als 17jähriger, wie es etwa Kaiser/Wilkins behaupten (In: Robert Musil, Eine Einführung in das Werk. Stuttgart 1962, S. 43), diese Skizzen geschrieben haben soll. Eine Prosa, die förmlich durchtränkt ist von Nietzsches Philosophie, setzt eine längere Zeit der Rezeption voraus. Ein weiteres Indiz wäre schließlich, daß Gustav Donath nach Dinklage (LWW S. 210) den Einsatz der Paraphrasen-Dichtung mit 1901 angibt. Da die Paraphrase Nr. I in Musils handschriftlichem Tagebuch-Heft 4 aber gleich nach dem vivisecteur-Komplex erscheint, dürfte auch das vivisecteur-Fragment nicht vor 1900 entstanden sein.

[32] Nietzsche, Band II, S. 644.

[33] Nietzsche, Band II, S. 694.

[34] Nietzsche, Band II, S. 683.

[35] Herbert W. Reichert, Nietzschean Influence in „Der Mann ohne Eigenschaften". In: German Quaterly 39, 1966 (S. 12—28), S. 16 und Anmerkung 3.

[36] Nietzsche, Band II, S. 895.

[37] ebda.

[38] T. 25.

[39] Nietzsche, Band II, S. 772.

[40] T. 24.

[41] Nietzsche, Band II, S. 895.

[42] T. 24.

[43] Nietzsche, Band II, S. 896.

[44] ebda. S. 1263.

[45] T. 457.

[46] Gustav Donath, Musils Jugendfreund, meint über die „Paraphrasen" und die literarischen Einflüsse in ihnen: „Lyrische subtile Stimmungen, schon durchsetzt von psychologischen Seitenblicken, waren da eingefangen. Auch technisch-naturwissenschaftliche Aspekte taten sich gelegentlich auf. Peter Altenberg hat gewiß dabei anregend gewirkt. Über dies hatten wir ein Vorbild in nächster Nähe: Richard Schaukal, der damals noch in Brünn lebte. Er galt uns als Inbegriff eines Dichters und vornehmer Lebensgestaltung" (LWW S. 210). Über Musils Stellung zu Peter Altenberg vgl. T. 93, 113, 206, 322 und 577. Zu Schaukal vgl. auch LWW S. 274 f.

[47] Im „Tagebuch Hippolyte" liest der junge Held Madeleine „die Gedichte von R." vor. „Ich lag in einem hohen Stuhl und psalmodierte. Meine Stimme hatte etwas Priesterliches, Rauhes und Erregtes — zögernde Inbrunst eines Mariengebetes. Dazu die Pracht R.'s (PD 550). Wahrscheinlich handelt es sich um Rilkes „Buch der Bilder", das 1902 erschienen ist.

[48] Im Tagebuch-Heft 4, S. 70, findet sich folgendes Exzerpt aus Nietzsches Schrift „Der Fall Wagner" (Nietzsche, Band II, S. 917.):

„Womit kennzeichnet sich jede literarische décadence? Damit, daß das Leben nicht mehr im Ganzen wohnt. Das Wort wird souverän und springt aus dem Satz hinaus, der Satz greift über und verdunkelt den Sinn der Seite, die Seite gewinnt Leben auf Unkosten des Ganzen — das Ganze ist kein Ganzes mehr. Aber das ist das Gleichnis für jeden Stil der décadence: jedesmal Anarchie der Atome, Disgregation des Willens, „Freiheit des Individuums", moralisch geredet — zu einer politischen Theorie erweitert „gleiche Rechte für alle". Das Leben, die gleiche Lebendigkeit, die Vibration und Exuberanz des Lebens in die kleinsten Gebilde zurückgedrängt, der Rest arm am Leben. Überall Lähmung, Mühsal, Erstarrung oder Feindschaft und Chaos: beides immer mehr in die Augen springend, in je höhere Formen der Organisation man aufsteigt. Das Ganze lebt überhaupt nicht mehr: es ist zusammengesetzt, gerechnet, künstlich, ein Artefakt."

[49] T. 24.

‚TÖRLESS': FREUDSCHE VERWIRRUNGEN?

Annie Reniers

Robert Musils erster Roman, „Die Verwirrungen des Zöglings Törleß", erschien 1906 im Wiener Verlag. Unter dem Gesichtspunkt der vergleichenden Literaturwissenschaft ist er, als Bericht über eine Pubertätskrise und über die Erlebnisse einiger Zöglinge einer Militärschule, einer der allerersten in einer langen Reihe von Romanen unseres Jahrhunderts, welche die Schwierigkeiten junger Menschen in der Übergangszeit zum Mannesalter schildern, und zwar oft, wie hier, im Rahmen des Zusammenlebens in einem Erziehungsinstitut.

In seiner Untersuchung über Musils erstes Werk glaubt Harry Goldgar[1] ganz deutlich den Einfluß der psychoanalytischen Bewegung zu erkennen, die damals noch in den Kinderschuhen stak. Er geht soweit zu behaupten, Musils „Törleß" sei wahrscheinlich „the earliest novel of any sort in any language to show specific Freudian influence" (S. 118). Darüber hinaus bemerkt er, daß Musil, indem er Freuds Methode auf die Analyse der Psyche eines 12- bis 16jährigen anwandte, die Entwicklung der Bewegung gewissermaßen vorwegnahm, da sich die Psychoanalyse bekanntlich erst mit den Arbeiten von Anna Freud, Sigmunds Tochter, systematisch der Psychologie der Jugend zuwandte.

Dennoch empfiehlt sich eine kritische Überprüfung von Goldgars Argumenten zur Unterstützung seiner These, laut welcher „the system of Freud is so clearly distinguishable" (S. 131) in Musils Werk. „Die Verwirrungen", schreibt er, seien 1906 erschienen, aber 1905 geschrieben worden[2]. Wie steht es 1905 um die Psychoanalyse? Gerade die Jahre 1904/05 zeitigen den Durchbruch Freuds: ein paar wichtige Zentren der Psychiatrie in Deutschland und der Schweiz (darunter dasjenige Bleulers und seines Mitarbeiters C. G. Jung) haben sich zur Übernahme seiner Methoden entschlossen, Freuds Aufsätze werden jetzt auch in österreichischen Fachzeitschriften veröffentlicht und „Ende 1905" liegen zwei seiner Hauptwerke, „Die Traumdeutung" (1900) und „Drei Abhandlungen zur Sexualtheorie" (1905) vor und sind auch zwei weitere Werke, „Zur Psychopathologie des Alltagslebens" (1904) und „Der

Witz und seine Beziehung zum Unbewußten" (1905) erschienen. Unter diesen Umständen nimmt Goldgar ohne weiteres als praktisch sicher an, daß Robert Musil, als „ernsthafter Student", „Österreicher" und „Berufspsychologe", Freuds Arbeiten gleich nach deren Veröffentlichung gekannt und in der Originalfassung gelesen haben müsse. Aus dieser ganzen Darlegung läßt sich dennoch bloß die eine Hypothese folgern, Musil d ü r f t e n gegen „Ende" 1905 die genannten Werke bekannt gewesen sein. Aber dann soll dazu auch gleich bemerkt werden, daß in Musils Tagebuch zu jener Zeit der Name Freud kein einziges Mal vorkommt, wogegen zahlreiche andere Namen von Autoren und Titel von Büchern, die ihn interessierten, (häufig mit Exzerpten oder Kommentar) darin vermerkt sind. Gesetzt, Musil hätte damals schon etwas von Freud gelesen, so scheint es ihm jedenfalls keinen starken Eindruck gemacht zu haben. Von einer Offenbarung, welche die bewußte Übertragung ins Literarische der neuen psychologischen Entdeckungen zur Folge gehabt hätte, ist nirgends eine Spur zu finden. Goldgar selber bemerkt, daß auch Musils Freund und Mitstudierender (?) in Berlin, der künftige Psychologe J. v. Allesch, den Einfluß Freuds nicht unter den Faktoren von Musils geistiger Ausbildung erwähnt[3] und ferner, daß Musil, wenn er sich in späteren Jahren über Freud äußert, diesen gewöhnlich eher streng und skeptisch beurteilt.

Hingegen enthält das Tagebuch-Heft 4 aufschlußreiche Angaben im Zusammenhang mit einer anderen psychologischen Richtung, die Musil Anfang des Jahrhunderts bestimmt interessierte. Am 22. II. 1902 notiert er:

„Bücher: Romanes, Die geistige Entwicklung im Thierreich. Conrad Lange, Zeitschrift für Psychol[o]g[ie] u.[nd] Physiol.[ogie] der Sinnesorgane Band XIV (1897): Gedanken zu einer Ästhetik auf entwicklungsgeschichtlicher Grundlage. Karl Groos: Die Spiele der Thiere."[4]

Der vollständige Titel des Aufsatzes von Conrad Lange lautet: „Gedanken [...] Grundlage. Gleichzeitig als Bericht über Karl Groos, ‚Die Spiele der Tiere‘." Es handelt sich also um eine Konfrontation der Ansichten zweier Forscher auf demselben Gebiet, die im wesentlichen übereinstimmen: sie wenden Darwins Entwicklungstheorie auf das Studium des Spiels bei den Tieren an und entdecken in bestimmten Typen von Spiel eine Art der Beschäftigung, die nach C. Lange den ästhetischen Aktivitäten der Menschen schon sehr ähnlich ist. Lange beabsichtigt die Grundlegung einer „entwicklungsgeschichtlichen Ästhetik", welche sowohl dem Spiel als der Kunst eine anthropologische Funktion zuweisen würde: Kunst und Spiel würden danach der Erhaltung und Entwicklung des Menschengeschlechts dienen, indem sie aufgrund einer „bewußten Selbsttäuschung" einen Genuß bereiten, der die menschlichen Anschauungen und Gefühle erweitert und vertieft. Der Psychologe G. J. Romanes seinerseits war ein Freund Darwins und ebenfalls ein Förderer seiner Lehren, die er auf die Tierpsychologie anwandte.

„Die Verwirrungen des Zöglings Törleß" sind also zu einer Zeit entstanden, da Musils Auffassung vom Menschen von eben dieser durch Darwin ausgelösten geistigen Strömung beeinflußt war. Dieser Einfluß ist z. B. sinnfällig in nachstehender Überlegung über die menschliche Natur, welche durch eine starke Empfindung während einer militärischen Übung hervorgerufen worden war:

„So beutefroh mag es seinerzeit den schwedischen Barbaren zumute gewesen sein, als das gierige Rudel zum ersten Male auf diesen Höhen erschien. [...] Zum ersten Male, daß ich diese Wolfherde verstehe, daß ich begreife, wie es möglich ist, daß sie nicht unterwegs seelisch verhungerten."[5]

Leider fehlt in der heutigen Ausgabe der Tagebücher die Fortsetzung dieser Eintragung vom 23. II. 1902; im Manuskript heißt es noch:

„Aber mir ist, als ob ich die nordischen Wölfe vor mir sähe. Menschen — ja — aber doch wirkliche Raubthiere. [...] Ein Thier muß sehr ähnlich empfinden können. Muß dieselbe Lust kennen. [...] Lächerlich [,] soziologische Beweggründe hervorzuziehen. [...] Wolfsfreude!"

Hierauf wendet sich die Reflexion der entgegengesetzten Art von Empfindungen, den „gewissen feinen, geistigen Thaten" des zivilisierten Menschen der Jahrhundertwende zu, und formuliert einen Gedanken, der Bild vor Bild im ersten Kapitel der Verwirrungen wiederkehren wird:

„Unser Leben dauert nun einmal so und solange — und jede Stunde ist das gleiche gähnende Loch und Kind des Todes, das wir ausfüllen müssen./Und mit dem Feinen füllt man nichts."[6]

Nach ein paar Tagen nimmt Musil das ihn beschäftigende Problem wieder auf [am 25. II.; auch diese Eintragung fehlt in der heutigen Ausgabe]:

„Ich meine eben nicht, daß sie so sprunghaft von einer Sensation [...] zur andern lebten, sondern ich glaube im Gegentheile an das raubthierartige Continuum in ihnen":

Eben dieses faszinierende Geheimnis fesselt Törleß an die Person Basinis, und wird übrigens noch die Thematik späterer Werke bestimmen: man denke nur an die Motive des „Tiers" und der reglosen, unpersönlichen „Seele", jenes antlitzlosen Gefühls von sich in „Das verzauberte Haus" (1908), in Vereinigungen und sogar in „Die Schwärmer".[7]

Soweit zu Goldgars Mutmaßungen. Was nun die Tatsachen und im besonderen die Frage der Chronologie betrifft, sei an folgendes erinnert: Der Lebenslauf, den Musil 1908 seiner Dissertation beilegt, besagt, er sei erst „seit November 1903 [...] an hiesiger (der Berliner) Universität [...] immatrikuliert"[8]: im Augenblick, wo er sein erstes Buch schreibt, ist er bei weitem noch kein „Berufspsychologe", zumal da er den Roman bereits ein Jahr vorher entworfen und zum Teil geschrieben hat: seit 1901 ist er Ingenieur und er hat nach seinem Militärjahr, im Herbst 1902, eine Stellung als Assistent des Professors Bach an der Technischen Hochschule Stuttgart angetreten; der Beruf befriedigt ihn nicht, er langweilt sich und so „geschah es, daß ich zu schreiben begann, und d e r S t o f f, d e r g l e i c h f e r t i g d a l a g, war eben der der Verwirrungen des Zöglings Törleß"[9]. Nur so wird es verständlich, daß Musil bereits am 1. August 1903 die Beendigung des Buches in Aussicht stellen kann, jenes „dummen Roman[s], [...] den zu vollenden ich mir aber nun einmal in den Kopf gesetzt habe"[10]. Vermutlich in den ersten Wochen von 1905 schon legt er die letzte Hand an das Manuskript, denn am 22. März schreibt er, der Roman sei „fertig. Schon seit Wochen"[11]. Daß die Veröffentlichung erst ein Jahr darauf stattfindet, hat seinen Grund darin, daß Musil keinen Verleger auftreiben kann. Erst nachdem er auf den Einfall gekommen ist, das Manuskript Alfred Kerr vorzulegen, der sich seiner bekanntlich annimmt, kann endlich die Veröffentlichung vermittelt werden. Das Argument, das Musil in einem Brief an den Wiener Verlag vom 24. Oktober 1905 geltend macht, um einen raschen Entschluß des Verlags herbeizuführen, ist, daß seine Erzählung „in ihrer Entstehung ohnedies ziemlich" zurückdatiere, und daß er verhindern möchte, daß sie so spät herauskomme, „daß ich längst außer Zusammenhang mit ihr stehe"[12]. Bald nach der Erscheinung des Werkes wird er einem Kritiker bestätigen:

„Wie Sie wissen, beschäftige ich mich auch wissenschaftlich mit Psychologie (allerdings noch nicht zu der Zeit, da ich das Buch schrieb)"[13].

Es ist klar: als Musil 1902—1903 den „Törleß" anscheinend aus einem Guß entwarf und auszuführen begann, hätte er von Freud gegebenenfalls bloß „Die Traumdeutung" lesen können. Schließlich sei noch darauf gewiesen, daß die Absichten des Romanciers und die Introspektionsmethode seiner Hauptfigur stark an die des „monsieur le vivesecteur" erinnern, jener Gestalt eines möglicherweise Anfang 1900 entstandenen Entwurfs[14]. Da dessen Niederschrift ungefähr gleichzeitig mit der Redaktion der „Traumdeutung" erfolgte, kann weder von einem Einfluß Freuds, noch eigentlich von einer Antizipation Musils die Rede sein. Wohl scheint es erlaubt, von Affinitäten, ähnlichen Interessen und vergleichbaren Ahnungen zu sprechen, was die nachstehenden Auszüge aus dem Vivisecteur-Fragment belegen mögen. Musils Text verrät bei dem „seelischen Vivisektor" einen wachen Sinn für die künftigen Erweiterungsmöglichkeiten des menschlichen Bewußtseins (monsieur le vivisecteur stelle vielleicht den „Typus des kommenden Gehirnmenschen" dar), einen Hang zum geistigen Experiment und zur Introspektion, und die Überzeugung, daß die „Nachtseite" des Lebens für das Seelenleben die weitaus wichtigere sei:

„Ich liebe die Nacht, weil sie schleierlos ist, [...] die Nacht ist es, in der gewisse Raubtiere mit gewissen würgenden Griffen sich einem um den Hals legen, wo sich das Leben der Nerven aus der Betäubung des Tages erholt und nach innen entfaltet, wo man eine neue Empfindung von sich selbst bekommt, wie wenn man plötzlich mit einer Kerze in der Hand in einem dunklen Zimmer vor einen Spiegel tritt, der [...] einem nun das eigene Gesicht entgegenhält. [...]
Oh die Nacht dient nicht bloß zum Schlafen, die Nacht bekleidet eine wichtige Funktion in der psychologischen Ökonomie des Lebens. [...]
Bei Tage sind wir Herr X und Herr Y — Mitglied der oder jener Gesellschaft, mit diesen oder jenen Verpflichtungen, wir sind genötigt durch Gesetze, die unser Verstand anerkennt, altruistisch zu leben. In der Nacht [...] lassen wir alle Alt-

ruismen draußen [...] — die andere Seite unserer Persönlichkeit fordert ihr Recht [...].

[...] die Wonne, [...] der Gelehrte zu sein der seinen eigenen Organismus unter das Mikroskop setzt und sich freut sobald er etwas Neues findet", usw.[15]

Die Figur ist sich der irrationalen Kräfte, die im Innern ein latentes Leben führen und die Ordnung des bewußten Lebens bedrohen, scharf bewußt:

„Ihr Mißtrauen wendet sich gewohnheitsmäßig jenem rätselvollen[16] sprunghaften Teil ihres Inneren zu, den Sie mitunter Gemütsleben, mitunter Nerven oder auch anders nennen. — Sie erschrecken. Sie tun das immer wenn jenes Unberechenbare in Ihnen sich zu rühren beginnt, Sie fürchten sich wie vor einem ungezähmten Tier."[17]

Sogar die Träume werden zur Unterstützung der Selbstanalyse herangezogen:

„Sagen wir [:] Frauen, denen Sie tagsüber begegneten, hinterließen Ihnen gewisse ganze, in sich geschlossene Eindrücke. Im Schlafe nun lösten sich diese Empfindungen in ihre Teile auf und jedes von jenen schemenhaften Geschöpfen hatte eine jener Teilempfindungen als Wesenseinheit."[18]

Endlich bezeugen die angeführten Vivisecteur-Stellen, daß Musil in seinen ersten Roman Motive und Probleme übernommen und darin entwickelt hat, die ihn ein paar Jahre vorher schon beschäftigten.

* * *

Selbstverständlich kann man bei dem gewählten Stoff in den „Verwirrungen" ein psychologisch zu nennendes Strukturschema entdecken, eben dieses wird von Goldgar herausgehoben: Törleß' Entwicklung und seine Erlebnisse mit den Mitschülern lassen sich hinterher im großen und ganzen mehr oder weniger nach dem klassisch gewordenen Freudschen Schema einordnen, — das Gegenteil wäre überraschend. Bestimmte Angaben können als Andeutungen einer Gleichgültigkeit gegen den Vater, andere zweifellos als Zeichen einer Mutterbindung gelten; das erste idealisierte Bild der Frau wird bald durch die Begegnung mit einem unmöglich zu idealisierenden Frauentyp (der Prostituierten) vernichtet; es folgt eine kurze homosexuelle Episode (Basini) und die Entdeckung des engen Zusammenhangs zwischen Sinnlichkeit und Sadismus; dann verebbt die Krise und erfolgt die sexuelle Reife dank der Hinnahme und Integration der irrationalen Kräfte des Unbewußten.

Immerhin verbietet die Textanalyse die ausschließliche oder gar die vorwiegende Betonung dieser Momente als Antwort auf die Frage nach den Intentionen des Autors: das anhand der erwähnten psychologischen Angaben rekonstruierte Schema mag das der psychologischen Entwicklung der Hauptfigur sein, es deckt sich jedoch offenbar nicht mit dem Strukturschema, das dem Roman zugrunde liegt. Die Darstellung der psychologischen Situation gehört dem (zum großen Teil autobiographischen) Rohstoff, — dem „Stoff, der gleich fertig dalag" —, dieser wurde aber dann vom Dichter in Übereinstimmung mit seinen dichterischen und intellektuellen Absichten ausgestaltet. Und gerade durch die A b s i c h t unterscheidet sich Musil am deutlichsten von Freud, ganz gleichgültig ob er ihn gekannt hat oder nicht. Musil beabsichtigt ausdrücklich n i c h t die Schilderung einer t y p i s c h e n Pubertätskrise und einer n o r m a l e n sexuellen Entwicklung, obwohl eine solche am Anfang unseres Jahrhunderts im Bereich der Literatur noch als eine Offenbarung gelten konnte und gegebenenfalls eine genügende Rechtfertigung für das Schreiben eines Romans hätte abgeben können. Im Romantext selber betont der Erzähler wiederholt, die Art von Törleß' Krise sei nicht die übliche, sein Problem unterscheide sich von dem seiner Kameraden[19]. An anderer Stelle bemerkt Musil, die homosexuelle Episode in seiner Erzählung sei weder wesentlich noch notwendig:

„Statt Basini könnte ein Weib stehen und statt der Bisexualität Sadismus, Masochismus, Fetischismus — was immer, das noch einen Zusammenhang mit Regungen, die auch (?= uns? alle?) streifen, erkennen läßt."

Zugleich versucht er die Kritik, bzw. den Leser, auf den für ihn wesentlichen Unterschied zwischen Psychologie und Kunst zu lenken:

„Ich will nicht begreiflich, sondern fühlbar machen. Das ist, glaube ich, im Keim der Unterschied zwischen psychologischer Wissenschaft und psychologischer Kunst."[20]

Jahre später noch beklagt sich Musil darüber, daß der Erfolg der „Verwirrungen" auf eben diesem Mißverständnis gegründet gewesen sei:

„Denn was an einer Dichtung für Psychologie gilt, ist etwas anderes als Psychologie, so wie eben Dichtung etwas anderes als Wissenschaft ist, und die unterschiedslose Anwendung des Worts hat [...] verwirrende Folgen gehabt."[21]

Das hier im Zusammenhang mit dem „Törleß" angerührte Problem hat tatsächlich eine viel allgemeinere Gültigkeit. Zweifellos leidet auch heute das Verständnis von Musils Werken (vor allem „Vereinigungen" und „Die Schwärmer"), sowie das Verständnis von Kunstwerken überhaupt und von den Absichten ihrer Autoren, noch zu oft unter der von Musil gemeinten Verwechslung, die er auch wiederholt als diejenige zwischen „Realismus" und „Wahrheit" bezeichnet. Dichtung „benutzt Wissen und Erkenntnis. Und zwar von der inneren Welt natürlich genau so wie von der äußeren"[22], sie vermittelt sie aber nicht. Im Zusammenhang mit dem Törleß erläutert er bei einer anderen Gelegenheit nochmals, es sei ihm nicht darum zu tun gewesen, das Interesse des Lesers auf die besonderen Probleme eines Heranwachsenden zu fixieren, deren Umfang ziemlich beschränkt sei:

„Der Sechzehnjährige [...] ist eine List. Verhältnismäßig einfaches und darum bildsames Material für die Gestaltung von seelischen Zusammenhängen, die im Erwachsenen durch zuviel andres kompliziert sind, was hier ausgeschaltet bleibt."[23]

Soweit zum Aspekt des Buches, den man gewiß psychologisch nennen muß, freilich in einem offensichtlich sehr bestimmten Sinne: klar ist, daß er sich deutlich von dem Interessenbereich der Psychoanalyse absetzt. Im Anschluß an die eben zitierte Stelle weist der Dichter dem psychologischen Material seiner Dichtung überdies einen eindeutig untergeordneten Platz an innerhalb des umfassenden Zusammenhangs seiner ästhetischen Problematik, indem er es als Mittel und Vehikel bezeichnet:

„Aber die Darstellung eines Unfertigen, Versuchenden und Versuchten ist natürlich nicht selbst das Problem, sondern bloß Mittel, um das zu gestalten oder anzudeuten, w a s in diesem Unfertigen unfertig ist. Sie und alle Psychologie in der Kunst ist nur der Wagen, in dem man fährt; wenn Sie von den Absichten dieses Dichters nur die Psychologie sehen, haben Sie also die Landschaft im Wagen gesucht."

Die Textanalyse, auf die in diesem Rahmen verzichtet werden muß, bestätigt, daß Törleß' Problem vor allem ein intellektuelles, philosophisches und implizit ethisches ist, das — wenigstens für den Autor — auch eine ästhetische Seite zeitigt[24].

Dem jungen Dichter der „Verwirrungen" schwebt wirklich schon, wie er es ziemlich unsicher und verworren in einem Briefkonzept von 1905 zu erklären sucht, die Möglichkeit einer neuen Auffassung von der Seele und von der Psychologie vor.[25] Immerhin läßt dasjenige, was über die Art seiner noch ungenauen Vorstellungen vermittelt werden kann, deren von Goldgar suggerierte Zurückführung auf die revolutionäre Auffassung Freuds als unzulässig erscheinen. Musils Begriff der „Seele" unterscheidet sich von dem üblichen der psychologischen Wissenschaft dadurch, daß er gerade das bezeichnet, was sich jeder rationalen Annäherung entzieht und nach der Analyse von Persönlichkeit, Charakter und der Erhellung kausaler Verknüpfungen als Unerklärtes übrigbleibt. Diese Vorstellung ist von wenigstens zwei nachweisbaren Quellen gespeist worden: vom Einfluß der Entwicklungstheorie war schon die Rede. In ihrem Licht konnte die Seele als der vorrationale, organisch-tierhafte Lebenskern angesehen werden. Dazu kommt die metaphysische Auffassung eines Maurice Maeterlinck, dessen Einfluß auf den jungen Musil beträchtlich gewesen ist. Die Maeterlinck-Stelle, die Musil dem Kapitel „Die Moral des Mystikers" im „Schatz der Armen" entnommen und seinem ersten Buch vorangestellt hat, ist ein Schlüssel zum Verständnis des Werkes. Für Maeterlinck, den „eklektischen Vermittler"[26] des romantischen Erbes und der mystischen Literatur, ist die Seele „von einem unsichtbaren Prinzip"[27] abhängig. Sie führt eine von Taten, Worten, Gedanken, Charakter unabhängige Existenz, ist der Vernunft unerreichbar:

„selbst die Seele des Sodomiten könnte mitten durch die Menge gehen, ohne etwas zu ahnen, und in ihren Augen läge das durchsichtige Lächeln des Kindes ..."; „... und sie kann rein bleiben inmitten eines großen Gemetzels", usw.[28]

Folglich träumt er von einer Seelenkunde, die sich radikal von der positivistischen Psychologie absetzen würde: sie hätte den Handlungen, ja nicht einmal den „geheimsten Gedanken" Rechnung zu tragen, ginge „weit über das ablesbare hinaus", in die „unveränderlichen Tiefen"[29], denen gegenüber das „Innenleben selbst [...] als eine Kleinigkeit erscheine", jenseits von den „bekannten Thälern des tierischen oder geistigen Lebens"[30]. Im vorausgehenden Kapitel „Das Erwachen der Seele" hatte er bereits erläutert:

„Es handelt sich auch um eine ganz andere Psychologie als die gewohnheitsmäßige, die den guten Namen der Psyche usurpiert hat [...] Es handelt sich mit einem Worte darum, was uns eine transcendentale Psychologie offenbaren müßte, die sich mit den unmittelbaren Beziehungen von Seele zu Seele [...] befaßt".[31]

Es würde niemand einfallen, Maeterlincks „psychologie transcendante" mit der psychoanalytischen Revolution, die zu eben derselben Zeit vorbereitet wurde, in einen Zusammenhang zu bringen. Die Psychoanalyse übrigens, die alle früheren Forschungsmethoden überrumpelte und das Feld der psychologischen Erkenntnis außerordentlich erweiterte, indem sie der Seele einen ungeheuren neuen Hinter- oder Untergrund erschloß, verließ dennoch weder die rationale Methode noch das überlieferte Forschungsgebiet und den überlieferten Begriff der Seele. Stellt man Musils Verwirrungen vor die hier aufgedeckten Hintergründe, und liest man sie zudem in der Perspektive seiner späteren Entwicklung, so zeigt sich, daß das Menschenbild des jungen Musil, viel eher als von Freud, von Maeterlinck (und dessen Lehrern Novalis und Emerson) mitbestimmt worden ist.

Musils Begriff des Irrationalen umfaßt mehr als die individuellen und sogar die kollektiven Kräfte des Unbewußten, er erstreckt sich auf die ganze Wirklichkeit. Weder die Außennoch die Innenwelt läßt sich restlos durch die Vernunft erfassen, auch die rationalste der Wissenschaften, die Mathematik, ist nicht frei von irrationalen Elementen. Der geistige Kampf findet nicht innen auf der Ebene der libido und ihrer Verdrängung durch die Kräfte des Bewußtseins statt, sondern sowohl außen als innen an der beweglichen Grenze zwischen dem unerfaßbaren und unaussprechlichen „Rest" des Lebens einerseits, und dem diesen mit Vernunft und Sprache zu durchdringen suchenden hellen Bereich des Bewußtseins andererseits. Eben das besagt die von Musil als Motto gewählte Maeterlinck-Stelle:

„Sobald wir etwas aussprechen, entwerten wir es seltsam. Wir glauben in die Tiefe der Abgründe hinabgetaucht zu sein, und wenn wir wieder an die Oberfläche kommen, gleicht der Was-

sertropfen an unseren bleichen Fingerspitzen nicht mehr dem
Meere, dem er entstammt [...]"[32]

Die Deutung dieser Stelle als „carefully establishing the role
the unconscious is to play in the hero's ‚Verwirrungen'" und
„setting up the Oedipal situation and subtly foreshadowind the
homosexual conflect to come" (Goldgar, S. 122) erscheint daher als sinnverzerrend. Die mathematischen Begriffe der
Unendlichkeit, der irrationalen Zahlen und der Qua-
dratwurzel aus minus eins, die Musil als Symbole für
Törleß' Problem verwendet, weisen auf den philosophischen Charakter dieses Problems hin und stellen eine
Hauptschwierigkeit für die Hypothese eines Freudschen Musil
dar: denn letztere darf solche Begriffe nur als Symbole irratio-
naler Elemente i m I n n e r n des Knaben anerkennen. Da
bleibt dem Interpreten schließlich kaum eine andere Möglichkeit übrig, als in diesem so deutlich e r n s t h a f t e n Aspekt
der Problematik der Hauptfigur eine i r o n i s c h e Absicht
des Autors zu vermuten: „It is ironic that for this youngster the
most intellectual of problems should assume this symbolic
identity!" (S. 127).

Zusammenfassend kann festgestellt werden: Vom Text der
„Verwirrungen des Zöglings Törleß" her ist weder auf einen
Einfluß von Freud noch auf ein Interesse des Autors für dessen
Lehren zu schließen; auch das Tagebuch vermittelt darüber
nichts, während andere Einflüsse unschwer nachzuweisen sind.
Der frühe Zeitpunkt der Romankonzeption macht eine Kenntnis von Freuds Arbeiten nicht wahrscheinlich. Musils Auffassung von der Seele läßt sich nicht mit derjenigen Freuds gleich-
setzen, er unterscheidet sich überdies auf noch entscheidendere
Weise von ihm durch seine dichterischen und philosophischen
Absichten. Diese eigentlichen Intentionen werden durch die ausschließliche Betonung des realistisch-psychologischen Aspektes
des Buches verdeckt.

---

[1] Harry Goldgar. The Square Root of Minus One: Freud and Robert Musil's ‚Törless'. In: Comparative Literature, XVII, 1965,
S. 117—132.
[2] Was nicht stimmt. Vgl. S. 29 dieses Aufsatzes.
[3] Johannes von Allesch, Robert Musil in der geistigen Bewegung
seiner Zeit. In: Robert Musil, Leben, Werk, Wirkung. Hgg. im
Auftrage des Landes Kärnten und der Stadt Klagenfurt von Karl
Dinklage, Wien 1960 (im folgenden abgekürzt „LWW."), S. 133—
142. In den bisher veröffentlichten Aufzeichnungen Musils fehlt
jeder Hinweis auf Freud bis in die späten zwanziger Jahre. Bekanntlich unterzog sich Musil damals, etwa 1928—30, einer (nicht
psychoanalytischen, sondern individualpsychologischen) Behandlung

bei dem mit ihm befreundeten Adler-Schüler Dr. H. Lukács. Von nun
an mehren sich die Hinweise auf Freud, Adler und Jung. Im Tagebuch erfolgen gelegentlich Auseinandersetzungen wie z. B. mit
Freuds Theorie der Träume (vgl. Robert Musil, Tagebücher, Aphorismen, Essays und Reden, hgg. v. A. Frisé, Hamburg 1955 [im
folgenden abgekürzt „T."], S. 349, 6. IV. 1930), mit derjenigen der
Mutterbindung (T. 426 f., 1938—39; vgl. T. 797, 1927), mit der ausschließlich sexuellen Interpretation des Eros (T. 534 f., 14. II. 1940).
Er stellt Überlegungen an, ausgehend von Freuds Werk „Zur Einführung des Narzissmus", das er im Oktober 1932 liest. Zweifellos
erkennt er den therapeutischen Wert von Freuds Methode, die Tragweite seiner Entdeckungen, einzelne positive Aspekte von deren
Wirkung auf kulturellem Gebiet an: vor allen Dingen schätzt er die
geistig und moralisch befreiende Wirkung der psychoanalytischen
Bewegung:
„Die Psychoanalyse hat bewirkt, daß über das Sexuelle (das bis
dahin der Romantik und der Niedrigkeit überlassen war) gesprochen werden könne: das ist ihre ungeheure zivilisatorische Leistung.
Daneben mag es sogar unwichtig erscheinen, welchen Wert (Richtigkeit) sie als Psychologie hat." (T. 573). Er räumt Freud „Erkenntnisse von großer Wichtigkeit" ein, immerhin „vermengt mit
Unmöglichem, Einseitigem, ja Dilettantischem", soweit er ihm seine
eigene „Genauigkeit" als Maßstab anlegt (vgl. Robert Musil, Prosa,
Dramen, Späte Briefe. Hgg. v. A. Frisé, Hamburg 1957 [im folgenden abgekürzt „P."], S. 696; vgl. T. 435). Ohne Zweifel trägt er
Freud nach, daß sein System den Menschen zu einigen von seinen
verallgemeinernden Aspekten reduziert und ihn somit auf ein be-
schränktes Schema festlegt.
Selbstredend bezieht der Satiriker Musil den oberflächlichen, un-
kritischen Massenerfolg der Psychoanalyse als ein bedenkliches
Symptom des Zeitgeistes in seine gesellschaftskritischen Betrachtungen ein; man denke an seinen Spott in der Skizze „Der bedrohte
Oedipus" im „Nachlaß zu Lebzeiten". Er rechnet die Begründer der
Bewegung gewissermaßen zu den „Diktatoren des Geistes" (wie
etwa Kraus, Klages, George, Heidegger), welche den politischen
vorangegangen seien (vgl. T. 398). Er findet das psychoanalytische
Phänomen wichtig genug, um eine Stellungnahme ihm gegenüber
in Gestalt eines Essays zu erwägen (vgl. T. 475). Im Hauptroman
heißt es im Zusammenhang mit Moosbrugger: „Flüchtig erinnerte
er [Ulrich] sich an die Auffassung, daß solche Unglücksgeschöpfe
die Verkörperung unterdrückter Triebe seien, an denen alle teilhaben, die Fleischwerdung ihrer Gedankenmorde und Phantasie-
schändungen: So mochten dann die, die daran glaubten, in ihrer
Art mit ihm fertig werden und ihn zur Wiederherstellung ihrer
Moral justifizieren, nachdem sie sich an ihm gesättigt hatten! Sein
Zwiespalt war ein anderer [...]" (Der Mann ohne Eigenschaften,
Hamburg 1952 [im folgenden abgekürzt „M."], S. 668). Musils Er-
klärung für den Riesenerfolg jener ursprünglich wissenschaftlichen
Theorie, die bald zu einer „Tagesphilosophie" habe werden können,
ist soziologischer Art und erinnert nicht von ungefähr an seine
Reflexionen über das Phänomen des Erfolges eines Thomas Mann,
des Repräsentanten der „Hochbürgerlichkeit mit psychoanalytischem
Seitensprung" (T. 488, vgl. auch T. 337): die Gesellschaft, bei der
Freuds Lehren einen so reißenden Absatz gefunden haben, sei
eben die des Bürgertums, Freuds Enthüllungen unterbrächen auf
willkommene Weise die „Abenteuerlosigkeit" einer auf Ordnung,

Festigkeit, Rationalisierung und auf die traditionellen humanistischen Werte gerichteten Gesinnung (vgl. M. 1162).

4 Die Stelle fehlt in der Ausgabe Frisés (T. 32, vor dem Satz: „... Ich schrieb einst an Valerie..."). Ich danke Herrn Doktor Karl Dinklage, dem Leiter der Vereinigung Robert-Musil-Archiv Klagenfurt, der mir freundlicherweise die Transparentkopien des Heftes 4 zur Verfügung gestellt hat.

5 T. 32.

6 Es zeugt für die Konstanz der Musilschen Thematik, daß dieser Gedanke zwei Jahrzehnte später in dem zentralen Entwurf zum Hauptroman, „Die Reise ins Paradies", wieder aufgenommen wird, und zwar fast in den gleichen Worten: „aber jede Stunde ist das gleiche Loch und gähnende Kind des Todes, das mit schwerem Schotter ausgefüllt werden muß" (M. 1464), sagt Ulrich da zu Agathe nach dem Zusammenbruch des gemeinsamen Experimentes.

7 Vgl. etwa „Das verzauberte Haus": „[...] Leben, das sich lautlos in unaufhaltsamen Kreisen um Viktoria legte [...] wie ein heißer, grauenhafter Leib" (P. 159); „Die Vollendung der Liebe": „Und sie fühlte sich zum ersten Mal undeutlich bis auf den Grund und spürte dieses letzte [...] antlitzlose Gefühl von sich" (P. 193 f.); „Die Versuchung der stillen Veronika": „so unpersönlich könnte überhaupt kein Mensch sein, könnte nur ein Tier..." (P. 207); „Die Schwärmer": „Denn nun ist es wie in der Welt der Hunde. Der Geruch in deiner Nase entscheidet. Ein Seelengeruch! Da steht das Tier Thomas, dort lauert das Tier Anselm. Nichts unterscheidet sie vor sich selbst, als ein papierdünnes Gefühl von geschlossenem Leib (...)" (P. 354).

8 Robert Musil, Beitrag zur Beurteilung der Lehren Machs, Berlin 1908, S. 125.

9 T. 803 (Hervorhebung von der Verf.). Eine spätere Fassung dieser Angaben (T. 808) stimmt, was die Zeit betrifft, mit dieser überein: „1902/1903".

10 LWW. 273.

11 Ebenda, S. 276.

12 Robert Musil, Briefe zum ‚Törleß‘, Wort in der Zeit, 1966, H. 1; S. 36.

13 P. 723, 21. XII. 1906.

14 T. 23—30. Die Wendungen „mitteleuropäische Jännernacht" (T. 24) und „zu Beginn des zwanzigsten Jahrhunderts" (T. 25) dürften wörtlich zu verstehen sein.

15 T. 24—26.

16 Im Manuskript steht: „räthselvoll sprunghaften".

17 T. 29.

18 Ebenda.

19 Vgl. etwa P. 18, 25, 78, 88, 94, 95 f.

20 P. 723 f.

21 T. 808.

22 Ebenda.

23 T. 776.

24 Vgl. dazu W. Braun, The Confusions of Törless, The Germanic Review 40 (1965), S. 116—131; E. Stopp, Musil's ‚Törless‘: Content and Form, The Modern Language Review 63 (1968), S. 94—118.

25 Vgl. LWW. 276.

26 Vgl. in diesem Buche „Drei Briefe Musils an Josef Nadler".

[27] Maurice Maeterlinck, Der Schatz der Armen. In die deutsche Sprache übertragen durch Friedrich von Oppeln-Bronikowski. Florenz u. Leipzig 1898, S. 27.
[28] Ebenda, S. 26 u. 27.
[29] Ebenda, S. 28.
[30] Ebenda, S. 29.
[31] Ebenda, S. 17.
[32] P. 15.

ROBERT MUSIL: DICHTER DER VEREINIGUNGEN

Gerhart Baumann

Robert Musil sinnlich unmittelbar zu erfassen, bereitet beinahe unüberwindliche Schwierigkeiten. Seine Erscheinung weist ihn keineswegs als Dichter aus, vielmehr haben die Zeitgenossen, die seines Umgangs sich erfreuen durften, eher in ihm den Typus des k. u. k. Offiziers gesehen, eine Vorstellung, die später von derjenigen eines wohlhabenden, kultivierten und unaufdringlichen Industriellen abgelöst wurde. Man muß schon über die physiognomische Ausdruckskunst eines Fritz Wotruba verfügen, um aus dem vornehm und verhüllend Unverbindlichen zum Wesentlichen vorzudringen.

Die Erscheinung von Robert Musil deckt sich weder völlig mit dem Ort seiner Geburt, noch mit einer seiner zahlreichen Behausungen; die Rasumofskygasse in Wien, der Kurfürstendamm zu Berlin, das Sterbehaus in Genf — sie besitzen nicht im entferntesten die Bedeutung, die das Haus am Großen Hirschgraben zu Frankfurt für Goethe beanspruchen darf, das Fuchsschlössel in Rodaun für Hofmannsthal oder der Turm von Muzot für Rilke. Robert Musil hat sich selbst zu keiner Landschaft, zu keiner Stadt bekannt; keine vermag sein Wesen gültig zu vertreten; alle Stationen vielmehr seines unruhigen Daseins zusammen vereinigen sich zu einem zwar nicht bindungslosen, aber doch weitgehend vom Topographischen unabhängigen Ganzen. Hier locken keine Möglichkeiten zur Faszination oder gar zur Legende. Darüber hinaus finden sich keine dokumentarischen Eigenschaften, auf die sich dieser Dichter festlegen ließe. Stoffliche Gegebenheiten und örtliche Daten besitzen vielmehr nur Funktionswert. Dennoch darf man die Bedeutung solcher Daten nicht unterschätzen, sind sie doch in der Dichtung selbst verarbeitet worden; außerdem zeitigen sie Verweisungscharakter. Wer einen Blick für Mittelbares besitzt, für das Vermögen, Entlegenes, ja Gegensätzliches zusammenzusehen, wird auch in der Welt dieser Dichtung manchem Vertrauten begegnen, selbst dann, wenn es einen anderen Aggregatzustand angenommen hat.

Immer dort, wo geistiges Bemühen und dichterischer Ausdruck sich niederschlagen, gelangt man bei Robert Musil zu

wichtigen Einsichten: Handschriften, Konzepte, Korrektur-
bogen, Umgang mit Büchern, Dokumente und menschliche
Begegnungen — sie bezeugen, wie restlos, ja zuweilen rücksichtslos das Dasein Robert Musils in seine Dichtung eingegangen ist. Alle sichtbaren Überlieferungen scheinen nichts anderes
zu bezeichnen, als Ausdruckswerte unerschöpflicher dichterischer
Möglichkeiten. Auch das Dokumentarische übt unwiderstehliche
Herausforderung, sich mit der Dichtung auseinanderzusetzen,
das Wagnis des Erkennens auf sich zu nehmen, sich jener Vereinigungen bewußt zu werden, aus denen und in denen das
Werk sich erschließend verschließt und verschließend eröffnet.
Musils Nachlaß erschien zu Lebzeiten und sein Leben er-
schöpfte sich als Dichtung, die sich aus unerschöpflichen Nach-
lässen speist; aus dem Nachlaß des Nachdenkens, der ununter-
brochen Denkenergien spendet.

Das Ungenügen am herkömmlichen Roman, an der geläufigen Art zu erzählen, erscheint nicht neu und keineswegs überraschend. Die Kunst von Laurence Sterne oder von Jean Paul
gibt darauf ebenso ihre schöpferische Entgegnung wie diejenige
von Marcel Proust oder James Joyce, die Theorie eines Friedrich Schlegel nicht weniger als die Traktate von Gottfried
Benn, Überlegungen von Flaubert oder Broch. So verschieden
die jeweiligen Ansätze, so stimmen die Entwürfe doch überraschend in vielem überein; sie vollziehen oder fordern eine
Abwendung von dem, was bis jetzt vorzugsweise als erzählens-
wert gegolten, gleichzeitig suchen sie dasjenige zu bewältigen,
was sich bisher weitgehend dichtendem Zugriff und der Betrachtung entzogen hatte. Dieses neue Verfahren zu erzählen,
verdrängt das Deskriptive sowie das Selbstverständnis des Erzählers. Es begnügt sich mit sparsamen Andeutungen von Landschaft und Milieu, von soziologischen Verhältnissen, konsequen-
ter Bildung und Tätigkeit. Dagegen werden die geistigen Akte
erforscht, die unwägbaren wie unaufhebbaren Widersprüche,
das Labyrinth der Motivationen, die persönlichen und allgemeinen Beziehungen, die variablen Vorstellungen und wechselnden Entwürfe, die wenigen bestimmten und die zahlreichen
unbestimmten Gefühlsregungen. Nicht allein die Auseinandersetzungen mit der Welt werden wesentlich, vielmehr die fortwährend Neueinstellungen des Ich zum Nicht-Ich, zum Ich
selbst; weiten Raum beanspruchen die in „Einsamkeit geführ-
ten Selbstgespräche", der Saugraum der Stille, das Halbge-
dachte, das beredte Schweigen. Die Forderungen und Notwendigkeiten, welche Virginia Woolf in ihrem wegweisenden Vortrag „The Narrow Bridge of Art" (1927) eindringlich prokla-

miert hatte, fanden sich bereits in der Dichtung von Robert Musil beispielhaft eingelöst. Ihre Optik legt jenseits kausaler und zweckbedingter Verknüpfungen jene inneren Zustände frei, welche eine einzigartige Erregtheit hervorrufen, demgegenüber der „gewöhnliche Affekt oder die gewöhnliche Aktualität erlebter Zustände" vergleichsweise etwas Peripheres behalten, das nicht ans Innere reicht; die Empfindungen, deren sich diese Dichtung bemächtigt, „weisen nicht auf Dinge außerhalb des Ichs, sondern bedeuten innere Zustände; die Welt wird nicht als ein Zusammenhang dinglicher Beziehungen erlebt, sondern als eine Folge ichhafter Erlebnisse." Man braucht, um sich eine Vorstellung dieser Dichtung zu bilden, nicht einmal an die mystische Literatur zu erinnern, denn eben dies unterscheidet sie von der Mystik, „daß sie den Anschluß an das gewöhnliche Verhalten nie ganz verliert, sie erscheint dann als ein unselbständiger Zustand, als eine Brücke, die vom festen Boden sich so wegwölbt, als besäße sie im Imaginären ein Widerlager". (II, 682/83) Nach dem „Törleß" folgt Musil zunehmend dem Prinzip, daß „die Geschichte, die ... erzählt werden sollte, nicht erzählt wird" (I, 1640).

Von Anfang an durchdringt Robert Musil jene gängigen Verhältnisse, welche durch Gewöhnung bedingt sind, und gewahrt die Bedingungen, die zur Gewohnheit führen. Musil erkennt, daß das Tun des modernen Menschen sich zunehmend auf Reaktionen beschränkt; dieser „formt sich in den Formen der Gesellschaft ... Er wird geformt durch die Rückwirkungen dessen, was er geschaffen hat" (I, 1614). Musil enthüllt die „lebenserleichternden Formen und Formeln", mit denen sich ein unaufhörlicher Ausgleich vollzieht zwischen dem Individuum und seiner Umgebung; sie erzeugen eine Reihe von Illusionen und bewirken noch jene Folge von Gewohnheiten, die dem Individuum ungeachtet unablässiger, eingreifender Veränderungen das Bewußtsein seiner Identität verleiht. Dieses reibungslose, selbstverständliche Gewohnheits-Dasein vermittelt das Gefühl des Verläßlichen, bedingt freilich eine Einbuße an Empfänglichkeit und zeitigt eine Gelassenheit des Ich, die allerdings eine Verarmung bewirkt, eine unwillkürliche Vereinfachung bedeutet; zugleich vollzieht sich eine Verfestigung flüchtiger und unberechenbarer Vorstellungen, nicht zuletzt in der perspektivischen Ordnung eines gleichermaßen vielfältigen wie verwirrenden Mit- und Gegeneinander zu einem abgeklärten, beruhigenden Nacheinander. Musil begnügt sich nie mit starren Begriffen und Normen, an denen „das Netz der Hunderte moralischen Einzelentscheidungen, die jeder Tag fordert, befestigt wird" (II, 782).

Die Dichtung Musils entdeckt gleichermaßen selbstverständlich wie schonungslos, wie viel aus Vermutungen und wie wenig aus Einsichten hervorgeht. Sie zeigt, in welch erstaunlichem Grade das Dasein hypothetisch erfahren und gelebt wird. Jede Gegebenheit vereinigt sich unwillkürlich mit Annahmen, Vorurteilen, einem Vorverständnis, und jede Äußerung wird von einem in entgegengesetzter Richtung verlaufenden Gedankengang begleitet. Man begegnet weniger dem Tatsächlichen als dem schon vorweg Angenommenen und Ausgelegten, und jedes Verhalten resultiert nur zum verschwindenden Teil aus einer unmittelbaren Einstellung oder Begründung, als vielmehr aus einem Akt des Glaubens, der Phantasie, des Unterstellens. Dieser zum voraus ausgebreitete Raster von Hypothesen und Regeln, der so selbstsichere Zuordnungen und verläßliche Entscheidungen erlaubt, erweist sich für den Tagesablauf ebenso unentbehrlich wie für das erforderliche Maß von Selbstsicherheit; denn das private wie öffentliche, das „alltäglichste Leben — der Weg an einem Bettler vorbei, die Freundlichkeit oder Unfreundlichkeit zu einem Untergebenen, die Wahl eines Vergnügens — ist voll Entschlüssen, deren jeder mehr als Jahre erfordern würde, sollte ihn die Vernunft zweifelsfrei begründen. Außerdem kommt ja jeden Tag der Augenblick, wo der Mensch die Hände in den Schoß legen muß, und dann fällt sein Tun wie Asche in eine bodenlose Leere, würde es nicht zusammengehalten von der Sicherheit, das Rechte getan zu haben und bloß zwischen zwei Füllungen leer zu sein, wie ein Gefäß, mit dem geschöpft wird. Der Mensch ist deshalb auch ein weitaus interessierter Metaphysiker, als er gemeinhin heute zugibt. Ein dumpfes Begleitgefühl seiner sonderbaren kosmischen Situation verläßt ihn selten. Der Tod, die Winzigkeit der Erde, das Fragliche der Ich-Illusion, die mit den Jahren aufdringlicher werdende Sinnlosigkeit des Daseins; das sind Fragen, die der gewöhnliche Mensch mit Spott abweist, und die er dennoch wie die Wände eines schwarzen Raums sein ganzes Leben umschließen fühlt."[1]

Musil verschmäht es, den Menschen einer vereinheitlichenden Zentralperspektive zu unterwerfen (wie er auch die zeitlichen Verhältnisse nicht vereinfacht), vielmehr zeigen die „Vereinigungen", wie jedes Ich-Aggregat sich aus widersprüchlichsten Elementen und Regungen bildet; es vereinigt Gegensätze, die unvereinbar scheinen; dies verleiht den Gestalten das erregend Naturwahre; die Wahrheit des Paradoxen gestaltet sich; demgegenüber muß sich jedes restlos Fixierte widerspruchslos als hilflose Konstruktion ausnehmen.

Musil erfaßt nicht allein das faßbar Oberflächliche von Leidenschaften, Schwächen und Verwirrungen, vielmehr versucht er die widersprüchlichen Gedankengruppen zu ermitteln, welche die Erfahrungen zusammenfassen, die wechselwirkenden Synthesen aufzuspüren, welche aus den Gefühlsspannungen hervorgehen, die überraschenden rückwirkenden Bedeutungen und Bewußtseinsfluchten zu verfolgen. Die „Realität" gibt dabei nur den „Vorwand" ab. Musil weiß, daß Vermutungen, Begierden, Bedenken immer zugleich das Abwesende berufen, das Gegensätzliche unwillkürlich einschließen; Erinnerungen und Verlangen, Entwürfe und Rücksichten lösen nicht nur Hoffnungen und Sorgen aus, sie bilden auch die entscheidenden Lebensbewegungen und verdichten diese zur Selbstverwirklichung. Denken und Vorstellen gewährt die Möglichkeit, unabhängig von zeitlichen und räumlichen Bindungen sich auszuleben, jenes Individuelle zu verwirklichen, das sich in intellektuell-emotionalen Impulsen äußert, im Spiel der Einbildungskraft und im Widerspiel von Gefühlsregungen, die sich nie völlig ausgestalten und nicht in angebbaren Bedeutungen aufgehen. Demgegenüber eignet bloßen Handlungen etwas Unpersönliches; sie bieten das Resultat, das flache Ergebnis einer oft abgründigen Verfassung. Zwischen Fühlen und Verhalten indessen, den nachprüfbaren Ausdruckswerten, willkürlichem Meinen und eigensinnigem Vermuten, vollzieht sich etwas kaum Benennbares und dennoch Entscheidendes: Erregungszustände, die aus Angezogenwerden und Sich-Abgestoßen-Fühlen resultieren, schmerzliche Lust mit beglückendem Erleiden vereinigen, das Ich restlos und rastlos durchdringen; demgegenüber bleiben die gewöhnlichen Affekte oder das aktuelle Erleben punktuell. Dennoch verhält es sich so, „daß der Mensch bei sehr vielen und gerade den persönlichsten Handlungen nicht von seinem Ich geführt wird, sondern dieses mit sich führt, das auf der Lebensreise eine Mittelstellung zwischen Kapitän und Passagier innehat" (II, 715). Diesem Eigentümlichen, das sich zwischen Körperlichkeit und Geist, Wesentlichkeit und Zufall, Lockung und Zwang verhält, sucht die musilsche Dichtung gerecht zu werden, demjenigen, das „nicht mehr bloß sinnlicher Eindruck" bleibt und noch nicht „Inhalt deutlicher Begriffe" bildet (II, 715/16).

Die Einsätze zu den „Vereinigungen" verdichten diesen Vorgang des wechselseitigen Ausgestaltens beispielhaft. Scheinbar zusammenhanglose Einfälle und gleichermaßen unzerreißbare wie unwillkürliche Assoziationen erzeugen eine Feldspannung: was geschieht, erscheint von Anfang schon beschlossen, zum voraus vollzogen. Was Eigenheiten und Schwierigkeiten der Musil-Gestalten bestimmt, offenbart sich zwingend: sie verfügen nicht allein über den verbreiteten Sinn für „wirkliche Möglichkeiten", sondern besitzen auch den ungleich selteneren für „mögliche Wirklichkeiten" (I, 17). Dieser bleibt freilich weniger zielsicher, dafür begünstigt er das Vermögen, zu kombinieren, aus zahllosen Lösungsmöglichkeiten eine denkbare Wirklichkeit zu differenzieren. Das Nichtgeschehen gesellt sich ebenbürtig zum Geschehen; Ferne und Nähe erscheinen relativ; das gilt gleichermaßen für die zeitlichen Dimensionen wie für die räumlichen. Bleibt in den widersprüchlichen, heterogenen Zufälligkeiten eines Augenblicks alles vollendet-unvollendet, so täuscht auch im zielbewußten und vorverstandenen Nacheinander der Ausgang immer nur ein Ende vor. Stets verbindet sich zwar dem Geist Anfängliches mit Endgültigem, — aber nur im Akt einer bedingungslosen Vereinfachung läßt sich das eine vom andern absondern, denn dem Geiste bleiben unwiderrufliche Auflösungsbeschlüsse fremd, und jeder Gedankenzug überholt unwillkürlich den vorhergehenden. Fortwährend entlockt der Geist der Einbildungskraft alle erdenklichen Vorstellungen, jene Begierden und Besorgnisse, die unablässige Bewegungen auslösen; diese folgen jedoch keinem kausalen Prinzip, sondern der „Logik des Analogischen" (II, 659), einer diffusen Bewegtheit, die dennoch nicht zerfließt, sondern präzise Bahnen beschreibt und von hellsichtigem Bewußtsein begleitet wird; die „möglichen Wirklichkeiten" lassen an Prägnanz die Gegebenheiten weit hinter sich, vor allem jedoch wirken sie mit unvergleichlicher Anziehungskraft.

Zwischen Hier und einem Dort, Gesagtem und Verschwiegenem, Greifbarem und Unbegreiflichem pendelt die Aufmerksamkeit hin und her. In der „Vollendung der Liebe" beginnen die beiden von einem Buch zu reden, aus dem Bedürfnis „nichts von sich zu sprechen", und während sie davon handeln, blicken sie eigentlich woanders hin und nach einer Weile kehren ihre Gedanken über diesen Vorwand hinweg wieder zu ihnen zurück. Man lebt etwas anderes, als was man spricht, und denkt etwas anderes, als was man annimmt; was man hartnäckig erstrebt, unterscheidet sich beträchtlich von dem, was man vorgibt. Johannes in der „Versuchung der stillen Veronika" versucht das Unbestimmbare eines gemeinsamen Gefühls faßbar zu machen. „Aber wie er es aussprach, war es ein entwerteter Begriff und sagte nichts von dem, was er meinte"

(III, 201). Was er meinte, „war vielleicht nur das unbegreiflich Hergekommene von etwas noch Abwesendem", aber gerade daraus empfängt man Bestimmung und Richtung.

Die novellistischen Dichtungen Musils bieten den schwierigsten aber ergiebigsten Einblick in Geist und Struktur. Erzeugt eine „langhin alles an sich saugende" geistige Erregung den Roman, so verdichtet sich eine „plötzliche und umgrenzt bleibende" zur Novelle (II, 684). In einer jähen Erschütterung vertieft sich die Welt, und eine bedeutsame Wendung vollzieht sich. Das Konstruierte dieser Novellen mag sonderbar anmuten, ja befremden, doch dient es der Steigerung und Verdichtung, indem das Willkürliche das Notwendige zeitigt. Reichtum und Ergiebigkeit der Möglichkeiten, das Abenteuer des Unerhörten, scheinbar Unvereinbares — alles drängt sich auf engstem Raum. Was geschieht, erscheint widerwärtig, ein Fast-Nichts, das doch Alles ist. Darstellen und Nachdenken erreichen ein Optimum an Wesentlichkeit, die „Demonstration des moralischen Spektrums mit den stetigen Übergängen von etwas zu seinem Gegenteil" (II, 811/12). Die Durchführung besitzt jene „logische Evidenz", die daher rührt, „weil die Logik ihre Wurzeln im Gefühl hat und die Evidenz das Charakteristikum des Gefühls ist" (II, 79).

Welche Zwischenwerte Musil auf dem „Weg des allmählichsten, unmerklichsten Übergangs" zu differenzieren vermag, wie Erregendes und Eintöniges sich durchdringen, offenbart Viktoria schon im „Verzauberten Haus": wie alles „noch Ahnung" ist, alles noch gesichtslos bleibt, gespannte Erwartung, erscheint ebenso eindringlich wie das Alltagsleben, das sich über stärkere Eindrücke legt und sie „verwischt, wie ein matter dauernder Wind Spuren im Sand". Nirgends „setzte sich eines klar vom anderen ab; sie hatte ein unklares, fließendes Gefühl von sich selbst und wenn sie sich innerlich betastete, fand sie nur den Wechsel ungefährer und verhüllter Formen, unverständlich, wie man unter einer Decke etwas sich bewegen fühlt, ohne den Sinn zu erraten" (II, 150/51). In diesem beinahe unpersönlichen Selbstgefühl und einem beziehungslosen Geschehen, das lautlos, „ein zäher Ekel durch die Welt" kriecht, brechen plötzlich Erschütterungen und Selbstbesinnungen auf. Hinter dem Zwielicht widerspruchsvoller Einbildungen taucht plötzlich ein gebieterisches Jetzt auf; man sieht sich mit wirklichen Menschen verknüpft, „und mit einemmal kommt ein Augenblick, wo es einen umfängt . . ., man möchte zurückspringen und fühlt erstarrt von allen Seiten die Welt geschlossen und ruhig auch um diesen Mittelpunkt stehn . . ." (III, 183).

Keine Frage vereinfacht sich zu einer eindeutigen Antwort, das verwirrend Gleichzeitige fügt sich nicht einem selbstzufriedenen Nacheinander — wenn dieses sich einzustellen scheint, bleibt es bloße Annahme —, die jeweiligen Dichtigkeitsgrade lassen sich keineswegs unwiderruflich bestimmen, Beziehungen nicht unzweifelhaft einander zuordnen. Wieviele Widersprüche sich in jedem Moment übereinander und gegeneinander spannen, welche gegensätzlichen Gedankenbahnen sich berühren, wie unberechenbar die Einfälle, wie verwechselbar gegenwärtiges Erinnern und erinnerte Gegenwart, wie Vertrautes entfremdet, Fremdes in vertrauliche Nähe rückt, wie Wollen und Müssen, Fühlen und Verhalten einander widerstreben, — das belegen jene Zustände, in den „Vereinigungen", die ebenso komplex wie klar erfaßt sind: das Lockende des Wartens auf etwas, das sich vollenden soll. Indem man auf etwas Gewisses und doch nicht Bestimmtes wartet, erreicht die Erwartung das eigentümlich Erregende, welches allen Musil-Dichtungen einen wesentlichen Spannungszustand verleiht, vom „Törleß" bis zu den letzten Entwürfen zum „Manne ohne Eigenschaften". Ein beinahe unerschöpfliches Spiel der Einbildungskraft wird von diesem Erwarten entbunden; Drang und Widerstand, Hingabe und Hemmung, der Sog der Lockung und die Bleischwere der Verzweiflung; man erinnert sich, um zu vergessen, und im Vor-Erinnern sucht man sich seiner ganz bewußt zu werden. Die Zeit selbst verhält sich in diesem Spannungszustand regungslos, „von unsichtbaren Quellen gespeist, wie ein uferloser See ohne Mündung und Abfluß". Vor solchem Horizont glitt durch Claudines Bewußtsein „ein Gedanke, ein Einfall, ... und wie es an ihr vorbeizog, erkannte sie die Erinnerung darin an lang versunkene Träume ihres früheren Lebens ... — und währenddessen begann es schon zu entschwinden und schrumpfte ein und aus der dunstigen Unklarheit der Weite hob sich ein letztesmal, wie gespenstisch klar geknotetes Stangen- und Tauwerk eins nach dem andern darüber hinaus, und es fiel ihr ein, wie sie sich nie wehren gekonnt, wie sie aus dem Schlaf schrie, wie sie schwer und dumpf gekämpft, bis ihr die Kraft und die Sinne schwanden ..., und dann war es vorbei in der wieder zusammenfließenden Stille war nun ein Leuchten, eine veratmend zurückstreichende Welle, als wäre ein Unsagbares gewesen ... und da kam es jetzt plötzlich von dort über sie — wie einstens diese schreckliche Wehrlosigkeit ihres Daseins hinter den Träumen, fern, unfaßbar, im Imaginären noch ein zweitesmal lebte — eine Verheißung, ein Sehnsuchtsschimmer ..., ein Ichgefühl, das — von der fürchterlichen Unwiderruflichkeit ihres Schicksals nackt, ausgezogen, seiner selbst entkleidet — während es taumelnd nach immer tieferen Entkräftungen verlangte, sie dabei seltsam wie der in sie verirrte, mit zielloser Zärtlichkeit seine Vollendung suchende Teil seiner Liebe verwirrte, für die es in der Sprache des Tags und des harten, aufrechten Ganges noch kein Wort gab" (III, 179/80).

In scheinbar steuerlosem Treiben gewahrt man eine suchende Unruhe, ein aus Anlagen und Umständen verflochtenes Gefühlsgestrüpp, das es erschwert, treibende Leidenschaften zu erkennen; vor allem aber wird deutlich, wie man beständig gezwungen wird, auch gegen sich zu leben, wie man selbst dann, wenn man scheinbar ohne Zwang sich gehen läßt, einem fortwährenden Gegendruck ausgesetzt bleibt. Ahnungen, Widersprüche, wechselnde Aussichten werden von Tagträumen überlagert; aber alle Ereignisse und Vorstellungen zeigen an den der Oberfläche zugewandten wie abgewandten Seiten dasselbe. Die Erscheinungen, so vielbezüglich und abhängig sie auch sind, bergen gelöste Wirklichkeit, denn jedes Sein äußert sich nur im Erscheinen. Die Außenwelt hört keineswegs an der Haut auf, und die Innenwelt leuchtet „nicht bloß durch das Fenster der Überlegung" hinaus, vielmehr vereinen sich beide „zu einer ungeteilten Abgeschiedenheit und Anwesenheit" (I, 395/96). Unwillkürlich läßt sich die Gewohnheit verfolgen, mehreres zugleich zu denken; oft wird ein Gedankenkreis von einem anderen überkreuzt oder halb verdeckt, was zuweilen verwirrt, Interferenzen bewirkt, andererseits ungewöhnliche Kombinationsmöglichkeiten zeitigt, Vorzüge und Nachteile, wie sie leichten Bewußtseinsspaltungen geläufig sind. Das eigentümliche Miteinander von Irrtümern, die sich gegenseitig aufheben, von Vermutungen und Haltungen, die nebeneinander existieren und eine Ungewißheit hervorrufen, begünstigt jene Doppelexistenzen, welche die Musil-Gestalten vom „Törleß" an seltsam beunruhigen; sie erfahren etwas anderes als sie erfassen, unvereinbar scheinen oft Gesichte und Erkenntnisse; Worte offenbaren dann nichts oder vielmehr sie sagen ganz anderes, „so als ob sie zwar von dem gleichen Gegenstande, aber von einer anderen, fremden, gleichgültigen Seite desselben redeten" (III, 70). Alle aber erwarten, einmal an jenes Ende zu kommen, an dem sich „hinter zerteilten Nebeln Klarheit oder Leere" zeigen (I, 1346) — das bestürzende Kafka-Thema. Gleichermaßen beruft Musil aber auch jenes Verhältnis auswegl_oser Befangenheit, dem die Gewohnheiten des Bewußtseins zugrunde liegen, die „wechseln, aber in irgendeiner Verbindung immer da sind und die Schablone bilden, durch alle

Wahrnehmungen hindurchgehen, ehe sie zu Bewußtsein kom-
fen, so daß in gewissem Sinne immer das Ganze, das man zu
erleben glaubt, die Ursache von dem ist, was man erlebt"
(I, 1400).

Solche Dopplungen und Differenzierungen bewältigt Musil
mit phantastischer und pedantischer Genauigkeit (vgl. I, 254).
Vornehmlich greift er Vorwürfe auf, die an ein Fast-Nichts
anknüpfen, freilich an jenes musilsche Nichts, das „doch alles"
ist (III, 226); was ihn zu erzählen drängt, sind jene Einfälle,
die „in der geringsten Menge von Geschehen ein Äußerstes an
inneren Vorgängen" enthalten (I, 1403). Das Zugleich von
Affekt und Logik, Einbildungskraft und Calcul, bewußt Un-
wirklichem und traumhaft Wirklichem, von Evokationen des
Möglichen und Vermutungen über die Gegebenheiten, zeitigt
eine eigentümliche „Gedankenlyrik", die Gegensätzliches vereinigt (II, 586). Musil verleiht seinen leitenden Gestalten die
seltene Fähigkeit, Existentes als nicht existent sich vorzustellen,
dem nicht Existierenden hingegen die Schlagkraft einer vollen
Wirklichkeit zu verleihen. Genau erinnern sie sich an Vergan-
genheiten, die nie gewesen, während naheliegende Ereignisse
sich ihnen unbegreiflich entziehen. Ihre Wünsche wiederum
eilen so weit voraus, daß sie deren Erfüllung nicht abwarten,
wohl aber eine Lösung voraussetzen. Vor allem aber erzeugt
das Verhältnis von Bestimmtem und Unbestimmtem unablässig ein erregendes Widerspiel. Vieldeutiges steht neben Ein-
deutigem, Absichten erheben sich gegen das Ziellose; der Stim-
mungszustand einer umfassenden Bereitschaft enthält sich jeder
Bestimmung, so daß nichts geschieht und nichts sich ändert.
Dann aber engt sich dieses Verhalten ein, das Geschehen übt
unwiderstehliche Anziehung und fordert zwingend eine Entscheidung. Dabei vermag selbst das Noch-Ungewisse einen
Grad von durchdringender Deutlichkeit zu erreichen. Aber
auch diese Verhältnisse lassen sich auf kein untrügliches Entweder-Oder festlegen; es entfalten sich vielmehr kaum un-
terscheidbare Zustände, in denen man nicht handelt, aber auch
nichts hindert, in denen die Gedanken immer weiter wandern,
zu müde, um umzukehren; eine „Abenteurertraurigkeit" verbreitet sich, „jene Wehmut der Handlungen, die man nicht
ihrer selbst halber sondern tut, um sie getan zu haben" (III,
186), Handlungen, die unter sich selbst stärker verknüpft sind
als mit demjenigen, welcher sie vollzieht. Es enthüllt sich das
Abenteuer eines andern Menschen, den man in sich birgt, auf
welchen man wartet in unfaßlichem Beteiligtsein und gleich-
zeitigem lässigen Abseitsstehen. Man kann Handlungen als sich

nicht zugehörig empfinden, und über den eigenen Sprachton erschrecken. „So wenig weiß man, was man weiß, und will man, was man will." (II, 291) Dies führt mitunter zu jener Regungslosigkeit, in der man inmitten der Geschehnisse versonnen verharrt, während wiederum ereignislose Augenblicke, lautlose Pausen, nicht selten äußerste Erregungszustände wachrufen. So kann es nicht erstaunen, daß man etwas anderes fühlt als was man tut, daß man etwas anderes erreicht als was man erstrebt, daß Sehnsüchte Abscheu erregen, Wünsche Angst auslösen und eine zerstörende Lust erzeugen. Anstelle der handfesten Formel von Gut und Bös ist die Anziehungskraft des Glaubens und das Abstoßende des Zweifels getreten, anstelle angeblich absoluter Wertungen Funktionswerte. Starre Begriffe werden von pulsierenden Vorstellungen abgelöst, voreilige und unbedingte Gleichsetzungen weichen dem gleitenden Analogischen.

Die Dichtung Musils läßt wie kaum eine andere erkennen, daß die „Welt, in der wir leben und gewöhnlich mitagieren, diese Welt autorisierter Verstandes- und Seelenzustände" nur den „Notersatz" abgibt für eine andere, „zu der die wahre Beziehung abhanden gekommen ist. Zuweilen fühlt man, daß von all dem nichts wesentlich ist, für Stunden oder Tage zerschmilzt es in der Glut eines andren Verhaltens zu Welt und Mensch ... In jedem Augenblick erstehen alle Dinge neu; sie als feste Gegebenheiten zu betrachten, erkennt man als inneren Tod" (II, 662). Mit jedem Augenblick falten sich die Ich-Dispositionen weiter oder enger aus, erscheinen diese oder andere Züge belichtet, Gesichte, die sich zuweilen bis zum Unvergleichlichen voneinander entfernen, besonders wenn jenes empfindliche Gleichgewicht gestört wird, auf dem für das Ich das Bewußtsein seines Wertes und seiner Bedeutung ruht; nicht nur der Ausgleich, den es unablässig für sich zu vollziehen hat, erscheint dann bedroht, sondern auch die Einstellung zum Nicht-Ich und zur Mit-Welt. Vernichtung und Entrückung bieten sich an: „Ein wenig Ermüdung, ein wenig Gift, ein wenig Übermaß an Erregung, und der Mensch sieht und hört Dinge, an die er nicht glauben will, das Gefühl hebt sich, die Welt gleitet aus ihrer mittleren Lage in einen Abgrund oder steigt beweglich, einmalig, visionär und nicht mehr begreiflich an!" (I, 1404)

Im Spiegel sucht man denjenigen zu erkennen, den man für die Anderen ist oder denjenigen, den man sein möchte. Eigensinnig müht man sich ab, die eigene Erscheinung zu konstruieren, einer leitenden Vorstellung anzugleichen und dieser Konstruktion alles zu unterwerfen; das Unfaßbare und Fließende

zu fixieren, so lange bis der Wille erlahmt und die Gefühls-
erkenntnis abblättert. Da man sich immer wieder abhanden
kommt, sind es äußere Dinge, an denen man sich festklammert;
sie müssen die Identität beglaubigen, ein gleichermaßen un-
entbehrliches wie bedenkliches wechselseitiges Abhängigkeits-
verhältnis. Wird dieses von Zweifeln zersetzt, versagen Selbstgewißheit und Weltvertrauen, hat man die Welt nicht schon im
Blick, bevor man sie fixiert, dann zerfällt diese Welt in sinnlose Einzelheiten, ein „Durcheinander, Ineinander und Nebeneinander, ein Wirrwarr von bahnenziehenden Mittelpunkten"
(III, 291); umgekehrt gelingt es dem wachen Geist, Chaoti-
sches, Zusammenhangloses sinnvoll zu ordnen; aus regellosen,
zerbrochenen Flächen bildet sich ein Kreis, Verwirrungen klä-
ren sich zu unangreifbaren Überzeugungen.

Erweist sich jeglicher Augenblick als vielwertig, als Zuordnung verschiedener Gedanken- und Vorstellungskreise, von
Vermutungen und Erwartungen, Vereinigung entgegengesetzter Regungen und widerwilliger Bemühungen, Spannungszustand von noch Abwesendem und doch schon Vorhandenem,
so weiß Musil wie Marcel Proust, was Diderot schon
virtuos ausgestaltet hatte, daß das Individuum eine Reihe von
Individuen bildet, eine Abfolge von Veränderungen und Inkon-
sequenzen vorstellt, eine verwirrende Komödie des Austauschs,
eine unaufhaltsame Bewegung, die sich zuweilen nur durch
das Widerstreben bemerkbar macht, mit dem man sich diesem Prozeß zuweilen entgegenstemmt. „Man geht täglich zwischen bestimmten Menschen oder durch eine Landschaft, eine
Stadt, ein Haus und diese Landschaft oder diese Menschen
gehen immer mit ... Aber einmal bleiben sie plötzlich mit
einem leisen Ruck stehen und stehn ganz unbegreiflich starr
und still, losgelöst in einem fremden, hartnäckigen Gefühl.
Dann hat man eine Vergangenheit. Angesichts dieser unab-
lässigen wie unheimlichen Veränderung ergeht es früher oder
später allen wie Claudine in der „Vollendung der Liebe": sie
fühlt „einen sonderbaren Widerstand diesen Vorgang zu begreifen; und vielleicht erlebt man die großen, bestimmenden
Zusammenhänge nur in einer eigentümlich verkehrten Vernunft, während sie nun bald die Leichtigkeit nicht verstand,
mit der sie eine Vergangenheit, die einst so nah um sie gewesen war wie ihr eigener Leib, als fremd empfinden konnte,
bald wieder die Tatsache ihr unfaßbar schien, daß sie überhaupt je etwas anders gewesen sein mochte als jetzt ..., aber
der Platz, wo man früher war, ist jetzt so eigentümlich leer,
oder man braucht sich bloß vorzustellen, gestern habe ich dies

oder jenes getan: irgendeine Sekunde ist immer wie ein Abgrund, vor dem ein kranker, fremder, verblassender Mensch zurückbleibt, man denkt bloß nicht daran." (III, 185) Dennoch entsteht aus allen verlorenen Ichs das Bewußtsein eines zusammengehörigen Ganzen. Die Gewohnheit und die langsame Veränderung, die kaum merklichen Übergänge verbürgen das Bewußtsein der Identität. Je vielfältiger man sich abwandelt, desto überzeugter wird man von sich selbst, eine Erfahrung, zu der sich Malte Laurids Brigge von Rilke bekennt[2]; denn so wenig man sich auch über Jahrzehnte hinweg gleicht, so lebt man doch aus fortgesetzten Angleichungen, in einer Gleichgültigkeit, einem „Gehaltenwerden vom eigenen Widerhall", „der jedes Wort auffängt und bis zum nächsten verlängert, damit man nicht hört, was man nicht ertragen könnte, — den Zwischenraum, den Abgrund . . ., in den man von dem Gefühl von sich fortsinkt, irgendwohin in das Schweigen zwischen zwei Worten, das ebensogut das Schweigen zwischen den Worten eines ganz anderen Menschen sein könnte" (III, 193).

Dieses Verhältnis des Ich zu sich selber, die unaufhörliche Veränderung im scheinbar unveränderlichen Ich, der Vor-Tod im Leben, hat sich seit Heraklit dem Bewußtsein eingeprägt. Plutarch beruft sich auf den Ephesier, wenn er ausführt: „Ein und dasselbe ists immer, das in uns wohnt, als Lebendes und Totes, als Waches und Schlafendes, als Junges und Altes: doch in denselben Fluß steigst du nicht zum zweitenmal . . . keiner ist und keiner bleibt der gleiche . . . wir sind immer andere: wir werden viele . . ."[3] Platon, Seneca, Montaigne, Diderot und Goethe, Mach und Hofmannsthal haben dies bedacht, und dieses Beispiel belegt, daß es Musil weniger um Entdeckungen des Denkens geht, wohl aber gelingt es ihm, „Denkerschütterungen" zu gestalten und ihnen die Evidenz von „Gefühlserkenntnissen" zu verleihen. Die „hochgespannten Seelenzustände", welche sich exemplarisch zu den „Vereingungen" verdichten, offenbaren zugleich das „labile Gleichgewicht". Ist doch schon „mit dem ersten Nachgeben" die „ganze Disposition vernichtet, man ist nicht um den einen Schritt, sondern ganz ein anderer." (II, 104) Dabei kann man sich gleichermaßen über das Tiefgreifende dieses unheimlichen Vorgangs wundern, wie über die Leichtigkeit, mit der das Ich verschiedene Gestaltungen annehmen kann.

Während das Ich sich mit jedem Augenblick verflüchtigt und wieder verdichtet, sich aufgibt und sich zurückgewinnt, während es für die andern dasselbe bleibt, sich selbst verändert, denkt es keineswegs punktuell, vielmehr in übergreifenden

Zusammenhängen, und selbst was als unmittelbares, impulsives Handeln erscheint, fixiert flüchtig einen langen Entwicklungsprozeß. Alles bleibt eingebettet in Verhältnisse, die das Ergebnis aus älteren Vorgängen vorstellen. „Jede Gegenwart ist gleichzeitig schon hier und noch um Jahrtausende zurück" (II, 664). Der Horizont dieser „Gegenwart" umsäumt die „Vereinigungen" eindrucksvoll. Nichts entzieht sich unwiderruflich der Einbildungskraft; unbeweglich breiten sich die Zeitdimensionen aus, erstrecken sich in die Ferne; jede Begegnung wirkt fort, alles verflicht sich mit allem. Mit einemmal fallen Erinnerungen ein, „heiß und noch lebendig" (III, 210). Ein „sonderbares Zukunftsgefühl" regt sich plötzlich, als ob längst Verflossenes noch lebte (III, 177). Erinnerungen vereinigen sich unwillkürlich mit Ahnungen, Melancholie begegnet dem Reiz der Erwartung, und das Bewußtsein des Vergangenen bewahrt zugleich das Zukünftige. Dem Rückgriff des Nachdenkens entspricht der Vorgriff des Wollens. Immer bleibt das ganze Zeitfeld zwischen Nochnicht und Nichtmehr ausgefaltet, nur entzieht sich manches dem jeweiligen Augenblicksbewußtsein. Deshalb gibt es auch kein unwiderrufliches Ende, jeder Abschluß ist eine — wenn auch notwendige — Vortäuschung. Hingegen verräumlicht Musil jene reglosen Stunden, vollzieht er „die Chronolyse des Raums", die der Verräumlichung des Nacheinander entspricht, von der Paul Valéry handelt[4]. Die Spannung zwischen Vorerleben und Erleben, Erinnern und Vorerinnern äußert sich sinnfällig, beansprucht breiten Raum; drängendes Vorgefühl, die Vorstellung des Augenblicks..., wo es geschehen sein würde (III, 186), das jäh auflichtende Wissen, „daß es früher zweimal in solcher Weise begonnen hatte" (III, 176). Es kommt zu einem nicht selten verwirrenden Zugleich von Jetzt und Damals; es bezeichnet sich darin eine charakteristische Wiederholungstendenz, Zeugnis dafür, daß es Variationen einer Grunderfahrung sind, die dem Ich wiederbegegnen; dieses bestätigt sich im Wiedererkennen, beispielhaft in der „Versuchung", die Veronika erneut widerfährt: „Und dies war dies von damals, gerade dieses sonderbar heiße Erschrecken war es, an dem sie jetzt plötzlich alles wiedererkannte. Denn man weiß nicht, woran man es fühlt, aber sie spürte es, daß sie jetzt, nach Jahren, in genau der gleichen Weise erschrocken war wie damals" (III, 211). Man spürt nicht, ob etwas bleibt, wohl aber weiß man, was wiederkommt.

Durch Jahre hindurch flechten sich Gefühlszusammenhänge; Wahrnehmungen, Konstellationen breiten sich mit gewisser Regelmäßigkeit aus. Zu den Wahrnehmungen gesellt sich auf weiten Strecken das Bewußtsein des Wahrgenommenen; dieses prüft und vergleicht, verknüpft leidenschaftlich das Damals mit dem Jetzt, begegnet Erwartungen mit Erinnerungen; den Erwartungen erwidern Hemmungen, Versagtes erweckt Verlangen, ein erregendes Wechselverhältnis von Aktionen und Reaktionen. Jenseits naher Erinnerungen tauchen ferne auf, Erinnerungen auch, die aus Nichtgeschehenem aufsteigen; es gibt keine entschiedenen Grenzen zwischen Erinnerungen an Wirkliches und solchen an Eingebildetes. Auch in dieser Hinsicht befindet man sich unversehens in einem Doppelleben; eigensinnig, ja leidenschaftlich sucht man sich der Unwirklichkeit zu bemächtigen, indessen man gegenüber der Wirklichkeit weitgehend teilnahmslos verharrt. Keine Wirklichkeit kann es jemals mit dem Reiz der Möglichkeiten aufnehmen; neben den Geschichten, die man erfindet, nimmt sich diejenige, die man erfährt, bescheiden aus. Meinungen wie Ereignisse sprechen zwar für sich selbst, aber sie sagen oft wenig. Das „ ä u ß e r e Verhalten des Gemüts" bietet nicht mehr „als eine vorläufige und ausdrucksarme Übersetzung des i n n e r e n , und das Wesen des Menschen liegt nicht in seinen Erlebnissen und Gefühlen, sondern in der zähen, stillen Auseinander- und Ineinssetzung mit ihnen."[5] Die „Vereinigungen" bieten vielleicht das Äußerste einer Rückübersetzung in das Bewußtsein ursprünglicher Auseinander- und Ineinssetzung.

Die Vervielfältigung des Daseins und die Vervielfachung des Ich, — sie ermöglichen Fernwirkungen; Wellenbewegungen, die von einem Punkt ausgehen, erreichen alle übrigen Punkte, eine unendliche Reihe von Berührungs- und Gesichtspunkten bildet sich, ein wechselseitiger, universaler Zusammenhang, eine Vereinigung von Entlegenem, eine Verbindung des Gegensätzlichen, eine Selbst-Offenbarung, aber auch die Gefahr des Selbstverlusts. Die „Vereinigungen" offenbaren, wie unentrinnbar jede Selbstverwirklichung von einem Selbstverlust begleitet wird. Es entstehen Lagen, von denen man analog zur modernen Atomphysik sagen darf, „daß sie die Merkmale der verschiedensten stationären Zustände in sich vereinigen."[6] Sinnfällig formen sich komplementäre Verhältnisse und „koexistierende Möglichkeiten"; um „Komplementärfiguren" (II, 188) bemüht sich Musil stets; dabei beanspruchen weder die Leitideen noch die Gestalten eindeutigen Vorrang; Neigungen wie Abneigungen bilden gleichermaßen ihren Zusammenhang, und nie stehen sie in ausschließendem Gegensatz zueinander. Ironisch überwindet Musil auch hier jene „gewisse Naivität", die in jedem Entweder-Oder liegt, „wie sie wohl dem wertenden Menschen ansteht, aber nicht dem denkenden, dem sich die Gegensätze in Reihen von Übergängen auflösen" (II, 634). Das „Übergängliche" zu fassen, — darin erblickt der späte Goethe den Beruf des Künstlers[7].

Wenn die automatischen Zusammenhänge abreißen, stellt sich eine schöpferische „Gefühlsordnung" (II, 810) her, und die differenziertesten Gedankengänge lassen sich herausarbeiten, indem man die „Situation des Denkenden" zu schildern sucht (II, 207), „die minimale Reihe von Beschreibungen eines Gehabens, einer Umgebung." Das Gedachte erreicht die Dichte von Gegebenheiten, verleiht erdenklichen Möglichkeiten Sinn und Bestimmung. Phantasie verbindet sich mit Logik, Leidenschaft mit Einsicht, Geist mit Leidenschaft, ein Zugleich von Ekstase und Analyse; moralische Verwicklungen sind „vorwiegend intellektueller Natur" (II, 101); die äußersten Heimlichkeiten des Leides und der Lust, die tiefsten Erregungen gleichen sich zum Verwechseln. Die stärkste Anziehungskraft bewährt sich gegenüber dem Abstoßenden, und es ist mehr als eine fixe Idee, wenn in einer Untreue Liebe sich vollendet; ebenso, daß mit jeder Vereinigung „ein Zuwachs an Einsamkeit" sich verbindet[8]. Anstelle eine eindeutige oder gar unwiderrufliche Wirklichkeit vorzutäuschen, entfaltet Musil — soweit überhaupt denkbar — das beständig Mögliche: eine Dichtung des Disponiblen, des Halbfesten, ein Kraftfeld, sehr viel komplexer als ein magnetisches Feld; nichts in ihm bleibt unwiderruflich, vielmehr kann alles auch anders kommen. Das Offene ist genau gefaßt, zugleich aber wird die „erhebende und vergrößernde Kraft" der Ungenauigkeit (I, 142) berücksichtigt. Alles ist „von einer zarteren Erfahrungshülle umgeben als Äther, von einer persönlichen Willkür und nach Sekunden wechselnden persönlichen Unwillkür. Die Tatsachen dieses Gebietes und darum ihre Beziehungen sind unendlich und unberechenbar" (II, 783). Musil schafft eine Dichtung des stets beweglichen Geistes; dieser löst und bindet zugleich, nichts jedoch hält er für fest; nach der wegweisenden Auffassung von Novalis geht er aus der „Simultaneität der Mannigfachen"[9] hervor und erhält sich durch sie. Dieser Geist vereinigt Denken und Fühlen, Wahrnehmung mit Einbildungskraft; seine „Ideen" sind jene „aus der Mutterlauge des Gefühls niemals ganz auszukristallisierenden Vorstellungen."[10] Keine Ordnung und kein Ich erscheinen ihm unverrückbar, vielmehr versteht er alles als „Glieder einer Funktion", Werte, die von dem Zusammenhang abhängen, in dem sie sich jeweils befinden; er glaubt an keine Bindung, denn alles „besitzt den Wert, den es hat, nur bis zum nächsten Akt der Schöpfung, wie ein Gesicht, zu dem man spricht, während es sich mit den Worten verändert" (I, 158).

Musils Dichtung bekennt sich zur Fiktion; diese ist jedoch umsichtig kalkuliert: Berechnung im Dienste eines sublimen Träumers und gewissenhaften Vivisecteurs. Sie bildet die schöpferische Entgegnung auf dasjenige, was nicht ist, und sie beruft das Noch-nicht- wie das Nicht-mehr-Existierende. Sie wirkt mit der Produktivität des Vollendungslosen, mit der integrierenden Kraft des Fragmentarischen; sie zögert vorwärts und erscheint unerschöpflich im Entwerfen; sie gelangt zuweilen an ein vorläufiges Ziel, aber nie an das Ende. Sie erhebt nicht den Anspruch auf Wahrheit, wohl aber auf Wahrscheinlichkeit; gegenüber starren Größen verhält sie sich elastisch, gegenüber dem Unbestimmten streng. Sie versteht sich als Versuch, als eine Verdichtung von Dispositionen, sie bietet „Einzellösungen, durch deren Kombination man sich der allgemeinen Lösung nähert" (I, 366), indem sie in jeder Eigenschaft die schattenhaft angelegte Gegeneigenschaft entdeckt, Widersprüche herausfordert, die Fortsetzungen bilden; sie bleibt Entwurf, vollendet-unvollendet, eine Schöpfung im Schöpfungszustand. Sie erhält sich durch fortwährendes, rücksichtsloses Sich-in-Frage-stellen, als Frage auf unablässiges Antworten, als Antwort auf endloses Fragen.

N a c h w e i s e :

Die Texte folgen den Gesammelten Werken in Einzelausgaben, ed. Adolf Frisé:
Der Mann ohne Eigenschaften, 1952, I.
Tagebücher, Aphorismen, Essays, 1955, II.
Prosa, Dramen, späte Briefe, 1957, III.
[1] Robert Musil: Der Deutsche Mensch als Symptom, ed. Corino et Albertsen (1957), S. 32/33.
[2] R. M. Rilke: Sämtliche Werke, ed. Zinn (1966), Bd. VI, S. 804 u. a.
[3] Plutarch: De E apud Delphos (Moralia ed. Pohlenz et Sieveking III, 19 sq.).
[4] Paul Valéry: Oeuvres ed. Hytier (Bibliothèque de la Pléiade), (1959) I, 1169.
[5] Robert Musil: Theater. Kritisches und Theoretisches ed. M.-L. Roth (1965), S. 196.
[6] Arthur March: Moderne Atomphysik (1933), S. 64.
[7] Goethe: Werke ed. Beutler (Art.-Ged. A.), (1949 ff.) I, 526.
[8] R. M. Rilke: a. a. O., Bd. VI, S. 930.
[9] Novalis: Briefe und Werke, ed. Wasmuth (1943) III, 547.
[10] Musil: Theater, a. a. O., S. 115.

KLEISTS „MARQUISE VON O.", KIERKEGAARDS „ABRAHAM" UND MUSILS „TONKA": DREI STUFEN DES ABSURDEN IN SEINER BEZIEHUNG ZUM GLAUBEN

Walter H. Sokel

Die drei Werke, die wir hier untersuchen wollen — Kleists „Die Marquise von O." (1806—1807), Kierkegaards „Furcht und Zittern" (1843), und Musils „Tonka" (1904—1924) — weisen eine bezeichnende Entwicklung in der religiösen Glaubenshaltung des modernen Menschen auf. Alle drei Werke beschreiben Situationen, in denen der Widerspruch zwischen religiösem Glauben und menschlicher Vernunft und Erfahrung das Problem darstellt.

Der Ausgangspunkt ist in allen dreien die Zumutung an den Menschen, den gemeinen Menschenverstand zugunsten eines irrationalen und absurden Vertrauens aufzugeben. Betrachten wir jedoch den Grund, auf dem das Problem in jedem der drei Werke ruht, und die jeweilig gegebene bzw. vorenthaltene Lösung, werden wir einer Entwicklungslinie gewahr, die durch die Vergleichung der drei Werke einen Beitrag zur Erhellung einer tiefgreifenden und symptomatischen Tendenz in der abendländischen Geistesgeschichte der letzten 150 Jahre darstellt.

Zwei dieser Werke sind Erzählungen, eines — Kierkegaards „Furcht und Zittern" — ist eine essayistische Abhandlung. Zunächst mögen sich Zweifel einstellen, ob eine Vergleichung so verschiedenartiger Werke überhaupt zu rechtfertigen sei. Ein eingehender Blick auf unsere drei Autoren wird uns jedoch dahin bringen, diese Zweifel fallenzulassen. Stellen wir uns einen Strich vor, der den erzählenden Dichter vom philosophierenden Essayisten trennt, so können wir sagen, daß Musil das unmittelbar an den Trennungsstrich stoßende Grenzgebiet auf der einen Seite, Kierkegaard das Grenzgebiet auf der andern bewohnt. In seinen pseudonym veröffentlichten Abhandlungen legt Kierkegaard seine Gedanken hauptsächlich mittels der Betrachtung der Handlungen von Charakteren, bzw. zu Handlungen oder deren Unterlassung führenden Reflexionen dar. Eine so betrachtete Gestalt zum Beispiel ist Abraham in „Furcht und Zittern". Überdies gestattet die sehr dezidierte

Pseudonymität dem Autor Kierkegaard, eine dem konventionellen auktorialen Erzähler ähnliche Maske zwischen sich und seine Leser treten zu lassen[1]. Andererseits ist es ja allgemein bekannt, daß sich sowohl Kleist als auch Musil zur Dichtung wandten, weil die Philosophie sich für die Darstellung der geistigen und moralischen Probleme, die auszudrücken es sie verlangte, ungenügend erwies. Der Geburt des Dichters in Kleist ging die Verzweiflung an der Möglichkeit, die Wahrheit mit Mitteln des abstrakten Geistes zu entdecken, voran. Für Musil war erzählende Dichtung das Mittel, von Moral, Psychologie, Epistemologie und Religion gestellte Fragen zu erforschen. Manchmal bedauerte er seinen Übertritt zur „schönen Literatur" und sah in seinem großen Romanfragment „Der Mann ohne Eigenschaften" eine ängstliche Ausflucht gegenüber der Direktheit der philosophischen Abhandlung oder des wissenschaftlichen Essays.

„Müßte nicht gesagt werden, daß ich einfach nicht den Mut gehabt habe, was mich philosophisch beschäftigt hat, denkerisch und wissenschaftlich darzustellen . . ."[2]

Damit soll natürlich nicht behauptet werden, daß Kleist und Musil nicht in erster Linie Künstler, und zwar Künstler höchsten Ranges, waren, sondern bloß ersichtlich werden, daß Autoren ihrer Art auch einen Platz in der Geistesgeschichte einnehmen und nicht nur in der Literaturgeschichte, wobei sie durchaus mit essayistischen Denkern vom Typ Kierkegaards zu vergleichen sind.

Nichtsdestoweniger besteht selbstverständlich eine nähere Verwandtschaft zwischen Kleist und Musil als zwischen jedem der beiden und Kierkegaard. Abgesehen von der gemeinsamen Dichtungsgattung der Novelle oder Erzählung besteht eine frappante thematische Ähnlichkeit zwischen der „Marquise von O." und „Tonka". Beide Erzählungen berichten von einer (jedenfalls zunächst) unerklärten Schwangerschaft einer unverheirateten jungen Frau, die in Abrede stellt, zur Zeit der Empfängnis Geschlechtsverkehr gehabt zu haben. Daher stellt sich bei beiden Erzählungen eine grundlegende Frage — oder scheint sich jedenfalls zu stellen: Wem sollen wir Glauben schenken, den Naturgesetzen oder dem menschlichen Wort? Beiden zugleich, so scheint es, können wir nicht glauben. Entscheiden wir uns, Verstand und Erfahrung Glauben zu schenken, so müssen wir auf unser Vertrauen auf menschliche Unschuld und Wahrhaftigkeit, die die beiden höchst vertrauenswürdigen weiblichen Gestalten zu verkörpern scheinen, verzichten. Vertrauen wir andererseits ihnen, wird uns das sacrificium intellectus zugemutet und wir müssen aufhören, an die Erklärbarkeit und Rationalität der Erscheinungswelt zu glauben. Das ist das schreckliche Dilemma, in das Kleist und Musil ihre Figuren, und damit uns, die Leser, versetzen.

Dieses Dilemma versinnbildlicht den Konflikt zwischen der Religion und der im modernen rationellen Denken eingefleischten Skepsis. Beide Erzählungen tangieren die Grundvoraussetzung des Christentums — den Glauben an das Wunder der Empfängnis Christi. Der Glaube daran ist eines der Hauptelemente, die die Diskrepanz zwischen Christentum und „common sense" hervorrufen. In den beiden Erzählwerken stellt der Glaube an das Wort einer Frau eine genaue Parallele dar zu dem Glauben an das Wort, der das Fundament des Christentums bildet. Das aufkommende Bewußtsein eines Widerspruchs zwischen dem Glauben an das Wort und der von der Naturwissenschaft vermittelten Naturerkenntnis hat ja jene Krise im religiösen Bewußtsein heraufbeschworen, von der die letzten drei Jahrhunderte gekennzeichnet sind und auf die sowohl Kleists als auch Musils Erzählung anzuspielen scheint.

Jedoch weisen die beiden Erzählungen, deren Ausgangspunkte sich so ähneln, einen sehr tiefgehenden Unterschied auf. In Kleists Werk rechtfertigt die Natur den Glauben. Das scheinbar Wunderbare erhält eine naturgemäße Erklärung. Musils Erzählung, fast genau ein Jahrhundert nachher, läßt das Geheimnis unerhellt. Die Kluft zwischen Glauben und Vernunft wird nicht mehr überbrückt.

Die Marquise von O., eine junge Witwe, wird auf rätselhafte Weise schwanger. Sie kann diesen Umstand nicht erklären, da sie keinen Mann gekannt hat. Ungläubig wendet sich ihre Familie von ihr ab. Sie läßt jedoch nicht von ihrer Überzeugung ab und setzt eine Annonce in die Zeitung mit der Aufforderung an den unbekannten Übeltäter, sich zu melden. Danach gibt der russische Offizier Graf F. zu, sie, während sie bewußtlos lag, vergewaltigt zu haben. Diese Erklärung rechtfertigt die Heldin und zeigt die Übereinstimmung und letzliche Identität von menschlichem Wert und natürlicher Erfahrung, von Seele und Welt. Mit dieser Enthüllung des Rätsels erweist sich Kleist, selbst in diesem reifen Stadium seiner dichterischen Laufbahn, als Erbe des philosophischen Rationalismus, dem er in seiner Jugend fanatisch ergeben gewesen[3]. Auf die religiösen Aspekte der Erzählung werden wir noch zurückkommen.

In Musils Geschichte hat der Held ein Verhältnis mit einem Mädchen namens Tonka. Auch sie wird auf rätselhafte Weise schwanger. Zur Zeit der Empfängnis ist ihr Geliebter verreist gewesen und kann daher unmöglich der Vater ihres Kindes sein. Tonka jedoch schwört, daß sie ihm völlig treu gewesen ist. Er liebt sie und weiß, daß sie keineswegs zu der Mädchenart gehört, von der man Lüge und Betrug zu gewärtigen hätte. Jedoch kann er sich unmöglich dazu überwinden, ihr zu glauben, da ein solcher Glaube absurd wäre. Bestenfalls kann er sich so stellen, als ob er ihr glaube, obwohl er ihr eigentlich nicht glaubt. Eine Krankheit, die sich Tonka zugezogen hat, erschwert die Aufgabe. Die Erkrankung konnte nur vom Vater des Kindes direkt oder durch den Embryo in ihr Blut gekommen sein. An ihm, dem Protagonisten der Erzählung und Geliebten Tonkas, haben aber die Ärzte nicht die geringste Spur dieser Krankheit feststellen können. Die Erkrankung scheint also ihre Untreue zur Gewißheit zu machen. Die einzige Alternative wäre Parthenogenesis — unbefleckte, mystische Empfängnis. Tonka stirbt an ihrer Krankheit, bevor sie das Kind gebären kann. Es taucht keine wie immer geartete Erklärung der rätselhaften Begebnisse auf.

Das Resultat der jeweiligen Fabel — Wiederherstellung von Harmonie und Gewißheit bei Kleist, das ungelöste Fortbestehen des Rätsels bei Musil — ist nicht der einzige bezeichnende Unterschied zwischen der „Marquise von O." und „Tonka". Das ganze Wesen des Problems und die Art und Weise, in der es sich stellt, sind in den beiden Werken radikal anders. Wesentlich ist die Verschiedenheit der Erzählerperspektive. „Die Marquise von O." bietet lange Erzählstrecken vom Gesichtswinkel der Heldin. Zumindest teilweise wird ihr Problem vom Aspekt ihrer eigenen unerschütterlichen Überzeugung anvisiert. Eingeweiht in das Innenleben der Marquise, teilt der Leser ihre Gewißheit. Er steht gewissermaßen in nächster Nähe zum Kern des Rätsels. Zwar widersprechen Wahrscheinlichkeit und gesellschaftliche Meinung, ja sogar der Heldin eigene Familie der Überzeugung ihrer Unschuld. Doch ist dieser von außen kommende Widerspruch nicht imstande, die innere Gewißheit der Marquise zu erschüttern, sondern trägt im Gegenteil dazu bei, diese Überzeugung noch zu festigen. So unterscheidet sich das Problem der Erzählung bei Kleist in diesem wesentlichen Punkt von dem Problem bei „Tonka". Bei Kleist handelt es sich nicht um die metaphysische und ethische Entscheidung zwischen tranzendierendem Glauben und menschlichem Verstand. Die Möglichkeit eines Wunders kommt der Heldin nie in den Sinn, höchstens denkt sie an die Möglichkeit einer „unwissentlichen" Empfängnis[4]. Das Problem in der „Marquise von O." ist der Konflikt zwischen innerer Gewißheit und äußerem Schein. Um Glauben geht es, aber um Glauben an das eigene Gewissen, nicht an die von außen kommende Botschaft. Kleists Erzählung stellt die Frage: Wie kann die innere Gewißheit sich in der äußeren Welt Glauben verschaffen?

Der Glauben der Marquise kann allerdings die Mitmenschen nicht überzeugen. Er bleibt rein innerlich und unübertragbar. Die Marquise faßt den Rückzug aus der Welt in die Innenbereiche des Ichs ins Auge. Eine „klösterliche" Isolierung scheint ihre Bestimmung zu sein.

„Sie sah die Unmöglichkeit ein, ihre Familie von ihrer Unschuld zu überzeugen, begriff, daß sie sich darüber trösten müsse, falls sie nicht untergehen wolle, und wenige Tage nur waren nach ihrer Ankunft in V ... verflossen, als der Schmerz ganz und gar dem heldenmütigen Vorsatz Platz machte, sich mit Stolz gegen die Anfälle der Welt zu rüsten. Sie beschloß, sich ganz in ihr Innerstes zurückzuziehen ..."[5]

Von der Gesellschaft her gesehen, muß das absolut Innerliche lasterhaft oder wahnsinnig erscheinen.

Hier ahnt Kleist Kierkegaard voraus. Im Problem des Abraham bei Kierkegaard erklimmt protestantische Innerlichkeit ihren Gipfelpunkt. Abraham kann nicht hoffen, anderen erklärlich zu machen, warum er seinen Sohn opfern muß. Was in Kierkegaards „Furcht und Zittern" den Mittelpunkt bildet, streift Kleist bloß, indem er zeigt, daß die Marquise nicht imstande ist, ihre innere Gewißheit der Welt — ja nicht einmal der eigenen Familie — mitzuteilen. Mit dem Auftauchen des russischen Offiziers, des Grafen F., verschiebt Kleist jedoch das Problem wieder aus der existentiellen Vereinzelung ins Gesellschaftliche zurück. In Kleists Werk findet die Innerlichkeit ihre Rechtfertigung, weil sie sich trotz allem an etwas Gleichgestimmtes im Mitmenschen wenden kann. Die innere Überzeugung der Marquise ist imstande, sich mit dem Ehrgefühl und der Liebe im Grafen zu verbinden, und da sie diesen einen Menschen erreichen kann, gelingt es ihr auch die Welt zu überzeugen. In dieser Hinsicht drückt Kleists Novelle eine säkularisierte Form des Luthertums aus. Das Einzelgewissen herrscht als letzte Instanz, doch wird seine Herrschaft nur dadurch ermöglicht, daß es sich auf etwas Äußeres berufen kann und damit erst objektiv gültig wird. Im orthodoxen Luthertum ist die äußere Autorität die Bibel, in Kleists säkularisierter, preußischer Fassung treten das Ehrgefühl des Offiziers und die Liebe des Mannes an deren Stelle[6].

Erst in der Kleist folgenden Generation, in Kierkegaard, vollzieht die protestantische Innerlichkeit ihren Bruch mit der Welt. Abraham kann ja nicht wissen, daß Gott ihn am Ende retten und ihm das Opfer seines Sohnes Isaak erlassen wird. Vorläufig weiß Abraham nur, daß Gott das unglaubliche, barbarische Opfer von ihm verlangt. Da Gottes Forderung allem Moralgesetz und naturgemäßem Gefühl ins Gesicht schlägt, erscheint Abrahams Gehorsam als ungeheuerliche Entartung. Doch würde sich Abraham für das entscheiden, was Moral, Vernunft und Natur entspräche, und demgemäß das Opfer verweigern, würde er ja den Verrat an Gott begehen und dem geheimen Ruf, der an ihn ergangen ist, untreu werden. Damit überschreitet Abrahams Glaube die sittliche Idee und überhaupt jedes der Vernunft verständliche Verhalten. Sein Unternehmen ist reine Innerlichkeit und kann von niemandem begriffen werden, da ja niemand den Ruf Gottes an Abraham zu bezeugen imstande ist. So muß Abrahams Tun der Menschheit als grauenhaftes Verbrechen erscheinen. In dieser Unmittelbarkeit liegt das Transzendente an Abrahams Glauben, der sich außerhalb des Allgemeinen, nämlich der Moral, befindet. Abrahams Glaube unterscheidet sich von dem Glauben von Kleists Heldin darin, daß sich Abraham in keiner Weise auf irgendein Allgemeines, wie zum Beispiel Liebe oder Ehrgefühl, berufen kann, um zu rechtfertigen, was er behauptet. Dieser Glaube ist völlig an das Individuum gebunden und besteht in „Furcht und Zittern" unsagbarer Vereinzelung. Ganz anders als die innere Überzeugung der Marquise kann Abrahams Glaube seiner selbst niemals gewiß sein. Er muß unablässig mit der Möglichkeit des Irrtums und der Selbsttäuschung rechnen. Abraham ist es auferlegt, auf einen möglichen Irrtum gefaßt zu sein. Er könnte ja Gottes Ruf mißdeutet oder sich ihn bloß eingebildet haben. Sollte er sich im Irrtum befinden, wäre Abraham als Mörder seines eigenen Sohnes ein so unmenschliches und widernatürliches Ungeheuer, daß er nicht nur aus der menschlichen Gemeinschaft und dem Moralgesetz, sondern auch aus Gottes Natur auf ewig verbannt wäre. So ist also Abrahams Glaube eine höchst gefährdete allerletzte Schranke vor dem totalen Grauen und der Leere des Absurden.

Einer der Parallelfälle, auf den Kierkegaards Johannes de Silentio anspielt, um den Fall Abraham zu beleuchten, ist das Wunder der Schwangerschaft der Heiligen Jungfrau. Hier wird die thematische Beziehung von Kierkegaards „Furcht und Zittern" zu den Erzählungen Kleists und Musils besonders deutlich. Johannes de Silentio betont das Ungemach, die Angst, die Scham und das Paradoxe an Marias gesegneten Umständen, da sie wie Abraham ja nie imstande sein wird, das völlig einzigartige Erlebnis ihrer Empfängnis irgendjemandem glaubhaft zu machen.

„Wohl war der Engel ein dienender Geist, aber er war kein dienstfertiger Geist, der zu den andern jungen Mädchen in Israel ging und ihnen sagte: Verachtet Maria nicht, es widerfährt ihr das Außerordentliche. Sondern der Engel ist allein zu Maria gekommen, und keiner konnte sie verstehen. Welche Frau ward doch gekränkt wie Maria . . . ?"[7]

Wie der Marquise von O. kann man auch Maria nicht glauben. Während jedoch bei Kleist das Allgemeine am Ende doch hervortritt, um die Innerlichkeit zu rechtfertigen und zu retten, gelingt es bei Kierkegaard nicht mehr, den Bund zwischen Allgemeinem und Partikulärem zu erhalten. Der Held, bzw. die Heldin, ist jetzt zur Stummheit verurteilt.

Kleists „Marquise von O." stellt die Verquickung des Glaubens mit dem Absurden dar auf der vor-kierkegaardischen Stufe; Musils „Tonka" treibt sie über Kierkegaard hinaus. Die Verschiebung der Perspektive ist da sehr bezeichnend. Bei Kleist wird das Problem von innen, vom inneren Erlebnis der Hauptfigur, her gesehen. Nur dadurch, daß wir aus ihrer Perspektive sehen, können wir die unerschütterliche Gewißheit der Marquise begreifen und teilen. Da sie selbst sich ihres Gedächtnisses bewußt ist, weiß sie mit Bestimmtheit, daß ihr Glaube an ihre eigene Unschuld zu Recht besteht. Letztlich kommt es hier nur auf die Frage an, ob sie w i s s e n t l i c h den Akt begangen hat, der sie schwanger gemacht hat. Die Antwort kann ein definitives „Nein" sein. Denn ihre eigenen Handlungen müssen ihr bekannt sein und sind es daher auch für den Leser, da er das Problem aus ihrer Perspektive visiert. Der Geliebte Tonkas hingegen ist in derselben Lage wie die Eltern der Marquise oder die Zeitgenossen der Heiligen Jungfrau. Nie kann er die Gewißheit der Marquise erlangen, da er ja nicht die Erinnerung an seine eigenen Handlungen, sondern die Vertrauenswürdigkeit der Aussage eines Anderen hinzunehmen hat. Für ihn bleibt also immer die Möglichkeit des Getäuschtwerdens bestehen. Sein Vertrauen kann nur Wagnis sein, da es ja immer die Möglichkeit des Betrogenwerdens enthält. Infolge dieses

Wagnisses können wir von Glauben im Gegensatz zu Wissen sprechen. Als Form absoluter Hingabe an das Mädchen wäre dieser Glaube „die Vollendung der Liebe", um den Titel eines anderen Werkes Musils zu gebrauchen. Dies käme aber gleichzeitig dem s a c r i f i c i u m i n t e l l e c t u s gleich und schlösse die Gefahr des Gefopptwerdens ein. Hier finden wir die genaue Parallele zur Kierkegaardschen Deutung des christlichen Glaubens als eines Paradoxus, als der Aufhebung des Allgemeinen, nämlich des Ethischen. Im Gegensatz zu Kierkegaards Abraham oder Maria ist der Protagonist in Musils „Tonka" nicht bereit, das Allgemeine, das heißt den auf Erfahrung gegründeten Verstand, aufzuopfern. Als Liebender sehnt er sich zwar danach, dem Glauben völlig nachzugeben, als moderner Mensch, Ingenieur und Naturwissenschaftler, kann er es sich aber unmöglich leisten, diese Sehnsucht zu befriedigen. Die Spaltung zwischen emotionalem Bedürfnis und intellektueller Skepsis läßt sich nicht überbrücken. Musils Erzählung stellt sich uns als Parabel vom Verhältnis des modernen Menschen zum Glauben dar.

Beruht Tonkas Aussage auf Wahrheit, dann ähnelt sie Maria — der Mutter Gottes. Verfolgen wir diese Parallele weiter, finden wir, daß diesmal Christus nicht geboren wird. Tonka kann nicht gebären, das „Wunder" kommt buchstäblich tot zur Welt — es hebt sich selbst auf. Denn ist die Empfängnis ein Wunder, so ist es auch die Krankheit, an der Tonka und ihr ungeborenes Kind zu Grunde gehen. In Musils Parabel gibt es also zwei Seiten des Wunderbaren und sie schließen sich gegenseitig aus. Das Ergebnis des Wunders des keimenden Lebens ist Krankheit und Tod. Ein entscheidender Satz der Erzählung lautet: „sie blieb ein halbgeborener Mythos" (296)[8]. Mythos ist das, was während des kultischen Rituals gesprochen und erzählt wird. Im Mythos verbildlicht sich das Geheimnis und verkörpert sich als erzählbarer Vorgang — als Geschichte. Das Geheimnis wird zum Wort, zum Logos. Es offenbart sich als Mitteilbares, als öffentlich werdende Wirklichkeit. Diese Offenbarung kommt in „Tonka" nicht zustande. Das Geheimnis wird nicht zum begreifbaren Vorgang, die Anschauung des Mysteriums, die Epiphanie, verweigert sich und bleibt aus.

Wie Tonka ein halbgeborener Mythos bleibt, so bleibt die Liebe des Protagonisten ein halbgeborener Glaube. Dem Nichtgeborenwerden des „wunderbaren" Kindes entspricht die Unfähigkeit von Tonkas Geliebtem, seinen Glauben an Tonkas Wort zu vollenden, indem er ihn zur absoluten Verpflichtung macht. Gerade so wie das Wunder durch die tödliche Krankheit, die aber Teil von ihm ist, sich seiner eigenen Verwirklichung begibt, so verhindert die tiefe Skepsis des modernen jungen Mannes, die Teil seines Wesens ist, die Geburt seines Glaubens. Ihr Körper und sein Geist sind die zwei sich ergänzenden Seiten derselben Selbstverhinderung, derselben Doppeldeutigkeit und Ambivalenz.

Die Vollendung seiner Liebe wäre der Glaube. Gleichzeitig aber wäre sie die Selbstaufgabe der Vernunft, die Selbstaufopferung der menschlichen Ratio. Seine Gesundheit — körperlich und geistig — befindet sich im Widerspruch zu seiner Liebe, denn sie bedarf der Abhärtung durch den Unglauben. Um der überwältigenden Wahrscheinlichkeit, ja faktischen Gewißheit ihrer sexuellen Untreue — der einzigen dem rationalen Denken annehmbaren Erklärung — zu widersprechen, müßte er selbst an ihrer Krankheit erkranken, obwohl ihn die Ärzte für völlig gesund erklärt hatten. Denn wenn er selber Opfer ihrer Krankheit würde, gäbe es die Möglichkeit einer Fernempfängnis durch geistigen Einfluß.

„Die Ärzte hatten ja nie eine Krankheit an ihm finden können, und so umschlang die Möglichkeit eines geheimnisvollen Zusammenhangs ihn mit Tonka: er brauchte ihr nur zu glauben, so wurde er krank ... So saß er an ihrem Bett, war lieb und gut zu ihr, aber er sprach nie das Wort aus: Ich glaube dir. Obgleich er längst an sie glaubte. Denn er glaubte ihr bloß so, daß er nicht länger ungläubig und böse gegen sie sein konnte, aber nicht so, daß er für alle Folgen daraus auch vor seinem Verstand einstehen wollte. Es hielt ihn heil und an der Erde fest, daß er das nicht tat (297)."

Der volle Glaube an sie würde ihm also den Boden unter den Füßen entziehen und ihn um den Verstand bringen.

Er vergleicht Tonka mit einer „mitten an einem Sommertag allein niederfallenden Schneeflocke." Das Gleichnis ist keine Erklärung. Es sucht auszudrücken, was seiner Natur nach unerklärbar ist und jede begriffliche Formulierung hinter sich läßt. Die Metapher sagt den Sinn dessen aus, was Tonkas Existenz ihrem Geliebten bedeutet. Diese Existenz beansprucht Glauben in einer Zeit, die die Fähigkeit dazu eingebüßt hat. In vergangenen Epochen hätte ihre Existenz Erfüllung finden können und Tonka wäre außerordentliche Berühmtheit zuteil geworden. In der heutigen Zeit jedoch muß sie zur nichtssagenden Abnormität verurteilt bleiben.

„... in einer andern Zeit wäre Tonka vielleicht ein berühmtes Mädchen geworden, das zu freien, Fürsten sich nicht für zu gut gehalten hätten; aber heute? (297)"

Die „mitten an einem Sommertag allein niederfallende Schneeflocke" drückt den radikalen Gegensatz zu einer Gestalt eines universal geglaubten Mythos, so zum Beispiel der Jungfrau Maria, aus. Was bei Maria zur universalen Macht und Realität des Heilands aufblühen durfte, mußte bei Tonka völlig isoliertes Fragezeichen bleiben. Die radikal andersartige historische Situation verbietet es Tonka, sich im Mythos vollgültig zu verwirklichen. Wie die „allein niederfallende Schneeflocke" muß ihr der Glaube und damit die Gültigkeit versagt bleiben. Kein Gesetz läßt sich heranziehen, um den Glauben an sie zu widerlegen, es sei denn das eine und allerdings grundlegende Gesetz, daß rationaler Glaube sich immer auf gruppierbare und klassifizierbare Phänomene stützen muß.

„... er hätte ebenso gut fragen können: ist eine jungfräuliche Zeugung möglich? Und man hätte ihm nur zu antworten vermocht: sie war noch nie da. Nicht einmal ein Gesetz hätte man angeben können, das sie ausschloß; bloß: sie war noch nie da. Und doch wäre er ein unverbesserlicher Hahnrei, wollte er sich das einbilden! (283)"

Das völlig Einmalige kann nur geglaubt, aber nie erklärt werden. Da Tonka der Glaube vorenthalten wird, bleibt ihre Existenz bloß rätselhaft, anstatt mythisch zu werden. An Stelle des erlösenden Wunders spiegelt Tonka nur quälenden Zweifel wider. Da es ihr versagt bleibt, eine mythische Wahrheit zu verkörpern — und überschreitet diese Möglichkeit nicht unsere Glaubensfähigkeit? — erscheint sie als Dirne und Lügnerin.
Von Anfang an wird Tonka im Gegensatz zum Bereich der Sprache gezeigt. In ihrer Gegenwart scheint die Sprache ihre normale Relevanz einzubüßen. Tonkas Unvermögen, ihre Gedanken in Worten auszudrücken, versetzt den Protagonisten in Erstaunen. Als logisch denkender junger Mann ist es ihm nie in den Sinn gekommen, daß es Dinge geben könnte, die nicht formulierbar sind. In Tonka begegnet ihm zum erstenmal das Reich des Unsagbaren. Angesichts ihrer seltsam stummen Existenz verliert sein Verstand die ihm vertraute Selbstüberhebung. Tonka spricht mit Lied und Melodie, mit Rhythmus und Gebärde, mit Blick und Bewegung. Diese Mitteilungsform, jenseits von Wort und Logik, beunruhigt und fasziniert ihren Ge-

liebten. Es ist um sie eine Unbestimmtheit, die sich dem kategorisierenden, kausalitätsbestimmten Denken, an das allein er gewohnt war, entzieht. So unbestimmt ist alles an ihr, daß er nicht einmal den Ort ihrer ersten Begegnung mit Gewißheit angeben kann. Tonka verkörpert also eine Seinsform, die das Begriffliche der Sprache und des logischen Denkens völlig transzendiert. Das später eintretende Rätsel ihrer Schwangerschaft und Krankheit steigert ihre außerordentliche Existenz zum geheimnisvollen Schicksal.

Wir sind nun an dem Punkt angelangt, wo wir sehen, wie nahe Musils Erzählung dem Problem von Kierkegaards „Furcht und Zittern" kommt. Doch geht die Fragwürdigkeit der Innerlichkeit in Musils „Tonka" über das Problem des Kierkegaardschen Abraham hinaus. Kierkegaard findet ja noch eine Kategorie für Abrahams Innerlichkeit — das Religiöse. Wie grauenhaft auch Abrahams Problem scheint und wie unsagbar es tatsächlich ist, so besteht doch die Verbindung zum Absoluten. Das Allgemeine — der Stoff des Mythischen — obwohl transzendiert, wird damit doch nicht ganz verlassen. Zwar umgeht Abraham das Allgemeine in der Form des Ethischen, doch erfährt er die Rechtfertigung durch Gott, der zwar über dem Allgemeinen thront, es aber gleichzeitig in sich einschließt. Jenseits der einsamen Angst, jenseits des Zitterns, durch das Abrahams Glaube hindurch muß, erwartet ihn die Rückgabe seines Sohnes Isaak, die Abrahams Rechtfertigung durch den Glauben darstellt. Jenseits des „Skandalon" und der einsamen Bitternis von Marias Schwangerschaft leuchtet die Tatsache der Geburt des Heilands. Wenn auch als Paradox, als das Absurde definiert, besitzt die Kierkegaardsche Kategorie des Religiösen doch ein Element höchster Bestimmtheit — nämlich die Existenz des Absoluten. Mit dem Glauben an Gott bleibt Kierkegaard auch die Dimension des Universellen, des überindividuellen Bezugs.

Musils „Tonka" ermangelt dieser Beziehung zum Absoluten. Das Bild der einzigartigen, an einem Sommertag niederfallenden Schneeflocke verweist nicht nur auf das völlig Besondere, sondern auch auf das Flüchtige des Phänomens Tonka, das in Bezug steht weder zum Universellen noch zum Ewigen. Das einzige, was sich darüber aussagen läßt, ist, daß es etwas völlig allen Kategorien ganz Entzogenes darstellt — eben das völlig Andere. Obgleich dieser Bereich des radikal Anderen für den Einzelnen unendliche Bedeutung trägt, muß er doch ewig unbestimmbar bleiben und kann sich im öffentlichen Bereich, den die Begriffssprache bezeichnet, niemals offenbaren.

Zur Zeit da Musil an die endgültige Formulierung der Erzählung „Tonka" schritt, beendete Wittgenstein den Tractatus logico-philosophicus mit Worten, deren fast unheimlich frappierender Bezug auf Musils Erzählung unverkennbar ist:

6.52 „Wir fühlen, daß selbst, wenn alle m ö g l i c h e n wissenschaftlichen Fragen beantwortet sind, unsere Lebensprobleme noch gar nicht berührt sind. Freilich bleibt dann eben keine Frage mehr; und eben dies ist die Antwort.

6.521 Die Lösung des Problems des Lebens merkt man am Verschwinden dieses Problems. (Ist dies nicht der Grund, warum Menschen, denen der Sinn des Lebens nach langen Zweifeln klar wurde, warum diese dann nicht sagen konnten, worin dieser Sinn bestand.)

6.522 Es gibt allerdings Unaussprechliches. Dies z e i g t sich, es ist das Mystische.

6.53 Die richtige Methode der Philosophie wäre eigentlich die: Nichts zu sagen, als was sich sagen läßt, also Sätze der Naturwissenschaft — also etwas, was mit Philosophie nichts zu tun hat —, und dann immer, wenn ein anderer etwas Metaphysisches sagen wollte, ihm nachzuweisen, daß er gewissen Zeichen in seinen Sätzen keine Bedeutung gegeben hat. Diese Methode wäre für den anderen unbefriedigend — er hätte nicht das Gefühl, daß wir ihn Philosophie lehrten — aber s i e wäre die einzig streng richtige.

6.54 Meine Sätze erläutern dadurch, daß sie der, welcher mich versteht, am Ende als unsinnig erkennt, wenn er durch sie — auf ihnen — über sie hinausgestiegen ist. (Er muß sozusagen die Leiter wegwerfen, nachdem er auf ihr hinaufgestiegen ist.) Er muß diese Sätze überwinden, dann sieht er die Welt richtig.
Wovon man nicht sprechen kann, darüber muß man schweigen."[9]

Die Sprache kann nach Wittgenstein nur allgemein verifizierbare Daten und deren Beziehungen aussagen, die sich letzten Endes nur durch die Sprache des in den Naturwissenschaften kodifizierten „common sense" definieren lassen. Was außerhalb der Möglichkeiten einer solchen Sprache liegt, ist unsagbar. Das bedeutet nicht, wie ja obiges Zitat zeigt, daß das Unsagbare, von Wittgenstein „das Mystische" genannt, nicht existiert oder bedeutungslos ist. Im Gegenteil, das Mystische zeigt sich ja und enthält eine unendlich reichere Bedeutung als die Sprache der Logik. Aber diese Bedeutung bleibt undefinierbar und daher in Schweigen gehüllt. Für Wittgenstein zerfällt die Welt in zwei Hälften — die Sprache und das Schweigen.

Wittgenstein, Musils Mitbürger und Zeitgenosse, steht ihm viel näher als Kierkegaard. Wie Wittgenstein sieht auch Musil die Welt in zwei bezugslose Aspekte zerfallen, die in „Tonka" durch je ein Symbol verkörpert werden — die Uhr und die Schneeflocke. Was die Uhr sagt, ist völlig klar und exakt, aber bedeutungslos für das, was Wittgenstein unsere „Lebensprobleme" nennt. Die Schneeflocke andererseits ist Symbol eines Wissens, das dem inneren Menschen unendlich bedeutsam, gleichzeitig jedoch so vieldeutig und unbestimmt ist, daß es im öffentlichen, objektiven Bereich sinnlos erscheint.

„... eine Erkenntnis wollte aufsteigen, daß man alles nach ganz anderen Werten messen müßte; aber sie war, wie alles Erkennen ist, zweideutig, unsicher ... die Uhr an der Wand war dem Leben näher als die Gedanken (295)."

Unbestimmbar wie sie ist, bleibt Tonka doch nicht wirkungslos. Von ihr geht eine verwandelnde Wirkung auf ihren Geliebten aus. Er spürt, daß er seit diesem Erlebnis ein besserer Mensch geworden ist. Aber was ihn verwandelt hat, läßt sich in keiner Weise erklären. Es ist von einer so absoluten Innerlichkeit, daß es sich nicht einmal, wie noch bei Kierkegaard, mit dem Absoluten in Beziehung setzen läßt. Musil schildert eine Lage, in der das innere und das äußere Leben auseinandergefallen sind und sich so weit von einander entfernt haben, als ob ein Meer zwischen ihnen entstanden wäre. Und die Signale von der einen Küste lassen sich am anderen Ufer, selbst wenn sie da bemerkt werden sollten, nicht mehr übersetzen.

---

1 Zum literarischen Aspekt Kierkegaards und seiner Beziehung zum Dichterischen s. Fritz Billeter, Das Dichterische bei Kafka und Kierkegaard. Ein typologischer Vergleich (Winterthur, 1965). S. auch Emanuel Hirsch, Kierkegaard-Studien (Gütersloh, 1933), Bd. 1.
2 Robert Musil, Tagebücher, Aphorismen, Essays und Reden, Hrsg. Adolf Frisé (Hamburg, 1955), S. 458.
3 Der moralische und rationalistische Idealismus des jungen Kleist, der den Glauben an die Vernunft als den absoluten Leitstern menschlichen Tuns ansieht, wird mit besonderer Deutlichkeit und Betonung von Fridrich Koch gezeigt (Heinrich von Kleist: Bewußtsein und Wirklichkeit [Stuttgart, 1958], S. 45—50). So sollten wir uns ebenso bewußt sein, daß das jugendlichen Kleist Streben nach innerer Vollkommenheit nicht nur zur Aufklärung gehört, sondern gerade jenen säkularisierten Protestantismus spiegelt, der die geistesgeschichtliche

Atmosphäre der spezifisch deutschen Aufklärung erfüllte und geradezu bildete.

4 „Sie fragte, mit gebrochener Stimme, wie denn die Natur auf ihren
Wegen walte? Und ob die Möglichkeit einer unwissentlichen Empfängnis sei?" (Heinrich von Kleists Werke, Hrsg. Erich Schmidt
[Leipzig-Wien, 1904—1906], III, S. 272.) In ihrer Antwort auf die
Frage der Marquise weist die Hebamme auf die Jungfrau Maria
hin. Dabei verwechselt sie das Problem einer unwissentlichen mit
dem Wunder einer übernatürlichen Empfängnis.

5 Ibid., S. 274.

6 Vgl. Fn. 3.

7 Sören Kierkegaard, Furcht und Zittern, 4. Abteilung aus dem Ge-
samtwerk. Übersetzt von Emanuel Hirsch. (E. Diederichs Verlag,
Düsseldorf/Köln, 1962) S. 71.

8 Robert Musil, Prosa, Dramen, Späte Briefe, Hrsg. Adolf Frisé
(Hamburg, 1957), S. 296. Die folgenden Zitate aus diesem Band
werden im Text mit eingeklammerten arabischen Zahlen bezeichnet,
die die entsprechende Seite bezeichnen.

9 Ludwig Wittgenstein, Schriften (Frankfurt, 1960), S. 82—83.

DIE DURSTIGEN,

ein unbekannter Text von Robert Musil und seine Deutung

Marie-Louise Roth

Wie die „Sturmflut auf Sylt"[1] und andre Erzählungen des „Nachlasses zu Lebzeiten"[2] gehörten die „Durstigen" in psychologischer, geistiger und ästhetischer Hinsicht zu den Geschichten und Anekdoten, die Musil zwischen den Jahren 1921 und 1931 verfaßte und jeweils in Berliner, Wiener und Prager Zeitungen veröffentlichte. Wie immer enthüllt sich auch hier, unter einem unscheinbaren Gewand, jene andere Welt, die sich dem offenbart, der sich in den verborgenen und unsichtbaren Kern der Dinge zu versetzen weiß. Der Leser gelangt an einen Scheideweg des Daseins, wo der Mensch unerwartet die entscheidende „Umkehr" erfährt, und die Dinge plötzlich nicht mehr so sind, wie sie vorher waren. Diese Seiten sind echter Musil.

Aufschlußreich und interessant ist, festzustellen, daß der Dichter derartige Skizzen nicht mehr nach 1931 veröffentlichte. Seine Reflexion konzentriert sich fortan immer mehr auf wesentliche Grundeinstellungen, die es zu präzisieren gilt. Die so genau und objektiv wie möglich unternommene philosophische Betrachtung über die Existenz ersetzt das unmittelbare und spontane Denken. Dieses bohrt sich nun spiralartig zum geheimen Zentrum des Lebens. Wenn Musil sich in der ersten Periode seiner dichterischen Entwicklung noch durch die Metapher und die Anekdote in ungehemmtem Impuls ausdrückt, wird hingegen später das Berichtete intellektueller, abstrakter und auch dichter. Im „Mann ohne Eigenschaften" läßt sich der Abklärungsprozeß dieser dichterischen Wesensart verfolgen, die sich vom instinktiven Muttergrund aus in die Helle des Bewußtseins entwickelt, an Tiefe gewinnt, die gewonnenen Überzeugungen immer wieder überprüft und in Frage stellt. Dieser Vorgang der Kondensation — dieser V e r d i c h t u n g s p r o z e ß [3] — zeugt von einem organischen Ganzheitsdenken, das Musil selbst als g e s t a l t e n d e s D e n k e n definiert hat. Als Denker versucht er die Achse zwischen dem inneren Drang und den äußeren Begebenheiten zu erkennen — die „innere Form" nach einer Terminologie, die auf Goethe und über ihn hinaus auf Shaftesbury zurückgeht —, als Künstler aber möchte er zugleich seinen philosophischen Entdeckungen eine dichterisch-sinnliche Gestalt geben.

Der Titel „die Durstigen" mutet seltsam an. Auf den ersten, flüchtigen Blick scheint er ohne Beziehung mit der Erzählung; aber im Grunde bildet er das Hauptthema des Inhalts; der Begriff wird zum Symbol der Sehnsucht jener vier Männer, einer Sehnsucht, die alle Helden Musils kennen — von „Törleß" bis zum „Mann ohne Eigenschaften" wiederholt sich das Motiv —; sie sind durstig nach Verwandlung, sie begehren einen „anderen Zustand", eine echte Wirklichkeit, die von dem geheimen Mittelpunkt ausgeht und unvereinbar ist mit dem von der Routine des Alltags erstickten und erstarrten Leben. Dieses Wort drückt das Verlangen aus, zum ungeteilten, vollen Ursprung des Daseins zurückzukehren. Der Traum jener Männer, die sich in die grandiose Natur einer Gegend zwischen Österreich und Italien verirrt haben, wo auch die Erzählung „Grigia" spielt und sich Herrn von Kettens Schloß in der „Portugiesin" erhebt, erscheint wie eine Hochgebirgslandschaft, die ebenso unbegrenzt, wild, urwüchsig und noch unberührt ist wie ihre Sehnsucht. Ihr Verhalten ist dem Naturzustand nahe; er gleicht dem jauchzenden Drang des Lebens. Physische wie psychische Natur bedeuten gleiches: autonome Entfaltung, Protest gegen die städtische und mechanistische Zivilisation, die bildhaft durch den kleinen Marktflecken hier verdeutlicht wird. Die Ziele der Kleinstadt sind gewichtig und lächerlich in Anbetracht ihrer Nichtigkeit; die feinste Nadelspitze wäre noch zu groß, um ihrer wirklichen Bedeutung auf einer Karte Europas zu entsprechen.

Die vier Personen haben keinen Namen, keine „Eigenschaften". Ihr ehemaliger Beruf unterscheidet sie nicht mehr. Von einem herrenlosen Hund begleitet, führen sie ein freies Dasein; sie trinken den gleichen Wein in dem Wirtshaus, das an dem Gebirgshang abwechselnd von der Mittagssonne und dem Mond beleuchtet wird. Sie bilden eine Wahlgemeinschaft und geben sich ganz dem steigerungsfähigen Drang der unabhängigen Persönlichkeit hin, dem ein weiter und freier Horizont gebührt. Wer sind sie? Man weiß nicht, woher sie kommen und wohin sie gehen. Musil nennt sie die zornigen Männer, „ w i r w u r d e n v o m Z o r n u m h e r g e t r i e b e n ". Sie sind Empörer, Anarchisten, Schwärmer wie Thomas und Anselm in dem Drama Musils mit dem kennzeichnenden Titel, sie sind Ausgebürgerte, Abenteurer, Träumer, die in unverdorbenem Neuland vorwärtsschreiten, Dichter, auf der Suche nach dem

Ursprung, nach dem „Tausendjährigen Reich", dessen Auf-
leuchten auch Ulrich und Agathe verfolgt. Ihre Utopie, ihr
Traum von einer höheren Wirklichkeit ist anders als der bürgerliche Traum der Kleinstädter, deren tote und konformi-
stische Moral einen Gegenpol zu dem die tellurischen Kräfte
kennzeichnenden „aktiven Pessimismus" bildet, und zu der
Sehnsucht, dem gärenden, leidenschaftlichen, freiheitstrun-
kenen Leben dieser vier Männer. Stellen sie nicht den Aufruhr
des Schöpferischen dar gegen die Tradition und die von außen
auferlegten Regeln?

Der gleiche Symbolismus ist bei Ali[4] zu finden. Der Name
des Hundes ist stellvertretend für die dichterische Schöpfung.
Er ist der aus einem inneren Antrieb geborene, lebendige Ausdruck des Denkens — e i n e f r e i e S c h ö p f u n g —
„e i n e D i c h t u n g". Sein Ursprung und dessen Ursache
ist diskursiv nicht zu erklären, er läßt sich nicht in eine schematische Formel einordnen, — „e r w a r z i e m l i c h u n -
p a s s e n d u n d u n v e r n ü n f t i g" —, Name und Gegenwart des Hundes sind unbegründet, zufällig, „nicht ratioid",
aus dem außergewöhnlichen Augenblick geboren, wo das Bewußtsein schockartig mit der Lebenswirklichkeit in Berührung
kommt.

Die vier Männer werden Zeuge einer Mordtat, die Ali voll-
bringt — es ist der Wendepunkt der Erzählung —, einer un-
begründeten Handlung, die ihnen den dunklen Drang des Unbewußten zu Bewußtsein bringt; es ist der Ausgangspunkt zu
einer geistigen Wandlung, einer in der Erfahrung geschöpften
Erkenntnis, die ihnen erlaubt, das anarchistische Anfangssta-
dium zu überwinden. Das Schicksal wird durch die Handlung
Alis konkretisiert, indem es bei den vier Männern das Gefühl
erweckt, Kräften ausgeliefert zu sein, die sie überragen und
sie von der Unschuld der Natur losreißen. Die anti-idealistische
Ästhetik Musils betont die konkrete Wirklichkeit, bezeugt, daß
das Handeln, die Kraft und der Organismus nicht vom Bösen
zu trennen sind. Aber der Mensch differenziert sich vom Tier
in dem Augenblick, wo es sich dieser Wirklichkeit durch eine
ethische Reaktion bewußt wird. Der gleiche „moralische Blitz-
schlag" findet sich auch bei Tolstoi. Die innere Revolte und
die von den vier Helden ihrem Begleiter auferlegte Strafe
symbolisieren den Widerstand, den der Mensch von selbst dem
wilden, drängenden, heftigen Triebleben entgegensetzt, nicht
infolge eines äußeren Prinzips, sondern aus der Notwendigkeit
eines inneren Gesetzes heraus.[5]

Jeglicher Wahrscheinlichkeitsrechnung zum Trotz, bricht

plötzlich in der Stille eines ruhigen Nachmittags die Katastrophe aus und stürzt die Existenz dieser Männer um. — „(Es ergriff) uns so unvorbereitet, als hätte der Blitz eingeschlagen"; — eine Falltür, eine ungeahnte Spalte öffnet sich und verschlingt sie. — „Wir waren hereingefallen"; — sie werden dadurch gezwungen, die Wahrheit mit anderen Augen zu „sehen". Das unmotivierte, amoralische Handeln, der verbrecherische Wahn, der Ali zum Blutbad treibt, kehrt die Ordnung der Dinge um, verändert sie und wandelt die Lebenseinstellung dieser Männer von Grund auf. Sie betasten sozusagen das Irrationale, indem sie die Barbarei des grausamen Alis vor ihren Augen erleben und entdecken somit ihr eigenes, wahres Gesicht. Sie werden ihrem „Ich" gegenübergestellt; das erklärt der überraschende Ausspruch: „Wir waren auf unser Herz getreten". Die eigenen, möglichen Verbrechen tauchen aus der Tiefe auf und sie fürchten sich vor ihren persönlichen Dämonen. Die sie erschütternde psychische Revolte läßt sie in einen Krisenzustand geraten, der sie zwingt, den Hund zu bestrafen; sie verwandelt sie geistig, indem sie ihnen die Perspektive des Menschseins öffnet: — „Wir waren verwandelt". — Durch den Versuch, dem Leben einen Sinn zu geben, durch die Infragestellung der Dinge — „ja, warum?" — nähern sie sich einer universellen Ordnung, die sich nicht nach der physischen Freiheit richtet, sondern nach der ethischen Verantwortung, die darin besteht, „[eine Ordnung] in diesem Chaos [zu] schaffen".[6] Die vier Männer werden aus dem spontanen und unkontrollierten Gemeinschaftsleben, das sie mit dem Hund führten und somit aus dem durch Ali verkörperten unbewußten Zustand zum Bewußtsein ihrer Existenz geführt. Die Selbsterkenntnis läßt den Menschen „Mensch" werden. Das spezifisch Menschliche besteht gerade in der Fähigkeit, sich durch Frage und Kritik selbst zu erziehen. Von jetzt an ist die Reaktion dieser durch Alis Handlung unruhig gewordenen Männer diejenige von Eingeweihten, die klar sehen, nicht mehr in der Gegenwart leben, sondern sich auch für die Vergangenheit und die Zukunft verantwortlich fühlen.

Diese im Jahr 1926 erschienene Anekdote analysiert einen harmlosen Zwischenfall — „(ein kleines) Erlebnis, das einem gutmütigen und zufriedenen Menschen kaum ein Achselzucken des Bedauerns gekostet hätte" — ist ein typisches Beispiel für die Einheit des musilschen Denkens. Die Hauptmotive sind gleich geblieben, die wesentlichen Probleme sind von Anfang an da, sie vertiefen sich nur mit dem Reiferwerden. Das Grundmotiv dieser Erzählung ist jenes der zwanzig Jahre früher erschienenen „Verwirrungen des Zöglings Törleß"; es enthält auch in nucleo das Problem des „Mann ohne Eigenschaften", den Antagonismus zwischen dem instiktiven, subjektiven Lebensdrang und der überlegten Handlung, die mit den Tatsachen in der Wirklichkeit rechnet. Musil illustriert mit der wissenschaftlichen Genauigkeit des „Vivisecteurs"[7] jene moralische Erschütterung, die aus dem Bewußtwerden einer unbezwinglichen, der Natur innewohnenden, drängenden Lebenskraft erwächst — er nennt sie mit undiskutablem Pessimismus — „d i e s e a l l g e m e i n e D y n a m i k d e s v e r b o r - g e n e n U n h e i m l i c h e n[8]"; er zeigt auch die Perspektiveänderung bei einem Individuum, das plötzlich mit der zweideutigen Realität konfrontiert wird, — die unabänderliche Kurve des Daseins. Er beobachtet und läßt keine Einzelheit außer acht, die ihm erlaubt, die geheimen menschlichen Regungen und das Verborgene der Existenz zu erfassen und spürbar zu machen. Diese als solche offenbarte Welt ist „fantastisch", wie jene, die man unter dem Mikroskop betrachtet. Die geheimen Falten der Seele, der versteckte Sinn der Dinge, der Urgrund der Materie, jene unsichtbare Einheit also, die er als H i n t e r e x i s t e n z bezeichnet, hat Musil immer wieder beschäftigt. Er untersucht sie mit jener Mischung von „Spürsinn" und Geistesschärfe, jener fehlerlosen Logik und unfehlbaren Folgerichtigkeit, die sein ganzes Werk ausmacht. Zum Beispiel verleihen die anschauliche, überzeugende Beschreibung des Hundes, der Landschaft und der vier Männer dieser Erzählung eine durchsichtige Symbolik: hinter der scheinbaren Einfachheit verbergen sich Abgründe. Es handelt sich um einen Mord, der sich jederzeit wiederholen könnte, um das innere Poröswerden als Ansatz zu einer ethischen Erweckung. Hinter der glatten und polierten Oberfläche, unter der „geometrischen" Struktur der analytischen Form, der lebendigen und konkreten Bildhaftigkeit der Ereignisse enthüllt sich der unergründliche und aufrührerische Lebensgrund, der springende und kraftvolle „Urfeuerkern der Schöpfung", der sowohl die nihilistische Katastrophe in sich birgt, aber auch Ursprung sein kann einer inneren positiven Umwandlung.

---

[1] Siehe: Die Sturmflut auf Sylt von Robert Musil. Stuttgarter Zeitung, 30. August 1963.

[2] Robert Musil: Nachlaß zu Lebzeiten — Humanitas Verlag Zürich 1936, auch GW III, 445—535.

[3] Vgl. den Brief Musils an den Herausgeber der Literatur in: Die Literatur; Monatsschrift für Literaturfreunde XXXIII (1930/31), 377, 384 f.

[4] Der Hund in der „Pension Nimmermehr" (Nachlaß zu Lebzeiten, Humanitas Zürich 1936) heißt ebenfalls Ali.

[5] Die innere Wandlung, die sich in der tiefsten Einsamkeit eines Wesens vollzieht, — „die Umkehrung" — ist das Zentralerlebnis der musilschen Ethik. Diese Ethik wird schon in einer seiner ersten theoretischen Schriften — „Moralische Fruchtbarkeit" (Der lose Vogel, 1913) definiert.

[6] Vgl. Das hilflose Europa — GW II, 622 f.

[7] GW II, 23 f.

[8] Robert Musil: Bocksgesang von Franz Werfel. Prager Presse, 15. März 1922; KTT, 83.

Die Durstigen

Er hieß Ali und hatte sich uns einige Zei vor dem Mord freiwillig angeschlossen; wir wußten nicht, woher er gekommen war, und glaubten, daß er in irgendeinem der Bauernhöfe zuhause sei, die auf den verzweigten Gebirgshängen verstreut lagen. Darum war auch der Name Ali eine freie Schöpfung; man könnte sagen, eine Dichtung. Der Lehrer hatte ihn ganz plötzlich erfunden, als ihre Augen zum erstenmal ineinandertauchten. Und weil dieser Name ziemlich unpassend und unvernünftig war, aber so zwingend von innen sich geltend machte, hatten wir alle das Gefühl, daß dem Lehrer ein Gedicht eingefallen sei, und staunten. Wir bestanden nun insgesamt darauf, ihn Ali zu nennen, und er ließ es sich gefallen, als ob er immer so geheißen hätte, und wir kamen zu fünfen am Nachmittag aus dem Wirtshaus, den holprigen Steinweg zur Torrente hinunter oder wie man dieses wüste Dreieck nennt, das der Bergbach, sein eigenes wildes Tal verlassend, in das große, fruchtbare Haupttal geschüttelt und gewühlt hat, ehe er dort von dem kleinen, schnellen, zivilisierten Fluß aufgenommen wird, der schon in seinen Anfängen einen europabekannten Namen führt.

„Ich kann diesen dreieckigen Urzustand nicht mehr ausstehen!" ereiferte ich mich. „Überall wo die Natur in einfachen geometrischen Formen auftritt, ist sie heimtückisch; kreisrunde Seen sind abgründig, Vulkane haben eine Kegelform..." — ich suchte weitere Beweise, aber mir fielen keine ein. — „Gallensteine sind Würfel mit abgeschliffenen Ecken" — setzte der Seidenspinner hinzu. — „Schneebretter sind Tafeln", ergänzte der Eisenbahnassistent, der drei Semester Jus studiert und dabei Skilaufen erlernt hatte. — „Und ihr seid Quadrattrottel", schloß der Lehrer das Gespräch ab, „ihr vergeßt, daß die ganze Erde rund ist!" Er war der Kraftmensch.

Wie immer es übrigens mit der Richtigkeit stehen mochte, jedesmal, wenn wir durch die Torrente streiften, war es ein wüster Eindruck, der sich unserm eigenen Verhalten mitteilte. Wir vermieden den Weg, der schottrig, als ob auch er ein ausgetrockneter Bach wäre, das Dreieck durchquerte; übersprangen mit Gepolter die steinigen Furchen, in welche der Bach während der wasserarmen Zeit aufgelöst war; hielten uns an den Handgelenken, um bei einem umfassenden Angriff gegen ein Gebüsch nicht zurückgeschleudert zu werden, und purzelten alle hinein; brüllten, als ob in dieser zehn Minuten breiten Wüste meilenweit kein Mensch wäre, und scheuchten polternd die Schafe auf, welche die kleinen Grasinseln abweideten. Darin war besonders Ali gefährlich; er jauchzte vor Vergnügen, wir pfiffen und schrien „Ali!" und sprangen vor Angst, daß er wirklich eines der Schafe packen und zerreißen könnte, meterhoch, um ihn nicht aus den Augen zu verlieren, und jauchzten gleichfalls.

Denn Ali war im Unterschied von uns andern ein Hund, eine venetianische Bracke, wie uns der Lehrer versicherte, dem wir in naturkundlichen Fragen keinen Widerspruch entgegensetzen konnten, und außerdem war Ali ihm zugelaufen und nicht uns. Er war nicht sehr hoch, aber breit und kräftig gebaut, mit großen, gutmütigen Jagdhundohren, krummen starken Beinen und einem kurzen Fell, das in großen Flecken braun und weiß gescheckt gewesen wäre wie eine Kastanie, wären die weißen Teile nicht noch schwarz gesprenkelt gewesen, wie an einem Fliegenschimmel. Und wenn Ali eines der Schafe getötet hätte, so wären wir in große Unannehmlichkeiten geraten, weil wenige hundert Schritte hinter der Torrente schon die kleine Stadt anfing, die nicht größer als ein Marktflecken war, aber so wohlgeordnet und von so wohlhabenden Bürgern bewohnt, daß sie eben den Rang einer Stadt hatte. Wir schüttelten jedesmal hinter den letzten Büschen unsere Hosen an den Beinen zurecht, klopften ein wenig den Staub von den Schuhen, ließen die Wildheit aus unseren Gesichtern schleunigst verschwinden und riefen Ali hinter unsere Füße, für die Länge der achtbar zwischen Geschäften führenden Straße, ehe wir auf der andren Seite die Landstraße gewannen, die zum See und neuen Genüssen führte.

Nähme man eine Karte Europas und bezeichnete darin den Ort, wo diese Stadt liegt, mit der feinsten Nadelspitze, so würde selbst dieser Stich weit über die Stadt und die gewichtigen Hügel hinausreichen, die für sie Sonnenauf- und -untergang bedeuteten. Es bestand wenig Aussicht, daß wir jemals bei jungem

Leib von hier loskommen würden. Einmal in der Woche trafen
die illustrierten Zeitungen ein, mit Bildern aus aller Welt. Wol-
kenkratzer und 200-Kilometergeschwindigkeiten, nackte Tän-
zerinnen und die Wäsche der vornehmen Dame, große Betrüger
und Jagdausflüge nach Afrika, Selbstmörderinnen im Kokain-
rausch und Hochzeiten der höchsten Gesellschaft. Wir kannten
alle technischen Ausdrücke des feinen Lebens, und unsere Augen
sogen die Bilder in uns, als ob wir blanke Edelsteine geschluckt
hätten, die dann im Leib nicht vor und nicht zurück können.
Ich glaube, es hätte uns nichts davon zurückgehalten, eine Ver-
brecherbande zu bilden, um uns die Welt zu erobern; aber wir
wußten nicht, wie man es macht. Die vom Ort fühlten ganz
anders darin als wir; sie fuhren zuweilen in die nächstgrößere
Stadt — von wo die Kaufleute in die nächstnächstgrößere reisen —, und der eine brachte blödlächelnd eine modische Kra-
watte heim, ein anderer ein viel schlimmeres Andenken und ein
dritter sogar ein kleines Automobil; so zog die schlaue, kleine
Stadt allmählich die neue Zeit an sich, und am Ende lebte man
sogar nicht ganz ohne kleine Abenteuer und heimliche Skandale
in ihren Mauern. Aber wir verachteten das; wir erklärten, das
Automobil sei eine verjährte, historische Type; wir wurden vom
Zorn umhergetrieben.

Damals, an dem Tag, wo das kleine Unglück, der Mord geschah, kamen wir wieder aus der Torrente und gerade im An-
gesicht der ersten, von armen Leuten und Bahnarbeitern bewohnten, einzeln vorgeschobenen Häuser, während Ali uns vor-
anlief und schon die Mauern und Türschwellen beroch; Ali,
den die Abenteuerlust aus der Heimat vertrieben hatte, während wir ihm nur Geschrei und blinde Aufregung boten. Wir
sahen und hörten nun ahnungslos, wie ihn bei dieser Tätigkeit
ein kleines Hündchen anbellte, das aus dem Haus gestürzt war
und den knurrigen Besitzer spielte, der sich groß macht und dem
Fremdling durchaus keinen Platz anbietet, obgleich er sich hinter diesem üblichen Getu sichtlich als gern freundlich zu erkennen gab; ein völlig unadliges Köterchen, mit schmutzig weiß-
blondem Haar, das vielleicht spielen wollte, wenn man es vorher nur seiner Pflicht als Mann und Hausvater genug tun ließ.
Aber Ali verstand keinen Spaß mehr. Des Kleinen weißblonde
Schweiffahne — behauptete später der Seidenspinner — hatte
sich eben zur Seite bewegt, um zu wedeln, aber ehe sie noch
die zweite Hälfte dieses ersten Taktschlags vollenden und damit
das hundliche Lächeln über den ganzen Hinterteil ausbreiten
konnte, während der Vorderteil noch knurrte, biß Ali, gegen
alle Sitte, wutzitternd, den Kleinen ins Genick, schleuderte ihn

zweimal im Maul hin und her und spie ihn dann auf die Erde. Ein jämmerliches, kurzes Klagegeschrei zerriß uns die Ohren, dem, ehe wir noch hinzueilen konnten, unheimliche Stille folgte, und da lag nun der kleine Hund vor dem Haus, mit dem steifen, etwas lächerlichen und etwas rührenden Ausdruck einer Leiche, während Ali sich aus unserem Kreis verzog.

Es war merkwürdig, wie dieses kleine Erlebnis, das einen gutmütigen und zufriedenen Menschen kaum ein Achselzucken des Bedauerns gekostet hätte, uns so unvorbereitet ergriff, als hätte ein Blitz eingeschlagen. Wir waren verwandelt. „Du mußt ihn schlagen!" rief ich in unbegreiflicher Erregung dem Lehrer zu; auch alle anderen schrien wie aus einem Munde: „Du mußt ihn schlagen!" — Der Lehrer schien von der gleichen Überzeugung überwältigt zu sein; wie in schwerem Traum nahm er eine vom Zaun hängende Rebenschleife an sich und rief Ali heran. Diesem entfuhr während der Züchtigung kaum ein Laut des Schmerzes; er hatte sich zu ihrer Entgegennahme auf die Erde gelegt und duldete wie ein Krieger aus edlem Stamme. Als sich aber unter unseren Zurufen die zugefügten Schmerzen zu lange ausdehnten und offenbar seiner Ansicht nach die Grenzen einer gerechten Buße überschritten, begann er erst zu knurren und dann die Zähne zu fletschen. „Du mußt ihn noch schlagen!" riefen wir, und der Lehrer, welcher schon aufhören zu wollen schien, fuhr wirklich fort. Aber je bedrohlicher Ali aussah, desto langsamer kamen nun die Schläge. Sie taten so pädagogisch, als wollten sie besonders gut zielen; aber in Wahrheit zögerten sie. Er war ein kräftiger junger Mann, der Lehrer, mit einem dickbehaarten Kopf; ich hatte ihn immer für einen verwegenen Burschen gehalten, aber nun bemerkte ich von hinten, ohne ihm ins Gesicht zu sehen, daß er sich fürchtete und aus weichem Fleisch war.

Damit schloß eigentlich das unerwartete kleine Erlebnis ab; denn nun kam um eine Hausecke eine hagere, zänkisch aussehende Frau, mit einer irdenen Schüssel im Arm, wir befürchteten, daß sie die Besitzerin des schmutzigen kleinen Hundes sei und ein großes Geschrei erheben werde, das zu unberechenbaren Folgen führen konnte, denn wir waren nicht eben beliebt in dem Städtchen; und plötzlich gaben wir Fersengeld. Erst würdevoll langsam; aber kaum waren wir von einem Haus gedeckt, so setzten wir uns in Trab; und als wir weiter wieder in Sicht kamen, fielen wir in Galopp, recht übermütig jetzt, mit Quersprüngen, die wie Unschuld aussehen sollten, aber doch sehr danach angelegt waren, möglichst rasch Raum zwischen uns und die Untat zu legen.

Aber es wurde kein Laut dahinten hörbar; und als Ali, der vorerst mißmutig hinter uns getrottet war, uns derart laufen und springen sah, schüttelte auch er seine Verstimmung ab, sprang an uns vorbei, jeden einzelnen mit der Schnauze berührend, und staubte jauchzend als unser Führer der Stadt zu.

Jenseits lagen die übermannshohen Kukuruzfelder. Wenn man hindurchstreift und etwas am Gewissen hat, wispern sie ganz erstaunlich. Und dann kam der See; der Weg, die Bergflanke hinauf. Durch den Wald von Edelkastanien. Und Ahorn. Der See sinkt immer tiefer. Aber keiner von uns war je über das Wirtshaus am Weg hinausgekommen, wo es Brotwecken gab und Wein. Die Hitze des Tages verglühte auf unsern Gesichtern, und die Hitze des Weins ging langsam in ihnen auf wie der Mond in Wolken. Unter den Bäumen dunkelte es; ein Windlicht wurde auf den Steintisch gestellt. Man sagte, der Weg führe später in wilde Steinhänge, dann über das Gebirge in das große Tal hinüber. Agnese sagte es, die Wirtstochter, deren Geliebten wir nicht kannten, aber als einen stattlichen Mann ahnten, der für uns nichts übrig ließ. Und mit Mond und Wein und der zerschmelzenden Spannung des Tages kam blank das Gedenken an Alis Mord heraus, das wir bis dahin voreinander versteckt hatten.

„Es war nicht ‚fair‘ von ihm, bei solchem Unterschied der Größe!“ — versuchte der Eisenbahnassistent, der auf Sport hielt, unseren Schreck zu beschönigen. „Ein ungleicher Kampf stößt ab!“ — Aber er fand mit seiner Erklärung keinen Beifall. Ein anderer sagte: „Wenn es wenigstens eine Katze gewesen wäre!“, und keiner vermochte das unvergeßlich Abstoßende dieses Vorfalls aus uns herauszubringen. Ein Schweigen trat ein. Endlich sprach einer langsam: „Aber, es hat uns ja gar nicht abgestoßen. Wir sind hereingefallen.“ Das war es. Wir waren auf unser Herz getreten und ausgerutscht, als der Schrei des Unsagbaren in der Luft klang, und jetzt wollten wir es mit einem Fußtritt wegschleudern, als wären wir versehentlich auf einer Orangenschale ausgerutscht. „Wenn er ein Mensch wäre, würde es sich doch nur um einen Totschlag im Affekt handeln!“ — lenkte der Seidenspinner ab. „Drei Jahre Kerker; weiter nichts!“ Der Lehrer nahm die Ablenkung auf. „Man kann ein Tier nicht wie einen Menschen beurteilen.“ — Er hatte plötzlich Bedenken, daß wir in dieser Stimmung etwas gegen Ali beschließen könnten.

Pause, und dann fragte mit einemmal einer grob: „Weißt du das so genau?“ — Da waren wir nun wieder dort, wo wir sein sollten. „Nichts weiß er!“ schrie der Seidenspinner, der den Lehrer plötzlich im Stich ließ. „Man könnte selbst einen anderen ins Genick beißen und ihn zwischen den Zähnen totschütteln!" — Er gab weiter keine Aufklärung, sondern schwieg. Alle sahen ihn erstaunt an. Der reiche Seidenspinner entstammte als einziger von uns einer Familie dieser Kleinstadt und sah aus, als ob er einem Huhn den Hals durchbeißen könnte. Wir vermochten ihm leider nicht zu widersprechen, aber der Unterschied zwischen unserer Zustimmung und deutlichem Ekel war sehr gering.

„Warum habt ihr dann bloß alle von mir verlangt, daß ich ihn schlage?!" fragte jetzt kläglich der Lehrer.

Ja, warum? Einer schob seinen Stuhl zurück und sagte aufstehend: „Wie lange werden wir noch in diesem verdammten Winkel von Stadt aushalten müssen!?"

Ich nahm das Windlicht und leuchtete unter den Tisch, wo Ali schlief. Wir sahen ihn an. Er erwachte und streckte seine gutmütigen Pfoten, treuherzig hingen die großen Hautlappen des Mauls über seine Zähne. „Ali!" lockten wir. Agnese stand, die Arme gekreuzt, auf der Hausschwelle und sah uns zu. So stand sie immer und sah uns zu, wenn die Worte bald stockten, bald zu den Sternen emporstiegen wie Schaum über einem Wasserfall. Wir wußten nicht einmal, ob sie unsere Sprache verstand, sie nahm nie teil, sie sah uns zu, wie man Tieren oder einer stummen Bewegung zusieht, sie schien uns zu verachten. Ich stellte das Licht wieder zurück und warf Geld auf den Tisch — das brachte Leben in sie. Ali hatte sich zu Ende gestreckt und trabte vor uns den Weg in die Stadt zurück. Er schien mit seinem Tag zufrieden zu sein, und ich glaube, wir andern beneideten ihn heimlich.

„Berliner Tageblatt"
(14. 8. 1926.)

WIRKLICHKEIT UND UTOPIE IN ROBERT MUSILS „MANN OHNE EIGENSCHAFTEN"

Johannes Hösle

Gegen Ende des ersten Buchs von Musils Romantorso „Der Mann ohne Eigenschaften", der nicht ohne Grund als ein „Buch fast schon jenseits der erzählenden Literatur"[1] bezeichnet wurde, findet sich ein geradezu elegisches Lob auf die erzählerische Ordnung, „ ... die darin besteht, daß man sagen kann: ‚Als das geschehen war, hat sich jenes ereignet!' Es ist die einfache Reihenfolge, die Abbildung der überwältigenden Mannigfaltigkeit des Lebens in einer eindimensionalen, wie ein Mathematiker sagen würde, was uns beruhigt; die Aufreihung alles dessen, was in Raum und Zeit geschehen ist, auf einen Faden, eben jenen berühmten ‚Faden der Erzählung', aus dem nun also auch der Lebensfaden besteht. Wohl dem, der sagen kann ‚als', ‚ehe' und ‚nachdem'! Es mag ihm Schlechtes widerfahren sein, oder er mag sich in Schmerzen gewunden haben: sobald er imstande ist, die Ereignisse in der Reihenfolge ihres zeitlichen Ablaufes wiederzugeben, wird ihm so wohl, als schiene ihm die Sonne auf den Magen" (p. 665).[2] Ulrich, der Protagonist des Romans, ist sich darüber im klaren, daß ihm „dieses primitiv Epische abhanden gekommen sei, woran das private Leben noch festhält" (p. 665), nicht zuletzt deshalb, weil er in einer Stadt lebt, wo man nicht mehr imstande ist, die Erlebnisse „in Beziehung zu sich zu bringen: und so beginnt ja wohl das berüchtigte Abstraktwerden des Lebens" (p. 664). Das Wissen um diesen Sachverhalt ermöglicht es jedoch Musil, sich über das Gewirr der Weltstadt Wien zu erheben, sich in der Fülle des ihm zur Verfügung stehenden Materials zu behaupten und ein umfassendes Bild des alten Österreichs am Vorabend seines Untergangs zu geben.

„Der Mann ohne Eigenschaften" wurde infolge der jahrelangen Arbeit, die Musil auf sein Lebenswerk verwandte, scheinbar zu einem historischen Roman, in Wirklichkeit ging es dem Verfasser jedoch nicht um das Auf und Ab oder Nacheinander irgendwelcher umwälzender Ereignisse, an denen Kakanien, das sich selbst „irgendwie nur noch mitmachte" recht arm war, sondern um das unterirdische Schwelen in dem überlebten Staatsgebäude: „Es war durchaus nichts in Kakanien geschehen, und früher hätte man gedacht, das sei eben die alte, unauffällige kakanische Kultur, aber dieses Nichts war jetzt so beunruhigend wie Nichtschlafenkönnen oder Nichtverstehenkönnen" (p. 541). Musil hatte die schwierige Aufgabe, diese scheinbare Stagnation zu gestalten, in der eben das „als", „ehe" und „nachdem" nicht mehr galten. Und doch genügte der geringe Anstoß der von dem österreichischen Romancier erfundenen Parallelaktion, die das für 1918 zu erwartende siebzigjährige Regierungsjubiläum von Franz Josef dem bloß dreißigjährigen von Wilhelm II. gegenüber zur Geltung bringen soll, um zu zeigen, wie morsch das Piedestal geworden ist, auf dem vorläufig noch Ulrichs Kusine, die schöngeistige Diotima, Seele des von höchsten Regierungsstellen in die Wege geleiteten Unternehmens, thront. Ulrich, die konsequente Weiterbildung des von Musil bereits um die Jahrhundertwende entworfenen „Monsieur le vivisecteur"[3], analysiert rücksichtslos und ohne Scheu vor gesellschaftlichen Tabus seine Mitmenschen und seine Umwelt. Seine an Valérys Monsieur Teste erinnernde Haltung wird im ersten Buch des Romans nicht erschüttert: weder die Geschäftigkeit der Parallelaktion, noch das verführerische Angebot des Großschriftstellers und Großindustriellen Arnheim-Rathenau, in seine Firma einzutreten, vermögen es, Ulrich seiner geistigen Unabhängigkeit zu berauben. Dies gilt auch für die zahlreichen Liebesepisoden (Musil bekennt wiederholt, wieviel er D'Annunzios Roman „Il Piacere" verdankt),[4] mit der gefräßigen Leona, der liebessüchtigen Bonadea, der durch die pangermanischen Ideen ihres Verlobten Hans Sepp überanstrengten Bankierstochter Gerda Fischel und der vom Musikschwall Wagners und den Verkündigungen Nietzsches hingerissenen Frau seines Jugendfreundes Walter, der schizoiden Clarisse.

Ulrich ist jedoch kein mephistophelischer Geist, der stets verneint, seine Skepsis gegenüber allen überlebten und traditionsgebundenen Lebensformen ist lediglich die unerläßliche Voraussetzung für seine Suche nach neuen Werten. Er gehört nicht so sehr zu dem statischen oder kaiserlichen Menschentyp wie etwa Graf Leinsdorf, sondern zu dem dynamischen und faustischen (p. 1459), er übernimmt keinen Gedanken und keine Redewendung ungeprüft und entlarvt die zu leeren Hülsen gewordenen Metaphern und Begriffe im Lichte seiner kompromißlosen Ironie.[5] Diese Zerstörung der konventionellen Wirklichkeit, die den menschlichen Geist an sich fesseln möchte, ermöglicht es Ulrich, zu dem von der Glasur des Herkommens verdeckten Wesenskern der Dinge durchzustoßen. Die Polemik mit den in ihrer Umwelt verhafteten Mitmenschen und der ständige Rückzug in das souveräne Reich des Geistes machen eine Du-Beziehung des Protagonisten unmöglich. Erst als er nach dem Tod seines Vaters in der Heimat seine vergessene Schwester Agathe wiederfindet, gelangt er an den entscheidenden Wendepunkt seines Lebens. Zu seinem Staunen entdeckt Ulrich, daß seine Erinnerungen sich nicht nur mit denen Agathes ergänzen, sondern sogar mit ihnen verschmelzen, ehe sie noch ausgesprochen sind: „Ein gemeinsamer Zustand überraschte, ja verwirrte die Geschwister wie Hände, die unter Mänteln an Stellen hervorkommen, wo man sie nie erwartete und einander unvermutet anfassen" (pp. 716/17).

Erinnert der mathematisch-kühle Ulrich an Valérys Monsieur Teste, so handelt es sich bei Ulrichs Verhältnis zur Schwester um eine besonders ergiebige Gestaltung des Narziß-Mythos, der Valéry ja zeit seines Lebens faszinierte. Dem Spiegelbild des Narziß entspricht im Roman Musils die als verlorene Hälfte, als alter ego empfundene Schwester.[6]

Die geheimnisvolle Zusammengehörigkeit der Geschwister springt schon beim ersten Wiedersehen ins Auge, als sich beide in einer Art Pierrotkleid im Haus des verstorbenen Vaters gegenübertreten. Ulrich, der sonst alles an seinen Platz zu stellen vermag, ist dabei zum ersten Mal ratlos: „Dieses Gesicht beunruhigte ihn durch irgend etwas. Nach einer Weile kam er darauf, daß er einfach nicht erkennen konnte, was es ausdrücke" (p. 691). Dieses Resignieren einem Unerforschlichen gegenüber ist in Ulrichs Leben etwas Neues, hier deutet sich bereits die Erfüllung des Wunsches an, „daß etwas Unvorhergesehenes mit ihm geschehen möge", daß sein „Urlaub vom Leben" zu Ende gehe (p. 263). Man muß die narzißhafte Komponente in der Begegnung mit Agathe im Auge behalten, um zu verstehen, daß Ulrich sich nun erst recht vom gesellschaftlichen Betrieb seiner Wiener Bekannten zurückzieht. Das Zusammenleben mit der Schwester im Haus des Vaters und in der inselartig abgeschlossenen Villa in Wien ist ein Versuch, zu leben ohne das Denken zu opfern und sich der Meditation zu widmen, ohne sich vor dem Leben zu verschließen. Ulrich, der bei einer Sitzung der Parallelaktion ein Generalsekretariat der Genauigkeit und Seele gefordert hatte und den Eindruck hatte, daß sein Leben sich in zwei Bahnen zerlegt hatte, „eine am Tag liegende und eine dunkel abgesperrte" (p. 606), hofft durch sein Zusammensein mit Agathe, Geist und Seele, Verstand und Gefühl zu vereinigen: für ihn ist der Geist nicht wie für den Nietzsche-Epigonen Meingast-Klages ein verdächtiger „Widersacher der Seele". Ulrichs „Sehnsucht nach einem Gesetz des rechten Lebens"

(p. 843) führt ihn schließlich auf das Problem des Glaubens, den er mit Agathe durch eine Verbindung mit dem Wissen wieder ins Leben rufen zu können hofft. Der Glaube soll aber nicht bloß „auf die Höhe des Wissens gebracht werden, sondern muß geradezu von dieser Höhe auffliegen" (p. 864). Ulrich gelangt dabei manchmal mit Agathe in ein Niemandsland zwischen der Wirklichkeit und dem Nichts, beziehungsweise dem Absoluten, in jenes Tausendjährige Reich, das zunächst ein Nicht-mehr und Noch-nicht ist und nur dank einer fast übermenschlichen Anstrengung vorübergehend von der Bedrohung durch die beiden Grenzzonen bewahrt werden kann. Auch Agathe ist „nach allen Seiten in etwas Stillstehendem darin, wo sie sich hochgehoben und verschwunden zugleich fühlte" (p. 877). Ulrich ist zu ehrlich, um sich darüber hinwegtäuschen zu können, daß „der andere Zustand" mit Agathe mehr als eine Selbsttäuschung sei, denn: „Für einen anderen leben wollen, ist nichts als das Fallissement des Egoismus, der nebenan ein neues Geschäft mit einem Sozius eröffnet" (p. 895). Trotzdem stoßen die Geschwister mitunter bis zu einem Grenzzustand vor, der schon fast wie der Übergang in eine neue Existenz erscheint. Ulrich fühlt sich in der Nähe Agathes aus sich hinübergezogen, „als sei ihm da selbst ein zweiter, weit schönerer Körper zu eigen gegeben worden" (p. 918), und rückblickend bekennt er: „Als ich also Agathe auf den Arm nahm und wir uns beide aus dem Rahmen des Lebens genommen und in einem anderen vereinigt fühlten, war vielleicht etwas Ähnliches mit unserem Gefühl geschehen. Ich kannte das ihre nicht, und sie nicht das meine, aber sie waren nur für einander da, und hingen geöffnet aneinander, während alle andere Abhängigkeit verschwand; und darum sagten wir, wir wären aus der Welt gewesen, und in uns, und haben für dieses bewegte Ein- und Innehalten, diese wahre Einkehr und dieses Einswerden aus fremden Teilen den sonderbaren Vergleich mit einem Bild gebraucht" (p. 1313). Freilich, diese Liebe zur Schwester ist letztlich nur die „Eigenliebe" des Bruders, die „durch Irrtum oder Schicksal" in Agathe verkörpert war (p. 918). Der Versuch einer hermaphroditischen Existenz führt also von der Wirklichkeit weg, nicht zu ihr hin, so daß Ulrich auf Agathes Frage, ob in Traum, in Mythus, in Gedicht und Kindheit und selbst in der Liebe der größere Anteil des Gefühls nicht doch durch einen Mangel an Verständigkeit, das heißt durch einen Mangel an Wirklichkeit, erkauft sei (p. 926), die Antwort schuldig bleibt.

Dieser Mangel an Wirklichkeit gefährdet den bereits im ersten Buch des Romans problematischen erzählerischen Ablauf, der durch die in zahlreichen Kapiteln vorherrschende mystische Zeitlosigkeit ins Stocken gerät. Wie sehr Musil von der Fülle des erarbeiteten Materials erdrückt wurde, zeigt die Tatsache, daß schließlich selbst ein erzählerisch nicht verarbeiteter Abriß der Psychologie in den Roman eingeschoben wird. Auch die im zweiten Teil zu einer wichtigen Rolle anwachsende Gestalt des religiösen Erziehers Lindner (eigentlich Friedrich Wilhelm Förster) mit ihren langen Ausführungen über moralische Erneuerung wirkt eher hemmend als fördernd auf den Fortgang des Geschehens. Über der paradiesischen Zeitlosigkeit der Gartenexistenz von Ulrich und Agathe verlor Musil immer mehr den Endpunkt des Romans aus dem Auge, und es ist sicher mehr als ein Zufall, daß der Dichter noch an seinem Todestage an dem von einer wundervollen Harmonie beherrschten Kapitel „Atemzüge eines Sommertags" schrieb.[7] Im Fallen des Blütenschnees scheinen die Herzen stillzustehen, „aus der Brust genommen zu sein, sich dem schweigenden Zug durch die Luft anzuschließen, und Agathe sieht sich an das Wort des Mystikers erinnert: „Da ward mir das Herz aus der Brust genommen" (p. 1170). Agathe und Ulrich geben sich dem Zauber und der Verzauberung durch diese zeitlose Landschaft hin: „Die Zeit stand still, ein Jahrtausend wog so leicht wie ein Öffnen und Schließen des Auges, sie (cfr. Agathe) war ans Tausendjährige Reich gelangt, Gott gar gab sich vielleicht zu fühlen. Und während sie, obwohl es doch die Zeit nicht mehr geben sollte, eins n a c h dem andern das empfand; und während ihr Bruder, damit sie bei diesem Traum nicht Angst leide, n e b e n ihr war, obwohl es auch keinen Raum mehr zu geben schien: schien die Welt, unerachtet dieser Widersprüche, in allen Stücken erfüllt von Verklärung zu sein" (p. 1170).

Die Gartenszenen im „Mann ohne Eigenschaften" haben in der europäischen Literatur am ehesten eine Entsprechung in der etwa zur gleichen Zeit entstandenen Gartenszene in Valérys „Mon Faust": hier wie dort handelt es sich um einen Augenblick, wo sich Fühlen und Denken in wundervollem Gleichgewicht befinden. Auch Lust und Faust sind wie die beiden Geschwister Musils für einen Augenblick aller irdischen Begrenzung entzogen: „Il n'y a plus de profondeur. L'infini est défini. Ce qui n'existe pas n'existe plus."[8] Wie Ulrich mit der Schwester, so erlebt Faust mit seiner Sekretärin einen vorübergehenden Zustand der Gnade, der zwar Fausts NON dem Leben gegenüber nicht abzuwenden vermag, aber seinen von der Natur losgelösten Geist wenigstens für die Dauer einiger Atemzüge in den sanften Ablauf ihrer Gezeiten aufnimmt.

In den kostbaren Augenblicken, in denen Ulrich und Agathe ins Tausendjährige Reich eintreten, verstummt die Skepsis Musils, für den es „Wahrheiten, aber keine Wahrheit"[9] gab, da sie „die leidenschaftliche Energie der Gedanken"[10] zum Stehen brächte. Im Gesamtaufbau des Werks wirkt nach Kapiteln wie „Atemzüge eines Sommertags" daher der chronologisch folgende, aber frühe Entwurf „Reise ins Paradies", der mit der körperlichen Vereinigung der Geschwister auch den Zusammenbruch ihres mystischen Zusammenlebens bringt, wie ein Mißklang. Der schrille, expressionistische Stil dieser Episode („Die Stille nagelte sie ans Kreuz. Sie fühlten, daß sie ihr bald nicht mehr standhalten konnten, schreien mußten, wahnsinnig wie Vögel", p. 1447) hat nur noch wenig zu tun mit der gedämpften und verhaltenen Kadenz der „Atemzüge" und des offensichtlich viel späteren Entwurfs über Agathes Traum („Der Körper ihres Bruders schmiegte sich so liebreich und gütig an sie, daß sie in ihm ruhte; wie er in ihr; nichts regte sich in ihr, auch die schöne Begierde nicht mehr", p.1391).

Der grelle Stil der „Reise ins Paradies" entspricht hingegen dem Erleben der von ihren wahnsinnigen Vorstellungen hingerissenen Clarisse. Während Ulrich und Agathe sich zu einer Einheit einzufalten suchen, will Clarisse sich zu einer zwitterhaften Doppelgeschlechtigkeit ausfalten. Ihre allmähliche immer offener ausbrechende Schizophrenie reißt das stagnierende Geschehen des zweiten Teils zwar immer wieder auf, aber die entstehende Bewegung ist ob ihrer Ziellosigkeit episch schließlich genau so wenig ergiebig wie Ulrichs Mystik ohne Gott.[11] Der zentripetalen Ulrich-Agathe-Handlung entspricht also die zentrifugale Ich-Auflösung Clarisses. Im „Mann ohne Eigenschaften" spielt sich das Geschehen nicht so sehr zwischen den Personen ab als vielmehr in ihnen, denn keinen Augenblick sind sie vor Metamorphose und Verwandlung sicher. So fragt sich Ulrich schon vor der Wiederbegegnung mit Agathe: „‚Kann man denn aus seinem Raum hinaus, in einen verborgenen zweiten?', . . ., denn es war ihm geradeso zumute, als hätte ihn der Zufall durch eine geheime Verbindungstür geführt" (p. 646). Nicht nur die Menschen, auch die Objekte vermögen sich plötzlich auf rätselhafte Weise zu entziehen, geschieht es doch selbst dem trotz seiner Wagnerbegeisterung im Grunde genommen hausbackenen Walter, daß die Häuser sich in seiner Vorstellung ordentlich im Wind zur Seite biegen (p. 624). In der Perspektive der Nietzsche-Jüngerin Clarisse nimmt die subjektivistische Zersetzung der Wirklichkeit und der eigenen Persönlichkeit ein Ausmaß an, dessen dichterische Bewältigung nur eine lange abendländische manieristische Tradition möglich machte. Ein auslösender Faktor von Clarisses Krankheit ist der Prozeß gegen den Lustmörder und Zimmermann Moosbrugger, der trotz seiner proletarischen und massigen Wucht ähnliche Erlebnisse hat wie die knabenhaft-schlanke Clarisse. Es kommt vor, daß er Tage und Wochen hat, wo er „fast aus seiner Haut schlüpfen konnte" (p. 407) und er hat, „obgleich er eingesperrt war, ein ungeheures Gefühl der Macht" (p. 405). Dieses außergewöhnliche Machtbewußtsein hat er mit der sich zunächst ohne sein Wissen für ihn interessierenden Clarisse gemein, die sich voll geheimnisvoller, ob ihrer Größe unkontrollierbarer und unübersichtlicher Kräfte fühlt. Es passiert ihr nicht nur, daß ihr ein Satz wie eine Eidechse aus dem Mund schlüpft (p. 365), sondern sie hat auch am eigenen Leib ein Muttermal, das sie „das Auge des Teufels" nennt (p. 447) und das die Männer in seinen Bann zieht. Clarisse, in der sich der Gedanke befestigt, daß sie Nietzsches Mission neu aufnehmen müsse, fühlt sich in ihren hermaphroditischen Vorstellungen bestätigt, als sie bei dem Besuch einer Irrenanstalt von einem Wahnsinnigen als der siebente Sohn des Kaisers bezeichnet wird. In einem Gespräch mit Meingast entlädt sie mit dem Bekenntnis „Ich bin kein Weib, Meingast!, ich bin der Hermaphrodit!" (p. 1416) die ungeheure auf ihr lastende Spannung. Die letzte Zuspitzung erhält Clarisses Wahnsinn, als sie in einem Sanatorium die Bekanntschaft eines homosexuellen Griechen macht,[12] in dem sie den neuen Propheten erblickt, der die Erfüllung ihres Geschicks garantiere: „Sie hatte sich schon in Gedichten als Hermaphrodit bezeichnet und glaubte nun zum erstenmal an ihrem Körper zwitterhafte Eigenschaften bemerken zu können" (p. 1593). Nach dieser letzten Aufgipfelung erfolgt jedoch der Zusammenbruch ihrer utopischen Wahnvorstellungen, ihre Gedanken werden klarer und banaler und unterscheiden sich bald kaum mehr „von dem Ideenmischmasch eines durchschnittlichen Intellektuellen" (p. 1601). Der größte Teil der Clarisse-Kapitel des zweiten Teils wurde aus dem Nachlaß veröffentlicht. Musil gelang es nicht mehr, sie „streng der gesamten und insbesondere der Ulrich-Agathe-Problematik unterzuordnen" (p. 1574/ 10. I. 36), um zu vermeiden, daß diese überwuchert wird. Schon 1930 hatte er beanstandet: „Die Erzählung der Vorgänge in Clarisse ist ja ganz schön, aber was geht sie uns und das Ganze an!" (p. 1573). Ähnlich stellte er sich als Programm, die Teilprobleme, wie sie zwischen Ulrich und Agathe auftauchen, auf ihre Kleinheit zurückzuschrauben (p. 1631). Neben der Ulrich-Agathe-Handlung (soweit man von Handlung sprechen kann) und der Clarisse-Handlung verliert man die Gestalten der Parallelaktion aus dem Gesicht, und wo sie auftauchen, vermögen sie es trotzdem nicht mehr, das Geschehen in Gang zu bringen. Die paradiesische Abgeschlossenheit Ulrichs und Agathes und die rein subjektive Problematik Clarisses stehen in allzu losem Zusammenhang mit der gesellschaftlich und zeitlich gebundenen Parallelaktion. Diese Entwicklung deutet sich jedoch bereits in der Parallelaktion selbst an: sie ist gesellschaftlich zu exklusiv, um ein vollständiges Bild Österreichs am Vorabend des ersten Weltkrieges geben zu können.[13] Das Volk selbst erscheint nur in der abnormalen Gestalt Moosbruggers, in dem exotischen Dienerpaar Rachel-Soliman, in der nur entworfenen, aber kaum integrierten Gestalt des Sozialisten Schmeißer, oder gar als eine rein akustisch und optisch erlebte gestikulierende Masse, wie etwa bei der Demonstration gegen Graf Leinsdorf, die Ulrich von dessen Fenster aus beobachtet: „Er sah in die dunkle Bewegung unter dem Fenster, und eine Erinnerung an seine Offizierszeit erfüllte ihn mit Verachtung, denn er sagte zu sich: ‚Mit einer Kompagnie Soldaten würde man diesen Platz leerfegen!' Er sah es beinahe vor sich, als wären die drohenden Mäuler ein einziger geifernder Mund, in dessen Furchtbarkeit sich plötzlich der Schreck schlich; die Ränder wurden schlaff und verzagt, die Lippen sanken zögernd über die Zähne, und mit einemmal verwandelte seine Phantasie die drohende schwarze Menge in stiebendes Hühnervolk, zwischen das der Hund gefahren ist!" (p. 644).

Der Roman, der zunächst als eine Mischung von Zeitroman und historischem Roman erscheint (so wirkt er wenigstens auf den Leser von heute), löst sich immer mehr von dem hic et nunc Österreichs am Vorabend des ersten Weltkrieges. Kakanien und seine Bewohner werden immer mehr symbolisch verstanden, denn „dieses groteske Österreich ist nichts anderes als ein besonders deutlicher Fall der modernen Welt",[14] das Geschehen verlagert sich von außen nach innen und das dunkle Gefühl, daß die alte Staatsform am Zusammenbrechen ist, läßt alle Gestalten nach einer Lösung Ausschau halten. Für einen vor jeder Erlösung im Sinne einer endgültigen Lösung zurückschreckenden Menschen wie Ulrich, konnte es auf die Dauer keinen Ausweg aus dem Ungenügen der eigenen Existenz geben. Musil war zu ehrlich, um sich darüber hinwegtäuschen zu können, daß er mit der Utopie des Tausendjährigen Reiches eine Zone in sein dichterisches Schaffen einbezogen hatte, zu deren Bewältigung auch sein stilistisches Raffinement nicht mehr ausreichte, und doch war es wohl gerade das Ungeheure dieser Aufgabe, das ihn, den von allem Fertigen angeödeten, immer wieder anzog, so daß ihm das Material ins Unübersehbare wuchs. Während der erste Teil des Romans überschaubar und abgegrenzt ist, wußte Musil selbst nicht, wie er mit der Geschwisterliebe fertig werden sollte, aber gerade dieses Unvermögen mußte ihn reizen, da sich für ihn die Lösung einer geistigen Aufgabe nicht viel anders vollzog als „wie wenn ein Hund, der einen Stock im Maul trägt, durch eine schmale Tür will" (pp. 114/5): „Weil ich nicht gewußt habe, wie es kommen wird, rede ich um jede Bewegung zwischen Ulrich und Agathe das gleiche herum, und das gleicht einem sehr sorgfältig aufgestrichenen Brei, mag er auch an jeder Stelle etwas anders zusammengesetzt sein. Einzige Hoffnung: etwas unwillkürlich Episches entstand dadurch auch, es gleich(t) vielleicht wirklich auch dem gesprächsweisen Vortasten im Leben. Aber wäre es nur ungedruckt und noch zu schnüren und zu beschneiden!"[15]

Der Wunsch nach Synthese, der in dem Verhältnis von Ulrich und Agathe zum Ausdruck kommt, wirft schließlich auch ein Licht auf Musils Ironie, die nicht so sehr zerstören, als vielmehr von der Oberfläche der Dinge weglenken und damit zu ihrer gewöhnlich vernachlässigten Seite den Weg öffnen möchte. Zu einem von ihm geplanten Roman merkt sich Musil an: „vom enfant terrible der Zeit zum Pionier".[16] Er begnügt sich also nicht mit einer negativen Haltung, sondern will Aufbau. Der trotz seiner Fraglichkeit gewaltige Versuch Ulrichs zu einer Doppelexistenz mit Agathe ist nichts anderes als der Wunsch, über die Halbheit der menschlichen Existenz hinwegzukommen. Ironie wird daher bei Musil nicht Selbstzweck, er verlangt, daß sie etwas Leidendes enthalte, sonst werde sie Besserwisserei; er betrachtet das ironische Verhalten nur als eine provisorische, aber unzulängliche Lösung, da die Welt selbst noch nicht zum Ernst reif ist.[17]

Ulrich ist Kakanier, insofern er von einem tiefen Mißtrauen gegen alles Entweder-Oder beseelt ist, denn der Regierungsgrundsatz dieses Landes ist „das Sowohl-als-auch oder noch lieber mit weisester Mäßigung das Weder-noch" (p. 1261). Ulrich macht sich dieses Sowohl-als-auch zu eigen, er ist letztlich zu ehrlich, um die Antithesen seiner Zeit gewaltsam zu einer Synthese zusammenzuschmelzen, wo er keine sah. Es darf daher nicht verwundern, daß am Ende des Romans (soweit dies aus den Fragmenten und Entwürfen hervorgeht) alle Versuche utopischer Lebensführung zusammenbrechen: nicht nur die gemeinsame Existenz von Ulrich und Agathe oder der hermaphroditische Wahn Clarisses, auch der Pangermanismus von

Hans Sepp, der sich durch Selbstmord dem Militärdienst entzieht, und selbst die schöne Diotima wirft schließlich in Ulrichs Armen die lastende Bürde ihrer vom 19. Jahrhundert überkommenen Ideale von sich. In der Verwirrung des Kriegsausbruchs finden sich am ehesten General Stumm und der Bankier und Schieber Leo Fischel zurecht.

Wie in Josef Roths „Radetzkymarsch" reißt der Kriegsausbruch die morsch gewordene Donaumonarchie aus den Fugen und die Luftschlösser, in denen ein großer Teil der Personen des Romans haust, enthüllen sich als trügerische Hirngespinste. Musil gab sich auch darüber Rechenschaft, weshalb er sich in seinen Skizzen anmerkte: „Utopie des motivierten Lebens und Utopie des ‚anderen Zustand' wird ab Tagebuch-Gruppe der Erledigung zugeführt. Als letztes bleibt — in Umkehrung der Reihenfolge — die der induktiven Gesinnung, also des wirklichen Lebens, übrig! Mit ihr schließt das Buch" (p. 1624).

„Der Mann ohne Eigenschaften" wäre also vielleicht nur der große Roman des Irrweges einer deduktiven Existenz? Musils großer Torso gibt darauf keine endgültige Antwort, aber da es sich um das Lebenswerk eines großen Kakaniers handelt, wird sie wohl in einem vorsichtigen et — et zu finden sein. Ulrichs utopische Existenz mit Agathe rührt an zu Wesentliches, als daß Musil nicht immer wieder zu dem davon aufgeworfenen Fragenkreis hätte zurückkehren müssen, andererseits führte diese Mystik ohne religiöse Bindung zu weit vom Bereich des Menschlichen weg, als daß eine verantwortungsbewußte Persönlichkeit wie Musil-Ulrich sich auf die Dauer seinen Aufgaben hätte entziehen können.[18]

---

[1] Walter Boehlich: Untergang und Erlösung (Akzente, Februar 1954, pp. 35—50; p. 37).
[2] Die Seitenzahlen im Text beziehen sich auf die von Adolf Frisé besorgte Ausgabe des Romans: „Der Mann ohne Eigenschaften", Hamburg 1952; 2. Auflage 1956. — Adolf Frisé besorgte auch die Bände „Tagebücher, Aphorismen, Essays und Reden", Hamburg 1955, und „Prosa, Dramen, Späte Briefe", Hamburg 1957.
[3] Tagebücher, Aphorismen, Essays und Reden, loc. cit., pp. 23 ff.
[4] Ebenda, besonders pp. 407—409, und passim.
[5] Eingehend untersucht Karl Markus Michel den Stil Musils (Die Utopie der Sprache, Akzente, Febr. 1954, pp. 23—35): „Die Erzählstile der letzten 70 Jahre werden gleichsam zur Probe angewandt, werden unerbittlich beim Wort genommen, bis dieses zerbricht und den Fragmenten der Dingwelt das Ihre gibt" (p. 25). Zu einem ähnlichen Ergebnis gelangt L. Mittner: L'autore ripete infinite volte il giuoco di svuotamento della parola, per cui il sentimento che animava la parola si volatilizza e si dissolve nel nulla. ... (Robert Musil e il tempo perduto, Il Mondo, 20 agosto '58, p. 9).

⁶ Von der Bezauberung durch hermaphroditisches Geschwistertum zeugt auch eine Stelle in Th. Manns „Bekenntnisse des Hochstaplers Felix Krull". Felix Krull bewundert von der Straße aus ein Geschwisterpaar („möglicherweise ein Zwillingspaar") auf dem offenen Balkon eines Frankfurter Hotels: „Aber die Schönheit lag hier im Doppelten, in der lieblichen Zweiheit, und wenn es mir mehr als zweifelhaft ist, daß das Erscheinen des Jünglings auf dem Balkon mich, abgesehen vielleicht von den Perlen im Vorhemd, im geringsten entzündet hätte, so habe ich fast ebenso guten Grund, zu bezweifeln, daß das Bild des Mädchens allein, ohne ihr brüderliches Gegenstück, vermögend gewesen wäre, meinen Geist in so süße Träume zu wiegen. Liebesträume, Träume die ich liebte, eben weil sie von — ich möchte sagen — ursprünglicher Ungetrenntheit und Unbestimmtheit, doppelten und das heißt doch erst: ganzen Sinnes waren, das berückend Menschliche in beiderlei Geschlechtsgestalt selig umfaßten" (Ausgabe erschienen im S. Fischer Verlag, 1957, p. 78).
Besonders aufschlußreich sind G. R. Hockes Hinweise auf das kosmische Urbild des Hermaphroditen: Die Welt als Labyrinth — Manier und Manie in der europäischen Kunst, Hamburg 1957, pp. 201—205.

⁷ Ernst Kaiser geht wohl kaum zu weit, wenn er die Ansicht vertritt, daß es Musil nicht mehr darauf ankam, den Roman zu beenden, „sondern nur noch darauf, durch Ulrich und Agathe seine wichtigsten Erkenntnisse auszudrücken" und daß für ihn „die äußeren Dinge des Lebens allmählich ihre Dinglichkeit und Bedeutung verloren": Der Mann ohne Eigenschaften — ein Problem der Wirklichkeit (Merkur, Juli 1957, pp. 669—687; pp. 677/8).

⁸ Mon Faust, Gallimard, 7. Auflage, p. 96.

⁹ Tagebücher, a. a. O., p. 32.

¹⁰ Ebenda, p. 116.

¹¹ Karl Josef Hahn erkennt richtig, „daß die taghelle Mystik, in die Musil seinen Roman taucht, im Grunde gegeben ist als Ansatzpunkt, als Daseinshorizont, aber ohne Gegenstand, als eine rein formale unio mystica, die es sich versagen muß, dem Ziel des innerweltlichen mystischen Strebens einen Namen zu geben": Das Phänomen R. Musil (Hochland, Juni 1957, pp. 426—436; p. 434). — Wie Musil bekennt, war Gott für ihn allenfalls „ein Mittel, die Gesteigertheit zu erhalten" (M. o. E., p. 1632), so daß es Agathe vorkommen kann, „daß Ulrich unschlüssig und gerührt die Arme gegen etwas öffne" (M. o. E., p. 1272).

¹² Diese Episode geht bis auf das Jahr 1911 zurück (vgl. Tagebücher, a. a. O., p. 126).

¹³ Darauf kam es Musil allerdings auch gar nicht an, wie G. Lukács hervorhebt: Quando Musil, per esempio, in una conversazione, designa l'oggetto del suo grande romanzo come il periodo dal 1912 al 1914, si affretta subito a limitare una determinazione cosí concreta: „Purché mi sia lecito fare la riserva che non ho scritto alcun romanzo storico, La spiegazione reale dell'accadere reale non mi interessa ... I fatti inoltre sono sempre scambiabili. Mi interessa ciò che è spiritualmente tipico, vorrei dire addirittura l'aspetto spettrale dell'accadere." — Dove la parole „spettrale" merita di essere sottolineato. Poiché è una delle principali direzioni che conducono alla dissoluzione più o meno completa della realtà nei mondo rappresentati poeticamente (Il significato attuale del realismo critico, Turin 1957, p. 27).

[14] Tagebücher, a. a. O., p. 226.
[15] Ebenda, p. 451.
[16] Ebenda, p. 535 (15. II. 40).
[17] Ebenda, p. 500. Zum Verhältnis Ironie-Utopie im M. o. E. liefert einen interessanten Beitrag Beda Allemann: Ironie und Dichtung, Pfullingen 1956 (p. 177—220).
[18] Der Aufsatz erschien unter dem Titel „Utopia e realtà ne 'Luomo senza qualità' di Robert Musil" in der „Rivista di letterature moderne e comparate" (Band 12, Juni 1959, pp. 119—128) in einer Übersetzung von Giorgio Dolfini. Auf eine Überarbeitung des Textes wurde verzichtet, obwohl Cesare Cases im Vorwort zum dritten Band der italienischen Ausgabe des „Mannes ohne Eigenschaften" (Einaudi, Turin 1962, p. XX) mit Recht rügte, daß ich mich — wie übrigens auch Hansen-Löve und Claude David — durch die Anordnung des Textes in der Ausgabe Frisés zu irrigen Schlußfolgerungen verleiten ließ. Über die italienische Musilausgabe referierte ich im Januar 1963 in den „Schweizer Monatsheften" (Bd. 42, 10).

VERINNERTE WIRKLICHKEIT. ZUR EPISCHEN FUNKTION DER LIEBE IM „MANN OHNE EIGENSCHAFTEN"*

Wolfgang Freese

Das für die Liebeshandlung im „Mann ohne Eigenschaften" zentrale Kapitel heißt „Die Reise ins Paradies". Musil hat es wahrscheinlich schon 1924/5 geschrieben, zu einer Zeit, als der Romanheld noch „Anders" hieß, und er und Agathe noch natürliche Zwillingsgeschwister waren.

Zur Beschreibung des mystischen Zustandes der Liebenden übernimmt Musil zum Teil wörtlich Formulierungen aus den Schriften mittelalterlicher persischer und deutscher Mystiker, die Martin Buber in einer von ihm übersetzten Auswahlsammlung herausgegeben hat,[1] wie er schon vorher ganze Passagen des „MoE." mit Zitaten aus Maurice Maeterlincks „Der Schatz der Armen"[2] bestritten hat.

Diese Reise auf eine Mittelmeerinsel wurde von Ulrich schon einmal allein unternommen und soll in der gemeinsamen Reise, „dem Sinn nach"[3] wiederholt werden. Der Sinn der Reise war und ist im Innersten Flucht, einmal Ulrichs, der

„damals schon (d. h. in der Affaire mit der Gattin des Majors) keinen anderen Wunsch mehr (hatte), als vor lauter Liebe so schnell wie möglich aus der Nähe des Ursprungs dieser Liebe zu kommen", („MoE." 127), einmal der Geschwister, die der Gesellschaft entfliehen, diesmal schon deshalb, weil eine realistische Kontextdetermination es verlangt (die Testamentsfälschung als „motivierte Tat" in der „Moral des nächsten Schritts"). Der Entwurf von 1924/5[4] führt zu körperlicher Vereinigung und jenem Scheitern, das nach den Notizen Musils darauf folgen sollte, wenn auch das Eigengewicht und die Intensität der ekstatischen Erlebnisse fast schon zu groß sind, um strukturell „erledigt" werden zu können, wie ein von Musil wiederholt gebrauchter Werkstatt-Terminus lautet. So hat Musil Teile und Motive des Reiseentwurfs in die 1938 geschriebenen Kapitel 45 bis 47 des zweiten Buches übernommen. Die Geschwister ziehen sich zurück in die, schon zu Beginn als inselhaft beschriebene Garten-, Park- und Schloßlandschaft des „Mannes ohne Eigenschaften." Wie in vielen verschiedenen

Fassungen des Romans löst die spätere die „Realität" der früheren z. T. auf ins Verinnerlichte, Geistige, Kontemplative.

Agathes Selbstmordversuch oder -entschluß wird zum Abtun eines früheren Lebens, die „Reise ins Paradies" zu Zustandserlebnissen, die sexuelle Vereinigung geht über in unio mystica, die Handlung des ersten in die eigentlich in dieser Ausschließlichkeit „unepischen" Zustandsschilderungen des zweiten Buches. Damit entspricht die Entwicklung Ulrichs, die in der Liebe mit Agathe ins immer Subjektivere und Verinnerlichte geht, der des Romans im ganzen, in dem der Bereich des Unwirklichen, einer geläufigen Realität Enthobenen immer deutlicher zutage tritt. In dieser Tendenz machen sich größere Zusammenhänge der modernen Literatur bemerkbar, die schließlich — in einer weiteren Formulierung — als ihr „Wirklichkeits"problem angesprochen werden können.

Die Funktion der Liebe in der Suche nach „Wirklichkeit"

Es wäre vermessen, auch nur den Umkreis der Diskussion um den „Wirklichkeits"begriff seit etwa 1900 bezeichnen zu wollen. Zweifellos kann das auch nicht unsere Aufgabe sein, da Dichtung sich weder auf ein physikalisches Weltbild noch auf ein diskursiv-philosophisches reduzieren läßt, weder der statistisch-methodischen Sozialwissenschaft und Psychologie, noch dem Kerygma einer unmittelbar heilsgewissen Theologie entsprechendes Genüge tun kann. Trotzdem ist der moderne Roman, und besonders der „MoE." in diesem Zusammenhang zu sehen, in ihm entwächst er der Tradition.[5]

Der „MoE." hat eine Bewußtseinsstufe erreicht, auf der das Wirklichkeits„problem" im Roman selbst zur Explikation drängt und hier aufs innigste dem Bereich der Liebe zugeordnet ist.

*

Die lapidare Formel, Dichtung sei „Protest gegen die Wirklichkeit", hat letztlich für die Kunst fast immer gegolten. Es scheint aber so, als habe der fortgesetzte Protest des Künstlers, seit ihn der auf Erkenntnis und Beherrschung der Wirklichkeit bedachte Wissenschaftler unterstützte, solcherart den Sieg errungen. Die „gute alte" Wirklichkeit ist nicht mehr. Sie hat den ständigen Angriffen nicht standgehalten und sich aufgelöst; d. h. sie hat eigentlich nur ihren Sinn verloren, sie bietet nicht mehr die absoluten, Orientierung erlaubenden Werte. Ihre Details, raumzeitliche und geistig-psychische Einheiten, sind isoliert worden, in einem gnadenlosen Reflexionsprozeß vereinzelt, von der Herde der Mitphänomene abgetrieben und erlegt worden, da sie nun nichts mehr „wert" waren.

Die neuen Wirklichkeiten sind abstrakt. Sie äußern sich in Verhältnissen, die nicht im Sinne einer definitiven Lösung gedeutet werden können (Kafka), in ironischer Relativierung, die sich auf kein Absolutes bezieht (Th. Mann), in Negationen, die lediglich Möglichkeiten utopisch andeuten (Musil), in Funktionen, die das nur Erscheinende seiner ehemaligen Aussagekraft entledigt haben (Broch). Die neuen Wirklichkeiten sind deshalb subjektiv, Wirklichkeiten des Ich — das erkenntnistheoretisch mit Kant seine Wirklichkeitsüberlegenheit angemeldet hat. Auch subjektive Wirklichkeiten hat es immer gegeben, als subjektive Aspekte einer objektiven Wirklichkeit, die in irgendeiner Weise immer vorhanden war. Die Einheiten des Raumes (der verschiedenen Räume), der Zeit (verschiedenen Zeiten), der Persönlichkeit als gegenständlicher Personen, wie auch der Handlung, wurden im großen und ganzen nicht angetastet. (Kaysers Romantypologie hat deshalb auch nur für den älteren Roman Gültigkeit). Sie waren u. a. verbürgt durch die Einheit des Erzählers. Dieser Erzähler eben existiert nicht mehr. Er hat sich zurückgezogen, da er sich selbst skeptisch reflektierte und sich mitsamt der Sprache unter den „Beobachtungskegel" (Broch) stellte. Er hat seinen Anspruch auf Allwissenheit aufgegeben. Er reiht nicht mehr wie früher in sich selbst sinnhafte Details auf den roten Faden einer „Geschichte", die im Rahmen der Dichtung „so und nicht anders" ablaufen mußte, um schließlich einen intendierten belehrenden oder unterhaltenden Gehalt zu offenbaren — dieses dichterische Verfahren läßt für den modernen Romancier zu viele Wirklichkeiten des Bewußtseins (und Nicht-Bewußtseins) aus. Die Forderung stellt er an sich, daß „Dichtung ... den Geist der Epoche in ihr Totalbild aufnehmen" müsse, „indem sie polyhistorisch" werde; eine Totalität wird gefordert, „die der Welttotalität die Waage halten" könne.[6] Daraus entspringen die charakteristischen Tendenzen der modernen Erzählkunst, die Tendenz zur „Kollektivierung", zur „Auflösung des Individuums, der individuellen Person, des individuellen Gegenstandes", wie die Tendenz zur fortschreitenden Abstraktion, einer „Zerarbeitung und Zersetzung der täglichen Weltoberfläche, zu einer Entorganisierung, Desintegrierung der geläufigen Realität", zu einer „animistischen Bestrahlung der Teile" mit den entsprechenden Konsequenzen der Formentwicklung.[7]

Diese Dinge sind vielfach dargestellt worden, in den verschiedensten ursächlichen, parallelen, organisch-wechselbezüg-

lichen Zusammenhängen, z. B. in den Aufsätzen Wilhelm
Emrichs im Zusammenhang des modernen Entfremdungs-
problems und der industriellen Gesellschaft. Daß die Wirklichkeit rätselhaft wurde, ist „eine notwendige Konsequenz aus dem
Erkenntnisstand des 20. Jahrhunderts". „Konfrontiert mit dem
Ganzen der Welt, wird das Ganze unüberschaubar." — „Es
gibt keine endgültigen Aussagen mehr, weder bei Kafka noch
bei Musil noch bei Thomas Mann, da die Vielfalt der
Reflexions- und Erkenntnismöglichkeiten ins Unendliche
geht." etc.[8]

*

Das Kapitel „Die Reise ins Paradies" ist ein äußerster
Versuch Musils, Utopie zu gestalten. Wenn sie hier no cheinmal
scheitert, wird ihre Intention jedoch um so deutlicher —
unzweifelhafte Wirklichkeit zu geben (S. 1447—1450). Im
folgenden zeigt Musil in feinster Differenzierung den Übergang dieser, jenseits aller zerfallenen, gewonnenen „glückse-
lige(n) wirkliche(n) Wirklichkeit"[9] in den erneuten Zustand
der Reflexion und Aufhebung. Das Experiment der Geschwister
scheitert. „(Das Paradies) hat sich in eine seelisch-optische
Täuschung aufgelöst und in einen wiederholbaren psychologischen Mechanismus." (S. 1464). Das Sexuelle, „Hunger und
Sättigung des Körpers" (1464)) und das Absolute lassen sich
nicht verbinden, die „schweren Körper der Wirklichkeit" müssen in Zeit- und Raumlosigkeit aufgehoben werden (vgl. 1450).
Das sollte sich, wie wir schon sahen, eventuell vollziehen in den
von Musil als Abschluß dieser Liebe geplanten Kapiteln II.
45 ff. In allen diesen Erlebnissen wird Wirklichkeit gesucht,
die rational nicht mehr begreifbar ist, „ein Nichts, das einen
auf unbegreifliche Weise begreifbaren Inhalt hatte" (1119),
wie es Ulrich in seinem Tagebuch vergeblich zu umschreiben
versuchte (vgl. 1345). In unendlicher Annäherung soll der
„andere Zustand" erreicht werden, „Wirklichkeit", die, „so
wahr es unmöglich ist . . . fast schon ganz groß, gewesen ist"
(1107), in der auch die Sprache Ulrichs, der sich von allem
„Romantischen" distanziert hatte (u. a. 981), sich der „Mondscheinromantik" gefühlssicher entzieht und doch aus einer
höchsten Gefühlssteigerung kommt (1188 f.). Es bleibt wieder
die Frage, welcher Art denn diese gesuchte Wirklichkeit sei,
die hier derart zum programmatischen Terminus geworden ist,
und die nur im „anderen Zustand" der Liebe entstehen kann.
— Sie offenbart sich im Erlebnis und will errungen werden.
Sie erscheint als Bewußtsein von Wirklichkeit, das jenseits
reflektierender Zerlegung steht, und ihr Problem ist deshalb

die Dauer, Duration des momentan Faßbaren. „In der über-
flutenden Stimmung schwebte Wahrheit, unter dem Schein
war Wirklichkeit . . .", heißt es einmal (1153). Das Wesenhafte
des neuen Erlebnisses jedoch kann nicht benannt werden, auch
nicht nach der Eliminierung des historisch Klischeehaften.
Übrig bleibt die Ahnung eines „anderen Lebens", das es irgend
zu erreichen gilt. Das Kapitel „Beginn einer Reise wundersamer
Erlebnisse" ist in Verbindung mit dem folgenden deshalb als
eine Art Versuchsreihe regelrecht „angesetzt" worden und führt
schließlich zu dem Ergebnis-Erlebnis des „anderen Zustandes".
Das Kapitel „Mondstrahlen bei Tage" untersucht folgerichtig
das nächtliche Erlebnis unter Tagesbedingungen. Es wird zu
„tagheller Mystik"[10], in der die Dinge intensiv erlebt werden:
„Die Farben und Formen, die sich darboten, waren aufgelöst
und grundlos, und doch scharf hervorgehoben wie ein Strauß
von Blumen, der auf einem dunklen Wasser treibt. Sie waren
nachdrücklicher begrenzt als sonst, aber auf eine Weise, daß
sich nicht sagen ließ, ob es an der Deutlichkeit der Erscheinung
liege oder an deren tieferer Bewegtheit." (1111). Dieses intensive Erleben der Dingqualitäten, Farben, Formen, Eigenschaften, ist wesentlicher Bestandteil des „anderen Zustandes"[11],
ohne daß aber die Intensität sich in einem gewaltsamen Aufbruch des Gefühls direkt in einer expressionistischen Farbme-
tapher äußerte. Das geschieht nur in satirischer Absicht, etwa
in der Darstellung der durch keinen „Verstand" abgesicherten
Gefühle Clarissens[12] (s. 1152), als reine „Sinnfarben" (s. 1568).
Umkehrungen äußerer Wirklichkeit sind sich ihrer radikalen
Subjektivität viel zu sehr bewußt, als daß sie auf die Dauer
unkommentiert gelten könnten, ihre naturwissenschaftliche Seite
Erklärungsfunktion erhielte.[13] Trotzdem aber geht es im „anderen Zustand" eben darum, dieses Mitbewußte zu übersteigen,
für Momente der „Lust" zu entweichen, „dem zarten Nebel
des Gefühls eine Erklärung nach Art der Naturwissenschaften
zu unterschieben," (1175).

„Eine Art von Scham der Vernunft" hindert die beiden eine
Zeitlang, ihren Zustand zu analysieren. Es folgen erkenntnis-
theoretische Gespräche, die dazu führen, daß Ulrich glaubt,
„ins Nichts gestoßen zu sein". Agathe zitiert Abschnitte aus
Meister Eckhart, und „allmählich begann er (Ulrich) sich mit
der Frage zu beschäftigen, ob sich nicht doch mehr glauben
ließe, als er sich zugestanden habe". Das Denken beider nähert
sich in mystischer Übereinstimmung einer Idee Gottes[14] und
mündet wieder in Wirklichkeitserleben (1119), etwas, das
„lautlos in die Welt" tritt.[15] Damit ist auch das vorher be-

nannte „Unfaßbare der Einzelerlebnisse, der Erlebnisse, die man aus einem naheliegenden Grund allein und einsam bestehen muß, auch wenn man zu zweien ist" (1114), in einer besonderen Weise überwunden. Vermittlung und Verbürgung sind weitere Konstituentien des Wirklichen.

*

Alles dies weist, ohne daß der Begriff genannt werden müßte, auf die Liebe .Sie allein verspricht zugleich die Itensität des Erlebnisses, die Sicherheit der Vermittlung, die Objektivität der Innerlichkeit, die Dauer des Zustandes. Mit einer gewissen Notwendigkeit erscheint sie da, wo im „MoE." positive („wirkliche") Wirklichkeit begründet werden soll. Sie erlaubt eine Engführung der Wirklichkeits-Kriterien, Verdichtung in einer sonst vielfach facettierten und durch Reflexionen disparaten Romanwelt, — ein Phänomen, das sich auch an anderen modernen deutschen Romanen beobachten läßt (v. a. an denen Hermann Brochs).

Die Charakterisierung der Liebe im „MoE." als „anderer Zustand" lenkt den Blick auf das alte Problem einer epischen Zustands-Schilderung und die Notwendigkeit der Form. Thematisch bedingt und gefordert erinnert sie an Friedrich Schlegels „Lucinde". Die vielseitige und enge Verwandtschaft von Frühromantik und modernem Roman erweist sich auch hier. So gesehen scheint die erzählerische Problematik die gleiche geblieben zu sein:

„Schlegels Thema war ja keine Liebes g e s c h i c h t e , sondern ein Zustand, zu dessen Wesen die Unwandelbarkeit gehört, — kein äußerlicher Vorgang, der erzählt, d. h. chronologisch entfaltet werden konnte, sondern etwas rein Innerliches, das in immer wieder erneuten Ansätzen und Vorstößen gleichsam eingekreist werden mußte."[16]

Und doch, welch ein Unterschied der Gestaltung! Für Schlegel ist die Macht der Liebe prinzipiell, gewiß, ihre spezifische Leistungsfähigkeit ist bekannt, „alle Harmonie ist ein Geschenk der Liebe".[17] Das erlaubt ihm die indirekte Aussage. Die Phänomene deuten selbst auf die Liebe als das sie zusammenhaltende Prinzip; in diesem Sinne wird sie „gleichsam eingekreist". „Arabesken" und „Bekenntnisse" haben diese Funktion der Einkreisung.[18] So geht selbst die Reflexion immer wieder unmittelbar ins poetische Bild über, ist nur ein Phänomen unter anderen. In dem „Eine Reflexion" überschriebenen Kapitel, das eine theoretische Erörterung des „Weiblichen" und des „Männlichen" als des „Unbestimmten" und des „Bestimmten" versucht, lautet der letzte Satz: „Sich vertiefend in diese Individualität nahm die Reflexion eine so individuelle Richtung, daß sie bald anfing aufzuhören und sich selbst zu vergessen."[19] Damit ist der Liebende aus der Reflexion entlassen und darf sich persönlich an die Geliebte wenden: „Liebe Geliebte!" (vgl. „MoE." 74).

Friedrich Schlegel konnte sich noch gegen die „Denkweise eines ganzen Jahrhunderts"[20] — wie auch Kierkegaard (Regine) — stellen, wenn er in der „Lucinde" „Geliebte" und „vollkommene Freundin" in einer Person fand. Daher können sich seine Reflexionen über die Liebe mit den Themen „Ehe", „Freundschaft", „Stellung der Frau" etc. befassen; hier ist für ihn wesentlich Neues zu sagen.[21]

Friedrich Schlegel gestaltet das Thema Liebe, indem er etwa die Schönheit der Geliebten beschreibt — kein Wort darüber im „MoE.". — Frauenschönheit, der Gesang des Begeisterten, bedeuten nicht mehr zugleich das Ideal. Die Ekstase wird Gegenstand der Untersuchung. Selbst im Zustand mystischer Entrückung ist im „MoE." nur Raum für sparsame, exakte Details, die sofort durch Vergleiche und Bilder überlagert und künstlich in Beziehungen gesetzt werden:

„Er sah ihren Kopf, den Hals, die Schulter und diesen beinahe nackten Rücken; der Körper bog sich über dem emporgezogenen Knie ein wenig zur Seite, und am Hals rundete die Spannung des Vorgangs drei Falten, die schlank und lustig durch die klare Haut eilten wie drei Pfeile: die liebliche Körperlichkeit dieses Bilds, der sich augenblicks ausbreitenden Stille entsprungen, schien ihren Rahmen verloren zu haben und ging so unvermittelt und unmittelbar in den Körper Ulrichs über, daß dieser seinen Platz verließ ..." (1105). Eine genaue Betrachtung des ganzen Satzes würde zeigen, wie selbst in dieser „literarisch einfachen", typischen Situation der „Zärtlichkeit" die unmittelbar gegenwärtige Geliebte entrückt wird, die Person sich in Details auflöst, die sich verselbständigen (die „drei Falten ... Pfeile"), wie das scheinbar Eindeutige unsicher wird durch überraschende Bezüge und negative Bestimmungen — das alles aber erst die eigentliche subjektive Wirklichkeit ausmachen soll. Der Satz endet: „... und, nicht ganz so bewußtlos, wie ein Fahnentuch vom Wind entrollt wird, aber auch nicht mit bewußter Überlegung, auf den Fußspitzen näher schlich, die Gebeugte überraschte und mit sanfter Wildheit in einen dieser Pfeile biß, wobei sein Arm die Schwester umschlang." (Die Frage etwa, warum Musil hier nicht das Stilmittel des „inneren Monologs" benutzt, weist zurück auf seine „essayistische Erzähltechnik".)

Dieser Charakter der Liebe als eines „Zustandes" mehr als einer „Geschichte" prägt sich formal auch in der Zeitstruktur des Romans aus. Im Bewußtsein Ulrichs gibt es keine zeitliche Reihenfolge der Ereignisse des Romans, keinen roten Faden, der das ganze wohlgeordnet erscheinen ließe, Ulrich ist auch ein „Mann ohne Zeit", wie Karthaus bemerkt.[22] Wenn sich diese punktuelle Aufnahme einer äußeren Wirklichkeit in erster Linie auf die Satire im „MoE." bezieht, in der sich in der Überfülle der „Ereignisse" diese selbst in ihrer Unterschiedenheit und Unterscheidbarkeit aufheben, so entspricht der Erfahrung der zeitstrukturellen Beliebigkeit des Einzelnen auch die Struktur der „Liebe" im Roman, die nicht eine Liebesgeschichte, sondern ein quasi zeitloser Zustand ist; Gefühlsexperimente, die abgebrochen, wiederholt, modifiziert und variiert werden können. Aber hier, im Zustand der Liebe, gewinnt die Zeit Qualitäten zurück, die sie als Anschauungs- und Ordnungsform einer disparaten und wesenlosen äußeren Ereignisvielfalt verloren hatte, und wird wieder zu einem Sinngefüge, in das sich Erlebtes zwanglos fügen läßt. Karthaus hat den im III. von den ersten beiden Teilen des „MoE." verschiedenen Charakter der Zeitstrukturen[23] darzustellen versucht. Die Auflösung eines Nacheinander im epischen Sinne im I. Teil des „MoE." macht im II. einer „linearen Folge" Platz, die „Ausdruck einer dem Protagonisten begegnenden Realität" ist.[24] Den ganzen Roman aber durchzieht, das will Karthaus in einem 3. Kapitel seiner Arbeit zeigen, das Ringen um eine „zweite Wirklichkeit", wie er auch den „anderen Zustand" nennt, das sich im Zustand der Liebe unter anderem in einer Aufhebung der Zeit äußert. — Zeit kann nur aufgehoben werden, wenn sie allererst vorhanden, d. h. im Bewußtsein ist, und dieses neue Erleben von Zeit bricht in Ulrich auf (vgl. „MoE." 736, — es widerfährt „ihm zum erstenmal, daß er sich für ein Unternehmen zu alt fühlte . . ."). Es ist, das hat Karthaus nicht genügend betont, erzähltechnisch vor allem eine neue „erlebte Zeit" Ulrichs, die zu einer Wucherung der Erzählkunst führt; die erzählte Zeit ist im III. Teil um nichts exakter einzugrenzen als im I. oder diffuser als im II. Teil. Im Ganzen des Romans handelt es sich ja — auch darauf geht Karthaus nicht näher ein — um das Jahr des „Urlaubs vom Leben" als festgelegter Rahmen der „erzählten Zeit". Daß Ulrich und Agathe jetzt über das „Schicksal" sprechen („MoE." 738), ist Ausdruck dieser neuen Wesenhaftigkeit der Zeit, sie ist wieder persönlich bedeutsam geworden, man kann in neuer Weise von einer „biographische(n) Realität der

Zeit"[25] sprechen. Den folgenden mystischen Entrückungszuständen der Geschwister bleibt ein Bewußtsein, Zeit aufzuheben,
die nicht zufällig abläuft (wie im I. Teil), sondern persönliche
Existenz in sich birgt. Das erklärt den zum Teil wehmütigen
und melancholischen Ton dieser Gespräche, in denen sich das
Bewußtsein der Vergänglichkeit wieder auf einen Wert, den
der Liebe und des Wirklichkeitserlebens in ihr, bezieht. Als
weitere Voraussetzungen einer zu findenden und zu gewinnenden „Wirklichkeit" ergeben sich Erinnerung, als die Form einer
„biographischen Realität der Zeit", und ein neues persönliches
Bewußtsein von der Zeit als etwas Verfließendem im Verhältnis zur Momentanität des „anderen Zustands". Dazu gehört
auch die Funktion der „Erinnerung" in den Gesprächen der
Geschwister, die auf frühere Erlebnisse des „anderen Zustandes" zurückgehen und in ihrer Suche nach der neuen, anderen,
zweiten, „wirklichen Wirklichkeit" die Gewähr und Bürgschaft
sind „daß sie sich keiner Phantasmagorie zuwenden";[26] Agathes
„ungewöhnlich treues Gedächtnis" („MoE." 870) und Ulrichs
„Nachdenken"[27], in dem sich ihm die paradoxe Fülle des „anderen Zustandes" verdeutlicht. Das Nachdenken verliert hier
in der Erinnerung und Vergegenwärtigung des „anderen Zustandes" etwas von der vivisektorischen Funktion, die es sonst
hat, „der Liebende . . . befindet sich in einer Art Enthusiasmus
des Denkens"; t r o t z aller Täuschungsmöglichkeiten ist das
„Teilhaben am Sinn" als Charakteristikum der Liebe „unbezweifelbar ein allgemeiner Gehalt" („MoE." 1210). Erinnerung
gewinnt hier, wie in Prousts großem Romanwerk, den Charakter des Substantiellen in bezug auf eine leere oder diskontinuierliche Zeit, sie ist ein Kontinuum, das die biographische Einheit der Person mitbegründet. Es ist von Bedeutung,
daß dies von Ulrich nur im Zustand der Liebe erfahren wird;
daß es für den Mann ohne Eigenschaften keine „Vergangenheitsgewißheit" im Sinne Prousts gibt, hält Baumann für
„unwiderleglich"[28], aber er bezieht es nur auf das isolierte
„Ich" des Möglichkeitsmenschen und müßte es in seinem
Kapitel „Vereinigungen" wieder aufgreifen.

Es handelt sich also nicht um ein völliges Verschwinden von
Wirklichkeit — das ist wohl gar nie möglich —, sondern um
ihre Verlagerung ins Innere der Subjektivität, d. h. ihr Erleben
„in der Erfahrung der Beziehungen zu den „Dingen", von
denen aber nur die Rede sein kann, insofern sie in den Beziehungen zu ihnen erfahren werden"[29], was wiederum auf eine
Bewußtmachung unbewußter geistiger Tendenzen des neunzehnten Jahrhunderts zurückführt. Die Reflexion jedoch dieser

modernen Wirklichkeitsauffassung, die zum „Problem der absoluten Reflexion" werden kann[30] — und das geschieht im „MoE.", wie Wilhelm Emrich dargelegt hat[31] — führt zu einem quälenden Bewußtsein von Isolation. Isolation nicht nur im Sinne empirischer Vereinzelung und psychologischer Vereinsamung (denn das Subjekt ist im modernen Roman mehr als Individuum, „auf eine neue Weise so etwas wie ein ‚transzendentales Subjekt'[32]), sondern Isolation im Sinne einer schwierigen, sozusagen permanente Aufgabe gewordenen Herstellung von Ganzheit, die nicht mehr unmittelbar und naiv gegeben ist — auch daher die außergewöhnlichen Forcierungen, Liebe zu erreichen, Inzest (Musil, Th. Mann u. a.), Homoerotik (Jahnn, Broch), Flucht in Sexualität (Kafka, Musil, Broch, Jahnn, Döblin).

*

Was wir bei Broch begrifflich enger und schärfer gefaßt finden, die „Liebe an sich", ist auch Gegenstand der Reflexionen Musils. Man könnte sagen, es ist die theoretische Erscheinungsform der Liebe im Roman, soweit der Roman auf einer Erörterung des Phänomens insistiert. Wie er das episch bewältigt, ist sein erzähltechnisches Problem, zugleich aber auch seine Besonderheit. Der moderne Roman läßt den Leser in einer nie gekannten Ausführlichkeit und Intensität teilhaben am Kontinuierlichen des Gedankens, am Denkprozeß selbst, so daß sich seine eigenen Assoziationen — stärker gebunden als etwa in der romantischen „Stimmung" — nicht an der Nachempfindung der Schönheit einer Landschaft, der aufgewühlten, leidenschaftlichen Erregung des Helden entzünden, sondern an gedanklichen „Blicköffnungen", die, nach eigenen Schönheitsgesetzen, nur „gebundene" Stimmungen erlauben. Dem widerstrebt jeglicher „Lyrismus" der Darstellung, das innerste Wesensgesetz des „Lyrischen", wie es z. B. Broch intendiert. Bei Musil und anderen Autoren wie Thomas Mann, James Joyce, Aldous Huxley, wird das „wissenschaftliche Gespräch" mit dieser Aufgabe belastet, eine Konsequenz, der Broch zu entgehen sucht.[33] Das Wort „Liebe" in seiner weitesten Bedeutung, gelöst aus allen Verbindungen des Persönlichen, Individuellen, erscheint in den Ideologien und Doktrinen, in Sozialismus und Christentum, wie sie Musil, zum Teil in der Nachfolge Nietzsches, sieht.[34] Das Christentum als Gift für den Eros, die „unrealisierbar(e)" sozialistische Forderung des „liebe deinen Nächsten wie dich selbst",[35] die Sexualisierung des Eros durch Freud[36] mitsamt der Ablehnung der Psychoanalyse, in der die „eingeschriebenen Mitglieder die Welt erklären" mit Hilfe eines

„Dutzend(s) Begriffe"[37], die Ablehnung aller schon formulierten allgemeinen Bestimmungen der Liebe, soll die Erörterung des „anderen Zustandes" ermöglichen. In der Reflexion des „anderen Zustandes" tritt „die Liebe" in dieser allgemeinen Bedeutung auf; sie ist individuelles Erlebnis wie der „andere Zustand" selbst als ganzes, aber kann durchaus unpersönlich sein; es ist das, „was die Liebe als ‚das Leben selbst' von der Liebe als Erlebnis der Person" unterscheidet („MoE." 1210) und entspricht dem frühen Erlebnis Ulrichs, daß die Geliebte „ganz zum unpersönlichen Kraftzentrum" („MoE." 129) wurde. Doch ist diese Allgemeinheit notwendig an die Reflexion des Zustandes gebunden und als „Fernliebe" („MoE." 910) oder „Selbstliebe" ("MoE." u. a. 922) Gegenstand der „liebestheoretischen" Kapitel, die Renate von Heydebrand im einzelnen in den Zusammenhang des zeitgenössischen Denkens, vor allem Max Schelers[38] und der ihm vorausgehenden und entgegengesetzten Ansichten Eduard von Hartmanns gestellt hat, die beide Klages' Antithese von „allozentrischem" Eros und „egozentrischem" Sexus[39] entsprechen. Diese theoretischen Erörterungen nehmen den weitesten Raum im „MoE." ein und enden notwendigerweise in einer Aporie rein theoretischer Natur („ekstatische Liebe kann nicht dauern")[40], der handlungsmäßig das Scheitern der Geschwisterliebe entspricht — aber das alles liegt, wie Arntzen gezeigt hat, auch im satirischen Ansatz, im Wechselspiel von Kritik und Utopie enthalten. „Ulrich hätte", so meint Renate von Heydebrand, falls der Roman nicht Fragment geblieben wäre, „vermutlich weiter darüber nachzudenken, wie eine Liebe, auch wenn sie nur als Annahme bestehen kann (1463), dennoch nicht unfruchtbare Negation der alltäglichen Wirklichkeit, der Welt der ‚Notdurft', zu bleiben brauchte, sondern ihr positive Kräfte zuführen könnte."[41] Es könnte aber auch sein, daß das Scheitern des Individualismus im „anderen Zustand" gezeigt worden wäre und der Versuch der „Utopie der induktiven Gesinnung".[42] Auf jeden Fall bleibt, das darf darüber nicht vergessen werden, die Erörterung des Begriffs der „Liebe an sich" dem Bereich des Theoretischen verhaftet und auch die Summe des zeitgenössischen Wissens in Ulrich ist es; wie breit und eingehend man es auch expliziert, seine Funktionalität im epischen Zusammenhang entspricht der des Theoretischen überhaupt, ob es sich dem Phänomen der „Liebe an sich" oder denen der Mystik, des Gefühls, des Sozialismus, der Moral zuwendet. Das kann nicht heißen, diese rein theoretische „Erörterung" der „Liebe an sich" sei mit der Darstellung der Liebe im „MoE."

gleichzusetzen. Sie ist nur ein Teil in dieser und widerstreitet der eigentlichen Kontemplation des „anderen Zustandes", soweit er jener „‚halkyonischen' Stille der Seele" entspringt, von der Walter Benjamin im Hinblick auf die Novelle „Die wunderlichen Nachbarskinder" in Goethes „Wahlverwandtschaften" spricht[43], wenn er im Satz des Erzählers: „Hier überwand die Begierde zu retten jede andere Betrachtung",[44] dem Worte „Betrachtung" eine, die dramatische Anschaulichkeit der äußeren Situation weit übersteigende, symbolische Bedeutung zumißt: „Denn in der Liebe vermag nicht Betrachtung zu herrschen".[45] Und so ist es, der Jüngling in der Goetheschen Novelle „wußte nicht was er sagte noch was er tat."[46] Das entspricht nicht der reflektorischen, sondern der mystischen Seite des „anderen Zustandes".

Damit steht der „MoE." im Zusammenhang des modernen Romans. Die Liebe ist nichts „Gegebenes", d. h. sie kann nicht mehr wie früher funktional verstanden werden, ohne daß auf sie reflektiert wird. Sie muß im Roman allererst „hervorgebracht", sie muß begründet werden. „Unser Verhältnis zu diesen Erscheinungen ist erklärend geworden und bloß eine neue Variation zu erzählen, kann uns nicht mehr befriedigen", sagt Musil einmal bei anderer Gelegenheit.[47] Er versucht, Anamnese und Genese festzuhalten, Weltbeschreibung zu geben, aus der die Notwendigkeit einer Liebe hervorgeht, dann diese selbst als Versuch, Experiment. Das Erhaben-Komplexe ihrer Erscheinung muß sich dabei Analysen gefallen lassen, die ihre festen Fundamente in jeweils heterogenen einzelwissenschaftlichen, geistigen, historischen Phänomenen haben. — Gefühlspsychologie und Mystik, zeitgeschichtliche Ausprägungen einer Philosophie des Lebens und idealistisch-formale Werttheorien. Die Wissenschaft greift unmittelbar in die noch vor wenigen Jahrzehnten absolute Freiheit des Romanschreibers ein, „wir müssen heute erklären, was wir beschreiben", („MoE." 1644) sagt Musil. Das Nicht-Voraussetzbare muß auseinandergesetzt werden — die ästhetische Konsequenz hat Georg Lukács schon vorweg in einer Überlastung der Formen gesehen: „sie müssen alle selbst hervorbringen, was sonst einfach hingenommene Gegebenheit war".[48] Dabei erschöpft sich die alte und ewige Frage der Dichter, was denn die Liebe sei, in der contradictio ihrer Begründungen, und sie wird anders formuliert: was vermag die Liebe zu leisten? Primär wird ihre Überwindungs-Funktion in den verschiedenen Facettierungen.

Gestaltung im konventionellen Sinne scheint nicht mehr möglich zu sein, zumindest bietet sie keine positive Darstellung mehr. Diese Ebene verfällt dem Versuch, die disparate Welt-wirklichkeit zu einer neuen Totalität zu formen. Das äußert sich zum Beispiel im „intentionalen Stil", in dem nun die eigentliche Aussage zu suchen ist, im satirischen Stil Robert Musils, im ironischen Stil Thomas Manns. Im „MoE." scheitern letzten Endes alle Versuche der Personen, Liebe als Erfüllung zu gestalten. Im „Zauberberg" wird neben dem Liebesleben und -treiben im Sanatorium auch die Liebe Hans Castorps zu Clawdia Chauchat wie die Mijnheer Peeperkorns ironisiert und zum Scheitern gebracht. K's Liebe zu Frieda oder zu den Schwestern im „Schloß" erstickt in einer stereotypen Ausweg-losigkeit.[49] In aller dämonischen Kreatürlichkeit des Triebes, Egozentrik (s. 404) des Begehrens, aller Macht der Brunst (s. 248, 350 ff.), Sinnenlust des jungen Perrudja gibt es da-neben in Jahnns Roman[50] die Idee der Liebe als Brüderlichkeit (vgl. S. 17), neben aller Auflösung ihres Begriffes „ . . . Liebe sagte er und begann an dem Wort zu drechseln und zu klau-ben." (S. 403), den Glauben, an sie als ein Prinzip: „Und in Müdigkeit und Unlust eines verbrauchten Tages bildete sich die Sicherheit eines unerschütterlichen Schöpfungsprinzipes. Dessen letztes Ziel und Mittel die Liebe. In das auch er ein-begriffen war." Alle diese Verhältnisse sind in erster Linie unter dem Gesichtspunkt ihrer Funktionalität im Zusammen-hang des Romans zu betrachten, was in besonderem Maße für die Romane Hermann Brochs gilt.

Ist die Liebe in diesem Sinne nicht mehr „erzählbar", so bleibt sie gleichwohl affektiv. Deshalb kann sie als Gegenstand einer möglichen Gestaltung nicht eliminiert werden. Sie besteht weiter, nicht mehr realisiert, sondern intendiert. Als Idee, Utopie, Traum, mystisches Ziel, als Fluchtpunkt, Asyl und vor allem als Konstituierung von Wirklichkeit oder der Versuch dazu. Im „MoE." heißt sie der „andere Zustand", von der bürgerlichen Moral „auf den Hund gebracht, der Erkenntnisse apportiert"; im „Schnee" — Kapitel des „Zauberbergs" ist sie — mit allen Vorbehalten — humanistische Vision; im „Schloß" in ihrer am weitesten gefaßten, auf die Gesamtstruktur be-zogenen Funktionalität „Möglichkeit der Erreichung eines Zie-les"; im „Tod des Vergil" Beschwörung eines Zwischenbereichs, gleichzeitig personale Utopie.

Wenn immer wieder im Zentrum eines dieser Romane der Versuch steht, Wirklichkeit zu schaffen jenseits aller reflektie-renden Zersetzung, Antwort zu finden nach allem radikalen Zweifel an sinnvollem Sein, nicht nur als Sinngebung des Welt-ganzen, sondern der eigenen Person, und immer wieder Liebe diese Funktion erhält, muß sie in einem unmittelbaren Verhältnis zu der in dieser Totalität nie zuvor erlebten zentralen modernen Erfahrung des Wirklichkeitsverlusts stehen.

Indem die Liebe in ihre Facetten aufgefächert wird, unterliegt sie zugleich Reduktionen. Das noch vom jungen Goethe und dann wieder, schon vielfach reflektiert, von der Lebensphilosophie als dynamischer Affekt, schlechthin Drängendes, Irrationales und der Reflexion Entgegengesetztes verstandene Gefühl wird zum Gegenstand psychologischer Analyse, der als Lebenswirklichkeit symbolisch über sich hinausdeutende Affekt-Begriff wird reduziert auf den der Erläuterung bedürftigen „Terminus", die Beziehung zu einem Absoluten hin auf die Bezogenheit einer optimalen Relation: das Gefühl hat im „MoE." „exakt" zu sein, die Ergebnisse eines naturwissenschaftlichen Denkens zu integrieren, wenn es mehr als „Mondscheinromantik" (1110) sein will. Mystik wird mathematisiert zu „taghelle Mystik".

Da die Liebe nicht mehr naiv als Selbstwert von sich aus Harmonie — in welchen Dimensionen auch immer — versprechen kann, orientiert sie sich an der Misere ihres jeweiligen Gegenteils und verspricht nur die Möglichkeit seiner Aufhebung. Geschildert werden „Minusvarianten des Menschen" (1633). Mystik entsteht aus dem tiefen Ungenügen des Intellektualismus an sich selbst, Gefühl als notwendiges Komplement des Denkens, Liebe wird als einfach „anderer Zustand" bestimmt.

Das in dieser Erfahrung begründete unmittelbare Verhältnis der Liebe zum Wirklichkeitsverlust versuchten wir in mehrfacher Weise zu bestimmen. Wir wollen versuchen, thesenartig zusammenzufassen.

Die Subjektivierung der Wirklichkeit zum Wirklichkeitserlebnis im modernen Roman löst das Problem ihrer Glaubhaftigkeit aus. Sie muß verbürgt werden. In dem fraglosen Zusammenhang der zeitlichen Kontinuität und räumlichen Geschlossenheit einer personalen, biographischen Entwicklung im Roman des 19. Jahrhunderts besaß die Liebe die Funktion der Erfüllung und Vollendung im Rahmen noch vorgestellter Ganzheiten, wie Gesellschaft, Natur, Landschaft, Geschichte; sie hatte selbst „epischen" Charakter und endete in der „epischen Ehe", deren Nichterreichung ein Scheitern des „Charakters" bedeutete.

Mit dem Zerfall des individuellen „Helden", des „Charakters", der „Person" ließ sich auch die Liebe nicht mehr in dem Wechselspiel aufeinander bezogener Bereiche von Ich und Welt,

Individuum und Gesellschaft, Subjekt und Objekt darstellen, sie verlor ihre Aufgabe der biographischen Sinnvollendung. Ebenso wie der Begriff und die Form des „Helden" schließlich zur Synthese „bewußter und unterbewußter Pluralitäten"[51] wurde, umfaßt der Begriff der Liebe im modernen Roman die Summe versachlichter, unpersonaler Teilaspekte, Facetten ihrer, im Entwicklungsroman durch den Namen, das Wort ganz benannten Bedeutungsfülle. Der Verfasser hat in seiner Dissertation versucht, das im einzelnen am Romanwerk Hermann Brochs zu veranschaulichen. Trotzdem blieb aber die Idee der Liebe, auch in der Darstellung des modernen experimentellen Romans an das Erlebnis eines Individuums als Person gebunden, d. h. schließlich: sie macht in bestimmten Situationen des Romans, Knotenpunkten seiner Problemstränge, die vielfach differenzierte „Gestalt" wieder zum „biographisch" erlebenden, in Raum und Zeit festgelegten persönlichen Helden und erscheint dann selbst als nicht analysierbare und deshalb vor der Reflexion zu behütende „Funktion der relativ undifferenzierten Ganzheit des Lebens" (Simmel), oder als „Begegnung" von „Ich und Du" (Buber), als „einfaches Wort" oder „magische" Wesenheit (Broch).

Darin entsprechen sich ein subjektives Wirklichkeitserlebnis des „Helden" als fiktiver Person — Wirklichkeit wird dargestellt wie sie der Held erlebt — und eine objektive, den Roman betreffende neue Kongruenz von überlieferter personaler Form des „Helden" und personalem Inhalt seines Erlebens als Wirklichkeitserlebnis.

Da diese Erfahrung von Wirklichkeit als „wirklicher", d. h. verbürgter, nur im Erlebnis der Liebe vermittelter Wirklichkeit, aber nicht nur ein biographisches Reservat des Helden, sondern die äußerste Zuspitzung der gesamten Problematik des modernen Romans als Ablehnung, Relativierung, Satirisierung einer äußeren Scheinwirklichkeit ist, kann eine, in bezug zur disparaten Vielheit und Vielfalt des immer wieder nur feststellbaren Wirklichkeitsverlustes sozusagen punktuelle Aufhebung dieses Verlustes nicht von Dauer sein, jedenfalls soweit der Roman dieses Problem der „Wirklichkeit" selbst thematisiert.

* Dieser Beitrag war bereits 1968 abgeschlossen.

---

[1] M. Buber, Ekstatische Konfessionen. Jena 1909. Wie weit bei Musils Verwendung dieser Zeugnisse imitatione Kontrafaktur oder Montage vorliegt, ist m. E. lediglich für die Arbeitstechnik des Dichters von Bedeutung.

[2] Dt. von F. von Oppeln-Bronikowski, Leipzig 2 1902; vor allem in der Sphäre Diotimas, z. B. „MoE." 516. Vgl. dazu Heribert Brosthaus, Zur Struktur und Entwicklung des „anderen Zustands" von Robert Musils Roman „Der Mann ohne Eigenschaften". DVjs 39 (1965), S. 388—440. Hier 392.

[3] Notiz Musils. S. Wilhelm Bausinger, Studien zu einer historischkritischen Ausgabe von Robert Musils Roman „Der Mann ohne Eigenschaften". Diss. Tübingen 1962. Gedruckt bei Rowohlt, Hamburg 1964, S. 457.

[4] Vgl. zum folgenden Bausinger, a. a. O., S. 101—110.

[5] Vgl. dazu den Schlußteil von Richard Brinkmann, Wirklichkeit und Illusion. Studien über Gehalt und Grenzen des Begriffs Realismus für die erzählende Dichtung des 19. Jahrhunderts. Tübingen (Niemeyer) 1957.

[6] H. Broch, Die mythische Erbschaft der Dichtung. In: H. Broch, Gesammelte Werke. Essays Bd. I, hrsg. von H. Arendt. Zürich 1955. S. 246 f.

[7] Erich Kahler, Übergang und Untergang der epischen Kunstform. Die Neue Rundschau 69 (1958), S. 1—44. Hier S. 16 f.

[8] W. Emrich, Formen und Gehalte des zeitgenössischen Romans. In: W. E., Protest und Verheißung. Studien zur klassischen und modernen Dichtung. Frankfurt/Bonn (Athenäum-Verlag)[2] 1963, S. 169 bis 175. Hier S. 170—172.

[9] MoE. S. 1450. Vgl. Bausinger, a. a. O., S. 82 a.

[10] Zu Musils Auffassung von „gewöhnlicher Mystik" vgl. „MoE.", S. 1112.

[11] Vgl. „MoE.", S. 127—129; 762—788; 1169—1177.

[12] S. dazu Gerhart Baumann, Robert Musil. Zur Erkenntnis in der Dichtung. Bern und München (Francke-Verlag) 1965, S. 195 f.

[13] Ein von Musil verwendeter Aufsatz ist zum Beispiel der seines Freundes Erich Maria von Hornbostel „Über Optische Inversion", s. dazu Renate von Heydebrand, Zum Thema Sprache und Mystik in Robert Musils Roman „Der MoE.". ZfdPh 82, 1963, S. 249 bis 271; außerdem Brosthaus, a. a. O., S. 407.

[14] S. „MoE.", S. 1632.

[15] Musil spricht in diesem Zusammenhang von „Halt geben". „MoE.", S. 1632.

[16] H. Eichner, Einleitung zu: Kritische Friedrich-Schlegel-Ausgabe, Bd. 5. Dichtungen. München, Paderborn, Wien, Zürich 1962, S. XXXVI.

[17] F. Schlegel, Über die Grenzen des Schönen (1794). In: F. Schlegel 1794—1802. Seine prosaischen Jugendschriften. Hrsg. v. J. Minor. 2 Bde. Wien 1882. Bd. I, S. 27.

[18] Vgl. F. Schlegel, Brief über den Roman. Ebda. Bd. II, S. 374.

[19] Friedrich Schlegel, Lucinde. In: Kritische Friedrich-Schlegel-Ausgabe, Bd. 5. S. 73.

[20] H. Eichner, a. a. O., S. XXIX.

[21] Vgl. u. a. Friedrich Schlegel, Literary Notebooks 1797—1801. ed. by H. Eichner. London 1957. Nr. 1522. 1527. Ebenfalls „Lucinde", S. 33. — Zum Liebesbegriff bei Schlegel vgl. Ulrich Wienbruch, Das universelle Experiment. Diss., Köln 1964. S. a. Alfred Schier, Die Liebe in der Frühromantik mit besonderer Berücksichtigung des Romans. Marburg 1913 (= Beiträge zur deutschen Literaturwissenschaft, Bd. 20).

[22] Ulrich Karthaus, Der Andere Zustand. Zeitstrukturen im Werke

Robert Musils. Berlin (Erich Schmidt Verlag) 1965. S. 50. Karthaus setzt u. a. den „anderen Zustand" = „zweite Wirklichkeit", „um den Ausdruck ‚anderer Zustand' nicht zu strapazieren"; vgl. Ulrich Karthaus, Musil-Forschung und Musil-Deutung. Literaturbericht. DVjs 39 (1965), S. 441—483. Hier S. 479.

23 Vgl. 117 ff.
24 Karthaus, Literaturbericht, a. a. O., S. 479.
25 Karthaus, „Anderer Zustand", S. 131.
26 Brosthaus, a. a. O., 394.
27 Kapitel „Nachdenken", „MoE.", S. 1206—1211.
28 S. Baumann, Robert Musil, S. 88 f.
29 R. Brinkmann, Wirklichkeit und Illusion, S. 330 f.
30 S. dazu Walter Schulz, Das Problem der absoluten Reflexion. Frankfurt am Main (Vittorio Klostermann) 1963.
31 Wilhelm Emrich, Protest und Verheißung. S. 174 f. „Das reflektierende Subjekt ist bei Musil als permanent reflektierendes gesetzt." — „... die Reflexion verliert sich, wie Musil schreibt, ‚im unendlichen Anblick'. Das Subjekt vernimmt nur ‚das erregende, undeutliche, unendliche Echo' seiner nie abreißenden Reflexion." (174).
32 Richard Brinkmann, Wirklichkeit und Illusion. S. 329.
33 S. dazu, Broch, GW 10, S. 319: „die Polyhistorisierung des Romans macht allenthalben Fortschritte (Joyce, Gide, Th. Mann, in letzter Derivation Huxley). Aber diese Romanschreiber — mit Ausnahme Joyces — haben keinen rechten Begriff von der Wissenschaft: sie versuchen „Bildungselemente" im Roman unterzubringen; ..."
34 S. Ingo Seidler, Das Nietzschebild Robert Musils, DVjs 39 (1965), S. 329—349, hier S. 336.
35 Vgl. Tagebücher, S. 209.
36 Vgl. Tagebücher, S. 535.
37 Vgl. Tagebücher, S. 494.
38 Renate von Heydebrand und der Lasa, Die Reflexionen Ulrichs in Robert Musils Roman „Der Mann ohne Eigenschaften". Ihr Zusammenhang mit dem zeitgenössischen Denken. Münster (Aschendorff) 1966. (= Münstersche Beiträge zur deutschen Literaturwissenschaft, Bd. 1), S. 133—158. Dagegen die fast rein „biographische" Auffassung von Eithne Wilkins, Musil's Affair of the Major's Wife: With an unpublished Text. Modern Language Review 63 (1968), S. 74—93. Hier S. 86 ff.
39 Vgl. dazu Heydebrand, a. a. O., S. 135.
40 Vgl. dazu Heydebrand, a. a. O., S. 159.
41 S. ebda., S. 158.
42 Vgl. „MoE.", S. 1579; „Die Utopie des ‚anderen Zustand' wird abgelöst durch die der induktiven Gesinnung." S. 1620, s. a. 1626. Das Problem des Abschlusses wird in der Dissertation von Elisabeth Albertsen behandelt: Ratio und Mystik im Werk Robert Musils. München (Nymphenburger) 1968.
43 Walter Benjamin, Goethes Wahlverwandtschaften. In. W. B., Illuminationen. Ausgewählte Schriften. Hrsg. von Siegfried Unseld. Frankfurt a. M. (Suhrkamp) 1961, S. 70—147. Hier S. 142.
44 S. Goethes Werke, Hamburger Ausgabe, Bd. VI, S. 440.
45 Benjamin, a. a. O., S. 142.
46 Hamburger Ausgabe, Bd. VI, S. 440.
47 Tagebuch, S. 862.
48 G. Lukács, Theorie des Romans. Ein geschichtsphilosophischer Versuch über die Formen der großen Epik. Zweite, um ein Vorwort

vermehrte Auflage. Neuwied am Rhein, Berlin-Spandau (Luchter-
hand) 1963, S. 32.

[49] Beda Allemann hat auf die durchgehend gleiche Struktur der Kaf-
kaschen Liebesszenen hingewiesen; Beda Allemann, Kafka. Der
Prozeß. In: Der deutsche Roman. Vom Barock bis zur Gegenwart.
Struktur und Geschichte. Bd. II. Hrsg. von B. von Wiese. Düsseldorf 1963. S. 275.

[50] Hans Henny Jahnn, Perrudja (1929). Frankfurt/Main (Europäische
Verlagsanstalt) 1958.

[51] S. dazu Karl Reinhardt, Die Krise des Helden. In: K. R., Tradition
und Geist. Gesammelte Essays zur Dichtung. Krsg. von C. Becker.
Göttingen 1960. S. 420—427. Hier S. 425.

MUSILS DEFINITION DES MANNES OHNE EIGEN-
SCHAFTEN UND DAS ENDE SEINES ROMANS

Karl Dinklage

„Ich bin der Mann ohne Eigenschaften, man merkt es mir
bloß nicht an. Ich habe alle guten konventionellen Gefühle,
weiß mich natürlich auch zu benehmen, aber die innere Identifikation fehlt", schreibt Robert Musil zu Anfang 1928 nieder.[1]
Das mag blasiert klingen;[2] aber es ist doch nur der Ausfluß
einer revolutionären Gesinnung gegenüber der Pseudomoral
der Gesellschaft Kakaniens vor Beginn des Ersten Weltkriegs,
als deren Prototyp er seinen Vater empfunden hatte, an dem
ihm „die Unterwürfigkeit eines immerhin zum geistigen Adel
gehörigen Menschen vor den Besitzern von Pferden, Äckern
und Traditionen... immer gereizt" hatte; denn — und das
war für Robert Musil das entscheidende Kriterium für den
Mann ohne Eigenschaften — „es war nicht Berechnung, was
seinen Vater dagegen unempfindlich machte; ganz aus Natur-
trieb legte er auf solche Weise eine große Laufbahn hinter sich,
er wurde nicht nur Professor, Mitglied von Akademien und
vielen wissenschaftlichen und staatlichen Ausschüssen, sondern
auch Ritter, Komtur, ja sogar Großkreuz hoher Orden, Se.
Majestät erhob ihn schließlich in den erblichen Adelsstand und
hatte ihn schon vorher zum Mitglied des Herrenhauses er-
nannt."[3]

Der Vater mit Eigenschaften äußerte sich natürlich auch besorgt über die Laufbahn des Sohnes ohne Eigenschaften, wie
Karl Ginhart erzählt, der 1907 einem Gespräch von Vater Musil mit Matthia di Gaspero in Klagenfurt beiwohnte.[4] Hofrat
Prof. Alfred Musil empfand Angst um seinen Sohn, der es in
der Stuttgarter Volontärassistentenstelle bei dem berühmten
Professor Bach nicht ausgehalten habe, nun in Berliner Litera-
tenkreisen verkehre und dabei in Alfred Kerr vernarrt sei. Auch
im 3. Kapitel des Romans macht der Vater mit Eigenschaften
dem Sohn ohne Eigenschaften „Vorwürfe, die noch bitterer
waren als die vielen Vorwürfe, die er ihm im Laufe der Zeiten
schon gemacht hatte, ja geradezu wie die Prophezeiung eines
bösen Endes klangen, das nun begonnen habe. Das Grundgefühl seines Lebens war beleidigt", weil der Sohn, wie er meinte,

„Der gealterte Ulrich von heute"
Robert Musil im März 1941 in Genf   Foto: Staub

U: Machiavell, Selbermord.

Ulrichs Nachwort, Schlußwort (NR. 36), Mitte Jänner 1942. Datierend für den Beginn von Musils Korrekturblättern XIII durch den Hinweis auf die Dostojewskis Stil betreffende Bleistiftnotiz auf Seite 1 rechts unten von K XIII. Man beachte den Satz: „Auf diese Art dazukommen, irgendwie abzuschließen und (statt oder nach Eine Art Ende) ein Nachwort, Schlußwort, Ulrichs zu schreiben."

Verweis auf obiges Schlußwort: NR 36 auf Korrektur XIII, Seite 2

DER MANN OHNE EIGENSCHAFTEN

———

ERSTES BUCH

Erster Teil: Eine Art Einleitung

Zweiter Teil: Seinesgleichen geschieht

ZWEITES BUCH

Dritter Teil: Die Verbrecher

Vierter Teil: Eine Art Ende·

———

*Das erste Buch des Romanes ist mit dem vorliegenden Bande
selbständig abgeschlossen worden.*

*Das zweite Buch, den dritten und vierten Teil umfassend,
befindet sich in Vorbereitung.*

Übersicht über den Romaninhalt auf Seite 1069 des Ersten Buches
(Ausgaben 1930—1938). Hier wird als Titel für den Vierten Teil
„Eine Art Ende" festgelegt (vgl. Ulrichs Schlußwort)

Auf Seite 3 von Korrektur XIII beginnt nach dem Hinweis auf Ulrichs Schlußwort (auf Seite 2), das vom „Ende" spricht, die „Überholung für Ende", d. h. die Endführung der Reinschriftvorbereitung, was in den Hunderten von Korrekturblättern Jahre hindurch bis hierher nie vorkommt.

Auf Seite 7 von Korrektur XIII beginnt als Schlußteil der „Überholung für Ende" die „Letzte Skizze" zur Reinschriftvorbereitung.

3. Überholung

Die „3. Überholung" der „letzten Skizze" auf Seite 11 (letzte Seite) von Korrektur XIII als letzte Vorstufe für die auf Seite 1148—1150 des „Mann ohne Eigenschaften" (hgg. v. Frisé) wiedergegebene Reinschrift. Damit endet die „letzte Skizze" der „Überholung für Ende" und das Gesamtmanuskript von Musils Korrekturblättern.

Ende der Reinschrift von Kapitel 52 „Atemzüge eines Sommertags" im Vierten Teil des Zweiten Buches „Musils ‚Mann ohne Eigenschaften'" (Frisé-Ausgabe, S. 1150). Damit schließt die Reinschrift des Romans mit ungefähr denselben Worten wie die oben wiedergegebene „3. Überholung" der „letzten Skizze" von Korrektur XIII.

Robert Musil an seinem Arbeitstisch in Genf,
Chemin des Grangettes 29, im März 1941   Foto: Staub

die seinem Stand durch die Tradition gesteckten Grenzen überschritten hatte.[5]

Diese zu einem Grundgefühl des Lebens gewordene Scheinmoral meint Musil auch, wenn er auf einem seiner Schmierblätter zum Schlußblock am Rand bemerkt: „Ein Mann mit Eigenschaften? Ich höre in der Frage, die an mich gerichtet wird, was wohl ein Mann mit Eigenschaften wäre, einen nicht unberechtigten Zweifelston, wenn auch vielleicht nur deshalb, weil ich diese Frage mit diesem Ton schon einige Male gehört habe. Ich will mit einigen Andeutungen versuchen, Rede zu stehen. Ein Mann mit Eigenschaften wäre einer, der seine Eigenschaften nicht nur naturnotwendig, sondern der sie auch moralisch besitzt. Der also sich moralisch besitzt. Oder der Moral hat."[6] Das sagt der Mann, dem nach einer Tagebuchnotiz aus dem Frühjahr 1939 „Dichtung Kampf um eine höhere moralische Artung" war[7] und der auch ständig mit Aufbietung seiner ganzen Kraft darum kämpfte, wie seine hinterlassenen Arbeitsblätter jedermann deutlich machen, der sie lesen kann. Der Satz der Laientheologie gegen Ende von Tagebuch 30 ist symptomatisch dafür: „Wenn man annimmt, das Gott am Mann ohne Eigenschaften odgl. etwas gelegen sein könnte, wenn man diese Tätigkeit so überschätzt, muß man sich töten, wenn sie nicht vorwärtsgeht. Anderseits aber [. . .] soll man es bei dieser Annahme doch auch nicht tun dürfen!"[8]

Wie am Anfang, so setzt sich Musil auch am Ende seines Romans mit den Merkmalen, die einen Mann mit Eigenschaften von einem solchen ohne diese unterscheiden, eingehend auseinander. Die Musil-Freunde werden erstaunt aufhorchen: „Ende des Romans?" Schrieb nicht Martha Musil am 8. Juli 1942 an Otto Pächt:[9] „Der Tod meines Mannes ist ganz unvorstellbar: er ging die Treppe hinauf, indem er sagte: ich will noch schnell vor Tisch baden; und als ich kurze Zeit später ihn rufen wollte, war er leblos, tot; am Boden hingestreckt; heiter lächelnd und etwas spöttisch erstaunt im Ausdruck. Im ersten Augenblick dachte ich, er wolle mich erschrecken, im zweiten, daß er ohnmächtig sei — und das habe ich noch lange geglaubt, obwohl der Arzt dann sagte, es wäre alles vorbei gewesen, der Tod durch Gehirnblutung eingetreten, ohne daß er es gespürt hätte, noch vor dem Fall. — Er war nicht krank gewesen, lebte hier sogar gesünder als früher, weil wir ein Gartenhaus bewohnten, und er viel im Garten war. Trotz des äußeren Geschehens, das ihn tief berührte, und des persönlichen, das er bitter empfand: er war hier sehr einsam — und von allen Freunden vergessen —, konnte er arbeiten und ließ sich, wie immer, Zeit, weil er sicher glaubte, noch mindestens zwanzig Jahre arbeitsfähig zu sein. Darum ist der Roman unvollendet geblieben, er hat nur wenige von den damals schon gedruckten Fahnen benutzt und alles um und um gearbeitet. Es sind in direktem Anschluß an Bd. 2 14 Kapitel vorhanden, das 14te ist mitten in der Reinschrift abgebrochen, er schrieb es, bevor er hinaufging, — dann sind noch vier oder fünf fast anschließende Kapitel vorhanden. Ich will sie herausgeben, weil ich nicht weiß, was noch mit den Manuskripten geschehen kann. Aber ohne Verleger, auf Subskription. Es wird ein kleines Buch von etwa 250 bis 300 Seiten werden, und es müßten mindestens 200 Subskribenten zeichnen, damit das Buch nicht zu teuer wird. In der Schweiz, wo wenige Menschen Musil und sein Werk schätzen, ist es allerdings ungewiß, ob sich so viele finden werden; aber ich muß es versuchen. Im Ausland fänden sich auch mehr, aber ich weiß nicht, ob man für diesen Zweck Geld schicken kann.

Außer den Werken will ich alle Essays und die Vorträge ordnen, damit später einmal eine Gesamtausgabe erscheinen kann.

Das schmerzlichste ist aber, daß ein ungeheures Material von Entwürfen, Notizen, Aphorismen, Romankapiteln, Tagebüchern zurückgeblieben ist, aus denen nur er etwas machen konnte. Ich bin sehr ratlos. Wenn es möglich ist, werde ich den ganzen Nachlaß einer Bibliothek hinterlassen; — vielleicht hat er irgendwann eine Auferstehung."

Ja, steht nicht auch am Anfang der Vorbemerkung zum 3. Band des „Mann ohne Eigenschaften", den Martha Musil 1943 in der Imprimerie Centrale in Lausanne drucken ließ und herausgab: „Der dritte Band des Romans ‚Der Mann ohne Eigenschaften' ist unvollendet geblieben, — und wenn ich mich trotzdem entschließe, ihn herauszugeben, so tue ich das für die Freunde Robert Musils, von denen ich weiß, daß ihnen jeder Gedanke, den er niedergeschrieben hat, selbst in nicht letzter, vollendeter Fassung, wertvoll ist.

Es ist seit Jahren ein schon in Fahnen gedruckter Fortsetzungsband, von Band II des ‚Mann ohne Eigenschaften', vorhanden, den Robert Musil vor dem Erscheinen zurückgezogen hatte, weil er ihn umarbeiten und bis zum Schluß des Romans führen wollte. Er ließ sich damit Zeit, weil er glaubte, noch ein langes Leben vor sich zu haben.

Nur die Kapitel 9—14 sind umgearbeitet; das Kapitel 14, an dem er noch am Tag seines Todes schrieb, ist somit unvollendet. Die Kapitel 1—8 sollten mit kleinen Änderungen bleiben, wie sie in den Fahnen vorliegen; dagegen hatte er an den Kapiteln

15—24 noch vieles ändern und kürzen wollen, besonders an den Kapiteln der Gefühlspsychologie, die in Tagebuchform geschrieben sind. Er wollte sie auflockern und leichter machen, in Gespräche zwischen Ulrich und Agathe aufteilen und hatte vielleicht im Kapitel 13 schon damit begonnen."

Hatte eigentlich Martha Musil das Recht, in dieser Vorbemerkung vom 3. Band des Romans zu sprechen und gehören die im Anschluß an die 24 Kapitel veröffentlichten ausgewählten Stücke zum Manuskript des Schlußteils? Bezüglich der letzteren läßt sich das verneinen, da sie verschiedenen Schaffensperioden Musils angehören und für ihn nur allfälliges „Material" bildeten. Hinsichtlich des Bandes konnte sie sich auf letzte schriftliche Äußerungen ihres Mannes berufen. Es gibt im Nachlaß das Konzept eines Briefes an Musils Gönner Mr. Church,[10] der sich im Spätjahr 1941 und auch weiter um die Ermöglichung der Auswanderung Musils nach den USA bemühte und dessen endgültiger Text von Martha Musil nachträglich mit Fragezeichen auf den 12. 4. 1942 datiert wurde, der also zu einem späten Zeitpunkt von Musils Leben geschrieben wurde, auch wenn das Datum nicht sicher überliefert ist.[11]

Darin heißt es in der ersten Fassung: „Ich schreibe also noch immer am zweiten Teil des zweiten Bandes, der wohl doppelt so groß wird wie dessen seinerzeit vorschnell veröffentlichter erster Teil." Musil bezeichnet als „Hauptschaden", „obwohl es zugleich auch ein Hauptnutzen ist", den Umstand, daß er nur sich selbst überlassen sei „und dadurch Gefahr laufe[,] kein Ende finden zu wollen; denn auch die Einsamkeit erzeugt einen Rausch, der redselig macht."

Das endgültige Briefkonzept, das nicht allzu lange vor Musils Tod geschrieben sein kann, da er ja die Reinschrift des Kapitels 14 vom 2. Teil des 2. Buches des „Mann ohne Eigenschaften" am 15. April 1942 beendet hat, wie wir noch zeigen werden, lautet, soweit es sich auf den Roman bezieht:

„Ich hoffe in wenigen Wochen darangehen zu können, die erste Hälfte des Schlußbands ins Reine zu schreiben; sie wird dann druckfertig sein, aber seine zweite Hälfte ist leider noch sehr im Rückstand. Es wäre mir ein Vergnügen, wenn Sie mir erlauben wollten, dieses Manuskript, oder, besser gesagt, diese Maschinschrift, Ihnen und Ihrer Gattin zum Geschenk zu machen. Es wäre mir aber nicht nur ein Vergnügen und gäbe mir die Möglichkeit, meine Dankbarkeit für die Unterstützung des Werkes auszudrücken; sondern bedeutete auch eine Sicherheit für das Manuskript und seine Zukunft, das in zwei Exemplaren bewahrt, den Zufällen der Welt doch etwas besser entzogen wäre, als wenn es mein persönliches Schicksal teilt.

Ursprünglich habe ich Ihnen heute erzählen wollen, wie dieser Schlußband aussieht; was ich schon längst habe tun wollen. Er wird im ganzen doppelt so groß sein wie der seinerzeit vorschnell veröffentlichte erste Teil des zweiten Bandes und aus einer Unzahl von Ideen die Geschichte einer unpersönlichen Leidenschaft ableiten, deren schließlicher Zusammenbruch mit dem der Kultur übereinfällt, der anno 1914 bescheiden begonnen hat und sich jetzt wohl vollenden wird, wenn nicht die Chirurgen Glück haben, und auch die Nachkur von guten Internisten übernommen werden wird. Es ist schwer, diese Geschichte gut zu erzählen und dabei weder dem Sein noch dem Sinn, nicht den Ursprüngen noch der Zukunft etwas schuldig zu bleiben. Sie werden verstehen, daß es mich Zeit u. [nd] zuweilen viel Verzweiflung kostet; aber ich glaube doch, daß [ich] auf rechtem Wege bin. Was damals in Vulpera fertig und gedruckt war, habe ich gründlich umgearbeitet[,] und was ich weitergeschrieben habe, ist wohl schon das beste Stück des Ganzen und dürfte bis zur Spitze aufsteigend weitergehen. Es wiederzugeben, wäre aber beinahe ebenso umständlich, wie es niederzuschreiben; und auch das ist ein Grund, weshalb ich Sie bitte, lieber gleich einen Durchschlag des Manuskripts entgegenzunehmen."

Nun lag zu Musils Lebzeiten noch keine fertige Schreibmaschinenabschrift des ersten Teils des Schlußbandes von Musils Roman „Der Mann ohne Eigenschaften" vor. Aber das Manuskript der Kapitel 47 bis 52 des zweiten Buches des Romans, das zusammen mit den von Musil gut geheißenen Kapiteln 39 bis 46[12] den erwähnten Teil bilden sollte, ist in Mappe V 6 des Nachlasses erhalten. Und nicht nur das, in Mappe V 2 sind auch zu den genannten Kapiteln die sogenannten „Korrekturblätter" vorhanden, in denen Musil die Reinschrift seiner Texte vorbereitete. Man kann anhand der Blätter Korr. IV 1 bis Korr. XIII 11 seine schriftstellerische Tätigkeit in der Schweiz von Kapitel 47 bis zum Ende von Kapitel 52 genau verfolgen. Ja, „Ende" wird hier auf Korr. XIII 3 zitiert! Doch werfen wir zunächst noch einen kurzen Blick auf das Ganze! Man kann in diesen Korrekturblättern im einzelnen studieren, welchen Umfang die Vorarbeiten Musils für die Kapitel 47 bis 52 einnahmen. Er sagt auch in Korr. IV 1, welchem Zweck die Korrekturblätter dienten: „Das eigentliche Leiden aller versuchten Ausarbeitungen ist 1) das >Aus dem Mustopf Kommen< 2) daß sich im Versuch, es zu vermeiden, das Erzählen abschwächt, ja verliert, u.[nd] das Essayhafte ausdehnt, ohne doch zum ganzen nötigen Ergebnis zu kommen. So ist es auch zuletzt wieder gewesen." Dieses „zuletzt" bezieht sich auf Korr. III. Dazu sagt Musil auf Korr. VI 1 rückblickend: „In K III geblättert: es ist verwirrend; mit seinen vielen übergreifenden Ansätzen der sich verändernden Reihenfolge. Sicherer Eindruck: vieles, was breit überlegt u.[nd] als etwas behandelt wird, das erzählt werden muß, wäre auch durch eine Bemerkung zu erledigen, wenn etwas anderes zur Hauptsache gewählt ist."

Korr. VII 4 enthält die Aufforderung Musils an sich selbst: „Reduziere schon aus Notwehr gegen die vielen Texte auf die Hauptschlagworte!", Korr. VII 5: „Versuche L.[iebe] [= 49] mit 50 u[nd] 51 zu erledigen!". Das hatte zur Folge, daß er mit dem Kapitel 49 auch Kapitel 50 rasch zu Ende brachte. Bereits auf Korr. VII 6 finden wir: „50. Schwierigkeiten, wo sie nicht gesucht werden. Gleichzeitig beginnt die Reinschrift. Bemerkungen u.[nd] Versuche dazu:" Schon auf Korr. VII 11 wird für Kapitel 51 der endgültige Titel „Es ist nicht einfach zu lieben" in die engere Wahl gezogen. Aber dann gehen die Blätter voll Ideen und Überlegungen bis Korr. VII 32 weiter und auf Korr. VIII 1 bemerkt Musil, daß er „K VII beim Stand der Überlegung S[.] 32 abgebrochen" habe. „Zweck: die Kapitel 51 u.[nd] 52 gegenseitig auszuwiegen." Als Titel für 52 sieht er damals noch „Das Pferdchen und der Reiter" vor, behält aber auch als Variante im Auge, letzteren Titel für Kapitel 53 zu verwenden, „Es ist nicht einfach zu lieben" für 52 und „Ein L[iebe]spaar u.[nd] Millionen Paare" für 51.

Nachdem Korr. VIII bis zur Seite 12 geführt wurde, begegnen wir auf Korr. IX 1 zunächst dem einleitenden Satz: „Korr. VIII stockt auf S[.] 11, 12. Gegenversuche schon länger im Gang." Auf Korr. IX 6 nimmt Musil eine „Überprüfung zu 51, 52 u.[nd] 53 (Pferdchen)" vor. Dabei ist für 52 bereits „Situation Liegestühle" vorgesehen, wie sie dann auch Ausgangspunkt wurde, und es gehört dazu die in unserem Zusammenhang bedeutsame Bemerkung: „Prüfen als Zwischenabschluß zu Vorkapiteln." Im „2. Entwurf" zu 52 auf Korr. IX 9 gewinnt das spätere Kapitel „Atemzüge" noch mehr Gestalt. Der Blütenzug („Ein geräuschloser Strom..") tritt bereits auf, während es laut Korr. IX 7 noch den Titel „Die Taube am Dach u.[nd] die Schlange im Gras weiß es" führen sollte. Auf Korr. IX 12 ist eine eingerahmte Stelle zu beachten, aus der hervorgeht, daß Musil die zunächst erarbeitete Fassung von Kapitel 52 „bruchstückweise vorgelesen" hat — natürlich seiner Frau Martha, und da es „nicht überwältigend" gefunden wurde, ermahnt er sich nun: „Um etwas Entscheidendes zu sagen, muß ich Appetitiv — nichtapp.[etitiv] hervorkehren. Das ist also das wichtigste in 52 u.[nd] die entscheidende Wendung der Kapitelgruppe! Die aktuelle Stelle ist der Wendepunkt, u.[nd] das Zurückgreifen auf Liebe = Abstrakta usw. ist eine aktuelle Wendung!" Auf Seite 19, womit Korr. IX schließt, wird eine bis Kapitel 56 reichende Kapiteleinteilung gegeben,[13] worin 52 bereits den Titel „Atemzüge" trägt. Auf Korr. X 2 folgt die letzte Kapitelübersicht, die Musil getroffen hat, allerdings noch am Anfang mit „Fragezeichen" versehen: „47 Wandel .. 48 L.[iebe] d.[einen] N.[ächsten] 49 Gespräche über L.[iebe] 50 Schwierigkeiten .. 51 Es ist nicht einfach .. 52 Taube od.[er] Atemzüge ..", daran anschließend mit weiterem „?": „53: Taube + Kommen des Gen.[erals] 54 D.[as] Pf.[erdchen] u[nd] d.[er] R.[eiter]." Auf Korr. X 3 ersehen wir aus einer mit „Zusammenhang" bezeichneten eingerahmten Bemerkung, daß neben dem General auch Clarisse, Meingast und Walter wieder eine Rolle spielen sollten.[14] Korr. X 4 wurde von Elisabeth Albertsen mit Recht in den September 1941 datiert. Auf Korr. X 7 wird der Begriff „Appetithaft" erörtert. Wir notieren daraus: „Die kommerzielle u[nd] technische Tüchtigkeit. Im Gegensatz jetzt ihr Leben." Auf Korr. X 21 mahnt sich Robert Musil: „Bedenke: Mit Erschöpfung der a Z [anderer Zustand] - Frage hat der Motor der schriftstellerischen Existenz R[obert] M[usils] eigentlich keine Essenz mehr!" Auf Korr. X 24 folgt Korr. XI mit ganzen Partien zum Atemzüge-Kapitel. Doch hat Musil durchaus noch die Absicht, weitere Kapitel zu schreiben, denn auf Korr. XI 2 heißt es: „ca. D.[urchschnitt] u[nd] D[urchschnitts]m.[ensch] beginnt die Endführung des I. B[an]des!" „Es liefert zugleich die systematische Ordnung des Rapial Sokrat.[ische] u.[nd] moderne Ironie". Musil meint damit die erste Hälfte des Schlußbandes, wie er ihn im endgültigen Text seines oben zitierten Briefes an Mr. Church bezeichnet.

Auch auf den Seiten Korr. XI 3 und 8 ist von dem geplanten Kapitel „Durchschnitt und Durchschnittsmensch" die Rede und es ist angedeutet, daß der General darin vorkommt.

Im Zusammenhang mit der Erörterung des Gegensatzes zwischen appetitiv und nicht appetitiv, den Musil oft und oft behandelt und, wie wir oben zeigten, schon lange in den Mittelpunkt des Kapitels 52 gesetzt wissen wollte, befaßt er sich auf Korr. XI 2 mit dem Mann ohne Eigenschaften. Wir lesen: „Es Menschen gibt eine, leidenschaftliche Person u.[nd] zwei Bedeutungen (Lebensbedeutungen) [,] die appetithafte u.[nd] die ver-

innerlichte Person. Die eine ist die, so nach allem greift, alles in
Angriff nimmt. Die andere ist schüchtern, schwer von Entschluß
u.[nd] voll Sehnsucht. — Es ist der Mensch mit u[nd] ohne
Eigenschaften[.]" So steht es auf der linken Seite des Blattes.
Auf der rechten lesen wir: „app.[etitive] Person = Mensch mit
Ei[genschaften], Aktivist [,] kontemplative = M[ann] o[hne]
verinnerlichte
E[igenschaften] [,] der Nihilist als Gotteskind".

Auf Korr. XI 7 wird vorgesehen, daß Ulrich zu Agathe sagt:
„Andere Bezeichnungen werden dir dagegen nicht unbekannt
sein; wir haben sie nicht ganz selten gebraucht. Es ist auch der
M[ann] o[hne] E[igenschaften] ... Sollten dir aber andere
Namen unbekannt sein? Mich dünkt, daß ich vom M[ann]
o[hne] E[igenschaften] spreche u[nd] von seinem Gegensatz,
der wohl ← der gewiß ein Mensch mit deutlichen Eigenschaften
wäre, ein Aktivist u[nd] kein Nihilist, u[nd] Gotteskind, der
sich (Gott u[nd]) der Welt überläßt?" Ansätze zu dieser Charakterisierung finden sich schon auf dem Studienblatt zum Pro-
blem-Aufbau NR. 33 vom 6. I. 1936, wo es heißt: „Was geschieht mit U[lrich]? Er wird M.[ann] o.[hne] E.[igenschaf-
ten] (Ind.[uktive] Gesinnung)"[15] und kommen auf die von
Musil in Mappe II 9, Seite 114, des Nachlasses zitierte Formel
André Gides heraus, daß ein Mann ohne Eigenschaften „un
home [sic!] disponible" sei.

Doch kehren wir zu den Korrekturblättern zurück! Wir sind
ja noch den Beweis schuldig, daß Kapitel 52, wie auf Korr. IX
6 angedeutet, den Zwischenabschluß zu den Vorkapiteln bilden
sollte. Nach nur acht Seiten Korr. XI folgt die lediglich vier
Seiten umfassende Korr. XII; „Ein Kapitel in gedrängter
Sprache. Gedanklich unbekümmert, kurz, aphoristisch; hauptsächlich, und dies so unmittelbar wie möglich. Teile eines Erlebnisses, die auftauchen und verschwinden[.]" Es ist ein ge-
drängtes Abbild des Atemzügekapitels. Korr. XIII schließlich
umfaßt 11 Seiten. Auf Seite 2 steht am Rand eingerahmt der
Hinweis: „,U[lrich]s. Schlußwort': NR. 36." Dieses ist erhalten in Mappe II 1 des Nachlasses und lautet:[16]

„U[lrich]'s. Nachwort, Schlußwort.

Einfall entstanden Mitte Jänner 42.

Gedacht an weltpolitische Situation. Das große gelbweiße
Problem. Der kommende neue Abschnitt der Kulturgeschichte.
Die eventuelle Rolle Chinas. In kleinerem Rahmen die russisch-
westliche Auseinandersetzung. Hexners Frage: wie denken Sie
es sich in der Wirklichkeit? wird unaufschiebbar. — Auch
der M[ann] o[hne] E.[igenschaften] kann daran nicht vorbei-
sehn. Das wäre aber ein historischer, philosophischer usw. Essay-

band, oder der letzte der Aphorismenbände. Ich habe schon vorher notiert: Die Arbeit am Rapial ist gleichbedeutend mit der Liquidierung von B.[an]d I (S.[iehe] bräunl.[iche] KMpe Rp. I./Auf 3. → K XI, S 2 rot u.s.w.)

Außerdem beeinflußt von dem neuen Interesse, das mir Dostojewski einflößt. Den Eindruck flüchtig als Notiz für meinen Stil notiert K XIII, S 1 r u blei. Ich möchte einen Aufsatz über seinen „Journalismus" schreiben. Über seine Auslegung durch Shonadow [?], über den Panslawismus, die Puschkinrede usw. Vor dem augenblicklichen Hintergrund ergibt es Gedanken über Rußland, die auszudenken ich noch nicht einmal versucht habe.

In den B.[an]d II 2 ist das nicht aufzunehmen, obwohl es ihn sehr berührt.

Auf diese Art dazugekommen, irgendwie abzuschließen und (statt oder nach Eine Art Ende) ein Nachwort, Schlußwort, U[lrich]'s zu schreiben.

Der gealterte U[lrich] von heute, der den zweiten Krieg miterlebt, und auf Grund dieser Erfahrungen seine Geschichte, und mein Buch, epilogisiert. Das ermöglicht, die Pläne ca. der Aphorismen mit dem aktuellen Buch zu vereinigen. Es ermöglicht auch, die Geschichte u.[nd] ihren Wert für die gegenwärtige Wirklichkeit u[nd] Zukunft zu betrachten.

Ins Lot zu rücken: die romantische oder gar Pirandellosche Ironie des: die Figur über den Autor.

Die Geschichte der Personen, geschichtlich betrachtet.

Wichtig: Die Auseinandersetzung mit Laotse, die U.[lrich], aber auch meine Aufgabe, verständlich macht[,] von U.[lrich] nachträglich durchgeführt. Abd dul Hasan Sumnun u.[nd] der Kufismus. Als eine Geschichte über ihn erzählt, wäre die Geschichte von Ag.[athe] u[nd] U.[lrich] eindrucksvoller geworden!" [Zeitungsartikel über E. v. Tscharner „Die Ethik des Laotse" und „Un mystique arabe de Xe siècle":] „Beigelegt."

Anhand dieses datierten Schlußwortes, welches das Bestehen der Seite 1 von Korr. XIII schon voraussetzt, läßt sich auch die Ideenfolge der Korr. XIII-Seiten auf Jänner bis Mitte April 1942 festlegen. Sie sind gänzlich der Beendigung von Kapitel 52 und damit dem schon zitierten „Zwischenabschluß zu Vorkapiteln" gewidmet. Der Hinweis auf „Ulrichs Schlußwort" und die darin enthaltene Idee, „irgendwie abzuschließen" auf Korr. XIII 2 unterstreicht dieses Vorhaben, für das die letzte Vorbereitung der Reinschrift ab Korr. XIII 3 ausgeführt wird. Denn da begegnen wir einer Überschrift, wie sie auf den hunderten von Korrekturblättern bis hierher nicht vorkommt: „Überholung für Ende:" und dazu als Ergänzung: „Forts.[etzung] von XII 1, 2, 3". Auf Korr. XIII 7 folgt schließlich zum Zwecke der Konzentration der Gedanken auf das Ende die Überschrift „Letzte Skizze: bzw. Leitfaden dazu." Dazu gibt es dann auf Seite 9 eine „Änderung", auf Seite 10 eine „Überholung" und „2. Überholung", der auf der letzten Seite 11 eine „3. Überholung" folgt. Diese schließt mit den Worten: „Weshalb denn keine/nicht Realisten?" fragte sich U[lrich]; sie waren es beide nicht; weder er noch Ag.[athe], daran war längst nicht mehr zu zweifeln; aber Nihilisten u.[nd] Aktivisten waren sie, und bald das eine bald das andere, je nach dem wie es kam [darüber durchstrichen:] ihrer Laune."

Wir stellen fest: Die „3. [und letzte] Überholung" der auf Korr. XIII 7 begonnenen „letzten Skizze" aus der auf Korr. XIII 3 angefangenen „Überholung für Ende" schließt mit etwa denselben Worten wie die Reinschrift des Kapitels 52 „Atemzüge eines Sommertags". Es liegen keine Anzeichen vor, daß dieses unvollendet wäre. Vielmehr hat Musil diesen Zwischenabschluß Monate hindurch vorbereitet. Es sollte danach allerdings laut dem Brief an Mr. Church „bis zur Spitze ansteigend weitergehen", aber „die entscheidende Wendung der Kapitelgruppe" war entsprechend dem auf Korr. IX 12 hervorgehobenen Hinweis mit der Hervorkehrung von „Appetitiv — nichtappetitiv", wie sie in Kapitel 52 geschieht, erreicht. Musil war also wenigstens bis zu einem Zwischenabschluß gelangt, auch mit der Reinschrift, als er am 15. April 1942 sehr vergnügt und vor sich hinsummend vom 1. Stock des von ihm bewohnten Gartenhauses Chemin des Clochettes 1 in den 2. Stock hinaufging, um vor dem Mittagessen noch ein Bad zu nehmen. Da ereilte ihn, offensichtlich als er sich vor dem Bad, wie es seine Gewohnheit war, auf dem Rand der Wanne sitzend die Füße bürstete, die er auf einen Hocker gestellt hatte, der tödliche Herzschlag.[17] So wurde der Zwischenabschluß zum Ende des Romans.[18]

Betrachten wir zum Schluß Musils Charakterisierung des Mannes ohne Eigenschaften im Gegensatz zu dem mit Eigenschaften in der „Letzten Skizze" der „Überholung für Ende"! Auf Korr. XIII 8 heißt es:

„‚M[ann] o[hne] E[igenschaften]' im Gegensatz zu dem mit allen E[igenschafte]n, die einen Menschen ins Licht setzen können / Fülle geben / mit Leben erfüllen können / rund ins
                                                                            voll
Licht setzen — die sich in der menschlichen Vorratskammer entnehmen lassen / die dem menschlichen Schlag gegeben sind. Man könnte auch / Es ließe sich / sagen: Den Nihilisten als son-

derbares Gotteskind, im Gegensatz zum welttätigen Menschen /
das die Welt mißachtende Gotteskind als Nihilist."
über — — lächelnde

Wir sagten, am Ende des Romans definiere Musil den Mann
ohne Eigenschaften ähnlich wie am Anfang. Und tatsächlich,
hier wie dort bildet den Gegensatz zum Mann ohne Eigenschaften im Schlußgedanken nicht wirklich der Aktivist — denn
das ist Robert Musil doch selbst in hohem Maße gewesen, wes-
wegen er die Formel André Gides auch nur einmal unvermittelt und kommentarlos erwähnt — es ist vielmehr „der Realist,
der weltklar und welttätig sich umtut", wie es in der Reinschrift des Romanendes heißt, der Mann, der wie Musils Vater
zu Stellung, Ruhm und Ehren aufgestiegen war und nicht als
Emigrant in der seinesgleichen wenig wohlgesinnten Schweiz
in einem winzigen Häuschen ein armes Ende finden mußte.
Aber Robert Musil, der Mann ohne Eigenschaften, ist sich
selbst bis zum Ende treu geblieben, ein „Gotteträumer" in der
Weite des Musilschen Gottesbegriffs, ein Dichter, dessen schrift-
stellerisches Programm aus der Spannung zwischen Aktivität
und Passivität, zwischen Rationalität und Mystik lebt.[19]

---

[1] Musil-Nachlaß, Mappe II 4, S. 120. Für den freundlichen Nachweis
dieser und verschiedener anderer Stellen habe ich meinen Mitarbeitern Elisabeth Albertsen und Karl Corino zu danken.

[2] So glaubt wohl K. Laermann den Musilschen Sinn von Eigenschaftslosigkeit in seinem angekündigten Buche verstehen zu müssen,
ohne das große einschlägige Nachlaßmaterial zu kennen.

[3] Mann ohne Eigenschaften, hgg. v. A. Frisé, Seite 14 f. Das trifft
allerdings nicht alles auf Hofrat Prof. Alfred Musil zu, aber doch
das meiste.

[4] Für diese Mitteilung bin ich Prof. Karl Ginhart sehr verbunden.

[5] Mann ohne Eigenschaften, S. 15.

[6] Musil-Nachlaß, Mappe II 9, S. 1.

[7] Tagebücher, Essays und Reden, hgg. v. A. Frisé, S. 504.

[8] Ebenda, S. 553.

[9] Für die freundliche Bekanntgabe dieses Briefes sei Prof. Pächt herzlich gedankt.

[10] Musil-Nachlaß BK/IV, S. 11 + 12. Für den Nachweis dieses Brief-
konzepts habe ich meinen Mitarbeitern Elisabeth Albertsen und
Karl Corino herzlich zu danken.

[11] Der schon in der ersten Fassung angedeutete Stand der Bemühungen um die Ermöglichung einer Auswanderung Musils in die USA
zeigt eine gegenüber den von Frisé (Prosa, Dramen, späte Briefe)
veröffentlichten Briefkonzepten vom 10. 11. 1941 (812) und vermutlich 10. 1. 1942 (828) fortgeschrittene Situation. Musil ist nicht mehr
der Meinung, er müsse in die USA auswandern.

[12] Auf Korr. VII 1 gibt Musil eine rückblickende Aufstellung der Kapitel 38—48; daraus ist zu entnehmen, daß sie seine Billigung gefunden hatten.

[13] E. Albertsen, Ratio und „Mystik" im Werk Robert Musils, München 1968, S. 116.

[14] Ebenda, S. 117.

[15] Musil-Nachlaß, Mappe II 1, NR 33.

[16] Vgl. Frisé-Ausgabe des „Mann ohne Eigenschaften", S. 1609.

[17] Das entnehmen wir den freundlich zur Verfügung gestellten Aufzeichnungen von Harald Baruschke, die dieser am 2. Tag nach Musils Tod machte. Im April 1942 unterzog sich Musil übrigens infolge seines leidenden Zustandes unter Leitung eines Genfer Professors einer Kur, die aber zu Obstipation führte, wie ein Briefkonzept von Anfang April zeigt. Dies mochte mit zu dem plötzlichen Ende Musils beigetragen haben, das ihn in der oben geschilderten, für einen Gefäßleidenden höchst ungünstigen Stellung traf. Eine Darstellung von berufener ärztlicher Seite über diese ganzen Umstände wird vorbereitet. Hingewiesen sei auf die Tatsache, daß auch Musils Vater in derselben Gefahr stand, die seinem Sohne Robert das Leben kostete (vgl. Frisés Ausgabe der Tagebücher Musils, S. 134).

[18] Es möchte vielleicht jemand die Frage aufwerfen, warum Martha Musil behauptet, Kapitel 52 sei unvollendet hinterlassen worden. So genauen Einblick in das Werk ihres Mannes hatte sie nicht, daß sie völlig verläßliche Aussagen machen konnte. Auch unterliefen ihr sinnzerstörende Fehler bei der Maschinenabschrift, die so in die älteren Nachkriegs-Ausgaben des „Mann ohne Eigenschaften" kamen, und paßte ihr etwas nicht, so vertuschte sie es oder stellte es anders dar; ich denke hier an die Unkenntlichmachung einer bestimmten wichtigen Stelle in Musils Militärlazarettschein von 1916. Daß Robert Musil in der letzten Lebenszeit übernervös war, zeigen die Blätter von Korr. XIII. - Wenn wir oben und in der Bildbeilage vom 2. Teil des 2. Buches von Musils Roman oder auch von dessen 4. Teil sprechen, so geschieht das im Bewußtsein, daß Musil zwar in seinem Brief an Thomas Mann vom 5. XII. 1932 hinsichtlich Band II 1 bemerkte: „Leider hört es an einem Punkt auf, wo die Konstruktion noch nicht so weit gebracht ist, daß sie als Fragment frei stehen könnte", aber nun 1942 im Brief an Mr. Church und in „Ulrichs Schlußwort" das, woran er seither schrieb, ausdrücklich als „zweiten Teil des zweiten Bandes" oder als „erste Hälfte des Schlußbands" bezeichnet. Ob ungeachtet des engen Zusammenhangs mit „Die Verbrecher" dieser Schlußband oder ein Teil davon „Eine Art Ende" heißen sollte, läßt Musil in „Ulrichs Schlußwort" offen. Wenn wir meinen, die Kapitel 39—52 des 2. Bandes (39—48 und 52—55 der Frisé-Ausgabe) bildeten den 1. Teil des Schlußbandes, erscheint diese ohne Rücksicht auf die Diskrepanz des Umfanges getroffene Annahme wirklichkeitsgemäßer als die Alternative, die Schreibmaschinenabschrift für Mr. Church, die das Manuskript vor Mißgeschick bewahren sollte, sei von Musil erst zur Absendung vorgesehen gewesen, wenn der Text nach Jahren den Umfang des 1933 veröffentlichten Bandes II 1 erreicht gehabt hätte, weil Musil für den Schlußband die doppelte Länge von II 1 vorsah.

[19] Wenn hier auf Musils Gottesbegriff oder seine Vorstellung von einem Nihilisten nicht näher eingegangen wird, so geschah das aus der Überlegung, daß für eine gültige Aussage, namentlich im Hinblick auf Gott und „Gott", eine breite Heranziehung umfangreicher Teile des Nachlasses nötig wäre.

ROBERT MUSIL — DER INGENIEUR UND DICHTER

Zur Eröffnung der Musil-Ausstellung in Stuttgart 1962

Fritz Martini

Nur als eine flüchtige Episode erscheint die Spanne zwischen dem Oktober 1902 und dem April 1903, die Robert Musil in Stuttgart als Volontärassistent am Ingenieurlaboratorium und an der Materialprüfungsanstalt der Technischen Hochschule zubrachte. Sie hat, im Öffentlichen und Ostensiblen, kaum Spuren hinterlassen — wie es im Grunde dem nach innen stauenden und stapelnden Leben dieses einsam in sich gesammelten Mannes entsprach, der sich in das Verborgene, das Unauffällige zurückzog: auch in den späteren Lebensjahren. Der Wunsch des Vaters hatte ihn nach Stuttgart geführt, nachdem sich eine militärisch-technische Laufbahn als unbefriedigend erwiesen hatte. Dies Bewußtsein des Mißbehagens hat sich sichtlich in Stuttgart nicht geändert. Ein späterer Lebensbericht spricht von einer fremden und unfreundlichen Stadt. Der Grund lag wohl nicht nur darin, daß dem Österreicher die gemäße Atmosphäre fehlte; er lag auch in den eigenen, noch ungewiß suchenden Entwicklungskrisen des sehr jungen Robert Musil. „Ich wollte meinen Beruf aufgeben und Philosophie studieren (was ich bald auch tat), drückte mich von meiner Arbeit, trieb philosophische Studien in meiner Arbeitszeit, und am späten Nachmittag, wenn ich mich nicht mehr aufnahmefähig fühlte, langweilte ich mich. So geschah es, daß ich zu schreiben begann, und der Stoff, der gleich fertig dalag, war eben der der ‚Verwirrungen des Zögling Törleß‘.“ Dieser Ausweg aus der Fremdheit der umgebenden Existenz in das schriftstellerische Werk ist charakteristisch für Robert Musil, repräsentativ für sein Verhältnis zur Zeit und gegenüber dem eigenen Ich. Er beschreibt sich selbst mit der ihm eigenen kritisch-sachlichen Distanzierung: „Seit langem blieb ein Hauch von Abneigung über allem liegen, was er trieb und erlebte, ein Schatten von Ohnmacht und Einsamkeit.“ Es war ihm zuweilen geradeso zumute, als sei er mit einer Begabung geboren, für die es gegenwärtig kein Ziel gab. „Die ‚Verwirrungen des Zöglings Törleß‘ wurden sein erster Roman, ein kühnes Wagnis

in Thematik und Form, erstaunlich sicher in der eigenen Gestaltung, als das Versprechen einer neuen erzählerischen Leistung von zeitgenössischen Kritikern erkannt, obwohl sie dies
Buch noch an veralteten Maßstäben des Realismus, der Psychologie, des Erlebnisses und Bekenntnisses maßen. Ein erhaltener
Brief vom 1. 8. 1903 zeigt, wie der jugendliche Ingenieur Robert Musil in Stuttgart, in der Urbanstraße und später in De-
gerloch, bei einem 16stündigen Arbeitstag nach der künstlerischen Sprache der Moderne, nach einer Ästhetik neuer Artung
auf eigene Weise suchte: im Ringen um den produktiven Ausdruck mit einer gespannten kritischen Rationalität, die sich
früh der Mehrdeutigkeit der Formen, der Sprache, der Töne
bewußt war. Das weist voraus auf die Erfahrung der Viel-
deutigkeit aller Phänomene, aller Ausdrucksweisen und Le-
benserscheinungen, die, bis in das Unabmeßbare und Unsagbare sich ausweitend und aufgliedernd, zur Grundthematik und
zur Grundstruktur seines epischen und essayistischen Werkes
wurde.

Musils Weg von Stuttgart führte zunächst zurück zur Schule,
zum humanistischen Abitur in Brünn. Denn die Militärakade-
demie war nicht die rechte Vorbereitung zu dem „wahnsinnig verlockenden" Studium der Philosophie und Psychologie in
Berlin gewesen, das nun die akademische Laufbahn versprach.
Doch Robert Musil schreckte vor ihr zurück. Es war, wie das
Jahr in Stuttgart, eine aufgezwungene Konzession gegenüber
den bürgerlich berechtigten Sorgen des Vaters, die ihn 1911
nochmals in den Arbeitskreis einer Technischen Hochschule,
jetzt in Wien, jetzt als Bibliothekar, geführt hat — wiederum
für kurze Zeit. Er schreibt am Tage nach seiner Hochzeit: „Ich
gehe ungefähr seit drei Wochen in die Bibliothek. Unerträglich,
mörderisch (allzu erträglich, so lange man dort ist), ich werde
wieder austreten und ins Ungewisse hineinsteuern." Seit 1914
lebte Musil, abgesehen von den Unterbrechungen durch die
„fünfjährige Sklaverei des Krieges" und durch kurze beamtete
oder redaktionelle Tätigkeiten ein stets materiell bis in das Extreme gefährdetes Dasein des freien Schriftstellers. Die Jahre
der Emigration bis zu dem stillen Tod in Genf wurden äußerste
Notjahre.

Jedoch, was wir von der äußeren Biographie her als Episode
bezeichneten, erweist sich von dem Werk aus als eine in Thematik, Denkstruktur und Formbildung bestimmende Entwicklung. Techniker und Dichter — dies ist hier kein Widerspruch,
kein Zweierlei. Es bedeutet vielmehr, entgegen den konventionellen und platten Vorstellungen des Musischen und Poeti-

schen, eine vielschichtige, spannungsvolle und existenzbestimmende Einheit bei Robert Musil. Sie ist repräsentativ für die geistige Situation des zeitgenössischen Künstlers. Die geläufige Aufteilung, hier Wissenschaft, Rationalität, diskursives Denken, dort Seele, Gefühl, Intuition und Phantasie, hatte für ihn im Persönlichen wie im Prinzipiellen keine Geltung mehr. Man spricht jetzt so viel und laut vom Problem des Dichters in der Welt einer technischen Zivilisation. Musil hat diese Zivilisation nicht naiv umschwärmt, er hat sie ebensowenig in das Feindliche und Inhumane dämonisiert. Ihm war das eifrige Pathos ihrer Bewunderung oder ihrer Verteufelung nicht nur fremd, sondern geradezu lächerlich. Er war aber auch durchaus nicht der ebenso naiven Ansicht von Karl Marx, daß mit der Ausbildung der industriellen Gesellschaft die notwendigen Bedingungen der Kunst unwiederbringlich verloren gegangen seien und daß darum die Kunst so wie die Religion ein geschichtlich überholtes Mittel zur Überwindung der menschlichen und gesellschaftlichen Krisen sei. Vielmehr war ihm die moderne Technik, Naturwissenschaft und Mathematik eine durch das eigene Studium vertraute und beherrschte Gegebenheit, ein Grundelement des Denkens und der Existenz. Diese Wissenschaften bedeuteten eine produktive und kritische Methode und Substanz des modernen Bewußtseins, eine Disziplin des Denkens, die gerade für den modernen Künstler, für den denkenden Dichter zur unabdingbaren Forderung wurde. Jene Synthese der Bewußtseinsformen, die um 1800 der Theoretiker der romantischen Ästhetik, Friedrich Schlegel in die Formel faßte: „Die ganze Geschichte der modernen Poesie ist ein fortlaufender Kommentar zu dem kurzen Text der Philosophie: alle Kunst soll Wissenschaft und alle Wissenschaft soll Kunst werden", war jetzt, zu Beginn des 20. Jahrhunderts, erneut dringlich geworden. In dieser kurzen Ansprache ist es unmöglich zu entwickeln, wie Robert Musil sich damit, mit seinem epischen Werk, vor allem mit dem monumentalen Fragment des „Der Mann ohne Eigenschaften" in einem zeitgenössischen Kontext befindet, der ihn zu Hugo von Hofmannsthal, Thomas Mann, Hermann Broch, Franz Kafka im deutschen Sprachraum gleichbürtig gesellt; mit einer unverwechselbar eigenen Prägung und Handschrift. Der Österreicher war aus dem Bewußtsein der Empfindlichkeit und Anfälligkeit der alten Monarchie heraus im besonderen Maße offen für die Krisenerscheinungen des sich einleitenden Jahrhunderts. Was ihn zutiefst traf und zeitlebens beschäftigte, war die Erkenntnis eines universalen Verlusts an Wirklichkeit, an Wahrheit, an gemeinsamem Sinn, an verbindlichen Werten der Existenz. „Ist denn die Wahrheit, die ich kennenlerne, meine Wahrheit? Die Ziele, die Stimmen, die Wirklichkeit, alles dieses Verführerische, das lockt und leitet, dem man folgt und worein man sich stürzt — ist es denn die wirkliche Wirklichkeit?" Musils Werk bedeutet die hellsichtigste, sehr aggressive, oft satirisch-polemische Demaskierung einer bis zum Sinnlosen verfälschten Wirklichkeit — es bedeutet zugleich den Ausdruck, den imaginativen, ethischen und geradezu religiösen Ausdruck der Utopie einer Wiederherstellung des sinnvollen und gemeinsamen Lebens. „Es gibt einen Zustand in der Welt, dessen Anblick uns verstellt ist, den aber die Dinge manches Mal da oder dort freigeben, wenn wir uns selbst in einem auf besondere Art erregten Zustand befinden. Und nur in ihm erblicken wir, daß die Dinge aus Liebe sind. Und nur in ihm erfassen wir auch, was das bedeutet. Und nur er ist dann wirklich, und wir wären dann wahr." Ironie und Utopie — sie sind nur zusammen eine andere Formulierung jener Grundformel für sein Künstlertum, für seine Ästhetik und Ethik, die Robert Musil in „Der Mann ohne Eigenschaften" eingesetzt hat, wenn er von einem Generalsekretariat der Genauigkeit und der Seele sprach. Der Genauigkeit und der Seele — eine Synthese also des Technikers und des Dichters, wenn man diesen beiden Worten ihr volles Gewicht zuerkennt. Robert Musil empfand die gegenwärtige Zeit und Gesellschaft als ein riesiges Experimentierlaboratorium, in dem unerbittlich analysiert, durchdacht und verneint werden mußte, mit wachster Skepsis gegenüber allen sogenannten feststehenden Sätzen und Wahrheiten, in dem aber auch mit der gleichen Energie und Präzision des Denkens nach einem neuen Menschen, einem tieferen Sinn des Daseins gesucht wird. Es ist völlig unsinnig, hier von einem „Nihilismus" zu reden. Denn eben dieses macht sein episches Werk zur Dichtung, daß diese Krisensituation transzendiert wird. Durch die Hellsicht einer Erkenntnis, welche Gedanke, Ironie und Form wurde und durch eine Öffnung zum Imaginären, das in den Bereich der unbegrenzten Möglichkeiten der Träume, der Mystik, der Utopie hinein geleitet. Mit Musils Worten: „Das Mögliche umfaßt jedoch nicht nur die Träume nervenschwacher Personen, sondern auch die noch nicht erwachten Absichten Gottes. Ein mögliches Erlebnis oder eine mögliche Wahrheit sind nicht gleich wirklichem Erlebnis und wirklicher Wahrheit weniger dem Werte des Wirklichseins, sondern sie haben, wenigstens nach Ansicht ihrer Anhänger, etwas sehr Göttliches in sich, ein Feuer, einen Flug, einen Bauwillen und bewußten Utopismus, der die Wirklichkeit nicht scheut, wohl aber als Aufgabe und Erfindung behandelt." Es war die ästhetische und die ethische Überzeugung Robert Musils, daß — es sei mir erlaubt, ihn wiederum selbst sprechen zu lassen — „daß außer der Welt für alle, jener festen, mit dem Verstand erforschbaren und behandelbaren, noch eine zweite, bewegliche, singuläre, visionäre, irrationale, vorhanden ist, die sich mit ihr nur scheinbar deckt, die wir aber nicht, wie die Leute glauben, bloß im Herzen tragen oder im Kopf, sondern die genau so wirklich draußen steht wie die geltende." Er hat von dem „Ingenieurgeist" des gegenwärtigen Künstlers gesprochen. Dies bedeutete: Exaktheit des Beobachtens und der Folgerungen, Distanz der ironischen und satirischen Sachlichkeit, bohrendes Fragen, Schärfe des Geistes, Freiheit zu jedem Experiment, Gründlichkeit und Klarheit, Kritik gerade auch sich selbst, dem eigenen Schaffen gegenüber. Der Dichter war für ihn der geistige Mensch, „der sich von der Welt freihält in jenem guten Sinn, den ein Forscher Tatsachen gegenüber bewahrt, die ihn verführen wollen, voreilig an sie zu glauben." Aber dem steht das andere, in einer beständigen Spannung gegenüber: die Utopie als Experiment des humanen Lebens, als Experiment der Möglichkeiten und selbst des Unmöglichen, als Experiment und Utopie der Liebe und der Seele. Man kann hier in paradoxer Wendung von einem Triumph der exakten Einbildungskraft sprechen. Von einer Prägnanz, die noch das Unsagbare in die Präzision der Sprache übersetzt. Dies bedeutet eine neue, eigene und unverwechselbare Sprache des Dichterischen auf dem Grunde der Disziplin der mathematisch-technischen Logik. Bereits in seinem ersten Roman, den ‚Verwirrungen des Zöglings Torleß", in seinen nicht zahlreichen Novellen und Erzählungen, vor allem aber in „Der Mann ohne Eigenschaften" treibt Robert Musil die Schritte des logisch-analytischen Denkens bis zu ihrer äußersten Grenze. Aber dann macht er nicht an dieser Grenze einen Halt, sondern er überschreitet sie nun, er sprengt sie mit der Freiheit seiner Einbildungskraft, seiner Intuition, seines Gefühls. Man muß dies genau verstehen; die Thematik und die Sprache des Dichterischen ist also nicht an das Vorrationale gefesselt und in seine Gefühle eingeengt, sondern umgekehrt: diese Thematik und diese Sprache durchschreiten zuerst alle Dimensionen des Rationalen, um es dann zu überschreiten. Wiederum wollen wir Robert Musil selbst hören: „Hält man sich hier im Klaren, so verfällt man nicht der Legende von den angeblich großen Gefühlen im Leben, welchen Quell der Erzähler nur zu finden und sein Töpfchen darunter zu stellen hat ... wo uns ein Mensch erschüttert und beeinflußt, geschieht es dadurch, daß sich uns die Gedankengruppen eröffnen, unter denen er seine Erlebnisse zusammenfaßt, und die Gefühle, wie sie in dieser komplizierten wechselwirkenden Synthese eine überraschende Bedeutung gewinnen." Höchste Wachheit und Traumkraft, Analyse und bildnerische Zusammenschau, Ironie und Utopie, Mystik und Mathematik sind derart in Musils Erzählen zu einer sehr spannungsreichen, gewiß nur mit Anstrengungen balancierten Vereinigung gelangt. Es ist jenes „Verwandtsein im Anderssein", das ihm im Persönlichen wie im Geistig-Allgemeinen zum beständigen Problem, zum beständigen Gegenstand geworden ist und das seinem erzählerischen Werk den inneren vielfältigen und paradoxen Ausdrucksreichtum gibt. Es gibt hier keine Grenzen zwischen Logik und Leben, Reflexion und Gefühl, Erkenntnis und Erleben, Geist und Geschehniswelt. Die Kunst setzt die höchste Intelligenz voraus, die sich an der männlich-kühlen und männlich-aggressiven Disziplin der Mathematik und der Technik kontrolliert. Aber — die Kunst ist nicht nur Sprache der Gedanken. Sie bezeugt das Lebendige, das Leben erst, wenn etwas, mit Musils Worten, „das nicht mehr Denken, nicht mehr logisch ist, zu ihm hinzutritt, so daß wir seine Wahrheit fühlen". Dies also war es, was ihn von der Naturwissenschaft, von der Philosophie und Psychologie, von der Mathematik und Technik als Beruf und Denkaufgabe hinweg zu der Dichtung getrieben hat. Es war ein Mehr, ein Plus, das sich nur durch die epische Gestaltung, durch den Roman, durch „das Medium von Vorgängen und Figuren" aussagen ließ. Die Synthese von Logik und Intuition, von Genauigkeit und Seele, um seine eigene Formel zu wiederholen, drängte Musil zur Dichtung. Die Sprache, die er für sein Erzählen sich mit einer außerordentlichen Mühe und Anstrengung, mit immer erneuten Fassungen und Korrekturen seiner Texte erarbeitet hat, konnte das Logisch-Rationale ganz in sich hereinnehmen und blieb doch nicht innerhalb von dessen Grenzen. Denn die Fragen und die Probleme, welche Musil angesichts der Krisensituation der zeitgenössischen Gesellschaft und des zeitgenössischen Bewußtseins geradezu mit Leidenschaft, ja mit Besessenheit, mit der Besessenheit des genialen Menschen in Anspruch genommen haben, ließen sich nicht nur rational beantworten. Weder damals, zu seinen Lebzeiten, noch heute. Das Wesentliche, das Eigentliche ließ sich nicht nur mit dem Denken bewältigen. Dort beginnt die Dichtung, dort beginnt das künstlerische Bilden und Formen. Es beginnt, wo der Gedanke an die ihm

immanente Grenze stößt. Dort beginnen die Rechte, die Notwendigkeiten, die Wirklichkeiten der Kunst. Aber — dies zeigt
uns die ganze Entwicklung und das ganze Werk von Robert
Musil — es ist eine Kunst universaler Art, die Kunst der
exakten Einbildungskraft, jener Synthese von Genauigkeit und
Seele.

„SEINESGLEICHEN GESCHIEHT"

Musil und die moderne Erzähltradition

Wolfgang Rothe

Seinen zahlreich gewordenen Verehrern erscheint Robert Musil heute weitgehend als ein literarischer Einzelgänger, als ein Geist zugleich einsamer Größe wie großer Einsamkeit. Gewiß wird er in die Zusammenhänge der österreichischen Dichtung gerückt; ihn mit Kafka und Broch in einem Atemzug zu nennen, ist fast zur Gewohnheit geworden. Vom Expressionismus hingegen, der maßgeblichen Literaturbewegung während der langen Entstehungszeit des „Mann ohne Eigenschaften I" (1930), grenzt man ihn gerne ab, weil er sich offenbar selber als Kritiker der Expressionisten verstand. Als Beweis hält die Gestalt des Dichters Feuermaul her, eine Satirisierung Werfels, der Gallionsfigur einer ‚O Mensch'-Dichtung. Aber Werfel war nicht schlechthin ‚der' Expressionismus, bestenfalls das Haupt einer seiner diversen Richtungen. Der (oft malgré tout) optimistische, zukunftsfreudige, hymnisch lebensbejahende Teil der Bewegung, für den der Name Werfels, doch auch der Stadlers stehen mag, hatte kaum etwas gemeinsam mit jenem pessimistischen oder gar fatalistischen, der Verfall, Untergang, Tod und Verwesung kündete und sich für uns mit Namen wie Heym, Benn oder Trakl verbindet. Neben den Schwärmern eines schönen Menschglaubens und den Visionären des Untergangs standen zudem — ein drittes Lager — die „Aktivisten", die es auf eine radikale Veränderung von Staat, Gesellschaft und Wirtschaft abgesehen hatten und diesen Wandel mit Hilfe der Ratio, verstanden als „sittlichen Willen" (Hiller), bewerkstelligen wollten; zu ihnen empfand Musil wohl eine gewisse Affinität, jedenfalls bestanden Verbindungsfäden, die einmal genauer erforscht werden sollten. Daß Musil die in sich so vielgestaltige expressionistische Bewegung abgelehnt habe, wie man des öfteren hört, dürfte sich zumindest als Vereinfachung, wenn nicht gar als falsch erweisen. Musil war nicht — in der Weise etwa eines Brecht — ein Überwinder des Expressionismus aus der nachfolgenden Generation. Er war vielmehr ein Generationsgenosse, den man — sicher nicht zufällig und auch nicht

völlig unzutreffend — mit seinem Debüt, dem kleinen „Törleß"-Roman von 1906, zu den Frühexpressionisten zählte. Musil
hat ja überdies hin und wieder an den Zeitschriften jener Jahre
mitgearbeitet, sich also keineswegs polemisch gegen das literarische Leben des Expressionismus abgeschlossen. Er machte dieselben Daseinserfahrungen wie jene in der expressionistischen
Dichterschar, die sich dem hallenden ‚Bruder Mensch'-Pathos
eines Werfel und der (ziemlich unbekümmert egoistischen) Le-
benssteigerung à tout prix Stadlers konträr fühlten. Expressionisten waren sie trotzdem. Das allesbestimmende Existenzerleb-
nis eines Heym, Trakl, Benn, van Hoddis oder Ehrenstein besaß dennoch, paradoxerweise, womöglich mehr Ähnlichkeit mit
voraufgegangenen Strömungen wie Décadence und Neuromantik, ja selbst mit dem Naturalismus, als mit den expressionistischen Brüdern des „Werfelismus".

Musil hat diesen anti-werfelischen Expressionismus bestenfalls erfüllt, indem er ihn vollendete, nicht jedoch in bewußter
Absicht kritisch überwunden. Eine solche Erfüllung — und folglich ein gewisser, wenngleich nur relativer Abschluß — war
bereits 1929 Döblins „Alexanderplatz"-Roman und sollte kurz
nach Erscheinen des „Mann ohne Eigenschaften I" die seit 1928
entstandene „Schlafwandler"-Trilogie Brochs (1931/32) sein.
Erledigt war das gemeinsame Hauptthema des ‚pessimistischen'
Flügels der Bewegung — Vergänglichkeit und Vernichtung —
damit freilich nicht. Schon vor dem Expressionismus aufgeworfen, sollte es diesen überdauern und nach dem Zweiten Weltkrieg in der gesamten europäischen Literatur noch einmal heftig aufleben. So gehört Musil gleichermaßen der expressionistischen Geistesbewegung, die während der Inkubationszeit des
„Mann ohne Eigenschaften" ihre höchsten Wellen schlug, wie
auch einer diese zeitlich übergreifenden Erzähltradition an. Wir
wollen seinen durchaus zeitgemäßen und in keiner Weise singulären Dichtstandort am Beispiel eines einzelnen, aber doch
wichtigen Topos der nachnaturalistischen Literatur, nämlich
„Geschehen", andeuten.[1]

Neu an den literarischen Strömungen, die als Reaktionen auf
den Naturalismus antraten, war unter anderem, daß das „Geschehen" als solches problematisch und somit Thema wird.
„Geschehen" ist jetzt bei Namen genannt, es steigt in den Rang
eines selbständigen Motivs auf, wird eine wiederkehrende Vo-
kabel. Dabei scheint es zunächst nur um denkbar Selbstver-
ständliches zu gehen: daß in einer Geschichte etwas ‚passiert',
daß ein Drama Handlung hat, daß Täter ihre Tat vollbringen,
ein Roman nicht bloß eine lockere Folge von Ereignissen be-

richtet, sondern ein zusammenhängendes Erzählgeschehen besitzt usw. Es klingt also zunächst unverfänglich und harmlos, ja konventionell, wenn nachnaturalistische Schriftsteller „es geschah" sagen. Doch hinter der abgenutzten Wendung, die seit unvordenklichen Zeiten als erzählerisches Vehikel gedient hat, kommt jetzt eine eigentümliche Qualität zum Vorschein: was da geschieht, ist — auch oder sogar in erster Linie — „Geschehen" an sich. Es bedeutet nicht nur etwas, und das heißt: be-deutet ein anderes, vielmehr es meint sich selber und nur sich selber. „Geschehen" wird autonom, avanciert zu einem selbstwertigen Topos, einer festen Größe im Werk.

Kein Wunder, daß solcherart unsymbolisches „Geschehen" geheimnisvoll, rätselhaft dünkt, vom Autor (absichtlich oder nicht) verrätselt. Es erscheint als das große X in der Gleichung des Werkes. Es kommt als ein Unbekanntes daher, das sich schwerlich nach den Regeln der Logik und Kausalität erklären läßt. Dieses „Geschehen" bietet sich dem Leser nicht als bewußte Schöpfung des Menschen dar, es tritt nicht als geplantes Resultat von Handeln, als gewollte Tat ein. Gerade umgekehrt scheint es sich jedem menschlichen Willen zu entziehen und eigenen Gesetzen zu folgen. Der Mensch, ob ein Einzelner oder eine Gemeinschaft, ist sein Opfer, nicht sein Meister. Hier müssen wir einschränkend hinzufügen: Schon der Naturalismus hatte, unter anderen Auspizien, ein derart dem freien Handeln des Menschen entzogenes „Geschehen" gekannt — nämlich immer dort, wo Vererbung, Milieu usw. mit ihren determinierenden Zwängen ins Spiel kamen. Es sei nur an die dramaturgische Funktion von Vererbung und schicksalhafter Anlage bei den deutschen Naturalisten erinnert, an die Bestimmungsgewalt des ‚Milieus' bei französischen und angelsächsischen Autoren. Diese Zwänge konnten bereits uneingeschränkt und uneinschränkbar sein, so daß sich ihnen buchstäblich nichts abhandeln ließ; das erzählerische oder dramatische Geschehen nahm dann den Charakter eines schicksalhaften Ablaufs an. In diesem Moment der Fatalität liegt zumindest eine äußere Analogie zu nachnaturalistischem „Geschehen" — aber eben auch nicht mehr. In Wahrheit handelt es sich um völlig verschiedenartige Zwänge und damit „Geschehens"ursachen: im Naturalismus waren die Natur (im weitesten Sinne) bzw. äußere, oft ökonomische Verhältnisse jene unerbittliche Vernichtungsmacht, jetzt ist es die Menschenordnung, welche das Verderben bewirkt.[2]

Vorexpressionistische Autoren wie die jungen *Hofmannsthal, Rilke* und *Thomas Mann* neigen in frühen Untergangsgeschichten dazu, diese entscheidende Rolle der sozialen Systeme zu verwischen und statt dessen eine individualistische Motivation in den Vordergrund zu rücken. Persönliche Schuld scheint vorzuliegen, etwa in Hofmannsthals „Reitergeschichte" (1899), Rilkes „Turnstunde" (1902) oder Thomas Manns „Tristan" (1903). Den Wachtmeister Lerch reißt offenbar die banale Nostalgie nach einem zivilistischen Faulenzerleben und Gier nach einer zweifelhaften Frau in den Tod, Rilkes Militärzögling Gruber treibt allem Anschein zufolge knäbischen Unsinn, wobei er seine Kräfte überschätzt, Thomas Manns Gabriele Klöterjahn geht wohl an einem musikalischen Exzeß, also einer privaten Obsession zugrunde. Alle drei scheinen einander verwandt in ihrer moralischen Ungefestigtheit, ihrem Leichtsinn, ihren irrationalen Exaltationen, die sie für die Wirklichkeit blind machen. Gegen eine solche moralische Sicht — die des alten bürgerlichen Humanismus und Individualismus — spricht freilich, daß am Beginn ihres Weges in den Untergang stets ein „Geschehen" steht, das über den Willen der Beteiligten hinausreicht.

Hofmannsthal, der Neuromantiker, greift zu dem magischen Gewaltakt des Märchens: Verzauberung, Ver-schwörung. Thomas Mann, der Ironiker, kredenzt gar wie in uralten Zeiten einen „Zaubertrank", bemüht Brunnenrund, Siebenzahl und eine Prinzessin mit güldner Krone. Rilke ist der einzige unter diesen drei Autoren, der auf solche Anleihen verzichtet, die entweder einer gewissen geistigen Hilflosigkeit oder aber — was wahrscheinlicher ist — der Camouflage zugeschrieben werden müssen: die unverhofften Kletterkünste des schlechten Turners Gruber, die dieser allerdings mit dem Tode bezahlt, sind ein „Geschehen", das absolut für sich dasteht, unerklärbar und auch durch keinen Märchenzauber notdürftig plausibel gemacht. Während der expressionistischen Periode und sogar danach treten zumindest noch Anklänge an Motivation und Erzählstruktur des Märchens auf. Musil assoziiert Märchenhaftes schon im Titelmotiv seiner Erzählung „Die Amsel" (1928), dieses reifen Prosawerkes, das die ‚persönliche Gleichung' des Verfassers des „Mann ohne Eigenschaften" in nuce enthält; die Dreiteilung des Erzählgeschehens (richtiger: dreimal wiederholt sich dasselbe „Geschehen"), die Betörung des Azwei durch den Gesang des Vogels, schließlich seine Rückkehr in die frühere Kindexistenz und zu deren Lektüre dürfen als märchennahe gelten. Kafkas (von den drei ‚Romanen' abgesehen) umfangreichste Erzählung, „Die Verwandlung" (entstanden 1913), auch sie für das Verständnis des Autors ein zentraler Text, arbeitet anscheinend ebenfalls mit dem Mittel der Verzauberung, wenn sie einen beliebigen Textilreisenden über Nacht tierische Gestalt annehmen läßt. Döblins Kaufmann Fischer in der „Ermordung einer Butterblume" (entstanden 1904, erschienen 1910) wird verhext, von einem unscheinbaren Unkraut, das er mißachtete und das sich nun durch bösen Zauber rächt. Dennoch haben alle diese mysteriösen Vorgänge mit der alten Märchenromantik im Grunde wenig zu tun. Im Gegenteil, eher ließe sich — und man hat es getan[3] — von „Anti-Märchen" sprechen. Denn während im Märchen der Bannfluch allemal gelöst wird und ein märchen-haftes Happy-end für erlittene Unbill und tapfere Mühen lohnt, läßt sich in den modernen Zauberdichtungen der magische Gewaltakt nicht aufheben: an wem er „geschehen" ist, der ist rettungslos verloren. Der Leser weiß das sofort und mit letzter Gewißheit — im Falle Lerchs, Grubers, der Quasi-Märchenprinzessin Gabriele, des mit Wahnsinn geschlagenen Fischer und eines Gregor Samsa. Kafka war es auch, der in den Schlußworten seiner „Landarzt"-Erzählung die Irreversibilität des verhängnisvollen „Geschehens" mit einer Deutlichkeit, die jeden Zweifel ausschließt, formulierte: „Einmal dem Fehlläuten der Nachtglocke gefolgt — es ist niemals gutzumachen." Eine Erklärung, die gar nichts erklärt, aber das Dunkel offensichtlich auch nicht aufzuhellen trachtet.

Die erwähnten Erzählungen der vorexpressionistischen Hofmannsthal, Rilke und Thomas Mann weisen insofern auf die Dichtung der folgenden Dezennien voraus, als sich hinter allen Märchenklängen die gestörte oder gar zerstörte Menschenordnung (das „Sociale" Hofmannsthals) als die faktische Vernichtungspotenz zumindest ahnen läßt. Kaum zufällig liegen den drei Texten elementare Lebenserfahrungen ihrer Verfasser zugrunde. Hofmannsthals Schilderung der grauenvollen Lemurenwelt des Dorfes und sein Wachtmeister Lerch gehen auf ebenso entsetzliche wie deprimierende Eindrücke seiner Militärzeit 1895/96 in Galizien zurück; möglicherweise ist die „Reitergeschichte" sogar bereits damals entstanden. Als der vierundzwanzigjährige Rilke 1899 ebenfalls die — den Menschen korrumpierende — erstarrte feudale Militärwelt zum Anlaß des „Geschehens" wählte, griff er auf seine Kadettenjahre 1886—91 zurück, die sich in ihm zu einem Trauma verdichtet hatten. Musil, auch er ein Zögling von Mährisch-Weißkirchen (sein „Törleß" spielt dort), hat diese „kakanische" Institution später ungeniert als das „Arschloch des Teufels" tituliert; Rilke nannte seine Leidenszeit in dieser Abrichtungsmaschine noch gegen Ende seines Lebens eine einzige „Fibel des Entsetzens" und ein „undurchdringliches Verhängnis". Thomas Mann, wie immer besser daran als seine schreibenden Zeitgenossen, litt unter dem banausischen Materialismus und der menschlichen Roheit seiner großbürgerlichen Väterwelt vielleicht nicht derart ‚persönlich', wie es die Kakanier Hofmannsthal, Rilke und Musil unter der Zuchtrute des Militarismus der Habsburgermonarchie taten; aber daß die Macht, die Gabriele zerstört, mit der von Klöterjahn verkörperten Welt zu identifizieren sei, steht wohl außer Frage. Die drei Prosastücke schildern Ausbruchsversuche aus den mechanischen Zwängen pervertierter Ordnungen, alle drei sind Fluchtgeschichten. Im Hintergrund steht jedoch jedesmal, gelassen wartend, der Tod. Die zermalmende Übermacht der „falschen Menschengemeinschaft" (Broch) bewirkt den tödlichen Akt des „Geschehens", der ein actum ist, kein actus eines actor. Handlung im alten Sinne gibt es hier nicht.

Was sich im Falle von Hofmannsthals „Märchen der 672. Nacht" nicht sofort erkennen läßt, weil hier der Anschluß an das orientalische Märchen verschleiernd wirkt, muß bei der knapp und nüchtern berichteten, streckenweise zugespitzt realistischen „Reitergeschichte" auffallen: die Aktualität des Sujets. Daß das „Geschehen" in die historische Distanz des Jahres 1848 und nach Italien verlegt ist, daß der Autor sich an ein breites Zeitungspublikum wendet und anscheinend eine frisch-fröhliche Soldatengeschichte, eine Anekdote aus dem abenteuerlichen Reiterleben der alten Armee zum Besten gibt, verhehlt kaum, daß von der Gegenwart die Rede ist. Alewyn, der Hofmannsthal-Kenner, stellt am Ende seiner Ausdeutung[4] Fragen, beinahe ebenso vorsichtig wie Hofmannsthal selber: ob nicht „Haß oder gar Angst" den Offizier zur Exekution des Wachtmeisters trieb, ob die „Brutalität" des Barons nicht „Notwehr" gewesen sei, „das Eingeständnis einer geheimen Schwäche"; der Schwäche — wie wir hinzufügen dürfen — einer feudalen Militärwelt, einer erstarrten Lebensordnung, die auf die „Herausforderung des Chaos", als das sie ihren Untergang rationalisiert, bloß noch mit unmenschlicher Repression zu antworten weiß. Die Geschichte spielt sich, wie Alewyn bemerkte, in Wahrheit zwischen dem Vertreter der Herrschaftsmächte und dem Angehörigen der Unterklasse ab, aber da der Dichter — warum wohl? — die „Geschichte des Rittmeisters" nicht hinzugefügt hat, bleibt seine Absicht und seine Einstellung weithin im Dunkeln. Wenn Alewyns Interpretation mit der Wendung schließt, der „schimpfliche Tod" Lerchs werfe „noch rückwärts den Schatten

einer Frage auf ein Leben der Zucht und des Gehorsams",
dann ist damit sicherlich der — hinter Schleiern[5] der Magie
verborgene — Kern der Novelle angesprochen: eine zum Mechanismus der Subordination entartete Menschengemeinschaft,
eine zum starren, tödlichen System degenerierte Ordnung des
„Socialen". Der altgediente Soldat Lerch, der ebenso aus unbewußten Tiefen handelt wie der ihn liquidierende Offizier, ist
das Opfer einer Selbstentfremdung, und dazu paßt, daß seine
Revolte gar kein vernünftiges Ziel mehr findet; die Flucht aus
der Militärmaschine ins Zivilleben wird von keiner höheren
Vorstellung geleitet als dem trivialen Wunschbild eines Spieß-
bürgers. Wie der in einem langen Militärleben zum unpersönlichen Man gewordene Wachtmeister revoltiert der Rilkesche
Militärschüler mit dem Allerweltsnamen Gruber urplötzlich
und ohne ersichtlichen Anlaß, aus dem „Unwillkürlichen" als
seiner tiefsten Daseinsschicht. Auch diese Auflehnung führt
zwangsläufig in den Tod, der wie in der „Reitergeschichte" zur
kurzlebigen Anekdote absinkt und den Mechanismus nicht
ernstlich in seinem Bestand gefährdet. Grubers Tod ist nicht
mehr als eine unliebsame, von den Systemrepräsentanten als
boshaft empfundene Unterbrechung des Betriebs, hier einer der
Wehrertüchtigung dienenden Turnstunde, er ist ein winziger
Betriebsunfall, über den die Chargen zwar in Zorn geraten,
dann aber doch ohne weiteres zur Tagesordnung übergehen.
Einer aufgezogenen Gliederpuppe gleich marschiert der Ober-
lieutenant — „wie beim Defilieren", d. h. im mechanischen, unpersönlichen Stechschritt — über den Ort des „Geschehens"
und stellt die Ordnung mit den kargen Worten wieder her:
„Euer Kamerad Gruber ist soeben gestorben. Herzschlag. Ab-
marsch!" Die Erzählung schließt mit der sofortigen und voll-
ständigen Rückkehr der Militärschüler aus ihrer Verwandlung
(alle Bewegungen der Turnenden waren „anders" geworden,
„als hätte ein Horchen sich über sie gelegt") in die alte
Stumpfheit und Gemeinheit. Grubers Tod hinterläßt keine
Spur, er ist eine Lappalie, ein folgenloser kleiner Zwischenfall.
Auch Gabriele Klöterjahn wird ja nach ihrem Exzeß, als Tod-
kranke für das System des Sanatoriums Einfried uninteressant
geworden, ohne viel Umstände dem Doktor Müller übergeben,
„dessen bescheidene und ruhmlose Tätigkeit den beinahe Gesunden und den Hoffnungslosen gewidmet war".

In der frühexpressionistischen Dichtung findet dann die
Handlungsunfähigkeit von Menschen, an denen ein „es" sich
vollzieht, ihre reine Phänomenologie. Alle drei Gattungen sind
beteiligt, doch erweist sich die Prosaform als besonders geeig-

net. Gewiß hat Heym auch in berühmten Gedichten, wie „Der Gott der Stadt" und „Die Dämonen der Städte", exemplarisch die Überwältigung des Menschen durch dämonische Gewalten gezeigt, sein hilfloses Zappeln im Griff rätselhafter Feinde, das hektische Aktivität vortäuscht. In Wirklichkeit ist dieser Mensch zu Untätigkeit verurteilt, an ihm wird gehandelt und sein Lebensgehäuse wird schließlich vernichtet. Falk sieht in dieser Vernichtungsmacht des Menschen eigene hybride Schöpferkraft, die sich am Ende gegen ihn gekehrt hat.[6] Ebenso verkünden Trakls Gedichte unablässig das Getrieben-, ja Gestoßensein des Menschen durch ein ungenanntes, unerklärliches „es" (das Überwiegen passivischer Verbformen, die zahllosen Präfixe ‚zer' und ‚ver'). Stramms Lyrik enthält kaum weniger eindrucksvolle Beispiele. In dem Gedicht „Liebeskampf" findet sich der Vers „Geschehn geschieht!", wohl die kürzeste und schlagendste Formulierung des Sachverhalts überhaupt, und das Dramolett, das Stramm während eines Fronturlaubs (einen Monat vor seinem Tode) druckfertig machte, trägt geradezu den Titel „Gescheben". Dennoch haben sich Formgestalt und Aussage wohl am überzeugendsten in der Prosa verbunden. Während in der Lyrik der Frühexpressionisten, vor allem bei Heym, (konventionelle) Form und (neuer) Inhalt nicht immer zur Deckung kommen, hat die Prosa einen Darstellungsstil entwickelt, der den Ablauf von „Geschehen", seinen Prozeßcharakter rein auszuformulieren vermag. Die wenigen kleinen Prosadichtungen Trakls und Stramms sowie Heyms Novellen leiten diese Entwicklung der Prosa im beginnenden 20. Jahrhundert ein. Stramm kippt in dem explosiven Text „Der Letzte" seinen lyrischen Vertikalstil, in dem häufig ein einziges Wort eine Verszeile bildet, in einen Horizontalstil um, der das beklemmend ausweglose Vernichtungs„geschehen" ohne irgendwelche Zäsuren — Absätze, Interpunktion — in rasendem Tempo abrollen läßt. Dabei griff der preußische Hauptmann nicht etwa auf eigene Kriegserlebnisse zurück; der Text entstand im April 1914, nimmt allerdings in nachgerade makabrer Stimmigkeit den Tod seines Autors vorweg, der als letzter Überlebender seiner Kompanie in einem der furchtbaren galizischen Gemetzel fiel. Am unpersönlich gewordenen totalitären Krieg hat jedoch nicht nur Stramm hellsichtig Vernichtungs„geschehen" eines mörderischen Systems begriffen.[7]

Zu den Schlüsselwerken modernen deutschen Erzählens muß vor allem Heyms Novellenbuch „Der Dieb" (1913) gerechnet werden, dessen Geschichten ausnahmslos im letzten Lebensjahr ihres Verfassers, 1911, entstanden. Hier wird die neue Existenzerfahrung, daß der Mensch seines Rechtes auf Selbstbestimmung beraubt, daß er Objekt ist, an dem „Geschehn geschieht", mehrfach abgewandelt. Einzig im Falle einer Erzählung aus der französischen Revolution, „Der fünfte Oktober", gestattete sich Heym einen optimistischen Schluß, der einer Art Ehrenrettung des Menschen als eines Wollenden und Handelnden nahekommt, als eines Täters im Raum der Geschichte, der seine Verurteilung zu bloßem Er-leiden aufhebt, den Bann von sich abschüttelt. Alle übrigen Variationen des Themas reden jedoch vom (buchstäblich) besessenen Menschen, der ein Opfer der ihn besitzenden Mächte darstellt. In „Jonathan" ist es der Schmerz des zerschmetterten Körpers, ein nachgerade satanischer, jedes Maß übersteigender Schmerz: der unvermittelte Ausbruchsversuch des Kranken in das grausige, nicht mehr menschliche Gebrüll stellt das eigentliche novellistische Mittelpunktsereignis dar und kann in Parallele zu den rational unerklärlichen Fluchtakten in den vorexpressionistischen Erzählungen Hofmannsthals, Rilkes und Thomas Manns gesetzt werden. In der Titelnovelle und in dem Prosastück „Der Irre" tritt das Er-leiden als Wahnsinn auf, aus dem es keine Rettung gibt für die mit ihm Geschlagenen. Hinsichtlich der Konzentration auf den Geschehensprozeß bzw. das Prozeßgeschehen läßt sich der „Irre" nur mit Stramms „Letztem" vergleichen; diese Erzählung Heyms gehört mit zum Ungeheuerlichsten und Provozierendsten in der deutschen Literatur unseres Jahrhunderts. Der als scheinbar geheilt aus einer Irrenanstalt Entlassene desavouiert allen menschlichen Willen, hier das Handeln der Heilkunst, indem er innerhalb weniger Stunden zum mehrfachen Mörder wird; doch ein „es", ein „Tier", eine „Hyäne" in ihm begeht die scheußlichen Untaten. Der Irre vermag über die versklavende Herrschaft dieses „es", als er sie begreift, nur hilflos zu weinen, und er wird von ihr erst durch seinen Untergang erlöst, wenn in der Todessekunde sein Herz sich „zitternd in einer unermeßlichen Seligkeit" öffnet. Kampf und Tat des Menschen — dies die Lehre Heyms im „Dieb" — sind nur in ihrer Perversion möglich, als Wahnsinnstat (Raub und Zerstörung eines Kunstwerks) und als selbstmörderischer Kampf (gegen die eigenen Lebensretter). Heym kleidet diese Erkenntnis in der Novelle „Das Schiff" in die historische Form eines Südseeabenteuers à la R. L. Stevenson, damit das „es", welches da geschieht, in einer allegorischen Gestalt auftreten, seine Opfer jagen und schließlich sukzessive töten kann. Hier ist, wie in nicht wenigen anderen Dichtungen der Zeit, wörtlich von diesem „es" die Rede.

Die meisten Erzählungen Heyms, wie auch die Prosatexte Trakls und Stramms, besitzen keinen konkret gezeichneten gesellschaftlichen Hintergrund. Allenfalls im „Fünften Oktober" und in „Jonathan" klingt Gesellschaftskritik an, in der letztgenannten Erzählung als die un-menschliche Ordnung eines Spitals, die dem Titelhelden das rettende Du — eine teilnehmende Patientin, Möglichkeit heilender Liebe — grausam versagt. Bei Trakl scheint es lediglich persönliche, wenngleich verhängte Schuld zu geben, die das „verfluchte Geschlecht" der schuldlos Schuldigen verschlingt: der sexuelle Inzest als Perversion der Geschwisterliebe, die — wie bei Musil — als Modell menschlichen Miteinanders, das ‚Sociale' in reiner Form gilt. Stramms Vernichtungsgeschehen in dem Text „Der Letzte" entfernt sich wohl am weitesten von jeglicher direkter Sozialkritik. Das „Geschehen" ist hier nicht mehr, wie bei Hofmannsthal, Rilke, Thomas Mann und Döblin, in irgendeiner Weise mit einem erstarrten Feudalsystem bzw. einem rohen Autokratismus großbürgerlicher Schattierung verknüpft; die Erzählung erscheint vielmehr reduziert auf den Prozeß selber, „Geschehen" tritt sozusagen in Reinkultur zutage. In dieser Weise ahistorisch und nahezu abstrakt sind auch Kafkas Dichtungen, selbst die ‚Romane' „Der Prozeß" (großenteils 1914/15 geschrieben) und „Das Schloß" leben vor allem vom Thema eines geheimnisvoll ablaufenden, irreversiblen „Geschehens". Und wenn Broch 1918 in „Eine methodologische Novelle", seinem Debüt als Erzähler, mit dem Gymnasialsupplenten Antigonus den prototypischen „Philister" oder „Spießer" einführt, diese stehende Figur seines gesamten späteren Oeuvres, dann hatte er längst klargestellt, daß damit nicht das Bürgertum im Sinne einer geschichtlichen Klasse gemeint ist, wie sie der historisch-dialektische Materialismus oder überhaupt die soziologische Theorie begreift. Musil behauptete viele Jahre später[8], daß er es mit seinem „Mann ohne Eigenschaften" nicht auf „Zeitschilderung" oder „Gesellschaftsschilderung" abgesehen habe, daß er keineswegs „den seit Menschengedenken erwarteten großen österreichischen Roman" schreiben wollte als den längst fälligen Abgesang auf das Zwangssystem der Habsburgermonarchie; zwar sei ihm das Werk, das stets „ein aus der Vergangenheit entwickelter Gegenwartsroman" war, „unter der Hand ein historischer Roman geworden", doch „das unter der Oberfläche Gelegene, was hauptsächlich eins seiner Darstellungsobjekte gewesen ist, braucht noch immer nicht wesentlich tiefer gelegt zu werden".[9] Wer nimmt im Ernst an, daß Döblins „Berlin-Alexanderplatz", die „Geschichte vom Franz Biberkopf", in erster Linie ein Bild der Gesellschaft der zwanziger Jahre malen und Kritik an deren Ordnungen üben will? Selbst für Brochs Trilogie „Die Schlafwandler", deren Teile sogar im Titel Jahreszahlen tragen (1888, 1903, 1918), gilt keine strenge Historizität: die Jahresdaten sind gewissermaßen „methodisch konstruiert"[10] (es liegen jeweils 15 Jahre zwischen ihnen), einzig das Zusammenbruchsjahr 1918 bedeutet historisch etwas. Aber „1918" stellt bei Broch letzten Endes ebenfalls nur ein Zeichen für anderes dar: Selbstentlarvung *jedes* untergangsreifen Systems und dessen versteinerter Träger, eine danse macabre menschlicher Mumien, deren jede ein Ich-Gefängnis, ein verkrustetes Miniatursystem ist.

Kurz gesagt, Gesellschaftskritik im Stil des 19. Jahrhunderts, in der Weise eines Balzac, Dickens, Flaubert, Zola, oder auch noch eines Hofmannsthal, Rilke und Thomas Mann, ist nicht mehr Sache der Erben des Expressionismus, die ausgangs der zwanziger Jahre für einen neuen Gipfel deutscher Prosa sorgen. Die Schriftsteller hatten damals schon erkannt, was die Politiker und selbst die Soziologen erst mit teilweise erheblicher Verspätung zur Kenntnis nehmen werden: daß es seit dem ‚Großen Krieg' primär überhaupt nicht mehr um eine feudale oder bürgerliche Gesellschaft geht, sondern daß der wahre Feind des Menschen die objektiven Strukturen der neuen totalitären — ‚technischen', ‚bürokratischen', ‚wissenschaftlichen' — Welt sind. Ihre Zwänge wirken praktisch unabhängig von sozialen Hierarchien, Wirtschaftssystemen und Regierungsformen, und sie betreffen zudem die Menschen auf *jeder* Stufe der sozialen Leiter. Die Wichtigkeit von Gesellschaft im Sinne klassenmäßiger Verfügungsgewalt über die Machtmittel verblaßt neben der Bedeutung anonymer, undurchschaubarer Zwänge, wie sie in *jeder* durchrationalisierten Daseinsorganisation herrschen. Wir sprechen heute von einer ‚totalitären' Welt — Broch glaubte gegen Ende seines Lebens, daß eines nicht allzu fernen Tages ein „Welttotalitarismus" das kommunistische Rußland wie das kapitalistische Amerika gleichermaßen umfassen würde. Dies erklärt die gelassene Prüfung des Marxismus, seine nur partielle Anerkennung von seiten Kafkas, Döblins, Musils, Brochs und anderer, die nicht auf irgendwelcher Befangenheit herkunftsmäßiger Art beruhte und dementsprechend ideologisch denunziert werden kann. Denn Marx' Analyse des Entfremdungsprozesses war noch immer gültig, dagegen seine zeitbedingte Identifikation desselben mit einer ‚bürgerlichen Gesellschaft' überholt.

Die Rolle des Expressionismus der Heym, Trakl, Stramm in

Hinblick auf die literarische Formulierung dieser Entwicklung zum Totalitarismus besteht darin, den wesentlichen Erzählvorgang auf „Geschehen" an sich zurückgeführt zu haben, auf den puren Akt des Zwanges, der Vernichtung. Diese Autoren enthüllten unsymbolisch, wenn man will: abstrakt die Fremdbestimmung des Menschen in jeglicher totalitären Daseinsorganisation, diese verstanden als ein geschlossenes System von Regeln und Ordnungsgesetzen. Nach der reinen Demonstration von solcherart „Geschehen" war eine Rückkehr zu den Positionen der frühen Hofmannsthal, Rilke und Thomas Mann mit ihren vorsichtig kritischen Fragezeichen kaum mehr möglich. Es wird von nun an um Grundsätzliches gehen, darum, ob die Bewahrung des einzelnen Menschen, der unter dem Gesetz des Systemgeschehens leben muß, möglich ist: die Dichtung nimmt eine anthropologische Wendung zum ‚personalen' Problem, zum Verhältnis zwischen „Ich" und „Du" als der letzten Freistatt des Menschlichen innerhalb geschlossener Systeme. Ob sich gegen die Übermacht anonymen „Geschehens" das „Sociale" als Beziehung an sich ausbilden und halten läßt, ist fortan literarisches Thema. Ein Thema für das Experiment in geistigseelischen Bezirken, wohlgemerkt: Erzählungen wie Kafkas „Die Verwandlung", Benns „Die Insel", Brochs „Eine methodologische Novelle" und Musils „Die Amsel" sind dichterische Beiträge zu der gleichzeitigen neuen „philosophischen Anthropologie".[11] Nach der verschleierten Gesellschaftskritik des fin de siècle und der expressionistischen reinen Phänomenologie des Zwangsaktes werden nunmehr[12] Modellsituationen des Menschlichen entworfen und durchgespielt. Statt unverwechselbarer Charaktere stellt der Autor jetzt ‚methodisch konstruierte' Ich-Figurationen vor: einen Herrn Fischer, einen Gregor Samsa, einen Dr. Rönne, Antigonus und Philaminthe, einen Azwei, einen Mann ohne Eigenschaften und dessen „Zwillingsschwester". Individuen im Sinne des klassischen Humanismus oder eines bürgerlichen Realismus sind sie so wenig wie etwa expressionistische Archetypen.

Neuartig ist ferner das — überraschend gleichartige — Auftauchen eines „religiösen" oder wenigstens metaphysischen Horizontes bei Erzählern wie Döblin, Kafka, Benn, Broch und Musil. Ein Wiedererwachen theologischer Fragestellungen hatte also bereits mitten im Expressionismus stattgefunden, versteckt bei angeblichen Atheisten oder ‚metaphysisch Enttäuschten'[13] (Heym, Benn), eindeutig dagegen bei den vielen Gottsuchern von Barlach an. Insofern verwalten nachexpressionistische Schriftsteller ein Erbe. Aber auch Zeitgenossen des Expressionismus, die man bestenfalls als Randerscheinungen desselben gelten lassen will, verraten in diesem Punkte eine wenigstens partielle Zugehörigkeit zur Generationsbewegung ihrer Jugendjahre. Die Nähe maßgeblicher nachexpressionistischer Erzähler zu dem spezifisch expressionistischen Grunderlebnis des „Geschehens" und eines („religiös" eingekleideten) Ausbruchs aus dem apersonalen geschlossenen System (z. B. des Krieges) wird auch von Musil geteilt.

Das Wesen dieses „Religiösen" ist völlig von seiner Funktion innerhalb der Erzählung bestimmt: dem immanenten, d. h. in sich beschlossenen negativen System von Zwängen, das an keiner Stelle über sich hinausweist, soll durch ein trans-zendierendes, personales Gegen-Geschehen Paroli geboten werden. Dem ‚bösen' anonymen Geschehen des Man wird ein ‚gutes' Du-Geschehen geradezu didaktisch gegenübergestellt. Dieses personale Geschehen findet nicht im Einzel-Ich (etwa Hofmannsthals „Egotisten") statt, vielmehr spielt es sich zwischen „Ich" und „Du", richtiger vielleicht: zwischen Du und Du ab. Ausschlaggebend ist nun, daß solches positiv akzentuierte Gegen-Geschehen nicht bloß diesseitig, systemimmanent begriffen wird — die Ich-Du-Beziehung ist vielmehr transzendent, sprich „religiös" begründet. So befinden sich die genannten Erzähler in auffälliger Übereinstimmung mit dem Personalismus der katholischen wie protestantischen Theologie (Ebner, Gogarten u. a.), der sich etwa zur gleichen Zeit — um 1920 — herausbildet und in Martin Bubers Du-Philosophie („Ich und Du", 1923) eine überkonfessionelle Ausformung finden wird.[14] Bei den Dichtern fehlt allerdings jeder Bezug des religiösen Elements auf einen dogmatisch fixierten, ‚positiven' christlichen Glauben oder gar auf eine einzelne konfessionelle Version desselben. Musil bezeichnete 1936 (in „Theoretisches zu dem Leben eines Dichters") seine Dichtung als „Sinngebung", als „ein religiöses Unterfangen ohne Dogmatik, eine empiristische Religiosität", und er betonte das Un-verbindliche, quasi Kasuistische seines „Religiösen", indem er hinzusetzte: „Eine fallweise." Religion ist nicht der Dichtung vor-gegeben, ein fertiger Bezugsrahmen oder gar — wie im katholischen Integralismus — eine „fertige Weltanschauung", sondern erhebt sich von Fall zu Fall aus einem singulären Leben, und zwar in ebenso wichtigen wie seltenen Augenblicken desselben. Dieses punktuelle Erscheinen des „Religiösen" innerhalb einer an sich areligiösen, ungläubigen, ja — altmodisch gesprochen — atheistischen Existenz ist allen genannten nachexpressionistischen Autoren gemeinsam. Christliche Dichter sind sie mithin keinesfalls —

solche Positivität wird eine weitere Stufe der Entwicklung sein, die sich als Wiedergeburt christlicher Literatur in den dreißiger und vierziger Jahren ja auch einstellen und bis in die fünfziger Jahre hinein auswirken sollte.

Trotzdem wäre es mißverständlich, die Religiosität der expressionistischen und nachexpressionistischen Autoren als „präreligiös"[15] bzw. „parareligiös" zu werten oder gar abzuwerten. Jedenfalls wäre es das für den, der theologische Phänomene grundsätzlich auch außerhalb einer geschichtlichen Religion, deren Heilsanstalten und ihres Dogmengefüges auftreten sieht. Die Rolle des „Religiösen" als einer Gegenkraft zu einem systemimmanenten ‚schlechten' „Geschehen", das einen hohen Grad von Abstraktheit besitzt, schien zu verlangen, daß ein das System transzendierendes ‚gutes' „Geschehen" zunächst ebenso allgemein oder ungeschichtlich in Erscheinung tritt. Die ‚Geschlossenheit' des totalitären Systems wird mit einer ‚Offenheit' zu etwas (negativ formuliert) Systemexmanenten hin beantwortet; der rigorosen Immanenz wird zunächst erst einmal eine ebenso prinzipielle Transzendenz entgegengesetzt, dem ‚Mechanischen' und ‚Automatenhaften' eine subjektive Öffnung und Elevation des Ichs, dem Zwange eine Freiheit, die sich zunächst bewußt vage als unbegrenzte Fülle von „Möglichkeiten" versteht. Dem in sich laufenden Kreis der kausalen Determinationen (aller Rationalismus, jedes naturwissenschaftliche Gesetzesdenken wird da einbegriffen) kann niemand entrinnen — es sei denn, er sprengt diesen wahren Teufelskreis für sich (und ein weiteres Du) auf, indem er entschlossen über die Bannlinie des bösen Zaubers der Zwänge springt. Ein solcher rettender Sprung aus der Heteronomie in eine neue Freiheit, sprich „Erlösung", gelang den Figuren der Erzähler aus der expressionistischen Generation allerdings noch nicht: Kafkas Helden werden nur eines fernen Schimmers des Numinosen, eines schwachen Lichtscheins des göttlichen „Gesetzes" ansichtig, die Modellgestalten Döblins, Benns und Brochs überschreiten die Grenze bloß momentan, und Musils Protagonisten, ein Ulrich, möglicherweise auch ein Azwei, scheitern mit ihrem riskanten Experiment, Abenteurer im Geistig-Seelischen, homines viatores einer neuen, ‚offenen' Religion, oder ins ‚Sociale' gewendet: Sucher nach einem „einfachen, aber gehobenen Beisammensein". Musils Thematik hängt in dieser Hinsicht denkbar eng mit der anderer, etwa gleichaltriger Autoren zusammen.

Verdeutlichen wir das an wenigen Beispielen.

In *Döblins* frühem Prosastück „Die Ermordung einer Butterblume" löst das rätselhafte („böse') „Geschehen" im Walde die typisch expressionistische Wandlung des Durchschnittsbürgers Fischer aus; die zentrale sprachliche Formel „es war etwas geschehen" taucht bezeichnenderweise erst bei der Beschreibung von Fischers neuer Seelenverfassung auf. Er ist von Grund auf verwandelt, der prototypische ‚neue Mensch' des Expressionismus, der den alten Adam — hier den autokratischen Prinzipal und routinierten Geschäftsmann — abgelegt hat. Mit der Aufhebung seines bisherigen fixen Lebens- und Denksystems — die andere, positiv zu wertende Seite seines passiven Erleidens eines ihn hinterrücks überfallenden „etwas" — wird zugleich die Frage der Verantwortung aufgeworfen. „Gewissen", „Schuld", „Sühne" bzw. Buße, die es nun plötzlich für ihn gibt und die ihm zusetzen, sind jedoch religiöse Begriffe. So überschreitet der „ruhige Kaufmann" die Grenzen seines Ichs, dieses geschlossenen Miniatursystems von Endlichkeit, und betritt metaphysisches Feld. Dieses ‚gute' Geschehen stellt sich als eine Art Entfaltung des bislang ans Nur-Irdische Gefesselten dar, als eine Annäherung an „Gott", dessen Name für ihn jetzt erst überhaupt aussprechbar wird. Leiden wird nicht mehr bloß passiv erfahren, als etwas dem Ich Angetanes, vielmehr gewinnt Leiden nunmehr einen sozusagen aktivistischen Sinn als ein bejahter und bejahenswerter Vollzug: es erlangt positive Qualität wie in der christlichen Religion. Der Erzbourgeois gewinnt beinahe apostelhafte Züge, wenn er seinen Angestellten verkündet, daß jeder Mensch „seine eigene Religion" besitzt — „man müsse eine persönliche Stellung zu einem unaussprechlichen Gott einnehmen". Aber dieser Ausbruch aus dem endlichen System eines kapitalistischen Wirtschaftsbürgers bleibt lediglich Episode, ein dem Erweckten wenig angemessenes und daher gewiß einmaliges Abirren vom rechten Wege, der ein von der Konvention bis ins Detail — Kleidung, Gestik, Sprache — vorgeschriebener, festgelegter ist. Herr Fischer steigt aus solchem Abenteuer bei nächstbester passender Gelegenheit und unter selbstverständlichem Gebrauch seiner im bürgerlichen Daseinskampf erprobten Mittel aus, um fortan wieder ganz funktionierender Partikel seines alten Systems zu sein (womit auch sofort seine Bezugnahme auf „Gott" erlischt). Döblin führt das Thema des ‚Socialen' in diese Fluchtgeschichte ein, indem er den apersonalen Zustand des Du-losen Junggesellen von der zwar wahnhaften, aber doch wenigstens quasipersonalen Verfassung des kurzfristig Erweckten scheidet, der mit „Ellen", seinem Opfer, eine innige Lebensgemeinschaft bildet. *Kafkas* Lehre in der Parabel „Die Verwandlung" geht dahin, daß sterben muß, wem das ‚Sociale' aufgekündigt wird. Dieser Autor demonstrierte wohl am reinsten den Beziehungscharakter, Du-Charakter des Menschen, der aus sich und für sich allein nicht existieren kann. Nicht Mißverhältnisse stellt dieser Dichter dar, wie man gemeint hat, also schlechte, doch immerhin durch Reform oder Revolution änderbare Zustände der modernen Welt (Familie, Arbeit) — er führt vielmehr Un-verhältnis schlechthin vor, die große Defizienz der Du-losigkeit, Beziehungslosigkeit. Ob solches Un-verhältnis scheinbar selbstverschuldet ist, wie beispielsweise beim Künstler, der sich der Gemeinschaft entfremdet („Josephine die Sängerin", „Der Hungerkünstler"), oder ob jemand, wie Gregor Samsa oder der Sohn im „Urteil", anscheinend schuldlos des tragenden Beziehungsnetzes beraubt wird, macht dabei keinen Unterschied. Entscheidend ist allein, ob die lebensnotwendige Du-Beziehung vorhanden ist oder nicht. Erzählungen wie „Die Verwandlung" oder „Das Urteil" (wo mit der Verfluchung durch den Vater ebenfalls Du-Verhältnis, ‚Gemeinschaft' aufgekündigt wird), vor allem aber die Romane „Der Prozeß" und „Das Schloß" sollten zunächst nur einmal als fast abstrakte, weil bis auf den thematischen Kern reduzierte dichterische Modelle der neuen Anthropologie des Personalismus gelesen werden. Ein verrätselter Text wie „Die Sorge des Hausvaters" erschließt sich dann sofort: Odradek ist so untragisch, unproblematisch-fröhlich und unzerstörbar, *weil* er kein Mensch ist, vielmehr ein Ding, das der Du-Beziehung nicht bedarf. Odradek hat kein Verhältnis und braucht auch keines — „das Ganze erscheint zwar sinnlos, aber in seiner Art abgeschlossen". Der im ‚schlechten' Sinne verwandelte Gregor Samsa will sich durch (öffnende, trans-zendierende, ‚himmlische') Musik — in charakteristischer Verbindung mit dem geschwisterlichen Du — einen Weg der Befreiung eröffnen, den Zugang zu einem geistigen oder ‚religiösen' Bereich außerhalb des Systems; Odradek, das zwar freie, aber ‚sinnlose', zwar ungebundene, aber dafür verhältnislose Ding, kennt einen derartigen Wunsch nicht. Von daher rührt die Sorge des Hausvaters, die sonst kaum begreifliche, Odradek könnte ihn überleben — die Sorge ist, es vermöchte das unpersönliche Man des Dinges über das im Du sich konstituierende Ich obsiegen. Odradeks Sprachfähigkeit ist auf eine Anzahl stereotyper, formelhafter Floskeln begrenzt; dem „Ungeziefer" Gregor wird weder Sprechenkönnen zugetraut, noch wird seine (An-)Rede verstanden, sie erscheint den ihn Verratenden mißtönend und tierisch, bis er selber in vielsagendes Schweigen versinkt. Auch der theologische Personalismus wird um 1918 von der Sprache ausgehen, wird nicht zuletzt Sprach-theologie sein.

Benn hat 1916 in den Rönne-Novellen ebenfalls das sprach-liche Grundproblem des Personalismus aufgeworfen. Sein Arzt, mit den Worten eines Bennschen Gedichts von 1913 „ein armer Hirnhund, schwer mit Gott behangen"[16], ist ohne jede Hoff-nung auf ein Du. Das Vokabular seiner stummen Selbst-gespräche ist das der ‚verwalteten Welt', ein scheußliches Idiom staatlicher Bürokratie, mit dessen Hilfe er alle Lebensphäno-mene bewältigen, in das feststehende System einstellen will. Eine „neue Syntax" will dieser Solitaire erfinden, er wähnt auch zu wissen warum: „Den Du-Charakter des Grammati-schen auszuschalten, schien ihm ehrlicherweise notwendig, denn die Anrede war mythisch geworden." Rönne, ein Junggeselle wie die Figuren Döblins und Kafkas, hatte bisher als Staats-funktionär „fraglos und gesammelt" existiert. Solcher Zustand des „fraglosen" Funktionierens innerhalb eines gegebenen Be-zugssystems wird „erschüttert", wie es in der Titelnovelle „Ge-hirne" heißt. Unmerklich habe „es" begonnen, ein geheimnis-volles Geschehen; Rönne fühlt sich in seiner kompakten Ich-Geschlossenheit durch „etwas von oben" geschwächt. Die Hirn-maschine, die dieser Wissenschaftler ist, der außerhalb seiner Dienstzeit die materialistische „Weltanschauung" des 19. Jahr-hunderts vollenden will, erfährt einen Einbruch höherer Mächte: „Zerfallen ist die Rinde, die mich trug." (Rinde = Großhirnrinde?) Rönne wird in seinem Selbstverständnis als glatt funktionierender Automat staatlich verordneter Humani-tät nachhaltig irritiert, er kommt ins „Gleiten" — ein Topos, der sich seit Hofmannsthal durchgängig findet und die Auf-lösung verfestigter Ich-Zustände signalisiert. In der Rönne-Novelle „Die Eroberung" schlägt Benn, nur scheinbar ironisch und spielerisch, das Thema der „Gemeinschaft" an, in die der einsame Arzt aufgenommen sein will, ja die er sich erobern will wie Kafkas Landvermesser. Musils „neue Gefühlslehre" ist in der „Insel"-Geschichte Benns bereits andeutungsweise vorweg-genommen: der seit dem Einbruch eines „etwas von oben" ‚er-schütterte' Medizinalbeamte Rönne, welcher schließlich zum „fraglosen" Funktionieren untauglich wird und entlassen wer-den muß, sieht sich auf die Frage einer „neuen Wissenschaft" gestoßen, welche die Gefühle nicht mehr unter die physiologisch, also materiell lokalisierbaren Empfindungen subsumiert; diese Gefühle, unbewiesen und daher dubios für den Wissenschaftler alten Schlages, sollen sogar wichtiger sein als der Verstand, sie werden zum „großen Geheimnis unseres Lebens" erklärt, das nicht meßbar und somit kausal erklärbar sei.

Dem verunsicherten Angehörigen eines staatlichen Humanitätsapparates und Anhänger des rationalistisch-materialistischen „Weltanschauungs"systems läuft in der Erzählung „Die Insel" eine beliebige „Frau" über den Weg. Er will die Unbekannte (sie wird nicht als Individuum sichtbar, bleibt ganz Du-Möglichkeit) für sich erledigen, indem er sie „beformelt", als „einen Haufen sekundärer Geschlechtsmerkmale, anthropoid gruppiert" abtut. Die namen-lose „Frau" erweist sich jedoch als „das Strömende", das den Panzer um Rönne, den verkrusteten Systemmenschen, der in öder Repetition rund 2000 Leichen seziert hatte, „aufzulösen" fähig wäre. Sie ist das fehlende Du, kein bloßes sexuelles Reizpotential, kein purer Auslösungsmechanismus von Empfindungen: „Nie begehrt sie eine Zärtlichkeit, aber wenn man sich ihr nähert, tritt man unter das Dach der Liebe, [...] — welch erschütternde Verwirrung!" Dennoch hat Benns Arzt so wenig wie Döblins Kaufmann den Mut, auf dem gewiesenen Pfad des „Lebens" (hier Gegensatz zu System) ins Offene zu schreiten. Sein alter Adam ist stärker, wehrt sich mit Erfolg gegen den neuen Zustand: nur „einen Augenblick" dauert die „Lockerung", die „Zersprengung" des Ich-Systems, dann springt dem Arzt wieder der „Reifen" um die Stirn. Und bloß allzu rasch versinkt für ihn mit der Frau auch die Frage nach dem „großen Geheimnis" des „Gefühls", nach dem „Unberechenbaren" — der Sonnenuntergang am Ende der Novelle ist ihm nur mehr ein geheimnisloses „Glutwerk berechenbarer Lichtstrahlen".

Benns Rönne-Novellen und B r o c h s „Methodologische Novelle" verbindet mehr als lediglich eine frappierende Übereinstimmung der Sprache, die ein Nebeneinander ist von starrem Amtsdeutsch und gelöster, fast hymnischer Rhythmik in den Elevationspartien, den Passagen des Einbruchs ‚von oben'. Auch bei Broch ein rätselhaftes (negatives) „Geschehen", das eine seelische Entwicklung in Gang bringt, die im momentanen Überschreiten der Systemgrenzen — einem zweiten, positiven „Geschehen" — kulminiert; auch hier, wie bei Döblin und Benn, der rasche und vollständige Rückfall in die frühere triste Existenz. Für Antigonus' „schematische Weibauffassung" ist, wie für Dr. Rönne, die Frau, diese Möglichkeit von Gemeinschaft, Chance der Grenzüberschreitung, anfänglich nichts als ein unpersönliches sexuelles Reizreservoir. Antigonus ist die dichterische Exemplifizierung jenes „Philisters" qua „Realisten reinster Observanz", den Broch 1912 in seiner frühesten Äußerung[17] als einen „Automaten fester Begriffe" definiert hatte, welcher sich ausschließlich „nach rein mechanischen Gesetzen" bewegt und dem jedes Hinauswachsen über seine „Determinanten", jede „ekstasierende" „Ich-Erweiterung" versagt bleiben muß. Antigonus, heißt es 1918, ist „vollständig determiniert von den Dingen einer ebenen Außenwelt, in der kleinbürgerlicher Hausrat und Maxwellsche Theorie einträchtig und paritätisch durcheinanderstehen". Ihm fehlt jeder dringliche Wunsch, seinen Willen auf ein exmanentes Wertziel hinzulenken und so die Grenzen seines Systems hinter bzw. unter sich zu lassen; er ist der Sklave der „schieren Faktizität", ein „Apperzeptionsverweigerer" (wie Broch später formulieren wird), der lediglich das just Gegebene akzeptiert, sich beim ‚fraglos', d. h. sichtbar, handgreiflich Vorhandenen beruhigt: er fühlt sich „unzweideutig der Umwelt gegeben und verknüpft", seine Gedanken bleiben restlos „an das hier und jetzt Gegebene gebunden". Nie stellt Antigonus das ein- für allemal akzeptierte und abgeschlossene System der Wirklichkeitserkenntnis in Frage, niemals übersteigt er es, da er gegenüber der faktischen „Außenwelt" absolut affirmativ bleibt, — in personalem Betracht ein „Ich-Minimum", ja ein „Non-Ich". Der Leser, meint Broch, sei zu der Auffassung berechtigt, die Geschichte könne ebensogut von einem „toten Ding", etwa einer Schaufel, handeln. Dabei ist Antigonus Mathematiker, d. h. Angehöriger jener Disziplin, der Brochs eigene lebenslange geheime Liebe galt. Gerade die Mathematik ist ein klassisches Beispiel einerseits für ‚Geschlossenheit' (es sind bekanntlich beliebig viele, in sich schlüssige und funktionierende mathematische Systeme denkbar), andererseits für ‚Offenheit', Unabgeschlossenheit, Grenzüberschreitungen. An dem irritierenden Phänomen der imaginären Zahlen, die aus dem festen System herausfallen, einen Störcharakter besitzen, hatte schon Musil in den „Verwirrungen des Zöglings Törleß" das Problem der „Unendlichkeit" (als einer Systemüberschreitung) aufgeworfen. Diese übereinstimmende Faszination durch die Mathematik bei Broch und Musil — Broch schrieb 1933 einen Mathematikerroman „Die unbekannte Größe", Ulrichs dritter und wichtigster Versuch, ein „bedeutender Mensch" zu werden, erfolgt auf mathematischem Gelände — ist weder zufällig noch belanglos. Antigonus ist ein Mathematiker mit „abgeschlossenem Wissen", der sich beim einmal Gelernten beruhigt, also nicht weiterfragt, vielmehr die Grenzen des augenblicklichen Wissensstandes ‚fraglos' respektiert: er ist „Realist" bzw. Rationalist, für den es in seiner Wissenschaft „nur Operationsprobleme" gibt,

d. h. technische Anwendungsfragen. Bloßer Systempartikel und als Person ein geschlossenes System im kleinen, ist Antigonus aus demselben Holz geschnitzt wie Döblins Kaufmann Fischer und Benns Arzt Rönne.

Das Gegenbild zu diesem Systemfetischisten stellte für den jungen theoretisierenden Broch des expressionistischen Jahrzehnts der Mystiker vor — Mathematik und Mystik soll auch das große Thema Musils werden. Erstere, die Mathematik, verkörpert auf Grund ihres rationalen Kalküls, ihrer „Rechenhaftigkeit" und Überpersönlichkeit das Funktionelle, Verstandesmäßige, Diesseitige, die Systemimmanenz; letztere, die Mystik, das personale Transzendieren aller Systemgrenzen durch das „Gefühl". Daß hier im 20. Jahrhundert ausgerechnet eine alte mystische, vor allem im ‚Osten' beheimatete Form des „Religiösen" wiedererfteht, ist weniger merkwürdig, als es zunächst den Anschein hat: es geht allen diesen Erzählern ja um die einzelne Seele in ihrer Einsamkeit — qua Abwesenheit des Du — und verborgenen Sehnsucht nach Überwindung ihrer monadischen Existenz, nicht um kirchlich verfestigte Heilswahrheiten theologischer Dogmensysteme. Gefangenschaft des Menschen, der „ins Irdische verkerkert" ist (so Broch später), und seine Befreiung im Aufstieg zu einem Absoluten (Gott, Urgrund, Weltengrund) — dieser dialektische Ansatz aller Mystik entsprach genau dem Lebensgefühl von Autoren an der Schwelle des totalitären Zeitalters. Ihre mühelose, wie selbstverständliche Immunität gegen den politischen Totalitarismus der dreißiger Jahre — von Benns kurzlebigem Irrtum einmal abgesehen — hat zweifellos ihre Wurzel in der frühen Erkenntnis des abgeschlossenen Systemcharakters des Faschismus, dessen Versklavungsmaschinerie sich ja auf eine „fertige Weltanschauung" stützte.

Das ‚böse' Bann-„Geschehen" der „Methodologischen Novelle" — auch hier durch Minimalität und Beliebigkeit charakterisiert — ist wie bei allen bisher betrachteten Erzählungen apersonal, d. h. es kommt von außen, überfällt plötzlich die Protagonisten: Eine ungewollte körperliche Berührung im dunklen Korridor, ein purer Zufall also, löst in Antigonus und Philaminthe den Mechanismus der (in Brochs späterer Terminologie) „nackten Triebbefriedigung" aus. Jahrzehnte danach wird Broch feststellen, daß sich der moderne Mensch „nur noch aus den zufälligsten Anstößen des Tages vorwärtsbewegt".[18] Der (apersonale) Sexualtrieb vertritt hier das sich am Menschen vollziehende „Geschehen", während die (allemal personale) Liebe — wie bei Benn — als „erotische Erschütterung" auf die Möglichkeit einer spontanen Systemtranszendierung verweist. Dazu paßt, daß Antigonus v o r solcher „Erschütterung" nicht verstanden hatte, das Geschlechtliche mit einem konkreten Menschenwesen, einer persona, in Verbindung zu bringen: der Grund für das Junggesellentum des Mathematikers. Bei den Prostituierten, entsinnt sich Antigonus, „geschahn die Dinge mit großer zielbewußter Fixheit", was besagen soll: die geschlechtliche Begegnung ist nicht mehr als ein apersonales, ,objektives' Triebgeschehen, bei dem der Partner als Einzel-Ich gar nicht vorhanden ist. Auch nach der Zufallsbegegnung im Flur, die ja ein bloß physischer Zusammenstoß war, ist für Antigonus die Geliebte noch eine Zeitlang kein Du — sie ist ihm außerhalb der Kopulierung, heißt es, „gleichgültig wie ein Möbelstück". Erst das kitschige Verlangen des kleinbürgerlichen Mädchens nach mehr „Gefühl" führt zu jener Entwicklung der „erotischen Begebenheit", die ein Ringen um ,subjektive', personale „Zweigeschlechtlichkeit" (Benn) oder „Gegengeschlechtlichkeit" (Broch) ist. Dadurch eröffnen sich alsdann jene „atembeklemmenden Möglichkeiten" (nicht nur Musil gebraucht diesen Begriff), um derentwillen die Novelle überhaupt geschrieben, eine modellartige Versuchsanordnung ,methodisch konstruiert' wird. Mit der „Anspannung seiner Gefühle" hat sich dem Helden der „Begriff des Seienden", d. h. dessen, was Wirklichkeit ist, „verschoben": anstelle des „kleinen Wissens" seines Lehrerberufs erhebt jetzt die „unendliche Aufgabe" Philaminthe den Anspruch, sein Ich zu besetzen. Broch introduciert in seine Fluchtgeschichte just hier das Problem des Unendlichen, das demnach unlösbar mit dem Du-Thema verknüpft scheint. Antigonus mobilisiert in diesem Experiment, das ,objektive' „Geschehen" post festum aufzuheben, alle seine Kräfte und richtet sie aus auf ein unsichtbares Ziel im Unendlichen, das Wertziel der Liebe: „denn mehr als ihren [Philaminthes] Körper lieben, hieß nach einem unendlich fernen Punkte streben, und dies zu vollziehen, bedurfte es aller Kräfte der armen, erdgebundenen Seele". Mit der „wirklichen Welt", vertreten durch den apersonalen Sexualtrieb, muß freilich auch die „arme, erdgebundene Seele" selber, der alte Adam, überwunden werden: es geht um die Ablösung des „im Irdischen verkerkerten" Ichs durch ein neues, freies Ich. Der Konflikt zwischen Triebspiel und Liebe, zwischen dem apersonalen ,Objektiven' und dem personalen ,Subjektiven' wird zum dramaturgischen Motor der Erzählung. Solch dialektische Erzählstruktur findet sich bei den anderen Autoren ebenfalls. Es geht immer um den „Weg vom Schäbigen ins Ewige", doch ist dies kein linearer Weg des allmählichen Überganges, sondern einer des plötzlichen kategorialen Umschlags; letzterer ist identisch mit dem positiven, mystischen Geschehen der Ekstase, der ek-stasis als eines Herausstehens des Ichs aus seinem alten Adamsleib.

Brochs Erzählung zeigt insofern nicht nur Ähnlichkeiten der Struktur und des Themas mit Benns „Insel", vielmehr auch verwandte Züge mit Musils zehn Jahre späterer Novelle „Die Amsel". Jene Spracharmut oder gar Sprachlosigkeit beispielsweise, von der anläßlich Kafkas „Verwandlung" die Rede war und von der auch die Helden der Prosastücke Döblins und Benns bedroht sind, kehrt bei Broch und Musil wieder. Antigonus spricht überhaupt kein einziges Wort, Philaminthe wird vom Autor auf ganz wenige Allerweltsstereotypen beschränkt. In allen drei Teilgeschichten der „Amsel" schweigt Azwei in den entscheidenden „Geschehens"augenblicken: als er seine Frau verläßt, als der Fliegerpfeil herabschwirrt, als seine Mutter sich für ihn opfert, und folgerichtig endet die letzte Teilgeschichte im Schweigen dessen, der sich ins vermeintliche Paradies der Kindheit zurückgezogen hat. Von dieser ‚socialen' Rolle der Sprache aus wird erst verständlich, warum in der Rahmenhandlung, dem Besuch von Azwei bei Aeins, über das Erzählen selber reflektiert und das Verhältnis zwischen dem Zuhörer Aeins und dem Erzähler Azwei (das für die drei Geschichten selber ganz irrelevant ist) dargelegt wird. Gerade als hoffe Azwei durch Kommunikation in der Sprache nicht bloß den Sinn der geheimnisvollen Geschehnisse herauszufinden, sondern als wolle er überdies das Schweigen der Kinderstube, aus der er offenbar gerade kommt, brechen, die totale Abgeschiedenheit widerrufen und irgendein — wenn auch noch so hoffnungslos scheinendes — Verhältnis setzen. Sehr ermutigend ist allerdings das äußerst karge, mißtrauische und verständnislose Echo aus dem Munde des Aeins nicht, der für den Leser ein Schemen bleibt, unanschaulich und unpersönlich.

Desgleichen berühren sich Broch und Musil im Thema des Todes, das bei beiden jene romantische Färbung zeigt, die bereits bei Hofmannsthal und Thomas Mann auftrat. Die märchenhafte Nachtigall oder Amsel, die Musils Azwei verzaubert, ist ja ein Todesbote, ein Totenvogel. Bei Broch erfolgt sogar ein expliziter Hinweis auf das „Romantische" im Zusammenhang mit dem Topos des Sterbens. Beide Dichter reihen sich in die deutsche Tradition der Todesmystik ein. Für diese Mystik ist der Tod nicht der große Widersacher, der Feind, er ist auch nicht das schäbige Ende eines Lerch bei Hofmannsthal, eines Josef K. oder Gregor Samsa bei Kafka; vielmehr stellt er ein höchst positives Ereignis dar, er dünkt Azwei „wie ein noch nie erwartetes Glück", ist er doch identisch mit dem Eingehen in Gott, in das Absolute. Er bedeutet das ersehnte Erreichen des Weltengrundes, das frohe Ende des „Weges vom Schäbigen ins Ewige", das jubelnde Anlangen am Ziel, im Offenen, der Gewinn der Freiheit. Statt Abschiedsgedanken nachzuhängen, ist alles in Azwei „in die Zukunft gerichtet". In der mystischen Ekstase wohnt der Tod, weil ja in ihr die Begrenzung durch den Leib, also die Individuation aufgehoben ist und die „Ich-Erweiterung" ihren Höhepunkt und — alles „Non-Ich" umfassend — zugleich ihren triumphalen Abschluß erreicht. Das ‚Sociale' ist allerdings beim mystischen Tod des Einzel-Ichs ausgeschaltet — daher spielt „Einsamkeit" eine derart wichtige Rolle in Brochs „Tod des Vergil". Antigonus und Philaminthe beweisen eine für ihr Einsichtsvermögen erstaunliche Ahnung dieser Zusammenhänge, wenn sie im gemeinsamen Freitod die Schwerkraft der Irdischkeit aufzuheben und das transzendente Wertziel der Liebe zu erjagen hoffen; es handelt sich um das alte Thema des mystischen Liebestods, das ja auch Thomas Mann im „Tristan" persifliert hat: die Zersprengung des Ich-Panzers im Augenblick des Todes soll zugleich die restlose Vereinigung mit einem Du ermöglichen. In der Ekstase der Leiber wird ein Verschmelzen der Seelen erhofft, und in ihm wiederum die mystische Hochzeit mit dem Absoluten: „um in ihr [der Ekstase] den unendlich fernen Punkt eines außerhalb der Leiblichkeit und doch in ihr eingeschlossenen Liebeszieles zu finden". So Broch, der auch von der „Grenzenlosigkeit ihres wachsenden und erkennenden Fühlens" spricht, — eine Formulierung, die ebenso im Zweiten Buch des „Mann ohne Eigenschaften" stehen, Ulrich und Agathe gelten könnte.

Broch und Musil verbindet darüber hinaus die Einsicht in die Zweideutigkeit solchen Absolutheitsdranges, ja in das Dubiose aller Entrückungszustände. Wie Broch Antigonus und Philaminthe an einem Waldplatz mit „schöner Fernsicht" aus den schwindelnden Höhen ihres „Gefühls" in die Regionen plattester Spießbürgerlichkeit zurückstürzen läßt, so scheitert auch das mystische Experiment Ulrichs und Agathes, die ebenfalls aus dem Bezirk der Gesellschaft in ein arkadisches Idyll geflüchtet sind. Broch wie Musil sind K r i t i k e r ihrer Liebespaare, die das Absolute, Unendliche bereits im Irdischen, Endlichen zu realisieren unternehmen. Die Endstation von Ulrichs und Agathes großem Wagnis einer „neuen Gefühlslehre", ihrer „Reise ins Paradies", heißt Sexualität, Überdruß und Trennung. Im Hintergrund wartet bereits — zumindest als Möglichkeit — der ‚schäbige' Tod Ulrichs im Krieg, während Agathe dem Auge des Lesers in gänzliche Nichtigkeit und Banalität entschwindet (sie wird in Galizien „Verhältnisse" haben statt Verhältnis). Ein ‚schäbiges' Ende finden auch Antigonus und Philaminthe, die Broch in seinem letzten Werk, „Die Schuldlosen" (1949), als sinistre Sadomasochisten (Zacharias und Philippine) wiederkehren läßt. Der Mißbrauch des Absoluten zur Beseitigung privater Misere — auch Ulrich befindet sich ja in einer fundamentalen Lebenskrise — verfällt der Satire: es lebt der gleiche Geist der Kritik in Döblin, Kafka, Benn wie in Broch und Musil.

So wenig Musil mit seinem Ulrich schlichtweg identifiziert werden darf, so kurzschlüssig ist zweifellos eine simpel positive Wertung des dreifachen „Geschehens" in der Novelle „Die Amsel", wie sie etwa Benno von Wiese[19] vornimmt. Es stellt ein naives Mißverständnis dar, das Befolgen des Amselrufes in der ersten Teilgeschichte ohne Einschränkung mit einem positiven Vorzeichen zu versehen und undialektisch als „Aufbruch zu den Ursprüngen" zu begreifen. Denn Azwei gibt ja schließlich mit dem Verlassen der „Frau", die er — wie es ausdrücklich heißt — bis zuletzt über alles liebte, seine einzige tragfähige Du-Beziehung auf. Nicht unter dem Blickwinkel bürgerlicher Moral wäre mithin diese Untreue, dieses anscheinend unmotivierte Verhalten in Frage zu stellen, sondern als ein dem Du wie dem eigenen Ich angetanes Verbrechen, als Selbstverstümmelung. Azwei hat ja auch, als er den rätselhaften Tönen folgt, das Gefühl, mit der Frau ein Sicheres, Tragendes aufzugeben und auf dem Meer des Lebens als „das kleine verlassene Boot in der Einsamkeit" zurückzubleiben. Der Akt des Aufbruchs ist durchaus doppelwertig, ja paradox — er ist ein Aufbruch ins ‚Leben' (verstanden als die Fülle der Möglichkeiten) und zugleich ein Aufbruch zum Tode. Man braucht nicht auf Musils eigene Biographie zu verweisen, die keinerlei Vorbild für Azweis Untreue enthält, um das große Fragezeichen zu entdecken: weder konnte für Musil das feste, sichere Ruhen in einer Du-Beziehung, wie sie Azwei besaß, ein Negativum sein, noch der Weg aus der Ehe eo ipso ein Heilsweg. Und schon gar nicht verrät sich ein Akt der Selbstbestimmung in diesem Vorgang: Azwei verläßt seine Frau ja nicht aus freien Stücken, im Akt einer freien Entscheidung eines autonomen Ichs, sondern in geheimnisvoller Verzauberung, in einem „zauberhaften Zustand". Er wird mehr von seinem nächtlichen Lager neben der Frau gezogen, als daß er sich von ihm aus eigenem Entschluß erhebt. Freilich verläßt Azwei daneben — und dies allenfalls ließe sich ohne Vorbehalt positiv werten — die Mietskaserne, d. h. das vorgeplante, genormte Dasein in einer großstädtischen Wohnmaschine, wo die Menschen übereinander gestapelt sind wie „Brötchen in einem Automatenbüfett", also Leben zu schematisierten Lebensvollzügen abgesunken ist. Aber abgesehen davon, daß er in diesem „Geist der Massenhaftigkeit und Öde", dem Aeins ja bisher nicht entflohen ist, „etwas Großartiges" zu sehen vermag, daß er ausgerechnet in eine solche Wohnmaschine zurückkehrt und hier eine Sinngebung des ihm Widerfahrenen erhofft, — nirgends deutet Musil an, daß die Flucht aus solchen Zwängen des ‚Automatenhaften' notwendigerweise das Verlassen der „Frau" (als des Du) mit einschließt. Weit eher scheint es böser Zauber, daß ihm die Frau (sie ist wie bei Benn und Broch nur die Möglichkeit von Du und nicht scharfumrissenes Individuum) urplötzlich „ganz fremd", daß sie für immer ihm „unberührbar" geworden war. Solches Tabu — wie jede Tabuierung ein magischer Gewaltakt — bekommt überhaupt nur irgendeinen Sinn, wenn man es als Entzug, als ‚böse' Deprivation versteht, kurz, als Unglück, das Azwei zustößt. Als Aufkündigung eines Du-Verhältnisses zieht dieses Tabu eine Defizienz, einen lebensgefährlichen Mangel nach sich und nicht etwa einen Gewinn. Es ist die Tragik eines so Verlockten, Weggelockten, daß er das „Glück" seiner (nur augenblicksweisen) mystischen Elevationen bezahlt mit einer (lebenslangen) A-sozialität, so daß er am Ende der Novelle als der Einsame dasteht, der sich seit Jahren mit niemandem ausgesprochen hat, der sich selber „unheimlich", gespenstisch wäre, wenn er das ihm Geschehene als Monolog zur Sprache brächte, und der daher aus dem Scheinparadies der infantilen Regression flüchtet, um fortan — Erbe des Expressionismus! — als homo viator durch die Welt zu ziehen, wobei der Leser Zeuge einer dieser Stationen — vielleicht der ersten — wird. Aus der einsamen Kinderstube, Ort der Abscheidung, die mit dem Stigma der A-sozialität behaftet ist, flieht Azwei ja schließlich in die Welt und damit zu den Menschen, w e i l er die Rätsel des ihm Angetanen in seinem Idyll mit der verstorbenen Mutter, dieser Scheingemeinschaft, nicht zu lösen vermag.

War das Verlassen der Frau kaum schlichtweg ein „Aufbruch zu den Ursprüngen", so findet Azwei in der gesellschaftlichen Quarantäne seiner Kinderstube gewiß nicht zu den „eigentlichen Ursprüngen des Lebens"[20] zurück. Es läßt aufhorchen, daß Azwei die Amsel, den Himmelsvogel, in einem Käfig gefangenhält, daß er ihr nicht, wie in der ersten Teilgeschichte, die Möglichkeit des Davonfliegens gewährt, daß er sich des „Zeichens" für immer versichern möchte, das „Signal" ‚von oben' permanent ‚besitzen' will. („Besitz" war ein Fluchwort des religiösen Expressionismus seit dem frühen Barlach und bis zum Erben Broch.) Wer, wie Wiese, den Besitz der Amsel als „endgültige Anerkennung der metaphysisch-religiösen Wirklichkeit" versteht, unterstellt einen glücklichen Ausgang der Novelle. Aber happy ending paßt generell zu Musil schlecht. Nicht umsonst trägt das Zweite Buch des „Mann ohne Eigenschaften" neben seinem Titel „Ins Tausendjährige Reich", der im Leser recht eindeutige Assoziationen weckt, in Klammern gesetzt einen Alternativ- oder Untertitel, auf den der Autor offenbar nicht verzichten wollte oder konnte: „Die Verbrecher". Verbrecherisch ist für Musil jegliche Flucht in einen ahistorischen, außergesellschaftlichen Bereich des Idylls, jede „Reise ins Paradies" (auch wenn sie von zwei Egotisten unternommen wird). Der a-soziale Azwei ist in diesem Betracht kein ‚Schuldloser', wenn auch nur schuldlos schuldig, da ihm ja etwas ‚geschah'. In Azweis weiterem Leben „eine Art Antwort" (d. h. positive Korrektur) auf die „Herausforderungen Gottes" in der Knabenzeit und eine Revision des philosophischen Materialismus der Studentenjahre zu sehen, heißt Musil theologisch inadäquat interpretieren: jene „Herausforderungen" waren wohl keine atheistischen Verhöhnungen, sondern echte Pro-vokationen, Herausrufungen, die in dem (vielleicht noch unbewußten) Wunsch nach einem Selbstbeweis Gottes wurzelten, in der Sehnsucht nach einem „Signal", einem „Zeichen" ‚von oben'. Azweis Leben nahm ja keinen günstigen Verlauf und es gelangt nicht, in der zweifelhaften Reprise eines Glücks der Kindheit, zu höchster und endgültiger Erfüllung — dieses Leben nahm weit eher einen Weg nach unten, dem Scheitern zu, und Azweis Aufbruch in die Welt stellt einen (letzten?) Rettungsversuch vor, dessen Resultat uns Musil vorenthält. Es ist die Flucht eines offenkundig Verzweifelten (hofft er denn wirklich bei Aeins die ersehnte „Sinngebung" zu finden?) aus der Scheinfreiheit der Bindungslosigkeit in die positive Gebundenheit des Verhältnisses, aus den von Haus aus un-bestimmten und daher un-wertigen „Möglichkeiten" in die Wirklichkeit. Diese ist freilich nicht mit der „schieren Faktizität" (Broch), mit dem just Gegebenen, dem augenblicklichen Weltzustand gleichzusetzen. Es wird zum Lebensthema Musils und auch Brochs werden, herauszufinden, was die wahre Wirklichkeit ist.

Kehren wir zurück zum Topos des „Geschehens". Es war von der anthropologischen oder personalistischen Wendung die Rede, die dieses Motiv in den betrachteten Prosatexten nahm. Mit dieser Wendung schien die Chance einer Befreiung der jeweiligen Protagonisten aus Systemimmanenz und Zwanghaftigkeit gegeben. Bei Döblin löst das zunächst passiv erlittene und als feindlich empfundene „Geschehen" eine Verwandlung des Helden aus, die es ihm erst überhaupt ermöglicht, sittliche Grundphänomene wie Verantwortung, Schuld, Gewissen wahrzunehmen. In den Augen seiner Umwelt, die er damit verläßt, ist der Verwandelte freilich ein Narr, ein vom Wahnsinn Geschlagener, und das „Geschehen" lediglich Ausbruch einer Geisteskrankheit, die voraufgehende kurzfristige seelische Auflockerung ein wohlbekanntes psychiatrisches Faktum; Döblins Erzählung konnte so als „psychiatrische Studie" klassifiziert werden.[21] Bei Kafka pro-voziert das „Geschehen" der Verwandlung in Gregor Samsa, parallel zu seinem physischen Niedergang, eine — wenngleich nur als Möglichkeit angedeutete — geistig-seelische Aufwärtsentwicklung. Benns Dr. Rönne erlebt die Erschütterung seines geschlossenen Ich-Systems durch einen Einbruch ‚von oben' anfangs durchaus als feindlich, aber er gewinnt auf diese Weise die Chance eines Du-Erlebnisses (die er allerdings schlecht nutzt). Ebenso bewirkt in Brochs „Methodologischer Novelle" das geringfügige „Geschehen" — ein Überfall des Sexualtriebes — jene verheißungsvolle Entwicklung, die bis zur unio mystica mit einem Du in einem göttlichen Urgrund und damit zur Erlösung vom starren Ich-System führen könnte, unter der Bedingung allerdings, daß es sich um weniger mediokre Geschöpfe handeln würde, als die „Realisten" Antigonus und Philaminthe sind; der Erzähler muß es daher beim bloßen experimentellen Aufweis der Möglichkeit einer Überwindung des ‚schlechten' „Geschehens" durch ein zweites, mystisches, personales belassen. In allen vier Beispielen tritt „Geschehen" sozusagen schlag-artig auf, es springt die Betroffenen von hinten an (wie bei Döblin nachzulesen); das Novum gegenüber den vor- und frühexpressionistischen (gesellschaftskritischen und phänomenologischen) Beispielen ist, daß ausgerechnet das Verhängnis die Chance einer Errettung aus der Welt des „es" oder „man" eröffnet.

Musil geht in der Novelle „Die Amsel" noch einen Schritt weiter, indem er das ‚objektive' Geschehen mit dem ‚subjektiven' zusammenfallen läßt. Das „Ereignis" kommt premier vu nach wie vor von außen, tritt noch immer als anscheinend unerklärlicher Zauber auf und versucht sein Opfer wie eh und je ins Verderben zu locken: der Gesang der Amsel ist ein Lockruf des Todes. In Wahrheit wird Azwei jedoch gar nicht unversehens und hinterrücks angefallen — es geschieht nichts an ihm, wozu er nicht von sich aus schon längst bereit wäre. In der ersten Teilgeschichte ist Azwei auf den Ruf der Amsel vorbereitet, seitdem ihm das „Geheimnis" aufgegangen war, welches in dem elterlichen Geschenk des Lebens liegt; oder anders ausgedrückt, seitdem er die Kindesschuld begriffen hat. Er besitzt damit die innere Voraussetzung zum Empfang der Botschaft, ja es ließe sich nunmehr sogar fragen, ob der geheimnisvolle Zustand, in dem er sich während jener Nacht befindet, das „Zeichen" nicht herbeilockt oder gar herbeizwingt, ob es nicht ebensosehr s e i n Werk ist wie ein Bote des Absoluten. Extrem formuliert, ob die Amsel eine Herausstellung aus seiner Seele ist, ein „Zeichen" von deren Sehnsucht ins Un-begrenzte, das Freiheit und Tod zugleich bedeutet. Dafür spricht, daß Musil vorweg den „zauberhaften Zustand" Azweis schildert, der an den „anderen Zustand" im „Mann ohne Eigenschaften" erinnert, ferner, daß Azwei in diesem „Zustand" bereit ist, an das „Übernatürliche" zu glauben, und des weiteren, daß er hellwach ist und sich zu fragen vermag: „Weshalb sollte nicht jetzt geschehen, was sonst nie geschieht?" In diesem Zustand einer „taghellen Mystik", wie es im Roman heißen wird, vermag er nach dem geheimnisvollen „Geschehen" zu fragen, wenngleich er bis zuletzt nicht weiß, w a s nun eigentlich geschah, so daß er noch als Erzähler viele Jahre später diese Geschichte als unabgeschlossen, und mit ungewissem Ende, bezeichnen muß: er kann nicht mehr als die Vermutung äußern, daß ihn ein „Signal" traf. Dabei besaß er in jener mystischen Stunde eine recht klare Empfindung seiner selbst, nachdem die Töne ihn „erweckt" hatten: er lag im Bett wie auf einer „Grabplatte" (das Todesmotiv), von einem „etwas" gleichsam „umgestülpt", eine Art Negativform seines üblichen physischen Zustandes. So fühlte er sich auch nicht mehr als ein isolierter, umgrenzter Körper im Raum, vielmehr aus demselben Stoff wie dieser Raum selber; er hat die Grenzen seines Körpers überschritten, ragt in den Raum hinaus (Ek-stasis), ja verschmilzt mit diesem zu einem homogenen Kontinuum.

In der zweiten Teilgeschichte, die im Ersten Weltkrieg an der österreichisch-italienischen Front spielt, wo der hochdekorierte Offizier Musil diente, trifft das mysteriöse Fliegerpfeil-„Geschehen" gleichfalls nicht einen unvorbereiteten Azwei; im Gegenteil hielt dieser es in der letzten Nacht „vor Glück und

Sehnsucht" nicht mehr aus, er verließ — sicherlich unter Verletzung militärischer Sicherheitsvorschriften — den schützenden Graben und begab sich somit in erhöhte Lebensgefahr, ja er wurde ein Teil des Todes selber, er fühlte sich „wie eine kleine braungrüne Feder im Gefieder des ruhig sitzenden, scharfschnäbeligen Vogels Tod, der so zauberisch bunt und schwarz ist, wie du es nicht gesehen hast". Die Identifikation mit diesem märchenhaft „zauberischen" Todesvogel ist keine mit jenem schäbigen Soldatentod, der einen „festen Wochendurchschnitt" an Opfern heischt und mit dem die Dirigenten der Kriegsmaschine „unpersönlich" rechnen, ein Tod, gegen den der Einzelne nach den Gesetzen der Wahrscheinlichkeitsrechnung, d. h. als bloße statistische Größe, versichert ist, buchstäblich ver-sichert, also nicht gesichert. Der mystische Tod, die Auslöschung im ekstatischen Entrückungszustand ist demgegenüber ein streng personales und positives Geschehen, ein nur Azwei betreffender und von ihm auch bejahter Tod — keine Vernichtung als abstraktnumerische Größe im automatenhaften Kriegsgeschehen. So vernimmt zunächst nur Azwei den sich ,von oben' nähernden Ton, der, wie er sofort weiß, „das Geschehen" vorstellt, welches für ihn allein bestimmt ist, eine Sphärenmusik, die als ein „leises Klingen" und als ein „feiner Gesang" beschrieben wird. In der Sprache der Tageswirklichkeit ausgedrückt ist dieser Ton lediglich das Geräusch, welches das aus einem feindlichen Flugzeug geschleuderte tödliche Geschoß begleitet; für Azwei hingegen handelt es sich um das Tönen jener rätselhaften Macht ,von oben', die ihn vor dem jämmerlichen Kriegstod errettet, indem sie seinen Leib aus der Geschoßbahn reißt und in der ek-statisch verrenkten Stellung eines Verzückten, an dem göttliche Kräfte gehandelt haben, erstarren läßt: „Er, es war da." Die Ankunft des Numinosen, seine Epiphanie hat Azwei in einen Trancezustand, einen „Rausch" versetzt, wie man ihn aus der Geschichte der Religionen zur Genüge kennt. Das Geschehen — das „es" — ist hier ununterscheidbar zugleich drohende Vernichtung wie Rettung vor dieser; ein „heißes Dankgefühl" überströmt ja auch den solchermaßen Erretteten. „Wenn einer da gesagt hätte, Gott sei in meinen Leib gefahren, ich hätte nicht gelacht. Ich hätte es aber auch nicht geglaubt. Nicht einmal, daß ich einen Splitter von ihm davontrug, hätte ich geglaubt. Und trotzdem, jedesmal, wenn ich mich daran erinnere, möchte ich etwas von dieser Art noch einmal deutlicher erleben."

Die dritte Teilgeschichte zeigt den gläubigen Skeptiker Azwei wiederum in einer prekären Lebenslage. Die neue Dogmatik des Sowjetstaates, wo er, wohl in der Hoffnung auf ein Reich der Freiheit, einige Jahre gelebt hatte, also die Verfestigung der Revolution zu einem neuen geschlossenen System hatte ihn ins entgegengesetzte Lager gespült, „wo der Individualismus gerade in der Inflationsblüte stand", d. h. wo der gemeinschaftslose Egotismus der Jahre um 1923 triumphierte. In diesem Bürgerkrieg der unverhüllten Ich-Triebe reüssiert Azwei wohl deshalb nicht recht, weil er sich ihm nicht mit Haut und Haar verschreibt, weil er die Gesetze des Dschungels nicht bedingungslos befolgt. Diese gesellschaftliche Identifikationskrise, hervorgerufen durch die Beseitigung des Ichs im Osten wie durch den Mangel des ‚Socialen' im Westen, hat gewissermaßen das seelische Erdreich Azweis aufgelockert. Defizienz hier wie dort hat ihn präpariert für das „durchaus Sonderbare", das weit entfernt von ihm vor sich geht — ein „Ereignis", von dem es lapidar heißt, daß es „eben" eintrat: Erkrankung und Tod der Mutter. Beide waren kein bewußt vollzogenes Opfer zugunsten des Sohnes, dem in seiner Notlage ein Erbe zukommen soll, vielmehr stieg diese tödliche Krankheit wie eine Lähmung aus dem tiefsten Innern des Körpers auf, gegen die sich dieser bis zuletzt mit dem Lebenswillen alles Organischen wehrt: es ist eine unerklärliche Macht, welche die physische Maschine des Leibes zum Stillstand bringt. Rätselhaft genug ist die Wirkung dieses „Geschehens". Nicht nur, daß Azweis Vater von der Mutter in den Tod „mitgenommen" wird, auch den in erheblicher geographischer Entfernung lebenden Sohn verändert allein schon die bloße Nachricht von der Erkrankung — eine Botschaft — völlig; die „Härte" um ihn schmilzt, der Panzer seines Ich-Systems birst. War ihm schon zuvor das mütterliche Festhalten an seinem Kindzustand, obendrein an einem irrealen, bloß eingebildeten, als „wunderbar" erschienen, so taucht er nach dem Tode der Mutter gänzlich in die „Zauberwelt" der Kindheit zurück; als Kind ist der Mensch am wenigsten „gesichert", festgelegt, stattdessen offen und voller Möglichkeiten, besonders gefährdet und vom Tod bedroht, doch zugleich am zukunftsreichsten. Musil verlangt viel von dem guten Willen seines Lesers, wenn er die verstorbene Mutter als Amsel wiederkehren läßt, deren „wunderbarer, herrlicher Gesang" dem in der ersten Teilgeschichte gleicht, ja wenn er die Amsel sprechen und sich als die Mutter zu erkennen geben läßt, und diese Märchensprache Azwei „überaus glücklich" macht. Das Leben Azweis in seinem ehemaligen Kinderzimmer mit der Amsel im Käfig und den Kinderbüchern (Märchenbücher?) ist wiederum ein mystischer Entrückungszustand. Nur daß diesmal, wie erwähnt, Azwei den Versuch unternimmt, ein bisher lediglich momentanes, punktuelles Transzendierungserlebnis Dauer werden zu lassen. Hätte die Ek-stasis, die Erhebung der ersten Teilgeschichte angehalten, wäre es nie zu einem zweiten „Rausch" der Vereinigung mit dem Absoluten gekommen, der seinerseits ihn nur kurz aus dem Vernichtungsgeschehen des Kriegssystems herausreißt oder — mit J. R. Becher zu sprechen — „aufreißt", wohingegen er für die Kameraden zweifellos nicht mehr als eine bald vergessene Kriegsepisode abgibt.

Der Azwei der Rahmenhandlung ist einer, der Gewißheit über den Wahrheitsgehalt seiner drei Geschichten zu erlangen trachtet, der sich auf der Suche nach dem „Sinn" des „Geschehens" befindet. Auf die Frage des Aeins, ob ein gemeinsamer Sinn aller drei Geschichten anzunehmen sei, kann er nur erwidern: „es hat sich eben alles so ereignet". Hier erscheint dasselbe lapidare, achselzuckende „eben", dem der Leser dieser Novelle schon einmal begegnet ist, und das gleicherweise bei Broch im Resümee des ersten Romans der „Schlafwandler"-Trilogie, „Pasenow oder die Romantik" (geschrieben im Veröffentlichungsjahr der „Amsel", 1928), vorkommt, um den Sieg des Triebmechanismus über den nur zu kurzbemessenen Aufschwung der „armen, erdgebundenen Seele" zu verkünden: „Es geschah eben."

Innerhalb Musils Oeuvre kommt der „Amsel"-Novelle — übrigens geht eine Vorform der mittleren Teilgeschichte vermutlich in die Kriegsjahre 1915/16 zurück, ein Tagebucheintrag schlägt das Nachtigall-Amsel-Motiv sogar schon 1914 an — der Rang eines exemplarischen Textes zu, in der wohl wesentliche Überzeugungen ihres Autors mitgeteilt werden. Ulrich, der „Mann ohne Eigenschaften", ist mit einigen Grundzügen in Azwei präfiguriert, jedenfalls was seine Schwierigkeiten mit der Umwelt — dem „kakanischen" System — und was seine Fluchtneigungen angeht. Der Topos des „Geschehens" selber hat in dem großen Roman keine Entwicklung über seine Gestalt in der „Amsel" hinaus gefunden. Im Gegenteil scheint Musil im Ersten Buch eher auf die älteren Erscheinungsformen des Motivs zurückzugehen: sowohl auf die vorexpressionistisch gesellschaftskritische wie auch auf die expressionistisch phänomenologische. Denn in „Kakanien" ist — der Name sagt es ja bereits — die Donaumonarchie der Habsburger zumindest mitgemeint, wenn auch „Kakanien" ein übergeschichtliches Beispiel von System überhaupt sein soll. Der Kriegsausbruch 1914, mit dem der Roman schließt, ist einerseits ein Datum im Geschichtskalender, das den bevorstehenden äußeren Zusammenbruch des historischen Staatsgebildes ankündigt, andrerseits jedoch in ebensolchem Maße Endpunkt des Romangeschehens, das man so abstrahiert und ‚rein‘ literarisch nehmen muß wie bei einem Heym, Trakl oder Stramm. Der Zweite Teil des Ersten Buches ist weitgehend Phänomenologie von „Geschehen", in dessen Ablauf ein Individuum — Ulrich — nicht handelnd und verändernd einzugreifen vermag. Das wird besonders deutlich auf jener Sitzung der Parallelaktion, die noch einmal alle Vorschläge für einen Inhalt der Aktion durchmustert. Graf Leinsdorf, das fleischgewordene System, weist stereotyp j e d e Anregung zu konkretem Handeln mit dem Hinweis auf einen, jeweils anderen, widersprechenden Teil des Systems zurück — „wie ein Pendel, das jedesmal eine andere Lage hat und immer wieder den gleichen Weg zurücklegt". Leinsdorfs „Kämpferwille" weiß nur eines: „Es muß etwas geschehn!" Die berühmte Stelle besitzt einen Doppelsinn, in dem sich Musils Satire unübertrefflich ausdrückt. Der Sprechende meint, daß gehandelt werden sollte, während die Sprache prophetisch enthüllt, daß das „Geschehen" (hier der Krieg) eintreten wird, egal ob die Parallelaktionäre nun (in ihrem Wortverstand) aktiv werden oder nicht. Das Wörtchen „muß" enthält sowohl das prätendierte Sollen wie den unentrinnbaren Zwang: es sollte etwas geschehen, meint Leinsdorf, es wird nolens volens etwas geschehen, meint Musil. Als jemand das Diktum als eine Entscheidung, einen gefaßten Entschluß mißversteht, verrät Leinsdorfs Reaktion die Leere eines Aktionismus, der überhaupt keine konkrete inhaltliche Bestimmung erlangen kann, weil er sich innerhalb eines geschlossenen Systems bewegt: „‚Es ist mir nichts eingefallen‘, erwiderte er schlicht; ‚aber trotzdem muß etwas geschehen!‘ Und saß da wie ein Mann, der sich nicht wegrühren wird, ehe sein Wille erfüllt ist." Das ist nicht Altersstarrsinn oder private Debilität, vielmehr die akute Hilflosigkeit derer, die zugleich zum Handeln kommen u n d innerhalb der Systemgrenzen bleiben wollen. Die Parallelaktion muß zwangs-läufig scheitern, weil diese Aporie unauflösbar ist; sie macht eine echte Fatalität aus. Die Kapitel 83 („Seinesgleichen geschieht oder warum erfindet man nicht Geschichte?") und 98 („Aus einem Staat, der an einem Sprachfehler zugrundegegangen ist") hatten bereits den Scheincharakter systemimmanenten Handelns aufgedeckt: „Es geschah unaufhörlich etwas. Und wenn unaufhörlich etwas geschieht, hat man leicht den Eindruck, daß man etwas Reales [d. h. Wirklichkeit] bewirkt." Der verdächtige Charakter dieses undefinierten „etwas" begegnete schon vor Musil. Das Gespenstische des Treibens der Parallelaktionäre besteht nicht zuletzt in ihrer rührenden Selbsttäuschung, in ihrem holden Wahn, Wirklichkeit herzustellen, während sie sich in Wahrheit endlos im Kreise drehen und solchermaßen nichts als die Zwänge des Systems reproduzieren.

„Geschehen" in „Kakanien" ist im Grunde noch ebenso rätselhaft und unerkennbar wie in den Texten der Vorexpressionisten. Kap. 98: „Es geschah viel, und man merkte es auch. Man fand es gut, wenn man es selbst tat, und war bedenklich, wenn es andere taten. Im einzelnen konnte es jeder Schuljunge verstehen, aber im ganzen wußte niemand recht, was eigentlich vor sich ging, bis auf wenige Personen, und die waren nicht sicher, ob sie es wußten. Einige Zeit später hätte alles auch in geänderter oder umgekehrter Reihenfolge kommen können, [...]" Im „kakanischen" System „gab es unaufhörlich etwas zu tun", obgleich am Ende aller Unternehmungen stets konstatiert werden mußte, „daß nichts veranlaßt werden könne", d. h. daß auch diesmal wieder keine unbezweifelbare Wirklichkeit gestiftet wurde. Den Grafen Leinsdorf, in dem dieses System kulminiert, vermag das freilich nicht in seiner Überzeugung zu erschüttern, „daß es nur auf wenige, einfache Grundsätze, aber auf festen Willen und planmäßiges Tun ankommt". Musils zentrales Thema im Ersten Buch ist die Herstellung von Geschichte, d. h. die Frage der Selbstbestimmung der Menschheit, was ihren Weg anlangt, auf dem jeder Markstein — also die Taten derer, die Geschichte machen — identifizierbar sein muß; gerade das aber ist unmöglich, wenn sich bloß Systemgeschehen vollzieht, von dem man nicht einmal weiß, ob „es selbst stattfindet und nicht am Ende bloß etwas Ähnliches oder seinesgleichen". Aus dieser Unsicherheit heraus schließt man in „Kakanien" eine Sitzung mit einer Resolution, setzt man einer Rauferei mit dem Messer ein Ende und verbeugt sich der Tänzer nach dem Tanz vor seiner Partnerin, denn „es wäre eine unheimliche Welt, wenn die Geschehnisse sich einfach davonschlichen und nicht am Ende noch einmal gehörig versichern würden, daß sie geschehen seien". In dem grundlegenden, „Kakanien" betitelten 8. Kapitel wird eine Abbreviatur dieser Welt gegeben, die aller Gemeinschaft, aller Identität der vermeintlich Handelnden und ihrer Taten, damit aller geschichtlichen Wirklichkeit ermangelt. „Kakanien", wo das Leben zum System geworden, wo die Zukunft bereits „geschehen" war, wird darum als „der fortgeschrittenste Staat" deklariert, an dem sich die Zukunft aller modernen europäischen und amerikanischen Staaten ablesen läßt: „es war der Staat, der sich selbst irgendwie nur noch mitmachte, man war negativ frei darin, ständig im Gefühl der unzureichenden Gründe der eigenen Existenz und von der großen Phantasie des Nichtgeschehenen oder doch nicht unwiderruflich Geschehenen wie von dem Hauch der Ozeane umspült, denen die Menschheit entstieg." Wahre Geschichte, verstanden als das Resultat bewußten Handelns positiv (und nicht nur „negativ") freier Menschen, also nicht als bloße Historie (des faktisch Geschehenen), besitzt in „Kakanien" keinerlei Dignität, und so kann Musil das Kapitel mit der ironischen Laudatio beschließen: „Es ist passiert, sagte man dort, wenn andre Leute anderswo glaubten, es sei wunder was geschehen; das war ein eigenartiges, nirgendwo sonst im Deutschen oder einer andern Sprache vorkommendes Wort, in dessen Hauch Tatsachen und Schicksalsschläge so leicht wurden wie Flaumfedern und Gedanken. Ja, es war, trotz vielem, was dagegen spricht, Kakanien vielleicht doch ein Land für Genies; und wahrscheinlich ist es daran auch zugrunde gegangen."

Was hinter solchem „kakanischen" Charme des Genialischen, der „Geschehen" leichtnimmt und auf Westentaschenformat herunterbringt, tatsächlich steckt, nämlich Gleichgültigkeit im ‚Socialen‘ und Selbstberuhigung angesichts des Undurchschaubaren, hat Musil in dem kurzen Impromptu seines Romans, dem „Woraus bemerkenswerter Weise nichts hervorgeht" benannten Eingangskapitel, auf drei Buchseiten demonstriert[22]. Was er im ersten Satz des 2. Kapitels rückblickend „dieser kleine Unglücksfall" nennt, ein Minimalgeschehen des Systemalltags, hat vermutlich immerhin jemandem das Leben gekostet. Da zudem weder die — anonym bleibenden — Figuren des „Herrn" und der „Dame", noch der Inhalt mit dem Folgenden verknüpft sind, „dieser kleine Unglücksfall" also im Kontext des Romans isoliert steht, darf der Leser unterstellen, der Autor habe dem unscheinbaren Vorfall Modellfunktion zugedacht. Der Verkehrsunfall, um den es sich handelt, ist ein Musterbeispiel reinen „Geschehens", das an einem beliebigen Menschen „geschieht" und dessen Struktur die uns seit Hofmannsthal bekannte ist: „Etwas war aus der Reihe gesprungen, eine querschlagende Bewegung; etwas hatte sich gedreht, war seitwärts gerutscht, [...]." Gewiß, dieses „etwas" entpuppt sich als ein höchst realer Lastwagen, den ein ohne weiteres identifizierbares Wesen von Fleisch und Blut steuerte, und der Verunglückte war, „wie allgemein zugegeben wurde", an seinem Unglück selber schuld, da er sich unachtsam verhalten hatte.

Aber wird damit das Aus-der-Reihe-Springen, Querschlagen, Sichdrehen und Seitwärtsrutschen wirklich erhellt, gar kausal erklärt? Eine kleine Ordnungswidrigkeit war ‚passiert‘, ein einziger falscher Schritt (Kafkas Landarzt!) getan worden. Wer hilft dem, der solchermaßen — ohne Vorsatz, bloß durch „Unachtsamkeit" — sich gegen die Regeln des Systems, hier des modernen Verkehrs, vergangen hat? Die Passanten leisten ihm nur Scheinhilfe, sie tun nur so als ob, wollen im Grunde bloß die „Zeit ausfüllen", bis „Männer in einer Art Uniform" eintreffen, Angestellte des Systems, das hilfreich, nachsichtig und mitleidig-human mit denen verfährt, die es schuldlos-schuldig stören. Den Mitmenschen genügt, „daß damit dieser gräßliche Vorfall in irgend eine Ordnung zu bringen war und zu einem technischen Problem wurde, das sie nicht mehr unmittelbar anging". Der rettende Krankenwagen des Unfalldienstes erfüllt alle mit „Genugtuung" — die „sozialen Einrichtungen" erheischen Bewunderung, nicht zuletzt wohl, weil sie von eigener Hilfeleistung[23] zu dispensieren scheinen. So heißt es schließlich von den zwei prototypischen Verkehrsteilnehmern, den Augenzeugen des „Geschehens": „Man ging fast mit dem berechtigten Eindruck davon, daß sich ein gesetzliches und ordnungsmäßiges Ereignis vollzogen habe." Man, Gesetz, Ordnung, ein sich vollziehendes Ereignis — alle wesentlichen Ingredienzien eines systemimmanenten Prozeßgeschehens sind hier summiert. Was es in Wahrheit mit dem Verkehrssystem und seinen Opfern auf sich hat, bleibt überaus vage und ungewußt: der „Herr" wirft die megalomane Ziffer von 190 000 jährlichen Verkehrstoten in den USA (1913!) hin, und die „Dame" hat das „unberechtigte Gefühl", soeben „etwas Besonderes erlebt zu haben", obgleich solcherart Geschehen doch alltäglich ist, im speziellen Sinne als Verkehrsunfall wie im weiteren als „seinesgleichen". Man geht ja auch weiter und fragt dabei höchstens: „Meinen Sie, daß er tot ist?", — die Undurchschaubarkeit des „Geschehens" schließt das Ende seines Opfers ein, und die Gleichgültigkeit ist nicht mehr als ein individueller Reflex des anonymen „es"-Charakters ebendieses „Geschehens". Das System korrumpiert den Menschen als Mitmenschen. Jedes Element des Personalen, ‚Socialen‘ fehlt den Reaktionen der Passanten, die zu bloßen Zuschauern „dieses kleinen Unglücksfalls" werden, der ja nichts anderes vorstellt als ein minimales Abirren vom rechten Wege des Systems, einen geringfügigen Verstoß wider die Ordnungsgesetzlichkeit, hier die Verkehrsregeln; der nichts weiter ist als ein winziger, nicht einmal beabsichtigter Ausbruch aus dem System, ein leichtes Überschreiten von dessen Grenzen, das jedoch gnadenlos, d. h. bei Strafe des Untergangs, geahndet wird, augenblicklich und gleichsam automatisch.

Ist vielleicht Ulrich der „Herr"? Wenn nicht, darf der Leser annehmen, Ulrich hätte sich anders verhalten, da er doch expresso verbo als Gegensatz zum millionenfachen Mann mit Eigenschaften konzipiert wurde? In einem Wort, hätte Ulrich, der „Möglichkeitsmensch", gehandelt? Wer würde wagen, diese Frage ohne Zögern zu bejahen? Trotz des Autors Lobrede auf die „Möglichkeiten"[24], die schon mancher Leser allzu wörtlich und undialektisch genommen hat, ist da einige Skepsis angebracht. Das „Mögliche" trägt kein simpel positives Vorzeichen und das „Wirkliche" ein dementsprechend negatives. „Möglichkeiten" sind rein als solche leer, unbestimmt und damit wertlos — wert-voll ist erst die Entscheidung für eine einzelne als werthaft erkannte und ihre Verwirklichung durch die entschlossene Tat oder im ausdauernden, ‚treuen' Handeln. „Geschehen" und „Tat" bilden wohl die wichtigste Antithese Musils, sie stellen einen Schlüssel zu seinem Werk dar[25]. Daß er im Ersten Buch des „Mann ohne Eigenschaften" die „kakanischen" Tat-Menschen satirisiert, spricht nicht gegen j e g l i c h e konkrete Entscheidung und j e d e s zielbewußte Handeln, vielmehr nur gegen scheinhaftes, gegen die schlechte Tat, in der lediglich „seinesgleichen geschieht", d. h. die in Wirklichkeit „Geschehen" ist. „Geschehen" und „Tat" in eine dramaturgische Balance zu bringen, dergestalt daß beide Elemente, ihrer Ebenbürtigkeit gemäß, gleich gewichtige und vor allem künstlerisch gleichrangige Darstellung erfahren, ist Musil bis zuletzt nicht gelungen: das „Geschehen" schlägt bei ihm die „Tat" eindeutig aus dem Felde. Wie sein eigenes Verhältnis zum Faktor „Tat", beispielsweise zur Aktivistenbewegung der Revolutionsjahre, zwischen prinzipieller Zustimmung[26] und zögernder Beteiligung schwankte, im letzten aber durch ein Sichversagen gekennzeichnet war, so vermochte er auch als Autor seinem Anti-Helden Ulrich keine lohnenden, unbezweifelbaren Tatziele zu setzen, ihn zur konkreten Entscheidung und danach zum ‚socialen' Handeln zu bringen. Ungeachtet aller „induktiven" Methode und aller Vorliebe für „Utopismus" blieb Musil im religiösen Vorhof einer neuen Gesellschaft stehen, in der nicht mehr „seinesgleichen geschieht", in der überhaupt nicht mehr bloß ein „es" oder „etwas" ‚passiert', „Geschehen" sich aus eigener Machtvollkommenheit an Menschen vollzieht. Der Satiriker Musil war ungleich stärker als der Entwerfer einer „konkreten Utopie"; der Gesellschaftsschilderer übertraf bei weitem den Konstrukteur des Zukunftsbildes eines von Zwängen freien

Miteinanders der Menschen. So wie sich mit den Protagonisten des Zweiten Buches, Ulrich und Agathe, der Roman selbst am Ende ins Bestimmt-Unbestimmte verliert, der fehlende Schluß des Werkes (Krieg!) dem Leser kaum Wesentliches vorenthält, so behielt der Autor, als er 1942 inmitten neuerlichen „Geschehens" im Weltmaßstab einsam in der neutralen Schweiz starb, kaum konkret-utopische Einsichten für sich. Daß der Dichter apriori nicht in der Lage sei, in seinen Gestalten und deren Handlungen Zukunft ideelich vorwegzunehmen, Bilder des ‚Socialen' als Muster eines besseren Zusammenlebens der Menschen zu entwerfen, künftige Wirklichkeit geistig vorzubereiten, kurz: daß er kein Antizipator, kein Vor-läufer ist, widerlegt die Geschichte der Literatur mit leichter Hand. Musil wußte sehr wohl, daß der Schriftsteller vom „Sollen" und nicht vom „Sein" zu sprechen habe. Daß die Sollensfrage die entscheidende ist, hat er selber gesagt. Daß sich ihm die Konkretion des „Sollens" entzog, war allerdings eine Erfahrung, die seine expressionistischen Generationsgenossen schon vor ihm hatten machen müssen. (Wir meinen dabei keine praktisch-politische, sondern ausdrücklich eine gedankliche Konkretion.)

Hat Robert Musil wirklich der deutschen Literatur neue und dabei gangbare Wege gewiesen? Ist nicht vielmehr sein Werk, das wie kein zweites die letzte Phase der Übergangsepoche zum Totalitarismus erhellt, auch im Literarischen Fortsetzung und bestenfalls ein Fazit? War Musil nicht weit mehr ein Erbe, als ein Mann der Zukunft?

---

[1] Walter Falk, „Impressionismus und Expressionismus", in „Expressionismus als Literatur", hrsg. v. Wolfgang Rothe, 1969, S. 69 ff., rückt die „Geschehensstruktur" — statt Form oder Inhalt — in den Mittelpunkt seines Definitionsversuchs der beiden literarischen Strömungen. Er geht von zwei gegensätzlichen „Welterfahrungen" aus: während der Impressionist die Selbstherrlichkeit des (tätigen) Menschen manifestiere, erkenne der Expressionist die Hybris dieser Haltung und stelle die „Vernichtungsmacht" der autonom gewordenen Kräfte dar, die sich wider den Menschen kehren. Wie Falks Sicht des Impressionismus (unter dem Neuromantik und Symbolismus miteinbegriffen werden) von der herrscherlichen Attitüde Georges bestimmt scheint, so dünkt uns sein Expressionismus-Begriff eine Verabsolutierung jenes Teils der Bewegung, die (auch für Falk) Heym am ausgeprägtesten vertrat. Die Einseitigkeit beider Definitionen springt ins Auge. In unserem Zusammenhang sei lediglich festgestellt, daß die „epochale Welterfahrung" der Expressionisten, die in einen spezifischen „Epochenstil" eingehen soll, keineswegs nur eine Erfahrung des Expressionismus ist. Falks Behauptung, daß das expressionistische „Geschehensziel" (Untergang, Vernichtung) in keinem einzigen Fall schon im Impressionismus nachzuweisen sei, widerlegen unsere Beispiele wohl zur Genüge. Zudem wird das Er-

lebnis der „Vernichtungsmacht" nach dem Ausklang der expressionistischen Bewegung um 1930 literarisches Thema bleiben.

[2] Ein anderer, grundlegender Unterschied besteht darin, daß der Naturalismus den Erkenntnissen der Naturwissenschaft mit zeitlichem Abstand f o l g t e, d. h. sich von sogenannt ‚außerkünstlerischen' Faktoren bestimmen ließ, während die nachnaturalistischen Autoren den Einsichten der Soziologie und Politologie v o r a n g i n g e n. Dichter warfen das Thema einer totalitären Struktur des modernen Lebens auf, bevor es eine wissenschaftliche Theorie des Totalitarismus auch nur in Ansätzen gab. Schumpeters kleine „Soziologie der Imperialismen" von 1916, wo die zukunftsträchtigen Begriffe „Offenheit" und „Geschlossenheit" bereits vorkommen, erschien an zu hermetischem Ort, um den Dichtern bekanntzuwerden.

[3] Clemens Heselhaus, „Kafkas Erzählformen", in „Deutsche Vierteljahrsschrift" 26 (1952), S. 353 ff. Zustimmend: Benno von Wiese, „Die deutsche Novelle von Goethe bis Kafka", Bd. 2, 1965, S. 322 f.

[4] Richard Alewyn, „Zwei Novellen", in „Über Hugo von Hofmannsthal", 3. Aufl. 1963, S. 78 ff.

[5] Hofmannsthals Verse, schrieb Robert Minder einmal, „umspielen, umschmeicheln [. . .] das durch Schleier geahnte Elend der Welt". „Brecht und die wiedergefundene Großmutter", in „Dichter in der Gesellschaft", 1966.

[6] Siehe Anmerkung 1.

[7] Beispielsweise Werfel in seinem Gedicht „Der Krieg", in „Einander", 1915: „Mit Taten, die sich nur selbst tun, gegürtet".

[8] „Selbstanzeige", in „Der Mann ohne Eigenschaften", 1952, S. 1642.

[9] „Zum Nachwort (und Zwischenvorwort)", in „Der Mann ohne Eigenschaften", 1952, S. 1643.

[10] Um den späteren Titel von Brochs „Methodologischer Novelle" in „Die Schuldlosen", 1949, zu zitieren.

[11] Die innere Übereinstimmung mit der philosophischen Anthropologie, die sich kurze Zeit danach ausbilden sollte, ist erstaunlich weitgehend und verdiente einmal untersucht zu werden.

[12] Selbstredend ist keine chronologische Abfolge gemeint. Schon im expressionistischen Jahrzehnt gibt es Beispiele für diese dritte Stufe, wie sich auch bei manchen Dichtern alle drei Tendenzen mischen. Die Scheidung erfolgt lediglich aus heuristischen Gründen.

[13] Vgl. Karl S. Guthke, „Das Drama des Expressionismus und die Metaphysik der Enttäuschung", in „Aspekte des Expressionismus", hrsg. v. Wolfgang Paulsen, 1968, S. 33 ff.

[14] Auf diese überraschende Parallele wies ich bereits hin in: „Der Mensch vor Gott: Expressionismus und Theologie", in „Expressionismus als Literatur", S. 37 ff.

[15] Wilhelm Knevels, „Expressionismus und Religion", 1927. Diese Ansicht ist heute theologisch zweifelsohne überholt.

[16] „Untergrundbahn", in „Der Sturm" 3 (1913), Nr. 160/161.

[17] „Philistrosität, Realismus, Idealismus der Kunst", in „Der Brenner", 5. Halbjahresbd. (1912/13).

[18] „Geschichtsgesetz und Willensfreiheit" (entstanden in den vierziger Jahren), in „Massenpsychologie", hrsg. v. Wolfgang Rothe, 1959.

[19] „Die deutsche Novelle von Goethe bis Kafka", Bd. 2, S. 299 ff.

[20] Ebd., S. 317.

[21] So Walter Muschg in dem von ihm herausgegebenen Erzählungsband der Werkausgabe, „Die Ermordung einer Butterblume", 1962.

[22] Ich folge meiner Deutung in „Mensch und Abermensch", in „Neue Deutsche Hefte" 97 (1964), S. 70 f.

[23] Aus „Gleichgültigkeit vor fremdem Leid" unterlassene Hilfeleistung wird dann bei Broch ein wichtiger Topos, vor allem im Romanepos „Der Tod des Vergil", 1945.

[24] Kap. 4 des „Mann ohne Eigenschaften", betitelt „Wenn es Wirklichkeitssinn gibt, muß es auch Möglichkeitssinn geben".

[25] Übrigens auch einen Schlüssel zum Oeuvre Brochs, vgl. „Die Schlafwandler", S. 427, 492, 507, 580, 684, 685, bis hin zu den „Schuldlosen", S. 51, 98, 104, 330.

[26] Musil unterzeichnete Ende 1918 das Programm des Berliner „Politischen Rats geistiger Arbeiter", s. „Das Ziel", hrsg. v. Kurt Hiller, Bd. 3, 1. Halbbd. (1919), S. 218 ff.

DAS ANALOGISCHE DENKEN BEI ROBERT MUSIL

Ulrich Schelling

„Das Prinzip der Kunst ist unaufhörliche Variation." (III 715) Keinem aufmerksamen Leser des „Mann ohne Eigenschaften" kann entgehen, wie entscheidend das Kunstprinzip der Variation den Aufbau dieses Romans bestimmt, wie sehr es sogar anstelle einer prägnanten und tragenden Fabel für innere Entwicklung und strukturale Einheit des Werks einzustehen hat. Die äußere, in Raum und Zeit verlaufende Handlung mit ihren festen Schauplätzen, topographischen Ordnungen und chronologischen Verhältnissen, mit ihren Motivierungen und Kausalitäten behandelt Musil so sorglos wie irgendein Erzähler der Romantik. Mit einer überlegenen Gleichgültigkeit freilich, die eigens betont und schon im ersten Kapitel thematisch herausgestellt wird, die also reflektiert ist und ein Element der umfassenden Ironie Musils darstellt. Die Wirklichkeit als „fable convenue der Philister" soll sich als etwas Unwirkliches, Labiles und Phantastisches erweisen; das im Schematischen erstarrte Seinesgleichen soll in seiner Theater- und Rollenhaftigkeit durchschaut werden. Bewußt, nämlich mit Hilfe der Ironie, „phantomisiert" Musil die konkrete Wirklichkeit, von der er erzählt.[1] Voll Genugtuung darf er, leicht pointiert, vom „Mann ohne Eigenschaften" behaupten: „Die Geschichte dieses Romans kommt darauf hinaus, daß die Geschichte, die in ihm erzählt werden sollte, nicht erzählt wird." (1640) Das alles schließt umgekehrt nicht aus, daß Musil gelegentlich diese Freiheit des ironischen Erzählens auch strapaziert, sich mit einem fallweisen Arrangement begnügt, wo wir eingehendere Auskunft wünschten, daß er, etwa in der wichtigen Frage, ob Ulrich Gedichte schreibe[2], ein Motiv „asserviert" (232), also nur „vorläufig definitiv" bereinigt oder daß ihm unfreiwillige Widersprüche unterlaufen, die ein Fontane niemals zuließe, die sich aber innerhalb dieses phantomisierenden, flächig verwebenden Stils kaum störend auswirken.[3]

Während Musil die äußere Erzählwirklichkeit in der angedeuteten Weise sich ins Scheinhafte verflüchtigen läßt und das Gegenständliche spielerisch, den wechselnden Bedürfnissen entsprechend arrangiert, da er „offenbar das Äußere mehr oder weniger für gleichgültig" hält (1649), gewinnt er eine eigentümliche und einzigartige intellektuelle Transparenz des Stils. Das Erzählen bleibt durchsichtig auf den Essay, auf die gleitende Entwicklung der Probleme. Mit größter Aufmerksamkeit achtet Musil auf die Problemführung innerhalb eines Kapitels oder einer Kapitelgruppe. Dabei gehorcht diese Problemführung durchaus jener kompositorischen Ironie, die für Musil so kennzeichnend ist und die sich von der punktuellen Ironie Thomas Manns grundlegend unterscheidet. Musil selbst spricht gelegentlich von einer „konstruktiven Ironie" (1645) und von einer „konstruktiven Variation" (1642). Kaum je wird ein Problem wirklich abgehandelt und einer endgültigen Lösung zugeführt, sondern jede Frage erscheint in den verschiedensten Perspektiven, auf den verschiedensten Ebenen und wird durch das ganze Spektrum der ironisch-satirischen Betrachtung durchvariiert, derart, daß sich ein Gespinst von Bezügen, funktionalen Zusammenhängen und Spiegelungen ergibt, eine potenzierte Ironie oder eben die kompositorische Ironie. Daher kann Musil auch in dem wichtigen „Brief an G." sagen, er habe auf „die Dimension der Zeit" verzichtet, damit auch auf „den ‚Stil der Erzählung'": „Das Vorher und Nachher ist nicht zwingend, der Fortschritt nur intellektuell und räumlich. Der Inhalt breitet sich auf eine zeitlose Weise aus, es ist eigentlich immer alles auf ein Mal da." (III 724) Und berechtigt ist auch die Bitte, die Musil für ein Nachwort notiert hat: „Es ist sehr anmaßend: ich bitte mich zweimal zu lesen, im Teil und im Ganzen." (1645) Nicht der naive Leser, der einer Geschichte folgen möchte, sondern nur der intelligente Literat, der Musils Wink gehorcht und einen Roman synoptisch anzugehen Lust hat, verfährt angemessen und kann sich in der „unendlich verwobenen Fläche" (665) dieses Romans zurechtfinden.

Dazu ein Beispiel. Wenn Arnheim fordert, es müsse „der denkende Mensch immer zugleich auch ein handelnder sein" (391; vgl. 554), und wenn Graf Leinsdorf wie der anekdotische österreichische Generalstabschef von 1866 ausruft: „Es muß etwas geschehn!" (603), wenn General Stumm Ulrich mitteilt, in der Parallelaktion sei „jetzt die Parole der Tat ausgegeben worden" (791), und wenn weiter Diotima, in deren Salon von Anfang an „das Element der Tat" (103) vorherrscht, den „großartigen Pessimismus" der Tat gegenüber den Worten rühmt (830), so stehen diese verstreuten und zufällig ausgewählten Äußerungen untereinander doch in einem ironischen Bezug, der zentriert ist in Ulrichs Eigenschaftslosigkeit, seinem Abseitsstehen, seinem Urlaub vom Leben, seiner Weigerung, zu wirken und sich zu verwirklichen in einem Werk, seinem „Passivismus" (377; vgl. 365), den er in ironischer Brechung wiederum mit Walter gemeinsam hat, in seiner Unfähigkeit, sich wahrhaft zu entscheiden (610). Diese verneinende, das Seinesgleichen inhibierende Haltung Ulrichs wird von Arnheim kritisiert, reizt Clarisse auf, die mit ihrem jähen Wesen Ulrich zur Tat glaubt aufstacheln zu müssen, und ist später für Agathe, die zur Hingabe und zur unbedenklichen Tat eher bereit ist, ein schwer verständliches Zögern. Sie führt weiter zu den Gedanken über Tatkraft und Tatsinn (757, 797; vgl. 1645), zu dem „Experiment der Untätigkeit" (1357), dem sich die Geschwister als „schreckliche Nichtstuer" (1195) ergeben, und hängt sodann mit den weitführenden Reflexionen über Moral, In und Für, Konkav- und Konvexempfinden zusammen, Reflexionen, die durchaus auch einmal zur Erkenntnis des besonderen Reichtums der Tat und zu einer „Ehrenrettung" des tätigen Menschen führen können (1174). Denn Ulrich, das gehört ja zur Universalität des Möglichkeitsmenschen, kennt nicht nur die stillen Stunden der Einkehr und mystischen Weltveränderung, sondern verfügt körperlich wie geistig über männliche Kampfinstikte und betrachtet immer wieder mit dem Interesse eines Sachverständigen die rohen und gewalttätigen Erscheinungen des Lebens. Er ist, wie Achilles, der Held im Ausstand, der „Aktivist" (277 f.; vgl. 1209), der bloß nicht mehr mitmacht. Musil erinnert den Leser ausdrücklich daran, „daß Ulrich seiner Natur nach tatkräftig" sei. Aber welche Ironie wiederum, wenn Graf Stallburg den Eindruck gewinnt, der ihm empfohlene Ulrich zeige sich „tatkräftig und feurig" (88; vgl. 233). Es ist nur das erste einer ganzen Reihe von Mißverständnissen, durch die sich Ulrich der Parallelaktion als Sekretär empfiehlt.

Gewiß ist damit das Problem der Tat bei Musil nicht erschöpft. Es würde in viel weitere Zusammenhänge hineinführen und hätte, wenn Musil die Vollendung des Romans gelungen wäre, nach dem Zusammenbruch eines Lebens im Geist der Geschwisterlichkeit und beim Ausbruch des Kriegs eine bedeutsame Rolle spielen müssen.[4] Hier genügen diese Andeutungen, um darzutun, wie Musil ein gedankliches Motiv im Sinn der „konstruktiven Ironie" durchvariiert. Ferner lassen sie erkennen, wie allein schon durch diese Ideenvariation die Romangestalten in das System der Spiegelungen und ironischen Brechungen einbezogen werden. Kein wichtiger Gedanke in diesem Roman, der nicht bei mehreren Figuren sein klares oder undeutlich fernes Echo findet; keine Figur, die nicht, in welcher Verkehrung, in welcher Ahnungslosigkeit immer, an den

Hauptideen teilhat; daher auch keine Figur, die außerhalb der figürlichen Variationsreihe und außerhalb des ironischen Spielraums steht. Der Ideenvariation entspricht die figürliche Variation; sie bedingt ein dichtes konfiguratives Bezugssystem und begünstigt es wieder. So entfaltet sich die A n a l o g i e d e r F i g u r e n. In einer bestimmten, zum Beispiel ideellen, Hinsicht verhalten sich zwei oder mehrere Figuren ähnlich, so unähnlich sie sich im übrigen auch sind. Ausgehend von dem Problem der Tat, wie es eben skizziert wurde, ließe sich etwa ein analoges Verhalten von Ulrich und Walter darstellen: beide huldigen trotz ihrer vielversprechenden, genieähnlichen Begabung dem „Passivismus" und machen für ihre Unfruchtbarkeit den Zeitgeist haftbar — freilich mit sehr ungleicher Legitimation: denn Walter ist erstarrt (51) und behilft sich, in manchem an Hjalmar Ekdal gemahnend, mit einer Lebenslüge, während Ulrichs Untätigkeit methodisch und befristet ist, obwohl Musil selbst die Frage aufrührt, ob nicht auch hier bloße „Ausreden" (365) im Spiele sein könnten. Ulrichs „aktiver Passivismus", wie er ihn im Gegensatz zum „passiven Passivismus" Walters nennt (365), begründet die Analogie zwichen Ulrich und Clarisse (vgl. 377). Ein analogischer Bezug ergibt sich sodann, fast selbstverständlich, zwischen Ulrich und seiner Schwester, die bis dahin ihr Leben gleichgültig und in „Nachlässigkeit" (747 f.) hat gewähren lassen, nie etwas wollte (762), „nie etwas getan" hat (751), die „kein zum Leben entschlossener Mensch" sein konnte, weil sie nirgends Notwendigkeit fühlte (753), und die von sich bekennt: „Ich bin überhaupt faul; ich glaube, aus Verzweiflung." (690) Aus Verzweiflung: denn so wie Ulrich „seiner Natur nach tatkräftig ist" und hinter seinem Passivismus ein Aktivist auf der Lauer liegt, so verbirgt sich hinter Agathes Faulheit etwas „kindlich Wildes" (696; vgl. 1115), etwas unversöhnlich Anarchisches, das in neuem konfigurativen Bezug auf Clarisse hinweist. Agathe war „schon als Kind in einer stillen Weise ungemein eigensinnig" (692), und sie trägt noch immer die „Verachtung des zum Aufruhr geborenen Menschen" in sich. Nur: „Die Gesetzlosigkeit ihres Wesens hatte bis dahin die traurige und ermüdete Gestalt der Überzeugung gehabt: ‚Ich darf alles, aber ich will ohnehin nicht'." (762) — Weniger selbstverständlich als die Ähnlichkeit der Geschwister, aber um so bemerkenswerter ist der analogische Bezug, der sich, wieder nur hinsichtlich des Tat-Problems, zwischen Ulrich und Arnheim andeutet. Gewiß, der Großkaufmann und Großschriftsteller Paul Arnheim mit seiner Vielrednerei und mit seiner falschen Harmonisierung von Seelenkultur und Rüstungsindustrie ist im Roman der größte und mächtigste Widersacher Ulrichs. So wie Hans Karl Bühl und Theophil Neuhoff im „Schwierigen" niemals zusammenkommen können, so stehen sich hier zwei Naturen gegenüber, zwischen denen nur feindseliges Mißtrauen, Ablehnung und Verachtung möglich scheint. Es heißt denn auch von Ulrich gleich bei seiner ersten Begegnung mit dem preußischen Industrie- und Geistesfürsten, der „Gedanken in Machtsphären tragen" will: „Er mochte Arnheim nicht ausstehen, schlechtweg als Daseinsform nicht, grundsätzlich, das Muster Arnheim. Diese Verbindung von Geist, Geschäft, Wohlleben und Belesenheit war ihm im höchsten Grade unerträglich." (181 f.) Er haßt an ihm die hochgemute Ordnungsgewißheit, die Selbstsicherheit, „die englische Herrenschneiderruhe der Figur" (183), die maßlose Eitelkeit, die, „im biblischen Sinn", „aus der Leere eine Schelle" macht (479). Entsprechend fühlt sich auch Arnheim durch Ulrichs Gegenwart irritiert. Dessen Skepsis und schwer durchschaubare Teilnahmslosigkeit sind ihm ärgerlich. Auch aus seiner „krankhaft empfindlichen Abneigung gegen Witz und Ironie" (559) begegnet er Ulrich mit größtem Mißtrauen, und er warnt die Parallelaktion vor der „spöttischen Sabotage" ihres Sekretärs (331). Ulrich sei eben kein Tatmensch, meint er einmal. Ulrich habe nichts zu tun, und das bringe ihn „auf Gedanken" (794 f.). Er fühlt seine eigene Sinnesart durch Ulrichs Verweigerung vor dem Leben angegriffen und widerlegt. Denn „Arnheims Dasein war von Tätigkeit ausgefüllt; er war ein Mann der Wirklichkeit." (192) „Wirken ist für ihn eine tiefe Notwendigkeit." (481) Unter ständiger und freundnachbarlicher Berufung auf Goethe preist er die wohltätige Wechselwirkung von Denken und Tun, „und der mein Gegner sein möchte, kennt davon nur die eine Hälfte, Denken!" (553 f.) Derselbe Arnheim aber ist es gerade, der hinter Ulrichs wirklichkeitsfeindlichem Intellektualismus den heimlichen Aktivisten entdeckt, „den sehr aktiven Menschen in Abwehrstellung" (283), einen Menschen, den eine innere Maximalforderung daran hindert, zu dem Leben, wie es einmal ist, in das Verhältnis natürlicher Tätigkeit zu treten. Und sowohl durch Ulrichs Widerspruch als auch durch den hohen Seelenbund mit Diotima zum Nachdenken genötigt, muß Arnheim der Ahnung Raum geben, daß sich in seinem Seelenhaushalt das Verhältnis zur Tat keineswegs so goethisch darstellt wie in seinen Reden und Schriften. Die Analogie ergibt sich daraus, daß Ulrich wie Arnheim auf je eigene Weise in einem gestörten Verhältnis zur Tat stehen. Ulrich begegnet der Wirklichkeit mit einem radikalen Vorbehalt, wahrt sich so „etwas bedingungslos Unabhängiges", jenen uneingeschränkten Spielraum innerer Möglichkeiten, der den glorreichen Zustand der Jugend auszeichnet. Arnheim hingegen muß in seinen Anwandlungen von Selbstprüfung feststellen, daß sein Leben „etwas Uninnerliches" angenommen hat und „daß sein Seelenleben voll von verblaßten Moralpräparaten" ist (392 f.). Jene Ahnung eines anderen, feurig wahren Lebens und einer namenlosen Verwandtschaft aller Weltwesen, die auch seine Jugendzeit bewegte, hat sich längst verflüchtigt, und es „überwältigte ihn das Gefühl, er habe einen Weg, den er ursprünglich gegangen, vergessen, und die gesamte Ideologie eines großen Mannes, die ihn erfüllte, sei nur der Notersatz für etwas, das ihm verloren war" (393). Arnheim begann, mit der Wirklichkeit zu „paktieren". Er „verweltlichte" sein „Ur- und Weltliebeserlebnis", indem er einen „durchseelten Mittelstand", eine Verschmelzung von Seele und Macht, Dichtung und Geschäft zum Leitbild nahm und die beiden Erlebnisgruppen auf eine falsche, aber erfolgreiche Weise harmonisierte. Ulrich hat um seiner Seele willen die Tat verweigert. Arnheim hat einer erfolgreichen Tätigkeit und ihrer Ideologie die Ahnungen seiner Seele geopfert und ist der Welt des Seinesgleichen und ihrem Gerede verfallen. Einsam sind sie beide, auch Arnheim (vgl. 552), und beide geraten allmählich, gegen das Ende des Ersten Buchs, in eine Krise. Ulrich sieht ein, daß es auch ihm nicht gelungen ist, die beiden Hälften seines Lebens zu vereinen, die männlich tätige mit der anderen, sanft umschatteten der Untätigkeit. So „war er sich schließlich wie der Gefangene von Vorbereitungen vorgekommen, die nicht zu ihrem eigentlichen Ende kamen, und im Verlauf der Jahre war seinem Leben darüber das Gefühl der Notwendigkeit ausgegangen wie das Oel einer Lampe." (606) „Er gab sich keiner Täuschung über den Wert seiner Gedankenexperimente hin; wohl mochten sie niemals ohne Folgerichtigkeit Gedanke an Gedanke fügen, aber es geschah doch so, als würde Leiter auf Leiter gestellt, und die Spitze schwankte schließlich in einer Höhe, die weit entfernt vom natürlichen Leben war. Er empfand tiefe Abneigung dagegen." (608) Er fühlt, daß etwas geschehen muß, daß er sich bald wird wahrhaft entscheiden müssen (610)[5]: „ ‚Ich kann dieses Leben nicht mehr mitmachen, und ich kann mich nicht mehr dagegen auflehnen!' " (646) Er möchte ein Verbrechen begehen, hat das Gefühl, „er müsse etwas Persönliches und Tätiges unternehmen, woran er mit Blut, Armen und Beinen teilhabe" (647). An eben diesem Punkt ändert sich nun auch seine Stellung zu Arnheim: „trotz aller Gegnerschaft fühlte er sich ihm näher verwandt als den anderen" (644). Arnheim seinerseits hat bereits beschlossen, „sich Ulrichs zu bemächtigen": denn „dieser Mann besaß noch eine unverbrauchte Seele" und erscheint ihm nun als „das anders verkörperte Abenteuer seiner selbst" (561), als „sein Freundfeind" (561). Nach der Entdeckung Arnheims, „daß sein ohnmächtiger Ärger über Ulrich in einem tieferen Grunde der feindlichen Begegnung zweier Brüder ähnle, die sich nicht erkannt haben" (560), gewinnt diese figürliche Analogie auch szenische Gestalt in jenem Kapitel, in dem Arnheim zwar Ulrich nicht „an Sohnes Statt" annimmt, wie es eine seiner Eingebungen wollte (561 f.; vgl. 656), ihm aber doch vorschlägt, in seine Firma einzutreten (655). Arnheim legt Ulrich den Arm auf die Schulter, beide stehen nebeneinander im halbdunklen Zimmer, Arnheim in „cäsarischer Ruhe", Ulrich im scharfen Zwielicht von Helle und Schatten. „Ulrich beneidete diesen Mann um sein Glück" (660), wie auch Arnheim zuweilen mit „Neid" auf seinen Widersacher geblickt hat (553). Ulrich denkt daran, daß er Arnheim töten könnte, fühlt aber auch die Verlockung, auf Arnheims Angebot einzugehen, widerstrebt der Versuchung, verspricht nur, den „Vorschlag ernst zu überlegen" (662), weiß dann auf seinem „Heimweg", „daß er Arnheims Antrag nicht annehmen werde" (662), wohl aber „nun endlich entweder für ein erreichbares Ziel wie jeder andere leben oder mit diesen ‚Unmöglichkeiten' Ernst machen müsse"(668).[6]

Es ist indessen nicht allein die variierende Behandlung der Hauptprobleme, die, gleichsam nachträglich und von oben, die Analogie der Figuren herstellt, sondern von Anfang an sind die Romangestalten als „Komplementärfiguren der Hauptidee" (II 188) konzipiert und fungieren als variable Größen, als Impulszentren und Kreuzpunkte innerhalb der umfassenden und verästelten Bezugsstruktur. Auch physiognomische Züge können bereits analogische Beziehungen begründen oder vorbereiten. Man denke nur an die androgynen Züge bei Clarisse und Walter sowie bei Agathe, an die etwas füllige Schönheit Bonadeas und Diotimas, an Diotimas „von leichter Korpulenz bekleidete Antike" und an den „phönikisch-antiken Typus" Arnheims, an den Bart und die wulstigen Lippen der Pädagogen Hagauer und Lindner, dann natürlich an Ulrich und Agathe, deren physiognomische und leibliche Ähnlichkeit sich besonders einprägt. — Neue Gruppierungen ergeben sich aus den literarischen Neigungen und Ambitionen. Im Zeichen Maeterlincks, den auch Ulrich einst geliebt hat, steht das hohe Paar von Diotima und Arnheim. An Nietzsche, dessen Werke ihnen Ulrich geschenkt hat, begeistern sich Walter und insbesondere, auf verhängnisvolle Weise Clarisse, die im übrigen ungebildet ist „wie ein kleines Tier". Ulrich und Agathe lassen sich von den Mystikern inspirieren. Diotimas und Rachels Phantasie erhitzt sich an großen Romanen, die sie zwar nicht verstehen, deren Lektüre aber in ihren einfachen Gemütern um so lebhaftere Bewegung erzeugt. An einer wesentlich roheren Bücherkost erlaben sich später Diotima und Bonadea, während Tuzzi, nüchtern und verläßlich auch in diesem Punkt, keine Bücher liest, höchstens Homer und Rosegger, und gegen Maeterlinck ein von Kenntnis freies, aber gesundes Mißtrauen hegt. Zu erinnern wäre schließlich an die publizistische Tätigkeit der Pädagogen Hagauer und Lindner, der Kulturphilosophen Arnheim und Meingast, an die Werke Feuermauls und die epische Gesellschaftsschilderung Meseritschers; auch Ulrich schreibt vermutlich. — Wie in andern Werken Musils sind auch im „Mann ohne Eigenschaften" die verwandtschaftlichen Beziehungen und die Jugendfreundschaften bedeutsam und liefern weitere Ansätze für das Spiel der Konfigurationen. Ulrich ist der Vetter Diotimas und der Bruder Agathes. Mit Walter und Clarisse ist er durch eine alte, eigentlich überlebte, aber unüberwunden fortwirkende Jugendfreundschaft verbunden. Dr. Siegmund wiederum ist ein Bruder von Clarisse. Clarisse aber steht im Banne Dr. Meingasts und nimmt die Erinnerung an gemeinsame Jugenderlebnisse fragwürdigster Art noch immer sehr wichtig.

Unmöglich, allen diesen im Roman realisierten Konfigurationen mit ihren ironischen Brechungen, Umkehrungen, Spiegelungen und Verzerrungen nachzugehen und sie einzeln zu beschreiben. Am Beispiel des Tat-Problems zeigte sich, wie die Variation einer Idee bei Musil figürliche Analogien begründen oder begleiten kann. Andere Möglichkeiten, Konfigurationen zu motivieren, ließen sich zu den drei Gruppen der physiognomischen, der familiär-freundschaftlichen und der literarischen Beziehungen zusammenfassen. Selbstverständlich kennt Musils Erzählweise mit ihrer allseitigen ironischen Beweglichkeit darüber hinaus unzählige weitere Wege und Schliche, solche Analogien zu aktivieren, zu unterstützen, umzudeuten oder neu anzuspinnen; sie benützt bald ein psychologisches, bald ein genetisches Motiv (Zustand des Elternhauses), jetzt eine Anspielung, jetzt den direkten auktorialen Kommentar, läßt die Gestalten einem unbegreiflichen Einfall, einer plötzlich aufsteigenden Zuneigung oder Abneigung nachgeben oder in Geistesabwesenheit zu unvermittelten Einsichten gelangen. „Der Mann ohne Eigenschaften" ist ja kein psychologischer Roman, soviel Psychologie sich auch darin findet. Nicht auf die Darstellung von Einzelschicksalen in ihrer psychologischen Kontinuität und Folgerichtigkeit kommt es an, sondern dieser „Experimentalroman" zielt hin auf die Entdeckung eines über alles Individuelle hinausliegenden Zusammenhangs. „Wir sind", sagt Ulrich, „Instrumentalisten, die sich in der Ahnung zusammengefunden haben, daß sie ein wunderbares Stück spielen sollen, dessen Partitur noch nicht aufgefunden worden ist." (1475) Auf diese ausstehende „Partitur" kommt es an, nach der vor allem die Parallelaktion und deren Sekretär, der Mann ohne Eigenschaften, suchen, nicht aber auf die einzelnen menschlichen Gestalten, die eben nur als Instrumentalisten, als Stimmen eines umfassenden Ganzen, als Kompositionselemente fungieren, die beweglich sich nach dem Sinne dieser Komposition zueinander verhalten. Daher haben Musils Romangestalten den Schwerpunkt gleichsam außerhalb ihrer selbst, ruhen nicht als freie, gegründete Individuen in sich. Sie sprechen und handeln nicht in der Entfaltung ihres einmalig-unverwechselbaren Wesens, so wenig, daß Musil bei der Dialogisierung eines Gedankenzugs, unentschieden, wem er welche Äußerung in den Mund legen soll, von Entwurf zu Entwurf andere Sprecher einsetzt. Nicht nur im entstehungsgeschichtlichen Sinn sind diese Gestalten zuerst bloße Figuren, Glieder einer Funktion; sie sind „einzeln alle nichts" (1475). Wie die Wirklichkeit phantomisiert Musils Ironie auch deren Akteure. Leona, Bonadea, Diotima: es sind phantomisierende Übernamen ironischer Erfindung. Die dazugehörigen Menschen, so sehr sie sich dem Leser mit Einzelzügen einprägen, sie bleiben doch merkwürdig schattenhaft und unwirklich. Selbst Agathe, die in Erscheinung, Gebärde und Rede wohl eindrücklichste und rundeste, von Musil am reichsten ausgestattete und mit fühlbarer Teilnahme entwickelte Gestalt, erlaubt kein verweilendes Anschauen und bleibt wie verbannt in eine schwer zu beschreibende glasige Entrückung. Ironie und Reflexion haben alle Menschen des Romans zu bloßen Figuren reduziert, die Substanz ihrer Individualität aufgezehrt zugunsten einer gesteigerten Beweglichkeit. Daher die intellektuelle Transparenz auch der Figuren, daher ihre Flüchtigkeit für die Anschauung, daher ihre tiefere Schicksalslosigkeit. Aber nur so, in dieser phantomhaften Verdünnung ihrer Individualität, eignen sie sich für Musils Chemie der Figuren und sind dem Spiel komplizierter Analogien gefügig, setzen schließlich den Autor in die Lage, über ein Reich von Möglichkeiten zu verfügen und nahezu beliebig irgendeine Figur irgendwann irgendeine Wendung vollziehen zu lassen — ein Umstand übrigens, der erklärt, warum der Ausgang des Romans so schwer abzuschätzen ist und warum Musil, ohne den Endpunkt definitiv bestimmt zu haben, dennoch am Roman vorantastend fortarbeiten konnte.

Sowohl der Ironiker Musil als auch sein Held, der Mann ohne Eigenschaften, der die Ironie zu seiner Daseinsform erhebt und ganz folgerichtig auch der „Mann mit allen Eigenschaften" genannt wird (155), kosten die universale Freiheit, die gottähnliche Machtvollkommenheit der ironischen Subjektivität aus, die sich im Besitz weiß „der unbedingten Gewalt zu binden und zu lösen", wie sich Kierkegaard bei seiner Bestimmung der Ironie in Anlehnung an das Matthäus-Wort ausdrückt.[7] Der Ironiker legt sich nirgends fest und durchschaut alles Festgelegte in seiner Bedingtheit, entdeckt in jedem Plus ein Minus (750), in jeder Abneigung eine heimliche Zuneigung, in allem Wirklichen das Mögliche, das auch zu anderen Kombinationen bereit ist. Nach Friedrich Schlegel ist Ironie „klares Bewußtsein der ewigen Agilität, des unendlich vollen Chaos".[8] Und in den „Schwärmern" sagt Thomas von dem „Vorbehalt" der Ironie: „Es gab nichts, das wir ohne Vorbehalt hätten gelten lassen; kein Gefühl, kein Gesetz, keine Größe. Alles war wieder allem verwandt und darein verwandelbar; Abgründe zwischen Gegensätzen warfen wir zu und zwischen Verwachsenem rissen wir sie auf. Das Menschliche lag in seiner ganzen, ungeheuren, unausgenützten, ewigen Erschaffungsmöglichkeit in uns!" (III 309) Unübertrefflich sind damit auch umschrieben Gesetz und Sinn der Musilschen Analogien unter der Bedingung der Ironie. Die Analogien lösen die Konturen, den festen Umriß der Personen auf, entrücken das Nahe und holen das Ferne heran, verfremden hier das Bekannte und lassen dort das Feindliche sich überraschend anfreunden, um gemäß „der biegsamen Dialektik des Gefühls" (155) alles in gleitende Übergänge zu verwandeln und in das schwebende Gleichgewicht von Möglichkeiten zu heben. Wie aufsteigend mitten aus scheinbar unüberwindlicher Feindschaft die Ahnung möglicher Verwandtschaft und Übereinstimmung zwei Widersacher analogisch verbinden kann, zeigte das Beispiel der „feindlichen Brüder" Ulrich und Arnheim. Nicht anders ist es mit den „feindlichen Verwandten" Ulrich und Diotima[9], wenn Ulrich, ein zentrales Motiv des späteren Zwillings-Themas präludierend, am Ende der entscheidenden Kapitelgruppe zu seiner Kusine sagen möchte: „„Schenken Sie mir eine Umarmung, rein aus Liebenswürdigkeit. Wir sind verwandt; nicht ganz getrennt, keineswegs ganz eins; jedenfalls der äußerste Gegensatz zu einer würdigen und strengen Beziehung."" (298) Und immer ist es wieder der Zauberstab der Analogie, der bewirkt, daß Ulrich ausgerechnet Sekretär der verfehlten Parallelaktion wird; daß er von Tuzzi stets „Vetter" genannt wird und selber tiefes „Einverständnis" mit ihm empfindet (426); daß ihn Moosbrugger näher angeht „als sein eigenes Leben, das er führte" (124); daß er sich mit den Christ-Germanen einläßt und „mancherlei für die wunderlichen Freunde Gerdas" übrig hat (495); daß die Aussprüche der verrückten Clarisse seinen eigenen „bedenklich ähnlich" sind (678) und sogar Lindner zuweilen wie Ulrich spricht.[10] Daß auch Musil diese Konfigurationen und partiellen Übereinstimmungen als Analogien verstanden hat, bezeugt schließlich folgende Stelle ganz direkt: „Alles, was wir tun, ist nur ein Gleichnis. (Das heißt: Analogie. Wenn ich, Ulrich, mich für Moosbrugger einsetze, so ist das nur teilweise zu nehmen, nicht voll. Ebenso wenn ich mit Clarisse die Ehe breche; ich schließe sie ja nicht. Unsere ganze Existenz ist nur eine Analogie. Wir bilden uns ein System von Grundsätzen, Vergnügungen und so weiter, das einen Teil des Möglichen deckt.)" (1505)

* * *

Nach denselben Stilgesetzen wie bei der figürlichen oder konfigurativen Analogie arbeitet Musils Einbildungskraft dort, wo — in der Reflexion — p r o b l e m a t i s c h e A n a l o g i e n , also Analogien zwischen verschiedenen Erkenntnis- oder Sachgebieten in Frage stehen.

Der logische Wert der Analogie ist gering, ihr Erkenntniswert umstritten[11], ihre Beliebtheit und Fruchtbarkeit aber um so größer, da sie „spähend, vorgreifend und anspornend wirkt"[12] und, wie Goethe bemerkt, „immer mehr anregt als gibt", „wie gute Gesellschaft".[13] „Nach Analogien zu denken ist nicht zu schelten; die Analogie hat den Vorteil, daß sie nicht abschließt und eigentlich nichts Letztes will."[14] In seinem eigenen Denken läßt sich Goethe gern von Analogien leiten und findet durch sie „das Wechselleben der Weltgegenstände am besten ausgedrückt".[15] Aus der Anschauung der pflanzlichen Metamorphose entwickelt er seinen Begriff des Kunstschönen. Behutsames Denken nach Analogien führt ihn dazu, den Schädel als Umbildung des Wirbelknochens zu begreifen. Solche Analogien scheinen tragfähig und sind uns, aus was für Gründen immer, willkommen und bald geläufig. Doch warnt Goethe wieder vor jenem unbedachten, hasardierenden Analogisieren, dem dann der „Witz" der frühromantischen Spekulation huldigt und dem sich, mit mystischem Leichtsinn, vor allem Novalis anvertraut.[16]

Denn „folgt man der Analogie zu sehr, so fällt alles identisch in sich zusammen".[17] Es ist unerläßlich, das Identische und Verschiedene zu sondern und zugleich festzuhalten. Wie bei jeder Begriffsbildung gilt bei der Analogie die Maxime:

Dich im Unendlichen zu finden,
Mußt unterscheiden und dann verbinden . . .[18]

Ganz anders und in ganz anderer Absicht auch handhabt Musil die Analogie. Sie soll nicht zu der Erkenntnis eines Gesetzmäßigen helfend hinführen und sich vom Ende, von dem Ergebnis her in ihrer Gültigkeit erst ausweisen; sondern sie soll überraschen, verblüffen, in kühner Kombinatorik unvermutete Zusammenhänge aufscheinen, „Abgründe zwischen Gegensätzen" überschwingen und heimliche Wesensverwandtschaft ahnbar werden lassen. Daher bevorzugt Musil gerade die von der Sache her schwach begründete Analogie. Die Ironie gestattet es ihm, versuchsweise und auf Widerruf Analogien zwischen inkommensurablen Gegenständen zu wagen.

Einerseits wird dabei der Gegenstand isoliert, aus seiner gewohnten Umgebung herausgelöst und seines phänomenalen Bedeutungs- und Verweisungshorizontes beraubt, anderseits freigesetzt und für neue Verbindungen verfügbar. Beides gehört in der ironischen Analogie zusammen. Aber zunächst setzen diese überraschenden Analogien den ironischen Vorbehalt, die Distanz des unbeteiligten Weltbetrachters voraus. Der Möglichkeitsmensch Ulrich, entschlossen, das Leben einstweilen nicht mehr „mitzumachen", betrachtet von dem Standpunkt einer universalen Freiheit das menschliche Treiben mit jener kopfschüttelnden Verwunderung, mit der ein Gast von einem anderen, fremden Stern die Einrichtungen und Bräuche dieser Erde besichtigen würde. Am unverständlichsten müßte einem solchen Besucher gerade die Selbstverständlichkeit aller irdischen Geltungen erscheinen, die Geläufigkeit des Zurechtfindens in einer phantastischen Ordnung, die „die Wirklichkeit" zu sein mit Erfolg beansprucht:

„Mit großer und mannigfaltiger Kunst erzeugen wir eine Verblendung, mit deren Hilfe wir es zuwege bringen, neben den ungeheuerlichsten Dingen zu leben und dabei völlig ruhig zu bleiben, weil wir diese ausgefrorenen Grimassen des Weltalls als einen Tisch oder einen Stuhl, ein Schreien oder einen ausgestreckten Arm, eine Geschwindigkeit oder ein gebratenes Huhn erkennen. Wir sind imstande, zwischen einem offenen Himmelsgrund über unserem Kopf und einem leicht zugedeckten Himmelsabgrund unter den Füßen, uns auf der Erde so ungestört zu fühlen wie in einem geschlossenen Zimmer. Wir wissen, daß sich das Leben ebenso in die unmenschlichen Weiten des Raums wie in die unmenschlichen Engen der Atomwelt verliert, aber dazwischen behandeln wir eine Schicht von Gebilden als die Dinge der Welt, ohne uns im geringsten davon anfechten zu lassen, daß das bloß die Bevorzugung der Eindrücke bedeutet, die wir aus einer gewissen mittleren Entfernung empfangen. (...) Aber wenn man näher hinsieht, ist es doch ein äußerst künstlicher Bewußtseinszustand, der dem Menschen den aufrechten Gang zwischen kreisenden Gestirnen verleiht und ihm erlaubt, inmitten der fast unendlichen Unbekanntheit der Welt würdevoll die Hand zwischen den zweiten und dritten Rockknopf zu stecken." (539)

Ein Stuhl ist ein Stuhl nur, wenn ich ihn verstehe, wenn ich ihn aus seinem Verweisungszusammenhang mir erschließe: als Möbel im Zusammenhang des Wohnens, als handwerkliche Arbeit im Zusammenhang der Holzarten, der Ausführungsqualität, der Fabrikationsweise. Starre ich aber dieses Stuhlding nur an als ein An-sich, wie es einem Marsmenschen erscheinen würde, vollziehe die gemeinten Bedeutungen nicht mit, so wird durch diese Änderung der Sehweise der Stuhl allerdings zu einer „ausgefrorenen Grimasse des Weltalls". „Ein Hut, der eine männliche Gestalt nach schöner Sitte krönt, eins mit dem Ganzen des Mannes von Welt und Macht, durchaus ein nervöses Gebilde, ein Körper-, ja sogar ein Seelenteil, entartet augenblicklich zu etwas Wahnsinnähnlichem" (III 494 f.), wenn ich ihn isoliere auf sein pures Vorhandensein dort obenauf. Diese, wie Musil treffend sagt: „lebenswidersetzliche" (1275) Unterbindung des natürlichen Verweisungszusammenhangs, dieses „Sich der Meinung des Lebens verschließen" (1275), führt zu dem unheimlichen Erlebnis des Nichts; denn dabei „zerstört man Treu und Glauben des Daseins" (1275). Diese veränderte, neutralisierende und Sinn vernichtende Sehweise beschreibt Musil in dem brillanten, aber auch bedeutsamen und noch viel zu wenig beachteten Prosastück „Triëdere"[19]. Im „Mann ohne Eigenschaften" ist davon die Rede zuerst im Kapitel „Ein heißer Strahl und erkaltete Wände", wo Musil von einer Abweichung von „der Richtung des Lebens" spricht (131 f.), später in den Tagebüchern Ulrichs, wo das „Triëdere"-Thema aufgenommen wird (1274 f.). Für Musil ist zunächst an dieser Erfahrung entscheidend, daß, vor dem lebenswidersetzlichen, annihilierenden Blick, die Posivität, die Erstarrung des Seinesgleichen plötzlich aufbricht: die Dinge zeigen sich „unverständlich und schrecklich, wie es der erste Tag nach der Schöpfung gewesen sein mag, ehe sich die Erscheinungen aneinander und an uns gewöhnt hatten" (III 494), ziehen sich, so verfremdet, aus der abgenützten Selbstverständlichkeit zurück in das Ordnungslose des Ursprünglichen, des „unendlich vollen Chaos", „voll von Möglichkeit und Nichts" (134).

Der Zusammenhang dieser annihilierenden Nullperspektive mit der Analogie wird sichtbar, wo Ulrich beschreibt, wie er und seine Schwester gemeinsam triëdern: „Wir haben auch ein Spiel daraus gemacht. In einer Art lustiger Übelgelauntheit haben wir es ausgekostet und haben uns eine Weile auf Schritt und Tritt lebenswidersetzlich gefragt: Was will zum Beispiel jenes Rot dort auf dem Kleid, daß es so rot ist? Oder was tut dieses Blau und Gelb und Weiß auf den Kragen der Uniformen eigentlich? Und warum sind, in Gottes Namen gefragt, die Sonnenschirme der Damen rund, und nicht viereckig? Wir haben uns gefragt, was der griechische Giebel des Parlaments mit seinen gespreizten Schenkeln wolle. ‚Spagatmachen', wie es nur eine Tänzerin und ein Reißzirkel zustandebringen, oder klassische Schönheit verbreiten?" (1275) Der griechische Giebel wird nicht mehr als Teil eines Gebäudes verstanden. Seine Bedeutungen in bautechnischer, architektonischer oder stilgeschichtlicher Hinsicht werden nicht mitvollzogen. Aber gerade die so provozierte Unverständlichkeit und Weltverlorenheit dieses Gebildes gibt es frei für Analogien, die dem Sinn der Sache nach unmöglich wären, die so schwach begründet sind, daß sie, nach der Art des Witzes, auch nur dank einer sprachlichen Vermittlung („Schenkel") zustande kommen. Die Analogie zwischen dem griechischen Giebel, der Tänzerin und dem Reißzirkel hilft aber auch nicht, zu einem neuen Verständnis hinzuleiten, sondern betont das sinnlose Vorhandensein der Dinge in der Welt. In dieser Weise wirken Musils Analogien sehr oft selber wieder verfremdend, da sie inkommensurable Erscheinungen zueinander in ein Verhältnis setzen, wobei die Ähnlichkeit gering und äußerlich ist und von einer komischen Unähnlichkeit zudem überboten wird. Davon spricht Musil in einer Passage, die auch darum interessant ist, weil sie, wohl ohne Absicht und jedenfalls ohne tiefere Gemeinsamkeit, an die Theorien und Praktiken des französischen Surrealismus erinnert: „Aber stelle einen Windhund neben einen Mops, eine Weide neben eine Pappel, ein Weinglas auf einen Sturzacker oder ein Porträt statt in eine Kunstausstellung in ein Segelboot, kurz, bringe zwei hochgezüchtete und ausgeprägte Formen des Lebens nebeneinander, so entsteht zwischen ihnen beiden eine Leere, eine Aufhebung, eine ganz bösartige Lächerlichkeit ohne Boden." (201) Viele Analogien Musils sind in diesem Sinn böse.

Aber so wie wir Ulrichs Ironie, seinen Zynismus, seine totale Respektlosigkeit, seine Neigung zum Aggressiven und bösartig Herabsetzenden (vgl. 309 ff.) als experimentelle Methode und als die notwendige Arbeit des Negativen verstehen sollen, so gehört auch die Lebenswidersetzlichkeit, das willentlich böse Nichtverstehen des schlichten Lebenssinns, nämlich die innere Unstimmigkeit, als notwendiges Element zur Musilschen Analogie. Wir könnten von einer i r o n i s c h - e x p e r i m e n - t e l l e n A n a l o g i e s p r e c h e n. Ihr wird später die e k s t a - t i s c h - i n t u i t i v e A n a l o g i e zur Seite treten.[20]

Einige Beispiele sollen die ironisch-experimentelle Form der problematischen Analogie belegen.

Ulrich vergleicht einmal die Geschichte mit einem Schmierenstück. „Man sage nicht umsonst Welttheater, denn es entstehen immer die gleichen Rollen, Verwicklungen und Fabeln im Leben. [...] Vollends die erfolgreichen politischen Gestalter der Wirklichkeit haben, von den ganz großen Ausnahmen abgesehen, viel mit den Schreibern von Kassenstücken gemein; die lebhaften Vorgänge, die sie erzeugen, langweilen durch ihren Mangel an Geist und Neuheit, bringen uns aber gerade dadurch in jenen widerstandslosen schläfrigen Zustand, worin wir uns jede Veränderung gefallen lassen." (373) Weltgeschichte entstehe „wie alle anderen Geschichten. Es fällt den Autoren nichts Neues ein, und sie schreiben einer vom andern ab. Das ist auch der Grund, warum alle Politiker Geschichte studieren, statt Biologie oder dergleichen." (369)

Ein anderes Mal setzt Musil Homer und das Epische überhaupt in analogische Beziehung zur Imbezillität: „Friedel Feuermaul war also kein elender Schmeichler, und das war er nie, sondern hatte nur zeitgemäße Einfälle am rechten Platz, wenn er von Meseritscher vor Meseritscher sagte: ‚Er ist eigentlich der Homer unserer Zeit! Nein ganz im Ernst', fügte er hinzu, denn Meseritscher deutete eine unwillige Bewegung an ‚das episch unerschütterliche ‚Und', mit dem Sie alle Menschen und Ereignisse aneinanderreihen, hat in meinen Augen etwas ganz Großes!' [...] Ohne auf die feinere Unterscheidung zwischen Idioten und Kretins einzugehen, darf nun daran erinnert werden, daß es einem Idioten gewissen Grades nicht mehr gelingt, den Begriff ‚Eltern' zu bilden, während ihm die Vorstellung ‚Vater und Mutter' noch ganz geläufig ist. Dieses schlichte, aneinanderreihende ‚Und' war es aber auch, durch das Meseritscher die Erscheinungen der Gesellschaft verband. Ferner ist daran zu erinnern, daß Idioten in der schlichten Dinglichkeit ihres Denkens etwas besitzen, das nach der Erfahrung aller Beobachter in geheimnisvoller Weise des Gemüt anspricht; und daß Dichter auch vornehmlich das Gemüt ansprechen, ja sogar auf eine soweit gleiche Weise, als sie sich durch eine möglichst handgreifliche Geistesart auszeichnen sollen. Wenn Friedel Feuermaul also Meseritscher als Dichter ansprach, hätte er ihn ebensogut [...] auch als einen Idioten ansprechen können, und zwar auf eine auch für die Menschheit bedeutsame Weise. Denn das Gemeinsame, um das es sich da handelt, ist ein Geisteszustand, der durch keine weitgespannten Begriffe zusammengehalten, durch keine Scheidungen und Abstraktionen geläutert wird, ein Geisteszustand der niedersten Zusammenfügung, wie er sich am anschaulichsten eben in der Beschränkung auf das einfache Binde-Wort, das hilflos aneinanderreihende ‚Und‘ ausdrückt, das dem Geistesschwachen verwickeltere Beziehungen ersetzt..." (1036)

Eine gleiche Wirkung ergibt sich, wenn General Stumm die Dichter der „ewigen Menschheitsgefühle" mit den Strategen oder den zu Unrecht verschrieenen „Blutgeneralen" vergleicht: beide schalten im großen und geben sich nicht mit den Details ab. (414) Ebenso läßt sich Stumm von seinem Freund Ulrich erläutern, daß der Geist nicht im Zivil zu finden sei, sondern beim Militär; „denn Geist ist Ordnung, und wo gibt es mehr Ordnung als beim Militär?" (386) Oder die sachliche Gesinnung und unerbittliche Konsequenz des Vorgehens ist dem Boxer, dem Mörder, dem skrupellosen Politiker, dem Soldaten, dem Henker, dem Chirurgen und dem Professor gemeinsam, „der in den Armen seiner Gattin an einer Aufgabe weiterrechnet", und nur wunderlicherweise spricht man bald von Roheit, Gemeinheit und Gefühllosigkeit, bald von Größe, Geisteskraft und Verläßlichkeit. (153 f.)

Auch können solche Analogien sich dem Humoristischen nähern. Musil erläutert die komplizierten Verhältnisse der Doppelmonarchie so: „Die beiden Teile Ungarn und Österreich paßten zueinander wie eine rot-weiß-grüne Jacke zu einer schwarz-gelben Hose; die Jacke war ein Stück für sich, die Hose aber war der Rest eines nicht mehr bestehenden schwarz-gelben Anzugs, der im Jahre achtzehnhundertsiebenundsechzig zertrennt worden war. Die Hose Österreich hieß seither in der amtlichen Sprache ‚Die im Reichsrate vertretenen Königreiche und Länder‘, was natürlich gar nichts bedeutete und ein Name aus Namen war, denn auch diese Königreiche, zum Beispiel die ganz Shakespeareschen Königreiche Lodomerien und Illyrien gab es längst nicht mehr und hatte es schon damals nicht mehr gegeben, als noch ein ganzer schwarz-gelber Anzug vorhanden war." (462)

Im Sinne Jean Pauls wendet Musil die Analogie zuweilen ins Witzige. Im Gegensatz zum Tiefsinn und Scharfsinn findet der Witz „das Verhältnis der Ähnlichkeit, d. h. teilweise Gleichheit, unter größere Ungleichheit versteckt", und zwar Ähnlichkeit zwischen inkommensurablen Größen.[21] Glück sei, meint Musil einmal, ein relativer Begriff; entscheidend sei die Bilanz des Lusthaushalts, die mit einem Existenzminimum an Lust abschließen muß. „Theoretisch bedeutet das, daß die Familie ohne Obdach, wenn sie in einer eisigen Winternacht nicht erfroren ist, bei den ersten Strahlen der Morgensonne ebenso glücklich ist wie der reiche Mann, der aus dem warmen Bett heraus muß; und praktisch kommt es darauf hinaus, daß jeder Mensch geduldig wie ein Esel das trägt, was ihm aufgepackt ist, denn ein Esel, der um eine Kleinigkeit stärker ist als seine Last, ist glücklich. Und in der Tat, das ist die verläßlichste Definition von persönlichem Glück, zu der man gelangen kann, solange man nur einen Esel allein betrachtet." (535 f.) — Noch deutlicher ist folgende Eröffnung eines Kapitels: „Die Neueinrichtung alter Schlösser bildete die besondere Fähigkeit des bekannten Malers van Helmond, dessen genialstes Werk seine Tochter Clarisse war, und eines Tages trat diese unerwartet bei Ulrich ein." (298 f.) — Ebenso pointiert: „Diotima stand in seiner Nähe und lächelte. Sie fühlte etwas von Ulrichs Bemühungen um seine Schwester, war wehmütig gerührt, vergaß die Sexualwissenschaft, und etwas stand offen: es war wohl die Zukunft, jedenfalls waren es aber ein wenig auch ihre Lippen." (1060)

In allen Graden der frivolen und bitteren Lustigkeit, der paradoxen Verkehrung, des geistreichen Aperçus, der ironischen Aggressivität und des nur scheinbaren Unernstes spielen die ironisch-experimentellen Analogien. Sie können sich während eines längeren Gedankenzugs durchhalten und später, sobald das nämliche Problem sich wieder meldet, erneut auftauchen. So stellt sich etwa die Analogie zum Durchschnittswert und zur kinetischen Gastheorie immer wieder ein, wenn Ulrich über das ziellose Gewirr von Bewegungen und Kräften im moralischen und geistigen Leben und in der Geschichte nachdenkt. Oder in den Kapiteln um Arnheim und Direktor Fischel benützt Musil mehrfach die Analogie zwischen Finanz- und Geisteswelt. Während diese Analogien ausgeführt und variiert werden, scheinen andere nur gelegentlich rasch auf, als improvisierte Seitensprünge des Denkens, als munteres Nebenexperiment, als Einfall in pointiert witziger Verkürzung. Wesentlich für den Stil Musils ist, daß seine ironische Erzählweise gemäß ihrer intellektuellen Beweglichkeit und Ubiquität immer latent analogisch ist, stets bereit, einer Analogie zu folgen, immer auf dem Sprunge, Analogien nach irgendeiner unvorhersehbaren Richtung zu produzieren. Diese absprungbereite, allseitig ausspähende Geistesgegenwart verleiht Musils Prosa, auch wo sie dahinzuplaudern scheint, ihre einzigartige Energie und Helligkeit und bewahrt die langen Partien reiner Reflexion vor der Zähigkeit des Abhandelns, indem die Analogien aus allen Lebens- und Wissensgegenden den buntesten Stoff vergleichend hereinholen und der Leser sich vorsehen und stets eine überraschende Wendung gewärtigen muß.

Ein letztes Beispiel, das vollständig anzuführen nötig ist, möge das belegen. Es stammt aus dem Kapitel mit der Überschrift „In einem Zustand von Schwäche zieht sich Ulrich eine neue Geliebte zu". In einer dunklen Straße wurde Ulrich, noch ehe er sich erfolgreich verteidigen konnte, von drei Strolchen niedergeschlagen und blieb bewußtlos auf dem Pflaster liegen. Eine Dame nimmt sich seiner an, führt ihn in ihrem Wagen nach Hause. Diese Dame heißt dann Bonadea und ist eine unglücklich verheiratete und überdies mannstolle Schönheit. In ihrer Nähe taucht Ulrich aus der Ohnmacht empor: „Er erzählte sein Erlebnis, und die schöne Frau (...) klagte die Roheit der Menschen an und fand ihn entsetzlich bedauernswert. Natürlich begann er nun das Geschehen lebhaft zu verteidigen und erklärte der überraschten mütterlichen Schönheit an seiner Seite, daß man solche Kampferlebnisse nicht nach dem Erfolg beurteilen dürfe. Ihr Reiz liegt auch wirklich darin, daß man in einem kleinsten Zeitraum, mit einer im bürgerlichen Leben sonst nirgends bekannten Schnelligkeit und von kaum wahrnehmbaren Zeichen geleitet, so viele, verschiedene, kraftvolle und dennoch aufs genaueste einander zugeordnete Bewegungen ausführen muß, daß es ganz unmöglich wird, sie mit dem Bewußtsein zu beaufsichtigen. Im Gegenteil, jeder Sportsmann weiß, daß man einige Tage vor dem Wettkampf das Training einstellen muß, und das geschieht aus keinem anderen Grund, als damit Muskeln und Nerven untereinander die letzte Verabredung treffen können, ohne daß Wille, Absicht und Bewußtsein dabei sein oder gar dareinreden dürfen. Im Augenblick der Tat sei es dann auch immer so, beschrieb Ulrich: die Muskeln und Nerven springen und fechten mit dem Ich; dieses aber, das Körperganze, die Seele, der Wille, diese ganze, zivilrechtlich gegen die Umwelt abgegrenzte Haupt- und Gesamtperson wird von ihnen nur so obenauf mitgenommen, wie Europa, die auf dem Stier sitzt, und wenn dem einmal nicht so sei, wenn unglücklicherweise auch nur der kleinste Lichtstrahl von Überlegung in dieses Dunkel falle, dann mißlinge regelmäßig das Unternehmen. — Ulrich hatte sich in Eifer geredet. Das sei im Grunde, — behauptete er nun — er meine, dieses Erlebnis der fast völligen Entrückung oder Durchbrechung der bewußten Person sei im Grunde verwandt mit verlorengegangenen Erlebnissen, die den Mystikern aller Religionen bekannt gewesen seien, und es sei sonach gewissermaßen ein zeitgenössischer Ersatz ewiger Bedürfnisse, und wenn auch ein schlechter, so immerhin einer; und das Boxen und ähnliche Sportarten, die das in ein vernünftiges System bringen, seien also eine Art von Theologie, wenn man auch nicht verlangen könne, daß das schon allgemein eingesehen werde.

Ulrich hatte sich wohl auch ein wenig aus dem eitlen Wunsch so lebhaft an seine Gefährtin gewandt, sie die klägliche Lage, in der sie ihn gefunden hatte, vergessen zu machen. Es war unter diesen Umständen schwer für sie, zu unterscheiden, ob er ernst spreche oder spotte. Jedenfalls konnte es ihr im Grunde durchaus natürlich erscheinen, daß er die Theologie durch den Sport zu erklären suchte, was vielleicht sogar interessant war, da der Sport etwas Zeitgemäßes ist, die Theologie dagegen etwas, wovon man gar nichts weiß, obgleich es doch unleugbar wirklich noch immer viele Kirchen gibt. Und wie dem auch sei, sie fand, daß ein glücklicher Zufall sie einen sehr geistvollen Mann hatte retten lassen, und zwischendurch fragte sie sich allerdings auch, ob er nicht etwa eine Gehirnerschütterung erlitten habe.

Ulrich, der nun etwas Verständliches sagen wollte, benützte die Gelegenheit, um beiläufig darauf hinzuweisen, daß ja auch die Liebe zu den religiösen und gefährlichen Erlebnissen gehöre, weil sie den Menschen aus den Armen der Vernunft hebe und ihn in einen wahrhaft grundlos schwebenden Zustand versetze.

Ja, — sagte die Dame — aber Sport sei doch roh.

Gewiß, — beeilte sich Ulrich, es zuzugeben — Sport sei roh. Man könne sagen, der Niederschlag eines feinst verteilten, allgemeinen Hasses, der in Kampfspielen abgeleitet wird. Man behauptet natürlich das Gegenteil, Sport verbinde, mache zu Kameraden und dergleichen; aber das beweise im Grunde nur, daß Roheit und Liebe nicht weiter voneinander entfernt seien als der eine Flügel eines großen bunten stummen Vogels vom andern." (28 ff.)

Wie diese Szene ironisch auf Bonadeas Doppelleben zugespitzt ist, auf ihr Reden vom „Wahren, Guten und Schönen", worunter sie das „Hochanständige" versteht, und auf ihre durch die Nähe von Männern so leicht erregbare Natur, wie weiter diese Szene auf kommende Gespräche zwischen Ulrich und Bonadea abgestimmt ist, bleibe hier außer Betracht. Auch ohne die zusätzliche Dimension seiner kompositorischen Funktion ist der Text in seiner unauffälligen Dichte ein exemplarisches Kabinettsstück und zeigt Musil in der souveränen Beherrschung seines ironischen Stils. Hören wir die Tonlage überhaupt richtig? Sie zu bestimmen und zu beschreiben ist nicht einfach. Sie hält sich in eigentümlicher Schwebe. Ob Ulrich „ernst spreche oder spotte", ist nicht nur für Bonadea zweifelhaft. Auch der Leser bleibt auf anregende Weise im ungewissen und wird von Musil ausdrücklich in solcher Ungewißheit bestärkt. Ja noch mit einer ins Witzig-Komische umschlagenden Wendung erinnert uns Musil an den Umstand, daß Ulrich zwar recht eindrückliche Ideen entwickelt, vielleicht aber auch nur eine Gehirnerschütterung erlitten haben könnte; also daran, daß geistvolle Beredsamkeit zuweilen nichts anderes ist als das Symptom einer herabgesetzten geistigen Zurechnungsfähigkeit: für uns das schöne Beispiel einer im Nebenbei signalisierten Analogie, die Bonadea unterläuft, ohne daß sie es inne wird, die aber von Musil in beziehungsreicher Absicht hier eingesetzt wird. Ulrich mutet der schönen Unbekannten allerdings einiges an Fassungskraft zu. Eine leichte Benommenheit, die nachwirkende Erregung, die peinliche Tatsache seiner Niederlage und Hilfsbedürftigkeit und dazu die anregende Wärme, die von Bonadea ausgeht, das alles mag bewirken, daß sich Ulrich etwas gehen und zu einem munteren, einfallsreich gescheckten Vortrag hinreißen läßt. Er hat „sich in Eifer geredet". Des Hinweises bedürfte es kaum. Das Anakoluth („Das sei im Grunde . . ."), die rastlose Gedankenfolge, die forttreibenden Sätze sind vollkommen deutlich. Mit einer nicht mehr ganz geheuren Schnelligkeit gerät Ulrich vom Hundertsten ins Tausendste, sucht schließlich, nach einer Pause, einen verständlicheren Ansatz, verliert sich erneut in kühnen Andeutungen und landet bei einem Bild, das vollends dunkel ist. Was Ulrich eigentlich will, ist durchaus nicht klar. So jedenfalls spricht nicht das ruhige Wissen, die gelassene Überzeugung. Eher noch erinnert dieses ungehemmte Reden an einen phantastischen Eiferer, nur daß nirgends der geringste Fanatismus spürbar ist, wohl aber rationale Heiterkeit, Lust an intellektueller Taschenspielerei. Dennoch ist es, als ob Ulrich mit seiner Insistenz ein geheimes Ziel ansteuern würde, als ob er sich von einer dunklen, ihm selbst vielleicht nicht restlos deutlichen Absicht leiten ließe.

Es ist nicht anders. Der eingeweihte Musil-Leser ist über den tieferen Sinn der Szene verständigt. Daß Ulrich es ernst meint, gerade wenn er in scherzhaftem Übermut spricht, ist eine habituelle Stilfigur bei Musil. Hier sollte schon aufhorchen lassen, wie Musil zu Beginn des Abschnitts Kleists berühmte Gedanken über die Sicherheit des durch kein Bewußtsein gestörten Körpers aufnimmt, nun nicht in indirekter Rede, sondern, mit Ulrich übereinstimmend, im eigenen Namen sprechend. Die Beziehung zwischen dem Ich und dem Körper; die verschiedenen Formen der Ekstase; Liebe und Mystik; Liebe und Gewalt: diese Themen alle gewinnen viel später in schwierigsten Zusammenhängen großen Ernst und eine ungeahnte Dringlichkeit, werden aber hier, in einem der ersten Kapitel des Romans, so unauffällig wie nur möglich präludiert.[22]

Der eifrig redende Ulrich verfolgt also eine geheime Spur. Das Sucherische aber erscheint in der Form des Versuchs, des gedanklichen Experiments, das etwas Außenstehendes, Letztes einstweilen auf noch unangemessene Weise erprobt. Das Bewußtsein der Unangemessenheit, des Uneigentlichen, gehört selber zum Experiment und erscheint als der ironische Vorbehalt. Daher gibt Musil die Rede Ulrichs in der distanzierenden Form der indirekten Rede wieder. Daher ist der Tiefsinn unter dem Schein des improvisierenden Leichtsinns versteckt. Dieses an der Oberfläche leichtfertige, ja frivole intellektuelle Geschäker ist für Musils Ironie bezeichnend und schafft das eigenartig luftige Klima des Stils, das die Entfaltung einer allseits beweglichen Geistesgegenwart begünstigt. Während der Automatisierung einer Körperbewegung treffen Muskeln und Nerven eine geheime Verabredung; das Ich wird als die „zivilrechtlich gegen die Umwelt abgegrenzte Haupt- und Gesamtperson" bezeichnet; sogleich dann stellt sich der Vergleich mit Europa auf dem Stier ein; in der Manier des Witzes wird eine bewußt erzeugte Erwartung mit einer Finte mühelos getäuscht (in dem Satz „. . . da der Sport etwas Zeitgemäßes ist, die Theologie dagegen etwas . . ."), und mit der bereits erwähnten witzigen Erinnerung an Ulrichs Geisteszustand findet Musil für den Zwischenabschnitt einen durchaus charakteristischen, vielsagenden und vieles offen lassenden Abschluß. In demselben Klima des frostigen und hintergründig lächelnden Plauderns gedeihen dann auch die gewagtesten Analogien: Kampf- und Sporterlebnisse seien verwandt mit der mystischen Entrückung. Das Boxen soll mit seinen Regeln eine Art Theologie darstellen. Die Liebe wiederum gehöre auch zu den religiösen Erlebnissen, habe somit ebenfalls manches mit dem Sport gemeinsam. Roheit und Liebe seien nicht einfach Gegensätze, sondern bildeten miteinander ein Paar. Sport und Mystik? Boxen und Theologie? So vorgetragen, sind die Analogien für das um Erkenntnis bemühte Denken unannehmbar. Musil sagt nicht, wie er es in den eigenen theoretischen Notizen tut, daß sowohl in der „motorischen" Ekstase als auch in der Ekstase völliger Inaktivität, der Ekstase der „contemplatio", das Willensich „aufgesogen und ausgelöscht" wird[23]. Vielmehr formuliert er die Analogie so, daß sie unangemessen erscheint, daß das vermittelnde Gemeinsame kaum hervortritt und sich gegen die offensichtliche, groteske Unähnlichkeit nicht behaupten kann. Solcher Unähnlichkeit wegen erheitern Musils ironische Analogien, befremden und beunruhigen. So wie die Ironie bei den figürlichen Analogien mit Vorliebe die Feindschaft zwischen Verwandtem und die Wesensverwandtschaft unter Widersachern aufdeckt, so statuiert sie bei den problematischen Analogien gern Ähnlichkeit unter völlig Unähnlichem. Ob dabei eine tiefere Einsicht im Spiele sei, eine bedeutsame Erkenntnis sich anbahne und nur einstweilen ihren angemessenen Ausdruck noch nicht gefunden habe oder ob alles bloß Unernst, frivole Lust am Widerspruch und geistreiches Quidproquo sei, bleibt, stilistisch gesehen, auf reizvolle Weise in der Schwebe. Es halten sich darin die Waage ein sehr innerlicher, leidensfähiger, unnachläßlicher Wille zur Wahrheitssuche und eine höchstgesteigerte Intelligenz, ein skeptischer Geist von seltener Beweglichkeit, Kühnheit und Unabhängigkeit.

* * *

Die Rede Ulrichs endet mit einem merkwürdig dunklen und in seiner Dunkelheit auch verheißungsvollen Bild: mit einer bildlichen Analogie. Roheit und Liebe, so sagt Ulrich, seien nicht weiter voneinander entfernt „als der eine Flügel eines großen bunten stummen Vogels vom andern". Musil verwendet hier einen Vergleich oder, wie er es nennt, ein Gleichnis. Aber wie bewegend rührt es uns damit an. Wir halten im Lesen betroffen inne, empfinden eine überraschende Weitung, Öffnung, ein weiches Gleiten, einen lyrischen Atem. Eingelegt in die neutrale, oft frostige Sprache des ironischen Räsonnements, wirken solche Gleichnisse bei Musil wie große Hieroglyphen, Zeichen einer noch unerkannten Welt, die uns an die Möglichkeit eines nicht mehr ironisch-uneigentlichen, sondern ursprünglichen, dichterisch unmittelbaren Sprechens erinnern.

Läßt sich diese Wirkung auch erklären? Im Gleichnis und

ebenso in der Metapher bedient sich die Sprache der Analogie. Zwei an sich verschiedene Dinge zeigen in einer bestimmten Hinsicht etwas Gemeinsames. Wir sagen: Der Himmel war blutrot, er war rot wie Blut. Himmel und Blut sind sich völlig ungleich; aber hinsichtlich der Farbe ist eine deutliche Gleichheit gegeben. Die Röte ist das tertium comparationis und vermittelt zwischen dem Verschiedenen. Das Gefühl aber kümmert sich nicht um logische Rechtfertigungen. Es nimmt in dem Vergleich nicht nur eine Nüancierung der Farbe Rot wahr, sondern erfaßt im selben Nu einen ganzen Bedeutungskomplex, der nicht mehr in der Farbvorstellung „Rot, und zwar wie Blut", sondern in der symbolischen Dingvorstellung „Blut" zentriert ist. Blutrot, Feuerrot, Glutrot, Weinrot, Fleischrot, Kirschrot unterscheiden sich weniger im Farbton als in den assoziativ miterschlossenen Bedeutungssphären. Das Gefühl überschreitet also die logisch sehr begrenzte Tragweite der Analogie, aktiviert neue Inhalte und füllt von innen her die Analogie aus, so daß das logische Scharnier wegfallen kann und die Gleichsetzung „blutiger Himmel" möglich wird.

Im vorliegenden Gleichnis Musils ergibt die Vorstellung der Nähe und Zusammengehörigkeit den gemeinsamen Nenner, nämlich: Roheit und Liebe sind so nah zusammengehörig wie zwei Vogelflügel. So aber ist dem Gleichnis das Herz ausgestochen, sein ganzer sinnlicher Reiz ist verflogen. Warum ein Vogel vergleichend beigezogen wird, bleibt unverständlich — ein blindes Bild. Bei Musil aber illustriert der Vergleich gar nicht das Verglichene im Sinne einer Verdeutlichung, sondern das Gleichnis treibt über sich hinaus, gewinnt Eigenleben und schwingt sich, besonders eindrücklich, fort in unabsehbare Weiten. Der Grund dafür liegt darin, daß Musil mit drei Adjektiven den logisch nebensächlichen Vogel in unsrer Phantasie erstehen läßt: Roheit und Liebe sind nicht weiter voneinander entfernt „als der eine Flügel eines großen bunten stummen Vogels vom andern". Rätselhaft und wunderbar überraschend bleibt das Gleichnis. Wir staunen dem stummen Wundervogel nach und fragen, was er bedeute.

Unsre Interpretation geht, wie die Fortsetzung zeigt, keineswegs zu weit. Der folgende Abschnitt beginnt so: „Er [Ulrich] hatte den Ton auf die Flügel und den bunten, stummen Vogel gelegt, — ein Gedanke ohne rechten Sinn, aber voll von einem wenig jener ungeheuren Sinnlichkeit, mit der das Leben in seinem maßlosen Leib alle nebenbuhlerischen Gegensätze gleichzeitig befriedigt" (30). Ulrich selbst also erhebt mit seiner Betonung die logische Nebensache zur sinnhaften Hauptsache. Er anvertraut sich bei dieser ekstatisch-intuitiven Analogie nicht der allgemeinen Verständigkeit, sondern der „Logik des Analogischen" oder, wie Musil es auch nennt, der „gleitenden Logik der Seele" (II 659, I 607), „einer Sprache in Bildern, von denen keines das letzte ist" (140 f.). So gelangt er, mit hellem Bewußtsein träumend, zu dem Bild des namenlosen Vogels, in dem wir, von Musil dazu ermuntert, eine Chiffre für die unausdenkbare Totalität des Lebendigen erkennen, jenes Lebens, das alle Widersprüche, alle Begriffe und Gegenbegriffe rätselvoll schweigend umschließt. Denn Begriffe sind „nichts anderes als erstarren gelassene Gleichnisse" (587). Was sich im begrifflich fixierten Denken als schroffer Gegensatz darstellt, ist sich im Grund und Ursprung nah verwandt. „„Diese Begriffe, in denen das Leben hängt wie ein Adler in seinen Schwingen!"" ruft Ulrich einmal.

Es kann nun nicht mehr verwundern, daß Musil über die Analogie und das Gleichnis nachzusinnen nicht müde wurde und von der Stilfigur des Vergleichs den ausgiebigsten Gebrauch macht, besonders in dem ganz esoterischen Werk „Vereinigungen", wo sich Musil rückhaltlos dieser Sprache der gleitenden Bilder hingibt, so sehr, daß alles Wirkliche, Gegenständliche von fließenden Nebeln eingesponnen wird und sich das Erzählen in einer Art wortreicher Sprachlosigkeit auflöst.[23] Immer aber überraschen Musils Vergleiche und Metaphern durch ihre kombinatorische Kühnheit und Neuheit, durch ihre forttragende Gravitation und ihre große sinnliche Energie. Einige Beispiele:

„Er erinnerte sich, an Arnheim gewisse Zeichen beobachtet zu haben, die bei einem älteren Mann auf Leidenschaft hindeuten; das Gesicht war manchmal graugelb, schlaff, müde, man blickte hinein wie in ein Zimmer, wo das Bett um die Mittagsstunde noch nicht gemacht ist." (580)

Von Walter, der sich am Klavier jeweils von der Musik Wagners betäuben läßt: „Das Klavier in seinem Rücken stand offen wie ein Bett, das ein Schläfer zerwühlt hat, der nicht aufwachen mag, um der Wirklichkeit nicht ins Gesicht sehen zu müssen." (61)

„Auch Rachel wußte, was kommen mußte, und seit sie Ulrichs Hand vergeßlich in der ihren gehalten [...] hatte, war sie aus Rand und Band und sozusagen von großer erotischer Zerstreutheit, die wie ein Blumenregen auch auf Soliman fiel." (614)

Von Ulrich: „Die scheinbar beschäftigungslose Lebendigkeit

seiner Schwester prasselte in seiner Einsamkeit wie ein Feuer-
chen im kalt gewesenen Ofen." (957)

„Aber trotzdem, wie schön war Agathes Stimme! (...) Gewiß war solch ein Augenblick wie ein Stück irdischen Fadens
mitten zwischen geheimnisvollen Blumen, aber er war zugleich
rührend wie ein Wollfaden, den man seiner Geliebten um den
Hals legt, wenn man nichts anderes ihr mitzugeben hat." (1403)
Musil erzählt von Bonadeas Doppelleben. In ihre sinnliche
Erregung mischte sich schon die bevorstehende Reue, die un-
vermeidliche Depression, und verlieh ihrem Zustand „einen
Reiz, der ähnlich aufregend war wie das ununterbrochene Wir-
beln einer dunkel umflorten Trommel". (43)[24]

In allen diesen Beispielen zeigt sich das nämliche wie in
dem Vogel-Gleichnis, wo Ulrich träumerisch das akzentuiert,
was in der logischen Gleichung nicht aufgeht, so daß sich der
Schwerpunkt des Vergleichs von der mittleren Achse weg und
an seine Peripherie verlagert. Entsprechend gibt Musil in seiner
Theorie immer wieder zu bedenken, daß die vergrößernde und
stellvertretende Kraft des Gleichnisses und der Analogie auf
einer Ungenauigkeit beruhe. Die Unähnlichkeit nennt er sogar
eine „Fruchtbarkeit und Leben spendende Gottheit" (1185).
„Ein Gleichnis", sagt er, „enthält eine Wahrheit und eine Un-
wahrheit, für das Gefühl unlöslich miteinander verbunden."
(595) Es stecke in jeder Analogie „ein Rest des Zaubers, gleich
und nicht gleich zu sein", wie in der Liebe mit ihrem Verlangen nach einem Doppelgänger im andern Geschlecht", nach
einem Wesen, „das uns völlig gleichen, aber doch ein anderes
als wir sein soll" (924 f.).

Freilich, dem sogenannten gesunden Menschenverstand mit
seiner Selbstgenügsamkeit ist dergleichen ein Greuel. Er hält
sich an die „Wirklichkeit", an die „fable convenue". Aus reiner
Selbsterhaltung gewissermaßen trachtet die Menschheit danach,
die Welt rational zu ordnen, „die Wirklichkeit fest und eindeutig zu gestalten" (II 895), die Dinge zu sondern, ihnen bestimmte Eigenschaften zuzuordnen und sie auf Begriffe zu bringen, die es erlauben, sie als identische festzuhalten. Obwohl dieses auf Eindeutigkeit und Identität bedachte Grundverhalten
zur Erstarrung des Seinesgleichen hinführt, spricht ihm Musil
die not-wendige Leistung nicht ab: „Eindeutigkeit ist sogar das
Grundprinzip der Logik und als solches entspringt es nicht
irgendeinem Apriori, sondern einfach der Notdurft des Lebens,
die zum Untergang führen würde, wenn die Verhältnisse nicht
eindeutig erkannt würden und erkennbar wären." (II 343)
Und durch differenzierende Konfigurationen macht Musil auch

deutlich, daß das Denken nach Analogien verfallen und bloßer Wahnsinn sein kann oder Quatsch. Als bedenkliche Gegenschicksale begleiten Ulrich der wahnsinnige Frauenmörder Moosbrugger, dem die Wörter im Munde aufbrechen und Ungeheuerliches hervorquellen lassen (vgl. 246 ff.), und die arme verrückte Clarisse, deren Denken in Symbolen und magischen Zeichen schließlich in eine totale Welt- und Selbstentfremdung ausmündet (vgl. 1566 ff.). Auf der anderen Seite ist es die Welt des Seinesgleichen, die auf fragwürdige Weise aus den Analogien ihren Nutzen zu ziehen weiß. Man redet im Salon Diotimas in Begriffen, die „so unscharf waren wie Gestalten in einer Waschküche" (469). Graf Leinsdorf, der Erfinder der Parallelaktion, fühlt, welch „bereichernde Kraft ein Gleichnis" hat und gibt sich „dem Genuß seines Gleichnisses hin, dessen Unsicherheit ihn, wie er fühlte, kräftiger erregte als Sicherheiten" und ihm mit der „contemplatio in caligine divina" verwandt zu sein scheint (90 f.). In ähnlich verschwommenen Vorstellungen bewegt sich das eitle Unternehmen der Parallelaktion bei der Suche nach „einem erhabenen Symbol" (90), während Tuzzi, konsequent und von wohltuender Nüchternheit auch hier, sich „niemals Gleichnisse gestattete" (206 f.) und den Gleichnisreden mißtraut. Vollends fragwürdig wird die „erhebende und vergrößernde Kraft" der Gleichnisse, wenn die Christgermanen ihren Antisemitismus symbolisch oder „mystisch" verstanden haben wollen (316). Später erkennt Ulrich, daß bei all diesen schummerigen Analogien die „Auslassung der entscheidenden Unterschiede" eine verhängnisvolle Rolle spielt und auch jene Zeitungsphrase vom genialen Rennpferd zustande gebracht hat, die in seinem Leben Epoche machte (469).

Gerade die Welt des Seinesgleichen hat offenbar den rechten Umgang mit den Gleichnissen verlernt. Der Positivität verfallen, beharrt sie auf der ein für allemal fixierten Wirklichkeit und verweist die ungestillten Ahnungen in das Schonrevier des Schöngeistigen. Hier aber, in solcher Unverbundenheit und Unverbindlichkeit, entarten sie sogleich zu ihrem Unwesen: es entsteht ein idealistisches Gerede, „ein unerträglich fetter Küchendampf von Humanität" (607), das poetische Talmi, die „Schleudermystik zu billigstem Preis und Lob" (1112), jenes betriebsame Scheinleben des Geistes, das wieder begünstigt, „was die Gegenwart ehrlich ihre Verehrung des Gemeinen nennen sollte" (607). „Nach Art jener Bakterien, die etwas Organisches in zwei Teile spalten, zerlebt der Menschenstamm den ursprünglichen Lebenszustand des Gleichnisses in die feste Materie der Wirklichkeit und Wahrheit und in die glasige Atmosphäre von Ahnung, Glaube und Künstlichkeit" (595).

Das Gefühl, das lebendige, ursprungsnahe Denken und Dichten, das eingeweihte Wissen des jungen Menschen ist dieser Scheidung der Sphären nicht untertan, holt die Begriffe aus der Erstarrung des Seinesgleichen ins Flüssige, Übergängliche, ewig Veränderliche zurück und redet in Bildern, Metaphern, Paradoxen mit ihrem „Simultaneffekt sich gegenseitig bestrahlender Worte" (II 676): „wie in einem alten Gemälde, wenn man es firnißt, Geschehnisse hervortreten, die unsichtbar waren, so sprengen sie das stumpfe, eingeschlagene Bild und die Formelhaftigkeit des Daseins" (II 676). In diesem für Musil wegweisenden Sinn hat schon Nietzsche in der Schrift „Über Wahrheit und Lüge im außermoralischen Sinn" die Metapher gepriesen: „Jenes ungeheure Gebälk und Bretterwerk der Begriffe, an das sich klammernd der bedürftige Mensch sich durch das Leben rettet, ist dem freigewordenen Intellekt nur ein Gerüst und ein Spielzeug für seine verwegensten Kunststücke: und wenn er es zerschlägt, durcheinanderwirft, ironisch wieder zusammensetzt, das Fremdeste paarend und das Nächste trennend, so offenbart er, daß er jene Notbehelfe der Bedürftigkeit nicht braucht und daß er jetzt nicht von Begriffen, sondern von Intuitionen geleitet wird. Von diesen Intuitionen aus führt kein regelmäßiger Weg in das Land der gespenstischen Schemata, der Abstraktionen: für sie ist das Wort nicht gemacht, der Mensch verstummt, wenn er sie sieht, oder redet in lauter verbotenen Metaphern und unerhörten Begriffsfügungen, um wenigstens durch das Verhöhnen der alten Begriffsschranken dem Eindrucke der mächtigen gegenwärtigen Intuition schöpferisch zu entsprechen."[25] Wie Nietzsche erinnert auch Musil daran, daß die Sprache selbst metaphorischen Charakter hat, daß jedes Wort in seiner Bedeutungsaura vielsinnig schimmert und, „wenn es definitorisch zu einem Fachwort eingeengt wird, bloß das Siegel auf einem lockeren Pack von Vorstellungen" ist (II 707). „An die Stelle der begrifflichen Identität im gewöhnlichen Gebrauch tritt im dichterischen gewissermaßen die Ähnlichkeit des Worts mit sich selbst, und anstatt der Gesetze, die den logischen Gedankenablauf regeln, herrscht hier ein Gesetz des Reizes; das Wort der Dichtung gleicht dem Menschen, der dorthin geht, wohin es ihn zieht" (II 707). Und da weiter die Sprache mit dem Zauberstab der Analogie alles mit allem verbinden, Außen und Innen vertauschen, das Getrennte einigen und das Feste aus seiner Erstarrung lösen kann, da sie das Nahvertraute entrückt und ihr wieder keine Ferne schwierig ist, steigt aus allen diesen Analogien die Ahnung einer mystischen Weltzärtlichkeit auf, eine Verheißung, die besagt, daß alle Dinge sich schwesterlich zuneigen möchten. Nicht zufällig sprach Musil gerade in seiner Gedenkrede auf Rilke von dieser mystischen Einigung. Ulrich erlebt sie in der „empfindungsvollen Körperlichkeit" der Mondnächte:

„Nicht nur schmelzen die äußeren Verhältnisse dahin und bilden sich neu im flüsternden Beilager von Licht und Schatten, sondern auch die inneren rücken auf eine neue Weise zusammen: Das gesprochene Wort verliert seinen Eigensinn und gewinnt Nachbarsinn. Alle Versicherungen drücken nur ein einziges flutendes Erlebnis aus. Die Nacht schließt alle Widersprüche in ihre schimmernden Mutterarme, und an ihrer Brust ist kein Wort falsch und keines wahr, sondern jedes ist die unvergleichliche Geburt des Geistes aus dem Dunkel, die der Mensch in einem neuen Gedanken erlebt." (1108)

Dieses Erlebnis der Entrückung steht im Zeichen des Mondhaften, des fremdesten und zärtlichsten Gestirns. Und sobald Musil diesen anderen Zustand beschreibt, schmilzt die Sprache auf zu einem Lyrismus ohne Grenzen. Alle Ironie ist vergessen. Die Gedanken wiegen sich, in sanfter Berauschung, in Bildern und Gleichnissen. Was Ulrich früher ironisch und geheimnisvoll lächelnd nur behauptet hat, erfüllt sich hier im Erlebnis: „Gott meint die Welt keineswegs wörtlich; sie ist ein Bild, eine Analogie, eine Redewendung, deren er sich aus irgend welchen Gründen bedienen muß..." (366). In diesen Augenblicken der Öffnung fühlen Ulrich und Agathe die Gleichnishaftigkeit der Welt, betrachten ihre Erlebnisse ohne Habgier, als wären sie gemalt (vgl. 373 f.), und leben selber „nach der Art von Gleichnissen, die unentschieden zwischen zwei Welten zu Hause sind" (649): als Bruder und Schwester, als Ungetrennte und Nichtvereinte, als Siamesische Zwillinge, als eine zum kühnsten Lebensversuch erhobene Analogie der Figuren. Wie alles Getrennte sich in solchen Stunden findet, wie Frühling und Herbst, Leben und Tod, Bewegung und Ruhe, Sehnsucht und Stillung, Innen und Außen sich vermählen — am wunderbarsten vielleicht vollendet sich diese Vision am Anfang jenes berühmten Kapitels, an dem Musil noch an seinem Todestag schrieb und das mit Sinn den gleichnishaften Titel trägt: „Atemzüge eines Sommertags".

[1] Ulrich Karthaus: Der andere Zustand, Berlin 1965, S. 51.
[2] Ulrich Schelling, Identität und Wirklichkeit bei Robert Musil, Zürich 1968, S. 82.
[3] Dazu Ulrich Karthaus, a. a. O.; ferner Elisabeth Albertsen: Ratio und Mystik im Werk Robert Musils, München 1968, S. 140 ff.
[4] Vgl. die vorausdeutende Unterhaltung zwischen Ulrich und General Stumm über den Zusammenhang von Tat, Tatsinn und Krieg: I 795 f.
[5] Vgl. I 1377: „Entscheidung: ein Synonym für Tat."
[6] Zur Konfiguration Arnheim-Ulrich vgl. Dieter Kühn: Analogie und Variation, Bonn 1965, S. 73—79.
[7] Sören Kierkegaard: Über den Begriff der Ironie, Gesammelte Werke, 31. Abt., Düsseldorf 1961.
[8] Friedrich Schlegel: Ideen; Kritische Ausgabe, Bd. II, München 1967, S. 263.
[9] Dieter Kühn, a. a. O., S. 61—72; ferner Ulrich Schelling, a. a. O., S. 52—58.
[10] Vgl. Wilhelm Bausinger: Studien zu einer historisch-kritischen Ausgabe von Robert Musils Roman „Der Mann ohne Eigenschaften", Reinbek 1964, S. 169—171.
[11] Zum Problem der Analogie vgl. Harald Höffding: Der Begriff der Analogie, Leipzig 1924, Nachdruck Darmstadt 1967 (Wissenschaftliche Buchgesellschaft).
[12] Harald Höffding, a. a. O., S. 3.
[13] Goethe: Maximen und Reflexionen, Hamburger Ausgabe, Band XII, S. 368.
[14] Goethe, a. a. O., S. 368 f.
[15] Goethe: Geschichte der Farbenlehre, Hamburger Ausgabe, Bd. XIV, S. 105.
[16] Es sei an Beispiele erinnert wie: „Schlaf ist Seelenverdauung..." (zit. nach Fischer Bücherei, S. 182) oder: „Jede Krankheit ist ein musikalisches Problem — die Heilung eine musikalische Auflösung." (184) Und besonders deutlich: „Unsere Lippen haben oft viel Ähnlichkeit mit den beiden Irrlichtern im ‚Märchen'. Die Augen sind das höhere Geschwisterpaar der Lippen — sie schließen und öffnen eine heiligere Grotte als den Mund. [...] Mund und Augen haben eine ähnliche Form. Die Wimpern sind die Lippen, der Apfel die Zunge und der Gaum, und der Stern die Kehle. Die Nase ist die Stirn des Mundes — und die Stirn die Nase der Augen. Jedes Auge hat sein Kinn am Wangenknochen." (178)
[17] Goethe: Maximen und Reflexionen, Hamburger Ausgabe, Band XII, S. 368.
[18] Goethe: Trilogie zu Howards Wolkenlehre: Atmosphäre, Hamburger Ausgabe, Band I, S. 349 und 408.
[19] Vgl. III 492—496. Wichtig ist, daß Musil diese willentliche Veränderung der Sehweise als Vorübung für Genies bezeichnet, da sie geeignet ist, „das Unbekannte" zu entdecken. Das Genie zeichnet sich bei Musil durch das Vermögen aus, „mit neuen Augen zu sehen' d. h. von alten Bindungen sich unabhängig zu bewahren" (III 668). Zum Triedern vgl. Ulrich Schelling, a. a. O., S. 41—47.
[20] Der Ausdruck lehnt sich an an Helga Honolds Begriff der ekstatisch-intuitiven Paradoxa. Vgl. Helga Honold: Die Funktion des Paradoxen bei Robert Musil, Tübingen 1963.
[21] Jean Paul: Vorschule der Ästhetik, IX. Programm, §§ 43 ff.
[22] Vgl. die theoretischen Überlegungen zur Ekstase II 283 f. Die Überlegungen zum Sport sind z. T. wörtlich, z. T. mit präzisieren-

den Korrekturen der Studie „Durch die Brille des Sports" (II 825 ff.) entnommen. Vgl. besonders S. 826 und 828.

[23] Vgl. dazu die erhellenden Ausführungen von Jürgen Schröder: Am Grenzwert der Sprache. Zu Robert Musils „Vereinigungen", Euphorion 60/4 (Januar 1967).

[24] Weitere Beispiele bei Ulrich Schelling, a. a. O., S. 47 ff.

[25] Friedrich Nietzsche: Werke, herausgegeben von Karl Schlechta, München 1958, Band III, S. 321.

Erst nach dem Abschluß dieser Arbeit erschien die wertvolle Untersuchung von Jörg Kühne: Das Gleichnis. Studien zur inneren Form von Robert Musils Roman „Der Mann ohne Eigenschaften", Tübingen 1968.

Der Nachweis der Zitate aus den Gesammelten Werken in Einzelausgaben findet sich jeweils im Text. Dabei bedeutet II „Tagebücher, Aphorismen, Essays und Reden" (Hamburg 1955), III „Prosa, Dramen, späte Briefe" (Hamburg 1957). Seitenangaben ohne Bandnummer beziehen sich stets auf den „Mann ohne Eigenschaften" (I), und zwar auf die Ausgabe von 1957 (12.—16. Tausend). Eine Konkordanz zwischen den früheren und den späteren Auflagen findet sich bei Wilhelm Bausinger: Studien zu einer historisch-kritischen Ausgabe von Robert Musils Roman ‚Der Mann ohne Eigenschaften', Reinbeck 1964.

ROBERT MUSIL UND DER POSITIVISMUS

Henri Arvon

Der vorwiegende Einfluß positivistischen Denkens auf den ideologischen Unterbau von Musils „Mann ohne Eigenschaften" entgeht wohl kaum einem auch noch so wenig philosophisch geschulten Auge. Desto erstaunlicher ist es, daß dieser allgemein anerkannte Ausgangspunkt des Romans ein bis jetzt noch kaum geklärtes Kapitel der Musilforschung bildet. Das Wiederaufdecken des von Musil erworbenen Gedankengutes wird allerdings dadurch erschwert, daß dieses sich sozusagen im Roman selbst verflüchtigt hat: wie Salz, das sich in Wasser aufgelöst hat, ist der Positivismus in ihm überall fühlbar, aber an und für sich nicht isolierbar. Dabei besteht kein Zweifel über die Anziehungskraft, die diese philosophische Strömung auf Musil ausübte. Sie wird durch seinen Verkehr im Hause des Mathematikers und Positivisten Richard von Mises in Berlin während der Nachkriegszeit bestätigt.[1]

Jedes weitere Vordringen in diese Richtung scheint jedoch zum Scheitern verurteilt. Zeitgenössischkeit und gemeinsame Abstammung drängen die Hypothese etwaiger Beziehungen zwischen dem im Wiener Geistesleben verwurzelten Schriftsteller und dem Wiener Kreis auf, der in den zwanziger Jahren entstand und den logischen Neupositivismus zur Blüte brachte. Aber bei aller Wahrscheinlichkeit bleibt es ein Tappen im Dunkeln. Musils Tagebuch bringt zwar den Beweis, daß dieser den Wiener Kreis besuchte: er vergleicht in einer Aufzeichnung die Vorlesungen seines ehemaligen Lehrers an der Berliner Universität, Professor Carl Stumpf, über Psychologie mit den Ausführungen eines Assistenten von Moritz Schlick, der den Wiener Kreis leitet, über den von Schlick ausgearbeiteten „Physikalismus" in bezug auf Psychologie, was übrigens zu ungunsten des Wiener Kreises ausfällt.[2] Auf die Weihnachtsumfrage der Wiener Buchhandlung Martin Flinker im Jahre 1936/37 antwortet er, diesmal in einem für den Wiener Kreis äußerst günstigen Sinne, das Buch, das ihn in jenem Jahr am meisten beeindruckt habe, sei Rudolf Carnaps Schrift über die logische Syntax der Sprache.[3]

Musils Teilnahme an den Versammlungen des Wiener Kreises scheint jedoch sehr bescheiden gewesen zu sein; auf jeden Fall blieb sie unbemerkt. Professor Kraft, der dem Wiener Kreis angehörte, behauptet, er habe Musil nie kennen gelernt und ihn nie in den Zusammenkünften getroffen. Das wolle aber nicht sagen, daß Musil ihnen nicht beigewohnt habe, da es unmöglich gewesen sei, die große Zahl der Anwesenden im Gedächtnis zu behalten. Auch Rudolf Carnap erinnert sich nicht daran, Musils Bekanntschaft gemacht zu haben.

Dieser auffallende Mangel an genauen Angaben über ein relativ zeitnahes Geschehen läßt dann aber den Verdacht aufkommen, daß das Anknüpfen von Musils Gedankengang an den Wiener Kreis in eine Art Sackgasse führt und deshalb nicht der richtige Weg zum Verständnis des „Mann ohne Eigenschaften" sein kann. Trotzdem kann aber Musils eben erwähnte Bemerkung aus seinem Tagebuch zum Wegweiser werden, wenn man weniger die Tatsache selbst als das Urteil und seine Motivierungen in Betracht zieht. Man sieht daraus, daß Musil vor allem psychologisch interessiert ist. Er wirft dem logischen Neupositivismus zu Recht vor, in dieser Hinsicht Stumpfs Gestaltspsychologie unterlegen zu sein, trachtet doch der Wiener Kreis besonders danach, die sprachlichen Gebilde logischen Untersuchungen zu unterziehen. Psychologie war dagegen die Richtung, in die hin sich der Positivismus um die Jahrhundertwende unter dem Einfluß von Avenarius und Mach entwickelte. So wird jede tiefer gehende Betrachtung über Musils Neigung zum Positivismus auf seine Inaugural-Dissertation[4] zurückgeführt. Dem Titel gemäß ist Musil hier bestrebt, einen „Beitrag zur Beurteilung der Lehren Machs" zu liefern.

Solchen akademischen Arbeiten wird gewöhnlich nur wenig Bedeutung zugemessen: sie werden zu einer Zeit verfaßt, da die Abhängigkeit von den auf der Universität vorherrschenden Systemen von den Promovenden noch nicht in Frage gestellt wird, ja nicht in Frage gestellt werden darf; außerdem handelt es sich meist um ein auferlegtes, wenn nicht auferzwungenes Thema. Die über Musils Inaugural-Dissertation gefällten Urteile pflegen auf diesen sich nachteilig auswirkenden Begrenzungen zu beruhen; einerseits wird seine Abhandlung als etwas seinem literarischen Werk noch gänzlich Fremdes beiseite geschoben, andererseits wird seine Kritik der Machschen Lehren dem ausdrücklichen Wunsche Carl Stumpfs zugeschrieben, in der Arbeit seines Schülers einen Widerhall des Kampfes zu finden, den er gegen den Machismus führt.

Diese Optik, die dazu führt, Musils Inaugural-Dissertation für die Deutung seines literarischen Schaffens zu vernachlässigen, hält jedoch einer genaueren Analyse nicht stand. Die Arbeit stammt nicht aus der Frühzeit seiner ziemlich langwierigen Entwicklung, sondern sie entsteht gerade im Augenblick, als nach dem durchschlagenden Erfolg seines ersten veröffentlichten Werkes „Die Verwirrungen des Zöglings Törleß" im Jahre 1906 das Tasten und das Herumirren seines der Bestimmung noch ungewissen Geistes ein Ende nimmt. So besiegelt die 1908 vorgelegte Inaugural-Dissertation sozusagen den festen Entschluß ihres Verfassers, mit sich selbst endgültig ins klare zu kommen und sein literarisches Werk auf gewissen Grundsätzen aufzubauen, die er mit Hilfe von Machs Lehre und vor allem auch durch eine Auseinandersetzung mit ihr herausschält.

Die großen Richtlinien von Musils Studienweg sind allgemein bekannt. Er schwankt zuerst zwischen den beiden Berufstraditionen seiner Familie, der militärischen und der technischen. Die erstere wirft er wohl unter dem Druck von Erlebnissen ab, von denen er sich dann durch die Niederschrift der „Verwirrungen des Zöglings Törleß" endgültig befreit; die letztere behält er dagegen bei. 1902 scheint sich seine zukünftige Laufbahn abzuzeichnen, als er nach seinem Militärdienst als Volontärassistent an der technischen Hochschule in Stuttgart zu arbeiten beginnt. Aber in kurzer Zeit wird ihm die zwiespältige Haltung des Technikers, der wissenschaftliche Strenge in seinem Berufe walten läßt, ihr aber den Zugang zu seinem persönlichen Leben versagt, unerträglich. Ein Jahr später, im Herbst 1903, schreibt er sich an der Friedrich-Wilhelm-Universität ein, um dort philosophische und psychologische Studien zu treiben. Die sieben Jahre seiner Berliner Studienzeit umfassen seine letzte Geisteswandlung, die ihn von der Wissenschaft zur Literatur führt.

Musil beschäftigt sich in Berlin besonders mit psychologischen Fragen; er lernt die Anfänge der Gestaltpsychologie bei Carl Stumpf kennen, der dem Institut für Experimentalpsychologie vorsteht. Psychologie bildet in der Tat um die Jahrhundertwende den Brennpunkt des philosophischen Denkens. Hier begegnen sich mit besonderer Schärfe und in einem unausweichbaren Gegenüber die Geisteswissenschaften und die Naturwissenschaften, sei es, daß sich in ihr Geist und Natur aussöhnen, wobei entweder dem Geist idealistisch die Alleinherrschaft zugestanden wird oder aber die Natur positivistisch Alleingültigkeit erlangt, sei es, daß die wesentliche Unvereinbarkeit von Geist und Natur durch die Besonderheit des Psychologischen bewiesen werden soll. Dies letztere Unternehmen, d. h. das Hervorheben des Dualismus, beseelt Carl Stumpfs Gestaltpsychologie: sie trennt die Logik von der Psychologie und begründet letztere nicht vom Psychophysischen bzw. Physiologischen aus, sondern von einem Strukturzusammenhang aus, der als Gliederung der inneren Zustände einer Lebenseinheit aufgefaßt wird.

Für Musil allerdings, dessen wissenschaftliche Neigung so stark ist, daß sie sich nicht auf ein rein technisches Gebiet beschränken will, sondern sein ganzes Denken und Schaffen zu durchdringen sucht, kommt an und für sich nur die monistische Lösung in Betracht, d. h. eine physikalisch-psychologische Fragestellung. Diese aber findet er bei Ernst Mach vor, dessen philophisches Denken sich ganz und gar der modernen Naturwissenschaft unterzuordnen sucht. So erklärt sich die Begeisterung, die Musil ergreift, als er mit Machs radikalster Schrift aus dem Jahre 1896 Bekanntschaft macht. „Machs populär-wissenschaftliche Vorlesungen fielen mir heute zur rechten Zeit in die Hand", vertraut er am 26. 5. 1902 seinem Tagebuch an, „um mir das Vorhandensein einer vorwiegend verständlichen Existenz von trotzdem hoher Bedeutung zu erweisen. Schließlich habe ich ja daran nie gezweifelt, aber ich erlaube mir, mich hiermit nochmals zur Vorsicht zu erinnern."

Wie gelingt es Ernst Mach „das Vorhandensein einer vorwiegend verständlichen Existenz von trotzdem hoher Bedeutung zu erweisen"? Physiker von Beruf, versucht er die Grundsätze, die er in seinem Fache anwendet, auf alle anderen Gebiete des menschlichen Lebens auszudehnen, d. h. zu einer Weltanschauung zu gelangen, die auf einem allgemein gültigen Gesetz beruht. „Ich mache keinen Anspruch auf den Namen eines Philosophen", erklärt er. „Ich wünsche nur in der Physik einen Standpunkt einzunehmen, den man nicht sofort verlassen muß, wenn man in das Gebiet einer anderen Wissenschaft hinüberblickt." Diese andere Wissenschaft ist den Ansichten seiner Zeit gemäß vor allem die Psychologie. Um das Physische und das Psychische auf einen gleichen Nenner zu bringen, führt Mach alle beide auf Empfindungen zurück. „An einem heiteren Sommertage im Freien", so schildert er seine ebenso einfache wie bahnbrechende Erleuchtung, „erschien mir einmal die Welt samt meinem Ich als eine zusammenhängende Masse von Empfindungen, nur im Ich stärker zusammenhängend."

Indem Ernst Mach das Bewußtsein nur der Empfindungen für fähig hält, bedauert er aber keineswegs die Beschränkung, die er der Erkenntnis auferlegt. Seine Philosophie lädt nicht zur Resignation ein, in ihr schwingt eine unverkennbare intellektuelle Überheblichkeit mit, ein Triumphgesang auf die Errungenschaften der modernen Wissenschaft. Musil, dessen Problematik den nämlichen Betrachtungen entspringt und der ebenfalls der Wissenschaft den ersten Platz zuweist, erkennt im Machismus eine ihm zusagende Lösung, die er dann auch, wenigstens teilweise, beibehalten wird. Der Machismus ist also für Musil keine Geistesbewegung, an der er sich momentan interessiert, kein einfaches Dissertationsthema, das nur mit seiner Doktorwürde in Verbindung steht, sondern das Endstadium einer langsam fortschreitenden Verwandlung, die aus einem literarisch begabten Wissenschaftler einen wissenschaftlich orientierten Schriftsteller macht.

Die bedingungslose Annahme von Machs Lehren, die wir Musils Aufzeichnung aus dem Jahre 1902 entnehmen, ist in der Inaugural-Dissertation einer kritischen Stellungnahme gewichen. Johannes von Allesch behauptet, Carl Stumpf habe in diesem Sinne auf Musil eingewirkt. Gewiß hat Carl Stumpf, der als Schüler Franz Brentanos in der Logik eine von der Psychologie völlig unabhängige, rein apriorische Wissenschaft sieht und den Unterschied zwischen der Naturwissenschaft als der der physischen Phänomene und der Psychologie als der der psychischen Phänomene betont, Musil auf die erkenntnistheoretischen Probleme aufmerksam gemacht, die von Mach stillschweigend übergangen werden. Die in seiner Inaugural-Dissertation enthaltenen Vorwürfe, „daß der Physiker schließlich doch nicht so zwangsläufig dem Philosophen die Denkkategorien liefert, wie Mach es gerne möchte",[5] oder „daß diese (d. h. Machs) Ausführungen sich auf einer primitiven, vorläufigen, durchaus ungeklärten Basis bewegen"[6], entsprechen durchaus Carl Stumpfs Standpunkt. Aber andererseits zögert Musil keineswegs, Machs Verdienste gebührend hervorzuheben. Mach ist seiner Meinung nach der erste, der naturwissenschaftliches Denken in die philosophische Betrachtung einführt.[4] „Damit löst Mach in seiner Person das ein, was vor ihm, mehr oder weniger, nur behauptet wurde, und gibt dadurch Gelegenheit, dieses blendendste und lockendste Versprechen des Positivismus, daß nämlich nur die Rückständigkeit der Philosophen verkenne, wie sehr die exakte, fruchtbare Wissenschaft längst schon in den Bahnen der positivistischen Philosophie gehe, auf seine Haltbarkeit zu prüfen."[7] Aber vor allem hat Mach Musils Ansicht nach neue Wege gebahnt. Die Inaugural-Dissertation endet in der Tat mit folgender Feststellung, die alle vorhergehenden Kritiken aufzuheben scheint: „Im Einzelnen sind die Schriften Machs, wie ja allgemein anerkannt ist, voll der glänzendsten Ausführungen und fruchtbarsten Anregungen, deren Betrachtung aber nicht mehr in den Rahmen unserer Aufgabe fällt."[8]

Musils Inaugural-Dissertation bietet also einen doppelten Anblick. Annahme und Ablehnung, Kritik und Anerkennung, Tadel und Lob scheinen sich in ihr in einen unentwirrbaren Widerspruch zu verwickeln. Wenn der negative Teil dieser Arbeit wirklich darauf hingezielt hätte, Carl Stumpfs Wohlgefallen zu erregen, so müßte der positive Teil als Ausdruck der höchsteigenen Stellung Musils Mach gegenüber als um so überzeugender angesehen werden. So erklärt sich auch Carl Stumpfs Mißvergnügen mit Musils Dissertation. Aber gesetzt, man traue Musil diese wahrlich unverzeihbare Ungeschicktheit zu, die darin besteht, einer ihm aufgezwungenen Kritik nicht nur zu widersprechen, sondern sie sozusagen am Ende unwillig abzuwerfen, so läßt letzten Endes sein unbeugsamer Charakter, der so ausschlaggebend zur Tragik seines Lebens beitrug, eine solche Hypothese kaum zu. Und wenn es sich doch um eine selbständige, den inneren Tendenzen Musils entsprechende Arbeit handeln sollte?

Eine nähere Untersuchung beweist zu allererst, daß die Beurteilung von Machs Lehren durchaus nicht widerspruchsvoll ist, sondern eine vorausgehende Spaltung in Inhalt und Form widerspiegelt. Die Kritik betrifft die Lehre selbst, der ein Mangel an erkenntnistheoretischen Grundlagen vorgeworfen wird; dagegen wird eine Methode anerkannt, dank derer das Wirkliche in seinen verschiedenen, immer tiefer gehenden Schichten abgetragen werden kann. Musil verwirft nur die „letzten metaphysischen und erkenntnistheoretischen Resultate"[9] des Machismus, sonst bleibt er dessen Gedankengang treu. Diese zwiespältige Haltung, dieses Schwanken zwischen einem begeisterten Für und einem entschlossenen Wider entspricht wohl den bei Musil immer stärker werdenden Anforderungen des literarischen Schaffens. Machs Erlebnisatomistik löst sich in einer Sphäre auf, in der es weder Akt noch Gegenstand gibt; das Aufheben des Gegensatzes zwischen Innenwelt und Außenwelt unterbindet jeden Bezug auf die Realität, die sich in reine Empfindungserlebnisse verflüchtigt. Eine auf sich selbst beruhende Analyse schließt die für jedes Wirken notwendige Synthese aus. Der konsequent durchgeführte Machismus beraubt die literarische Schöpfung jeglicher Grundlage.

So kommt es, daß Musil die von der erkenntnistheoretischen Bewegung gegen den Positivsmus geltend gemachten Argumente aufgreift und sie gegen die lähmenden Schlußfolgerungen des Machismus ausspielt. Die Neukantianer überzeugen ihn davon, daß ohne apriorische Voraussetzungen kein Urteil über die Realität gefällt werden kann, daß aller Erfahrung Bewußtseinssynthesen vorangehen. Die Vorwürfe, die er der Machschen Erkenntnistheorie macht, sind also höchstwahrscheinlich ernst gemeint. Ein als endgültig betrachteter Schwebezustand tut seinem Verlangen Abbruch, von der philosophischen Betrachtung zum literarischen Bilden zu kommen.

Die absolute Notwendigkeit eines gewissen Haltes für den Schriftsteller bedingt aber durchaus nicht die Verhärtung des Tatsächlichen; erst wenn dieses problematisch geworden ist, erlangt eine darauf und daraus folgende Synthese ihre wahren Ausmaße und ihre Gültigkeit. Solange der Machismus metaphysisch orientiert bleibt, führt er zur Auflösung und Verflüchtigung der Realität; sobald er sich aber damit abfindet, die Schranken einer Betrachtungsmethode einzuhalten, erweist er sich als ein außerordentlich wirksames Mittel, um diese aufzulockern, zu zergliedern und in ihrer schillernden, blendenden und verwirrenden Mannigfaltigkeit zu enthüllen. Gerade solch eine Analsye aber, deren Schärfe und Unerbittlichkeit den Analysator nicht nur nicht unterdrückt, sondern unerläßlich macht, bildet Musil an Hand der Machschen Methode heraus. In diesem Sinne erscheint die Inaugural-Dissertation wie eine Art Werkstatt, in der Musil aus dem ihm von Mach gelieferten Material die Werkzeuge schmiedet, die ihm dann bei Ausführung seiner literarischen Pläne behilflich sind. Die von Musil hervorgehobenen Einzelzüge der Machschen Philosophie münden in bestimmte, kennzeichnende Merkmale der Musilschen Romankunst aus. So kann es wohl nicht uninteressant sein, die verschiedenen Punkte der Inaugural-Dissertation durchzunehmen und zu untersuchen, wie sich die charakteristische Schreibweise Musils an sie anknüpft.

Nach einer Einleitung, in der Musil seine Aufgabe umschreibt, kommt er auf „die erkenntnis-psychologische und ökonomische Betrachtungsweise" Machs zu sprechen. Es handelt sich hier um die bekannte „Denkökonomie", womit Ernst Mach die positivistische Erkenntnistheorie bereichert hat. Diese Theorie besteht darin, einerseits der Beobachtung eine Ersparnis an Erfahrung zugrunde zu legen, indem diese in ihrem beständigen Bestreben gezeigt wird, etwas Unbekanntes und Neues auf etwas schon Bekanntes zurückzuführen, andererseits die Hypothesenbildung als „Anpassung der Gedanken aneinander" von dem Gesetze des „logisch-ökonomischen Bedürfnisses" abhängig zu machen, d. h., ihr den Willen zu unterlegen, mit der „geringsten Zahl einfachster unabhängiger Urteile" auszukommen. Die „Denkökonomie" bedient sich also des Prinzips der technischen Praxis: je geringer der Aufwand an Arbeit, desto vollkommener die Praxis. Musil zitiert Machs Feststellung über die Mathematik, für die dieser Allgemeingültigkeit fordert: „So sonderbar es klingen mag, die Stärke der Mathematik beruht auf der Vermeidung aller unnötigen Gedanken, auf der größten Sparsamkeit der Denkoperationen". Diese Abhängigkeit der Wahrheit von der Denkökonomie geht so weit, daß Ernst Mach in seinem Buch „Erkenntnis und Irrtum" (1905) aus der Erkenntnis „ein uns unmittelbar oder doch mittelbar biologisch förderndes psychisches Erlebnis" macht. Die Erkenntnis unterscheidet sich nur vom Irrtum, insofern erstere von Erfolg gekrönt ist, während letzterer vorläufig gescheitert ist. Nichts untersagt also dem Irrtum, ebenfalls zur Erkenntnis zu werden, sobald der Erfolg ihm zuneigt.

Im Einklang mit seiner eingeschlagenen Denkrichtung, die den Machismus nur als Forschungsmethode anerkennt, unterscheidet Musil in seiner Kritik der Denkökonomie zwischen einer indifferenten und einer skeptischen Betrachtungsweise. Die „Indifferenz der Prinzipien" besteht darin, sich des Begriffes der Denkökonomie zu bedienen, ohne daraus Schlüsse über die Gründe und Kriterien der Erkenntnis zu ziehen; der Skeptizismus als Weltanschauung ist dagegen unvermeidlich, wenn aus dem Prinzip der Denkökonomie gefolgert wird, daß Erkenntnis „nur nach ökonomischen Gesichtspunkten oder aus biologischen und psychologischen Gründen entschieden werden könne".[10] Musil hält nur die indifferente Betrachtungsweise für begründet; diese allein scheint ihm übrigens mit der Forschungsmethode des Naturwissenschaftlers Mach übereinzustimmen. Als Beweis dafür zitiert er einen Text Machs, der sein vollstes Einverständnis findet. „Ich bin als Naturforscher gewöhnt, schreibt Mach, die Untersuchung an Spezielles anzuknüpfen ... und von diesem zum Allgemeineren aufzusteigen. Diese Gewohnheit befolgte ich auch bei der Untersuchung der physikalischen Erkenntnis. Ich mußte mich schon deshalb so verhalten, weil eine allgemeine Theorie der Theorie für mich eine zu schwierige Aufgabe war ... So richtete ich also meine Aufmerksamkeit auf Einzelerscheinungen: Anpassung der Gedanken an die Tatsachen, Anpassung der Gedanken aneinander, Denkökonomie, Vergleichung, Gedankenexperiment, Beständigkeit und Kontinuität des Denkens usw."[11]

Dieser Text könnte ebenso gut einen Begriff erläutern, der für den „Mann ohne Eigenschaften" von größter Bedeutung ist, nämlich den Begriff des Möglichkeitssinnes. Warum kann Ulrich sich für alles Mögliche offen halten und sich unbefangen im Raume der Möglichkeiten bewegen? Warum kann überhaupt der Unterschied zwischen dem Wirklichen und dem Möglichen die Grundlage des Romans bilden? Indem Musil schreibt „es ist die Wirklichkeit, welche die Möglichkeiten weckt und nichts wäre so verkehrt, wie das zu leugnen",[12] nimmt er bewußt das Prinzip der Denkökonomie in Anspruch. Die Wirklichkeit ist einzig und allein das Ergebnis energiesparender Erfindungen unseres Denkens, um die Fülle der Erscheinungen zu bemeistern; sie kann also nicht als endgültig, ja nicht einmal als voll gültig angesehen werden. Dieselben Funktionen, dieselben Ablaufregeln, die zu dieser Wirklichkeit geführt haben, können auch zu einer anderen führen. Deshalb kommt es darauf an, hinter der Wirklichkeit, die sich augenblicklich in den Vordergrund geschoben hat, die Unzahl von Möglichkeiten zu entdecken, die ihrerseits darauf warten, aus dem Hintergrund hervorzutreten, oder, um Machs Buchtitel wiederaufzunehmen, aus Irrtum zu Erkenntnis zu werden. Diese oft halsbrecherische Gedankengymnastik, dieses anscheinend so prekäre und dennoch zielsichere Seiltanzen, das dem „Mann ohne Eigenschaften" einen für den Geist so anregenden Reiz verleiht, spiegelt dann auf außergewöhnliche Weise den Zustand Kakaniens, der altersschwachen Doppelmonarchie, wieder, deren Schicksal durch die Erstarrung der Wirklichkeit und das unterirdische Wirken aller erdenkbarer Möglichkeiten bestimmt wird. Aber diese mit allen Mitteln der Dialektik aufrecht erhaltene Schwebe kommt auch der Betrachtung der Welt im allgemeinen zu. Der Indicativus, der Modus des Wirklichen, müßte nach Musil durch den Conjunctivus potentialis, den Modus des Möglichen, ersetzt werden, um so mehr, weil „wahrscheinlich auch Gott von seiner Welt am liebsten im Conjunctivus potentialis spreche..., denn Gott macht die Welt und denkt dabei, es könnte ebenso gut anders sein".[13]

Nach seiner Besprechung von Machs Denkökonomie nimmt Musil seine „Stellungnahme gegen die mechanische Physik" und seine „Kritik einzelner physikalischer Begriffe" in Angriff. Der mechanischen Physik wirft Mach vor, den Hypothesen eine übermäßige Bedeutung zuzugestehen, indem sie diese für geeignet hält, „das hinter den Erscheinungen liegende wahre Geschehen zu erschließen".[14] Hypothesen sind für Mach nicht der Endzweck der Forschung, sondern von der Denkökonomie ausgearbeitete, vorläufige und stets verbesserbare Mittel zur Beherrschung der Tatsachen. Deshalb hängt die Wahl der Hypothesen eng von ihrer Zweckdienlichkeit ab.

Was die Kritik physikalischer Begriffe durch Mach betrifft,

so betont Musil vor allem, daß für Mach die Begriffe Raum, Zeit und Bewegung keinen absoluten, sondern nur einen relativen Wert besitzen, da sie „durch die Erfahrung nur in der Bedeutung von Relationen gesichert"[15] seien. Musils persönliche Stellungsnahme beschränkt sich darauf, Machs Gedankengang in den Bereich der Methode zu verweisen, d. h. ihm den Zugang zu einer Weltanschauung, der er als Grundlage dienen könnte, zu verbieten.

Es erübrigt sich hier wohl, auf die häufigen Anwendungen hinzuweisen, die diese Machsche Infragestellung des Zeit- und Ortsbegriffes im „Mann ohne Eigenschaften" nach sich zieht. Schon im ersten Kapitel führt Musil den Leser in eine gewisse Epoche und in eine gewisse Stadt ein, deren Umrisse er aber sofort verwischt. Das Wo und Wann werden absichtlich entwertet. Leute schlendern im Jahre 1914 inmitten des Verkehrs von 1924 in einer Stadt herum, die natürlich Wien ist, die aber sehr gut auch eine andere sein könnte.

Die beiden letzten Abschnitte der Inaugural-Dissertation bilden ein zusammenhängendes Ganzes; der erste ist Machs „Polemik gegen den Begriff der Kausalität" und seinem „Ersatz durch den Funktionsbegriff" gewidmet, der zweite, der den ausführlichen Titel „Ergänzung der Bedeutung des Begriffs ‚funktionale Verknüpfung' durch Leugnung der Naturnotwendigkeit. Die Elementartheorie. Endgültige Widersprüche" führt, zieht die Folgen aus dem vorhergehenden Kapitel. Das Kausalgesetz verallgemeinert die Erfahrung, daß sich in der Regel zu jedem beobachteten Ereignis A ein anderes Ereignis B finden läßt, so daß die Kausalwendung „B folgt aus A" möglich ist. Mach bestreitet ein derartiges Vorgehen; man könne die Welt nicht in einzelne, isolierte, unter gleichbleibenden Bedingungen wiederholbare Ereignisse zerlegen. Je mehr sich die Naturwissenschaften entwickeln, desto unpassender scheint es, einen gewissen Sachverhalt durch die alleinigen Begriffe Ursache und Wirkung zu bezeichnen. Von dem Augenblick an, da es der Wissenschaft gelingt, die Ereignisse durch meßbare Größen zu charakterisieren, erweist sich eine funktionale Darstellung der kausalen weit überlegen. Musil faßt Machs Beweisführung auf folgende Weise prägnant zusammen: „Kausale sind unvollständig analysierte, vollständig analysierte sind funktionale Beziehungen".[16].

Gerade an dieser Zentralthese des Machismus entzündet sich Musils Widerspruch. Weit ausgreifend und ihre verschiedenen Stützen beleuchtend, beweist Musils Kritik überzeugend, daß der auf Elementenkomplexen errichtete Monismus, der die

Aufeinanderfolge von Ursache und Wirkung durch Gleichzeitigkeit und Gegenseitigkeit der Beziehungen ersetzt, der jeglichen Unterschied zwischen Psychischem und Physischem verwischt, indem er beide auf Empfindungen zurückführt, der schließlich in jedem Naturgesetz nur eine Idealisierung der Tatsachen sehen will, der Wissenschaft, die er zu verteidigen vorgibt, vielmehr ein Grab gräbt. Das hindert Musil nicht daran, die wachsende Bedeutung funktionaler Beziehungen anzuerkennen; er weigert sich nur, sie an die Stelle der kausalen Relationen zu setzen. Beide schließen sich nicht nur nicht aus, sondern ergänzen sich aufs beste. In seiner Verurteilung der Kausalität fällt Mach einer „unvollständigen Betrachtungsweise" zum Opfer, „denn selbstverständlich entspricht auch der in einer funktionalen Gleichung ausgedrückten Verknüpfung eine reale Abhängigkeit in der Natur".[17] Was die Angleichung des Psychischen an das Physische betrifft, so behauptet Musil, daß diese, anstatt den Dualismus zu überbrücken, ihn wiederherstelle, da Mach ja doch einen neuen Unterschied in der Betrachtungsweise der Elemente als sinnliche bzw. wahrgenommene Gegebenheiten und der Natur dieser Elemente als Gegenstände, die „unabhängig von den subjektiven Bedingungen der Wahrnehmung"[18] sind, aufzustellen gezwungen ist. Die Leugnung der durch das Gesetz festgelegten Notwendigkeit kann für Musil „nur auf einem Mißverständnis beruhen".[19] „Die Idealisierung", behauptet er gegen Mach, „ist in den Tatsachen motiviert. Daher ist es aber irrtümlich zu sagen, die Notwendigkeit werde erst durch die Idealisierung in die Tatsachen hineingetragen."

Auch in diesem letzten Teil seiner Inaugural-Dissertation hält sich Musil in der Formulierung seiner Kritiken an den Standpunkt, den er sich Mach gegenüber ausgewählt hat: dieser erweitert, verbessert und verschärft seiner Ansicht nach die Erkenntnis, aber er begründet sie nicht neu. Musils Bedenken betreffen einzig und allein die Machsche Erkenntnistheorie; dagegen zieht die Darstellung der Tatsachen aus der Lehre Machs den größten Nutzen, da diese eine klarere, genauere Sicht der Erkenntnis ermöglicht. Um die schriftstellerische Mechanik Musils auseinanderzusetzen, ist es also viel wichtiger, seine Anerkennung von Machs Verdiensten ins Auge zu fassen, als die Kritiken in Betracht zu ziehen. Folgender Abschnitt legt dafür den schlagendsten Beweis ab: „Fassen wir zusammen: Wir haben bereits zugegeben, daß der Funktionsbegriff das eigentliche Vehikel der modernen Physik ist; wir gestanden zu, daß das Fundament der Begriffe in der Erfahrung gesucht wer-

den müsse, daß die Gleichungen, die diese Erfahrungen beschreiben, in erster Linie funktional sind und wir können uns
nicht dagegen verschließen, daß Kraft, Ding, Kausalität in der
wissenschaftlichen Darstellung stark in den Hintergrund treten,
oder, wenigstens ihrer ursprünglichen Form nach, aus ihr verschwinden."[20]

Das Ausspielen der Funktionalität gegen die Kausalität ist
in der Tat eine der wirksamsten und meist angewandten Trieb-
federn des „Mann ohne Eigenschaften". Ulrich selbst erkennt,
daß eine große Anzahl von Naturvorgängen sich wegen ihrer
zu großen Komplexität der kausalen Berechnung entziehen.
Besonders aber ist es bei menschlichen Handlungen der Fall,
da diese nie eindeutig und klar sind, sondern von zahlreichen
verwickelten und unübersehbaren Umständen bestimmt werden. Der Roman beginnt übrigens mit einem Musterfall: ein
Autounfall, dessen tatsächlicher Bestand, ein überfahrener
Mann, an und für sich unbestreitbar ist, wird den verschiedensten Beleuchtungen unterzogen, so daß er allmählich immer
mehr von seiner urspünglichen Klarheit verliert und wie von
einer Art Mondhof umgeben nur noch verschwommene Umrisse bewahrt. Vom Machismus geleitet zeigt Musil damit, daß
selbst bei scheinbar sicherer Tatsachenlage die vereinfachende
Gesetzmäßigkeit zum Scheitern verurteilt ist; die Funktionalität allein, die dem vielmaschigen Netz der Beziehungen zwischen dem Menschen und seiner Umwelt Rechnung trägt, übersteigt die die Tatsachen festfrierende und so fälschende Einseitigkeit.

Durch das Prinzip der Funktionalität wird aber vor allem
die Moral neuen Maßstäben unterworfen. Wenn eine Handlung nicht mehr in die Aufeinanderfolge von Ursache und
Folge hineingezwängt wird, sondern inmitten eines Feldes Platz
findet, auf dem sich die verschiedensten Faktoren freien Lauf
lassen können, wird ihre Wertschätzung zu einem äußerst
schwierigen Problem. Da Ulrich „der Wert einer Handlung
oder einer Eigenschaft, ja sogar deren Wesen und Natur ...
abhängig von den Umständen, die sie umgaben, von den Zielen, denen sie dienten, mit einem Wort, von dem bald so, bald
anders beschaffenen Ganzen, dem sie angehörten"[21], zu sein
scheint, so kann er sich nicht mit der überkommenen Moral
abfinden. Für ihn besteht die Moral einzig und allein darin,
„das unendliche Ganze der Möglichkeiten zu leben".[22]

Musils Inaugural-Dissertation enthält also die Ansätze zu
einigen der Themen, die dem „Mann ohne Eigenschaften" als
inneres Gerüst dienen. Man vermißt jedoch in dieser Arbeit

eine Besprechung über einen Bestandteil der Machschen Lehre, der bei Musil zum Mittelpunkte seines literarischen Schaffens werden sollte, und zwar über das Ich, dessen problematisch gewordene Existenz ja von Musil mit der Definition Mann ohne Eigenschaften treffend umschrieben wird. Das spätere Überschreiten der von der Inaugural-Dissertation gezogenen Grenzen ist aber ein weiterer Beweis dafür, wie bestimmend Machs Einfluß auf Musils Geistesentwicklung gewesen ist. Seiner Elemententheorie gemäß kann Mach kein unveränderliches, absolutes Ich annehmen; er braucht aber dennoch ein Ich, um die Elemente, wenn auch provisorisch, miteinander zu verknüpfen. Das Ich erscheint ihm also als ein von der Denkökonomie benötigter Sammelpunkt, der sich aber beständig verlegt, da es zur Natur der Elemente gehört, sich auf die verschiedenste Weise zu kombinieren. „Dieselben Elemente, schreibt Mach, hängen in vielen Verknüpfungspunkten, dem Ich, zusammen. Diese Verknüpfungspunkte sind aber nichts Beständiges. Sie entstehen, vergehen und modifizieren sich fortwährend."

Was Ulrich durch seine eigene Existenz und durch seine Überlegungen in Frage stellt, ist gerade das Ich als „Persönlichkeit", d. h. als ein Wesen, das mit persönlichen „Eigenschaften" ausgestattet ist. Er fühlt sich „ohne Eigenschaften". Er findet die nämlichen bei anderen vor; sein Ich beschränkt sich darauf, sie auf besondere Weise zusammenzufügen. Daraus folgt eine wesenhafte Undeterminiertheit, eine andauernde, unverhinderte Offenheit allen möglichen Eigenschaften gegenüber. Ulrich verkörpert das Machsche Ich, insofern er der „Mensch als Inbegriff seiner Möglichkeiten, der potentielle Mensch"[23] ist.

Die Geschichte der Philosophie gewährt dem deutschen Positivismus nur noch eine untergeordnete Rolle. Abgesehen davon, daß er sich nur schwer in eine ihm offenbar entgegengesetzte Tradition des deutschen Denkens einreihen läßt, erscheint er zu unserer Zeit als ein bescheidener Vorläufer des logischen Neupositivismus. Die Tatsache, daß der 1895 für Mach errichtete Lehrstuhl für Philosophie der induktiven Wissenschaften an der Universität Wien dann 1922 Moritz Schlick anvertraut wurde, kennzeichnet seine endgültige Überwindung. Einen ausschlaggebenden Beitrag zur Entwertung des Positivismus, den Avenarius als Empiriokritizismus bezeichnete, d. h. als eine Vollendung des kantischen Kritizismus durch die Empirie, lieferte andererseits Lenins Schrift „Materialismus und Empiriokritizismus" (1907). Gegen diese Geringschätzung, die wohl vom philosophischen Standpunkt aus gerechtfertigt ist und deren Gründe Musil selbst in seiner Inaugural-Dissertation auseinandersetzt, legt indessen der „Mann ohne Eigenschaften" ein Zeugnis davon ab, daß Machs Lehre sich wenigstens in ihrer literarischen Anwendung, die sie bei Musil gefunden hat, äußerst fruchtbar und wirkungsvoll gezeigt hat.

---

[1] cf. Wolfdietrich Rasch, Über Robert Musils Roman Der Mann ohne Eigenschaften, Göttingen, p. 10 ss.

[2] cf. Robert Musil, Gesammelte Werke, vol. II p. 451/452.

[3] Diese Angabe verdanke ich der Vereinigung Robert-Musil-Archiv.

[4] Herr Karl Dinklage hat mir freundlicherweise im Namen des Klagenfurter Robert-Musil-Archivs eine Fotokopie der Inaugural-Dissertation zukommen lassen.

[5] Dissertation p. 108.

[6] ibid. p. 110.

[7] ibid. p. 11.

[8] ibid. p. 124.

[9] ibid. p. 124.

[10] ibid. p. 21.

[11] ibid. p. 31.

[12] MoE. p. 17.

[13] ibid. p. 19.

[14] Diss. p. 33.

[15] ibid. p. 53.

[16] ibid. p. 62.

[17] ibid. p. 75—76.

[18] ibid. p. 117.

[19] ibid. p. 123.

[20] ibid. p. 73.

[21] MoE. p. 250.

[22] ibid. p. 1028.

[23] ibid. p. 251.

DER OPTIMISTISCHE PESSIMISMUS EINES
PASSIVEN AKTIVISTEN

Jürgen C. Thöming

„Ein Agent der geheimen Unzufriedenheit seiner Klasse mit ihrer eignen Herrschaft. Wer
ihn mit dieser Klasse konfrontiert, der holt
mehr heraus als wer ihn vom proletarischen
Standpunkt aus als uninteressant abtut."

Walter Benjamin über Baudelaire
(Kursbuch 20)

Wenn der italienische Schriftsteller Ignazio Silone, der selbst
von einer sozialistischen Grundposition ausgeht, über zwei der
bedeutendsten deutschsprachigen Erzähler seiner Zeit sagt, daß
sie sehr wenig von Politik verstanden, so kann er der voreiligen
Zustimmung der meisten Leser sicher sein, sei es im sozialistischen, sei es in einem bürgerlichen deutschsprachigen Staat.
Man wird Silones Aussage einerseits als mildernden Umstand
für die Beurteilung der Werke, anderseits als eindeutiges Lob
für die Autoren und ihre Werke werten. Die Verachtung dessen, was man mit dem nebulösen Schlagwort „Tendenzlitera-
tur" zu bezeichnen liebt, und anderseits die Geringschätzung
dessen, was nicht unmißverständlich der gewünschten Tendenz
entspricht, haben in den genannten Staaten eine zu erstarrte
Tradition, als daß schon im nächsten Jahrzehnt aus maliziöser
Feindschaft eine faire Gegnerschaft entstehen könnte, wie sie
etwa in Italien oder Frankreich normal ist.

Während aber die politischen Äußerungen Thomas Manns,
über die Silone in der Einleitung der italienischen Übersetzun-
gen handelt, aus den bekannten Gründen heraus eine ausge-
dehnte Diskussion entstehen ließen, hat die Musil-Forschung
sich in dieser Hinsicht eine bemerkenswerte Zurückhaltung auferlegt. Zwar werden in vielen Arbeiten über Musils Hauptwerk
die darin vertretenen philosophisch-gesellschaftlichen Auffas-
sungen erörtert; neben einer ungedruckten Dissertation und
einem entlegenen Aufsatz sind aber bisher keine eigenen Untersuchungen zu Musils politisch-gesellschaftlichen Einsichten
und Intentionen bekannt geworden. Die Ursachen für diese
unterschiedliche Beachtung sind evident. Einerseits war und ist

das Werk Manns in jeder Hinsicht leichter zugänglich, zum andern zählte der Schriftsteller noch zu Lebzeiten zu den bedeutenden Faktoren deutscher Kulturpolitik. Der wilhelminische Staat konnte ihn schätzen, die parlamentarische, die faschistische und wieder die parlamentarische Demokratie konnten ihn teils bekämpfen, teils bewundern. Es gelang sogar ein gewisser Ausgleich mit dem sozialistischen deutschen Staat, was der frühzeitigen Anerkennung seines Werkes zugute kam, während das Werk Kafkas die stalinistischen Barrikaden erst spät, von Prag herkommend, überwinden konnte, und vieles dafür spricht, daß das Werk Musils ebenfalls von der Tschechoslowakei und Polen aus die Leser und Literaturwissenschaftler in der Deutschen Demokratischen Republik erreichen wird.

Weder als Sozialist, als Antifaschist oder als bürgerlicher Demokrat hat sich Musil in seinen Veröffentlichungen und Reden hervorgetan, so daß sein Werk während der Polarisierung der sozialistischen und der bürgerlichen Kräfte in Deutschland wenig Beachtung fand. Während in Ostdeutschland das Werk des Schriftstellers offenbar als nicht nützlich galt, konnte man sich in Westdeutschland und Österreich darauf einigen, es nicht für schädlich zu halten. Die Auseinandersetzung mit der Mystik, der undurchsichtige Plan des Romanschlusses, die angebliche religiöse Wende in den letzten Lebensjahren, der skeptisch-ironische Relativismus in politisch-gesellschaftlichen Fragen, den viele aus den Schriften glaubten entnehmen zu können, erleichterten es zunächst, Musil in die Stille der klassischen Umgebung seines Landsmanns Stifter zu versetzen oder durch Interpretation zu den widersprüchlichsten Ergebnissen zu kommen, wie es mit den Werken seines Landsmanns Kafka geschah. Was jedoch die Dichtungen und Essays nur schwach ahnen ließen, zeigten spätestens die nicht zur Veröffentlichung bestimmten Tagebücher: Robert Musil zählte sich nicht nur zur Opposition der Monarchie und der Republik in Deutschland und Österreich, sondern erwies sich als entschiedener Kritiker einer parlamentarischen Demokratie.

Diese Einstellung kommt im Laufe seines Lebens verschieden deutlich zum Ausdruck. In der Jugendzeit beruht sie auf anerzogenen und gefühlsmäßigen Vorurteilen, weicht dann einer optimistisch abwartenden Haltung und wird schließlich zu vernunftmäßiger Ablehnung, begleitet von verstärkten Bemühungen um eine Alternative. Von welcher Seite aus diese Kritik unternommen wird, kann nicht zweifelhaft sein. Musil läßt den „Mann ohne Eigenschaften", der mit dem Autor viele Züge gemeinsam hat, im Gespräch mit einem „Revolutionär, der keine Revolution machen wollte", eine ihm selbstverständlich erscheinende Entwicklung formulieren: „‚daß über kurz oder lang die Menschheit in irgend einer Form sozialistisch organisiert sein wird‘, sagte er ihm ‚das habe ich schon als Kavallerieleutnant gewußt; es ist sozusagen die letzte Chance, die ihr Gott gelassen hat. Denn der Zustand, daß Millionen Menschen auf das roheste hinabgedrückt werden, damit tausende mit der Macht, die ihnen daraus erwächst, doch nichts Hohes anzufangen wissen, dieser Zustand ist nicht bloß ungerecht und verbrecherisch, sondern auch dumm, unzweckmäßig und selbstmörderisch!'" (M 1324).

Im Hause des Hochschullehrers Alfred Musil herrschte nicht nur Abneigung gegen Politik, sondern völlige Verständnislosigkeit; der Wissenschaftler „hatte das gläubige Vertrauen in die Obrigkeit". (T 490) Robert Musil schreibt, daß streikende Arbeiter von den Eltern und ihren Bekannten „zum voraus als bös" empfunden wurden, und erinnert sich: „Welche Freude als Militär nach Steyr dirigiert wurde." (T 441) Zwar blieb die übernommene „Angst des Kindes vor den Russen und vor den Arbeitern" (T 441) ohne Einfluß, wie Musil meint, doch wird für den anschließenden „alten Unteroffizier-Geist der Militärerziehung" (T 480) nicht mehr diese optimistische Einschätzung gestattet sein, obwohl Musil nach Jahrzehnten feststellt, daß die Kadetten „kaum beeinflußt wurden". (T 442) Er sieht nachträglich ästhetische Elemente für seine Neigungen und Abneigungen als entscheidend an. Revolutionen mußten den Schülern als unsympathische Unordnung erscheinen, das feierliche Trommeln und Blasen des militärischen Zeremoniells hingegen als erhebende Vorstellung. Ästhetische Motive bestimmen auch das Erlebnis des Besuchs bei einem sozialdemokratischen Abgeordneten und des Vortrags in einem Arbeiterheim; Musil erinnert sich an die „muffige Atmosphäre".

„Später in Brünn war es wohl bloß die Abseitsstellung des jungen Mannes, natürlich doch auch vernünftige Erwägungen, was mich mit dem Sozialismus sympathisieren ließ." (T 442) Theaterkritiker des „Volksfreund" wurde Musil nur deshalb nicht, wie geplant, weil die Stadtverwaltung der Oppositionszeitung den Theatersitz sperrte.

Aus der Berliner Studienzeit sind keine Aufzeichnungen zu politischen Überlegungen erhalten. Nach seinem Jugendroman von 1906 veröffentlichte der Doktor der Philosophie 1908 im „Hyperion" Franz Bleis „Das verzauberte Haus". Zwar wurde zum Plan eines Dramas „Die Anarchisten" notiert: „Meine letzte Idee ist, es in Berlin spielen zu lassen in Studierenden-

Kreisen", (T 134) doch sind die erhaltenen Vorstufen zu den „Schwärmern" bisher nicht veröffentlicht. Anläßlich Kerrs Auseinandersetzungen mit dem Berliner Polizeipräsidenten Traugott von Jagow, der sich schamlos benommen hatte und zugleich heuchlerisch den Abdruck von Flaubertschriften verbot, schrieb Musil seinen ersten Zeitschriftenaufsatz zu einem „Zusammenstoß zwischen Kunst und öffentlicher Meinung". „Denn man soll nach vorwärts reformieren und nicht nach rückwärts", heißt es dort am Schluß, „gesellschaftliche Krankheiten, Revolutionen sind durch konservierende Dummheit gehemmte Evolutionen."[1] Im Tagebuch findet sich zu der Zeit eine knappe Selbstcharakterisierung Musils, die für seine politische Zurückhaltung auch im späteren Leben gelten wird: „Kerr und die sozialistische Richtung des ‚Pan' sind wohl das stärkste Erlebnis. [...] Gelegentlich seiner jetzigen politischen Agitation ertappe ich mich, wie sich Laien vor Büchern ertappen: Das und das habe ich auch immer für notwendig zu sagen gefunden ... Aber ich weiß, daß es ein Schicksalszeig ist, solche Dinge erst post festum eines anderen zu fühlen. [...] (freilich sagte ich immer, das wären selbstverständliche Notwendigkeiten, aber ich merkte nicht, daß sie genügend bedroht sind um für sie einzutreten)." (T 133) Ganz ähnlich wird sich der „Mann ohne Eigenschaften", der derselben Generation angehört wie sein Autor, zur Politik verhalten. „So war auch Ulrich durch sein ganzes Leben daran gewöhnt worden, von der Politik nicht zu erwarten, daß sie das vollbringe, was geschehen müßte, sondern bestenfalls das, was längst schon hätte geschehen sein sollen. Das Bild, unter dem sie sich ihm darbot, war meistens das einer verbrecherischen Nachlässigkeit." (M 1325)

Das Jahr 1913 empfindet Musil als Wendepunkt in der Entwicklung seines politisch-sozialen Bewußtseins. In einer Anzahl von Aufsätzen bildet sich indes eine Grundeinstellung heraus, die er 25 Jahre später als „Hauptillusion" seines Lebens ansieht, daß nämlich „der Geist [...] sich unbeschadet alles, was praktisch geschehe, schrittweise erhöhe [...], daß die Zeit seiner Katastrophen vorbei sei. Daraus ist mein Verhältnis zur Politik zu verstehen." (T 455) Diese optimistische Gutgläubigkeit findet sich paradoxerweise am deutlichsten formuliert in der radikal-sozialistischen „Aktion", die sogar den bürgerlichen Sozialdemokratismus schon vor dem Kriege scharf bekämpfte. Die meist um diese Zeitschrift gescharten oppositionellen Künstler würdigt Musil in seinem Beitrag als eine Gruppe „beunruhigender Menschen, die als herrliches Ungeziefer auf den Abfällen des deutschen Händlerstaates leben." (T 590) Das

Bürgertum aber habe „die Mission, wegen seiner Geschäfte sich nicht selbst um die Kultur zu kümmern, sondern Pauschalsummen dafür auszuwerfen". Dieser Optimismus gipfelt in dem Satz: „die Urteilslosigkeit von heute ist die Vorurteilslosigkeit von morgen." (T 591) Diese Illusionen von 1913 kommentiert Musil ernüchtert im Tagebuch von 1940: „Zeit = Mistbeet, Geist = Champignon. Das Mitgedeihen des Wertvollen in der zwecklosen Fülle. Es war eine unbewußte Apologie des Kapitalismus als Kulturzustand." (T 477)

Musils Aufsätze von 1913 setzen ein progressiv eingestelltes, stark konsolidiertes Gesellschaftsgefüge mit einer weit entwickkelten geistig-literarischen Tradition voraus.[2] Die weit vorauseilenden ethischen Überlegungen, die in Musils Erzählungen und Essays angestellt werden, konnten auf keine Resonanz hoffen. Wie hätte eine Gesellschaft, die der reaktionärsten Strafgesetzgebung prüdester Phantasielosigkeit huldigte, beispielsweise eines von Musil angedeuteten Zusammenhangs zwischen Erotik und Politik bewußt werden können: „Und so, wenn einmal die Erotik — die heute geradezu die Opposition gegen die Allgemeinheit ist und unter dem Schutz eines feigen Schamgefühls, degeneriert, — alle Schranken fallen läßt, jedes erreichte Schamgefühl verwirft, [...] wird die Einbeziehung sämtlicher menschlichen Relationen in die geschlechtliche möglich sein. Dann aber wird die Politik... doch sie wird nicht [...]."[3] Soweit die Beiträge in den distinguierten, von Franz Blei herausgegebenen Zeitschriften „Hyperion" und „Der lose Vogel" erschienen, war diese Wirkungslosigkeit selbstverständlich, aber auch auf die 1911 veröffentlichten Novellen reagierte die Kritik mit fast einhelligem Unverständnis. Wie sehr Musil indes von den progressiven Kräften des geistigen Lebens trotz seiner scheuen Distanz vom gesellschaftspolitischen Kampf geschätzt wurde, zeigt etwa die überschwengliche Reverenz, die Ludwig Rubiner in seinem berühmten „Aktion"-Aufsatz „Der Dichter greift in die Politik" Musils „Vereinigungen" erweist.

Während Musil sein Hauptbetätigungsfeld vor dem Kriege neben der Arbeit an Erzählungen und einem Drama in der Mitarbeit an den Zeitschriften „Hyperion", „Die Neue Rundschau" und „Der lose Vogel" sah, ließ er in den progressiven Zeitschriften „Pan", „Die Aktion", „Revolution" und „Die Weißen Blätter" nur je einen Beitrag erscheinen, um „der Sache zu nützen, wenn auch ohne persönliches Verdienst, weil nach der Initiative anderer", wie es im Tagebuch-Kommentar heißt. (T 133)

Im ersten Jahrgang der „Weißen Blätter" 1913/14 faßte

Musil noch einmal seine politische Grundauffassung zusammen. Er revidierte endlich seine gefühlsmäßige Abneigung gegen die „Massen" und konstatierte, daß „durch die Demokratisierung der Gesellschaft, die in den letzten zweihundert Jahren stattgefunden hat, eine größere Zahl Menschen als je zur Mitarbeit gelangt ist und daß unter dieser größeren Zahl — entgegen dem aristokratischen Vorurteil — die Auslese an Begabung größer ausfiel".[4] In vager Andeutung verlangt er ein „wirtschaftliches Programm, das die Durchführung einer reinen, beschwingenden Demokratie gewährleisten soll" (ebd. 241). „Unsere Parteien", stellt er fest, „existieren durch die Angst vor der Theorie" (ebd. 242); er wird sozialdemokratisch oder liberal wählen, bis die bestehenden Parteien überwunden sind: „Sie werden weggeblasen, sobald der Wind sich erhebt, wie allerhand Mist, der sich auf stillem Boden angehäuft hat, sie werden falsch gestellte Fragen sein, auf die es kein Ja und Nein mehr geben soll, sobald eine Sehnsucht durch die Welt fährt." (ebd. 243) Die Voraussetzungen, die eine „reine, beschwingende Demokratie" ermöglichen sollen, werden nicht weiter präzisiert. Der Glaube eines „Sprungs hinaus in eine neue Weltepoche" (ebd. 239), der nur durch einsichtige Zusammenarbeit der demokratisierten Wissenschaften und durch freiwillige Mitarbeit und Gefolgschaft einer wohlgesinnten Mehrheit möglich wäre, wird nicht weiter untermauert. Die anscheinende politische Wende, die Musil vollzogen zu haben meinte, brachte ihn nur zu den Mindesteinsichten einer notwendigen weiteren Demokratisierung. Dieses unbefriedigende Ergebnis kommt dem Verfasser am Schluß des Aufsatzes in einigen Formulierungen durchaus zum Bewußtsein; er kämpft mit der „alten Lust", alles vergeblich zu finden, und fragt unsicher: „Sind Umwege nötig? Rucke, Zuckungen, Planloses, Andersgeplantes? [...] Wird alles von selbst, irgendwann, nebenbei?" (ebd. 244)

Wenige Monate, nachdem er sich aus dem hemmenden Netz des österreichischen Staatsdienstes in das weniger hemmende Netz jener Zeitschrift begeben hatte, die „an der Spitze des kulturellen Fortschritts" marschierte „und ihn dadurch vor einem halsbrecherischen Tempo" behütete,[5] hatte der neue Redakteur in einem überstürzten Artikel der „Neuen Rundschau" 1914 das chaotische Ergebnis einer apolitischen Geisteshaltung der mitteleuropäischen Oberschicht zu kommentieren. Die kurzen Ausführungen entstammten schon der Feder des sich rechtfertigenden Offiziers, doch verstiegen sie sich nicht in dem Maße wie der peinliche Aufsatz Thomas Manns, der ebenfalls in der „Neuen Rundschau" erschien. Allerdings befolgte Musil nicht den Rat seines verdienstvollen Förderers Franz Blei, der in seinem Kriegsaufsatz glaubte schreiben zu müssen: „Wir belasten den Krieg — undeutbar wie das Leben — indem wir seine Ursachen zu ergründen suchen und seine Wirkungen zu ermessen, denn das Erklärenwollen ist unser großes intellektuelles Laster."[6] Vielmehr verwandte er einen großen Teil seines späteren Lebens darauf, eine „Phänomenologie des Krieges", wie Gert Kalow den „Mann ohne Eigenschaften" genannt hat, zu schreiben.

Musil erwartete vom Krieg eine allgemeine Umwälzung und scheint bis 1919 seinen optimistischen Glauben beibehalten zu haben. 1917 notierte er: „Wenn der Krieg ohne die Verwirklichung einer neuen Idee endigt, so wird ein unerträglicher Druck über Europa lasten bleiben." (T 859) Den Umbruch empfand er als „eine der stärksten Zeiten der Weltgeschichte" und formulierte noch einmal wie 1913 die vage Erwartung, daß sich von selbst etwas Positives entwickeln könnte: „Wenn daraus nicht ein neuer Mensch hervorgeht, so ist die Hoffnung auf lange aufgegeben." (T 230) In der Rückschau stellte er die Überlegung an: „Können Utopien plötzlich Wirklichkeit werden? Ja. Siehe den Kriegsschluß. Beinahe wäre eine andre Welt dagewesen. Daß sie ausblieb, war keine Notwendigkeit." (T 219)

Um dieser Utopie einen Schritt näherzukommen, entschloß sich Musil am Kriegsende zu einer öffentlichen politischen Willensbekundung; er solidarisierte sich zum ersten und wohl einzigen Male mit einem gesellschaftspolitischen Konzept. 1918 unterschrieb er das Programm des „Politischen Rates geistiger Arbeiter" zusammen mit Kasimir Edschmid, Otto Flake, Magnus Hirschfeld, Annette Kolb, Alexander Moissi, Kurt Pinthus, Heinrich Mann, Walther Rilla, René Schickele, Bruno Taut, Fritz von Unruh, Eduard Wechssler, Armin Wegner, Kurt Wolff, Gustav Wyneken, Paul Zech und vielen anderen.[7] Dieses Rahmenprogramm für eine veränderte Gesellschaftsordnung beruhte auf dem Entwurf, den Kurt Hiller 1916 im „Ziel-Jahrbuch" veröffentlicht hatte. Es richtete sich gegen die Unterdrückung der Arbeiter durch das kapitalistische System, gegen nationalistische Verhetzung und feuilletonistische Verdummung durch die Presse. Es verlangt „Vergesellschaftung von Grund und Boden; Konfiskation der Vermögen von einer bestimmten Höhe an; Umwandlung kapitalistischer Unternehmungen in Arbeiterproduktivgenossenschaften."[8] Es kämpft für „Freiheit des Geschlechtslebens in den Grenzen der Verpflichtung, den Willen Widerstrebender zu achten und die Unerfahrenheit Jugendlicher zu schützen", (ebd. 220) verlangt eine radikale Reform der öffentlichen Erziehung, besonders des Geschichtsunterrichts, „allgemeine Entgreisung des Lehrbetriebs" der Hochschulen, Wahl der Professoren seitens studentischer Ausschüsse. Gegen die „Beeinträchtigung der Kulturpolitik durch einseitig wirtschaftliche Gesichtspunkte und zur Ausgleichung der Schäden parteibürokratischer Erstarrung" (ebd. 222) soll ein „Rat der Geistigen" an der Regierung sich beteiligen. Er soll aus eigenem Recht und nach eigenem Gesetz entstehen und sich erneuern. Diese absichtlich unklare Formulierung der Wahlmethode, die Hiller an anderer Stelle nach Nietzsche "gegenseitige Auswitterung und Anerkennung" nennt, sollte eine wechselseitige Lähmung der „Geistigen" verhindern, denn man mußte sich „bewußt gegen die erdrückende Mehrheit der Kopfarbeiter" wenden. Hiller erkannte zu Recht, daß eine falsch verstandene Toleranz gegenüber allen Richtungen, die Musil „leere Toleranz" (P 701) nennt und durch die die Mehrheitssozialdemokraten sich und den Staat zugrunde richteten, nur die Bestätigung und Fortführung der bestehenden Zustände ergeben würde.

Der Vollzugsrat des Arbeiter- und Soldatenrates von Groß-Berlin jedoch war gegen die Außenseiter, die den formalen Egalitarismus nicht untestützen wollten, völlig abweisend. Er empfahl dem „Rat geistiger Arbeiter" in einem Schreiben vom 29. 11. 1918, Berufsinteressenverbände zu gründen und von je 1000 Mitgliedern einen Delegierten für den Arbeiter- und Soldatenrat wählen zu lassen. Die wenigen Jahre Friedensarbeit des Kreises der „Aktion" hatten nicht ausgereicht, um die Intelligenz zu politisieren und gleichzeitig die Verbindung mit den Massen zu intensivieren, so daß eine Ratgebergruppe nicht über den nötigen Rückhalt verfügte. Es kam erschwerend hinzu, daß zwei der herausragenden Wortführer des expressionistischen Aufbruchs, Kurt Hiller und Franz Pfemfert, sich frühzeitig in einem wilhelminischen Streite getrennt hatten.[9] Von der Bewegung des Expressionismus spaltete sich die des Aktivismus ab. Musil blieb zu beiden Richtungen in kritischer Distanz, wenn er sich auch mit dem Aktivismus, den er an mehreren Stellen der Tagebücher erwähnt, intensiver auseinandergesetzt zu haben scheint; er spricht sogar von seinen eigenen „Modifikationen" des Aktivismus. (T 487)

Um dieses Verhältnis etwas näher zu kennzeichnen, muß in einem Exkurs auf den überragenden Vertreter des Aktivismus eingegangen werden, zumal weder die Literaturwissenschaft, die ihn meist nur als Gründer des „Neuen Clubs" und als Herausgeber des „Kondor" erwähnt, noch die politischen oder juristischen Wissenschaften Kurt Hiller für sich beanspruchen und auch die sozialistischen und sozialdemokratischen Parteien der beiden deutschen Staaten auf seine Hilfe glaubten verzichten zu können.[10]

Als Musil 1908 sein Studium in Berlin beendete, erschien dort Hillers veränderte Dissertation als „Das Recht über sich selbst", eine scharfe Polemik gegen das deutsche Strafrecht. Der elegante Rhetor trat in den folgenden Jahren als Initiator progressiver Künstler-Clubs auf, förderte neben anderen Heym und van Hoddis und gab 1912 die erste Anthologie expressionistischer Lyrik „Der Kondor" heraus. 1911 hatte er indirekt zur Gründung der „Aktion" dadurch beigetragen, daß der Herausgeber des „Demokrat" seinem Redakteur Pfemfert untersagte, einen Hiller-Artikel zu veröffentlichen und dadurch erreichte, daß Pfemfert drei Wochen später seine eigene Zeitschrift herausbrachte, die sich als Ziel setzte, die „Organisierung der Intelligenz" zu fördern. In seiner „Weisheit der Langenweile" setzte sich Hiller entschieden für Musils Werke ein, auch in den Ziel-Jahrbüchern von 1916 bis 1924 erschien Musil in den empfohlenen Bücherlisten. Hiller bemühte sich mit dem Ziel-Kreis in diesen Jahrbüchern, der deutschen sozialistischen Bewegung ein nichtmarxistisches geistiges Korrektiv zur Seite zu stellen; so ergab sich eine breite Auffächerung der Ansichten. Hier manifestierte sich die „Bosheit des Schicksals, Nietzsche und den Sozialismus einem Zeitalter zu schenken", von der Musil spricht. (T 240) Er rechnet Kurt Hiller und Thomas Mann neben sich selbst zu den besten Schülern Nietzsches, die indes untereinander verfeindet seien. (P 706) Eine ähnliche Beziehung ergibt sich zwischen Hiller und Musil und deren Verehrung für Alfred Kerr, als dessen einziger Schüler sich Hiller bezeichnet, obgleich er bedauert, daß Kerr „politisch neuerdings bedenklich nach rechts gerückt ist".[11] Eine 1917 geplante Wochenzeitschrift Hillers, in der auch die Mitarbeit Otto Ernst Hesses und Wilhelm Herzogs, die sich für Musils Werk einsetzten, vorgesehen war, nahm sich Kerr als Vorbild: „Der Einzige, der Ähnliches in Deutschland bisher versucht hat, ist Kerr (in seinem ‚Pan') gewesen." (ebd. 315) Hiller rechnet Alfred Kerr, Gustav Landauer, Heinrich Mann und Ludwig Rubiner „im Rahmen der geistigen Gesamtbewegung" zu den Gründern des deutschen Aktivismus.[12]

Während Musils Verhältnis zu Rubiner neutral gewesen zu sein scheint, war es zu Heinrich Mann, wie zu allen Manns, ablehnend, zu Kerr und Landauer mit Vorbehalten zustimmend. Gustav Landauer, dessen „Aufruf zum Sozialismus" Hiller als „eine der paar wirklich bedeutenden politisch-philosophischen Schriften innerhalb der deutschen Literatur seit Wilhelm von Humboldt" bezeichnet (ebd. 320), wird von Musil mit Dostojewskij, Flaubert, Marx und Wilde als Beispiel für die Überzeugung angeführt: „Der geistige Mensch wird von seiner Nation mißhandelt." (T 599 u. 859) Für die geistigpolitische Bewegung prägte Hiller Ende 1914 in einem Gespräch mit Alfred Wolfenstein und Rudolf Kayser[13] den Namen „Aktivismus", den er als Vorläufer des späteren Terminus „littérature engagée" ansieht. Die vier genannten Gründer fanden sich teilweise mit ihren Anhängern im „Bund zum Ziel" zusammen. Sie trugen außer Landauer zum ersten Ziel-Jahrbuch 1916 bei. Kerr distanzierte sich alsbald, während Mann 1918 Vorsitzender des „Politischen Rates geistiger Arbeiter" in München, wie Hiller in Berlin, wurde und Landauer sich dort für die erhoffte Revolution opferte.

Zwischen Rubiner und Hiller entwickelte sich eine fruchtbare Auseinandersetzung. Rubiner sah nicht nur die Arbeiterklasse als Träger einer notwendigen Revolution an, sondern akzeptierte auch Marx' Einsicht, daß Intellektuelle dem Proletariat zuzurechnen seien, da sie vom Verkauf ihrer Arbeit in den Tag hinein leben. Über Definition und Aufgabe des Proletariers kam es bekanntlich zu scharfen Kontroversen zwischen den verschiedenen Sozialismus-Anhängern. Musil vertrat in dieser Hinsicht mit gewissen Vorbehalten dieselben Standpunkte wie etwa Hiller und Landauer; er notiert: „Der Arbeiter ist seinem Wesen nach Kleinbürger oder seine Variation." (T 424) Sie werden sich also sehr wenig revolutionär verhalten, falls sie auch bei Wahlen kleinbürgerliche Züge zeigen, denn es erscheint Musil offensichtlich, daß gerade „die Rückschrittsparteien Zentrum und Christlich Soziale sich aus dem Kleinbürgertum ergänzen." (T 218) Anderseits sieht er in der Arbeiterklasse doch die Gruppe, die eine Umwälzung zustandebringen müßte. Er notiert unter dem Vorsatz „In hoc signo vincis: Sozialismus und aktive Moral. [...] Statische Moral läßt sich aus der Wirtschaftsordnung ableiten, aus dem Besitz. Arbeiter, einzige Menschengruppe, welche mit dieser Moral brechen könnte." (P 669) Landauer formuliert seine Ansicht folgendermaßen: „Und doch ist wahrer als die Behauptung, daß der Proletarier der geborene Revolutionär sei, jene andere, die hier gesagt wird: daß der Proletarier der geborene Philister ist. Der Marxist spricht so überaus verächtlich vom Kleinbürger; aber alles, was man von Charakterzügen und Lebensgewohnheiten kleinbürgerlich nennen kann, gehört zu den Eigenschaften des Durchschnittsproletariers."[14] Ähnliche Bedenken äußerte Hiller; das trug ihm bald den Vorwurf seines Freundes Rubiner ein, er verhalte sich konterrevolutionär.

Die undogmatischen Äußerungen des Ziel-Kreises unter Hillers Devise: „Wir sind, unter anderem, Sozialisten"[15] provozierte indes nicht nur den Zorn der marxistischen Sozialisten, sondern gleichermaßen den der Regierungen der Monarchie und der „kaiserlich deutschen Republik". Die im Krieg erscheinenden Ziel-Jahrbücher wurden nur in wenigen Tausend Exemplaren verbreitet und dann verboten, weil sie „revolutionäre, antireligiöse, antimilitaristische und frauenrechtlerisch-pazifistische Beiträge" enthielten, wie der Beschlagnahme-Erlaß feststellte.[16] Ähnlich verhielt sich die republikanische Regierung. Entsprechend der Kontinuitäts-Politik des Ebert-Noske-Regimes wies der Vollzugsrat die Mitarbeit des „Politischen Rates geistiger Arbeiter" zurück, und die sozialdemokratische Presse schwieg über dessen Veranstaltungen.

Nach Vorbesprechungen im Ziel-Kreis 1917 versammelte sich am 7. und 8. November 1918 in Berlin der „Aktivistenbund" und gab sich ein Programm, das später auch Musil unterschrieb. „Der nächste Tag brachte [...] das, wovon wir damals glaubten, es sei die Revolution. Am 10. November konstituierte sich der Bund aus einem optimistischen Rausch heraus als ‚Rat geistiger Arbeiter'", so berichtet Hiller im Ziel-Jahrbuch 1919 (S. 219). Der sozialistische Wirtschaftsexperte Alfons Goldschmidt, der mit Hilfe privater Geldgeber die Arbeit des Rates ein halbes Jahr lang finanzierte, präsidierte am 2. Dezember 1918 der ersten größeren Versammlung des Rats, auf der Hiller als Vorsitzender das überwiegend bürgerlich-liberale Publikum mit seinen kritischen Bemerkungen über die Presse schockierte. Daraufhin distanzierten sich Arthur Holitscher, Siegfried Jacobsohn und Frank Thieß; doch hatten die Differenzen über die Einschätzung der verhinderten Revolution ohnehin schon die Schwungkraft der Bewegung gelähmt: „Wenn es je eine einige Phalanx von Aktivisten [...] gegeben hat, nach dem 9. 11. 1918 gab es sie nicht mehr", heißt es im Ziel-Jahrbuch 1920 (S. 207).

Vom 15. bis 22. Juni 1919 fand in Berlin ein Kongreß deutscher Aktivisten statt, also in einer unruhigen Woche vor der Unterzeichnung des Versailler Diktats; die Presse beachtete das Ereignis kaum, die Teilnehmerzahl überschritt nie 150. Das Programm von 1918 wurde in mehreren Punkten modifiziert.

Auch die Aktivisten hatten sich wie die Sozialdemokraten mit ihrem Optimismus hinsichtlich des Wahlrechts getäuscht und mußten nachträglich den Gegnern der Wahl zur Nationalversammlung recht geben. Sie lehnten im ergänzten Programm das demokratisch-parlamentarische System ab und setzten sich für ein Rätesystem ein, bestehend aus Wirtschafts- und Kulturräten. Der Kampf gegen den Kapitalismus wurde nochmals betont. Einstimmig wurde der Satz angenommen: „Man kann nicht Aktivist sein, ohne Sozialist zu sein."[17] Mit der Aufhebung der an Lassalle orientierten wirtschaftspolitischen Punkte des alten Programms und entsprechend der Selbstbeschränkung auf eine „spezifisch kulturpolitische Bewegung" suchte man einen Ausgleich mit den marxistischen Gegnern der bürgerlichen Sozialdemokratie, was sich schließlich niederschlug in der Forderung nach der wirtschaftspolitischen Diktatur derer, die die materiellen Werte schaffen, und der kulturpolitischen Diktatur derer, die kulturelle Werte schaffen.

Auf diesem Kongreß wurden viele Aktivisten der süddeutschen Länder vermißt; besonders erwähnt Hiller die Abwesenheit der Mitstreiter aus Wien, die offenbar einen Militärputsch in Berlin befürchteten. In Wien gab es eine ähnliche Bewegung. 1918 hatten sich jüngere Intellektuelle zu einer Geheimgesellschaft „Katakombe" zusammengefunden, die der geistlosen Sozialdemokratie mit einigen kulturpolitischen Intentionen aufzuhelfen suchte. Irma Hanke hat an den Zusammenhang mit Musils Romanplänen „Die Katakombe" erinnert.[18] Der führende aktivistische Schriftsteller in Wien war Robert Müller, dem Musil einen ausführlichen Nachruf 1924 gewidmet hat; er schreibt darin: „Sein ‚Aktivismus', das Bedürfnis, dem geistigen Anspruch im gemeinen Leben zu Recht und Herrschaft zu verhelfen, und sein Versuch, das kleinste der Ereignisse [...] nicht ohne Verantwortung passieren zu lassen, waren echt und tief; aber in der Durchführung kochte oft die Küche statt des Gerichts. [...] Aber[...] seine Antworten waren den Zeitfragen immer in irgendeiner Einzelheit voraus." (T 746—747) Die verwendete Metapher zeigt Musils gefühlsmäßige Abneigung gegen revolutionäre Entwicklungen.

Der Vorwurf, den Musil im nicht zur Veröffentlichung bestimmten Tagebuch gegen Kurt Hiller erhebt, beruht einerseits auf einer falschen Voraussetzung und ist anderseits zu verstehen aus Musils eigenen intensiven Bemühungen um „Modifikationen" eines Aktivismus' nach seiner Vorstellung. Ausgangspunkt für eine Diskussion des Verhältnisses muß sein, daß Musil grundsätzlich mit Hillers Intentionen sympathisierte, daß er dessen Programm 1918 unterschrieb und bei dessen Kontroverse mit Albert Ehrenstein sich öffentlich zu Hiller bekannte; die Vorbehalte erklären sich aus sachlichen Einwänden und aus den völlig konträren Temperamenten. Wäre Musils Behauptung, der Aktivismus habe „eine ungemischte Geistherrschaft gefordert" (T 487), richtig, so wäre seine Folgerung, daß er „wenig Geist hatte", diskutierbar geblieben. Aber diese Voraussetzung läßt sich aus Hillers Schriften nicht bestätigen, wenn auch gewisse Formeln und mündliche Äußerungen Musil zu der Annahme gebracht haben mögen, daß das naive Postulat einer ungemischten Geistherrschaft eine Forderung des Aktivismus gewesen sei. Musils Glosse „Monolog eines Geistesaristokraten" brauchte Hiller nicht auf sich zu beziehen. Er hatte nie verlangt, daß „die geistig Besten" (T 844), „die wirklich großen Geister" (T 845) regieren sollten, sondern sehr konkrete Bedingungen an die Befähigung zur Mitarbeit in der Legislative geknüpft. Er hätte sich gehütet, in der Exekutive auf Spezialisten zu verzichten, wie es in der Glosse unterstellt wird, aber er wollte nicht die Legislative einfach den sogenannten Spezialisten überlassen, wie Musil gegen seine sonstigen Ansichten in einer falschen Alternative zu fordern scheint und wie Friedrich Ebert es praktiziert hatte, als er sich eine Verfassung im Stil von 1848 entwerfen ließ von einem national-liberalen Staatssekretär, der schon 1903 festgestellt hatte, die Anschauungen der Sozialdemokraten lägen dem Liberalismus nicht fern. Spätestens 1913 war aber Musil davon abgekommen, die Fragen der politisch-gesellschaftlichen Ordnung vom traditionellen Fachmann allein entscheiden zu lassen; er hatte vielmehr als „bezeichnendes Symptom der Katastrophe [und] zugleich Ausdruck einer bestimmten ideologischen Lage" festgestellt: „das völlige Gewährenlassen gegenüber den an der Staatsmaschine stehenden Gruppen von Spezialisten" und hinzugefügt, daß es schließlich Fragen gebe, „die man so wenig dem ‚Fachmann' überläßt wie das Heiraten oder die Ewigkeit [...]". (T 635)

Auch Hiller wies seit 1913 immer wieder darauf hin, daß es sich bei der Diskussion privater und öffentlicher Fragen „keineswegs um einen Gegensatz zwischen Politik und Nichtpolitik handelt, sondern um einen zwischen offener und versteckter."[19] Aus diesem Grunde wollte er auch das Verhältnis zwischen dem traditionellen Fachmann in Politik und dem traditionell apolitischen Fachmann erneuert wissen.

Als „Geistige", deren politischen Einfluß er fördern will, versteht Hiller „die, die sich verantwortlich fühlen."[20] Sie erkennen wirtschaftliche Fragen als grundlegend an, ohne daß sie einer Überbetonung des Wirtschaftlichen, die Hiller im Marxismus sieht, zustimmen müßten; sie betrachten sich aber als Sozialisten. „Jeder Nichtsozialist ist heute außerhalb des Geistes und aller Diskussion."[21] Eine Diktatur des Proletariats wird als vorübergehendes Stadium begrüßt. Während die Arbeiterräte ein neues Wirtschaftssystem entwickeln, ist den Kulturräten als Hauptaufgabe die Reform der Schulen, der Presse und des Strafrechts zugedacht.

Das schwierigste Problem, das Musil glossiert, die Wahl und Ergänzung der Gremien, wurde tatsächlich im letzten Programm 1919 nicht geklärt, sondern sollte weiter diskutiert werden. Hiller trat für das Berufungsrecht der Initiatoren der ersten Stunde ein und für eine Bestätigung durch die Arbeiterräte. Musil hat bei anderer Gelegenheit, ähnlich Nietzsches „gegenseitiger Auswitterung und Anerkennung", worauf Hiller sich berief, davon gesprochen, daß nichts so sicher sei „wie der übereinstimmende Spürsinn der Bedeutenden, des ‚auserlesenen Zirkels', von dem Schiller gesprochen hat, der ‚kleinsten Schar' Goethes." Er fügte hinzu: „Auf ihr ruht heute vielleicht die Zukunft unserer Kultur. Aber freilich, nicht immer ist die Übereinstimmung verläßlich, auch im kleinsten Kreise." (T 913)

Scheint also das Erkennen der Bedeutenden hinlänglich lösbar, so ist eine dauernde progressive Richtung durchaus noch nicht gesichert. Musil sieht die Gefahr, daß Platons regierende Philosophen Platoniker gewesen wären und die Aristoteliker schließlich unterdrückt haben würden. Er verwendet für dieses Problem häufig das Beispiel des Katholizismus, der die Entwicklung der neuen Wissenschaften um Jahrhunderte verzögerte; die Kirche ist ein „sorgsam ausgebauter Imperialismus des Geistes," [. . .] der „um der Herrschaft willen allzu konservativ" wurde. (T 498) Hiller denkt sich als Korrektiv die bewußte Bejahung einer möglichen, ja nötigen geistigen Revolte jeder neuen Generation. Eine dauerhafte Lösung scheint ihm erst möglich durch einen „Weltbund des Geistes", so wie eine dauernde Bewährung sozialistischer Prinzipien erst möglich scheint nach einer Weltrevolution, weil die defensive Haltung der sozialistischen Einzelstaaten verschiedene Ausfallserscheinungen hervorbringt. Pessimisten begegnet Hiller mit dem Hinweis: „Auch der Kirche gelang es erst nach drei Jahrhunderten."[22] Diese Formulierung enthält schon die zunehmende Resignation, nachdem auch die Gründung einer Bewegung nach dem Vorbild der französischen „Clarté" in Berlin gescheitert war.

Die 1919 einsetzende Restauration veranlaßte Hiller, ins

Zentrum seines Kampfes die Mindestforderung des Programms von 1918, die Unantastbarkeit des Lebens, zu stellen und eine Friedenspolitik zu propagieren, während er dem Postulat einer „Logokratie" durch internationale Kontakte zwischen den geistigen Vertretern der Länder näherzukommen suchte. Musil verlor die Hoffnung auf eine Änderung der Gesellschaftsordnung zu seinen Lebzeiten, er glaubte nicht länger an die gewaltlose Einwirkungsmöglichkeit durch einzelne oder durch kleine Gruppen auf die Gesellschaft; er erkannte die „ungenügende geistige Reizleitungsfähigkeit des sozialen Körpers" (T 620) und bemühte sich, das Bedürfnis nach einer „geistigen Organisationspolitik" (T 666) zu wecken.

Zu einer möglichen Revolution scheint Musil dieselbe Haltung eingenommen zu haben wie die geplante Romanfigur Achilles, über die der Autor notiert: „einer der wenigen Geistigen, die weder für noch wider sind." (T 234) Die unentschiedene Distanz kommt noch einmal zwanzig Jahre später in einer Eintragung zum Ausdruck: „Was ich im Grunde hasse, ist das Revolutionäre? [...] Sein Inhalt scheint mir gleich zu sein; ich mag die Art seiner Äußerungen nicht [...] Ich mag aber auch das Stationäre, das Konservative nicht [...] Was folgt aus beidem? ‚Evolutionäre‘ Gesinnung?" (T 512—513). Die einschränkende Wendung „im Grunde", die Fragezeichen nach der Feststellung und nach der Folgerung, die Wahl eines Verbums der Geschmacksäußerung, die gleichgültige Haltung gegen das Ziel zeigen die Hoffnungslosigkeit des Emigranten, der angesichts des herrschenden Hitlerismus und Stalinismus keine Unterschiede mehr macht und der die Frage nach der Revolution der gefühlsmäßigen Neigung überläßt, da er reflektierte Entscheidungen innerhalb des politischen Lebens als Emigrant nicht mehr zu fällen hat.

Am Ende des ersten Weltkrieges scheint Musils Einstellung durchaus mehr zustimmend gewesen zu sein; schon sein „weder für noch wider" darf im Vergleich zum Verhalten des Bürgertums seiner Zeit als äußerst progressiv gewertet werden. Teilweise sieht er die Bemühungen derer, „die auch einen neuen Menschen wollen", als parallel zu seinen eigenen an; er ist in „vielem dankbar für ihren heiligen Eifer", aber er wirft ihnen vor, daß „sie glauben, der neue Mensch sei bloß ein zu befreiender alter." (T 290) Selbst wenn diese Skepsis berechtigt gewesen wäre, wäre jedoch die Forderung nicht abzulehnen gewesen, sondern hätte als vorläufige Mindestforderung unterstützt werden können. Im November 1918 verfolgte Musil die Geschehnisse in Österreich und Deutschland mit einiger Aufmerksamkeit. Er formulierte die Grundvoraussetzung für alle wei- teren Entwicklungen: „Rascheste Durchführung der sozialen Umformung, der Gesellschaftskörper muß in stabiles Gleich- gewicht kommen." (T 215) Daß der Regierungswechsel 1918 einen revolutionären kulturpolitischen Aufschwung bringen würde, konnte wegen der mangelhaften Vorarbeit der großen Parteien auch Musil nicht erwarten; daß aber die Mehrheits- sozialdemokraten organisatorisch keineswegs darauf vorbereitet waren, die Macht im Staat zu übernehmen, mußte höhnische Kommentare hervorrufen, wenn auch das Recht zur Kritik der Unbeteiligten umstritten bleibt. Der Beobachter notierte in Wien 1918: „Deutschland hat seinen eigentlichen Absturz durch die Unfähigkeit erlitten, das Neue zu ergreifen. [...] Wenn man die Wirtschaft nicht sozialisieren kann, könnte man das doch geistig vorbereiten. Keine Rede davon. Wir haben ge- dacht: als Köpfe sind sie ja nicht mehr als Mittelmaß, aber sie werden Politiker sein, die sozialistischen Führer; jetzt sehen wir mit Schreck: sie sind Köpfe." (T 215—216)

Musils Vorstellungen von Revolution waren nicht durch eine Auseinandersetzung mit den Theoretikern bestimmt, sondern wie die der meisten seiner Zeitgenossen durch die russischen Ereignisse von 1917. Dieses Bild war bekanntlich durch die bürgerliche Presse geprägt, zu der die Presse der Mehrheits- sozialdemokraten in dieser Frage zu zählen war, da sie an star- ken Abschreckungswirkungen gegen eine denkbare Revolution in Deutschland interessiert war. Die häufigen Aufrufe des Voll- zugsrates gegen Linksradikale, denen nur zwei Warnungen vor Rechtsgruppen gegenüberstanden, kennzeichnen die Richtung, in die die öffentliche Meinung durch Konservative und Sozial- demokraten gelenkt wurde. Dieser für die deutschsprachigen Länder so charakteristischen Erziehungs- und Meinungsaus- richtung wurde sich Musil durchaus bewußt. Als er davon sprach, wieviel „Schmach, Dummheit, Müdigkeit und Un- glück" die „konservative menschliche Konstitution" über die Welt gebracht habe und ihrem extremen Gegenteil der gleiche Vorwurf nicht zu ersparen sei, nahm er ausdrücklich den Bol- schewismus aus mit der Begründung: „[...] denn er wird zu- viel verleumdet und wir haben die Schuld keine Aufklärung eingeholt zu haben." (T 220) Daß der Sozialismus die „leere Toleranz" in dezidierter Weise einschränkt, konnte von Musil als Experiment durchaus bejaht werden. Er ist selbst der An- sicht: „Auf sich allein gestellt ist Geist eine Fehde ohne Ende." (T 210) Daraus werde die Stellung, die eine sozialistische Ge- sellschaft dem Dichter und dem Philosophen zuweise, verständlich. Die unzeitgemäße einsame Arbeit an einem Roman, das Fehlen jeglichen Rückhalts in der Gesellschaft brachten Musil während des Genfer Exils zu der Frage: „Woran sollen denn die Dichter glauben, die es nicht an sich selbst können?!" Er räumt hierin als Alternative ein: „Rußland bietet die Stabilität des Rahmens an." (T 566) Um diese Stabilität herbeizuführen, sind Mittel wie Gewalt und Suggestion nicht von vornherein zu verurteilen, und Musil neigt zu der Annahme, „daß politische Neubildungen sich auf ungeistigem Wege vollziehen müssen". (T 360) Er selbst habe „manche Sympathie für Gewaltlösungen". (T 481) In einem Aufsatz der „Neuen Rundschau" von 1921 vertrat er die Ansicht, daß die neue Lebensform, die er andeutete, möglicherweise nicht ohne Gewalt zu erreichen sei, da selbst die innere Rechtsordnung, Ursprung jeder Zivilisation, nur durch eine sie setzende Gewalt geschaffen worden sei, und daß auch im Bolschewismus die Gewalt sich zur Trägerin der Idee glaube machen zu müssen. (T 621 bis 622)

In dieser Frage wich Musil entscheidend von Hillers Einstellung ab, der eine absolute Gewaltlosigkeit vertrat und deshalb schließlich keine politische Gruppierung der Republik mehr unterstützen konnte. So selbstverständlich eine pazifistische Haltung bei zwischenstaatlichen Beziehungen sein sollte, so ehrenhaft sie bei innerstaatlichen Angelegenheiten sein kann — angesichts der Opfer des Hitlerismus ist es nicht länger zweifelhaft, daß der Pazifist Hiller dem bedingten Pazifismus Musils nachträglich wird zustimmen müssen.

Der Dichter aber glaubte, nicht nur für den Augenblick entscheiden zu sollen, was politisch förderlich war, sondern auch an die Zukunft jener Art von Dichtung zu denken, in deren Kreis er seine eigene stellte. Dazu heißt es unmißverständlich: „Eine fertige Weltanschauung verträgt keine Dichtung." (T 811) Daß die positiven Werte der bürgerlichen Kultur in jede neue Gesellschaftsform übernommen werden müßten, war für Musil außer Zweifel; die Ansicht, daß Kunst in bestimmten Zeiten „überhaupt kein Gegenstand des Nachdenkens" (T 247) sein könnte, schien ihm barbarisch. Ob nach den ersten Aufbauperioden des Sozialismus traditionelle Kunstwerke überhaupt wieder Anerkennung finden würden, schien ihm zweifelhaft. Als Konsequenz einer Hinwendung zum Sozialismus formulierte er für sich: „Bist du vom Kommen des Bolschewismus überzeugt, brich mit dir, werde jung und beschränkt unbeschränkt." (T 247) An anderer Stelle findet man diesen Gedanken folgendermaßen variiert: „Um einen starken [politischen Willen] zu haben, gar um ein guter Revolutionär zu sein, muß man nichts als Revolutionär oder Kämpfer sein. Dann ist man aber ein Mensch mit Ausfallserscheinungen." (T 382) Daß eine solche Beschränkung mit Musils Auffassung vom Dichter und seinen Aufgaben nicht zu vereinen war, bedarf keines weiteren Hinweises. Diesen Widerstreit zwischen den Einsichten des progressiv denkenden Staatsbürgers und dem Verantwortungsbewußtsein des Verteidigers positiver Tendenzen der bürgerlichen Kultur suchte der Dichter durch eine heuristische Synthese zwischen beiden Positionen aufzuheben: „Ich bin als einzelner revolutionär. Das kann gar nicht anders sein, denn der schöpferische einzelne ist es immer. Ich bin aber in politicis evolutionär. Nur muß für die Evolution etwas geschehen." (T 217) Da vom Zeitpunkt dieser Formulierung an bis zu seinem Lebensende statt der Evolution die Reaktion stetig anwuchs, verlor dieser Lösungsversuch also seine Gültigkeit.

Als Alternative zur sozialistischen Gesellschaftsform sah Musil nicht, wie üblich, eine parlamentarische Demokratie an. Schon 1919 konstatierte er, „daß der ungeheure und venerierte Apparat des Parlamentarismus gar nicht funktioniert". (T 214) Es sei daher lächerlich, im Namen der Billigkeit und Demokratie am Parlamentarismus festzuhalten. Zu diesem Zeitpunkt konnte Musils restlicher Optimismus noch in einer Nebenbemerkung die Ansicht der Bolschewisten abtun, daß dieses Festhalten nicht lächerlich, sondern tragisch sei. Zwanzig Jahre später war nicht länger zu übersehen, wohin der formale Demokratismus in einer Gesellschaft von Unmündigen treibt, und Musil notierte sarkastisch zum Thema „Hitlerismus": „wahre Demosherrschaft". (T 410) Im „Mann ohne Eigenschaften" wird nochmals die Ansicht zusammengefaßt, der der Autor um 1913 herum selbst teilweise zugestimmt hatte: „Die stillschweigende Voraussetzung des Parlamentarismus war, daß aus dem Geschwätz der Fortschritt hervorgehe, daß sich eine steigende Annäherung an das Wahre ergebe." (M 1344) Musil gelangte zu der Einsicht, daß selbst bei einer relativen Mehrheit von Mündigen Demokratie nicht Herrschaft des Demos, sondern seiner Teilorganisationen sei. (T 615) Er stellte fest, daß zwar England und Frankreich gewisse traditionelle Korrektive des Parlamentarismus ausgebildet haben, daß aber die Demokratie in Amerika Zerfallssymptome zeige und offenbar vom Glück der Lage oder von anderen Faktoren begünstigt sei. (T 513) Nach der Aufzählung verschiedener Schwächen der parlamentarischen Demokratie wird die Betrachtung abgeschlossen mit dem Fazit: „Das mußt du einsehen, auch wenn dir persönlich die Demokratie ‚lebenswerter' erscheint." (T 513) Die Form der Selbstermahnung und die Relativierung des unklaren Wortes „lebenswert" zeigen nochmals den Zwiespalt zwischen politischer Einsicht und persönlicher Neigung. Später bestimmte der Dichter seine Position mit der Formel: „Ich kämpfe [...] in der Demokratie für ihre Zukunft, also auch gegen die Demokratie." (T 496)

In der scharfen Kritik an einer Demokratie von Unmündigen ohne ein progressiv wirksames Korrektiv konnte Musil Kurt Hiller zustimmen, durch dessen ganzes Werk sich diese Kritik zieht. Es braucht nur ein Zitat als Beispiel angeführt zu werden: „Die Demokratie ist der politische Absolutismus des Durchschnittsmenschen, ist die Diktatur der Mittelmäßigkeit."[23] Diese Einwände entsprangen selbstverständlich nicht aristokratischen Vorurteilen gegen den minderprivilegierten Massenmenschen, sondern der verantwortungsbewußten Einsicht, die die Gefahren für den schuldlos in Unmündigkeit und Abhängigkeit gehaltenen Durchschnittsmenschen frühzeitig erblickte.[24] Während aber die meisten Befürworter einer gesellschaftlichen Erneuerung vor 1914 und nach 1918 meinten, daß der von seinen Abhängigkeiten befreite Mensch sofort aus sich heraus positive gesellschaftliche Verhaltsweisen schaffen würde, konnte Musil darauf hinweisen, daß er „als einer unter wenig Deutschen schon vor dem Krieg" die Ansicht geäußert habe, der Mensch sei „moralisch eine Ungestalt, [...] die sich Formen anschmiegt, nicht sie bildet." (T 218) Für diese Tatsache wählte Musil mehrmals eine scheinbar extreme Formulierung, die sich noch zu seinen Lebzeiten fast im wörtlichen Sinne hätte realisieren können. Eine Romanfigur läßt sich dazu folgendermaßen vernehmen: „Wenn Sie mir die Zeitungen, den Rundfunk, die Lichtspielindustrie und vielleicht noch ein paar andere Kulturmittel überantworten, so verpflichte ich mich, in ein paar Jahren — wie mein Freund Ulrich einmal gesagt hat — aus den Menschen Menschenfresser zu machen!" (M 1020)[25] Daß es unter diesen Voraussetzungen selbstmörderisch ist, die Meinungsbildung dem freien Markt mit den üblichen kapitalistischen Wettbewerbsverzerrungen zu überlassen, bedarf keiner weiteren Ausführungen. Musil schrieb 1930: „Demokratie ohne besondere Einrichtung zur Willens- und Geistesbildung ist unmöglich." (T 344) Die parlamentarische Demokratie pflegt sich hierin auf Schule und Massenmedien zu verlassen. Was Musil vom Schulwesen seiner Zeit hielt, zeigen schon die vielen satirisch gezeichneten Lehrerfiguren in seinen Werken; seine zahlreichen Bemerkungen zu dem Problem gingen von der Annahme aus: „Das Volksbildungssystem ist kaum mehr als ein Notbehelf"; (T 734) schließlich formulierte er unmißverständlich: „Die politische Zukunft liegt in der Schule." (T 222) Im Laufe des späteren zwanzigsten Jahrhunderts haben sicherlich die Massenmedien die Wichtigkeit der Schule bei weitem überflügelt. Musil sah hier schon, wie das Menschenfresser-Zitat zeigte, große Gefahren. Er sprach von der „ungeheuer verderblichen Gemütsindustrie", (T 868) von der „von jedem guten Geist verlassenen bürgerlichen Presse" (T 221) und prägte die gültig bleibende Formulierung, die Zeitungen verehrten „eingestandenermaßen die Ideale der Sensation und des kleinsten Lesergehirns, das ihre Mitteilungen noch fassen können muß." (T 735)

Die „ungenügende geistige Reizleitungsfähigkeit des sozialen Körpers" hat nach Musil entweder die „Abhängigkeit von der Struktur der Oberschicht" zur Folge oder einen „dauernden Rückschlag". Wenn diese regressive Primitivierung aufgehalten werden soll, muß eine „Durchbildung des gesamten Lebens" erfolgen. (P 714) Dazu bedarf es keiner weiteren Ideologien, sondern der Schaffung gesellschaftlicher Bedingungen, unter denen ideologische Bemühungen überhaupt Stabilität und Tiefgang haben". (T 637) Die Auseinandersetzung und Verknüpfung ideologischer Elemente können nicht dem Zufall überlassen werden, wie es die leere Toleranz der bürgerlichen Demokratie tut. Die Gesellschaft bedarf daher einer institutionellen Organisierung des geistigen Bereiches, die Musil immer wieder fordert.[26] 1921 formulierte er diese Überzeugung in einem Appell an die geistig Verantwortlichen jener politischen Richtung, die ihm einzig noch diskutabel erschien: „Die Frage auf Leben und Tod ist: geistige Organisationspolitik. Das ist die erste Aufgabe für Aktivist wie Sozialist; wird sie nicht gelöst, so sind alle andren Anstrengungen umsonst, denn sie ist die Voraussetzung dafür, daß die überhaupt wirken können." (T 666)

Die Wirkungsmöglichkeit von Musils eigenem Werk ist von der Lösung dieses Problems weitgehend abhängig. Wenn eine Mehrheit von Mündigen durch „geistige Organisationspolitik" die grundlegenden ökonomisch-politischen Fragen gelöst haben wird und wenn die Gesellschaft sich neue, von ihren Theoretikern noch nicht beschreibbare Lebensinhalte wird geben müssen, dann könnten bedeutende Impulse dazu von Musils Werk ausgehen, „und zwar sowohl dann", — wie Musil in anderem Zusammenhang schrieb (T 607) — „wenn morgen schon die aus dem Osten kommende Bewegung der Welt eine neue, die Grenzen brechende Gestalt geben sollte, wie dann, wenn im Westen die Beschränktheit von gestern noch einmal siegen sollte."

[1] Das Unanständige und Kranke in der Kunst. — In: Pan 1. 1910/11. S. 310.
[2] Das aufgeschlossenste Leserpublikum für sein Werk meinte Musil übrigens später in Frankreich zu finden.
[3] Penthesileiade. — In: Der lose Vogel. Leipzig 1913. S. 26.
[4] Politisches Bekenntnis eines jungen Mannes. Ein Fragment. — In: Die Weißen Blätter 1. 1913/14. S. 239.
[5] Gabriel Schillings Flucht in die Öffentlichkeit. — In: Der lose Vogel. Leipzig 1913. S. 130—131.
[6] Die Neue Rundschau 25. 1914. Bd. 2. S. 1422.
[7] Verf. dankt Karl Corino für den Hinweis auf Musils Unterschrift.
[8] Das Ziel. Jahrbücher für geistige Politik. Hrsg. von Kurt Hiller. Bd. 3. München 1919. S. 220.
[9] Eine Glosse Hillers anläßlich des kaiserlichen Regierungsjubiläums 1913, bei dem die Herren Ganghofer, Höcker und Lauff zu deutschen Dichtern promoviert und ausgezeichnet wurden, könnte zusammen mit dem Zerwürfnis Hillers und Pfemferts wegen dieser Farce eine Anregung zu Musils Erfindung der „Parallelaktion" gegeben haben. Vgl. Kurt Hiller: Die Weisheit der Langenweile. Eine Zeit- und Streitschrift. Leipzig 1913. Bd. 2. S. 54—66.
[10] Der früh verstorbene Musil-Forscher Wilhelm Bausinger regte in seinem letzten Beitrag eine Klärung des Verhältnisses Musil-Hiller an: Robert Musil und die Ablehnung des Expressionismus. — In: Studi germanici 3. 1965. S. 383—389. Für die Literaturwissenschaft haben sich bisher nur Paul Raabe und Walter H. Sokel über Hiller geäußert. Eine genauere Untersuchung wird freilich erst möglich sein, nachdem die Schriften Hillers von der Forschung zur Kenntnis genommen worden sind und nachdem eine vollständigere Musil-Ausgabe vorliegt. Es müßten auch die Exzerpte zugänglich gemacht werden, die der Leser Musil notierte; so vermißt man u. a. im hier behandelten Zusammenhang die Notizen über Johann Plenges Buch ‚Die Revolutionierung der Revolutionäre'. Leipzig 1918. Vgl. T 203.
[11] Kurt Wolff: Briefwechsel eines Verlegers 1911—1963. Hrsg. von Bernhard Zeller und Ellen Otten. Frankfurt (1966). S. 315.
[12] Kurt Hiller: Köpfe und Tröpfe. Profile aus einem Vierteljahrhundert. Hamburg u. Stuttgart (1950). S. 321.
[13] Es darf an die hervorragenden Besprechungen Musilscher Werke durch diese beiden Schriftsteller erinnert werden.
[14] Gustav Landauer: Aufruf zum Sozialismus. 2. verm. u. verb. Aufl. Berlin 1919. S. 53.
[15] Tätiger Geist. Zweites der Ziel-Jahrbücher. 1917/18. Hrsg. von Kurt Hiller. München 1918. S. 412.
[16] Kurt Hiller: Ratioaktiv. Reden. 1914—1964. Ein Buch der Rechenschaft. (Wiesbaden 1966). S. 20.
[17] Das Ziel. Bd. 4. 1920. S. 213.
[18] Irma Hanke-Tjaden: ‚Der freie Geist und die Politik'. Zum Problem des Politischen bei Robert Musil. Diss. Freiburg 1962. S. 226.
[19] Die Weisheit der Langenweile. Bd. 1. S. 243.

[20] Das Ziel. Aufrufe zum tätigen Geist. Hrsg. von Kurt Hiller. München u. Berlin 1916. S. 206.
[21] Das Ziel. Bd. 3. 1919. S. 200.
[22] Das Ziel. Bd. 4. 1920. S. 246.
[23] Ratioaktiv, a. a. O., S. 87.
[24] Irma Hanke sucht Musils Demokratiekritik damit zu erklären, daß er nur demokratische „Zerrformen" erlebt habe, a. a. O., S. 48. Abgesehen davon, daß dabei die prinzipiellen Einwände nicht ernst genommen werden, ließe sich selbstverständlich dieselbe Erklärung für eine extrem entgegengesetzte Gesellschaftsform anführen.
[25] Es wird angespielt auf einen Essay von 1922, in dem es heißt: „Dieses Wesen ist ebenso leicht fähig der Menschenfresserei wie der Kritik der reinen Vernunft." (T 627) Vgl. auch: Robert Musil: Der deutsche Mensch als Symptom. Aus dem Nachlaß hrsg. von der Vereinigung Robert-Musil-Archiv Klagenfurt. (Reinbek 1967) S. 17—18.
[26] Stephan Reinhardt hat in seinem Musil-Buch diese Vorstellungen in Musils Werk einer ausführlichen Analyse unterworfen.

ROBERT MUSIL UND ALFRED KERR

Der Dichter und sein Kritiker

Karl Corino

Zu den wichtigen literatursoziologischen Problemen gehört zweifellos die Frage nach dem Verhältnis zwischen Dichtung und Kritik. Die Beziehungen zwischen dem Autor und dem Rezensenten als dem „institutionalisierten Vermittler"[1] zwischen dem Werk und dem Publikum sind wie alles, was den gesellschaftlichen Aspekt der Literatur angeht, von der traditionellen Literaturwissenschaft bislang in sträflicher Weise vernachlässigt worden.[2] So wünschenswert aber eine allgemeine, exakte Theorie des genannten Verhältnisses wäre, so fraglich ist doch, ob sie, wenn überhaupt, im Augenblick schon zu leisten ist. Die Wechselwirkungen zwischen dem Produzenten, dem Vermittler und dem Verbraucher — in der Sprache des Marktes zu reden, was ganz sicher eine Berechtigung hat, wenngleich die Literatur in ihrem Warencharakter nicht aufgeht — sind so zahlreich und kompliziert, daß man wahrscheinlich mit differenzierten kybernetischen Modellen arbeiten müßte, um sie zu erfassen. Was hier versucht werden soll, ist, anhand eines Beispiels, mit induktiver Bescheidenheit und vorsichtiger Integration der Tatbestände, die Basis für eine künftige Theorie zu verbreitern.

Gewöhnlich beginnt das Verhältnis zwischen Schriftsteller und Kritiker nach dem Erscheinen seines ersten Werkes. So trivial das anmutet, so wenig zwingend ist es. Denn was geschieht, wenn ein Buch die Vorzensur durch die Verlagslektorate nicht besteht? Der Verfasser, der nicht resigniert, kann sich, gewissermaßen ante festum, an den Kritiker als Schiedsrichter wenden. Ein berühmtes Beispiel dafür ist die Appellation Jean Pauls an Karl Philipp Moritz. Der sandte jenem, „an einem Verleger verzweifelnd, das Manuskript seines ersten großen Romans, der ‚Unsichtbaren Loge', nach Berlin: handgeschrieben, und das ist wahrlich keine kleine Zumutung! Aber schon 12 Tage später empfing Jean Paul diese Antwort: ‚Und wenn Sie am Ende der Erde wären; und müßt' ich hundert Stürme aushalten, um zu Ihnen zu kommen, so flieg' ich in

Ihre Arme! Wo wohnen Sie? Wie heißen Sie? Wer sind Sie?: Ihr Werk ist ein Juwel!' "

Solcher Überschwang war nicht Alfred Kerrs Sache, aber als er Robert Musils Manuskript „Die Verwirrungen des Zöglings Törleß" in Händen hielt, handelte er ähnlich wie Moritz, und wie bei jenem ist es sicher eines seiner schönsten Verdienste, daß er „einen Großen unserer Literatur entscheidend ermutigt und gefördert, vielleicht sogar uns überhaupt erhalten hat".[3] Denn das war Musils Lage — er erinnert sich ca. 1937 daran:[4]

„Ich hatte den Ingenieurberuf aufgegeben, war von Stuttgart nach Berlin gekommen, hatte mich an der Universität inskribiert,[4a] bereitete mich auf die Gymnasialmatura vor oder hatte sie schon bestanden,[4b] besuchte jedenfalls wenig die Vorlesungen und hatte die Zeit benutzt, um die in Stuttgart begonnenen „Verwirrungen des Zöglings Törleß" zu vollenden. Als ich fertig war, wurde mir das Manuskript von mehreren Verlagen mit Dank zurückgestellt und abgelehnt. Darunter von Diederichs-Jena, auch erinnere ich mich an Bruns in Minden und Schuster & Loeffler in Berlin. Es waren Verlage, vornehmlich die beiden ersten, die ich mir mit geisteskindlichen Gefühlen ausgesucht hatte,[4c] und wie bei Kindern war die Sympathie auch nicht auf guten Kenntnissen aufgebaut. Es bestürzte mich etwas, daß alle drei und alle drei auch in gleicher Kürze, nachgeprüft und abgelehnt hatten. Ich wollte damals sowohl Dichter werden als auch die Habilitation für Philosophie erreichen und war unsicher in der Beurteilung meiner Begabung. So bin ich zu dem Entschluß gekommen, eine Autorität um ihr Urteil zu bitten. Meine Wahl fiel auf Alfred Kerr, und daran war immerhin etwas Merkwürdiges. Vielleicht hatte ich einige seiner Kritiken gelesen, die damals im Berliner „Tag" erschienen, und hatte hinter seiner Schreibart, die mir als Süddeutscher besonders maniriert vorkam und mich, gleich einem fremden Fasching, anzog und ausschloß, das gut Begründete der Sprache und der Urteile gespürt; ich glaube aber, die wirkliche Ursache lag in meiner Kenntnis seines Büchleins über die Duse, das in der Sammlung „Die Fruchtschale" (im Verlag Barth?) erschienen war,[4d] und nicht einmal darin lag sie, sondern ich erinnere mich, daß bloß eine kleine Gruppe von zwei bis vier Sätzen mein „Zugehörigkeitsgefühl" geweckt hatte.[4e] Dieses Büchlein hatte ich noch in Brünn gelesen[4f] und die Erinnerung daran ist mit der „Esplanade" verknüpft, einer mit Bäumen bepflanzten Strecke, wo man Sonntags zu Militärmusik auf einer Seite hin- und auf der anderen herging. Warum das mit dem Buch über die Duse zusammenhing, weiß ich nicht mehr, aber ich glaube mich gut zu erinnern, daß dieses hellgrau mit Goldaufdruck und von Kleinquartformat gewesen sei (Prüfen!),[4g] und ebenso hängt es mit der Esplanade zusammen. Es mag so gewesen sein: An den entsetzlich langweiligen Sonntagen machte man dort den Versuch der Lebensberührung und alles war so, wie es in kleineren Städten eben ist, und wahrscheinlich hatte ich das Buch unter dem Arm mitgenommen, um interessanter junger Mann zu sein. Auf diese Weise bin ich zu Alfred Kerr gekommen."

Als einen der „beiden schönsten Augenblicke in (s)einer Schriftstellerlaufbahn" bezeichnet es Musil, als er sich Kerr anvertraute und von ihm akzeptiert wurde — den anderen glücklichen Moment vergißt er zu nennen.[5] Nachträglich könnte man sagen, dieser Moment bestand darin, daß er sich entschloß, sich nicht an Maximilian Harden zu wenden, denn diese Gefahr bestand durchaus bei einem jungen Mann, der auf den Militärschulen einen miserablen Deutschunterricht ‚genossen‘,[6] in der geistigen Provinz studiert und bis dato keine anderen literarischen Mentoren gehabt hatte, als einen Brünner Finanzrat, der „Kritiken aus dem ff" schrieb,[7] und eine Österreichische-Kleinstadt-Diotima.[8] Kein Wunder, daß alle Maßstäbe fehlten. Im Tagebuch konstatiert Musil zu diesem Thema allgemein und pro domo:

„Der junge Mensch will ‚Fuß fassen‘, ‚Halt finden‘, das hat er als erstes nötig und sucht er. Darum akzeptiert er nach Vertrauen in Bausch und Bogen. (Ich z. B. habe zuerst Kerr und Harden zugleich akzeptiert, dann wohl von Harden Schlechtes gehört und bei Kerr etwas gefunden, das mir gefiel.) Man liebt, wovon man glaubt, daß es ‚dazu‘ gehört. Erst nach und nach prüft und wählt man persönlich, und vieles nie. —"[9]

Es ist nicht auszudenken, was geschehen wäre, hätte Musil tatsächlich den Herausgeber der „Zukunft", den Ober-Schmock, Homosexuellen-Jäger und Schlafzimmer-Schnüffler, Harden, zum Schiedsrichter über sein immerhin delikates Manuskript gesetzt. Kerr war ex nunc das kleinere Übel, ex tunc der richtige Mann.

„Musil und ich, wir haben jede Zeile dieses Buches, [des ‚Törleß‘] im Mscpt, nicht nur zusammen durchgegangen — sondern zusammen durchgearbeitet", erinnert er sich in seinem Londoner Nekrolog.[10] Und Musil ergänzt dies durch die Reminiszenzen an „Kerrs vorsichtige Ausstellungen bei der Korrektur des ‚Törleß'".[11] Sie bezogen sich vielleicht auf seinen „anfangs übermäßig[n] Gebrauch von Fremdworten und Substantiven",[12] Kerr rügte aber vielleicht auch, daß Musils Stil manchmal zu dürr und unanschaulich sei. Ein Exempel für die Art der Änderungen, die von Kerr vorgeschlagen wurden, findet sich möglicherweise in der Tagebucheintragung Musils vom 14. IV. 1905:

„In dem gräßlichen Stil der ‚Verwirrungen' hatte ich beispielsweise geschrieben: Er dachte daran, daß er eigentlich keine Ursache habe, sich in solche Abhängigkeit von diesem Mädchen zu begeben. Daran ferner, wie abstrakt und mager dadurch sein Leben geworden sei. Ja endlich, daß usw.
Dagegen: ‚Dieses Mädchen!' dachte er. ‚Lieb? Gut? Schön? Ja. Aber wie sehr bin ich eingewickelt in all diese Liebe, Güte und Schönheit! Wie in Baumwollfäden! Ist jenseits dieses warmen Knäuels nicht alles mager, abstrakt, farblos geworden?! Traue ich mich überhaupt noch aus diesem süßen Nest heraus? usw.[']"[13]

Der Fortschritt von den ingenieursmäßig trockenen und floskelhaften Wendungen zu einer lebendigen, plastischen Metaphorik ist überdeutlich. Wie die Verdienste bei dieser Entwicklung ponderiert waren, ist schwer abzuschätzen, aber sicher ist, daß es Kerr nicht bei der einen gemeinsamen Durcharbeitung des Manuskripts bewenden ließ; als es, wohl auf seine Empfehlung, vom Wiener Verlag geprüft wird, schreibt Musil aus Berlin am 24. X. 1905:

„Einige kleine Änderungen, auf die mich Herr Dr. Kerr aufmerksam machte, möchte ich gegebenenfalls noch vor Drucklegung besorgen."[14]

Dem Verlag schienen die von dem berühmten Kritiker vorgeschlagenen (weiteren) Verbesserungen so wichtig, daß er die Handschrift in der Tat noch einmal dem Autor zugehen ließ — samt dem Vertrag.[15] Aber damit nicht genug mit Kerrs Bemühungen: er sah auch noch die Fahnen durch.[16] Kein Wunder, daß Musil ängstlich besorgt war, rechtzeitig ein VorausExemplar für seinen Gönner zu bekommen, und zweimal urgierte.[17] Kerr bedankte sich für das Vertrauen und für die Überreichung des Buches, dessen Widmung sicherlich aufschlußreich gewesen ist, mit einer achtspaltigen Kritik im Berliner „Tag".[18] Sie eröffnete Musil die Schriftsteller-Laufbahn.

„ROBERT MUSIL

Von
Alfred Kerr.

I.

Robert Musil ist in Südösterreich geboren, fünfundzwanzig Jahre alt, und hat ein Buch geschrieben, das bleiben wird.

Er nennt es: „Die Verwirrungen des Zöglings Törleß". Der Wiener Verlag bringt es heraus.

In diesem jungen und wohl bald verrufenen, verzeterten, bespienen Werk, das auf den Index ornatloser Pfaffen gesetzt wird, wenn ein halbes Dutzend Menschen es nur erst gelesen hat, sind Meisterstrecken. Das Starke seines Werkes liegt in der ruhigen, verinnerlichten Gestaltung abseitiger Dinge dieses Lebens, — die eben doch in diesem Leben sind. Die unser Hexenprozeßverfahren heute straft. „Nachtseiten" sagt der Feuilletonist; also Nachtseiten. Für jeden sind sie nicht vorhanden: insofern sein Leib oder die Konjunktur seines Schicksals es mit sich brachten, daß er in keine dieser Nebenwelten je geriet; aber vorhanden sind sie.

Und als Episoden im Gesamtschauspiel der Menschenexistenz haben sie dargestellt zu werden ein Recht, das Kinder oder Kaffern durch Stimmkraft und Faustgewalt nicht ernsthaft erschüttern können. Mögen sie beim Lesen des Buches umfallen (ich höre bereits ihr Gemecker), — es zeigt neue Stufungen im Seelischen.

Was ihr da erblickt, sind dämmernde Zwischengrade: vom Aug' eines Unterscheiders umrissen, mit den Nerven eines Beteiligten empfunden, in der Handschrift eines Dichters nacherzählt. Ich erinnere mich des Friedrich Schlegelschen Satzes: „Wenn man einmal aus Psychologie Romane schreibt oder liest, so ist es sehr inkonsequent und klein, auch die langsamste und ausführlichste Zergliederung unnatürlicher Lüste, gräßlicher Marter, empörender Infamie ... scheuen zu wollen." Hundert Jahre vergingen, seit er das schrieb. Indessen war Dostojewski da ... Aber ihr werdet trotzdem zetern, meckern und schäumen.

II.

Musils Erzählung ist ohne Weichlichkeit. Es steckt darin keine, sozusagen, Lyrik. Er ist ein Mensch, der in Tatsachen sieht, — nur aus ihrer Sachgestaltung erwächst ihm dasjenige Maß von „Lyrik", das in den Dingen etwa steckt. Man bemerkt

Lichter und Dunkles. Das Buch gibt, was mir wertvoll erscheint, die Luftstimmung zwischen dem Räumlichen und dem Seelischen . . . Bei der Erinnerung an das Buch hat man die Erinnerung an Dinge, die visionär aufleben und doch Wirklichkeit sind. Einzelheiten haften im visuellen Gedächtnis. (Das ist vielleicht der Prüfstein für die Gestaltungsart eines Schriftstellers; ob seine Szenen in visuellem Gedächtnis wiederkehren oder in einer abstrakteren Gedächtniserscheinung.)

Ein kleiner Wald etwa, mit einem Haus darin; das Atmosphärische darum; alles verflochten mit einer Seelenstimmung . . . nein: so gemalt, daß die Vorgänge, die Bäume, das Wetter, die Beleuchtung, der Inhalt des Hauses und die zeitweiligen Gäste darin, eine Dirne Božena, die Schüler eines mährischen Konvikts in ihrer Uniform, die niedlichen Degen an der Seite, die Gerätschaften des Zimmers, und das Eckchen Gewölk, das von oben hereinsieht, — daß alles wie ein Bestandteil der Seele des Zöglings Törleß wirkt . . . und dämmerig sichtbar bleibt. Frei von Empfindsamkeit. Tatsachendarstellung. Nicht „gemalt" ist die Stimmung, sondern das Dargestellte wirft sie ab. Alles wird nach längerer Zeit im Gedächtnis bleiben mit der Tönung der Umwelt, mit der Beleuchtung von Außendingen und, nicht zuletzt, mit den Bewußtseinszuständen eines Menschen: des Zöglings Törleß. Alles das wirkt real und, beim Erinnern, visionär — ein Vorgang, wie ihn Törleß ähnlich selber an seiner Art zu sehen beobachtet. . . . Oder man nehme zuvor einen inneren Zustand am Sonntagnachmittag in der Konditorei einer kleinen Stadt; oder auf einem Gang bei den ersten kleinen Häusern des Orts, vorüber an Kindern, Schmutz, Höfen, slawischen Weibern. . . .

Visionär und real wirken dann absonderlich-furchtbare Geschehnisse zur Nachtzeit in einem Bodenraum des Konvikts. In einem Helldunkel sind sie gemalt, daß neben den wirklichen Dingen etwas Unwägbares, Entgleitendes durch sie hindurchschwingt, auch über ihnen wegtönt, man fühlt über allen Scheueln und Barbareien, die sich dort zutragen, etwas Verströmendes wie den Gang der Zeit. Die Beleuchtung drückt sich wieder dem Gedächtnis ein, gibt den Greueln und Tierheitsauftritten etwas Unwirkliches. Bei aller Körperlichkeit. Und sie bleiben körperlich bei allem Visionären. „Nachtseiten", — ja; aber Nachtseiten muß einer malen können.

Die Darstellung immer frei von Empfindsamkeit. Nur aus Tatsachen quillt, was an erschütternden Empfindungsmöglichkeiten in ihnen steckt. Und die Hauptgestalt, der junge Törleß, ist sogar allzu frei von entscheidendem Mitfühlen, von zupackendem Anteil: denn vor dem Furchtbarsten, das ein anderer mitmacht, steht er, . . . nicht wie vor einer ethischen Angelegenheit; sondern bloß wie vor einer Angelegenheit seines Bewußtseins. Vor einer Frage nach dem inneren Geschehen, — „weil mich dabei ein Vorgang in meinem Gehirn interessiert, ein Etwas, von dem ich heute trotz allem noch wenig weiß, und vor dem alles, was ich darüber denke, mir belanglos erscheint".

III.

Diese junge Zentralperson, welche durch ein Hinnom von Abscheulichkeiten wandelt, — um dann halb gefestigt, halb erinnerungsvoll auf der Erde zu stehen, mit der Kenntnis von ihren rätseläugigen Nebengebieten: die Kernperson führt einen Kampf um das Festhalten des Entgleitenden. Der Zögling möchte beleuchten, was ihm dämmrig heranwittert. Er möchte manches, was in uns lebt, emporreißen, packen, es stellen. Deinen Namen will ich wissen, deine Sippschaft, so ruft er zu Dingen, nicht zu Menschen. Auch zu Menschen: zu Etlichem, das um sie geistert, das in ihnen schwebt, schwillt, schwindet. Leblose Sachen befremden ihn zunächst; er ist „in der Aufregung eines Menschen, der einem Gelähmten die Worte von den Verzerrungen des Mundes ablesen soll und es nicht zuwege bringt". So, als ob er „einen Sinn mehr hätte als die andern, aber einen nicht fertig entwickelten, einen Sinn, der da ist, sich bemerkbar macht, aber nicht funktioniert". Und die Menschen wirken auf ihn ebenso zweifelerregend wie das Leblose. Basini heißt ein Mitzögling, an dem Gräßliches vollzogen wird. Törleß sitzt ihm spät und still einmal gegenüber. Wie Törleß ihn von anderen durch nichts unterschieden erblickt, „wurden die Erniedrigungen in ihm lebendig, die Basini erlitten hatte. Wurden in ihm lebendig: d. h., daß er gar nicht daran dachte, mit jener gewissen Jovialität, die die moralische Überlegung im Gefolge hat, sich zu sagen, daß es in jedem Menschen liege, nach erduldeten Erniedrigungen möglichst schnell wenigstens nach der äußeren Haltung des Unbefangenen wieder zu trachten", sondern Törleß spürt einen Schwindel; dazwischen „wie stiebende Farbenpunkte" allerlei, was er in auseinanderliegenden Zeitabständen über Basini gefühlt. „Eigentlich war es ja immer nur ein und dasselbe Gefühl gewesen. Und ganz eigentlich überhaupt kein Gefühl, sondern mehr ein Erbeben ganz tief am Grunde, das gar keine merklichen Wellen warf und vor dem doch die ganze Seele so verhalten mächtig erzitterte, daß die Wellen selbst der stürmischsten Gefühle daneben wie harmlose Kräuselungen der Oberfläche erscheinen. Wenn ihm dieses eine

Gefühl zu verschiedenen Zeiten dennoch verschieden zu Bewußtsein gekommen war, so hatte dies darin seinen Grund, daß er zur Ausdeutung dieser Woge, die den ganzen Organismus überflutete, nur über die Bilder verfügte, welche davon in seine Sinne fielen — so, wie wenn von einer unendlich sich in die Finsternis hinein erstreckenden Dünung nur einzelne losgelöste Teilchen an den Felsen eines beleuchteten Ufers in die Höhe spritzen, um gleich darauf hilflos aus dem Kreise des Lichtes wieder zu versinken." In welcher Beziehung steht Törleß zu einem neben ihm Lebenden? „Nie ‚sah‘ er Basini irgendwie in körperlicher Plastik und Lebendigkeit irgend einer Pose, nie hatte er eine wirkliche Vision: immer nur die Illusion einer solchen, gewissermaßen nur die Vision seiner Visionen. Denn immer war es in ihm, als sei soeben ein Bild über die geheimnisvolle Fläche gehuscht, und nie gelang es ihm, im Augenblicke des Vorganges selbst, diesen zu erhaschen. Daher war beständig eine rastlose Unruhe in ihm, wie man sie vor einem Kinematographen empfindet, wenn man neben der Illusion des Ganzen doch eine vage Wahrnehmung nicht loswerden kann, daß hinter dem Bilde, das man empfängt, Hunderte von — für sich betrachtet ganz anderen — Bildern vorbeihuschen. . . ." Die Erkenntnisnot des Helden wird erzeugt von der Unvergleichbarkeit des Erlebens und des Erfassens. Von der Unvergleichbarkeit, die herrscht zwischen Erleben und Erfassen. Und wie er gleichsam nach einer unbekannten Insel schwimmt, zu der ihn das Geheimnis zieht, verwirrt er sich im Tang der Geschlechtlichkeiten . . . der besonderen Greuel, die ebenso abseits vom hellerlichten Tage des Lebens scheinen wie anderes Verborgenes . . .

Und am Schluß liegen diese Dinge hinter ihm wie etwas, das niemals war (und doch gegenwärtig ist). Die bürgerliche Sonne leuchtet über die bürgerliche Welt. Das Acherontische schweigt. Doch es war einmal, es war einmal in seinem Leben.

IV.

Ein Konvikt. . . . Ferne Beziehungen zu den Eltern (etwa einem Draht ohne Strom ähnlich). Ein Suchen in erkenntnisloser Einsamkeit. Irgend eine Annäherung zu einem auftauchenden Menschen, der Schatten einer inneren Beziehung — ein Verbleichen. Zwischendurch Episoden bei einem Frauenzimmer a. D. Dann: Ein Zögling, Basini, begeht Diebstähle; kommt hierdurch in die Gewalt, auf Gnad' und Ungnade, zweier festen Mitschüler, Reiting und Beineberg. Der junge Törleß, anfangs Zuschauer, geht nachtwandlerisch, seinen

Rätseln folgend, ins unabgesteckte Reich des Scheuelvollen, des Brauchlosen... wird hineingezogen... und gewahrt in der vollziehenden Sekunde: „Das bin nicht ich!... nicht ich!"

Nicht alles kann ich nachprüfen. Der Schwerpunkt dieser Dinge liegt mir so fern wie die Menschenesserei der Südsee: aber ich weiß doch, daß es Menschen mit diesem Drange gibt. Ich hab' es bisher nicht geglaubt; jetzt glaub' ich es. Ecco.

Das Bild ist schlecht gewählt: Es handelt sich um Leute, die nicht, gleich Kannibalen, tiefer stehen als wir. Sondern die vielleicht, da sie in anderen Teilen ihres Lebens oft zu unseren gesetzlich anerkannten Empfindungen kommen, einen Zug mehr besitzen als wir; die so fühlen können wie wir, aber zugleich noch anders fühlen können; die um eine Gliederung reicher sind, vor der wir erschauern. Oder doch die Augen aufreißen. Oder auch nicht mehr die Augen aufreißen. Musil, der den Törleß gemalt hat und sein Erlebnis, hat zum erstenmal in Fleisch und Blut und Nerven einen hingestellt, bei dem die Fremdheit aufhört. Das alles ist also keine Sage, bisher hielt man es doch immer dafür, wenn man sich scharf beobachtet: sondern es ist gar nicht mehr zu bezweifeln. Die Fremdheit wird gemindert, weil der Blick Zusammenhänge fühlt. Weil triebmäßig eine Erkenntnis wächst, die keine Wissenschaft, aber die ein Dichter geben kann.

Törleß leugnet später nicht, durch eine Erniedrigung (er braucht dieses Wort, nicht am Ende sein Autor) hindurchgegangen zu sein. Doch er fügt hinzu — der spätere Törleß, indem er mit Recht betont, daß die anderen doch auch Dinge durchleben, die von der Qualität jener Erlebnisse wirklich nicht so sehr abweichen, — er fügt mit nachdenklicher Klugheit hinzu: „Wollten Sie übrigens die Stunden der Erniedrigung zählen, die überhaupt von jeder großen Leidenschaft der Seele eingebrannt werden? Denken Sie nur an die Stunden der absichtlichen Demütigung in der Liebe! Diese entrückten Stunden, zu denen sich Liebende über gewisse tiefe Brunnen neigen oder einander das Ohr ans Herz legen, ob sie nicht drinnen die Krallen der großen unruhigen Katzen ungeduldig an den Kerkerwänden hören? Nur um sich zittern zu fühlen! Nur um über ihr Alleinsein oberhalb dieser dunklen, brandmarkenden Tiefen zu erschrecken! Nur um jäh — in der Angst der Einsamkeit mit diesen düsteren Kräften — sich ganz ineinander zu flüchten!" Und er spricht ein blitzhelles Wort; von schlagender Kraft, wie es kein Anwalt geben, sondern wieder nur ein Künstler in dieser Prägung finden kann, — das ernste Wort, welches die Verwandtheit auch des Nichtüblichen erleuchtet: „Sehen Sie

doch nur jungen Ehepaaren in die Augen. Du glaubst...? steht
darin, aber du ahnst ja gar nicht, wie tief wir versinken können! — In diesen Augen liegt ein heiterer Spott gegen den,
der von so vielem nichts weiß, und der zärtliche Stolz derer,
die miteinander durch alle Höllen gegangen sind."

... Törleß versucht von dem einen Teil seiner Erlebnisse,
nämlich vom Kampf um das Sehen der Erscheinungen, der
Lehrerschaft einen Begriff zu geben. Ohne den geringsten Erfolg. Von dem anderen Teil, dem scheuelvollen, träumen sie
nichts. Wegen Diebstahls wird Basini, der Entwürdigte, zwangs-
weise entfernt. Törleß kehrt zu den Eltern zurück. Er weiß
mehr als viele; hinter seinem Schweigen steht ein seltsam einmaliges Gelernthaben. Und das Leben liegt vor ihm.

V.

In seinem Bezirk ist dieses Buch ein Lebensbuch. Geschrieben
von einem selbständigen, nach Einsicht grabenden, tapferen
Geist, dem Niedriges und Widriges darum fernliegt, weil es
ihm, alles in allem, um das Bedeutungsvolle zu tun ist.

Kontrastierende Richtungen gibt es immer auf engem Raum;
doch nicht immer ist die Scheidung so bequem wie etwa dazumal in Frankreich, als es hieß: Die Fresser für Balzac, die
Schmecker für Musset — Les gloutons pour Balzac, les délicats
pour Musset. Da aber Gustav Freytag tot ist, wird wohl Frens-
sen als der Gegenpol solcher schürfenden, entschlossenen
Versuche zu betrachten sein, wie Robert Musil einen mutig hin-
stellt. Jörn Uhl ist gewiß anders: aber Werke dieser Art sind
nicht reiner, weil sie Sonne geben und Blauäugigkeit.

Ich liebe Schöpfer, die sich nicht kindlicher stellen, als sie
sind; und denen sich mit dem Mut, nach jedem für Menschen
ernsten Stoff zu greifen, die Kraft verbindet, Odem hineinzu-
wehn."

Man wird zugeben müssen, daß Kerrs Kritik über weite
Strecken auch heute noch mitreißt. Sie hält sich gleich weit von
schulmeisterlicher Strenge im Aufbau[19] wie von asthmatischer
Sprunghaftigkeit, die verbergen muß, daß sie nicht Schritt vor
Schritt gehen kann. Systematisch ist sie insofern, als sie deduktiv vorgeht, das kühn vorweggenommene Urteil zu begründen
sucht, und dadurch, daß ihr die alte Trennung von Inhalt und
Form zugrunde liegt. Es empfiehlt sich, auch bei der Metakritik
dieses Schema beizubehalten. Das ist möglich, wenn man sich
klar darüber ist, wie innig sich Sujet und Darstellung durchdringen — auch Kerr hat das selbstverständlich gewußt und

— 245 —

war daher bemüht, die Grenzen fortwährend virtuos zu überspielen.

Was die Tendenz angeht, — um gleich zu Beginn einen Begriff zu wählen, in dem Stoff und Stilisierung zugleich gemeint sind — so rückt Kerr das Buch in die Nähe seiner eigenen Anfänge als Kritiker, die in die Zeit des Naturalismus fielen. Er tut es, ohne daß dabei der Terminus Naturalismus fiele. „Tatsachen", „Tatsachendarstellung", „Nachtseiten" sind die Stichworte. Es sei Musils Verdienst, Dinge zur Sprache gebracht zu haben, die im wilhelminischen Deutschland nicht weniger als im josefinischen Österreich tabu waren. Kerr, selbst nicht ganz frei von den irrigen Anschauungen und Ressentiments des damaligen Bürgertums, legt zwar einigen Wert auf seine persönliche Distanz zur Homosexualität, rühmt aber an dem jungen Autor, daß er in seiner Hauptperson eine Figur gezeichnet habe, die das Befremden des Normalen über den Homosexuellen mildern könne. Der „Törleß" sei dazu angetan, die Assoziation von „Ephebenfleisch"[20], sprich: Päderastie, und Menschenfresserei, die sich doch auch beim Kritiker selbst zunächst einstellt, in Zukunft zu unterbinden.

In diesem Sinne, als Engagement zur Rehabilitierung einer verfemten Minderheit oder gar als Vorstoß in Richtung auf eine Reform des Sexualstrafrechts, wurde Musils Erstling von vielen Betroffenen verstanden,[21] der Autor selbst aber fühlte sich mißdeutet, zuerst von Kerr, bei aller Dankbarkeit, darauf von allen anderen.[22] Als er ein Exemplar der Rezension unmittelbar nach Erscheinen an Paul Wiegler schickte, bemerkte er in dem Begleitbrief:

„Aber eines liegt mir sehr am Herzen. Ich will nicht die Päderastie begreiflich machen. Sie liegt mir von allen Abnormitäten vielleicht am fernsten. Zumindest in ihrer heutigen Form.
Daß ich gerade sie wählte, ist Zufall, liegt an der Handlung, die ich gerade im Gedächtnis hatte. Statt Basini könnte ein Weib stehen und statt der Bisexualität Sadismus Masochismus Fetischismus — was immer [...]"[23]

Eng verknüpft mit der Frage der Päderastie ist die nach der Psychologie, da diese ja das Vehikel ist, ein solches Problem zu transportieren. Kerr meinte ja, beim „normalen Leser" der „Verwirrungen" wachse eine „Erkenntnis", „die keine Wissenschaft, aber die ein Dichter geben kann". Die Seelenkunde des Poeten scheint demnach ein geeigneteres cognitives Mittel, zugleich ein aufklärenderes und versöhnenderes als die Sexologie

à la Magnus Hirschfeld. Musil verwahrt sich dagegen in Sätzen, die zumindest eine halbe Zustimmung sind:
„Ich will nicht begreiflich, sondern fühlbar machen. Das ist glaube ich im Keim der Unterschied zwischen psychologischer Wissenschaft und psychologischer Kunst."[24]

Dies bedeutet konkret auch, daß Musil die Päderastie wenn schon nicht begreiflich, so doch fühlbar machen wollte.[25] Hier wird ein Wunsch deutlich, den der junge Autor, bemüht, seine Eingeschlechtlichkeit zu festigen, nicht wahrhaben will. Um etwaigem Verdacht bei Wiegler vorzubeugen, fügt er hinzu:

„[...] ich muß sagen, daß ich etwa in den schönen Berichten der französischen Psychiater jede Abnormität ebensogut nachempfinden kann, und darstellen zu können glaube, wie die gerade von mir gewählte, verhältnismäßig landläufige. Darin liegt allerdings ein psychologisches Problem, aber jedenfalls ist es so, daß ich ganz mich in solchen Gefühlskreis hineinversetzen kann, ohne in meinem Wollen ernstlich davon berührt zu werden."[26]

Dieser Brief ist deswegen so interessant (und wird darum so ausführlich diskutiert), weil er voller Ambivalenzen und Widersprüche ist. Er ist ein Wechselspiel von Pietät und vorsichtigem Aufbegehren, von Widerruf und Revozierung des Widerrufs. Im Postscript triumphiert wieder die Zustimmung.

„Ich bin leider nicht 25, sondern schon 26 vorbei. Dies ist die einzige Berichtigung, die ich zu Kerrs Aufsatze zu machen habe. Alles sonst Gesagte ist nur Zusatz. Auch das mit der Päderastie. Kerr hat ganz recht: was ich Ihnen sagte, soll ihn nicht desavouieren sondern ergänzen."[27]

In der Einleitung des Briefes war Musil sogar so weit gegangen, Kerrs Kritik, ganz in dessen Sinne, über sein eigenes Buch zu stellen:

„ich fühle mich ihm [Kerr] unendlich zu Dank verpflichtet. Und vieles scheint mir in seiner Kritik weit besser als in meinem Buche. Aber jedenfalls waren auch für mich die Vorstellungen des Helldunkels, des dämmernden Hineintreibens usw. bestimmend. Das war die Atmosphäre, in der ich das Geschehene sah, seine Stimmung. Daneben das Problem der intellectuell moralischen Verwirrung. Ein Zusammenhang zwischem Moralischem und Intellektuellem. Eine Vivifizierung intellectueller Zustände usw."[28]

Die Vorstellungen von Moral, die Kerr und Musil hatten, scheinen zu divergieren. Die Kerrs sind solche des gesunden Menschenverstandes, eines bürgerlichen Humanismus. Deshalb tadelte er die Passivität Törleß' gegenüber den Quälereien an Basini:

„Die Darstellung immer frei von Empfindsamkeit. [...] Nur aus Tatsachen quillt, was an erschütternden Empfindungsmöglichkeiten in ihnen steckt. Und die Hauptgestalt, der junge Törleß, ist sogar allzu frei von entscheidendem Mitfühlen, von zupackendem Anteil: denn vor dem Furchtbarsten, das ein anderer durchmacht, steht er, ... nicht wie vor einer ethischen Angelegenheit; sondern bloß wie vor einer Angelegenheit seines Bewußtseins."

Damit hat Kerr seine Kritik am Mitläufer vorweggenommen, die er 1938 in seinen „Melodien" übte.[29] Die historische Entwicklung gibt seiner Bemerkung in der „Törleß"-Kritik ein anderes Gewicht, so wie die Geschichte das Buch selbst für den heutigen Leser anders ponderiert. Musil selbst betonte kurz vor seinem Tod den sozialen und prophetischen Gehalt seines Erstlings, der individualistisch-amoralische Aspekt war in den Hintergrund gerückt.[30] Ex eventu wollen einem die Ausführungen Musils über die Moral seines Erstlings mindestens ebenso bedenklich erscheinen wie dem Onkel Mattia [di Gaspero in Klagenfurt], an den sie gerichtet waren:

„Das Buch ist unmoralisch, weil diese besondere Form der Unmoral mir am geeignetsten schien, die Idee daran herauszuarbeiten. — Das Buch ist im doppelten Sinne moralisch. Einmal weil es eine Idee hat, sodann, weil es zeigt, daß es auf die gewöhnliche Unmoral in gewissen Fällen gar nicht ankommt (eine zweite Idee) [.]"[31]

Sanktionierung von Unmoral durch Ideen — man weiß, wohin das führen kann und muß sich eine äußerste Skepsis dagegen wahren, gerade wenn man „Moral als ein Werdendes, als ein[en] Gegenstand beständigen Fragens und Bildens von der Moral als einem Gewordenen, Festen, bürgerlichen Wohnhaus" scheidet[32] und die erste Form befürwortet. Musil huldigte von Anfang an einer Kunst, die im Sinne der Nietzscheschen Ausnahmemoral engagiert war. Kerr scheint dafür kein sonderlich ausgebildetes Sensorium gehabt zu haben, zumindest nicht für die Form, in der Musil sie zu realisieren suchte.

Trotzdem war die Kritik des „Törleß" bei der Arbeit am nächsten Werk, an den „Vereinigungen", so etwas wie der ästhetische Kanon. Am 5. September 1910 schreibt Musil z. B.:

„Kerrs Rezension über ‚Törleß' wiedergelesen, gab mir einen Stoß. Es heißt: ‚Musils Erzählung ist ohne Weichlichkeit. Es steckt darin keine, sozusagen, Lyrik. Er ist ein Mensch, der in die Tatsachen sieht, — nur aus ihrer Sachgestaltung erwächst ihm dasjenige Maß von ‚Lyrik', das in den Dingen etwa steckt ... Frei von Empfindsamkeit. Tatsachendarstellung. Nicht ‚gemalt' ist die Stimmung; sondern das Dargestellte wirft sie ab.'
Es darf in ‚Claudine' nicht heißen: irgendwo begann eine Uhr mit sich selbst von der Zeit zu sprechen, Schritte gingen usw. — Das ist Lyrik. Es muß heißen: eine Uhr schlug, Claudine empfand als begänne irgendwo ... Schritte gingen usw. — Im ersten Fall sagt der Autor durch die Gewähltheit des Gleichnisses selbst: wie schön, er betont, das soll schön sein udgl. Maxime: der Autor zeige sich nur in den ministeriellen Bekleidungsstücken seiner Personen. Er wälze immer die Verantwortung auf sie ab. Das ist nicht nur klüger sondern merkwürdigerweise entsteht dadurch auch das Epische.
Es ist das, was mir unklar vorschwebte, als ich von Claudine schrieb, ich müsse hier mehr im gemeinen Sinn erzählend sein, und von Veronika notierte, ich wolle nicht das Problem der Sodomie erläutern sondern nur erzählen, was sie darüber fühlt.[33]

Das alte Problem — „begreiflich" oder „fühlbar" machen — taucht wieder auf, ist aber nun verknüpft mit dem der Erzählhaltung. Am 17. Jänner 1911, also gut 4 Monate nach der oben zitierten Eintragung, beruft sich Musil wieder auf Kerrs zum Leitsatz gemachte Lobsprüche, jetzt jedoch will er das epische Subjekt, das er eigens als Medium der Wahrnehmungen einführte, um dem Vorwurf der Gefühlsduselei zu entgehen, gerade eliminiert wissen:

„Zu Kerr, Musils Erzählung ist ohne Weichlichkeit usw. vgl. den Anfang des ‚Törleß'. Es sind hier nur die Tatsachen gegeben, das Aussehen der Straße, des Stationsgebäudes, des Gesprächs usw. Es ist nicht gesagt, diese Dinge hatten die und die Stimmung, aber sie haben sie. In mir war die Einstellung: rußige, erdrosselte Traurigkeit udgl. und ich stellte mir jetzt die Dinge so vor."[34]

Das Großartige am Anfang des „Törleß" ist eben seine „sozusagen, Lyrik", seine direkte, ungebrochene Optik: weder der Erzähler noch eine Figur schieben sich zwischen den Leser und die Szene, die auf einmal, unvermittelt dasteht, in einem Satz ohne Verb.[35] Wie kam Musil zu so konträren Theorien, daß er einmal alle Aussagen an eine Figur binden will und ein andermal das Ideal in einer depersonalisierten, „enthumanisierten" Darstellung sieht? Der Grund ist nicht zuletzt in Kerrs Kritik selbst zu suchen. Dort sind „Tatsachendarstellung" und der Umstand, „daß alles wie ein Bestandteil der Seele des Zöglings Törleß wirkt", gleichermaßen gerühmt. Halt suchend für die weitere Arbeit setzte Musil abwechselnd eine der beiden Methoden, die er im „Törleß" verwendet hatte, absolut. Es ist interessant, daß die Praxis doch wieder auf eine Mischung der Prinzipien hinauslief. In jenem Beispiel aus der „Vollendung der Liebe", in dem Claudine für den ‚hohen' Ton, die gewählte Metaphorik verantwortlich gemacht werden sollte, blieb es bei der ursprünglichen aperspektivischen Fassung.[36]

Es läßt Rückschlüsse zu, daß Kerr sich nicht zu einer Besprechung der „Vereinigungen" aufraffen konnte, obwohl die persönlichen Beziehungen inzwischen sehr eng geworden waren.[37] Die Kritik, die Musil von ihm hätte erwarten können, übt er an sich selbst, noch immer mit den Maßstäben der „Törleß"-Rezension:

„Kerr sagt — 5. September — Man darf Stimmung nicht malen, sondern aus der Sachgestaltung der Tatsachen muß da erstrebte Maß von Lyrik erwachsen. Im ‚Verzauberten Haus' ist Stimmung gemalt. Es herrscht zuweilen eine unerträgliche Breite; was in einem Satz schon liegt, wird in 3 weiteren Sätzen in neue Gewänder gesteckt. Mir scheint, daß dies damit zusammenhängt; (und auch dies, was ich bisher schrieb, daß man im gemeinen Sinn erzählend sein müsse, daß man Situationen eines Menschen schildern, jeden Gedanken hinter eine Situation stecken müsse usw.) Was man sagt, muß man auch mit alltäglichen Worten begreiflich machen können. Es muß auch einen Wert im wirklichen Leben haben. Es muß mit anderen Worten einfach ein wirklicher Gedanke sein, kein vages Gestammel. Ein an wirkliche Situationen, an relevante Innerlichkeiten anknüpfender Gedanke. Es muß etwas sein, war mir wirklich persönlich wichtig ist, meiner wachen Persönlichkeit."[38]

Kerrs Nüchternheit, sein Sinn für das Konkrete, seine Bereitschaft zum Engagement blicken hier durch. Aber so unzufrieden Musil mit den esoterischen „Vereinigungen" ist, die ihn „seelisch beinahe [...] zugrunde gerichtet" haben,[39] so wenig kann er sich mit der Haltung seines Mentors identifizieren. Am 14. oder 15. November 1910 konfrontiert er sich folgendermaßen mit ihm:

„Ich habe Lust zu sagen: Literaten, die verächtlich von ihrem Geistwerk reden. Kerr: Die Literatur füllt in meinem Leben nur eine Ecke aus. Dagegen: Literatur ist ein kühner, logischer kombiniertes Leben. Ein Erzeugen oder Herausanalysieren von Möglichkeiten usw. Sie ist bis auf die Knochen abmagern machende Inbrunst für ein intellektuell emotionales Ziel. Das andere ist Propaganda. Oder sie ist ein Licht, das im Zimmer entsteht, ein Gefühl in der Haut, wenn man an sonst gleichgültig oder verworren bleibende Erlebnisse zurückdenkt. [39a]

Für Musil ist Literatur etwas Asketisches, beinahe von mystischer Aura umstrahlt, Kerr zog „allezeit eine neue Sorte Spickaal oder englischen Tabaks jeder neuen Sorte deutscher Philosophie oder Dichtung vor."[40] Abgesehen von diesem Hedonismus bemühte er sich jedoch um soziales Gewissen und benutzte das, was er schrieb, als Waffe im Kampf gegen öffentliche Mißstände — eben das bezeichnet Musil etwas abschätzig als Propaganda. Musil sah sich bald veranlaßt, auf die Linie seines Meisters einzuschwenken. Am 11. II. 1911 notiert er, von Kerr sei eine Karte gekommen mit der „Aufforderung für ‚Pan' zu schreiben, zu dessen Redaktion er gehört. [...] Aber der Artikel ist nicht fertig. Ich lese eben ungläubig", heißt es weiter, „daß er schon am 30. Jänner so gut wie fertig gewesen sein soll. Es ging mir damit wie sonst, ich konnte plötzlich vor Ekel nicht weiter."[41]

Der Artikel, von dem die Rede ist, handelt vom „Unanständigen und Kranken in der Kunst" und erschien im „Pan" vom 1. III. 1911. Er knüpfte daran an, daß der Polizeipräsident von Berlin, von Jagow, eine Nummer des „Pan" hatte beschlagnahmen lassen, weil darin angeblich anstößige Passagen aus Flauberts Jugendtagebuch abgedruckt waren. Kerr beantwortete diese Maßnahme mit einem offenen Brief[42] und fand bald Gelegenheit, die Fehde fortzusetzen. Tilla Durieux, verheiratet mit Paul Cassirer, in dessen Verlag der „Pan" erschien, hatte während einer Polizeivorstellung von Sternheims „Hose" den obersten Zensor Jagow an den heiklen Stellen auf Geheiß Max Reinhardts abzulenken. Das Manöver gelang, und Jagow sah sich danach veranlaßt, seiner reizenden Gesellschafterin einen halb offiziösen, halb privaten Brief zu schreiben, in dem er den Wunsch „nach persönlicher Fühlung mit Schauspielerkreisen" äußerte und um eine Audienz bat. Als er erfuhr, daß er sich an eine verheiratete Frau gewandt hatte, schickte er sofort einen Rittmeister, der sich in aller Form entschuldigte.[43] Die Ehrenaffäre war damit beigelegt, Cassirer hatte bloß die seltsame Clausel eingefügt, daß er die publizistische Auswertung des Falls seinen Freunden vorbehalte. So verfaßte Kerr seinen „Vorletzten Brief an Jagow" für den „Pan", an dem Musil die „ungeheure Treffsicherheit" rühmt,[44] der einen aber heute nicht mehr sonderlich zu beeindrucken vermag. Niemand ahnte damals, welch tödliche Kugel Kerr damit auf sich selbst abgeschossen hatte: sie war auf Jagow gezielt und prallte zurück von Karl Kraus. Aus dem Fall Jagow wurde der „Fall Kerr", indem Kraus zeigte, wie „hier die laute Entrüstung einem Geschäft helfen sollte, da die stille nur der Ehre Vorteil gebracht hätte."[45] Was im März, April, Mai und Juli 1911 in der „Fackel" darüber zu lesen war, gehört zum Glänzendsten, was es in der deutschen Literatur an Satire und Polemik gibt. Man kann sich des Gefühls nicht erwehren, daß der damals „berühmteste deutsche Kritiker"[46] schon zu Lebzeiten auf seine historische Bedeutung reduziert wurde. Niemand zuvor und danach hat so klar nachgewiesen wie Karl Kraus, daß Kerr „ein zwar überschätzter, aber zweifellos befähigter Leser",[47] dazu ein zweifelhafter Stilist und damit — nach den Kraus'schen Kategorien — ein höchst dubioser Moralist sei. Selbst wenn man nicht der Meinung ist, daß Kerrs Schreibweise „die letzten Zuckungen des sterbenden Feuilletonismus mit ungewöhnlicher Plastik" darstelle,[48] so steht man vor dem Rätsel, wie sich eine ganze Generation von einem Kritiker kommandieren ließ, der so mit bezifferten Kalauern, verkrampften Wortspielen, verrutschten Parenthesen,. Floskeln und mühsamen Neologismen um sich warf, vor allem, wenn er angegriffen wurde. Man wünschte mit Kraus, Kerr wäre im „sicheren Foyer theaterkritischer Subtilitäten" geblieben, wo er zwar keine Stilfibeln verfaßte, aber immerhin verstanden hatte, „aus dem kurzen Atem eine Tugend zu machen" und sich, der Heine-Gefolgschaft unbeschadet, „das Verdienst einer neuen Ein- und Ausdrucksfähigkeit" erwarb.[49] In seiner Polemik gegen Kraus ging er aber einfach unter sein Niveau; wie unter Wasser hört man ihn höhnen und prahlen. Nicht erdrosselt hat er sich, möchte man Kraus widersprechen,[50] sondern ersäuft in einem trüben Sumpf von Phrasen und kindischen Beleidigungen.

Musil nahm von dem Debakel wohl Notiz, hinterließ aber

keine darüber. Es gab in jenen Tagen sogar Spannungen zwischen Meister und Schüler selbst, die davon herrührten, daß Kerr zunächst seine Rezension von Hauptmanns „Ratten" nicht schickte;[51] darauf wurden die Beziehungen einseitig, von Wien aus, „so gut wie abgebrochen." Musil — in diesem Punkt stets sehr anspruchsvoll und empfindlich — „fand das Honorar vom ‚Pan' gering, schrieb ihm, keine Antwort. Schrieb ihm noch einmal kurz; abschließend ungefähr: Ich wußte nicht, daß Sie glauben, mich so behandeln zu sollen, hätte ich es gewußt, hätte ich Sie nicht öfters um kleine Gefälligkeiten ersucht."[52] Es vergingen rund zwei Monate, bis sich, am 23. Mai, die Dissonanz „als Mißverständnis" herausstellte.[53] Der Meister hatte um diese Zeit Sorgen, das weiß man, und er wußte wohl, daß sein Schüler nicht so ohne weiteres mit ihm brechen würde. Noch während sich Musil „einen Brief mit kurzer Abrechnung" ausdachte, bekannte er:

„Kerr und die sozialistische Richtung des ‚Pan' sind wohl das stärkste Erlebnis. An Kerr werden jung-deutsche Züge deutlicher. In Ergänzung seiner früheren Mißachtung gegen das Literarische und seiner Neigung für Heine. Er ist für mich eine schicksalsvolle Persönlichkeit. Der einzige Antipode, vor dem ich manchmal Angst für meine Richtigkeit habe. Gelegentlich seiner jetzigen politischen Agitation ertappe ich mich, wie sich Laien vor Büchern ertappen: Das und das habe ich auch immer für notwendig zu sagen gefunden … Aber ich weiß, daß es ein Schicksalszeig ist, solche Dinge erst post festum eines anderen zu fühlen. Und vorher sie immer wieder vergessen zu haben … Ich nahm mich jedoch zusammen, um den Vorsprung einzuholen […]"[54]

Wohlgemerkt hat Musil diese Sätze ante festum geschrieben, vor dem ersten Kraus-Pamphlet „Der kleine Pan ist tot". Angesichts der Folge „Der kleine Pan röchelt noch", „Der kleine Pan stinkt schon", „Der kleine Pan stinkt noch" sah er wohl ein, daß seine „liebevolle Satire auf den ‚Pan' für den ‚Losen Vogel'"[55] hinfällig geworden war. Über manche der Musilschen Formulierungen kann man in Erinnerung an Wendungen des Widersachers beinahe nur ironisch lächeln. Der eine nimmt sich vor, seinen Rückstand gegenüber Kerr in politicis wettzumachen, der andere schreibt:

„Dieser Kerr übernahm sich, als er glaubte, seine Leere könne politisch gestopft werden, und als er seine Temperamentlosigkeit an der Glut eines Polizeipräsidenten explodieren ließ."[56]

Der eine will Kerr in sich „sichern",[57] der andere die Welt vor Kerr schützen, der eine hält Kerr in seinem Leben für eine „schicksalsvolle Persönlichkeit", der andere wirft sich selbst zum Schicksal für diese „„Perseenlichkeit""[58] auf. So weit reichen beim einen die „Dankbarkeitszusammenhänge",[59] beim andern — was soll man sagen: der Blick, der Haß, die Hybris? Wie Musil zu seiner Frontstellung gegen Karl Kraus kam — trotz vieler Gemeinsamkeiten[60] —, ist ungeklärt, aber es dürften dessen Feldzüge gegen Kerr gewesen sein, die jene Gegnerschaft provozierten, Musil adoptierte in diesem Fall einen Krieg Kerrs wie er sich etwa der Geringschätzung Kerrs für Brecht anschloß.[61]

Was Kerrs sozialistische Tendenzen anging, von denen sich Musil beeindruckt zeigte, so konnte es in den Jahren vor dem Ersten Weltkrieg schon dazu kommen, daß der **Kritiker** die Darstellung des Proletariats zu einem Kriterium machte. Er rügte etwa an Thomas Manns „Fiorenza" im „Tag" vom 5. Januar 1913:

„Und daß kein Ausgebeuteter von Florenz erscheint, versteht sich bei diesem Händchen von selber."[62]

Diesem Maßstab hätten auch Musils opera zu dieser Zeit und auch später kaum standgehalten. Nur in seinen Essays gibt es schüchterne Ansätze eines sozialen Engagements, das sich freilich hinter blutiger Ironie versteckte:

„Mir gefiel unsre Welt. Die Armen leiden; in tausend Schatten bilden sie eine Kette von mir abwärts zum Tier. Und eigentlich am Tier vorbei noch weiter abwärts, denn keine Tierart lebt unter so untierischen Bedingungen wie manche Menschen unmenschlich leben."[63]

Zwar bekannte Musil, „sozialdemokratisch oder liberal, jenachdem es die Umstände fordern, [zu] wählen",[64] aber er war dabei der Meinung, daß Liberalismus wie Sozialdemokratie „entwertete Ideologien" seien:
„Ich bin überzeugt, daß das wirtschaftliche Programm keiner einzigen von ihnen durchführbar ist und daß man auch gar nicht daran denken soll, eines zu verbessern. Sie werden weggeblasen, sobald der Wind sich erhebt, wie allerhand Mist, der sich auf stillem Boden angehäuft hat, sie werden falsch gestellte Fragen sein, auf die es kein Ja und Nein mehr geben soll, sobald eine Sehnsucht durch die Welt fährt. Ich habe keinen Beweis dafür, aber ich weiß, so wie ich warten viele.

Noch aber ist es still und wir sitzen wie in einem Glaskäfig und traun uns keinen Schlag tun, weil dabei gleich das Ganze zersplittern könnte."[65]

Die Hilflosigkeit des Intellektuellen und seine Sehnsucht nach Erlösung, die ganze fiebrige Erwartung der Vorkriegszeit sind in diesen Zeilen beschrieben. Als es so weit war, nach Serajewo, traten beide, Kerr und Musil, sosehr sie outsider gewesen waren, so exponiert sie sich gefühlt hatten, zurück ins Glied: Musil meldete sich freiwillig ins österreichische Heer[66] und Kerr begann, seine grausigen Hetzgedichte zu schreiben, die er unter dem Pseudonym „Gottlieb" im Scherlschen Berliner „Tag" veröffentlichte. Eines davon, eine höhnische Parodie mit dem Titel „Sechste Ode von d'Annunzio" wurde von der „Tiroler Soldaten-Zeitung" nachgedruckt, kurz bevor Musil ihre Leitung übernahm.[67] Ob er das Machwerk las und wußte, wer dahintersteckte, steht dahin. Aber in Nr. 38 der „Soldaten-Zeitung" vom 25. Februar 1917 veröffentlichte Musil eines der gemäßigteren Poemata Kerrs, das der Verfasser sogar mit seinem Namen gezeichnet und zuvor einer Sammlung deutscher Kriegslyrik zur Verfügung gestellt hatte. In seinen Kreuzreimen versicherte Kerr die Front der Solidarität der Heimat und beteuerte, „das eigene Leibeswohl hinter der Schanze eines Schreibtisches" gedeckt;[68]

„Und die fern vom Felde sind,
Wir kämpfen mit; wir sterben mit."[69]

Die Redaktion (sprich: Musil) bemerkte zur Person des Autors:

„Alfred Kerr ist ein deutscher Schriftsteller und österreichischen Lesern nicht in dem Maß bekannt, als seiner Geltung in Deutschland entsprechen würde. Seine unter dem Titel „Das neue Drama" (Verlag S. Fischer, Berlin) gesammelten Kritiken sind das beste Buch (aber nur für Vorgeschrittene!) über das Theater der Gegenwart."[70]

Möglicherweise war der persönliche Kontakt zwischen Musil und Kerr auch während der Kriegszeit nicht unterbrochen. Die Übereinstimmung war aber selbst ohne diesen groß genug. Musils eines Plus war, daß er der Maschinerie, in die er geraten war und die ihm das Töten oder die Verteidigung des Tötens befahl, nicht entrinnen konnte, daß seine Artikel, selbst als Schlachtbericht,[71] sich jener rüden Würdelosigkeit enthalten, in der Gottlieb-Kerr freiwillig excellierte. Das andere Plus war, daß er sich im Rahmen des Möglichen für Reformen und für ein neues, sozial gerechteres Nachkriegs-Österreich einsetzte.[72]

Im November 1918 ging Musil sogar so weit, das Programm des „Politischen Rates geistiger Arbeiter", Berlin, zu unterschreiben, in dem u. a. die „Vergesellschaftung von Grund und Boden; Konfiskation der Vermögen von einer bestimmten Höhe an; Umwandlung kapitalistischer Unternehmen in Arbeiterproduktivgenossenschaften" verlangt wurden.[73] Kerr, dessen Unterschrift unter diesem Programm fehlte, war offenbar von seinem Schüler links überflügelt.

Dabei arbeitete Musil damals an einem „Individualistischen Drama", den „Schwärmern". Musils Brief, der ein Widmungsexemplar des Druckes begleitete, ist nach dem bisherigen Stand in dieser Korrespondenz der erste von seiner Seite, der sich erhalten hat.[74]

Wien III., Ungargasse 17.   6. September 1921

Verehrter Herr Kerr!

Ich habe erst im Lauf meines weiteren Lebens kennengelernt, wie unangenehm es ist, wenn einem Autoren übersenden und alles Mögliche dazuschreiben, daß man ihnen antworten soll. Ich will also wenigstens das Zweite vermeiden und bitte Sie bloß, das Buch, das ich ihnen gleichzeitig schicke, freundlich als Zeichen meiner Dankbarkeit und Verehrung anzunehmen.

In alter Ergebenheit

Ihr
Robert Musil

Das nächste Schreiben folgte ein Vierteljahr später:

III., Ungargasse 17   6. Dezember 1921

Lieber und verehrter Doktor Kerr!

Meine Tochter kommt eben aus Berlin zurück und erzählt mir, daß Sie mit Flaute noch immer vor dem zweiten Akt liegen. Also keine Angelegenheit für Sie von wesenpackender Wichtigkeit; und wenn es das nicht hat, ist die ganze Absicht nicht erreicht. Aber ich schreibe nicht um zu klagen, sondern weil ich vor einigen Tagen die beiliegende Reklame zu Gesicht bekam: Die Weltbühne XVII Jhrg. Nr. 48.

Die Schwärmer. Schauspiel in 5 [sic!] Akten von R. M. Sib. 24 M. usw. „Das Starke des Wertes in diesem Drama liegt in der ruhigen verinnerlichten Gestaltung abseitiger Dinge dieses Lebens, — die eben doch in diesem Leben sind.

Alfred Kerr.“

Es ist im Anzeigenteil eine Anpreisung durch meinen Verlag. Die zweite ähnliche Notiz aus dessen Prospekt lege ich bei. Mir kam die Sache nicht ganz geheuer vor, und deshalb ließ ich Sie fragen. Ich bitte Sie selbstverständlich sehr, diesen Mißbrauch zu entschuldigen, und stelle es Ihnen ganz anheim ihn zu berichtigen. Die Prospektstelle — ich habe meine Bücher nicht hier und deshalb auch nicht die Rezension, die Sie seinerzeit über den Törleß schrieben, dürfte wohl aus dieser sein und da sie von mir spricht und nicht von den Schwärmern, ist ihre Inkorrektheit nicht so groß, die Anzeige in der Weltbühne aber vermag ich leider mit nichts zu entschuldigen; bloß mich damit, daß ich nicht das geringste von ihr wußte.

Sie haben gefragt, was ich mache und wie es mir geht? Ich bin älter geworden und übelläunig. Bringe mich einstweilen ganz gut durch als interimistischer Theaterkritiker und höherer interimistischer Ministerialbeamter, beides wird wohl noch ein bis zwei Jahre dauern; habe nicht auf die Pläne meiner Jugend verzichtet, sehe sie aber immer aussichtsloser werden, hoffe kaum noch etwas, aber bereue auch nichts; und fürchte nur eines: in ein paar Jahren vor der Tatsache zu stehn, daß ich einer jener braven angesehenen deutschen Schriftsteller wie Eulenberg, Schmitz, Ernst usw. sein und nicht mehr die Kraft haben werde, wie ein erschrecktes Pferd seitlich aus dem Weg zu brechen. Den Kampf so lang führen, bis die „Loslösung vom Gegner“ nicht mehr gelingt, ist eine strategische Dummheit, aber wahrscheinlich kann ich nicht anders.

Mit den herzlichsten Grüßen

Ihr
Robert Musil

Kerrs Einschätzung der „Schwärmer“ hat Musil richtig taxiert (nicht seine eigene Laufbahn als Schriftsteller). Es ist bezeichnend, daß Kerr nicht, wie viele andere Kritiker,[74a] schon das Buch rezensierte und für eine Aufführung warb, sondern diese selbst abwartete — sie fand erst im Jahre 1929 statt. Und

Kerr stach wieder einmal von allen übrigen Rezensenten ab, diesmal dadurch, daß er die nach der communis opinio völlig mißglückte Aufführung[74b] beinahe für besser hielt als das Stück selbst. In seiner Kurzfassung der Besprechung für die Morgen-Ausgabe ist dies besonders eklatant:

Robert Musil: „Die Schwärmer"
Theater in der Stadt
Dieses Stück (das kaum ein Stück ist) bildet ein Gipfelbeispiel von Selbstverfaserung heutiger Menschen. Zugleich haben aber heutige Menschen kaum Zeit dafür. Die Darstellung war, von einigen Fehlbesetzungen abgesehen, künstlerisch beachtenswert. Ein Zugstück wird es kaum werden. K..r.[75]

In diesem konzentrierten Urteil ist die Ablehnung kaum verhohlen; in den 12 (XII) Kapiteln der Abend-Ausgabe ist sie versteckter, konzilianter. Daß danach der Briefwechsel abriß, dürfte jedoch kein Zufall sein:

ROBERT MUSIL: „DIE SCHWÄRMER"
Theater in der Stadt.
I.
Das ist (im Rotwelsch des Handwerks zu reden) wieder ein „individualistisches" Drama.
Individualistisch; kollektivistisch. (Man müßte zweckmäßig äußern: „hie" individualistisch, „hie" kollektivistisch; der Schmock heiligt die Mittel.)
Drama für den Einzelnen. Drama für die Masse ... Die Forderung nach dem nurkollektivistischen Schauspiel ist ein ungewöhnlich flacher Kitsch.
Drama für den Einzelnen wird (natürlich) immer bestehen: weil die Kenntnis der menschlichen Seele mit ihren halb unerforschten Gängen ja nicht belanglos für die Entwicklung auf dieser tanzenden Kugel ist.
Morgen wird so was abermals belangvoller sein als die gröberen Umrisse der Vereinspsychologie. (Alles ist relativ.)
Die Modeforderung nach dem nurkollektivistischen Drama bleibt Massenergebnis einer Denkschwäche.
(Fabelhafte Flachheit.)
II.
Musil gibt aber sozusagen ein Gipfelbeispiel des „individualistischen" Dramas.
Dieser bedeutende Schriftsteller, in Erzählungen dramatisch, bringt im Dramatischen Überspitzung.

Ein Klimakterium: worin die Leute sich pausenlos zerfasern, sich beklopfen, sich belauschen, sich zergrübeln, sich belauern, sich zerspalten, sich zerlegen, sich zerlähmen. Hamletteratur.

III.

Überfülle! Die Gallier sagen: „Qui trop embrasse, mal étreint." Auf deutsch: doch allzu straff gespannt, zerspringt der Bogen. Hier der Zuschauer.

Überfülle... Sie herrscht an zwischenstufigen Ergründungen, an Erhaschungen geheimer Vorgänge. Musils Auge...: das ist ein umgekehrtes Periskop. (Durch das Periskop sieht man aus der Tiefe, was oben vorgeht. Indes Musil anastigmatisch von oben sieht, was in der Tiefe vorgeht.)

Sein Lebenswerk starrt von Ertappungen, von Entlarvungen. Er durchleuchtet das Unterbewußtsein — bis es Bewußtsein wird. Jedweder seiner Menschen ist ein geschulter Seelendetektiv. Er selber dringt wie Gas in alle Ritzen. Diese „Schwärmer", heutige Liebeshamlets in Leid und Siegmund Freud, zeitigen ein ganz minutiöses, ganz langsam vorrückendes Innendrama — wogegen der „Tasso" von Goethe mehr ein wildbewegtes Volksstück ist.

(Oft benehmen sich Musils Menschen wie Luftgebilde statt wie Steuerzahler. Dabei hat man immer das Bewußtsein: ein Kerl ersten Ranges. Ein Pionier... fern von Ingolstadt.)

IV.

Doch auf dem Theater? (Nur vom heutigen ist hier die Rede.) Dies alles scheint ja zu verbleichen; entwest zu sein. Manchmal ist es wie eine Versammlung von mißtrauischen, wachsamen, staniolempfindlichen Gespenstern — von keiner andren Sorge bedrängt, als: ihre Innenzustände wechselseitig zu beargwöhnen.

Immer zwischen Beobachtung und Ahnung. Zwischen Exaktheit und Versonnenheit. Zwischen Bohrgeräusch... und Klängen. (Ja, auch Klängen.)

Dies auf der Bühne? Heut? Nur denkbar mit Strichen... in der Größe von Himmelsstrichen.

V.

Die Menschen bei Musil sind:

Einer, der in die Welt paßt (ein Diener). Dann ein bürgerlicher Repräsentationsmensch (Professor). Dann ein... Rattenfängermensch, nicht hochstehend, aber lockend. Dann eine schöne, gütige Frau, welche dem Rattenfänger mit seinem Unwert, mit Bewußtsein von seinem Unwert folgt. Dann eine Träumefrau; Flattermensch: im Innersten unbetastet, unbelastet — die ein Verhältnis mit ihrem Diener gehabt. Dann ein scheinbar fühlloser Mensch, Thomas, der (gleich ihr) doch nur ein Träumer ist.

Das sind sie: Träumer; Schwärmer. Menschen, in der Welt nicht zuhause. Gucken auf Andre, die zuhause sind in der Welt. Voll Wissens, daß sie selber etwas haben, was in Denen dort nicht lebt. Ist es ein Mehrbestand ... oder ist es ein Tödliches, Nihilisierendes, alle Begriffe Nullendes?

So verhallt dieses Werk — das technisch unmöglich, innerlich wesensvoll ist. Ein Schwärmer schrieb es. Ein Dichter schrieb es. Pionier ... fern von Ingolstadt.

VI.

Robert Musils Erzählungen, von fester, von entfernungskühler Art und starkem Schnitt, stehn bereits mehr auf der Kruste des Erdballs ... als in Luftschichten.

Aber das halb Bewußtlose spielt auch hier, wie von selber zu begreifen ist, eine große Rolle. So in dem Band „Vereinigungen". So in dem Novellenbuch „Drei Frauen". Manches ist hier seelisch ein merkwürdiges „Remis". Unentschieden ... Musil bleibt ein unkitschiger Mensch. Ein Poet, bei grüblerischer Kälte. Fühlsam: bei abgerückter Sachlichkeit.

VII.

Unvergeßbar stark in seinem Hauptwerk: „Die Verwirrungen des Zöglings Törleß".

Schauderhaft lange her, daß ich das Manuskript dieser großen Erzählung sah.

Etwas, das einen völlig packte. Dazumal schien mir: dieses Werk wird bleiben. Es ist geblieben.

Meisterstrecken. Voll Abseitigkeit. Voll Ungewöhnlichkeiten des physiologischen Empfindens. (Es ließe sich auch äußern: Nachtseiten. Na also.) Tatsachendarstellung. Visionär ... und real. Absonderlich wirken furchtbare Geschehnisse zur Nachtzeit im Bodenraum eines Konvikts. In Helldunkel gemalt: so daß neben wirklichen Vorgängen Unwägbares hindurchschwingt; darüber wegtönt; man fühlt aber in allen Scheueln und Barbareien, die sich dort vollziehn, Verströmendes wie den Gang der Zeit.

Ingolstadt —?

VIII.

Der wahre criticus verträgt Pole; wünscht Pole. Lacht über Zeitliches; klopft runzelkomischem, düsterpathetischem Affengetier der Mode freundlich auf den Popo. Weil er ahnt: Zukunft ist ... die andre Vergänglichkeit.

IX.

Ein Direktorich in der Kommandantenstraße, Paul Gordon,

gelobte bei seinen Vätern, wenn man ihm eine Gnadenfrist lasse, den Spruch zu erfüllen: „Mensch, werde wesentlich."

Wesentlich ward gestern sein Haus; wirtschaftlichen Unbilden zum Trotz. („Was kann er schon damit verdienen? Zahlt sich ein Seelenstück aus? Es zahlt sich nicht aus.")

X.

Lherman wirkt künstlerisch. Den Aufstieg dieses Rampensüchtlings zu bestreiten, wäre für mein Gefühl jetzt unanständig.

Sehr wohlfeil, über eine Fehlbesetzung zu ulken. (Über den Exzellenzprofessor: über den Diener-Detektiv. Von der Schmiere.)

Doch es gibt keine Stadt in der Welt, wo in einer schmucklosen Nebenbühne so Innerstes mit solcher Hingebung, mit solchem Ernst, mit solcher dem Ulk wehrenden Wirkung zweieinhalb Stunden lang (es ist ein immerhin irdischer Vorgang) so tragiert würde.

Das gibt es in keiner Kommandantenstraße des Planeten.

XI.

Die Namen sollen genannt sein.

Paul Günther; um der Aritkulation willen; und weil er die Kaffern zum Ernst scheucht.

Sonja Bogs: weil sie morgen eine „Frau vom Meer" sein kann. Martha Maria Mewes: weil sie nicht nur lecker, sondern verstehend ist. Rappard: weil er gar nicht ein kitschiger Verführer, sondern ein hirnlicher Verführer ... und selbst ein armes Luder ist.

XII.

Riesenarbeit: Musils Werk auf den fünfzehnten Teil zusammenzuhauen. Lherman hat es vermocht. Ist hier ein Spekulant? Oder ein Werdender?

Nach drei Proben war der Spott gegen ihn spottbillig ... Gebt ihm ein leidliches Theater: und er wird etwas. Die Bühne braucht solche Menschen. Fanatiker — ohne Sicht auf Erfolg.

Alfred Kerr.[76]

In der Tragikomödie, welche die Aufführungs- bzw. Nichtaufführungsgeschichte der „Schwärmer" darstellt, ist diese Kritik Kerrs eine Szene, und man kann sie kaum verstehen, ohne daß der Rahmen kurz angedeutet wird. Musil tat es selbst in der „Wiener Allgemeinen Zeitung" vom 31. 3. 1929, als er gegen die bevorstehende Berliner Aufführung protestierte:

„Die ‚Schwärmer' sind ein Stück, in das ich geistige Leidenschaften hineingelegt habe, wobei es dennoch bühnenfähig bleiben sollte. Dieses Unternehmen ist genügend gewürdigt worden, unter anderem dadurch, daß von Reinhardt angefangen eine ganze Reihe hervorragender Bühnenleiter den Versuch gemacht haben, das Stück zur Aufführung zu bringen.[77] Im Einverständnis mit mir mußte jedesmal von der Aufführung Abstand genommen werden, weil für das Stück das ungewöhnliche Anforderungen an den Schauspieler stellt, bisher nicht eine vollkommen entsprechende Besetzung zustandegebracht werden konnte.

[...]

Um so schwieriger ist die Frage der Bühnenbearbeitung zu lösen, da jedes Wort zum Verständnis unbedingt notwendig ist und da

eine Streichung nur von mir selbst vorgenommen werden kann."

Darin lag das eigentliche Dilemma: wenn jedes Wort zum Verständnis unbedingt notwendig war, konnte die Streichung nicht einmal vom Autor selbst vorgenommen werden. Die Tatsache, daß er in den acht Jahren seit dem Druck des Stückes keine Theaterfassung hergestellt hatte, ist ein Beweis dafür, daß er damals von der Unmöglichkeit einer Kürzung überzeugt war, gar nicht zu reden von Kerrs „Strichen ... in der Größe von Himmelsstrichen", einer Amputation von vierzehn Fünfzehnteln. Was die Theaterpraktiker, Kerr inbegriffen, nicht verstanden hatten, war, daß Musil auf die Dramaturgie sein erzählerisches Prinzip, das der „kleinsten Schritte", der „kürzesten Linie",[78] übertragen hatte. Es besagte, „daß in einer Auseinandersetzung oder Entscheidung kein Augenblick leer sein darf, kein Bindeglied nachlassen soll. Das Leben soll aufs äußerste motiviert und ‚motiviert' sein, und also auch die Dramatik".[79] Eine Reduzierung des Textes um ein Drittel, wie sie gefordert und schließlich praktiziert wurde,[80] bedeutete so nicht eine Schrumpfung um 33,33 Prozent, sondern eine Vernichtung der Struktur.[81] Weil Kerr die „Schwärmer" nicht an der Idee maß, die ihnen zugrunde lag, sondern an herkömmlichen Stücken, fand er es „technisch unmöglich". Er rügte die „Überfülle" an „zwischenstufigen Ergründungen", als ob sie nebensächlich gewesen wären. Er meinte, der (normale) Zuschauer — er war in diesem Falle selber einer — sei daran nicht gewöhnt, könne auf die Dauer nicht folgen. Und Musil, obwohl auf den idealen Zuschauer spekulierend, wie Karl Kraus auf den „idealen Leser",[82] rehabilitierte seinen Kritiker und dessen common sense, als er ca. 10 Jahre nach der Uraufführung seines Schauspiels die Gelegenheit wahrnahm, es wieder einmal zu lesen:

„Ich bin überrascht gewesen von der Schönheit und Kraft der Sprache und auch von der anfangs kräftigen Führung. [...] Dann bin ich im Lesen ermüdet (also doch auch selbst ich!), und nun frage ich mich, ob ich einen schweren Fehler begangen habe und woraus er bestehen möge. Ich setze hierher, was ich unmittelbar nach dem Lesen notiert habe:
Die Ausführung ist ohne Leerlauf. Aber die Anlage der Figuren und Probleme ist — wahrscheinlich gerade weil sie kräftig hervortritt — rasch erfaßt, und die Ausführung fügt dem nun nichts Wesentliches mehr hinzu. Darum also ist sie störend und ermüdend.
Nun hat aber die Ausführung für mich unaufhörlich Neues und Wesentliches hinzugefügt, ja gerade das ist ihr Gesetz gewesen. Es muß sich also eine Spaltung ergeben zwischen dem wesentlich für mich oder sogar an sich und dem für den Leser oder Betrachter.
[...]
Dagegen gibt es die von mir oft verspotteten ‚Gesetze der Dramatik‘, die ‚Koffer-‘ und ‚Koch(rezept)dramaturgie‘. Wahrscheinlich ist die eintretende Ermüdung ihre Rache. Ein Drama muß Leerlauf haben, Ruhestellen, Verdünnungen usw. Und dem entgegengesetzt entsprechend, Konzentration der Beleuchtung u. ä.“[83]

Das lief auf Kerr'sches „Helldunkel", auf „Meisterstrecken" und stellenweise gesenktes Niveau hinaus, eine Technik, nach der „Vinzenz" gearbeitet ist.[84] (Aber auch er mißfiel Kerr; die Posse war ihm zu lang; andere Gründe kamen hinzu. Davon später.)
Ein weiteres Motiv für Kerrs Reserve gegenüber den „Schwärmern" war ihr von ihm empfundener übertriebener Individualismus. Er hielt die „Forderung nach dem nurkollektivistischen Schauspiel" für einen „ungewöhnlich flache[n] Kitsch" und das „Drama für den Einzelnen", über den einzelnen für bleibend wesentlich, „weil die Kenntnis der menschlichen Seele mit ihren halb unerforschten Gängen ja nicht belanglos für die Entwicklung" sei. Ein hyperbolischer Kult des Subjekts behagte ihm freilich ebenso wenig, und dabei übersah er jenen Umbruch der individualistischen „Überspitzung" ins Kollektive, Soziale, der Musil beschäftigte. Ausdrücklich sagte

der Dichter, einer sei ein Narr, aber zwei bildeten eine neue Menschheit.[85] Demnach glaubte er also an eine mystische Revolutionierung der Gesellschaft von einzelnen her, und der Rückzug auf das Ich war nichts als ein Protest gegen die verdinglichten sozialen Beziehungen. Diese Zusammenhänge hatte Béla Balazs, Musils Freund, der Revolutionär und Marxist, der vor dem weißen Terror Horthys nach Wien geflohen war, weit besser erkannt als Kerr. Balazs schrieb schon 1923 am Schluß seiner „Grenzen":

„Aber der Kampf der Seele um ihre isolierte Einseitigkeit ist eigentlich nichts anderes als ihre Empörung gegen die falschen und verlogenen zwischenmenschlichen Vereinigungen unserer heutigen Gesellschaft. Und aus den unvollkommenen, verlogenen und irrealen Kategorien dieses zwischenmenschlichen flieht die Seele lieber noch in jene wirklichere Wirklichkeit des dunklen, animalen Seins. Zurück zu den dunklen Wurzeln, damit wir vielleicht von neuem anfangen können, zum Menschen zu wachsen."[86]

Die Posse „Vinzenz und die Freundin bedeutender Männer" steht zu den „Schwärmern" in dem merkwürdigen Verhältnis, daß sie ihnen, obwohl später (1923) entstanden, den Weg bereiten sollte. Die Komödie war ein „Schlüsselstück" in dem doppelten Sinne, daß es Personen der Wiener Gesellschaft ziemlich offen porträtierte[87] und daß es, wie gesagt, dem Drama die Tore der Schauspielhäuser erschließen sollte. Musil machte aus den tragikomischen Szenen mit dem Detektiven Stader in den „Schwärmern" sozusagen ein neues Ganzes und wollte beweisen, daß er „ein gerissener und gesalbter Theatermensch" mit „Theaterinstinkt" sei.[88] Kerr versah diesen Versuch mit einigen wohlwollenden Ruf- und Fragezeichen:

R o b e r t   M u s i l : „ V i n z e n z   o d e r   d i e   F r e u n d i n
b e d e u t e n d e r   M ä n n e r."

Lustspielhaus

Dieses Komödienwerk des wertvollen Schriftstellers Musil ist eine oft lustige Parodierung der expressionistischen Stücke, die nach Wedekind geschrieben worden sind. Wo kein fester Zusammenhang besteht. Wo man beliebig lange weiterdichtet.
Der Verfasser wurde von starkem Beifall wiederholt mit vortrefflichen Darstellern, darunter Sybille Binder, gerufen .

K . . r.[89]

ROBERT MUSIL: „VINZENZ ODER DIE FREUNDIN BEDEUTENDER MÄNNER".

Lustspielhaus (Die Truppe).

I.

Dies Stück (das kein „Stück" ist — vielmehr ein Bündel oft spaßiger Vorgänge) bedeutet eine Parodierung nicht nur des Expressionismus; sondern des Zeitalters, wo er Mode zu werden schien.

Nicht nur eine Satire gegen das Kurfürstendammcafé. Sondern auch gegen einen (imaginären!) Kurfürstendamm.

Aber mit einer sonderlichen Bewandtnis.

Der Humor nährt sich hier von Auswüchsen... sagt jedoch im selben Atem: vielleicht sind solche Auswüchse begreiflich als Entwicklung.

Musil zwinkert mit dem einen Aug' ruhevoll: so sind „wir".

Mit dem andren Aug' humoristisch: so sind „sie"... Beides zugleich.

Zugleich versteht er; zugleich lacht er.

(Das Parkett versteht gottseidank nicht — aber lacht.)

II.

Der Untertitel könnte sein: „Verkehrte Welt" — Alles ist umgedreht. In der Nacht um Drei beginnt's.

Alpha (die Heldin heißt so; die Frau als Anfang aller Dinge: Symbol)... Alpha kommt in ihre Wohnung mit einem machtvollen Unternehmer und Großkaufmann — verwandt mit Wedekinds Dr. Schön. Sie verschmäht ihn; er droht; ein Revolverschuß...

Da taucht hinter dem Wedekindschen Wandschirm der Jugendfreund auf; der Erste. Der vor elf Jahren. Er bringt gefällig und ruhig-feig (weil er nicht liebt), alles in Ordnung. Auch als fünf Stück zu so ungewohnter Zeit bestellte Freier nah'n.

Da Alpha verheiratet ist, besucht sogar ihr Mann sie nachts. „Wie kommen Sie grade auf den?", ließe sich fragen.

III.

Nachher sieht man den Jugendfreund, wie er mit ihr... lebt? Nein, bloß wohnt. Der Großkaufmann schießt nochmals; scheint sich getötet zu haben; steht wieder auf. Der Jugendfreund plant ein System für Montecarlo, Betriebskapital von den Freiern.

Hernach erkennt sie ihn als Schwindler. Sie soll schlimmstenfalls ihren Mann heiraten (der als Kunstkritiker Lobartikel über seine eigenen Ankäufe schreibt und Alpha bestens veräußern will.)

Der Jugendfreund wird zuletzt irgendwo Bedienter. Sie vielleicht Ähnliches? ... In dieser Art.

IV.

Also: Wedekindscher Tanz um die Frau. Welt voll abgebrühter Lumpen. Sexualtrottel. Hochstapler. Gründer. Zuhälter. Feiglinge. Cocain. Entgötterung.

Heiraten, die keine Ehen sind. Verhältnisse, die keine Liebschaften sind. Schüsse, die fauler Zauber sind. Selbstmorde, die Komödien sind. Freundinnen, die Raubtiere sind.

Liebe ist Quatsch. Die Möglichkeit des Zusammenstimmens zweier Leute beginnt erst, wenn sie einander erotisch satt haben ...

Das ist „unsre" Welt, sagt Musil verstehend. Das ist „ihre" Welt, sagt er humoristisch.

V.

Es ließe sich aber gedämmt und gestaltet und geballt sagen; er sagt es hinfließend und im Stegreif ... Warum? — weil er ja nicht nur das Stück einer gewissen Welt schreiben, sondern auch die Welt gewisser Stücke höhnen will.

Solcher Stücke, wo man monatelang beliebig weiterdichten kann. Die statt eines Grundrisses eine Willkür haben. Statt des Baues ein Geratewohl. Statt des Plans heitere Gedankenflucht. Statt der Entwicklung ein Anleimen. Statt des Fortführens das Fortwursteln.

Dies alles macht er, geistreich. Bald schlagend, bald halb schlagend ...

VI.

Musils große Novelle „Die Verwirrungen des Zöglings Törleß" (bei der ich einst Hebamme war) ist gebändigter. Das war nämlich nicht eine Anlehnung, sondern eine Schöpfung. Aber auch Anlehungen (vielmehr: widerlegende Beispiele!) können gebändigt sein.

Auch, exempli causa, kürzer ...

Musil bleibt eine wertvolle Kraft. Und, nach der Erfüllung, eine Hoffnung.

VII.

Berthold Viertel, Spielwart, ist nicht nur glücklich im Ausknipsen des Lichts, ehe der Vorhang fällt — was recht gut einen abrupten, ausschnitthaften Eindruck macht. Sondern auch glücklich in parodistisch-tänzerhaften Bewegungen seiner Künstler. In wohlangebrachten Spitzgeberden, in Huschtempi.

Davon hatte namentlich Forster was Losgelöstes, Phantastisch-Zwangfreies — neben den wirksamen, chargenphantastischen Schauspielern: Wäscher, Wolfgang, Hannemann, Mar-

tens, Siedel, Domin, samt H. Schlichter, der falschen Freundin
... und Leonhard Steckel, einem Börsen-Wuchtsymbol.

VIII.

Nicht nur das Alpha, sondern das Omega des Werks ist
Sybille Binder.

Mit geschwungenen Brauen. Mit wohlgezirkt halbtiefem
Sprechton. Mit Darlegungen, die Einfälle sind. Mit einem
Gefühl, das gleitet und weht. Mit einer Flut von Sekunden-
bildern. Bald kauert sie. Bald liegt sie. Bald schrumpft sie.
Bald in goldgelben Pyjamas. Bald in was Erdbeerigem. Bald
knabenschwarz.

... Schönheit und Klugheit. Höchst fesselnd.

Alfred Kerr.[90]

Auf diese Kritiken reagierte Musil drei Tage später mit
einem Selbstkommentar in Briefform:

Wien, III. Rasumofskygasse 20.   8. XII. 1923.

Verehrter Herr Kerr!

Ich glaube, ich habe im Telefongespräch eine halb verkehrte
Antwort gegeben, als Sie nach meiner Auffassung des Stückerls
fragten; erlauben Sie mir, darauf zurückzukommen: Meine
Meinung ist, daß Ihre Kritik sofort das Wesentliche ergriff,
während fast alle andren Kritiken daneben gingen. Die Laune
— man kann wohl kaum Absicht sagen —, in der ich diesen
Spaß schrieb, war die des doppelten Nichternstnehmens, weder
der Welt, viel weniger noch des Theaters. Es sollte der Blöd-
sinn, das Unmotivierte, Dadaidelnde einer Posse werden; mit
Durchblicken; und einer juckenden Dialoghaut. Eine Figur
hineingezeichnet, den Vinzenz; nachdem mir die zweite der
Alpha nicht recht gelang. Am Schluß landesübliches Finale als
Mißtrauensvotum gegen die Gattung. Zwischendurch mitneh-
men, was sich an Verulkung unsrer Geisteswelt gerade erreichen
ließ; ohne daß ich auf Gründlichkeit darin aus war. Ich glaube,
daß sich das völlig mit dem deckt, was Sie davon sagten; nur
hätte ich es im Augenblick, wo ich zum erstenmal Ihre Kritik
las, beinahe abgeleugnet. Denn so sehr war ich in der Einstellung auf das Paralogische, Heruntergeschnurrte, heiter Gelallte,
daß ich das Einzelne in gar keinem Verhältnis zur Wirklichkeit
sah, eben weil das Ganze ein solches ausdrückt. Es wird mir
heute noch bang, wenn ich auf Zeitsatyre festgehalten werden
soll; nur ein Zeitulk.

Ich hatte diese Auffassung Viertel auseinandergesetzt, er sah etwas mehr in der Geschichte, aber das Gemeinsame deckt sich, und ich danke unmeßbar viel seinem Geschick, dieses aus leichten Dünsten gebraute Mischwesen bühnenfest zu machen; wenn die Kritik den ernsteren Teil der Leistung ihm zuspricht, habe ich umsoweniger dagegen, als mir wahrscheinlich auch gelungen ist, was ich wollte: den Weg für die Schwärmer freizumachen. Nur in einem Punkt fühle ich mich verkürzt: das ist die Wedekind- und weiterhin Sternheim-Kaiserabhängigkeit, die mir — ich kann nicht einmal sagen, vorgeworfen — sondern wie selbstverständlich nachgesagt worden ist. Auch Sie hatten einen solchen Eindruck, und ich denke natürlich darüber nach. Es ist ja gar keine Frage, daß ich in Geistesart, Temperament, Ziel unabhängig von diesen Vorgängern bin, die mir, intra muros gesagt (denn extra verteidige ich sie natürlich), zeitlebens wenig sympathisch waren. Es müßte eine der unwahrscheinlichsten Verkettungen sein, wenn ich ihnen unterbewußt einen Tribut erlegt hätte, den ich bewußt jederzeit verweigere. Ich halte das deshalb für eine durch die Aufführung hervorgerufene Scheinähnlichkeit. Die Suggestion ging von Forster aus, der den Vinzenz ins Hell-Gerissen-Schieberische spielte (schon in der Maske ähnlich wie in Nebeneinander), während ich mir diese Figur melancholisch-komisch, in Moll, lebensenttäuscht-lustig vorgestellt hatte. Sie besitzt bei mir mehr Hintergrund, als er gab, und der Schluß (von mir gewollt + ungewollt schwach) wurde durch ihn ganz unmöglich; hier hätte der Kontrast zwischen einem menschlichen Gesicht und einem Possengerüst, durch das es schaut, am stärksten sein müssen.

Ich bin nun mehr ins Reden gekommen, als ich wollte, denn das alles hat ja nicht viel Wichtigkeit. Tief berührt hat es mich, daß ich aus Ihrer gütigen Pathenkritik herauslas, daß Sie mit mir als Ganzem nie mehr so recht zufrieden gewesen sind, wie damals mit dem Törleß. Denn das berührt den Willen und die Zukunft. Über das, was ich will oder was man wollen soll, möchte ich für mein Leben gern einmal wieder mit Ihnen eingehend reden. Ich verehre in Ihnen meinen größten kritischen Lehrer, dem ich aber in einer Hauptsache nicht gefolgt bin. Sie besteht, glaube ich in meiner Neigung zur Reflexion, wobei mir das Tatsachenmaterial fast nur als Mittel zum Zweck recht ist, wogegen Sie diese beiden Bestandteile im ungefähr umgekehrten Verhältnis fordern. Ich liebe Ideenzusammenhänge; der Mensch, das beschriebene Erlebnis ist mir eigentlich nur ein dialektisches Mittel. Deshalb mag ich z. B. Hauptmann nur halb, während Sie ihn ganz hoch stellen. Aber natürlich ist diese Sache lang nicht so einfach, wie ich sie ausspreche, und ich weiß selbst oft nicht, wieviel von dieser Opposition meine Aufgabe und wieviel bloß Beschränktheit meines Talents ist; oder da sich so etwas immer teils-teils verhält, wieweit ich es treiben soll und wieweit nicht. Ich scheine jetzt im Begriff zu sein, mich gegen die Widerstände des obenaufschwimmenden Dummheitsschaums durchzusetzen; aber da habe ich — oft Sehnsucht nach Ihrem korrigierenden Widerstand. Ich bin eigentlich aus Bescheidenheit — so komisch das bei einem ausgewachsenen und im allgemeinen gar nicht bescheidenen Menschen klingt — seit vielen Jahren nicht bei Ihnen gewesen und aus dummen Nebenrücksichten, wie daß es nicht wie eine captatio benevolentiae aussehen solle, aber wenn ich das nächstemal nach Berlin komme, werde ich — obgleich Viertel dann die Schwärmer machen wird — Sie überfallen und als Schmiedehammer mißbrauchen. Inzwischen, entweder zu Weihnachten oder im Februar, wird ein Bändchen mit drei Novellen erscheinen, und ich bitte Sie schon heute, Ihnen dieses kleine Zeichen meiner Dankbarkeit schikken zu dürfen.

In alter Ergebenheit

Ihr

Robert Musil

Die Einigung zwischen Dichter und Kritiker war bei diesem opus, bei dem Musil keine großen Prätentionen erhob, nicht allzu schwierig. Nur Kleinigkeiten waren zurechtzurücken: von Satire (oder in seiner Schreibweise: Satyre) wollte Musil nichts wissen — bei Kerr fiel dieses Stichwort unter I —, und die angebliche Abhängigkeit von Sternheim, Wedekind, Kaiser usw. überraschte ihn so, als wenn er bis dahin „nur geträumt hätte, der zu sein“, der er war.[91] Dabei war eine Beziehung seiner „kleinen Komödientravestie“ zu den Stücken seiner Kollegen qua Travestie natürlich gegeben. Die Parallelen, wenn schon Parallelen, fand Musil aber anderswo, und er erwog ein „Vor- oder Nachwort“ zum „Vinzenz“ mit einer Richtigstellung, die auch an Kerr adressiert gewesen wäre:

„Selbstverständlich hat das auch mit den Hochstapler- und Zirkusweltfiguren Wedekinds nur für Leute, Verwandtschaft, welche das Äußerliche, Rolle, Typus, Milieu auf der Bühne für das Entscheidende und Wesentliche halten. Sie verwechseln das ABC mit dem Geist, der sich seiner bedient. Wedekind hat diese Figuren, z. B. den Hochstapler, doch nicht geschaf-

fen! Und bedient hat er sich ihrer in einem ganz andren Geist.
Sehr ernst. Eher kommt die Linie über Morgenstern, Da-da,
bis Ringelnatz und in gewissem Sinn die Lausbübereien von
Brecht und Bronnen."[92]

Mit dem Verhältnis von Material und Idee ist nun freilich
eine wesentliche Differenz berührt, auf die Musil in seinem
Brief selbst schon hinweist. Er legte das Schwergewicht auf die
Theorie, ganz anders als Kerr, und war dabei, sich von der
Technik des „Törleß "abzuwenden, in dem er die Gedanken nur
„zu Verbindungen, Erklärungen udgl." benutzt hatte.[93] Es ist
bedauerlich, daß diese Diskussion in den noch folgenden Briefen nicht fortgesetzt wurde; sie befassen sich nur noch mit Un-
mittelbarkeiten, Organisatorischem, Querelen . . .

Es scheint, daß man bereits im Jahre 1927 an die Gründung
einer Musil-Gesellschaft dachte, um dem Autor die Arbeit an
seinem großen Roman zu erleichtern. Aber der Initiator, ein
gewisser Weininger, über den nichts Näheres bekannt ist, muß
dabei keine sehr glückliche Hand bewiesen haben. Die Aktion
scheiterte, obwohl Kerr und der österreichische Gesandte,
Dr. Felix Frank,[94] Hilfestellung leisteten:

Berlin, 30. Juli 1927.

Lieber Herr Doktor!

Herr Weiniger hat eines Tags erklärt, daß es ihm nicht ge-
linge, die Gründer zusammenzubringen, was sehr dem Optimismus widerspricht, den er anfangs in dieser Sache hatte.
Ich bin dann noch zum österreichischen Gesandten gegangen
und habe allerhand mit seiner Hilfe versucht; es war sehr interessant, aber mehr für einen satyrischen Geschmack. Zum
Schluß habe ich Herrn W. [eininger] „aus dem Vertrag gelassen", weil es mir besser erscheint, in solchen Fragen gar nicht
mit ihm zu tun zu haben. Es ist wohl natürlich, daß man solche
Eindrücke leichter am Ende als am Anfang gewinnt, aber ich
muß Sie trotzdem sehr zu entschuldigen bitten, daß ich Sie
wegen nichts bemüht habe; daß ich keine Vorsicht und Bemühung verabsäumt habe, ließe sich ja vielleicht nachweisen,
jedoch gibt es schlechterdings kein Argument gegen die Behauptung, daß ich hätte klüger sein können. Ich vermag Ihnen
nur zu versichern, daß ich es mir gesagt sein lasse.
Ich reise jetzt ab und hoffe, Sie im Herbst wiederzusehen. Darf
ich Ihnen noch für die Worte aus dem Vortrag danken, die Sie

mir zur Verfügung gestellt haben? Es ist weder Ungezogenheit, noch Undankbarkeit, daß ich es erst heute tue, sondern hat verwickelte Gründe. Aber ich danke Ihnen herzlich!
Mit vielen Grüßen

stets Ihr

Musil.

Der Dichter verbrachte einen Arbeits-Urlaub in Ötz, Tirol, und schrieb von da am 30. September erneut an Kerr: wegen eines Buches, das der S.-Fischer-Verlag zum 60. Geburtstag des Kritikers herausbrachte:

Ötz[i]/Tirol   30. September 1927

Verehrter Herr Kerr!

Da Fischer das Geburtstagsbuch schon anzeigt, spreche ich ja wohl von keinem Weihnachtsgeheimnis mehr. Es hat mir sehr leid getan, daß ich darin nicht vertreten sein konnte, aber Herr Spiro hat sich so spät mit mir in Verbindung gesetzt und mit anfangs so unvollständigen Angaben, daß ich diese Art Einladung übel genommen habe. Übrigens wäre es mir auch bei bestem Willen nicht möglich gewesen, in der mir zur Verfügung gestellten Zeit fertig zu werden. Ich hoffe, daß ich Ihnen meine Verehrung auch als Einzelgänger werde bezeugen können.
Mit herzlichen Grüßen

Ihr stets ergebener

Robert Musil.

In der „Literarischen Welt" vom 22. XII. 1927 erschien dann Musils Artikel „Zu Kerrs 60. Geburtstag", in dem der Meister vor allem als ‚Psychotechniker' der Literatur gefeiert wurde. Kerrs Technik, ein Ganzes nicht „aus einem Guß" zu bilden, sondern es aus kleinen (römisch bezifferten) Bausteinen zu errichten — Musils „Tonka" erinnert daran —, wurde so begründet:

„Wenn man ein Rechteck in vier Rechtecke zerlegt, so gewinnt man bei gleichem Inhalt den vierfachen Umfang; wenn es aber ein bedrucktes Rechteck ist, so gewinnt man bei gleichem Umfang den vierfachen Inhalt."[95]

Kerr galt Musil als ein Münsterberg der Kritik, der das gestalt-psychologische Gesetz ummünzte, daß „Teilungsstellen,

Anfänge und Enden [...] in der Dichtung voll von einer besonderen Spannung, Sitz von andeutenden, weiterführenden, herbeiführenden und ausstrahlenden Kräften" seien.[96] Musil verglich Kerrs Stil, „um es weniger schön auszudrücken", mit einem „Regenwurm, dem Köpfe und Schwänze nachwachsen", ein Bild, das Karl Kraus zu Beifall hätte herausfordern können. Hatte aber e r schon nicht umhin gekonnt, Kerrs Tugend des kurzen Atems anzuerkennen, so erhob Musil erst recht die „außerordentliche Ausdrucksfähigkeit" von Kerrs aphoristischer Schreibweise,[97] und, das kann man gleich hinzufügen, er wollte sie in späteren Jahren ausdrücklich nachahmen![98] Hätte Kraus seinem Gegner ferner sogar „das Verdienst einer neuen Ein- und Ausdrucksfähigkeit" zugebilligt, „wenn es nicht eben eine wäre, die wie alle Heine-Verwandtschaft Nachahmung ihrer selbst ist und das Talent, der Nachahmung Platz zu machen",[99] so meinte Musil:

„Er ist in Spaß und Ernst oft nachgeahmt worden, und die Eigenheiten seines Stils schienen das leicht zu machen: aber soweit ich diese Versuche kenne, ist die innere Nachahmung nicht einmal in der Karikatur geglückt, und das genaueste Spiegelbild der Äußerlichkeiten blieb dem Original ganz unähnlich."[100]

Musil bewunderte Kerrs Fähigkeit, seinen Anfängen, der Zeit des Naturalismus, der Aufnahme Ibsens in Deutschland, dem Aufstieg Hauptmanns (woran er ja maßgeblich beteiligt war), treu geblieben zu sein, ohne mit ihnen zu veralten, er würdigte Kerrs große Objektivität seinen Gegnern gegenüber, Sudermann, den Hauptgegner, nicht ausgenommen — Kraus war sowohl in puncto Hauptgegner als auch in puncto Gerechtigkeit anderer Ansicht.[101]

Gerade die Final-Sätze des Musilschen Artikels aber („Kerr war von seinem ersten bis zu seinem letzten Kampf der unübertreffliche Kenner aller falschen Töne in piano und forte, hoch und tief.")[102] wurden vom Jubilar prompt und unfreiwillig in Frage gestellt. Er verwickelte sich in eine etwas peinliche Auseinandersetzung mit Willy Haas, aus der er nicht unbedingt als moralischer Sieger hervorging. Der Tatbestand war, daß Haas in der Fischerschen „Neuen Rundschau" Kerr ein Ständchen dargebracht hatte. Fast gleichzeitig mischte er in der „Literarischen Welt" (unter der Überschrift „Der Selbstmordversuch der Schauspielerin M. Koeppke und unsere herzlichsten Glückwünsche zu Alfred Kerrs 60. Geburtstag") die Gratulation mit

Hinweisen auf gewisse kultursoziologische Mißstände, an denen
Kerr nicht ganz schuldlos sei. Aus den unterschiedlichen Äußerungen Haasens schloß Kerr, Rowohlt habe, als Gesellschafter
der „Literarischen Welt" und als sein Gegner, den Verfasser
negativ beeinflußt. Außerdem witterte Kerr einen Racheakt
von Literaten, die, stille Teilhaber des Journals, bei ihm
schlecht weggekommen waren. Endgültig in seinem Verdacht
bestätigt fühlte er sich, als er las, der Schluß von Musils Aufsatz sei durch ein Versehen bei der Drucklegung nicht wortgetreu wiedergegeben worden.[103] Nun griff Musil selbst durch
drei offene Briefe in die Diskussion ein:[104]

Ich habe zu dem „Fall" Kerr—Rowohlt—Haas—Musil—Ro-
wohltautoren, der hier und im „Berliner Tageblatt" erörtert
worden ist, folgende Erklärungen abzugeben.
Verehrter Herr Kerr!
Ihre Voraussetzung ist ein Irrtum. Die Verbesserungen, welche
ich meinem Aufsatz über Sie in der Korrektur gegeben habe,
sind zwar von der „Literarischen Welt" nicht abgewartet worden, und das ist gewiß ein Verschulden,[105] aber ich kann Ihnen
aus genauer Kenntnis des Zusammenhangs die Versicherung
geben, daß jede Möglichkeit einer bösen Absicht auszuschließen
ist. Es haben sich keine „inneren Kämpfe" abgespielt, und der
Vorfall bietet, wie er zustandegekommen ist, nicht die kleinste
Grundlage für die Behauptung, daß die Rivalität zweier
Schriftstellergruppen hinter ihm stecke oder sonst ein unlau-
terer Einfluß.
Soweit die Tatsachen. Aber Sie werden mir erlauben, daß
ich auch eine persönliche Bemerkung nicht unterdrücke. Ich
kenne Ernst Rowohlt seit vielen Jahren; wie man zu sagen
pflegt, im Guten und im Bösen. Er kämpft, wenn er sich gereizt fühlt, mit gewaltigem Getöse und gesträubtem Haar; aber
mit Nadelstichen kämpft er niemals. Das wäre zum psychologischen Verständnis beizufügen.

*

Lieber Herr Rowohlt!
Sie schreiben Herrn Haas und veröffentlichen es: „ . . . obgleich
wir beide wissen, daß ich Kerrs jeztige kritische Tätigkeit völlig
ablehne, und zwar nicht, wie Herr Dr. Kerr vielleicht annehmen wird, nur aus geschäftlichen Gründen." — Es hätte wohl
wenig Zweck, mit Ihnen in diesem Augenblick über die Bedeutung Kerrs einen literarischen Streit zu führen; erlauben Sie
aber, daß ich Sie auf etwas anderes aufmerksam mache, das es
da auch noch gibt: Kerr ist als Kritiker eine mächtige Stütze

für einen Teil Ihres Verlags. Ihr Verlag ist in keiner Richtung und auf keine Person festgelegt; er umfaßt Gegensätze; ich glaube sogar, daß ein großer Vorzug Ihres Verlages in dieser Buntheit liegt, die irgendwie durch die Mischung Ihrer eigenen Natur zusammengehalten wird. Kerr hat gelegentlich einzelne Ihrer Autoren lebhaft getadelt und andere Ihrer Autoren lebhaft gelobt. Andere Kritiker haben das Gleiche getan, mit umgekehrter Verteilung, das wissen Sie so gut wie ich. Was bedeutet es also, daß Sie „Kerr ablehnen"?

Persönlich gewiß ein unveräußerliches Menschenrecht; situativ aber war es außerordentlich geeignet, zu dem Glauben zu verleiten, daß es in unserem Verlag in der Tat unvereinbarliche Richtungen gebe, deren eine Sie damit bevorzugen, während die andere ins Dunkel der Verwerfung abgelehnt wird. Und da Kerrs „jetzige kritische Tätigkeit", soweit sie Ihren Verlag betrifft, nicht unwesentlich auch mit meinem Namen verknüpft gewesen ist, war es eigentlich recht naheliegend, daß Kerr bei dem folgenden Mißverständnis mit der „Literarischen Welt", das auch mit mir verknüpft war, zu einer irrigen Kombination verleitet worden ist.

Ich bin überzeugt, daß Sie Ihre Behauptung gar nicht so allgemein gemeint haben, und indem ich das klar ausspreche, hoffe ich, die entstandenen Weiterungen ein wenig einzuengen.

*

Sehr geehrte Mitautoren des Verlags!

Sie haben mich aufgefordert, erstens Zeugnis abzulegen dafür, daß mir kein „Autor des Verlags bekannt" sei, „der irgendeiner Unternehmung des Herrn Rowohlt oder der Zeitschrift ‚Die Literarische Welt' jemals Geldhilfe geleistet hätte." —- Dieses Zeugnis kann ich ablegen, aber ich finde keinen Zweck darin, da mir der Mann auch nicht bekannt wäre, wenn es ihn gäbe.

Zweitens dafür, daß Ernst Rowohlt „ein Verlagsbuchhändler aus innerem Beruf und aus literarischer Leidenschaft" ist, „der vom Typus des bloßen Geschäftemachers so weit als nur möglich entfernt ist". — Dieses Zeugnis lege ich mit Vergnügen und aus selbsterworbener Überzeugung ab.

Ich wünsche aber auch das Zeugnis abzulegen, daß ich Alfred Kerr für einen maßgebenden und überaus bedeutenden Kritiker halte; das Zeugnis, daß er sich trotzdem in diesem Fall geirrt hat; das Entlastungszeugnis dafür, daß er sich, also warum er sich geirrt hat; das Entlastungszeugnis für die „Literarische Welt"; Zeugnis endlich dafür, daß ich, in diese Angelegenheit hineingeraten wie der Pontius ins Credo, nicht die

Absicht habe, mich durch ihre Verwicklungen in meinen Beziehungen zu Kerr wie Rowohlt stören zu lassen.

Es sind heftige Worte gefallen; wer das Feuer nicht schüren will, trage dazu bei, daß sie vergessen werden.

Robert MUSIL

Musils letzter Brief an Kerr, der sich erhalten hat, beschäftigte sich noch einmal mit der schwebenden Affäre:

Wien, III. Rasumofskygasse 20.   16. Februar 1928

Lieber Herr Kerr!

Ich habe gelesen, daß Sie hier einen Vortrag halten sollen, aber weil ich bettlägerig war, konnte ich nicht feststellen, wann und wo. Gewöhnlich erfährt man so etwas in Wien, wenn man nicht ausgehen und Plakate studieren kann, erst nachträglich.

Ich möchte mich aber unbedingt mit Ihnen über die schwebende Affaire aussprechen und glaube, daß das von Nutzen sein wird. Telefon habe ich keines; Rohrpostsendungen werden hier sehr unzuverlässig befördert; schreiben Sie mir bitte sobald als möglich, wo und wann ich Sie aufsuchen kann.

Es hat mich überrascht, daß ich auf Telegramm und Brief keine Nachricht von Ihnen erhielt, aber ich hoffe, daß die Ursache nicht in einem Mißverständnis meiner Haltung liegt, denn wenn Sie etwas an mir auszusetzen hätten, müßten Sie es mir ja erst recht sagen.

Mit vielen Grüßen Ihr stets ergebener

Robert Musil.

p. s. In Haas['] Erwiderung vom 10. sind, was mich betrifft, wieder ein paar kleine Fehler unterlaufen; aber sie sind wieder unbedeutend. So die Behauptung über meine Adresse und die Verwahrung gegen Korrekturen, an die ich mich nicht erinnere.

Bei Kerrs Vortrag handelte es sich um eine Rede über Lessing. Im Wiener „Tag" vom 31. März 1928 veröffentlichte Musil dazu eine Einführung, ein „Porträt des berühmten deutschen Kritikers"[106] und anschließend konzipierte er eine Rückschau, die erst posthum ans Licht kam.[107] In beiden Texten zog er den Hut vor dem „Dichter-Kritiker",[108] der zeitlebens nach der Maxime Friedrich Schlegels arbeitete, ein Kunsturteil habe nur dann Bürgerrecht im Reich der Kunst, wenn es selbst ein Kunstwerk sei.[109] Und er rühmte Kerr als Dichter, den „bedeutende[n] Lyriker" und den „unvergleichliche[n] Schilderer des Gesichtes unserer Erde".[110] Das erste könnte man heute nur tun, wenn man auch Musil für einen großen Lyriker halten wollte; er war wohl von Freundschaft bestochen und übersah, wie schnell Kerr sentimental und kitschig wurde, sobald er bestrebt war, Heine und den Couplet-Ton zu meiden. Gelungene Verse, natürlich. Vielleicht Strophen... Eher kann man auch heute noch die „tellurischen Reiseblätter"[111] goutieren, und fast scheint es, das „Caput I", „Venezianisch"[112] habe weitergewirkt. Es handelt von einer Rakéel oder Rakéele — man achte auf die zwei Namensformen —, die ein uneheliches Kind und zu dem Helden der Geschichte ein zartes Verhältnis hat. Ähnelt ihr darin nicht Rachel oder „Rachelle", die Zofe Diotimas, auch sie uneheliche Mutter, ohne daß sie ihr kindhaftes Wesen eingebüßt hätte, und scheu aufblickend zu Ulrich? Es wäre denkbar, daß Musil mit dieser Figur, einer der entzückendsten Chargenrolle in unserer Epik, Kerr eine Referenz erwies, die sublim ist und unvergeßlich wie die Mozartsche Musik zu einer Kammerzofe... War es ein stiller, ungewollter Abschied von Kerr? Der schätzte den „Mann ohne Eigenschaften" so hoch wie den „Törleß", aber er besprach ihn nicht mehr. Andere taten es für ihn, waren Musil persönlich und literarisch nahegekommen, Bernard Guillemin, Efraim Frisch. Kerr emigrierte frühzeitig und kämpfte gegen die Nazis; Musil verlor sich, immer abstrakter werdend, in den Irrgärten der Gefühlspsychologie und versuchte zurückzufinden zum Konkreten, zum Erzählen, zu Kerr. Als er darüber starb im Schweizer Exil, verblieb es dem Älteren, in London einen Nekrolog zu sprechen. Es ist eine Grabrede, fragmentarisch überliefert; ein wenig exzentrisch (bis ins Schriftbild), ein bißchen gönnerhaft-überheblich und verschmockt, wie sie noch aus dem exitus eines Freundes Stimmungskapital schlägt, ein letztesmal anziehend und abstoßend „gleich einem fremden Fasching":

„Musil und ich, wir haben jede Zeile dieses Buches [des ‚Törleß'], im Mscpt, nicht nur zusammen durchgegangen — sondern zusammen durchgearbeitet.

Musil kam nicht (wie so viele, die heut etwas sind) zu mir, als er noch auf der Schule war — sondern er war schon auf dem Polytechnikum. (Stuttgart).

Er war im Leben eine der anziehendsten, leicht-schweren Gestalten, die ich getroffen habe.

Ein (auch äußerlich) ästhetischer Mensch — kein Ästhet! (Denn er hatte leise[n] Humor.)

Er war ein Grübler — aber, trotz der Versenktheit, ein leicht-
schwerer Grübler[.]
..... Musil blieb immer ein Mittelding zwischen Mann und
Knabe. Einer, der die unbegreiflichen Dinge des Hierseins boh-
rend und fast hoffnungslos — aber mit einem nicht unheitren
Kopfschütteln ansah, er war offen für alles Ungelöste — den-
noch nicht verzweifelt. Sondern lächelnd-kritisch.
Und ich liebte Musil, weil er nicht schmierte, sondern schrieb.
Das deutsche Sprichwort sagt: „Man soll bei Weibern wie bei
Fischen das Mittelstück erwischen." — Es gilt nicht allemal
für die Dichter.
Musils „Mittelstück" (nach dem „Törleß") war nicht sein
Bestes.
Das Hervorragende kam 1930 wieder: „Der Mann ohne Eigen-
schaften."
Ein Riesenroman. Riesig nicht wegen seines riesigen Umfangs,
sondern wegen seiner riesigen Fülle. Es ist: die kulturpolitische
Betrachtung einer Epoche (in Deutschland), einer Gesellschaft
(ebendort), vermengt mit der Spiegelung eines Ichs; seines
Ichs; eines wertvollen Ichs. Das sein abgeschiedenes Ich über-
lebt.
Ja, er ging jetzt, mit 62 Jahren — der kleine polytechnische
Student von damals.
Seltsam.
Man denkt an einen Vergänglichkeitsvers, sogar von Hofmannsthal. Da sagt eine Person in „Elektra": „Es ist ja nicht
ein Wasser, das vorbeirinnt — ich bins ja ich[!"]
Ich sehe dem Dichter Robert Musil in Freundschaft nach —
nicht sentimental, sondern noch dankbar für dieses Vergäng-
lichkeitsgefühl für dieses Lebensgefühl der Vergänglichkeit und
für diese Stimmung, die noch sein Tod unsereinem gibt."

---

[1] s. „Wege zur Literatursoziologie". Herausgegeben und eingeleitet
von Hans Norbert Fügen. (Soziologische Texte, Band 46). Neuwied am Rhein und Berlin (1968), S. 401.
[2] Symptomatisch dafür ist, daß Fügen nichts Besseres zu bieten hat
als einige Seiten von Leo Löwenthal, „Der Kritiker als Vermittler", 1. c., S. 401—404.
[3] Arno Schmidt, Die Schreckensmänner. Karl Philipp Moritz zum
200. Geburtstag. In: Der sanfte Unmensch. Frankfurt am Main —
Berlin, 1963 (Ullstein-Buch Nr. 448), S. 153.
[4] Robert Musil, Tagebücher, Aphorismen, Essays und Reden. Herausgegeben von Adolf Frisé. Hamburg 1955 (im folgenden abgekürzt:
T), S. 439 f.
[4a] Musil war seit November 1903 an der Berliner Universität immatrikuliert. s. Karl Dinklage, Musils Herkunft und Lebensgeschichte.
In: Robert Musil, Leben, Werk, Wirkung. Im Auftrag des Landes

Kärnten und der Stadt Klagenfurt herausgegeben von Karl Dinklage, Zürich, Leipzig, Wien (1960) (im folgenden abgekürzt: LWW), S. 213.

[4b] Nach LWW, S. 213 bestand Musil das Abitur am 16. Juni 1904.

[4c] Diederichs verlegte damals den von Musil um diese Zeit hochgeschätzten Maeterlinck (s. das Motto zum „Törleß"-Roman). Bei Bruns erschien z. B. eine deutsche Flaubert-Ausgabe.

[4d] Adolf Frisé hat schon nachgewiesen, daß mit dem bewußten Büchlein Kerrs eigentlich dessen „Schauspielkunst", „Der Venezianerin Duse gewidmet", gemeint war. Es ist 1904 als 9. Bändchen der Sammlung „Die Literatur", herausgegeben von Georg Brandes im Verlag Bard, Marquard & Co. in Berlin erschienen.

[4e] Vgl. dazu T 103: „Kerrs Bemerkungen über „Schauspielkunst" sind sehr fruchtbar. Ich weiß nun, worin Stil zu suchen ist, und was literarischer Impressionismus bedeutet."

[4f] Die Zeit des Ingenieur-Studiums oder Einjährig-Freiwilligen-Jahrs in Brünn, das am 30. September 1902 endete (LWW, S. 209) können nen nicht gemeint sein, selbst wenn man annimmt, Kerrs Schrift sei im Herbst 1903 mit der Jahreszahl 1904 erschienen. Vielleicht fiel die Lektüre in einen Brünner Urlaub, den sich Musil nach dem Abgang von der Stuttgarter Material-Prüfungsanstalt und vor Beginn des Philosophie-Studiums gönnte. Daß er sich nicht direkt aus Stuttgart nach Berlin begab, beweist ein Aufenthalt in Schladming, ca. Sept. 1903. (s. T 46).

[4g] Hellgrüner Umschlag, olivgrüner und roter Aufdruck!

[5] In einem Brief an Hofmannsthal spricht Musil davon, daß er „vom Schicksal eine unvergleichliche Genugtuung erhalten" habe. Damit dürfte nicht bloß Hofmannsthals hohes Lob für die „Grigia" (T 464) gemeint sein, sondern er dürfte durch irgendetwas — eine Schenkung? — außerordentlich „fördernd Anteil" an Musils Leben genommen haben (s. das Schreiben vom 8. 4. 1924, veröffentlicht in dem Ausstellungskatalog „Robert Musil. Leben. Werk. Bedeutung". Zusammengestellt von Karl Dinklage. Klagenfurt [1960], S. 14 f.) Bedeutete Hofmannsthals großzügige und schweigsame Gebärde den zweiten der „beiden schönsten Augenblicke" in Musils Karriere?

[6] S. T 464, Nr. 102.

[7] T 178.

[8] Frau Stefanie Tyrka-Gebell. s. die Briefe an sie in LWW, S. 273—277, sowie T 38 f. Außerdem gibt es unveröffentlichte Briefe (Konzepte) an sie in Musils Nachlaß.

[9] T 386 f.

[10] Nach dem Manuskript im Alfred-Kerr-Archiv, Berlin. Herrn Dr. Walter Huder sei für die Überlassung der Kopie sowie für die Kopien der Briefe Musils an Kerr und der Kerrschen Kritiken ebenso gedankt wie für die Druckgenehmigung den Erben Musils und Kerrs.

[11] T 450.

[12] T 449.

[13] T 85 f.

[14] Robert Musil, Briefe zum „Törleß". (herausgegeben und kommentiert von Karl Dinklage). In: Wort in der Zeit, 1966, Heft 1, S. 36.

[15] s. Musils Brief an den Wiener Verlag vom 21. XII. 1905, ebda. S. 36.

[16] Das geht aus einem Brief Kerrs an Musil hervor, der sich im Nachlaß Arne Laurins befindet und im Prager Literaturarchiv aufbe-

wahrt wird. Er soll in dem Band „Robert Musil, Prager Briefe",
herausgegeben und kommentiert von Barbara Spitzova und Kurt
Krolop, ediert werden .

[17] s. die Briefe vom 30. IV. 1906 und 25. X. 1906, 1. c., S. 38 f.:
„Ich möchte Sie bitten, mir möglichst bald nach Erscheinen der
,Verwirrungen' ein Exemplar für Dr. K. zugehen zu lassen. Even-
tuell — wenn es geht — noch vor der öffentlichen Ausgabe, damit
ich Zeit habe, es binden zu lassen."
„Ich las in der Buchhändler-Zeitung die Anzeige meines Buches
[...]. Da ich aber einige Tage bevor das Buch in den hiesigen
Handlungen ausgelegt wird, ein Exemplar Herrn Dr. Kerr über-
reichen will, bitte ich Sie um genaue Mitteilung, damit dies weder
zu früh noch zu spät geschieht."

[18] „Der Tag", Berlin, 21. XII. 1906.

[19] Musil war von Kerrs beschwingter Art zu schreiben anscheinend
immer wieder angetan, weil mit der lockeren Streuung eine „ungeheure Treffsicherheit" (T 133, Eintragung vom 11. 2. 1911) verbunden war. Einen eigenen Artikel aus der gleichen Zeit über das
„Unanständige und Kranke in der Kunst" fand Musil „trotz stili-
stischer Haltung so schön wissenschaftlich geometrisch, so: 1. 2. 3.
a. b. c. ... aber das darf man nur sein, wo es wirklich eine Burg
zu bauen gilt, sonst zählt man aus wissenschaftlicher Gewissenhaftigkeit gähnend die Selbstverständlichkeiten auf und kommt nicht
dazu den Oberstock aufzusetzen." (T 133 f.)

[20] Eine Wendung Maximilian Hardens im Zusammenhang mit dem
Fall Eulenburg, zitiert nach Karl Kraus, Übersetzung aus Harden.
In: Literatur und Lüge, München (1958), S. 84.

[21] Deswegen lud z. B. Richard Linsert Musil zu einer Stellungnahme
über die Abschaffung des § 297 (Unzucht zwischen Männern) ein.
Er und seine Freunde waren offenbar sehr überrascht, als sich der
Dichter nicht für die Straffheit der männlichen Prostitution ein-
setzte, ja, sogar „eine Eindämmung des Homosexualität ... für
wünschenswert" hielt. Kurt Hiller attackierte darauf Musil in den
„Mitteilungen des Wissenschaftlich-humanitären Komitees", Nr. 29,
Sept. 1930/Febr. 1931.

[22] S. T 808: „namentlich Pädagogen wollten von mir ,Genaueres' erfahren, worin ich sie in meinen Antworten dann nach Kräften
grimmig enttäuschte."

[23] Robert Musil, Prosa, Dramen, späte Briefe. Herausgegeben von
Adolf Frisé. Hamburg 1957 (im folgenden abgekürzt: PD), S. 723.

[24] PD 723 f.

[25] Das ist ein ganz einfacher Schluß aus den Sätzen:
„Ich will nicht die Päderastie begreiflich machen."
„Ich will nicht   begreiflich,   sondern fühlbar
machen."

[26] PD 723.

[27] PD 724.

[28] PD 723.

[29] Alfred Kerr, Melodien. Paris 1938. Darin die Verse:
        „Der Täter war der Schlimmste nicht!
        Wer das Schlimmste verschuldet hat,
        War der: der alles geduldet hat!"
Zitiert nach: Kurt Hiller, Leben gegen die Zeit. Erinnerungen.
Reinbek bei Hamburg 1969, S. 221.)

[30] s. den Brief an Robert Lejeune vom 5. IV. 1942 (PD 832 f.):
„Vom ,Törleß' dagegen hat ein kluger Mann vor nicht langem ge-

sagt, daß er den Menschenschlag, der heute die Welt in Verwirrung bringt, in seiner imaginären Jugend dargestellt hat; und so etwas fast vierzig Jahre vorher zu beschreiben, hätte schon etwas von einer Prophezeiung."

[31] Der Brief liegt bisher unveröffentlicht in Musils Nachlaß und trägt die Chiffre „A 91", Katalognummer IV/3, 447 f.

[32] ebda.

[33] T 124.

[34] T 131 f.

[35] „Eine kleine Station an der Strecke, welche nach Rußland führt." usw., PD 15.

[36] s. PD 178: „Gleichmütig begann einstweilen eine Uhr mit sich selbst irgendwo zu sprechen, Schritte gingen unter ihrem Fenster vorbei und verklangen, ruhige Stimmen ..."

[37] Am 5. III. 1907 notiert Musil z. B., er habe „mit Kerr Wohnungen gesucht" (T 108). T 113 (Eintragung vom 15. I. 1908) heißt es: „Letztes Mal bei Kerr sprachen wir über den Fall Lynar", eine Homosexuellen-Affäre, über die Kerr im „Tag" vom 28. Januar 1908 auch ein kritisches Gedicht veröffentlichte.

[38] T 129 f.

[39] T 806.

[39a] T 128.

[40] T 753.

[41] T 133.

[42] „Pan", Jahrgang I, 1910, S. 217—223.

[43] Eine subjektive Darstellung der Affäre samt Jagows Brief und Kerrs Briefartikel findet sich bei Tilla Durieux, Eine Tür steht offen. Berlin-Grunewald o. J., S. 70—74.

[44] T 133.

[45] Literatur und Lüge, S. 188.

[46] T 761.

[47] Literatur und Lüge, S. 215.

[48] ebda, S. 186.

[49] ebda.

[50] Kraus schrieb, Literatur und Lüge, S. 214: „Was aber bedeutet aller Aufwand von Kraft und Kunst gegen die spielerische Technik des Selbstmords? Gewiß, ich habe ihn in die Verzweiflung getrieben; aber er, er hat vollendet. Ich habe ihn gewürgt, aber er hat sich erdrosselt. Mit der wohlfeilsten Rebschnur, deren er habhaft werden konnte."

[51] T 132. Musil dürfte die „Rattenglosse" Kerrs meinen, die in der „Neuen Rundschau", 1910, S. 420—423, erschienen war. Von Hauptmanns Stück war er, selbst auf dem dramatischen Gebiet noch unerfahren, sehr beeindruckt: „An den ‚Ratten' hat mir sehr die genaue Modellierung imponiert, die Psychologie in den Worten und der Grammatik und das wortlose Hinstellen dieser ganz menschenähnlichen Mechanismen." (T 132). Es ist einer der wenigen Fälle, in denen Musil positiver zu Hauptmann stand als der Hauptmann-Verehrer Kerr. In seiner „Rattenglosse" bemängelte Kerr die Flüchtigkeit, die fehlende Durcharbeitung und meinte zum Schluß, es gäbe heute stärkere Dichtungen, „aber keinen stärkeren Dichter". Musil war sich mit Kerr darüber einig, „„Hauptmanns Größe lieg[e] darin, daß er wie im Traumzustand in Dinge dieses Lebens drang'" (T 760). Um aber unerreichbares Vorbild zu sein, gebrach es Hauptmann nach Musils Ansicht an „geistiger Tiefe"; sie ihm zu imputieren, „war ein lächerlicher Irrtum" (T 805). Hauptmann

war ihm ein „monströses Phänomen brillanter Oberflächenbewegung bei geringer Innenbewegung (ideologischer Bewegung)" (T 206). Vgl. dazu auch Musils Brief an Kerr vom 8. XII. 1923.

[52] T 134.

[53] T 135.

[54] T 133.

[55] T 132. Den handschriftlich korrigierten Fahnenabzug „Lieber Pan —!" hat Frisé PD 581—583 veröffentlicht.

[56] Literatur und Lüge, S. 218.

[57] T 133.

[58] „Bin ich ä Perseenlichkeit ...!" war der Refrain des Anti-Kraus-Gedichts in Kerrs „Caprichos" (Literatur und Lüge, S. 212—214). Kraus konterte: „er war am Ende nicht das, was man im Tiergartenviertel eine Perseenlichkeit nennt" (Literatur und Lüge, S. 214).

[59] T 194

[60] Es sei nur an die gemeinsame Feindschaft gegen Werfel und Wildgans und gegen die Psychoanalyse erinnert.

[61] Ähnlich wie Kerr den Brecht der „Dreigroschenoper" einen Plagiator hieß, nannte Musil ihn einen „ganz substanzlose[n] Mensch[n]" (zitiert nach Elisabeth Albertsen, Ratio und „Mystik" im Werk Robert Musils. München 1968, S. 164, Anm. 134.).

[62] Sehr wahrscheinlich wurde auch Musils Abneigung gegen Thomas Mann durch Kerr inauguriert oder bestärkt. Kerr verriß nicht nur „Fiorenza", sondern bedachte auch „Königliche Hoheit" mit sehr abfälligen Sätzen (s. Die Welt im Drama. Bd. IV, Eintagsfliegen oder Die Macht der Kritik. Berlin 1917, S. 266).

[63] Die Weißen Blätter, 1913, S. 238.

[64] ebda., S. 241.

[65] ebda., S. 242 f.

[66] Nach einem unveröffentlichten Briefkonzept in Musils Nachlaß (Katalog-Nummer BK/I, 54 f.) an Karl Graf Wilczek aus dem Oktober 1936: „[...] doch bin ich bereits im August 1914 freiwillig zum Heere eingerückt [...]"

[67] s. die Literarische Beilage zur „Tiroler Soldaten-Zeitung" Nr. 176 bis 178 vom 15. Juni 1916, S. 10 f. Ab 18./19. Juni zeichnete Musil auf den Akten des Blattes als verantwortlich (s. LWW, S. 277).

[68] So Karl Kraus über Kerr, zitiert nach: Karl Kraus in Selbstzeugnissen und Bilddokumenten. Dargestellt von Paul Schick. (rowohlts monographien Nr. 111). Reinbek bei Hamburg 1965, S. 118. Dort auch Näheres über die zweite Fehde zwischen Kraus und Kerr, die sich an den Gottlieb-Gedichten entzündete und wieder mit einer vernichtenden Niederlage Kerrs endete; er mußte sich unwidersprochen den „größten Schuft im ganzen Land" nennen lassen. — Musil hatte schon zwei Jahre vor Krausens neuerlicher Attacke in der „Fackel", ca. 1924, implizit Stellung genommen; er meinte: „Kraus' Kriegsgegnerschaft ist moralisch ebenso steril wie die Kriegsbegeisterung" (T 272). Denn: „Die Pazifisten sind schlechte Gegner des Militarismus, weil sie Defaitisten sind. Sie müssen ihn erst verstehen." (T 859)

[69] Soldaten-Zeitung, 2. Jahrgang, Nr. 38, 25. Februar 1917, S. 10.

[70] ebda., S. 13.

[71] s. „Aus der Geschichte eines Regiments", in: Literarische Beilage zur Tiroler Soldaten-Zeitung Nr. 194—196, 26. Juli 1916, S. 2 f. Der Artikel ist nicht signiert, aber anhand wörtlicher Zitate aus Musils Kriegstagebüchern einwandfrei identifizierbar.

[72] s. dazu die beiden Artikel, die in LWW, S. 265—272, abgedruckt sind. Nur sie sind wohl im Augenblick allgemein zugänglich.

[73] s. Kurt Hiller, Leben gegen die Zeit, S. 122—127.

[74] Eine erste Reinschrift zu diesem Brief ist auch in Musils Nachlaß erhalten.

[74a] Z. B. Robert Müller, Rudolf Kayser, Otto Ernst Hesse, Rudolf Olden, s. LWW S. 234 f.

[74b] Stellvertretend sei hier Kurt Pinthus zitiert, der im „8-Uhr-Abendblatt" vom 4. April 1929 schrieb: „Ein Dichter wurde hier öffentlich geschunden und gefoltert, in einer aufgeklärten Zeit, an deren Aufklärung gerade dieser Dichter eifrigst gearbeitet hat" (nach LWW, S. 235).

[75] Berliner Tageblatt, Morgen-Ausgabe, Jg. 58, Nr. 158, 4. April 1929.

[76] Berliner Tageblatt, Abend-Ausgabe, Jg. 58, Nr. 159, 4. April 1929.

[77] Aus einem Brief Otto Nebelthaus vom Münchener Schauspielhaus (damalige Leitung: Hermine Körner) an Franz Blei (damals am Theater am Kurfürstendamm), datiert auf den 14. II. 1923, geht hervor, „daß Direktor Robert das Stück für die Tribüne angenommen" hatte und daß sich auch das Münchener Schauspielhaus um die Uraufführung bemühte. Nach Musils Brief an Kerr vom 8. XII. 1923 wollte Berthold Viertel mit seiner Truppe das Stück ebenfalls aufführen. (In Briefen an Allesch vom 1. Juni 1921 und vom 15. Juli 1921 werden Jessner und Kortner erwähnt, s. LWW, S. 283 und 285.)

[78] T 811, 207.

[79] T 466.

[80] So fordert z. B. Nebelthau, „daß von den 164 Schreibmaschinenseiten (des Bühnenmanuskripts) mindestens 60 herausgestrichen werden müssen" (l. c.). — Das Inspizierbuch der Berliner Aufführung hat sich in Musils Nachlaß vorgefunden. Die Kürzungen darin dürften bei einem Drittel oder etwas darüber liegen.

[81] Um 1940 setzte sich Musil in Gedanken über diese Gefahr hinweg und meinte, für Rudolf Forster, den Darsteller des „Vinzenz", hätte das Stück um ein Drittel kürzer sein können, für ein Ensemble, das er liebte (z. B. das Stanislawskis) um die Hälfte (T 487)!

[82] Karl Kraus, Nachts. München 1968, S. 30.

[83] T 465 f.

[84] s. T 465.

[85] PD 326.

[86] Béla Balazs, Grenzen. In: Österreichische Rundschau, 1923, XIX. Jg., 4. Heft, S. 349.

[87] s. dazu demnächst einen Aufsatz von Elisabeth Albertsen mit dem Titel „Ea oder die Freundin bedeutender Männer".

[88] Brief an Erhard Buschbeck vom 7. 8. 1920. In: Erhard Buschbeck, Mimus Austriacus. Salzburg, S. 273.

[89] Berliner Tageblatt, Morgen-Ausgabe, Jg. 52, Nr. 560, 5. Dezember 1923.

[90] Berliner Tageblatt, Abend-Ausgabe, Jg. 52, Nr. 561, 5. Dezember 1923.

[91] Brief an Julius Levin vom 31. XII. 1923, der im Schiller-Nationalmuseum Marbach archiviert ist.

[92] T 270.

[93] T 132.

[94] Frank, geb. 31. X. 1876 in Wien, war vom 29. VI. 1925 bis 30. XI. 1932 österreichischer Gesandter in Berlin.

95 T 756.
96 T 756 f.
97 T 757.
98 In einem unveröffentlichten Briefkonzept an Rudolf Geck, den Feuilletonchef der „Frankfurter Zeitung" schrieb Musil am 31. 12. 1935, daß er einen Essay „in größere und kleinere Fragmente" zerlegen wolle, weil ihn „diese Form streng zusammengefügter Aphorismen gerade am meisten" beschäftige.
99 Literatur und Lüge, S. 186 f.
100 T 757.
101 Literatur und Lüge, S. 214 f.
102 T 761.
103 S. „Berliner Tageblatt", Nr. 50, 30. 1. 1928, S. 4.
104 „Die Literarische Welt", 4. Jhrg., 1928, Nr. 6.
105 Das bestritt Willy Haas; er bemerkte dazu: „Das druckfertige Manuskript Musils wurde so, wie es kam, gesetzt. Wörtlich buchstabentreu genau. Die Korrekturfahne wurde an den Autor gesendet. Sie kam zurück, mit Textänderungen. Aber zu spät —: Musil hatte in jenen Wochen allzuoft seine Adresse gewechselt, oder vielleicht die Korrektur zu lange liegengelassen; kurz: die Auflage war zum Teil bereits ausgedruckt, als die Korrektur kam. Der letzte Absatz erschien also so, wie ihn Musil im Manuskript geschrieben hatte: Wort für Wort, Silbe für Silbe, Buchstabe für Buchstabe — aber freilich ohne seine zu spät eingelangten Textkorrekturen.
Eine Verpflichtung, diese überhaupt zu bringen, bestand für uns nicht; denn wir legen jeder Korrekturfahne die ausdrückliche Erklärung bei, daß wir nachträgliche Textkorrekturen [...] grundsätzlich nicht auszuführen in der Lage sind." (ebda., S. 1)
111 T 765.
112 Alfred Kerr, Gesammelte Schriften in zwei Reihen. Zweite Reihe, Band II, „Du bist so schön!", Berlin 1920, S. 3—9.
113 Der Nekrolog wurde erstmals, bis auf den 1. Satz, von Walter Huder in „Sinn und Form", 18. Jhrg., 1966, S. 1276 veröffentlicht. Hier wurde jedoch nach der Fotokopie des Typoskripts zitiert. Umschreibungen für „ß" durch „ss" sowie der Umlaute wurden hier wie in den Briefen Musils rückgängig gemacht.

DREI BRIEFE MUSILS AN JOSEF NADLER
UND IHR HINTERGRUND

Annie Reniers

Die hier zum erstenmal veröffentlichten Briefe Musils stammen aus dem Nachlaß von Prof. Dr. Josef Nadler und gehören der Handschriftensammlung der Österreichischen National-bibliothek.[1]

Es liegen beinahe acht Jahre zwischen dem ersten und dem dritten Brief. Auch wenn man die Möglichkeit annimmt, daß es noch weitere Briefe geben oder gegeben haben könnte, so ergibt sich aus dem Inhalt der vorliegenden doch zur Genüge, daß der Briefwechsel zwischen Musil und Nadler kein reger gewesen sein kann.

Aus Musils Wunsch vom 2. März 1923, es möge „aus dieser ersten Berührung ein weiterer Austausch von Anregungen, wenigstens für mich" entstehen, scheint später nicht viel geworden zu sein. Musil drückt hier wiederholt seine Bewunderung aus, tut es jedoch in knapper Form und in allgemeinen, kaum auf konkrete Einzelheiten eingehenden Wendungen. Wohl zeigt er sich einerseits beeindruckt von einer im großen und ganzen anerkennenswerten Leistung einer angesehenen Autorität, andererseits aber behauptet er sich sozusagen als Nadlers wissenschaftlicher Gegner auf einer niedrigeren, weniger gültigen Ebene, und seine Bescheidenheit hat hier etwas von intellektueller Distanz und von dem typisch Musilschen eigensinnigen Ansichhalten. Er läßt sich nicht eigentlich in eine Diskussion ein, was aus dem letzten Absatz des zweiten Briefes besonders deutlich hervorgeht. Natürlich ist es auch durchaus denkbar, daß er diese Diskussion nur bis auf einen Zeitpunkt hinauszuschieben wünscht, wo er seinem Korrespondenten in der Gestalt eines eigenen, hier schon angekündigten, Essaybandes seine Ansichten über die beide Autoren interessierenden kulturellen Fragen wird erklärt haben.

Aus dem letzten Brief geht hervor, daß 1931 eine persönliche Begegnung zwischen Musil und Nadler noch nicht stattgefunden hatte. Sie hat übrigens, so wie Musils Radiolesung in Königsberg, nie stattgefunden.[2]

I.

[Auf dem Kuvert:]

Herrn Professor Dr. Josef Nadler.
Düdingen bei Freiburg.
Schweiz.

Wien III. Rasumofskygasse 20.   Berlin, 2. März 1923.

Sehr geehrter Herr!

Ihr schönes Buch, mit der Widmung, die mich überaus freute,
ist mir sehr verspätet und auf Umwegen zugekommen. Ich
danke Ihnen herzlich und bin stolz auf Ihre Bekanntschaft. Ich
hoffe, es schadet ihr nicht, daß ich einen kleinen Band Aufsätze
veröffentlichen und im Sommer oder Herbst Ihnen schicken
werde, worin ich zu der Frage der Nation, des Blutes, der Kul-
tureinheiten einen Standpunkt gewählt habe, der Ihrem in gewissem Sinne entgegengesetzt ist, nämlich den mir bestimmten
eines Menschen, der die reale Geltung dieser Begriffe lieber
leugnet als anerkennt. Ich will mit dem Worte „lieber" sagen,
daß ich die Einseitigkeit meiner Grundsätze wohl kenne, und
hoffe, daß Ihnen meine Arbeit trotz dieses Gegensatzes den
Eindruck machen wird, daß er mich nicht hindert, die meister-
hafte Synthese der Ihren zu bewundern. Denn ich würde mich
ungemein freuen, wenn aus dieser ersten Berührung ein weiterer
Austausch von Anregungen, wenigstens für mich, entstünde.

    Ihr aufrichtig ergebener

                                        Robert Musil.

II.

Brief und Kuvert haben einen schwarzen Trauerrand. Musils
Vater war genau zwei Monate früher, am 1 .10. 1924, in seiner
Wohnung in Brünn gestorben. Der Brief ist nicht von Robert
Musil eigenhändig geschrieben, sondern offenbar von seiner
Frau, und von ihm selber nur unterzeichnet und an zwei un-
bedeutenden Stellen verbessert. Stil, Interpunktion und sogar
Rechtschreibung (z. B. „Törles" oder „Berl.[iner] Börsencou-
rir") sind in auffallender Weise vernachlässigt. Daran wurde
für den Druck nichts geändert; es wurde vielmehr vorgezogen,
den Brief so wiederzugeben, wie ihn Musil abgeschickt hat.

[Auf dem Kuvert:]
Herrn Professor Dr. Josef Nadler.
Düdingen bei Freiburg
(Schweiz).
[Abs.] Dr. Robert Musil
Rasumofskygasse 20.
Wien III.

z. Z. Brünn 1. XII. 24.

Sehr geehrter Herr Professor,

Ich war verreist, als ich Ihren Brief erhielt und[3] von einem kleinen Augenübel befangen, das mich noch jetzt hindert selbst zu schreiben, womit ich Sie die Verspätung dieser Antwort zu entschuldigen bitte.

Mein Bildungsgang führte durch militärische Erziehung, technisches Studium, kurze Ingenieurstätigkeit, abermals zu einem Wechsel, wo ich die Gymnasialfächer nachholte und Philosophie studierte. In der Hauptsache Logik, Erkenntnistheorie, Psychologie; obgleich meine Neigung der Ethik galt. Bevor ich das Doktorat machte, veröffentlichte ich die „Verwirrungen des Zöglings Törleß". Der Erfolg des Buchs trug leider dazu bei, daß ich mich mit meinem Lehrer Stumpf in Berlin verzankte und darüber indigniert auch eine Einladung Meinong's ablehnte, als Assistent nach Graz zu kommen und mich dort zu habilitieren. Einen gewissen Einfluß auf meine Bildung übte später noch die Mannigfaltigkeit der Stellungen aus, zu deren Annahme mich äußere Umstände verpflichteten. Ich war Bibliothekar, Redakteur der „Neuen Rundschau", höherer Beamter der Bundesministerien des Äußeren und für Heereswesen in Wien, Theaterkritiker, zwischendurch kriegsüber im Felde.

Mein Vater war Ingenieur und durch lange Jahre Professor an der technischen Hochschule in Brünn; geboren im Banat, geformt in Graz, wenn auch ziemlich weit in der Welt gewesen. Meine Mutter war Linzerin. Ich selbst hatte die entscheidenden Kindheitseindrücke in Steyr. Ein Großvater war davongegangener Bauernsohn, Arzt und später Gutsbesitzer. Der andere Ingenieur und Direktor der Linz Budweiser Eisenbahn. Die weitere aszendente Verwandtschaft besteht zu drei Vierteilen aus Beamten- Offiziers- und Gelehrtenfamilien deutsch-böhmischer Herkunft, (ausgenommen[4] ein Urgroßelter vermutlich elsässischer Herkunft) zum restlichen Viertel aus einer Jahrhunderte alten mährisch tschechischen Bauernfamilie. (Unmittelbar aus dieser mein bekannter Großvetter Alois Musil.)

Entscheidende geistige Einflüsse empfing ich mit ungefähr

neunzehn Jahren durch Nietzsche, Dostojewsky's Raskolnikow, Doppelgänger und Hahnrei[5], Emerson's Essays, die Fragmente von Novalis und den eklektischen Vermittler Maeterlinck. Starke Eindrücke wenig später durch Rilke. Flaubert, Stendhal, Tolstoi, Balzac und Shaw lernte ich erst viel später kennen. (Daß ich je von Shaw, oder gar Wedekind, Kaiser, Sternheim beeinflußt worden sei, konnten vom „Vinzenz" nur solche Kritiker behaupten, welche von meinen übrigen Büchern keine Ahnung haben.) Ich erinnere mich also an keine entscheidende Eindrücke als die anfangs genannten, wenn auch natürlich, wie bei jedem Menschen besonders in der Jugend ein großer Beitrag guter und schlechter Zeiteinflüsse bestanden haben wird.

Zeitschriften an denen ich öfters mitgearbeitet habe sind Der lose Vogel, Die Neue Rundschau, Die weißen Blätter und Der Neue Merkur; in einem andren als dem gelegentlichen Besuchsverhältnis stand ich aber zu keiner, mit Ausnahme der aus verschiedenen Gründen verunglückten Rundschauepisode.

Meine erste Arbeit (abgesehen von Kindheitsproduktionen) war der „Törles", der zuerst im Wiener Verlag erschien. Dann folgten die „Vereinigungen", „Die Schwärmer", „Drei Frauen", gleichzeitig damit der Scherz: „Vinzenz".

Die Frage wo sich Kritiken über mich finden, die ich für zutreffend halte, fällt mir schwer zu beantworten, weil von dem was ich will, bisher eigentlich nur ein Teil verstanden worden ist. Schöne, an sich wertvolle Besprechungen sind erschienen von Oskar Maurus Fontana im Berl. Börsencourir, (Wenn es Sie interessiert, kann ich Ihnen die Nummer noch angeben, sobald ich in Wien bin), Bela Balázs in der Österr. Rundschau April 1923 (19. Jhrg. 4. Heft), Otto Ernst Hesse in der „Schönen Literatur" (Verlag Avenarius, Leipzig. 24. Jhrg. Nr. 5 vom 3. III. 1923)

Ein Satz von Balazs trifft nahe: „. . . . diese Seele, welche Musil uns bewußt macht, bedeutet die absolute Einsamkeit des Menschen. Aber der Kampf der Seele um ihre isolierte Einseitigkeit ist eigentlich nichts anderes, als ihre Empörung gegen die falschen zwischenmenschlichen Vereinigungen unserer Gesellschaft."

Vielen Dank für Ihre der Frage angeschlossenen Mitteilungen. Wenn Sie den Eindruck haben, daß ich auch nur an eines der Mißverständnisse Ihrer Person gestreift sei, die Sie erwähnen, will ich jedes Wort, daß ich geschrieben habe, einzeln verdammen.

Mit dem Ausdruck größter Wertschätzung Ihr sehr ergebener

Robert Musil.

III.

[Auf dem Kuvert:]

Herrn Universitäts Professor Dr. Josef
Nadler.
Königsberg i/Preußen.
Cäcilienallee 11.

[Abs.] Musil, Wien III. Rasumofskygasse 20.

Wien, am 14. Jänner 1931.

Sehr verehrter Herr Professor!

Ihre freundlichen Worte haben mich sehr glücklich gemacht.
Leider ist das Buch ohne die persönliche Widmung, die ich
hineinschreiben wollte, in Ihre Hände gekommen und war versehentlich schon abgeschickt, als ich in Berlin eintraf, obwohl
ich den Verlag gebeten hatte, auf mich zu warten. Ich werde
mich freuen, das beim Zweiten Teil nachzuholen, nur werde
ich mich dazu leider in Geduld fassen müssen, denn ich muß
diesen Band noch einmal umarbeiten, da er schon fertig gewesen ist, ehe der erste entstand. So könnte es sein, daß ich vorher nach Königsberg komme, weil man mich einladen will,
dort im Radio zu lesen, und ich würde es sehr begrüßen, bei
dieser Gelegenheit Ihre persönliche Bekanntschaft machen zu
dürfen.

Ihr hochachtungsvoll ergebener

Robert Musil.

*

*　*

Musils Reaktion auf das von ihm empfangene Werk Nadlers
ist, wie gesagt, so allgemein gehalten, daß sie nicht genügt, das
Buch mit Sicherheit zu identifizieren. Es kann sich entweder um
Nadlers „Berliner Romantik" oder um seine „Literaturgeschichte der deutschen Stämme und Landschaften" handeln.
„Die Berliner Romantik 1800—1814. Ein Beitrag zur gemein-
völkischen Frage: Renaissance, Romantik, Restauration" war
allerdings schon 1921 erschienen, während gerade im Jahre
1923 die zweite Auflage der ersten drei Bände der Literaturgeschichte herauskam. Professor Fontana bestätigte mir, daß es
sich im Brief vom 2. März 1923 tatsächlich um die „Literaturgeschichte der deutschen Stämme und Landschaften" handelt,
in ihrer ersten Fassung, die durch die Würdigung der österreichischen Leistung und die Entdeckung der Wichtigkeit der
Barockdichtung für das Theater von Dichtern wie Hofmannsthal und auch Musil sehr begrüßt wurde. Anfänglich soll Musil
an Nadlers Werk „die Erschließung von Zusammenhängen, die

das Österreichische in ein neues Blickfeld rückten", geschätzt haben. Er beriet sich damals, zur Zeit seiner Tätigkeit als Theaterkritiker der Prager Presse, oft mit seinem Freund und Kollegen Fontana über Fragen des Theaters, und soll mit ihm auch viel über Nadlers Werk gesprochen haben, und zwar besonders bei einem gemeinsamen Besuch der von Nadler stark inspirierten Theaterausstellung der Österreichischen Nationalbibliothek im Jahre 1922. Musils Besprechung dieser Ausstellung (erschienen in der Prager Presse vom 10. Juni 1922)[6] enthält jedoch in ihrem Schlußpassus Sätze, die, wenn man den hier aufgedeckten Hintergrund beachtet, unmittelbar in die geistige Auseinandersetzung Musils mit Josef Nadler gehören: er äußert sich mit deutlicher Zurückhaltung, ja Ablehnung, über das Barocktheater, das sich seinen Möglichkeiten nicht gewachsen gezeigt habe und sich in Wien „zu Hanswurst und Staberl, zu Nestroy und Raimund verformt" habe: „Die Bemühungen, uns das Barocktheater, wie es tatsächlich war, als die letzte große Zeit des Theaters aufzureden, sind töricht. Vom Lebensquell des dichterischen Worts sich trennend, war es trotz einer gewissen Scheinblüte des Darstellerischen von Geburt an ein Petrefakt und ist daher auch heute so recht die Wonne mineralischer, wenn auch feingeschliffener Gemüter."

Außerdem stand Musil verständlicherweise, — er sagt es auch offen in dem Brief — „von allem Anfang an Nadlers Gliederung der deutschen Literatur in ein ‚stammhaftes Gefüge', wie er sich später ausdrückte, mit großer Skepsis, ja Ablehnung gegenüber", erinnert sich Professor Fontana.

Bezüglich des von Musil angekündigten Essaybandes führt die notwendige Erläuterung zu einigen überraschenden Feststellungen, die einen faszinierenden Einblick in seine Schöpfungsmethode ermöglichen. Denn der scheinbar unschuldige und sachliche Satz über das Buch, das er Nadler in ein paar Monaten schicken wolle, ist geradezu beispielhaft; es ließe sich dafür manche Analogie im übrigen Briefwechsel Musils auffinden, und zwar vor allem in Zusammenhang mit der Entstehungsgeschichte des Romans „Der Mann ohne Eigenschaften". 1923 nämlich arbeitete Musil gerade an Entwürfen zu einem Essay, dessen am weitesten ausgeführte Fassung vor kurzem unter dem Titel „Der deutsche Mensch als Symptom" veröffentlicht wurde.[7] Andere Entwürfe zu diesem Essay, sowie Gedanken zu dem im Brief an Nadler erwähnten Sammelband sind in seinen Notizheften 25 und 26 enthalten. Es war Musils Absicht, seine seit einem Jahrzehnt in verschiedenen Zeitschriften gesondert erschienenen Aufsätze zu sammeln, denn er empfand sie richtig als Bruchstücke eines möglichen Ganzen.[8] Er gestand sich ein, daß er nicht imstande sei, „eine Philosophie daraus zu machen",[9] aber sogar die „andre Möglichkeit: Essays lassen wie sie sind und kommentieren"[10] bereitete ihm schon solche argen Schwierigkeiten, daß schließlich aus dem Buchplan nichts werden sollte. Eine Tagebuchnotiz aus dieser Zeit ist in dieser Hinsicht symptomatisch: Musil äußert den Wunsch, seine Essays unter dem charakteristischen Titel „Umwege" herauszugeben, formuliert aber gleich darauf seine Haupteinwände dagegen: „Die veröffentlichten Aufsätze haben zufällige Anlässe, deshalb auch zufällige Form. Sie zu sammeln widerstrebt mir. Die Gedanken, die sie aussprechen, sind oft besser in den vorangegangenen Entwürfen. Um diese Gedanken ist es mir zu tun. Ich kann sie aus verschiedenen Gründen nicht ausführen [. . .]."[11] Diese Einsicht und die typische, ungemein tief verwurzelte Angst Musils vor der Gefahr der Erstarrung des Gedankens in der fertigen Form finden sich wieder in den mehrmals erneuten und leicht variierten Anläufen zu einer umfassenden Einleitung, die er in den Heften 25 und 26 nimmt. Die Einleitung zu dem Sammelband, der hier den Titel „Versuche einen andren Menschen zu finden" oder „Der deutsche Mensch als Symptom" führen soll,[12] ist zunächst ein Hinweis auf den zwischen Subjektivität und Objektivität schwebenden Standpunkt des Autors und gleichfalls der Versuch einer Einstellung des Lesers in die richtige Optik dem Problemkomplex gegenüber. Sie führt zu einer Distanzierung von den früheren Ansichten, zu ihrer Relativierung und Richtigstellung, will unterstreichen, Akzente setzen, und verwandelt sich auf diese Weise zu einem Entwurf für einen neuen Essay, der das Wesentliche des totalen Gehaltes noch einmal in neuer Anordnung und in ergänzter Gestalt hervorheben soll. So erhält schließlich dieser neue Aufsatz den Hauptakzent: gerade weil er unfertig ist, konzentriert er auf sich die Hoffnung des Autors, den vorläufig letzten Stand seiner Reflexionen in einer der Gesamtintention möglichst genau entsprechenden Form wiedergeben zu können; und statt daß er erläuternde Ergänzung der älteren Aufsätze bliebe, heißt es jetzt im Plan: „Der letzte Aufsatz ergänzt durch die übrigen!"[13] Kein Wunder, daß dann der Plan — sowohl damals als auch bei wiederholten späteren Versuchen — scheiterte.

Auch für das grundsätzlich ähnliche Problem des unvollendeten „Mann ohne Eigenschaften" ist der aufgedeckte Hintergrund der harmlosen Ankündigung eines Büchleins an einen fast unbekannten Korrespondenten erhellend; zumal da der

Zusammenhang zwischen dem besprochenen Buchplan und dem späteren Roman enger ist, als man zunächst vermuten könnte. Es dürfte sich in diesem Brief um den letzten und vielleicht einzigen Versuch Musils handeln, sich durch die offiziöse Mitteilung seiner Absicht und seine Bindung an eine bestimmte Zeitfrist zur Durchführung einer Aufgabe zu zwingen, mit der er zum Teil selbst nicht einverstanden ist. Musils Problem war ein Problem der Gestaltung. Der Vergleich des Entwurfes „Der deutsche Mensch als Symptom" mit dem Roman „Der Mann ohne Eigenschaften" zeigt, in welcher Richtung er dieses Problem zu lösen versuchte: das Scheitern seines Plans einer philosophischen Synthese in e s s a y i s t i s c h e r F o r m begünstigte die weitere Verquickung von Musils gedanklichen Gebilden mit den ihn beschäftigenden epischen Motiven und führte zum utopisch angelegten Experiment einer a l l e s umfassenden e p i s c h e n G e s t a l t.

Im unvollendeten Roman ist das Weltbild und Menschenbild aus dem Aufsatzentwurf zu erkennen. Auch die Hauptgedanken und grundlegende Begriffe wie z. B. „Gewalt" oder „anderer Zustand", die Gliederung und Ausführung mancher Gedanken sind vom Essay in den Roman übergegangen.[14]

Auch der dritte Brief an Nadler, kurz nach Erscheinen des ersten Bandes des „Mann ohne Eigenschaften" geschrieben, zeugt von der Ähnlichkeit in der Methode und dem Schöpfungsprozeß bei der Entstehung von beiden Werken, Essayband und Roman; er erleichtert das Verständnis der Tatsache, daß keines von beiden je zu Ende geführt werden konnte, trotz leidenschaftlicher Anteilnahme, außerordentlichem Verantwortungsbewußtsein und Fleiß auf seiten des Autors, trotz der Fülle des Materials, der großen Zahl weit gediehener Entwürfe und dem Vollendungsgrad mancher Teile. Musils Behauptung, der „Zweite Teil" des Romans sei „schon fertig gewesen [...], ehe der erste entstand" stimmt genau in folgender Hinsicht: bekanntlich hätte die Romanhandlung ursprünglich ungefähr dort einsetzen sollen, wo jetzt der zweite Band einsetzt. Der erste Band hat sich also gleichsam als eine im Lauf der Jahre immer umfassender werdende Einleitung oder theoretische Voraussetzung zum Zweiten Teil entwickelt, auf daß die ethischen Probleme, um die es Musil zu tun war,[15] auf einer möglichst breiten und festen Grundlage auf endgültige und richtige Weise gestellt und behandelt werden könnten. Der sogar noch während der Reinschrift (1929/30) weitgehend umgearbeitete erste Band mußte daher den Zweiten Teil selbstverständlich als überholt erscheinen lassen.

Der überaus interessante zweite Brief, offenbar eine Antwort auf Fragen, die Nadler für seine literarhistorischen Zwecke an den Schriftsteller Musil gerichtet hatte, spricht für sich. Manches in diesen Angaben ist längst bekannt, manches andere ist eine willkommene Bestätigung von Vermutungen oder erhält einen besonderen Wert dadurch, daß es nicht nur eine Tatsache über Werdegang, Werk oder geistige Situation, sondern außerdem Musils eigene Ansicht darüber vermittelt.

Neu ist das Anführen des Erfolges der „Verwirrungen des Zöglings Törleß" als Grund dafür, daß der Philosophiestudent sich mit seinem Professor Carl Stumpf „verzankte", sowie die Mitteilung, daß ihm die Möglichkeit, sich zu habilitieren, von dem Grazer Professor und bekannten Philosophen Alexius Meinong, dem Begründer der Gegenstandstheorie, geboten worden sei. In Hinsicht auf Musils dichterische Intentionen und auf sein Gefühl der literarischen Vereinsamung ist die Antwort auf die Frage nach eventuell zutreffenden Würdigungen seines Werkes aufschlußreich. Wichtig ist sein Hinweis auf die tatsächlich tiefsinnige Interpretation von Béla Balázs und sein Hervorheben jener Sätze aus dem Schlußabsatz, deren richtiger Text lautet: „diese Seele, die Musil beschreibt, diese unter der Muschel des Lebens unnahbar fremdkauernde Seele, welche Musil in uns bewußt macht, bedeutet die a b s o l u t e E i n s a m k e i t d e s M e n s c h e n. Aber der Kampf der Seele um ihre isolierte Einseitigkeit ist eigentlich nichts anderes als ihre Empörung gegen die falschen und verlogenen zwischenmenschlichen Vereinigungen unserer heutigen Gesellschaft." Diese Andeutung des Dichters, daß die Problematik der menschlichen Seele in ihrem Spannungsverhältnis zur modernen sozialen Wirklichkeit das zentrale Thema seines Werkes sei, ist zweifellos ein wertvoller Fingerzeig an die Kritiker. Leider scheint sie von Nadler kaum als solcher beachtet worden zu sein.[16]

---

[1] Autogr. 400/43 — 1 bis 3. Mein Dank gilt der Leitung der Handschriftensammlung für die freundliche Bewilligung zur Veröffentlichung dieser Briefe.

[2] Diese Gewißheit verdanke ich dem inzwischen verstorbenen Freund Musils, Herrn Professor Oskar Maurus Fontana, dem ich für seine freundlichen und aufschlußreichen brieflichen Mitteilungen über Robert Musils Beurteilung von Josef Nadler zu großem Dank verpflichtet bin. Wie nach dem Ton von Musils Brief zu vermuten ist, wurde, so meinte Professor Fontana, die persönliche Bekanntschaft von ihm damals kaum noch angestrebt, da die Standpunkte der beiden sich zu sehr voneinander entfernt hätten. Musil habe in der Entwicklung Nadlers, der mehr und mehr dem nationalen Standpunkt verfiel, „einen Beweis mehr für die Anfälligkeit der Gelehrten gegenüber politischen Ideologien" gesehen.

[3] „wurde": von Musil eigenhändig getilgt.

[4] „darunter" ist von Musil durch „ausgenommen" ersetzt, die Klammern sind wahrscheinlich von ihm hinzugefügt worden.

[5] „Der Hahnrei": erster Titel der deutschen Übersetzung (Berlin 1888) von ‚Wjetschnyi musch'. 2. Auflage 1889 u. d. Titel „Der Gatte". Ab 1902: „Der ewige Gatte".

[6] Siehe Robert Musil, Theater. Kritisches und Theoretisches. Hrsg. von M.-L. Roth, (rororo Nr. 182/83), Reinbek bei Hamburg 1965, S. 108 f.

[7] Robert Musil, Der deutsche Mensch als Symptom. Aus dem Nachlaß herausgegeben von der Vereinigung Robert-Musil-Archiv Klagenfurt. Textbearbeitung: Karl Corino und Elisabeth Albertsen unter Mitwirkung von Karl Dinklage, Reinbek bei Hamburg, 1967.

[8] Dazu berichtete Professor Fontana: „Über den Essayband, den Musil damals plante, sprach er mit mir auch sehr konkret. Er wollte ihm eine zentrale Stellung in seinem Werk geben, gleichwertig mit den ‚Schwärmern'..." — Das Werk war „möglicherweise auch auf zwei Bände geplant".

[9] Robert Musil, Tagebücher, Aphorismen, Essays und Reden, hrsg. v. Adolf Frisé, Hamburg 1955, S. 286.

[10] Ebenda, S. 288.

[11] Ebenda, S. 260.

[12] Ebenda, S. 277 und 286.

[13] Ebenda, S. 286.

[14] Vgl. z. B. Der deutsche Mensch als Symptom, a. a. O., vor allem S. 22 f., mit Der Mann ohne Eigenschaften, Hamburg 1952, S. 370 (Ulrichs Reflexionen über Weltgeschichte); oder Der deutsche Mensch als Symptom, S. 44 f., mit Der Mann ohne Eigenschaften, S. 1542 f. (Leo Fischels Reflexionen über Geld als geordnete Selbstsucht), usw.

[15] Vgl. im zweiten Absatz des zweiten Briefes an Nadler Musils Betonung seines frühen, bis in die Berliner Studienzeit zurückgehenden Interesses für das Ethische.

[16] Vgl. Josef Nadlers Würdigungen von Musils Werk und Bedeutung in:
1) Literaturgeschichte Österreichs, Salzburg, 2. erweiterte Auflage 1951, S. 491 f.
2) Geschichte der deutschen Literatur, Wien 1951, S. 873. In einer früheren Auflage dieses Werkes, damals noch unter dem Titel Literaturgeschichte der deutschen Stämme und Landschaften, wird Musil noch gar nicht besprochen. (3. Auflage, Regensburg 1932, IV. Bd., Der deutsche Staat — 1814—1914.)
3) ‚Der Mann ohne Eigenschaften' oder der Essayist Robert Musil, Wort und Wahrheit, 5, 1950, S. 688—697.

FRÜHER BRIEFWECHSEL — ERSTE KRITISCHE
VERSUCHE — STICHWORTE ZUR BIOGRAPHIE

Adolf Frisé

Von Robert Musils erstem Brief an mich, „im Jänner 1931",
hier erstmals veröffentlicht, habe ich lediglich eine Abschrift.
Auch zwei weitere Briefe, die Antwort auf meinen Dank (vor
meinem Besuch bei Musil im Sommer 1931 in dessen Berliner
Pension) und die auf einige Fragen, gegen Ende 1934, nach
seiner familiären Situation sind während des Krieges 1939—45
oder alsbald danach verlorengegangen; von ihnen habe ich
keine Abschriften. Ich entsinne mich, der dritte Brief war
zehn, zwölf Zeilen lang; Musil gab darin zu dem, wonach ich
ihn, mit dem Hinweis auf den vorgesehenen Aufsatz für die
Monatsschrift „Die Tat" („Robert Musil oder vom Grenzschicksal der Kunst"), gefragt hatte, exakt, sachlich Auskunft:
die Information übernahm ich, wenn ich mich richtig erinnere,
zum Teil wörtlich („mit drei Vierteln seiner Abstammung
Deutschböhme, mit einem Viertel Tscheche" oder „in der
alpendeutschen Kleinstadt Steyr").
Der unmittelbare Kontakt mit Musil würde kaum ganz verständlich ohne meinen Brief vom 3. Januar 1931; die (nicht
vollständige, hier überdies geringfügig gekürzte) Abschrift hob
ich zusammen mit der von Musils erster Reaktion auf. Ich
schrieb ihn, Germanistik- und Philosophiestudent im vierten
Semester, in Berlin; Band I des „Mann ohne Eigenschaften", knapp vor Weihnachten 1930 auf den Buchmarkt gekommen, war das erste, was ich von Musil las, auf die Begegnung
mit diesem Roman und seinem Autor nicht im mindesten vorbereitet. Einiges aus der Korrespondenz vom Januar 1931 flocht
ich im Dezember des gleichen Jahres in den ersten kritischen
Versuch (in der Berliner Tageszeitung „Germania") ein: die
von Musil akzeptierte Metapher von der „Verabschiedung der
Vollcharaktere" und einen an einer Stelle (statt „mit ihnen",
d. h. den „nirgends zur Synthese gelangten Zeitelementen":
„mit den Gegebenheiten") eigenwillig modifizierten Satz aus
Musils erster Antwort. Der zweite kritische Versuch, in der katholischen Monatsschrift „Der Gral", Juni 1933, könnte, nach
einigen Formulierungen, bereits auf eine gewisse vorsichtige
Defensivtaktik schließen lassen. Sie ist, da und dort, unverkenn-

bar in dem im April 1935 erschienenen dritten kritischen Versuch, den hierzulande seinerzeit wohl nur noch ein Redakteur wie Ernst Wilhelm Eschmann, Mitherausgeber der „Tat", möglich zu machen bereit war. Die Spannung, aus der heraus die mehr aufs Allgemeine („vom Grenzschicksal der Kunst") gehenden einleitenden Absätze geschrieben wurden, die auch zu manchem Dithyrambus später verführte, teilt sich heute womöglich (wahrscheinlich) nicht mehr mit.

Die hier abschließenden „Stichworte" („Fragen nach Robert Musil"), im November 1959 in der „Frankfurter Allgemeinen Zeitung" veröffentlicht, ergaben sich bei der Suche nach Material für eine Monographie Musils; den Plan dazu hatte ich fallengelassen. Zwei der frühen Freunde, die ich noch nach Musil hatte fragen können, sind inzwischen gestorben: Gustav Donath und Johannes von Allesch; desgleichen die späteren Weggefährten Franz Theodor Csokor, Oskar Maurus Fontana, Franz und Valerie Zeis, auch die Schriftsteller Rudolf Brunngraber, Georg Saiko, zwei bemerkenswerte Beobachter Musils in Wien, sowie der für Musil zeitweilig Figur gewesene Verleger Eugen Claassen.

An Robert Musil

Berlin am 3. Januar 1931

Sehr verehrter Herr Doktor Musil,

verzeihen Sie bitte die aufdringliche Anonymität eines Zwanzigjährigen, der nach der Lektüre Ihres kürzlich erschienenen Romans „Der Mann ohne Eigenschaften" soviel hin und her gedacht hat, daß er schließlich [...] sich an den Autor, also an Sie, verehrter Herr Doktor, zu wenden entschloß.

Es wird mir nicht gelingen, eine Kardinalfrage zu formulieren, weshalb ich Sie um die Erlaubnis bitte, in aller Distanz mich zu Ihrem Werk äußern zu dürfen?!

Gewiß, ein Mann ohne Eigenschaften ist zu akzeptieren, er will nicht um- und bedeutet sein, er schleicht durch die Handlung, ohne anzupacken, ohne heldenhaft aktiv zu sein. Und doch hat er mich sehr beschäftigt, weil ich in ihm einen Typ erkannte, der heute, sofern er nur erst in Einzelexemplaren da ist, werden muß, ja schon im Keim tausendfach entstehend ist. Das Wort „Typ" gebrauche ich sicherlich nicht leichtfertig als die billige Festlegung einer Milieufigur oder eines Ideenvertreters, es soll mir nur die Wiederholung des Titels ersparen. Ich weiß von mir (ohne eine Ähnlichkeit mit Ihrem Ulrich auch nur entfernt anzunehmen!) und aus Beobachtungen an anderen, meist älteren Menschen als ich, daß der Geist, aus der sogenannten Weisheitssole dringend, sich ausdehnt über jede gefühlige oder seelische Regung, sie nicht allein erkältet, sondern in sich einkapselt, ein Vorgang, der selbst die Skepsis überflügelt und im Extrem (wie bei Ihrem Ulrich) eine schwebende, latent nie explodierende, aber auch nicht zergehende Situation herstellt. Sie sagten es selbst in Ihrem Roman oder lassen es zumindest durchblicken, daß Skepsis, normiertes Phänomen um 1900, nagende, analysierende Passivität ist, daß ein Mann ohne Eigenschaften dagegen in aktiver Passivität wirkt, daß seine Aktivität, um voll charakteristisch zu sein, zu eigenschaftslos ist und seine Passivität schließlich zu aktiv, zu sehr ernst und wollend, um nur die Skepsis eines geistigen Menschen abzugeben.

Ich habe mich aufgestört gefragt, ob Ihre Art, mit Menschen zu agieren und Szenen liebevoll als Menschenspielerei ohne wirklichen Sinn abzutun, dem Heute entspricht?! Auch hoffe ich, Sie recht verstanden zu haben, wenn ich Folgendes feststelle: Die Personen, die sich ernstlich, gewissermaßen mit vollem Einsatz ihrer Kräfte, in Ihrem Roman um das Zustandekommen der „Weltnationalen Aktion" bemühen, kamen mir immerfort als eine respektvolle Verabschiedung des gewesenen Gesichts, der in jeder Dichtung erscheinenden Vollcharaktere vor, wogegen Ulrich, Antipode nicht als Charakter, sondern als geistig ruhende Existenz, sich trotz vieler handlungsmäßigen Verknüpfungen niemals zeugend, begründend oder Richtung gebend betätigt.

[— — —]

Ich will [. . .] gestehen, daß ich ausgesprochene Angst fühlte beim Lesen Ihres Buches in der noch nicht ganz überzeugten Erkenntnis, daß Gefühle, sentiment-bedingte Visionen ohne geistige Verkapselung unsinnig geworden sind, daß Sie, um es konkret zu benennen, den Schritt über die Verdrängung dichterischer Sentimentalitäten durch den Intellekt (siehe Thomas Mann, Jakob Wassermann als Beispiele) weiter gelenkt haben zur gesünderen Einschließung ins nur-Geistige.

[— — —]

Ich kann den Glauben an ein vor jeder Geistigkeit seiendes Elementares trotz vieler Zweifel nicht aufgeben, aus diesem Ungewißsein fand ich zu diesem Brief. Sie werden mir auch verzeihen, daß ich diese Zeilen auf ein Echo berechnet habe, und bitte Sie deshalb, sei es auch noch so kurz, um ein gütiges Eingehen auf meine Fragen, die gerade in der Bestätigung besonders stark vertreten sind.

Adolf Frisé

Musils Antwort

Wien, im Jänner 1931

Sehr geehrter Herr Frisé,

es tut mir leid, daß ich erst so verspätet auf Ihren Brief antworten kann, aber es war mir schneller bei bestem Willen nicht möglich. Und ich muß Ihnen auch gestehen, daß ich mich Ihren Fragen gegenüber nicht sicher fühle. z. B. was ist „sogenannte Weisheitssole"? Ich habe das Wort nie gehört und fürchte auch sonst, daß ich Ihnen nicht antworte, wenn ich etwa aufs Geratewohl das Folgende erwidere:

Der Sinn, in dem ich in dem Buche das Wort Geist gebrauche, besteht aus Verstand, Gefühl und ihrer gegenseitigen Durchdringung. (So war es in der Steinzeit und so wird es in der Zukunft sein.) Und das Problem oder wenigstens das Hauptproblem des Mannes o. E. besteht darin, daß die beständige Erneuerung dieser Trias heute Schwierigkeiten hat, die neu gelöst werden müssen. Es handelt sich dabei nicht um eine besondere und abweichende Beschaffenheit Ulrichs, sondern es ist ihm nur gegeben, mit seiner Person Allgemeines zu fühlen. Ein sehr gescheiter Kritiker hat darüber geschrieben: „Die intellektuelle Unentschiedenheit ist für ihn nur ein Provisorium, eine aufgeklärte Form der Ignoranz. Er ist antiskeptisch, wenn auch ohne den Besitz von Lösungen." — Nehmen Sie zu dieser „intellektuellen Unentschiedenheit" aus den gleichen Gründen noch eine des Gefühls hinzu; auch sie ist von außen gegeben.

Der Mann ohne Eigenschaften — das ist ein Mann, der möglichst viele der besten, aber nirgends zur Synthese gelangten Zeitelemente in sich vereint — kann sich also gar nicht einen Standpunkt wählen, er kann nur versuchen, mit ihnen ordentlich fertig zu werden.

Richtig ist, was Sie von den anderen Personen sagen, daß sie eine „Verabschiedung der Vollcharaktere" bedeuten. Sonderbar kommt mir dagegen vor, daß Sie Ulrich eine „geistig ruhende Existenz" zuschreiben, die „sich niemals zeugend, begründend oder Richtung gebend betätigt". Er tut eigentlich außer in seinen schwachen Augenblicken nie etwas anderes, als diese drei Tätigkeiten ausüben, die Sie ihm absprechen, und da weiß ich nun eben nicht, ob Ihnen nicht vielleicht, der Sie soviel jünger sind als ich, etwas als skeptischer Quietismus vorkommt, was für mich (wenn ich ein von mir selbst persifliertes Wort ausnahmsweise ernst gebrauchen darf) wahre Tätigkeit ist. Aber Sie werden im II. Teil auch sehen, daß seine Aktivität wenigstens zeitweilig ganz in der Richtung der „ruhenden Existenz" gehen wird, ja daß es ein Hauptproblem ist, wie man diese mit der Wanderschaft des Geistes und anderem vereinen könne, so daß wir vielleicht doch etwas Ähnliches meinen.

Und ich möchte zum Schluß noch einmal wiederholen, daß der Intellekt nicht der Feind des Gefühls ist, wie ich vielleicht einigen Ihrer Äußerungen entnehmen könnte, sondern der Bruder, wenn auch gewöhnlich der entfremdete. Der Begriff senti-mental im guten Sinn der Romantiker hat beide Bestandteile schon einmal in ihrer Vereinigung umfaßt.

Ich würde mich freuen, wenn diese, notgedrungen vom Ganzen gespaltenen, Mitteilungen etwas enthielten, das Ihren Fragen entgegenkommt, und bleibe mit besten Grüßen und Dank für Ihr Vertrauen

Ihr ergebener
Robert Musil

ROBERT MUSIL: „MANN OHNE EIGENSCHAFTEN"
1931

Erst seit einem Jahr ist der Wiener Romancier Robert Musil eine besondere literarische Erscheinung, sein großer Roman „Der Mann ohne Eigenschaften" [...] warf nicht allein auf die bisher erschienenen Erzählungen des Dichters einen ungeahnten Schatten, auch das bellende Heer der uniformen Zeitromane büßte mit einem Male seine Beachtung ein.

Musils Temperament geht nicht stille und symbolhafte Wege wie [das] Carossa[s] oder Beheim-Schwarzbach[s] [...], er verantwortet sich mit allen Konsequenzen dem Wechselbild der Zeit, den Falschmeldungen und Trugschlüssen des Tages, er erdenkt keine Charaktere, sondern nimmt das Gegebene, um mit ihn eine Szene zu bauen, die ganz das Dekorum des Augenblicks hat. Allerdings ist einzuwenden: die Vorgänge im Roman spielen [sich] im Jahre 1913 ab, in jenem Jahr, wo (nach Musil) höchste Kreise des verantwortlichen Wien, keinen Weltkrieg ahnend, auf Möglichkeiten sannen, wie man dem Regierungsjubiläum des Deutschen Kaisers mit dem einige Monate später gelegenen des österreichischen Monarchen zuvorkommen könne. Der Ehrgeiz der Wiener Aristokratie führte zu einer Großzügigkeit ohnegleichen, das ganze Jahr 1914 sollte zu einem Jubeljahr werden und die den Kern verschweigende Parole: „weltnationale Aktion" heißen. Die Bemühungen um dieses Ereignis, das hohle Pathos der Vorschlagenden und die blinde Geschäftigkeit der Animierten, bringen das Menschenmaterial, mit dem der Autor liebevolle, spöttische, burleske und tragische Farcen arrangiert. Musil entwurzelt mit einem Male zwei den Romanschriftstellern unentbehrliche Stützen: die Fabel um jeden Preis und die Gewichtigkeit der die Handlung tragenden Charaktere.

Er verabschiedete respektvoll die in jeder Erzählung üblichen Vollcharaktere, und das Band, das die Beziehungen ermöglicht, ist in Wahrheit ein höchst überflüssiger Orden ohne bewährte Legitimation. So allein scheint es dem Autor möglich, ein Unbedingtes sagen zu können über die Gesichter der modernen Zeit, nur so allein ist es ihm erlaubt, ein Vielfaches, ja fast Unerschöpfliches an kennzeichnenden Situationen und Kammerspielen auf die Bühne des Romans zu stellen.

Wer ist nun „der Mann ohne Eigenschaften?" Ulrich heißt er, und seine Verhältnisse sind die eines vermögenden Privatgelehrten, eines Mathematikers, also einem Beruf zugehörig, der, ganz aktiv im Dienste der Zeit, die Errungenschaften der Technik und Maschine vorbereitet und niemals im Verdacht steht, zeitfremd und abgewandt zu leben. So wenigstens trifft es auf Ulrich zu, den neben seinem Fachgebiet noch tausend Fragen der Kultur, Kunst und Lebensart interessieren. Musil antwortete einem unsicheren Leser seines Romans in einem Brief: „Ulrich, der Mann ohne Eigenschaften — das ist ein Mann, der möglichst viele der besten, aber nirgends zur Synthese gelangten Zeitelemente in sich vereint — kann sich gar nicht einen Standpunkt wählen, er kann nur versuchen, mit den Gegebenheiten fertig zu werden." Dieser Satz des Autors hat auch Bedeutung außerhalb des vorliegenden Romans, er sagt die Wahrheit über eine Unzahl hochqualifizierter Menschen, die heute und schon seit Jahren mit ihren Fähigkeiten einen Standpunkt zu behaupten bestrebt sind, aber ihre intellektuelle Aufgeklärtheit bedingt zugleich ihre Unentschiedenheit, ihre Scheu vor einer dogmatischen Lebensregel; sie haben tausend Fähigkeiten, aber keine Haltung, sie haben genugsam Anlagen zu einem Mann mit Eigenschaften, aber sie ignorieren die letzte Lösung und bleiben Männer o h n e Eigenschaften.

Musil vereinfacht diese These vom Menschen ohne Eigenschaften nicht, er stürzt seinen Ulrich in die gewagtesten Situationen, einmal handelt es sich um ein geistiges Duell, dann um körperliche Wehr[!], immer wieder wird der falsche Held der Handlung zur Aktivität herausgefordert, die meisten Gelegenheiten dazu bietet die „weltnationale Aktion", deren Hauptanwälte sich, jeder nach seiner Art, um Ulrichs Teilnahme und Stellungnahme bemühen. Aber Ulrichs Aktivität bleibt passiv, eigenschaftslos, er liebt die Beweglichkeit und Fühlungnahme, aber „nichts ist", wie ein Freund von ihm sagt, „für ihn fest. Alles ist verwandlungsfähig, Teil in einem Ganzen, in unzähligen Ganzen, die vermutlich zu einem Überganzen gehören, das er aber nicht im geringsten kennt."

Der aufrichtige Leser wird Musil recht geben, wenn dieser durch die Schwere seines Romans für seinen Ulrich Allgemein-gültigkeit beansprucht, die Charaktere mit Vorbehalt sind seit 1913 weit zahlreicher geworden, zudem setzt der Autor diesen Termin nur, um [sich] auch äußerlich zu distanzieren, um nicht identifiziert zu werden mit jenen Romanreportern, die am lieb-sten mit jeder Neuauflage ihres Buches auch die Daten im Text korrigieren würden, um nur ja nicht ihr Air als Zeitdichter zu verlieren. Großen Reiz hat der Roman an solchen Stellen, um nur auf Eines in der Fülle hinzuweisen, wo der Verfasser mit der zweiten Hälfte des vorigen Jahrhunderts abrechnet oder wo er zur Erläuterung Analysen heute geltender Symptome vornimmt.

Es wäre billig, festzustellen, Musils Sprache und Darstellung sei[en] ironisch, nur die Szene bestimmt die Ironie, und auch dann ist sie nur Ausdruck der Souveränität und nie der der Leichtfertigkeit. Ebenso unverantwortlich wäre die Charakteri-sierung des Ulrich, wenn man ihn skeptisch nennen wollte. Skepsis war normiertes Phänomen um 1900, Ulrich ist im Ge-genteil anti-skeptisch, wir bewiesen es vorhin, indem wir ihm Aktivität zuschrieben, nur fehlt ihm die Unbedingtheit des Ent-schlusses, um seinem Wunsche Gestalt zu geben.

Das Buch vom „Mann ohne Eigenschaften" ist eines der geistvollsten und aufhellendsten Romanwerke unserer Zeit und hat alle Eigenschaften, um ernsthaften Menschen, die um das Begreifen der Jetztzeit ringen, volle Einsicht zu verschaffen. Was diesen Roman außer durch seine unbezweifelbare Quali-tät von der Fülle der ähnlich tendierten Bücher unterscheiden müßte, wäre ein die Unentschiedenheit erlösendes Weiter; der Dichter kündigte dies schon an privater Stelle an, wir wären ihm dankbar, wenn er den zweiten Teil seines Werkes auf solche Bahn lenken würde.

(In: Germania, Berlin, 17. XII. 1931)

ROBERT MUSILS „DER MANN OHNE EIGENSCHAFTEN"
1933

Ein so in Geist, Darstellung und Hintergründigkeit der Fabel von sich selbst ferngerücktes und luzides Romanwerk wie „Der Mann ohne Eigenschaften" Robert Musils steht [im] vorhinein außerhalb der üblichen Schranken der Literatur. Es markiert eine wichtigste Stufe in der Entwicklung des großen deutschen Romans und wird selbst konträr gerichteter dichterischer Ge-sinnung den Respekt abfordern. Bisher liegen zwei Bände vor; der erste, vor gut zwei Jahren erschienen, gab dem Namen des damals gerade fünfzigjährigen Dichters die entscheidende Geltung, hinter der sich die geringe Zahl seiner früheren Erzählungen vergessen ließ. Soeben wird der umfangreiche zweite Band präsentiert, ein dritter, vielleicht wiederum kürzer, wird das Ende bringen, die mit reicher Geduld fortgeleiteten Fäden auf ein Ziel zulenken, das noch ungewiß scheint.

Musil erzählt nicht „romanhaft" wie Stendhal, Balzac oder Dickens, nicht kommentarisch intellektuell wie der Thomas Mann des „Zauberberg", nicht odysseisch über die bemessenen Ufer seines Vorwurfs strömend wie James Joyce, eher steht er in einer Reihe mit Marcel Proust, auch mit anderen neuen Franzosen wie Gide und Jouhandeau. Man ist zu Unrecht versucht, seine künstlerische Genealogie, da sie innerhalb Deutschlands an keine unmittelbaren Vorfahren mahnt, im Ausland festzustellen, bis man erkennt, wie sehr seine stilistische Kraft und sein allseits ausgebreitetes Denken allein in unserer Kultur verwurzelt sind. Nur spricht sein Werk eine zumal für die Nachkriegszeit unfaßbare Disziplin aus, die an sich schon genügt, eine breite Wirkung zu erschweren. In manchem wird man bei der Lektüre des „Mannes ohne Eigenschaften" an den späten zweiten Teil des „Wilhelm Meister" erinnert; hier wie dort versinken die erzählerischen Motive zu schon ins Abstrakte hinüberwachsenden Imponderabilien[!], und mit ihnen treten die Personen von der Rampe zurück auf einen zweiten Schauplatz, für den der erste nur ein Vorwand war. Bei Goethe bedeutete dies einen Akt höchster ethischer Klärung; ein großes sittlich-religiöses Bild wuchs aus einer zunächst sinnlich gegenwärtigen und zeitbedingten Welt in eine mythische Zukunft hinein, bei Musil wird auf ähnlichem Wege ein geistiger Zwischenzustand, besser der innere Standort des gegenwärtigen Menschen kristallisiert. Diesen Prozeß zu vollziehen, hält Musil, wie wir sehen, des riesigen Aufwands wert. Der Aktualität der abertausend Zeitromane, die seit Jahren um ein nichtiges Loch ihren mehr oder minder begabten Veitstanz aufführen, fehlte bislang die Überaktualität oder das kulturelle Fundament oder die denkerische Sicht, die Musil hat. Man setzte, sich selbst betrügend (und tut es immer noch!), Betriebsamkeit für Tätigkeit, Interessiertheit für inneren Trieb, Intelligenz und Beschlagenheit für Inhalt und Substanz; Zweifel hielt man schon für Glauben und Individualismus für Willkür. Alles Symptome einer zu innerst kranken Zeit. Musil ist ihr Diagnostiker und Moralist, wobei wir uns klar sind, daß seine Resultate noch verschwiegen werden. Aber er führt seinen Ulrich, in der Fortsetzung beharrlich sichtbar, von dem Zustand des „Mannes ohne Eigenschaften" fort in die Sphäre erster seelischer Aktivität, er rückt ihn näher und näher den seltsamsten Entscheidungen über sich und damit über die Welt.

Im ersten Band lernte man ihn ganz als einen „Mann ohne Eigenschaften" kennen, als den im Extrem gestalteten Typ des nirgends verpflichteten und auf kein Ziel hinstrebenden Skeptikers, der den Geschehnissen zwar nicht aus dem Weg ging, aber ihre Kulissenhaftigkeit eher erkannte als seine eigene Seiltänzer-Natur. So war er ein von seinem Vater wohl versorgter Privatgelehrter, der es immerfort hinausschob, mit der Annahme einer Dozentur Aufgaben anerkennen zu müssen, so schaute er lieber in einen realen Spiegel als in sich selbst und hing er mit würdiger Nonchalance der „Weltnationalen Aktion" an, jener sonderlich lustigen Übereinkunft des österreichischen Hofstabs, die viel Ideen und gesellschaftliche Rührigkeit entfachte, aber ohne ein bindendes Programm.

Ein schwingender Spott gab dieser Szene das Air, und obwohl sich das Ganze im letzten Vorkriegsjahr vollzieht, erschienen mannigfache, dingliche und personelle Phänomene der jüngsten Zeit wie in einer großen Komödie wieder, deren Unterton die Tragik ist. Der zweite Band, „Ins tausendjährige Reich" im Untertitel benannt, führt Ulrich gleich zu Beginn aus der problematischen Öffentlichkeit in seine engere Familie zurück. Man findet ihn am Sarge seines Vaters wieder, eines Mannes ganz im Stil des neunzehnten Jahrhunderts mit allem schein-ideologischen Apparat, und sieht ihn dabei das erste Mal seit früher Kindheit mit seiner einzigen Schwester zusammentreffen. In den strengsten und keuschesten Dialogen, die es vielleicht in deutschen Romanen gibt, ersteht zwischen den Geschwistern der Mythos des gemeinsamen Blutes, des nicht-mehr-allein-Seins, des unlösbaren für-einander-Stehens. Ulrichs lange Schwebe erfährt ihr erstes fruchtbares Hemmnis. Im weiteren unumgängliche Begegnungen mit den Leuten seines gesellschaftlichen Bezirks, mit Diotima, der Herrin der „Weltnationalen Aktion", und Bonadea, seiner einstigen Geliebten, zeigen ihn abseits, erstmals auf sich selbst beruhend, wenn auch vorerst noch latent bis ans Geheimnisvolle. Das Getriebe, je lauter und amüsanter es wird, scheint ins Wesenlose aufzufliegen oder wie Schlacken von einem Kern abzufallen, der sich unaufhaltsam zu bilden beginnt. Das „tausendjährige Reich" wäre ein Raum der neuen Seelenhaftigkeit, der reifen Isolation. Die Schwester Agathe gehört dem schon tiefer an als Ulrich, der sich dorthin bewegt.

Musil wagt, unangefochten von der Wandelsucht und Scharlatanerie unserer Zeit, aus einem festen Kulturgefüge heraus eine beinahe schon historisch gesehene Kritik und wölbt zugleich den Bogen auf dieses unsichtbar stützende Fundament zurück, auf dem allein Eigenschaften werden, Gesinnungen wachsen und Kräfte sich erproben können. Noch ist dieser Bogen erst zur Mitte erreicht; mit bewundernswert großem Atem hält Musil an diesem Umschlag aus, wie es überhaupt die Größe seines Buches ausmacht, daß seine Disziplin auf keiner Seite [sich] entspannt und nicht die kleinste Stufe unterschlagen wird. Ebenso streng und reich wie der Gestaltungseinfall ist die Sprache dieses Werkes. In der Prosa des heutigen Schrifttums wird es nur wenig Beispiele geben, die diesen Vergleich bestehen, eben weil die Musils wahrhaft gebändigt und durchleuchtet klar ist, ein für einen deutschen Dichter keineswegs selbstverständlicher Vorzug.

(In: Der Gral, Monatsschr. f. Dichtung u. Leben, Münster, Juni 1933)

ROBERT MUSIL ODER VOM GRENZSCHICKSAL DER KUNST
1935

Es gibt eine Enttäuschung durch die Kunst, über die wenig Klarheit herrscht. Wie es auch eine Tragik gibt, die eines Tages untragisch erscheint, wie zuweilen sogar Dichtungen und Prophetien auf Höhen führen, die sich manchem später als Niederungen auftun, und in Tiefen hinab, die an die Sterne reichen. Dabei ist diese Enttäuschung mehr Ausdruck eines Gesinnungswandels als umgekehrt Auswirkung des Kunstwerks selbst, vorausgesetzt, daß sein Schöpfer es bis zum Verbluten ehrlich meinte. Über die ewigen Gesetze der Kunst entstehen derweil Bibliotheken. Aber nicht hundert, nicht tausend Erörterungen, wie jede junge Zeit sie anstößt, sind dazu angetan, den Widerspruch, der sich darin verbirgt, freizumachen, wie es ihnen auch niemals gelingen wird, das normhaft zu bestimmen, was allein in ihre Form wachsende Träume und bildnerische Qualen an den Tag bringen. Die Ungerechtigkeit, die unser Erbteil ist, jeweils Stärke, jeweils klein und besserwisserisch, hat durch die Jahrhunderte selbst vor den Göttern nicht Halt gemacht. Und die Enttäuschung war stets die Antwort darauf. Denn alles Gerede, das an Programmen formuliert, das den Dichtern, die längst das ewige Lächeln auf ihren Lippen tragen, Schwüre nachsagt, die sie nie getan, Wollen und Dienen, Gefolgschaft und Ranggefühl, dessen sie sich nie bewußt machten, gesteht und gestand schon immer — wider Willen — eine Unsicherheit ein, eine verlorengegangene Naivität, Einbuße der Unschuld und eine Schwächung des zweiten Sehnervs, des Gehörs, der seelischen Empfindsamkeit, die in denen, die einmal gelähmt und verletzt, kaum jemals wieder zu gerader Kraft durchgenesen kann. Es ist heroisch, Sünden zu vergeben, und es zeugt von Größe, den Sündern gerecht zu sein. Tollkühn dagegen ist, wer Sünden für Tugenden zählt. Das ist, als würde man Bescheidung für Bescheidenheit halten und Wolken schon für Zeichen des Himmels. Aber weitaus überwiegend waren je die Pharisäer und die Tollkühnen. Enttäuschung klafft immer zwischen den Extremen auf, die nicht zueinander finden.

Es ist ein alter Spruch, über den grüblerische Bauern im Westfälischen noch heute schmunzeln, daß die Frommen die ärgsten Widersacher und die Lästerer die Frömmsten seien. Die Romantiker waren willens, die Kunst zu reinigen, und brachten sie in Unordnung; die Naturalisten logen das Leben an. Man kann das Licht nicht hochhalten, ohne daß Schatten fallen, und selbst die Finsternis der Höhlen wächst am Licht. Wem es wert erscheint, das Eine um sein Gegenteil zu leugnen, treibt die Enttäuschung bis zur Hysterie und spricht denen zu, die über allem Wollen das Tun vergessen, mit den Händen ins Ungewisse fuchteln, das sie den Raum der Ideen nennen, aber weder Muße noch Haltung finden, eine Pflanze herzunehmen, wie sie aus dem Boden sprießt, oder einen kunstvoll zerwaschenen Stein, wie die Flut ihn anspült, oder Lehm, eine Handvoll Lehm, um ein Gesicht daraus zu formen. Die Widersprüche liegen in uns selbst. Unser Denken, unser Suchen, unser Sehnen verstrickt uns in sie. Oder eben man ist Täter, der die Knoten mit einem Hieb zerschlägt. So enttäuscht die Kunst der Dichter, wo von ihr erwartet wird, daß sie die Rätsel erschließt und dennoch ihrer teilhaft bleibe, daß sie die Geheimnishaftigkeit des Lebens ausfrage, ohne jedoch den Schleier von ihr fortzuziehen, wo sie hart und offen sein soll, aber ehrfürchtig. Auch der Kunst sind Grenzen gesetzt, wie eine Schleuder ihre Flugbahn hat. Sie kann zwar über den Zeiten stehen, aber nicht alle Ströme durchfließen, die aus dem Ewigen in den Tag brechen. Noch nie hat ein Maler an den Himmel gemalt, und die Worte bersten, wenn die Gefühle und Wunschgesichte, denen sie Ausdruck geben sollen, sich aufblähen. Der Expressionismus ist daran zerplatzt.

Die Kunst enttäuscht, wenn das Leben die Ideen in sich saugt und alle Energien aufbraucht, mit denen die Luft geladen ist. Kein Bild, keine Symphonie, kein epischer Bericht vom vergangenen Krieg hat bis heute die Entzündung ausgelöst, aus der der Krieg selbst entbrannte. Die ungestümsten dichterischen

Ausbrüche sind ein mattes Echo der Tat. Sie preisen sie zwar, aber fangen sie ab wie die Erde den Flug eines Geschosses.

Die Kunst enttäuscht, weil sie vom Leben fantasiert und der Fantasie zuviel vom Leben gibt. Sie soll zu den Göttern stehen und dem Tag nicht fern sein, soll der Gegenwart vorauseilen und dem Geschehenen den Spiegel halten, sie soll sich ihrer selbst bewußt werden, von Grund auf, aber von allem Wissen unberührt. Man sucht Stille in ihr, hohe, an die Wolken steigende Luft, die der Wind kaum anspielt, das Schweigen der dämmernden Stunden, und wieder soll sie sich mit allen Klängen füllen, mit dem Ruf der Straßen, dem Echo der Sirenen aus den Industriestätten, sie soll heiligen und Opferfeste feiern und doch der Wirklichkeit nichts schuldig bleiben, soll das Hohe und Niedrige in sich zum Austrag bringen, die Reiche des Kleinen und des Großen, des Wahren und des Scheins einen, in die die Welt zerfällt, das Gewußte und das Traumhafte. Die Kunst erlebt in diesen Tagen ein Grenzschicksal, das seit dem Ausbruch des Weltkrieges vorauszusehen war. Die Aktion hat das Wort ergriffen und alles, was geschieht, die Menschen und alle Werte auf weithin leuchtende Fanale gerichtet, auf Befehl und Aufgabe, auf Opfer und Verzicht. Die Öffentlichkeit, auch die, die dem Wirken der Kunst vorbehalten, ist von ihr erfüllt.

Vor vier Jahren erschien ein Roman in Deutschland, der wie kaum ein zweiter dieses Grenzschicksal hat. Es ist dies „Der Mann ohne Eigenschaften" von Robert Musil. Vornehmlich der Jugend war Musils Name neu; denn die Reihe der Bücher, die er vordem veröffentlichte, war dünn und über viele Jahre auseinandergezogen. Die größte Pause erstreckte sich von 1911 bis 1921. Musil ist heute vierundfünfzigjährig. Noch als Student schrieb er seinen ersten Roman, „Die Verwirrungen des Zöglings Törleß", das einzige angelegte und geschlossene Buch vierundzwanzig Jahre hindurch. Dazwischen liegen zwei schmale Bände Erzählungen und ein Theaterstück,[1] das sich für die Bühne nicht eignet. „Der Mann ohne Eigenschaften" nun zählt bislang siebzehnhundert Seiten nahezu, zwei Bände, die ein dritter, der noch aussteht, beschließen soll. Die früheren Arbeiten schmelzen unter seinem Gewicht.

Musil lebt zur Zeit in Wien. Auch der Schauplatz seines Romans ist Wien. Geboren wurde er in Klagenfurt in Kärnten als der Sohn eines Hochschulprofessors der technischen Fakultät, der einen Namen hat, mit drei Vierteln seiner Abstammung Deutschböhme, mit einem Viertel Tscheche. Seine Kindheit verlebte er in der alpendeutschen Kleinstadt Steyr. Aber Erziehung und Vorbildung, die ihn geprägt haben, genoß er auf der technischen Militärakademie und wurde nach der Fortsetzung seines Studiums auf einer Zivilhochschule Ingenieur für Maschinenbau. Es ist wichtig, das vorauszuschicken. Ulrich, der Mann ohne Eigenschaften, hat einen ähnlichen Werdegang, war nacheinander Offizier, Ingenieur und Mathematiker, also ein Kind der exakten Wissenschaft, des logischen Denkens, Vertreter einer Generation, die „Traum verlor und Wirklichkeit gewann". Beide, Ulrich wie Musil, hätten sich beinahe habilitiert und verzichteten beide, Ulrich aus eingestandener Abneigung gegen die Dogmatik der Wissenschaft. Diese zwiefach biographischen Notizen haben außerdem eine nahezu zeitgeschichtliche Bewandtnis. Die Handlung des Romans nämlich ist in das letzte Vorkriegsjahr verlegt, bevor die unbestechlich scheinende Beweisbarkeit aller Tatsachen des Lebens, der Triumph des Fortschritts, die Dämonie der tragischen Sicherheit hinter Grundsätzen, hinter Skepsis gegenüber den Mächten des Schicksals von einem Sturm der Leidenschaft und der Vergewaltigung erschüttert wurden. Musil drückt gleichsam vom ersten Satz an die Klinke nieder, die die Tür in die noch ungeborene Zeit öffnen wird. Wiewohl er das mit Spott und Ironie tut, mit einem steten unmerklichen Schütteln des Kopfes über soviel kurzsichtige Narretei, Hochstapelei und Schläue, bleibt nicht unverraten, daß er selbst diesen Geist in sich überwunden hatte. Ein Heiliger müßte sich durch Sünden legitimieren, die er in sich zertreten. Anders ist er kein Heiliger, sondern bloß ein Unschuldiger. Ein Moralist müßte sein Recht, Urteile zu fällen und zu verurteilen, das er sich nimmt, damit begründen, daß er sich selbst einmal bis zur Aufgabe seiner Existenz verurteilt hat. Anders wäre er nur hämisch und satirisch zu nennen, Nörgler oder einfach jemand, der keinen Stein auf dem anderen läßt. Musil jedoch ist Moralist. So streng und unnachsichtig, aber undogmatisch, mit dem Blick für das Böse, ohne selbst böse zu sein. Er hat etwas Chirurgisches. Wie der Arzt Pinzette und Messer handhabt, um die Entzündungen und Eiterbeulen aus dem Körper auszuschneiden, dient ihm das Mathematische als operatives Instrument. Und der Körper, den er unter den Händen hat, Menschen einbegreifend und Weltanschauung, Taten und die Motive des Tuns, bleibt hernach nicht aufgestückelt und zerschnitten liegen, nur von Wunden, die ihn durchfiebern und schon wieder heilen, übersät, und das Blut ist beiseitegewischt.

Der Roman „Der Mann ohne Eigenschaften" hat eine Handlung, die im Grunde so wenig wirklich ist wie die Beichte eines Toten, die uns plötzlich, viele Jahre später, als ein vom Geist dieses Toten eingegebenes Dokument vorgelegt wird, ohne dessen Beglaubigung zu tragen. (Aber die ganze Art, einzelne Wendungen des Ausdrucks, die sittliche Haltung würden für seine Echtheilt sprechen.) Träger des Geschehens sind höchste Gesellschaftskreise im Vorkriegswien. Ulrich, der Sohn eines Strafrechtlers, der ob seiner Verdienste um die Wissenschaft geadelt worden ist, selbst Privatgelehrter und Bewohner eines schloßartigen Stadthauses; sodann Ulrichs Kusine entfernteren Grades, Frau Ermelinda Tuzzi, genannt Diotima, deren Gatte Hans Tuzzi, Sektionschef im Auswärtigen Amt, Seine Durchlaucht Graf Leinsdorf, hoher Würdenträger der k. k. Monarchie, der Großindustrielle und „Großschriftsteller" Dr. Paul Arnheim, General der Infanterie Stumm von Bordwehr, als Vertreter des Kriegsministeriums, und sonstige Geschöpfe von unheimlich ironischer Wirklichkeit. Diese Personen geraten miteinander in Beziehung um eines großen Gedankens willen. Graf Leinsdorf gibt den Anlaß dazu, und es stellt sich im weiteren Verlauf heraus, daß er allein, weder skeptisch noch träumerischen Fantasien nachhängend, nüchtern und aufrecht genug ist, um eines hohen Gedankens fähig zu sein. Allerdings ist er ein Gentleman, dem Enttäuschungen keine Enttäuschungen, höchstens Folgen eines Mißverständnisses bedeuten. Er ist der Österreicher dieses österreichischen Spiels. Zuverlässig und nicht ohne Mut gegen sich selbst. Da sich kundgetan hat, daß im Jahre 1918 Seine Allerhöchste Majestät Kaiser Franz Joseph das siebzigjährige Jubiläum seiner Regierung feiern wird, aber im gleichen Jahr der deutsche Kaiser Wilhelm II. entsprechend sein dreißigjähriges Thronjubiläum und daß unglücklicherweise oder vielleicht auch dank einer schwer nachweisbaren, wenngleich verdächtigen Geschicklichkeit der Preußen das reichsdeutsche Jubelfest in den Juni, das österreichische dagegen erst in den Dezember fallen wird und der Dezember wohl mit keiner Tücke dem Juni vorangestellt werden kann, ist der Patriot Graf Leinsdorf darauf verfallen, ein Komitee ins Leben zu rufen, das sich mit dieser Angelegenheit ernsthaft befassen soll. Ermelinda Tuzzi wurde von ihm dazu ausersehen, deren Hüterin zu sein, wodurch er in dieser hoheitsvoll schönen Frau den Ehrgeiz erweckt, der gesamten Welt eine neue Idee zu geben und auf diesem Wege in die Geschichte einzugehen.

Ehe Ulrich sich versehen hat, wird er durch die unerbetene Betreuung seines Vaters Generalsekretär dieses Komitees und eine unscharfe Persönlichkeit des öffentlichen Lebens. Es werden Beschlüsse gefaßt und offiziöse Aufrufe erlassen. So bleibt unvermeidlich, daß das Kind einen Namen erhält. Denn um der Gerechtigkeit ihr Teil zu geben und also Österreich den Vorrang, entsteht über Nacht die Idee der „Weltnationalen Aktion". Das ganze Jahr 1918 soll ein Jubeljahr werden, gekrönt von einem Ereignis, das die Welt ergreifen und Österreichs Ruhm in alle Lüfte tragen soll. So Diotima sich den Gedanken daran hingibt, fühlt sie sich von Schauern erfaßt und von der Ewigkeit angehaucht. Graf Leinsdorf meint es im ganzen landläufiger, so daß ihm noch weniger Genaues einfallen will. General Stumm von Bordwehr hingegen vertritt mutig die Interessen des Militärs und schlägt Aufrüstung vor. Diotima fröstelt davor und empfindet Abneigung gegen den General, der sie anbetet. An Ulrich gleiten all diese Gedankenflüge wie Regen an einer Ölhaut ab. Er registriert Sinn wie Unsinn und gibt die Listen weiter. Er ist ohne Kampfansage oppositionell. Er ist jung und durch keine Umstände gebunden. Nicht einmal durch den Ehrgeiz, Licht in das Dunkel der Begriffsverwirrung zu tragen; allerdings steht er nicht an, zu sagen, daß die Begriffe verworren sind. Er macht sich weder beliebt noch verhaßt, aber man wirbt um ihn, weil man seine offenen Worte fürchtet. Er spürt die Untergangsbazillen in der Luft, läßt sie jedoch unbekümmert über den Körper der Zeit herfallen, mit der uneingestandenen Freude des Arztes an einer entstehenden Krankheit, weil er sie dann heilen darf, aber auch mit der Trauer dessen, der sich diesem Körper angegliedert weiß, ob er will oder nicht. Er hat Gewissen, ohne tätig zu sein. Das Mathematische hat ihn mit Klarheit durchdrungen, ihm aber zu gleicher Zeit die Flügel gestutzt. Er ist ein Mann ohne Eigenschaften, weil seine Eigenschaften zwar Antitoxin enthalten, aber keine Samenkörner. Er lebt von den Irrtümern seiner Zeitgenossen und trägt die gleichen Waffen wie sie. Er ist gesund und brutal, aber ethisch verletzt und ohne Siegesaussichten. Trotzdem hat er seinen Mit- und Gegenspielern und der ganzen Gesellschaft, deren Mitglied er ist, viel voraus: er macht sich nichts vor. Er spricht nicht von Göttern, an die er nicht glaubt. Aber er spricht auch nicht von der Einsamkeit, die um ihn ist. Seine Sehnsucht ist, den Gegebenheiten den Rücken zu kehren, und wieder überkommt ihn das unbändige Verlangen, auf sie einzuwirken. „Ich habe erwidert", heißt es einmal, „daß mich das Verwirklichte jederzeit weniger anzieht als das Nichtverwirklichte, und ich meine damit nicht etwa nur das der Zukunft, sondern ebensosehr das Vergangene und Verpaßte. Es kommt mir vor, daß es unsere Geschichte ist, jedesmal wenn wir von einer Idee einiges Weniges verwirklicht haben, in der Freude darüber den größeren Rest von ihr unvollendet stehen zu lassen ..." oder: „Ich will sagen, daß in der Wirklichkeit ein unsinniges Verlangen nach Unwirklichkeit steckt." Solche und ähnliche Worte entspringen gewissen Anlagen seiner Natur zur Unbedingtheit, zum Niederreißen und Wiederaufbauen, zum Töten und Streiten, ja zur Frömmigkeit des Heiden, der von seinen Vorfahren christliche Rudimente übernommen hat. Er sucht Abenteuer, aber hinter den Gardinen seiner Fenster, die ihn dem Blick der Vorübergehenden verborgen halten. Vielleicht wartet er darauf, daß sich die Möglichkeiten des Abenteuers zuvor bei ihm anmelden. Es lauern immerfort Gefahren in ihm wie die Flüche auf den Lippen der Flagellanten, die sich dafür geißeln. Er hält sich selbst gefangen. Seine Energie liegt in den Fesseln des Anstands, den seine Erziehung und die Menschen, mit denen er verkehrt, ihm abgezwungen haben und immer von neuem abzwingen. Er symbolisiert dadurch die leidlose Tragik jener Zeit, die in der Katastrophe erst zutage trat.

Die Gelegenheit für Ulrich, sich in diesem Licht zu zeigen, geben die mannigfachen gesellschaftlichen Zusammenkünfte im Hause seiner Kusine, zu denen alles geladen wird, was Rang und Namen hat, intimere Gespräche mit Diotima, mit Arnheim, seinem ausgesprochenen Gegenstück, mit dem General, mit seiner Schwester. Es ist das erregende Merkmal des Musilschen Romans, daß die Charaktere sich statt durch „Aktionen" durch solche Gespräche offenbaren, die bei aller Verbindlichkeit, mit der sie vorgetragen werden, die Dynamik und Unmittelbarkeit von Zusammenstößen haben, bei denen der eine oder der andere auf der Strecke bleibt. Nebenher geschieht auch einiges. So lernt Ulrich seine Geliebte kennen, da er eines Abends, von maskierten Räubern angefallen und niedergeschlagen, am Bordstein stöhnt; trifft er einen Jugendfreund wieder, der vor lauter ausschweifenden Bemühungen, seiner jungen Frau den Beweis zu erbringen, daß er ein Genie sei, in jeder Weise bankrottiert; so wird sogar ein Lustmörder in den Spuk der Gestalten eingefügt und mit der ganzen Verruchtheit ernst genommen und exemplifiziert, die stets das Ergebnis einer Moral ist, die sich zwischen Für und Wider, zwischen Verzweiflung und Feigheit zermahlen hat und ihre Grundsätze wie die Asche aus den Urnen in den Wind zerstreut. Der Individualismus, am Ausgang seiner Sendung in seinen Bindungen und Verflechtungen gelockert und faulend, feiert in dem Gehabe um diesen Mann, den die Sachverständigen durch alle Bänke der Psychiatrie schleifen, einen Totentanz, wie er bitterer nirgends geschrieben steht. Der Fall Moosbruggers, des Zimmermanns, der in sexuellem Blutrausch eine Prostituierte tötete und auf eigenen Wunsch ausgetilgt sein will, beschäftigt die Öffentlichkeit bis zu den gelehrtesten Stellen und erweckt die Sympathie vornehmlich derer, die ihm seinen Irrsinn neiden. Die apokalyptischen Gäule sind gesattelt, nur die Reiter losen noch. Die Luft lastet bereits bleiern, aber die Sonne des fortschrittstrunkenen Optimismus lächelt noch darüber hin. Die Gebeine klappern, aber der Geist des Nahezu buhlt mit halben Gefühlen und den Exzessen seiner Fantasie.

Unterdes siecht die Einbildung einer Weltnationalen Aktion mit Anstand hin. Als man 1930 den ersten Band des „Mann ohne Eigenschaften" las, mochte man diesen Einfall Musils für einen großartigen Witz halten und wenn nicht dafür, so für das Unterfangen, der Leere, in die die von ihm wieder heraufbeschworene Welt Kakaniens (sprich Österreichs) mitsamt ihren Traditionen und unerfüllten Wünschen hinabgestürzt war, eine illusorische Gewandung zu geben. Heute hat die Erfindung dieser Parallelaktion eine derartig verblüffende Bestätigung durch die jüngsten Ereignisse gewonnen, daß man anzunehmen versucht ist, Musil habe die politische Entwicklung in Österreich vorausgeahnt. Musil versteht etwas von Politik. Schon 1916/17 gab er als Rekonvaleszent bei einem Heeresgruppenkommando, das in manchem im Gegensatz zum AOK stand, die verbreitetste Soldatenzeitung heraus, die mehr oder minder offen einen engen Zusammenschluß mit Deutschland vertrat. 1918 wurde er wegen seines Anschlußwillens ins Ministerium des Äußeren berufen und anschließend ins österreichische Kriegsministerium, wo er als wissenschaftlicher und propagandistischer Berater bis 1921 verblieb. Auch die heutige Wiener Regierung ist ja nichts anderes als eine Parallelaktion, bestrebt, mit abgewandtem Gesicht das Rennen zu gewinnen, das in Deutschland gestartet ist. Der Hunger wird da mit hohlen Worten, hier mit gestohlenen Früchten zu stillen versucht, und der Ehrgeiz, dem Lauf der Dinge in die Flanken zu fallen und der Ordnung ein künstliches Bett zu graben, gilt schon als Idee. Ewiges Österreich, das seine Tempel mit Baracken umbaut und immerzu die Arme ausstreckt, die Welt zu umarmen. Diotima lebt und ist gestorben und Vorschlag auf Vorschlag, für etwas einen Namen zu finden, das es nicht gibt, geht in die Akten ein.

Dies die Geschichte des Buches. Es ist der Erinnerung an einen Staat gewidmet, der am sichtbarsten den Zerfall einer Welt erlitt, deren letzte Lebensfrist ein Stranden an Kompromissen war, indem er ächzend auseinanderbrach. So die Glieder erschlaffen, beginnt die Seele schwatzhaft zu werden und der Geist korrupt. Die Unentschiedenen werden die Eitelsten. Das Ziel steht in den Sternen geschrieben, zu denen niemand den Blick hochrichtet. Man ist nicht müßig, aber unergiebig wie ein dürrer Baum. „Es fehle", sagt Ulrich, „bloß der Wille, eine in gewissem Sinne unbegrenzte Verantwortung zu übernehmen. Früher hat man gleichsam deduktiv empfangen, von bestimmten Voraussetzungen ausgehend, und diese Zeit ist vorbei; heute lebt man ohne leitende Idee, aber auch ohne das Verfahren einer gewissen Induktion, man versucht darauflos wie ein Affe." Ulrich hält den Finger auf die Wunden und zuweilen, in den schlimmsten Fällen, nimmt er ihn auch nicht mehr fort. Er ist von der Leidenschaft besessen, das Wahre zu erkennen. Aber finden will er es nicht. Er möchte die Wirklichkeit, die sich seinen Augen bietet, vergewaltigen und kommt trotzdem zu dem Schluß: „Nein, es gibt heute keine wirkliche Entscheidung." Er ist ein Mann der Möglichkeiten, seine Aktivität jedoch verhält sich passiv, weil seinem Denken letztlich die Schwungkraft abgeht, es in Handlung umzusetzen. Gleichwohl gewinnt der Realist Arnheim, der Ideen wie Handlungsweisen sich jederzeit zur Verfügung hält (er wird noch näher zu bezeichnen sein), den Eindruck, daß Ulrich wohl der Mann wäre, „der nicht nur die Zinsen, sondern das ganze Kapital seiner Seele zum Opfer bringen würde, wenn die Umstände es von ihm verlangten..." Musil läßt offen, ob sie es je von ihm verlangen oder nicht. Er erwägt die Entscheidung, aber er entscheidet nicht. Er erweckt die Trauer der Seele, jedoch den Schrei löst er nicht aus ihr los, der in die Zuknuft hallt. Er zögert, den Tod zu verantworten, der unaufhaltsam ist, oder hat Ehrfurcht vor den Opfern, die kein Wort erfüllt. Er bangt, es sich leichtzumachen, und richtet Berg um Berg um den Abgrund auf, der dadurch nur tiefer stürzt. Scheu verbirgt sich darin, hinter aller Offenheit, Achtung vor der Selbstgesetzlichkeit des Lebens, das die Leichen hinter sich läßt, wenn sie zu stinken beginnen. Und die Kunst enttäuscht, da sie wohl über das Werdende hinzublicken, es in Grenzen sogar zu wecken und anzufeuern vermag, nicht aber es wirklich zu machen, zu schaffen, zu bluten, sich auszugeben. Ihr Reich bleibt Traumreich, und wir träumen nicht mehr.

Im Wilhelm Meister steht der Satz: „Denken, um zu tun, tun, um zu denken." Dr. Arnheim führt ihn an, Industrieller und Schöngeist, Sohn eines jüdischen Selfmademan, der Diotima mit dem heiligsten Eifer unterstützt, der schönen Form ihrer Gedanken einen Inhalt zu geben, was ihm willkommene

Gelegenheit bietet, seinen Handel in galizischen Ölfeldern, der allein ihn nach Wien geführt hat und dort festhält, unter dem Decktuch platonischer Idealität zu tätigen. Arnheim ist der Repräsentant der Demokratie, freiheitlich gesonnen und zweckgebunden handelnd, Kapitalist und Befürworter sozialistischer Thesen, „seine Tätigkeit breitete sich über Kontinente der Erde wie des Wissens aus. Er kannte alles: die Philosophen, die Wirtschaft, die Musik, die Welt, den Sport. Er drückte sich geläufig in fünf Sprachen aus. Die berühmtesten Künstler der Welt waren seine Freunde, und die Kunst von morgen kaufte er am Halm, zu noch nicht hinaufgesetzten Preisen. Er verkehrte am kaiserlichen Hof und unterhielt sich mit Arbeitern. Er besaß eine Villa im modernsten Stil, die in allen Zeitschriften für zeitgenössische Baukunst abgebildet wurde, und ein wackliges altes Schloß irgendwo in der kargsten adeligen Mark, das geradezu wie die morsche Wiege des preußischen Gedankens aussah. Solche Ausbreitung und Aufnahmefähigkeit ist selten von eigenen Leistungen begleitet; aber auch darin machte Arnheim eine Ausnahme. Er zog sich ein- oder zweimal im Jahr auf sein Landgut zurück und schrieb dort die Erfahrungen seines geistigen Lebens nieder. Diese Bücher und Abhandlungen, deren er schon eine stattliche Reihe verfaßt hatte, waren sehr gesucht, erreichten hohe Auflagen und wurden in viele Sprachen übersetzt; denn zu einem kranken Arzt hat man kein Vertrauen, was aber einer zu sagen hat, der es verstanden hat, für sich selbst gut zu sorgen, daran muß doch wohl mancherlei Wahres sein. Dies war die erste Quelle seiner Berühmtheit." Arnheim also meistert die Schwierigkeiten und Widersprüche, „was alle getrennt sind, ist er in einer Person." In seinen Gelenken federt die vollendete trügerische Elastizität liberalistischer Allverbindlichkeit, und sein Gesicht zeigt die würdigen Züge eines Herrschenden, der Freiheit gewährt. Die Studie seines Charakters ist unübertrefflich und hinter seinen Maximen summen die Phrasen, deren das Herz sich schämt. Nimmt es da Wunder, daß Diotimas hohe Seele kraft seines Rates und seiner Zustimmung einen Auftrieb erfährt, den nicht Ulrich, erst recht nicht ihr Mann zu erwirken vermochten? Arnheim ist allwissend, allerfahren und allgegenwärtig, beweglich ohne Lust und Qual und so unversehens und wie selbstverständlich der eigentliche Kopf der Weltnationalen Aktion, wiewohl er nur als Gast auf österreichischem Boden steht. Sein Wirken geht in die Welt, das Echo seines Ruhmes schallt daraus zurück. Allein daß Ulrich sich gegen das Schillern seiner Persönlichkeit in schweigender Abwehr verhält, ist ihm ein Stachel, der überraschend in sein Fleisch eindringt, so daß er vorübergehend in Zweifel gerät, die aber Goethe, wie wir sahen, ihm wieder zerstreuen hilft. Es kommt eben nur auf die Auslegung an. Oder auf die Vorstellung vom Tod. Für den einen ist er eine Tatsache, die an die Grenzen der Physiologie heranführt, für den anderen die aussichtsreichste Möglichkeit, sich der Unwirklichkeit zu bemächtigen. Es wird übrigens nicht ein einziges Mal vom Tod geredet. Wenn auch einzelne Personen mit all ihren Besonderheiten und Eigenschaften oder Nichteigenschaften Musils Epopöe das Gerüst bauen und ihnen durch die Gründlichkeit, mit der auf ihre Meinungen und Haltungen eingegangen wird, ein auszeichnender Wert zugemessen scheint, ihre Existenz ist trotzdem nur sinnbildlich wie die Vorgänge, an denen sie teilhaben. Beispielgebend im erzieherischen Sinn. Der Boden, auf dem sie sich bewegen, gleitet unter ihren Füßen weiter, und die Gefilde des Immerwährenden eröffnen sich.

Es ist freigestellt, die Klassiker so und so zu lesen. Auch der Beschluß der Wanderjahre führt aus dem Gegenwärtigen in eine erdachte Welt ein, deren Bürger zu werden man sich durch ethische Übungen züchten und in der Erwartung des Kommenden bereithalten muß. Ulrich sagt zu seiner Schwester: „In Wahrheit hätten wir nicht Taten voneinander zu fordern, sondern ihre Voraussetzungen erst zu schaffen: das ist mein Gefühl!" und einen Atemzug vorher: „Es ist so einfach, Tatkraft zu haben, und so schwierig, einen Tatsinn zu suchen!" Was Ulrich und Agathe miteinander reden, ist das Erlösende, das hier die Gräber verläßt und den Weg antritt. Agathe erscheint spät im Leben ihres Bruders. Als einzige gewinnt sie keinerlei Kontakt zu der Betriebsamkeit der „Aktionäre", deren Kapital: Österreich mit den Dividenden geizt. Durch eine schon in der Kindheit begonnene Ausweichung ihrer Bahnen wurden die Geschwister einander bis zur Gleichgültigkeit entfremdet. Erst da sie sich am Sarge ihres Vaters wiedertreffen, erfahren sie sich und schließen ein Bündnis. Verschwistern sie sich. Agathe ist die Jüngere und mit einem Mann verheiratet, der sie reizt, gegen die Moral zu handeln. Aus den Erörterungen darüber entstehen „heilige Gespräche" über das „Tausendjährige Reich": „Ulrich und Agathe gerieten auf einen Weg, der mit dem Geschäfte der Gottergriffenen manches zu tun hat, aber sie gingen ihn, ohne fromm zu sein, ohne an Gott oder Seele, ja auch nur an ein Jenseits oder Nocheinmal zu glauben; sie waren als Menschen dieser Welt auf ihn geraten und gingen ihn als solche: und gerade das war das Beachtenswerte." Sie versuchen sich von den Süchten zu reinigen und aus den Irrtümern zu lösen. Sie überprüfen die Wertungen, die die Moral an die Hand gibt, und sondern sich aus der Gemeinschaft ab, die diese Moral bestimmt, in mystischer Hinwendung zu jener Einsamkeit der Seelen, die zwischen den Zeiten aus den Körpern fliehen. Aber es bleibt bei Gesprächen, und Ulrich zeigt sich eigenschaftsloser denn je. Das Böse hat sich schon in ihn eingewuchert und das Gute verschmäht er für sein Teil. Das Heilige ist unheilig und die Seraphine gleichen Kobolden. Es ist die Tragik der Komödie, daß ihr Gelächter mit einemmal in süßer Verzweiflung in Tränen verebbt. Auf der Suche nach der Wahrheit haben selbst Skeptiker Gesichte, in denen ihnen Gott und die Teufel erscheinen und Orakel verkünden, über denen die Bedenken neu erstehen. Das Wasser muß an die Wurzeln dringen, sonst bricht sich die Sonne nur im Glanz der perlenden Tropfen, die an den Blüten hängen. Die Wunden müssen ausbluten, sonst fressen sie sich zu Löchern aus, die kein Magazin einer Apotheke zu füllen vermag. Der Wirklichkeit muß Recht widerfahren oder die Flüche rasen über die Träume wie die Stürme über die Spielhütten der Kinder hin. Und die Lehrmeister der pädagogischen Provinzen halten das Licht vor die Sonne, die in ihre Augen brennt. Tausendjähriges Reich. Die Taten werden in ihm schlummern und die Abenteuer sich zur Ruhe betten. Immer wenn die Menschen sich anschicken, gemäß einer Weisheit zu leben, ist es gerade wieder an der Zeit, zur Ader zu lassen und Dung zu streuen. Glaube weckt Zweifel, und die Zweifler treten in Dispute mit den Gläubigen. Um aber zu wissen, wortgetreu, was der Mann ohne Eigenschaften sich vorgestellt hat, als er seine Schwester in ihrem beinahe monomanischen Verlangen, sich außer der Welt [!] zu setzen, vollends zu nüchterner Ekstase verleitete, füge sich dies hier ein: „Wir haben schon soviel von jener Liebe gesprochen, die nicht wie ein Bach zu einem Ziel fließt, sondern wie das Meer einen Zustand bildet ... Aber nach allem, worüber wir uns verständigt haben, mußt Du Dir jetzt vorstellen, daß dieses Meer eine Reglosigkeit und Abgeschiedenheit ist, die von immerwährenden, kristallisch reinen Begebenheiten erfüllt wird. Alte Zeiten haben versucht, sich ein solches Leben schon auf Erden vorzustellen: das ist das Tausendjährige Reich, geformt nach uns selbst und doch keines der Reiche, die wir kennen! Und so werden wir leben! Wir werden alle Selbstsucht von uns abtun, wir werden weder Güter noch Erkenntnisse, noch Geliebte, noch Freunde, noch Grundsätze, noch uns selbst sammeln: demnach wird sich unser Sinn öffnen, auflösen gegen Mensch und Tier und so in einer Weise erschließen, daß wir gar nicht mehr wir bleiben können und uns nur in alle Welt verflochten aufrecht erhalten werden!"

Auf der letzten großen Einladung im Hause Diotimas, deren Verlauf das Schlußkapitel des zweiten Bandes schildert, ist auch Agathe zugegen. Sie erregt die Neugier und Anteilnahme aller, da einmal ihr soeben verstorbener Vater eine Kapazität genannt werden konnte, vor allem jedoch, weil Ulrich bislang kein Wort über sie verlauten ließ. Auf Agathe nun haben ihres Bruders verführerische Worte eine derartige Gewalt ausgeübt, daß sie es nicht mehr unter Menschen leidet und die Gesellschaft, ohne sich zu verabschieden, noch vor ihrem Bruder wieder verläßt. Damit endet der Roman, soweit er vorliegt. Mit einer Geste, die Hochmut und Verachtung ausdrückt. Die schönen Parolen und Halbwahrheiten, der Mensch sei gut, wie sie der Dichter Feuermaul (für den man Werfel lesen kann), oder Geist müsse in Machtsphären getragen werden, wie sie Arnheim vertritt (in dem Viele ein Konterfei Rathenaus erkennen wollten), verhallen zwischen den tuchbespannten Wänden der Salons und beunruhigen nicht einmal den Schlaf. Derweil gähnt die Öde einer Welt, die an sich selbst kein Vertrauen mehr verschwendet und die wenigen Aufrichtigen, die daran leiden, in ihre Verlassenheit stößt. Der Einzelne, so stolz er gestern noch den Markt der Ereignisse überquerte, wird von einer Einsamkeit ergriffen, die ihn anonymer macht als das Tier in der Herde. Es beginnt die Flucht voreinander, vor den Verpflichtungen, da die Achse ins Schleudern gerät. Die Welt ist unschlüssig, und in dem Gesunden reifen die Entscheidungen. So sieht es Ulrich, und er wird sich sammeln, um danach zu leben. „Es war ihm zuweilen gerade so zumute, als wäre er mit einer Begabung geboren, für die es gegenwärtig kein Ziel gab." Noch lähmt ihn die Ohnmacht, die der Abscheu vor dem Modrigen hinter den Fassaden, vor dem Sündigen hinter dem Moralgetue in ihn eingeträufelt hat. Noch verdunkeln die Schatten und Nebel die Feuer an den Hängen, die die Zeichen geben werden, und auch die Einsicht muß erst durchkostet werden wie das Fieber am Vorabend der Schlacht. Wir warten auf das Ende, auf die Konsequenz aus den Schlüssen, auf des Rätsels Lösung im letzten Band, der die Kehrseite des Titels offenbaren soll.

Die Geschichte, die wieder auflebte, versinkt, wo Ulrich den Fuß bereits über die Schwelle setzt, zu ihren Ahnen zurück. Der Bogen ist weitgespannt und Musils Kunst, die ihn wölbt, in einem strengen Training und mit weiser Ökonomie ausgespart. Jede Strebe hat ihren Platz wie die Steine im Mosaik, das den Boden, die Wände und die Decke durchwirkt. „Der Mann ohne Eigenschaften" ist mehr als ein Roman und etwas Anderes, und Musil mehr als ein Dichter oder besser gleichfalls etwas völlig Anderes. Die Grenzen stoßen hart aneinander und zuweilen durchschneiden sie sich. Wo das Gefühl die Kontrolle über die Wirrungen verliert und systematische Analyse die Waffen schärft. Wo die Dogmen zu erstarren drohen und der Traum die allzu ausgeklärte Sicherheit wieder in sich schlingt. Wo die Wirklichkeit die Wahrheit Lügen straft und das Wahre über den Dingen schwebt. Wo die Geister aufgerufen werden und der Geist nichts von ihnen wissen will. Wo das Unentschiedene die Entscheidungen durchkreuzt und selbst mangelnde Eigenschaften verpflichtend werden und den Überlegungen der Boden ausgeschlagen wird. „Der Mann ohne Eigenschaften" ist ein gefährliches Buch und Musil in einer unerhörten Kühnheit der Sprache mächtig, daß man oft wünschen möchte, er werde für eine Weile in Stummheit erschrecken, um dann wieder aufs neue sich um die Hieroglyphen quälen zu müssen, in denen der Ur-Sinn schweigt.

(In: Die Tat, Jena, April 1935)

FRAGEN NACH ROBERT MUSIL
Stichworte zu seiner Biographie
1959

„Er ähnelte Re.", heißt es in einer Notiz Musils um 1905. Re.? Es schien keinen Schlüssel dafür zu geben, allenfalls Vermutungen. „... Re.", so ging der Satz weiter, „der ... nur Roberts Verhältnis zu seiner Mutter verdirbt." Es sind die frühen Skizzen. Robert wird später Hugo, der Geliebte Tonkas im letzten Stück der „Drei Frauen", schließlich Ulrich, der „Mann ohne Eigenschaften". Auch Re. deutet auf „Tonka" hin, auf den „Oberfinanzrat" und „Dichter" Hyazinth: „... er war nicht wirklich ein Verwandter, sondern ein Freund beider Eltern, einer jener Onkel, welche die Kinder vorfinden, wenn sie die Augen aufschlagen... Er brachte der Mutter den Hauch von Geist und Welterfahrenheit, der sie in ihren seelischen Entbehrungen tröstete..." Wie ein Gegenstück dazu liest es sich, Ende 38 / Anfang 39, in der Ziffer 94 zur „Autobiographie: „Sie hat meinen Vater geschätzt, aber er hat nicht ihren Neigungen entsprochen, die anscheinend in der Richtung des männlichen Mannes gegangen sind." Assoziationen bot auch schon das Tagebuch Anfang der zwanziger Jahre, und von dort ging es wieder zurück zu einem anderen Vermerk von 1905.

Der Name „Heinrich" taucht da auf, vertraut, selbstverständlich, doch nie wirklich faßbar. Ein Freund der Familie, ein
entfernter Verwandter? Er war dabei, als die Mutter starb,
schildert dem Sohn die letzten Tage: „Sie ließ Heinrich 15mal
hintereinander, immer zorniger, den Polster umdrehn. Er macht
nach, wie sie ihn anfletschte . . . , und ist gerührt darüber." Und
dann ist da noch jener rätselvolle Satz, wieder unter der Ziffer 94: „Ich will ihren (der Mutter) Wunsch erfüllen, nichts
Schlechtes von ihr zu reden."

Aufschluß, zwar völlig unbeabsichtigt, gab erst ein Brief aus
Linz:[2] Erinnerungen an die Eltern Musils; für die Briefschrei-
berin waren sie wie Onkel und Tante. Re. und Heinrich wurden darin plötzlich identisch: „Im Sommer auf 1918 war ich
mit meinem Vater und dem Ehepaar Musil und Professor Reiter in Bad Aussee . . . Wir unternahmen fast alle Tage gemeinsame Spaziergänge und Ausflüge . . . Professor Heinrich Reiter
. . . war sehr befreundet mit dem Ehepaar Musil, er suchte
mich auch . . . nach dem Tode von Musils auf. Er lebte in Grieskirchen (bei Wels), war ledig . . . Ich vermute . . . , daß Musils
mit ihm öfters in Grieskirchen zum Sommeraufenthalt weilten."
Bemerkenswert ferner: „Alfred Musil (der Vater) war ein lieber, ruhiger, gütiger und vornehmer Mensch, seine Frau ebenso
herzlich, aber viel temperamentvoller als ihr Gatte." Das Pen-
dant dazu in der „Autobiographie": „ . . . meine Heftigkeit,
die allerdings ein Reflex der Heftigkeit meiner Mutter war . . ."
oder, wenige Seiten vorher: „Mein Vater war sehr klar, meine
Mutter war eigentümlich verwirrt. Wie verschlafenes Haar auf
einem hübschen Gesicht." Über Musil selbst berichtete der Brief
aus Linz nur indirekt: „Robert Musil habe ich nie gesehen.
Ich hörte nur aus den Erzählungen der Eltern, daß Musils ihren
Sohn sehr liebten, daß er sehr viel studierte, wenn ich mich
recht entsinne, dreimal . . . [er] wollte vom Berufe ‚Zeit' —
was mein Vater, ein sehr lebendiger Kaufmann, absolut nicht
verstand." Auch dazu die „Autobiographie", mit der 1937 begonnen wurde: „ . . . und daß ich bis zum 30sten Jahr nur
meiner Ausbildung lebte, erschien mir ganz natürlich. Ich bin
kein angenehmer Sohn gewesen."

*

In Wien stand ich auf einmal Walter, dem Freund Ulrichs,
des „Mann ohne Eigenschaften", vielmehr dem Modell zu ihm,
gegenüber: Hofrat,[3] pensionierter Bibliotheksdirektor, liebenswürdig, untersetzt, versonnen, erfüllt von der Erinnerung an
die gemeinsame Jugend. Sie reicht bis vor die Jahrhundertwende, also bis Brünn, zurück. Beider Väter waren dort Pro-

fessoren an der Technischen Hochschule, die Eltern durch Jahre eng befreundet, sie wechselten, immer Tür an Tür, dreimal gleichzeitig die Wohnung. Vordem, in Steyr, war Alfred Musil (später Alfred von Musil) Direktor der Waffenfabrik (Tagebuch etwa 1920: „Autobiographischer Roman: ... Steyr ein sehr umsichtig gewählter Ort. Waffenfabrik — soziale Frage und Wettrüsten. Aufgeklärtes Haus, in dem man nichts glaubt und nichts als Ersatz dafür gibt.“): „... eine Stifter-Erscheinung. Naturliebend. Robert hatte die Poesie vom Vater.“ Die „Mutter glaubte an ihn, an seinen Nachruhm“, aber sie schenkte dem avantgardistischen Sohn Erzählungen Ernst Zahns. Zur Krise zwischen den Freunden kam es 1907, Anlaß war Ludwig Klages, dem „Walter“ (der „Gustl“ in Musils frühen Tagebüchern) noch bis in diese Nachkriegsjahre huldigte, waren die unvereinbar gewordenen Ansichten über Fragen der Kunst. Der Wagnerianer (des Romans) blieb der Musik ergeben, als Theoretiker, Lehrer, Komponist (Klavier- und Kammermusik, Kantaten); sie war Beruf und Lebenselement für ihn geworden, indes man Musil hätte „für amusisch halten können“. 1907 übrigens war auch das Jahr der Heirat mit „Clarisse“, der Tochter des Malers Hugo Charlemont; sie war auch im Leben — man weiß es aus dem Tagebuch von 1910 — labil, psychisch aufs äußerste gefährdet, „manisch-depressiv“, „vernünftig“ noch bis 1912, später lebte sie in Kärnten auf dem Lande, die Ehe war geschieden worden. In Wien hatten die Freunde und ihre Frauen, getreu der Tradition der Eltern in Brünn, noch einmal unter dem gleichen Dach gewohnt, im (unterdes etwas verschlissenen) Haus Nummer 61 in der Unteren Weißgerberstraße im III. Bezirk, die Übersiedlung dorthin ist Ende November 1911 erwähnt: „Walters“ Studio diente Martha Musil als Malatelier, in Berlin war sie Schülerin Corinths gewesen, eine „gute Impressionistin“, ihre Stärke das Porträt, verschiedentlich, noch um 1930, zeichnete sie auch Robert Musil, doch (so einer der späteren Freunde) „sie gab um seinetwillen alles auf“.

Einmal ist ganz kurz, in einer schnell wieder beiseite gewischten Anspielung, von einer Art Katastrophe die Rede, die dem Jugendfreund noch nach fünfzig Jahren als unbegreiflich und offenbar auch unverzeihlich gegenwärtig ist. Musil, so scheint es, schlug damals, als junger Mann, eine vielversprechende Bindung aus: ein in den Augen seiner engeren Umwelt verhängnisvoller Irrtum. Aber sonst sind es, im Rückblick auf die für immer unwiederholbar gebliebene Freundschaft, nur schmeichelhafte Bilder: fein, vornehm, humorvoll, gütig, er trug stets

nur das Teuerste, das Beste war für ihn gerade gut genug --
aber auch „reizbar", obzwar „nicht unduldsam".

*

Noch bei Johannes von Allesch[3], dem Weggefährten vor
allem der Berliner Studienjahre, kaum eine Verschiebung der
Akzente: mehr Sohn der Mutter, kein Sinn für die „Lebens-
stellung" („utopisch in ökonomischen Fragen"), Überlegungen
zur Berufswahl führten stets neu auf die Alternative „Wissenschaft oder Redaktion" („Walter": „Beamter oder Literat").
Endlich, wie bei dem Freund der Brünner, der ersten Wiener
Jahre, die Erinnerung an die anscheinend ausschlaggebende
Polarität (der nachmalige Göttinger Ordinarius für Psychologie
hatte 1902/4 als Student in München Wedekind, Korfiz Holm,
Thoma nahegestanden, schrieb 1911 über Grünewald, 1921
über „Wege zur Kunstbetrachtung", noch 1931 über Michael
Pacher): Kein Verhältnis zur bildenden Kunst, pragmatistisch
(„sehr konkrete Denkweise"), unglückliche Liebe zur Mystik.
Nebenbei, sehr plastisch, Information über eine Randfigur. In
die Werknotizen von 1905 spielt, Gustl = Walter danach ebenso geläufig wie Allesch, ein Dr. Pfingst, „von Hause aus Alt-
philologe", hinein, einmal, 1907, auch als Pfungst zu lesen. Dies
nun der Steckbrief: Pfingst, Oskar, Mediziner und Psychologe,
„wohlhabend, übertrieben genau, komisch, rechthaberisch, unerträglich, studierte ewig, promovierte nie", zählte zum Kreis
um E. M. von Hornbostel, der mit Musils Berliner Lehrer Carl
Stumpf die „Sammelbände für vergleichende Musikwissen-
schaft" edierte, schrieb ein Buch über den „klugen Hans", ein
seinerzeit berühmtes „rechnendes Pferd", nach 1918 machte
die Universität Berlin ihn zum Ehrendoktor, erteilte ihm sogar
die Venia legendi, bald darauf, Anfang der zwanziger Jahre,
Selbstmord.

*

Auch die Erinnerungen von Frau F. in Wien gehen bis in
die Zeit kurz nach dem ersten Weltkrieg zurück. Franz Theodor
Csokor berichtete schon einmal davon, durch ihn auch wurde
ich ihr vorgestellt. Noch 1942, in einem Brief zweieinhalb
Monate vor seinem Tod[5], beschäftigt Musil sich mit ihr. Als
„das sanfte Fräulein Martha" (Csokor) setzte sie ihn einst in
dem Erholungsheim „Helmstreitmühle"[6] bei Mödling, ausdrücklich auf seinen Wunsch, zwischen den Generalobersten
Karl von Pflanzer-Baltin (Tagebuch: „ . . . wie ich höre einer
der ärgsten Blutgenerale") und den „rasenden Reporter", den
militanten Kommunisten Egon Erwin Kisch (Csokor: „Er
sprach lieber mit Pflanzer-Baltin über Artillerieprobleme als

mit Kisch über die Revolution.") . Es war ein Asyl für jeweils vier bis sechs Wochen; Musil war mehrfach da. Die Hausherrin, Dr. Eugenie Schwarzwald (Musil: „Der Zeus von Tarnopolis"), Philanthropin, „Gründerin der ersten modernen Mädchenschule" in Wien, mit Karin Michaelis befreundet, schaffte dank guter Auslandsbeziehungen immer wieder Mittel und Geld für ihre Schützlinge heran.

In das Bild Musils, in den Wiener Gesprächen, drängen sich Kontraste, Widersprüche: Chevaleresk, gedämpft, kühl, stolz, verschlossen, eiskalt, vernichtend, scharf, Offizierston, maßlos eitel, elegant, sehr zivil, gepflegt, trug gut gebaute Anzüge (beste Schneider, beste Schuhe), diskret und distanziert, nie strahlend, wie ein Beamter, nicht unbestechlich, wenn er gelobt wurde, stand positiv zu Karl Schönherr, schätzte Franz Nabl („Der Ödhof"), Haßliebe zu Werfel, Wildgans sein Todfeind, eine große, aber keine sympathische Persönlichkeit, unzugänglich, fühlte sich nicht genug anerkannt, hielt Leute fern und litt darunter, immer interessant, stolz auf seine Kriegszeit, machte lieber abfällige Bemerkungen als positive. Demgegenüber der eigene Eindruck von ein, zwei Stunden 1931 in Musils Berliner Quartier, einer Kurfürstendammpension unweit der Fasanenstraße:[7] ich erkenne nur wenige Züge wieder, keine Reminiszenz an irgendwelche Schärfen, um so deutlicher das sehr gesammelte Gesicht, die Suggestion, die Disziplin.

Mehrmals, nachdrücklich, Auskunft über Hugo Lukács; das Tagebuch nennt ihn ab 1930, aber immer nur beiläufig, im Kreis von Kaffeehausfreunden, und Ostern 1939, nach einer großen Pause, hält es unvermittelt die Nachricht von seinem Selbstmord auf der Durchreise in Paris fest. Lukács war Individualpsychologe; es bestätigt sich, daß er sich 1939 auf dem Weg nach Mexiko befand, das akute Motiv seines Freitods vermutlich Morphium. Musil konsultierte ihn in einer Periode seiner Arbeitshemmungen („. . . er konnte oft monatelang nicht arbeiten . . ., ging rastlos um den Schreibtisch herum"). Es ist, so wie es die Freunde im Wien der zwanziger, der dreißiger Jahre schildern, immer die gleiche Situation. Die Wohnung Nr. 8 im Hause Rasumofskygasse 20, gleichfalls im III. Bezirk (ehemaliges Gesindehaus, über dreihundert Jahre alt, heute unter Denkmalschutz, steinerne Wendeltreppe, draußen, von Stockwerk zu Stockwerk, der Wasserhahn, das emaillierte Waschbecken, der eingemauerte Speiseschrank), hatte keinen Flur, man ging durch eine Flucht von mehreren Zimmern, und ganz am Ende war der Arbeitsraum. In der Mitte der Schreibtisch, darauf wie ein Kranz ringsum die vielfältigen Fassungen

der Manuskripte: „Hieronymus im Gehäus". Martha Musil
„kapselte ihn ab", er wünschte es so, jedes Geräusch wurde als
Einbruch empfunden. Doch auf der anderen Seite: er ging
auch — es entspannte ihn — viel ins Kino, ins Rochuskino
beim Rochusplatz („zeitweilig ließ er keinen Film aus"), oder
man traf sich im Café, Musil nie dabei allein, immer mit seiner
Frau (: sehr belesen, außerordentlich klug, ungemein unprak-
tisch), sie nahm ihm auch hier, soweit wie möglich, alle Schwierigkeiten ab, nie zahlte er, wenn sie wieder nach Hause gingen,
das war ihr Amt.

*

Selten einmal ein dramatisches Moment: 1927/28 eine
schwere Gallenoperation; um 1930 ein leichter Schlaganfall im
Dianabad beim Donaukanal („er wäre beinahe ertrunken"),
Fechten, Tennis, das war zuerst seine Sportpassion gewesen,
später Bergsteigen und Schwimmen (Crawlen); gelegentlich
die Lesungen in der Volkshochschule am Ludo-Hartmann-
Platz in Ottakring, „jedes Jahr einmal" auch in Leopoldstadt,
Ernst Schönwiese[8] hatte dort mit einem Seminar über den
„Mann ohne Eigenschaften" den Boden vorbereitet, die Hörer:
Arbeiter, Angestellte, Arbeitslose („hier zündete Musil"); 1935,
in Paris, in den Tagen des „Internationalen Schriftsteller-Kon-
gresses für die Verteidigung der Kultur", brachte Klaus Pinkus[9]
ihn in einem Café mit Heinrich Mann zusammen, man blieb
auf beiden Seiten sehr gemessen. Csokor: „Er war furchtbar
einsam ... Er strömte Ironie und Kälte aus, man wußte nie,
woran man bei ihm war." Doch dann auch: Leute, die ihn ab-
lehnten, interessierten ihn mehr als Bewunderer. Der Romancier Georg Saiko[10] modifiziert es noch positiver: Er liebte die
Diskussion, war nur unduldsam gegen Argumente aus zweiter
Hand („aus anderen Wurzeln"). Singulär nimmt sich neben
all dem die Zuneigung zu Fritz Wotruba aus, von der auch die
Aufzeichnungen aus Genf berichten. Sie kannten sich schon
von Wien her, vor 38. Der Bildhauer stand gerade erst am
Anfang seines Weges, er war siebenundzwanzig Jahre jünger.
Musil kam oft zu ihm ins Atelier, sagte nicht viel, sah ihm bei
der Arbeit zu. (Csokor: Seine Vorliebe für vitale Menschen.)
Singulär aber auch der Kontakt mit Franz Zeis, einem hohen
Beamten des Statistischen Bundesamtes, wie Musil Ingenieur,
sehr musisch, Anhänger Schönbergs. Er starb 1953, seine Frau,
Valerie Zeis, ebenfalls Malerin, hütete bis in diese Jahre Reste
von Musils Archiv. Oskar Maurus Fontana,[11] einer der ersten
Protagonisten: Als Musil (im Sommer 1938) in die Schweiz
ging, vertraute er alles Zeis an. Offiziell war es ja keine Emi-

gration, die Wohnung wurde vorerst beibehalten, die Freunde kümmerten sich gemeinsam darum. Hin und wieder waren Bücherpakete, Manuskripte, Archivstücke nachgeschickt worden, schließlich blieb kein Ausweg mehr, es gab viel Mißgunst, Wohnraum war knapp. Wotrubas Schwester löste die Wohnung auf, lagerte die Bibliothek bei einer Spedition ein, ein Bombenangriff vernichtete dort alles. Daher wahrscheinlich so gut wie keine Handschrift von den Texten, die noch Musil selbst in Druck gab.

*

Fontana erlebte eine der Glanzzeiten Musils, war nahe beteiligt daran: die Jahre im österreichischen Heeresministerium. Schon 1918/19 hatte ein Diplomat, ein Sozialist, ihn ins Presseamt des Außenministeriums zu ziehen versucht, er verlor aber an Einfluß, wurde im Sommer 1919 nach Moskau geschickt. Aber dieser „Gönner" empfahl Musil weiter. Im Heeresministerium richtete man, als Novum und als Experiment, das erste Bildungsamt der neuen Republik ein; es sollte „ausstrahlen", das angestrebte Ziel: ein „Reichsbildungsamt", Geld dafür war hinreichend verfügbar. Den drei politischen Fachbeiräten, die die Parteien, die Sozialisten, die Christlich-Sozialen, die Großdeutschen, stellten, wurde „als Ausgleich" ein wissenschaftlicher Fachbeirat beigestellt: es war eine eigens für Musil geschaffene Position. „Präsidialist", gleichsam der Chef vom Dienst, war Theodor Körner, Generalstabschef Boroevićs an der Isonzofront, Sozialdemokrat, nach dem Zweiten Weltkrieg Bürgermeister von Wien, dann österreichischer Bundespräsident. Auch Musil, zuletzt Hauptmann der Reserve, hatte dem Stab des Feldmarschalls Boroević angehört: als Leiter einer Armeezeitung, die aber „wegen allzu freimütiger Äußerungen" (Allesch) eingestellt wurde, und Ende 1918 im Kriegspressequartier.

Der Posten im Ministerium war heikel, politisch diffizil, verlangte „diplomatische Meisterstücke", Musil hatte als Neutraler das letzte Wort, das Resümee. Hohes Ansehen bei den Offizieren; er war „Vertragsangestellter", kein Beamter, aber da als Stichtag für die Besoldung der Zeitpunkt rechnete, zu dem er einst die Kadettenschule verlassen hatte, bekam er mehr als ein Sektionschef, das höchste Oberstengehalt. „Entscheidende Eindrücke" für den „Mann ohne Eigenschaften". Der General Stumm von Bordwehr — jeder der Wiener Freunde weist darauf hin — ist eine Erfahrung dieser Jahre, es gibt indes kein nachweisbares Modell für ihn: „er war eine Kombination". Ein gewisser, auch gesellschaftlicher Anspruch blieb anscheinend von dieser Zeit zurück. Fontana: „Er verlangte Sonderhonorare, war in Gelddingen sehr wach." Das gilt wesentlich für die Jahre als Wiener Theaterrezensent der „Prager Presse", des deutschsprachigen „Versöhnungsblatts" der tschechischen Regierung („die tschechische Krone war Edelvaluta"), als Mitarbeiter der linksliberalen Wiener Montagszeitung „Der Morgen" oder des „Tag" mit seiner sechsten Seite, „auf höchstem Niveau", auf der man auch Polgar, Paris von Gütersloh fand. Der Journalismus war aber nur ein Übergang (zu Csokor: „Ich kann das nicht mehr machen . . ."); die literarische Arbeit absorbierte Musil bald ganz, nun wurde ein Mäzen weniger gesucht als erwartet oder vorausgesetzt. Fontana: Er hatte hier „Vorstellungen aus der Zeit vor 1914". Dies alles ist ein noch ziemlich offenes Kapitel. Anfang der dreißiger Jahre, bis zur eigenen Emigration, half Pinkus (dem Gedenken an den Vater, den schlesischen Textilindustriellen Max Pinkus, gilt Gerhart Hauptmanns Einakter „Finsternisse"). Eine Weile Hoffnung auf eine „Ehrenpension" von der Gemeinde Wien. 1934 kam es zur Bildung des „Robert-Musil-Fonds"; in den Briefen an Pinkus ist darauf hingewiesen. Der Initiator, Dr. Bruno Fürst,[12] Kunsthistoriker, „junger Industrieller", ging nach dem Anschluß nach Oxford. Vordem sprang angeblich ein Großindustrieller aus Brünn ein. Fontana: „Er hatte immer Geldgeber." Saiko weiß noch von einem Stammtisch im Café Parzival, er bestand aus sechs bis acht Personen, jeder spendete eine Zeitlang jeweils hundert Schilling, so seien allein auf diese Weise sechs- bis achthundert Schilling pro Monat zusammengekommen. Einmal, in einem ähnlichen Zusammenhang, fiel die Bemerkung: Man reichte es ihm wie auf einem silbernen Teller; er nahm es wie einen Tribut. Csokor: „Er hat seine Verbitterung genossen." Saikos Schlußfolgerung: „Die soziologische Neurose des gehobenen Bürgertums."

Zuletzt noch, 1938, hatte sich Eugen Claassen[13] um Musil bemüht. Er erzählte mir einmal von diesem Besuch, von dem „Schlauch" bis zur Arbeitsfestung, von den Bücherwänden, den Manuskriptstößen, der verborgenen, völlig „eigenen Welt". Rudolf Brunngraber[14] verbürgt, der Verleger aus Hamburg habe, für mindestens zwei Jahre, ein Monatsfixum von rund sechshundert Schilling offeriert, doch unter einer Bedingung: er verlangte den Termin zu wissen, bis zu dem „Der Mann ohne Eigenschaften" beendet sein würde. Die Verhandlungen zogen sich hin, sie zerschlugen sich. (Der Reflex im Tagebuch, etwa Herbst 38: „In einem schweren Augenblick, wo ich innerlich nicht mit mir fertig werde: . . . Zerstörung der Verhandlungen mit Claassen . . .") Nun kam niemand mehr, der drängte. Brunngraber: Ich war schon damals überzeugt, „Der Mann ohne Eigenschaften" würde niemals fertig. Er sollte die ganze Welt einfangen, aber der Plan war zu schmal angelegt. Agathe war nicht vorgesehen; Musil brauchte sie, „um neuen Weltinhalt hereinzuholen". Als Reaktion auf das Fiasko mit Claassen ist dieses Fazit verständlich. Das heißt, mit Band zwei, mit Agathe, hatte in der Tat ein neuer Roman begonnen.

(In: Frankfurter Allgemeine Zeitung, 21. XI. 1959)

---

[1] „Die Schwärmer"; die Posse „Vinzenz und die Freundin bedeutender Männer" kannte ich seinerzeit noch nicht.
[2] Von Frau Mathilde Clodi-Tietze (9. IV. 1956).
[3] Gustav Donath (1878—1965).
[4] Johannes Gustav v. A. (Graz 1882—1967), seit 1945 Universität Göttingen.
[5] Ihr Mann: Paul Friedländer, s. Brief an F. Th. Csokor v. 30. I. 1942 (Robert Musil: Prosa, Dramen, Späte Briefe, 1957), S. 830.
[6] S. Franz Theodor Csokor: Robert Musil (Der Monat, Heft 26/1950).
[7] S. Adolf Frisé: Beschäftigung mit Musil, in R. M.: LWW S. 425—27.
[8] Geb. 1905, Lyriker, Leiter der Hauptabt. Kultur, Wiss. u. Volksbildung in der RAVAG, Wien.
[9] S. Robert Musil: Prosa, Dramen, Späte Briefe (1957), S. 727—41,
[10] 1892—1962.
[11] Geb. 1889—1969.
[12] S. Robert Musil, Tgb.-Heft 30, Ziff. 28, Anm. 43.
[13] Dr. Eugen Cl., Gründer des gleichnamigen Verlages in Hamburg.
[14] 1901—1960.

ROBERT MUSIL, EIN VERNACHLÄSSIGTER AUTOR

Ludwig Kunz

Robert Musil hat stets unter seiner allzu geringen schriftstellerischen Anerkennung gelitten. Er teilte diesen Ruhm, einer der am stärksten vernachlässigten Autoren seiner Zeit zu sein, mit einem anderen Schriftsteller: mit Franz Kafka. Im Bande „Leben, Werk, Wirkung", den Karl Dinklage herausgegeben hat, finden sich in einer Betrachtung von Professor Erwin Hexner von der Universität Pensylvania über Musils Interessenkreis diese interessanten Schlußworte: „Musil begriff nicht, weshalb seine literarische Arbeit keine entsprechende Anerkennung fand. Es scheint mir überaus wichtig, daß es recht mutig analysiert und dargestellt wird, wem diese Unterlassung zuzurechnen ist!" Die Zeit scheint mir allerdings für eine derartige Gesamtbetrachtung noch nicht reif zu sein. Denn man darf nicht außer Betracht lassen, daß die heutige Musil-Literatur erst aus der jüngsten Zeit der Nachkriegsperiode stammt und zunächst kaum mehr darstellt, als einen ersten kühnen Beginn. Doch im Interesse der künftigen Klärung dieser wie ähnlicher Fragen erscheint es mir notwendig, alle noch zur Verfügung stehenden persönlichen Erinnerungen festzuhalten, solange sie noch manchen seiner Zeitgenossen im Gedächtnis haften.

Wenn man eine in jener Zeit vielbeachtete Literaturgeschichte, den im Jahre 1925 erschienenen Band „Dichtung und Dichter der Zeit" von Albert Soergel betrachtet, fällt auf, daß in dieser „Schilderung der deutschen Literatur der letzten Jahrzehnte" Robert Musil mit keinem einzigen Wort genannt wird. Einzig bei der Aufzählung der Mitarbeiter der Zeitschrift „Die Aktion" von Franz Pfemfert wurde sein Name erwähnt. In Oskar Ludwig Brandts „Werden und Wandlung", einer „Geschichte der deutschen Literatur von 1880 bis heute", die der Kurt-Wolff-Verlag 1932 (erschienen Anfang 1933) herausgegeben hat, befaßt sich der Autor in 33 Zeilen mit Musil und schreibt: „Musil gehört zu jenen Schriftstellern, deren Erfolg eines Werkes immer das Vorhergehende vergessen macht!" Und schließlich über den „Mann ohne Eigenschaften": „der Roman ist von Anfang bis zum Ende eine Abhandlung, gegen die man sich wehrt, weil sie wie ein Nürnberger Trichter Weisheiten enthält". Der Verfasser gibt aber großzügig zu: „Wiederum ist sie voll innerer Spannung und Lebenswahrheit, voll Konsequenz des Lebens und Irrelevanz der Menschengemeinschaft". Diese Haltung mancher Literarhistoriker dürfte wesentlich dazu beigetragen haben, daß Musil an den damaligen Universitäten allzu wenig beachtet wurde.

Im Jahre 1923 gründete ich eine kleine Zeitschrift, die literarischen Flugblätter „Die Lebenden". Meine Ein-Mann-Unternehmung war Autoren gewidmet, die zu Unrecht bei Verlegern wie Lesern allzu wenig Anteilnahme fanden. Auch unbekannte Talente kamen darin zu Worte. In einer der Nummern veröffentlichte ich unter dem Titel „Die Vernachlässigten" die Ergebnisse einer Umfrage nach Autoren, die nicht die nötige Aufmerksamkeit genossen. Hermann Hesse begann seine Antwort mit diesen Worten: „Es gibt Dichter, deren Erfolglosigkeit man begreift. Ein Dichter kann Regungen aussprechen, die nur von einem halben Dutzend Menschen geteilt werden, oder kann an Dinge rühren, die bei der Allgemeinheit erst um Jahrzehnte später bewußtseinsreif werden." Thomas Mann schrieb dies: „Ich nenne einen Verstorbenen, nämlich Franz Kafka, den Deutsch-Böhmen, dessen Werke ich außerordentlich liebe, Werke, die aber ohne die hingebungsvolle Bemühung seines Freundes Max Brod noch unbekannter wären, als sie es tatsächlich geblieben sind. Die Besten freilich kennen ihn genau, und Hermann Hesse zum Beispiel hat diesen Einsamen einmal den heimlichen König deutscher Prosa genannt." Und Thomas Mann schloß: „Es muß ja seine Gründe haben, daß das Publikum diesen merkwürdigen und tiefen Dichter nicht beachtet, aber sehr edel, sehr anerkennenswert sind diese Gründe nicht, und man muß tun, was man kann, um sie außer Wirkung zu setzen." Als der Name von Franz Kafka dann in der Zeit nach dem Zweiten Weltkrieg in aller Munde war, konnte ich mit Thomas Mann über seine einstige Äußerung noch einmal sprechen. Dabei sagte er mir, daß es in der deutschen Literatur auch noch einen Parallelfall gäbe, den Fall Robert Musil.

In den zwanziger Jahren, als ich meine Blätter „Die Lebenden" herausgab, war ich recht bemüht, auch Robert Musil als von mir bewunderten Autor für einen Beitrag zu gewinnen. Im Beginn des Jahres 1924 stellte Musil für mein Blatt sein Manuskript „Der Gläubige" (Entwurf zu „Der Erweckte" im „Nachlaß zu Lebzeiten") zur Verfügung. Er war mit der Veröffentlichung seiner Manuskripte ungemein zurückhaltend. Seine Bereitschaft zur Mitarbeit war vermutlich auf eine Vorliebe für solcherlei inoffizielle und betont außenseiterische Zeitschriften zurückzuführen. Da ich meine Zeitschrift von Beginn an als reines Zuschußunternehmen betrachtete, konnte ich mir manche Experimente gestatten. Eine begleitende kritische Würdigung über Musil konnte ich von Alfred Döblin gewinnen, einen vorzüglichen Text, mit dem ich aber hinterher einige Schwierigkeit hatte. Der Dichter Ernst Blass, der für diese Nummer eine Betrachtung „Blick auf die zeitgenössische Literaturkritik" zugesagt hatte, lieferte dieses Manuskript erst mit einer Verspätung von 6 bis 7 Monaten. Doch in der Zwischenzeit übermittelte Döblin seinen Text an das „Berliner Tageblatt". Da ich jedoch das Honorar an Dr. Döblin bereits bezahlt hatte, trug er auf ungemein korrekte Weise dafür Sorge, daß sein kurze Zeit später in den „Lebenden" erschienener Aufsatz als Original-Beitrag anerkannt wurde. Denn ein kleines, streng auf seine Originalität bedachtes Blatt hätte es sich in damaliger Zeit nicht erlauben können, einen Aufsatz mit einem Nachdruckvermerk zu veröffentlichen. Allerdings vermag ich nicht mehr genau zu sagen, ob Döblin den Beitrag nicht noch in letzter Minute ein wenig verändert hat.

Robert Musil war in jener Zeit ein Autor, dessen Werk zu Unrecht im Dunkel stand. Ich erinnere mich noch an ein abendliches Gespräch im Berliner Heim des Dichters Max Herrmann-Neiße. Zum Geburtstag von Leni Herrmann, seiner charmanten Frau, hatten sich viele Gäste eingefunden. Einige Freunde des Hauses blieben in den späten Abendstunden zum Gespräch zurück. Da war der Dichter Ernst Blaß. Auf den ersten Blick überraschte sein Äußeres: man konnte in ihm eher einen Arzt oder Wissenschaftler vermuten denn einen Poeten. Noch in scharfen Diskussionen wußte er seine eminente Ruhe und seine Neigung zum Spott zu wahren. Der andere Gast des Hauses war Oskar Loerke, der große Uneigennützige, mit seinem scharf konzentrierten Blick durch funkelnde Brillengläser, den merkwürdig unbeholfenen Bewegungen und den langgestreckten, nervös beweglichen Händen eines Musikers. Loerke war stets ungemein liebenswürdig, doch hielt er auch im Gespräch niemals mit seiner scharfen Kritik zurück. Und plötzlich war man mitten in einem Gespräch über Robert Musil. Loerke hat seine Meinung über eine Begegnung mit Musil auch in einer Tagebucheintragung festgehalten: „Angenehm, klug, warm. Freude, daß es Menschen ab und zu gibt, die die Welt in der Gerechtigkeit halten." An diesem Abend bewunderte er — ich verfüge leider nur noch über einzelne Notizen im Telegrammstil — „die Gesamterscheinung Musils, seinen Mut, die völlige Gleichgültigkeit gegenüber allem Betriebsamen". Ernst

Blaß, der Dichter des einstmals berühmten Bandes „Die Straßen komme ich entlanggeweht", hatte in seiner schönen Heidel-
berger Zeitschrift „Die Argonauten" (1914—1915) Robert
Musils Skizze „Römischer Sommer" veröffentlicht, die von ihm
später unter dem Titel „Das Fliegenpapier" in seinen „Nachlaß zu Lebzeiten" aufgenommen wurde. Blaß hatte Robert
Musil früher einen „Entdecker von Neu-Seel-Land" genannt.
Ich bat Blaß an diesem Abend um einen Kommentar. Und er
sprach über „das Ungeheure, Nicht-Geheure seiner Seelenland-
schaft, seinen neuen Ausdruck des Zwischenstufigen im menschlichen Leben". Da war auch Max Herrmann-Neiße, der Gast-
geber, der unglücklich verwachsene sanfte Poet, der in jener
Zeit zu den bekanntesten Figuren des Berliner literarischen Lebens gehörte. Max Herrmann erzählte von der Uraufführung
der Musilschen Posse „Vinzenz und die Freundin bedeutender
Männer", die kurz vorher in Berlin stattgefunden hatte. Da
Herrmann, der auch ein bekannter Kritiker war, von einem
ungewöhnlich starken Theaterabend sprach, bat ich ihn, über
Musils Stück und einige anderen Premierenabende für mein
Blatt zu schreiben. Herrmann schrieb eine Rezension, in der
auf merkwürdige Weise noch einiges nachklang von unserem
einstigen Gespräch über Musil, — dieser nächtlichen Unterhaltung, in der drei bedeutende Dichter über Musils schriftstellerische Neuartigkeit sprachen und ihrer Besorgnis über
seine allzu geringe Anerkennung Ausdruck gaben. In
seiner „Bilanz neuer Dramatik" (Blatt 5 der „Lebenden",
Jahrgang 1924) widmete Herrmann sich zunächst der „Kolpor-
tage" von Georg Kaiser und Sternheims „Nebbich" und meinte: „Immer noch bleibt bei alldem, ferner oder näher, transparent, Antlitz und Geste Wedekinds sichtbar. Zuletzt bei Robert Musil, bei dem das Theatralische nicht von einer in thea-
tralischen Ausmaßen tätigen Visionskraft wie bei Kaiser, nicht
von einer aus polemischer Ballung theaterhaften Energie wie
bei Sternheim strömt, sondern ebenso naturhaft aus einer
fruchtbaren intellektuellen Versiertheit, einer zu jedem Sprung
fähigen Überlegenheit des (im besten Sinne) gelockerten, nach
den verschiedensten Richtungen spiegelnden Esprits. Aus geistig
Spielerischem wächst sein „Vinzenz" zu einer höchst ergötzli-
chen, charmanten, mit Welt und Literatur spaßenden Komödie, zu etwas tatsächlich Komödiantischem, was dem starren
deutschen Schema sonst nicht liegt und darum schon als er-
frischende Ausnahme zu begrüßen ist, obendrein entlarvt das
Stück noch mit Grazie die ganze Schwindelphraseologie gegen-
wärtiger Wortemacherei des ästhetischen, erotischen, kunstge-

werblichen (= gewerbsmäßigen) und heroischen Mimentums. [...]"

Ich konnte Robert Musil nur ein einziges Mal sehen, bei einer Vorlesung Alfred Döblins in Berlin. In seiner äußeren Erscheinung wirkte er wie ein österreichischer Offizier, der zugleich unverkennbar die Züge eines Gelehrten hatte. Er blickte milde, doch zugleich auch etwas uninteressiert um sich. In seinen Minen konnte man aber auch einigen Spott entdecken. Von mir schien er ein wenig überrascht zu sein, und zwar von meiner Jugendlichkeit. Er hatte mich nach unserem Briefwechsel wohl für einen älteren Philologen gehalten.

ROBERT MUSIL UND EIN JUNGER MANN
SEINER ZEIT

Karl Baedeker

Als mir Musil begegnete, war ich 20 Jahre alt, hatte gerade das Abitur gemacht und war Buchhändlerlehrling in München. Ich hatte bis dahin planlos mancherlei gelesen, was im häuslichen Bücherschrank stand, neben dem, was die Schule bot und empfahl. Bewegt hatten mich die Gedichte der Droste, die Novellen von C. F. Meyer, Meyrinks unheimliche Geschichten und die Philosophie von Ludwig Klages. Im Ganzen aber galt mein Interesse in jenen Jahren dem Sport: Schwimmen, Tennis, Skilauf, Klettern, und deshalb hatte ich mir für meine Bücher ein Exlibris machen lassen, das einen Skispringer zeigt, der über einen Stoß Bücher hinwegsegelt.

Musils Roman war mir zunächst durch den Prospekt bekannt geworden, auf dem der Kopf des Autors in der eindringlichen Zeichnung von Martha Musil zu sehen war. Ich las die Leseprobe und nahm das dicke Buch in seinem rätselhaften, von E. R. Weiß gezeichneten Umschlag mit nachhause. Wenn man 20 Jahre alt ist, so hat man bei allen Geistern, die einem begegnen, leicht das Gefühl, daß man ihnen bei allen ihren Vorzügen im Einzelnen, im Ganzen — nämlich in der Spannweite der Einbildungskraft — doch überlegen sei; jedenfalls hatte ich bei allem, was auf mich einstürzte, mir doch dieses ebenso unberechtigte wie tröstliche Gefühl bis dahin bewahrt. Vor diesem Manne aber mußte ich mich beugen. Es schien mir, daß Musil den Lack der Welt genauso durchschaut hatte, wie ich dies von mir glaubte, aber dennoch nicht verzweifelt war, sondern die Kraft besaß, eine Antwort zu versuchen: seinen Roman. Vielen jungen Menschen dürfte es mit irgendeinem Dichter, Philosophen, Maler oder Bildhauer so ergehen wie mir: sein Werk stößt eine Tür im Innern auf, die allem bisher widerstanden hat, und man ist in der Folge nicht mehr so einsam wie zuvor. Ein gleiches wiederholt sich nicht ein zweitesmal.

Nachdem ich den ersten Band des Romans gelesen hatte, war ich wie verwandelt. Ich wartete auf den zweiten, las den ersten noch einmal, las Kapitel daraus, machte mir Auszüge, verschenkte das Buch, las meiner Freundin daraus vor, versuchte das Buch sooft wie möglich zu verkaufen, schaffte mir alles an, was Musil geschrieben hatte, ließ die Bücher alle einheitlich binden und mit einem von mir entworfenen Signet versehen. Als ich nach Ablauf meiner Buchhändlerlehre 1931 nach London geschickt wurde, um englisch zu lernen, nahm ich das Buch mit, versuchte Kapitel zur Übung ins Englische zu übertragen und schlug unserem Londoner Mitarbeiter vor, diesen „wichtigsten deutschen Roman seit 50 Jahren" zu übersetzen.

Als ich nach einem Jahr aus England zurückkehrte und nun im väterlichen Verlag in Leipzig als Redakteur arbeiten sollte, war mir dies nicht möglich. Ich erklärte, ich müsse Philosophie studieren und außerdem ein Buch über England schreiben. Für diesen Entschluß war — wenn ich mich nicht täusche — Musils Roman verantwortlich. Er hatte mir die Welt gezeigt wie sie wirklich war, und ich konnte mich nun nicht mehr wie vorgesehen in sie einordnen. Ich ging also 1932 nach München zurück, diesmal an die Universität, belegte und hörte alle möglichen philosophischen, kunst- und literarhistorischen Vorlesungen, schrieb aber hauptsächlich an meinem Buch über England, an dessen triumphaler Geschichte ich erkannt zu haben glaubte, was Deutschland fehlte: Die Versöhnug von Nation und Religion. Im übrigen ging ich sommers und winters in die Berge, sooft sich Gelegenheit dafür bot. Gerade als ich in den Weihnachtstagen 1933 ein paar Tage skilaufen wollte, erschien der zweite Band des Mannes ohne Eigenschaften, und wahrscheinlich hat ihn kein anderer in einer ähnlichen Situation gelesen: beim Licht einer Taschenlampe im Oberbett, während im Unterbett ein zärtliches Paar besseres zu tun hatte. ‚Habent sua fata libelli' meinte Musil, als ich ihm später davon erzählte.

Indessen wurde das Manuskript meines Englandbuches immer dicker und mein Vertrauen, das Thema jemals bewältigen zu können, immer geringer. Während ich schon im zweiten Jahr daran arbeitete, brach das Dritte Reich an. Ich ging nolens volens zehn Wochen in den studentischen Arbeitsdienst nach Schlesien und siedelte danach im Sommersemester 1934 nach Heidelberg über, wo ich mir von Prof. Jaspers eine bessere Förderung meiner Absichten und Pläne erhoffte. Mein nicht zu bewältigendes Englandbuch ließ ich liegen und befaßte mich statt dessen mit philosophischen Problemen. Musils Roman stand, nunmehr in zwei roten Halblederbänden, auf meinem Schreibtisch.

In Heidelberg nun nahm ich im Herbst 1934 Verbindung

mit Robert Musil selbst auf, indem ich kurzerhand an ihn schrieb, welche Rolle sein Roman in meinem Leben zu spielen begonnen hatte. Musil war damals bereits von Berlin nach Wien übergesiedelt und verfolgte von dort die Entwicklung in Deutschland mit Besorgnis. Was mich damals beschäftigte, war die Frage, in welcher Form die Wahrheit auftreten könne und müsse, um die sich doch alle Philosophie und Religion seit Anbeginn bemühte. Ich legte Jaspers in einer Abhandlung dar, daß zwischen Inhalt und Form ein notwendiger Zusammenhang bestehe und daß die Philosophie weder in Systemform noch sonstwie der Wahrheit habhaft werden könne, weil sie darauf ausgehe, den Hörer oder Leser zu zwingen. Sie spende keine Liebe und erwecke keine Liebe. Jaspers, der viel Sinn für Radikalität und Naivität hatte, wenn nur ein echter Antrieb dahintersteckte, bezeichnete meine Arbeit als ein „eigentümliches Arrangement von Irrtümern", was mir gefiel. Nun entschloß ich mich, eine Arbeit über den Essay als Form der philosophischen Mitteilung zu schreiben, ein uferloses Thema, und versuchte mich selbst an verschiedenen Formen der literarischen Mitteilung. In einem Anfall von Hilfsbedürftigkeit schrieb ich dabei an Musil und sandte ihm im Verlauf der Korrespondenz auch einige literarische Arbeiten. Ich glaube, in jenen schwierigen Jahren 1934/1935 bin ich der einzige junge Mensch gewesen, der sich um Hilfe an ihn gewandt hat. Dies muß ihn angerührt haben, denn er ging — wie die Briefe zeigen — auf meine Fragen ein, lobte, warnte, tadelte mich, um mich zu fördern. Leider sind meine Briefe nicht erhalten, so daß sich die seinen nicht mehr ganz verstehen und beurteilen lassen. Die Briefe zeigen Musil aber von einer Seite, die an ihm nicht bekannt war, und sind darum doch wohl von allgemeinem Interesse.

Natürlich wollte ich meinen Autor auch sehen und sprechen. Die Gelegenheit dazu bot sich im Herbst 1935, als Musil mir ankündigte, er werde in Basel im Pen-Club lesen und mir eine Art Einladungskarte sandte. Nun war es in jenen Jahren gar nicht so einfach, von Deutschland in die Schweiz zu fahren. Wie die allermeisten Studenten gehörte ich dem Hochschulsturm der SA an und daher durfte ich nicht ohne Erlaubnis ins Ausland fahren. Zudem war nur die Mitnahme von zehn Franken erlaubt. Ich trat deshalb einfach aus der SA aus — formell wegen Examensvorbereitungen — und fuhr los. Im Vorraum des Vortragssaales wartete ich auf Musil, der auch bald erschien und mir ein Zusammensein nach dem Vortrag vorschlug. Seine Lesung war offensichtlich ein gesellschaftliches

Ereignis, denn die Herren kamen — wenn ich mich recht entsinne — im Smoking und die Damen in großer Garderobe. In
meinem Straßenanzug und meiner Gesinnung befremdete mich
das so, daß ich es vorzog, dem Vortrag lieber vom Korridor aus
zuzuhören, als mich zu diesen Leuten zu gesellen. Musil las
u. a. ein unveröffentlichtes Kapitel über Lindner und dessen
Sohn Peter, und er las gut. Nach dem Vortrag kam Musil, wiewohl umringt von mancherlei Leuten, um mich abzuholen.
Vorgesehen war nach der Lesung ein Beisammensein beim Verleger oder Chefredakteur der ‚Basler Nachrichten‘, und Musil
ließ es sich nicht nehmen, mich als einzigen in dem für ihn
vorgesehenen Wagen mitzunehmen. Er war verwundert, daß
ich nicht in den Saal gekommen war, verstand mich aber und
meinte, diese Lesung sei für ihn aus mancherlei Gründen eine
Notwendigkeit gewesen. Später begriff ich, daß er seine Emigration wohl schon vorbereitete. Im Hause angekommen stellte
er mich als ‚Kollegen‘ vor, was sich ebenso auf meine schriftstellerischen Ambitionen wie auch auf meinen Namen beziehen
konnte, der ja in Goldschrift von so vielen roten Buchdeckeln
leuchtet, sich dort aber auf meinen Urgroßvater bezieht. Wer
dort war, was dort gesprochen wurde, ist mir entfallen. Es
herrschte geballte Abneigung gegen das Deutschland, aus dem
ich kam, und man erwartete von mir wohl eine Distanzierung.
Ich war aber in diesem Kreis nicht zu einer solchen bereit,
allerdings auch nicht zu einer Verteidigung und lenkte die
Rede auf andere Themen. Musil selbst hatte ganz offensichtlich schwere Zeiten hinter sich, was auch die Fotos aus jener
Zeit zeigen. Er schien nicht mehr von seinem großen Erfolg
getragen, sondern mehr von der Frage bedrückt, zu welchem
Ende er die Sache bringen solle. Es wurde spät, aber Musil
ließ es sich nicht nehmen, mich noch mit in sein Hotel (vielleicht war es das ‚Weiße Kreuz‘) zu nehmen und dort im dunklen Leseraum zwei Stunden über meine Probleme, die des
Schriftstellers und Deutschlands überhaupt mit mir zu sprechen. Er gab mir den Rat, ins Ausland zu gehen, was ich nicht
befolgt habe. Als wir uns trennten war es nach 2 Uhr. Da ich
nicht genügend Geld für ein Hotelzimmer hatte — was Musil
nicht wußte — legte ich mich auf eine Bank in den Anlagen
vor dem Bahnhof, überdachte dort das Erlebte und dämmerte
etwas, bis es Zeit für den 6-Uhr-Zug nach Freiburg war.

Was war das Resultat dieser Begegnung? Ich hatte im Geheimen gehofft, Musil besäße den „Stein der Weisen“ und
werde ein Stück davon für mich abbrechen und mir geben. In
Wahrheit suchte er ihn selbst und glaubte zu jener Zeit viel-

leicht nicht mehr fest daran, daß er ihn finden werde. Naturgemäß hatte ich zwischen dem Autor und seinem Helden keinen Unterschied gemacht und fand darum den Autor nicht so strahlend und überlegen, wie erwartet. Die Art und Weise, wie er sich jedoch meiner angenommen hatte, übertraf meine Erwartungen.

Die Begegnung hatte Konsequenzen: ich war am Ende meines Lateins, und auch Musil konnte mir nicht weiterhelfen. Philosophie hatte ich studiert, um etwas Unumstößliches zu finden, eben etwas, was ich für den „Stein der Weisen" hätte halten können, etwas, was mir die Situation des Menschen in dieser Welt verständlich macht. Ohne diesen Stein der Weisen, ohne dieses Elixier war ich im Rahmen der Philosophie fehl am Platze, eine Drohne, die nichts beizutragen hatte. Ich konnte nicht das halten, was ich von mir erwartet hatte. Jaspers, der wohl das Gefühl hatte, daß von mir doch noch etwas Besonderes zu erwarten sei, wollte mich bei der Philosophie halten. Er lobte mich in Seminaren, suchte mir Mut zu machen, vergeblich: ich hatte den Glauben an mich als Philosophen, als Denker verloren.

So verließ ich denn die Universität Heidelberg nach dem Sommersemester 1936, wo sich bereits die baldige Entpflichtung von Prof. Jaspers abzuzeichnen begann, und trat als Redakteur in den väterlichen Verlag ein, den wieder aufzubauen, dann 12 Jahre später meine Aufgabe werden sollte.

Musils Roman hatte tief in mein Leben eingegriffen. Er war für mich weit und breit der einzige Mensch, dem ich eine erlösende Antwort auf die Fragen der Zeit zutraute. Es wird manchen Menschen meines Alters so gegangen sein, aber darüber, wie ein Dichter und Denker in das Leben junger Menschen wirklich eingreift, darüber wird wenig bekannt. Musils Roman hatte mich aus der Bahn geworfen, hatte mich gezwungen, einen weit ausgreifenden Umweg zu machen, er hatte mich aber auch gegen die Zeit gefeit. Durch meine neue, ganz andersartige Tätigkeit und durch den Krieg ist meine Verbindung zu Robert Musil gerissen. Vielleicht hätten ihn weitere Zeichen meines Vertrauens, meiner Anhänglichkeit gefreut — ich habe sie nicht gegeben. In den folgenden Jahren haben zeitweise andere Autoren Musil von seinem Platz bei mir verdrängt, so etwa Rudolf Kassner und Ernst Jünger, doch „Der Mann ohne Eigenschaften" war für mich das Buch der Bücher gewesen, und er ist es geblieben.

Neun Jahre später, an einem Januartage des Jahre 1945 — ich war Luftwaffenoffizier beim Oberbefehlshaber Balkan in

Kroatien — wurde mir blitzartig klar, daß Musil den ‚Stein der Weisen‘, meinen ‚Stein der Weisen‘ doch besessen hat, daß er dies selbst ahnte, ihn aber nicht so ans Licht fördern konnte, wie er es einmal geglaubt hatte. Dieses Ahnen macht die Größe seines Romans aus und erklärt seinen Nachruhm. Musil schildert zuerst den ganz heillosen, dann den heilen Menschen. Der Mythos der Geschwister Ulrich und Agathe zeigt gerade in dem Scheitern der Geschwisterliebe, daß in jedem einzelnen Menschen der ganze Mensch steckt und daß es ‚Adam‘ ist, der den ganzen Menschen aus uns zu verdrängen sucht, daß die verlorene, die verdrängte Hälfte in uns selbst ist und uns als Seele spürbar wird, weil sie sich zu verwirklichen sucht. Dies ist die Botschaft, die Musils Roman enthält: im „anderen Zustand" sind wir ganze Menschen, darum begleitet uns die Sehnsucht danach.

Als ich 1946 Musils Verleger, Ernst Rowohlt, kennenlernte, meinte er: „Musil sagte zu mir, er müsse sich erschießen, wenn er seinen Roman nicht schreiben könne. So etwas haben viele zu mir gesagt, aber nur Musil habe ich es geglaubt, und darum habe ich seinen Roman verlegt."

BRIEFE

Wien, III. Rasumofsygasse 20.   16. Juni 1934
Sehr geehrter Herr Baedeker!

Ich möchte Ihren erfreulichen Brief gerne ausführlicher beantworten, als es mir augenblicklich möglich ist, aber leider kann es auch einige Wochen dauern, ehe ich die Zeit dazu finde. Betrachten Sie einstweilen diese Zeilen als Dank und Gruß!

Ihr hochachtungsvoll ergebener
Robert Musil

Wien. 9. Juli 1934
Sehr geehrter Herr Baedecker!

Ich habe mich in der letzten Zeit überarbeitet und muß mich eine Weile auf jede mögliche Weise vom Schreiben zurückhalten, wodurch leider auch meine Absicht, Ihren Brief eingehend zu beantworten, unmöglich gemacht wird. Er ist übrigens so lebendig und in seiner Art ein Ganzes, daß ich Ihnen auch am liebsten bloß allgemein meinen Dank für das Vergnügen wiederhole, das Sie mir durch ihn bereitet haben, während ich mir etwas pedantisch vorkäme, wenn ich auf die Einzelheiten einginge.

Trotzdem möchte ich das bei einer Frage ein wenig tun und die Aufgabe Ulrichs vor zu großen Ansprüchen schützen. Denn er wird nie das tun, was Sie „die Welt anerkennen und ändern" nennen, so nahe es ihm liegt und so sehr er vom Autor als ein Beitrag dazu gedacht ist; denn: die Welt muß sich selbst ändern, es ist eine nur kollektiv lösbare Aufgabe, und darum wird das persönliche Schicksal Ulrichs am Ende unbestimmt sein, ja sogar ein Allerweltsschicksal, der Krieg; aber es wird ihm gelungen sein, allerhand Teillösungen einer über das Individuum, ja sogar über alle Gleichzeitigen hinausgehenden Totallösung zu finden. Ich glaube, daß sich ein „exakter" Gefühlsmensch, als der er mit mehr oder weniger Glück gezeichnet ist, nur das erlauben darf, und Sie werden diese Haltung an ihm auch in den noch fehlenden Kapiteln finden, wo die Gottesvorstellung, wie sie einer empirischen Zeit entspräche, tatsächlich keine ganz geringe Rolle spielt. Aber auch da bin ich wahrscheinlich zurückhaltender, als Sie es erwarten.

Es kann übrigens leicht sein, daß ich Ihnen damit etwas Überflüssiges sage; diese Vorstellungen sind ja in Kürze kaum auszudrücken, und wir mögen ebensoleicht das Gleiche wie Verschiedenes meinen. Das wird sich allerdings frühestens in einem Jahr herausstellen, denn so lange brauche ich wohl noch, um den Schlußteil des Zweiten Bandes zum Druck zu bringen.

Mit vielen Grüßen
Ihr aufrichtig ergebener
Robert Musil

Wien. 9. November 1934

Sehr geehrter Herr Baedecker!

Ich danke Ihnen für die Übersendung des Manuskripts, das ich gerne lesen werde und worüber ich Ihnen meine Meinung offen sagen will. Augenblicklich bin ich noch zu sehr beschäftigt, um es lesen zu können, hoffe aber, Ihnen in den nächsten Wochen antworten zu können.

Es war schade, daß Sie mir Ihren Dolomitenplan nicht früher mitgeteilt hatten, denn ich war in der Nähe und sogar einige Tage zwischen den Ampezzaner Bergen, und hätte Sie leicht persönlich sehen können.

Mit besten Grüßen
Ihr ergebener
Robert Musil

Wien. 18. Dezember 1934.

Sehr geehrter Herr Baedecker!

Es hat mir sehr leid getan, daß Ich Ihnen erst so spät antworten kann, aber zu den Beschäftigungen, die meine Tagesordnung bilden, sind gerade in dieser Zeit noch ein paar Aufgaben gekommen, die ich nicht habe aufschieben können.

Ihr Aufsatz hat mir sehr gut gefallen, aber ich halte ihn noch nicht reif zur Veröffentlichung; was nicht sagt, daß man ihn nicht veröffentlichen könnte, sondern, daß Sie es nicht tun sollen. Er ist noch verschiedenartig in seiner Dichte, erstreckt sich über vieles, und nicht über alles in gleichem Grade. Das zentrale Erlebnis finde ich sehr gut beschrieben, es fehlt auch nicht in seiner Ausdeutung an eigenartigen Einfällen, wie es überhaupt der ganzen Arbeit an solchen nicht gebricht. Aber die vis philosophica kommt mir noch zu untrainiert vor, so daß der Ausdruck und Gang der Gedanken oft auch gegen einfache Einwände nicht genug gesichert erscheint.

Ich kann das leider nicht im einzelnen ausführen, aber das ist auch nicht nötig, denn Sie werden auf zwei Wegen besser darauf kommen, als es Bemängelungen zu fördern vermöchten: der erste ist: noch etwas abwarten; der zweite: substantiell und formal, d. h. an Gehalt und Methoden, noch etwas aus dem Bereich der Objektivität aufzunehmen. Ich weiß nicht, wie es damit steht und was Ihr Studium ist, und ob Ihnen noch Erfahrung fehlt oder auch der Wille, rationale Erfahrung aufzunehmen, wie es ja bei einer Neigung zum mehr dichterischen Essay nicht unbegreiflich wäre. So oder so kommt aber Weg Zwei für Sie auf Eins hinaus, denn auch wenn Sie nicht aus der eigenen Sphäre hinauswollen, müßten Sie noch etwas zuwarten, damit sich in dieser eine gewisse Festigung vollzieht, und jene Physiognomie bildet, die den Leser die Einwände vergessen macht, worauf wir ja, bei unserer Hinfälligkeit, alle ein wenig angewiesen sind.

Wenn ich Ihnen einen Rat geben darf, ist es der, jetzt nicht an Ihrer Arbeit herumzubessern, sondern diese ein Jahr oder wenigstens ein paar Monate lang liegen zu lassen — Sie werden dann selbst wissen, was Sie zu machen haben und das Manuskript entweder umarbeiten oder als Rohmaterial benutzen. Ich glaube, daß Sie nahe daran sind, sich richtig auszukristallisieren, und das kommt oft sehr plötzlich.

Ich möchte gerne wissen, welches Studium Sie betrieben haben und betreiben, welche Absichten Sie haben und ob darunter auch die des Dichters sind. Sprechen Sie, bitte, davon, wenn Sie mir wieder schreiben; wobei ich allerdings vorausschicken

muß, daß ich im Antworten, wenn nicht ein besonderer Anlaß
vorliegt, sehr unzuverlässig bin.

Mit den besten Grüßen bleibe ich Ihr

Robert Musil

Wien. 6. April 1935

Sehr geehrter Herr Baedeker!

Ich danke Ihnen vielmals für Ihren Brief und die kleinen
Bilder; beides hat mir sehr gut gefallen, und über Sport sind
wir eines Sinnes, denn auch ich habe da nicht nur Torheiten
begangen, sondern begehe sie sogar heute noch mit Vergnügen,
wenn auch nicht mehr mit Glanz. Schwieriger ist das Einver-
nehmen schon in den anderen Fragen, weil sich über die zu
vieles sagen läßt, und ich habe nicht nur wegen vieler Arbeit,
sondern auch in dem Gefühl Ihren Brief zu beantworten gezögert, daß ich nicht weiß, was ich Ihnen erwidern soll. Im
Grunde genommen ist heute vielleicht gar nicht so viel anders,
als es immer war; wer etwas Geistiges wollte, mußte sich immer abzusondern und in kleine Gesellschaft zu begeben wissen.
Freilich ist die lebendige Kraft der Masse heute übergroß. Es
ist das eine noch selten dagewesene Kraftprobe für den Geist,
der bekanntlich die Königswürde eines Löwen, aber nur die
Waffen einer Taube hat. Ich bin wirklich der Meinung, daß
man nichts tun kann als das Äußerste an Pflicht vor der geistigen Stimme, die wir noch in uns tragen; und da Sie diesen
Ausdruck selbst gebrauchen, ohne von ihm beruhigt zu werden,
bin ich recht ratlos. Die Zukunft unseres Geistes wird aber
jedenfalls von denen abhängen, die nicht auf sich verzichten
können.

Und so war es immer, ich kann es nur wiederholen. Es
täuschte bloß, wenn es früher geistiger um uns aussah. Latenz
und Krisis, das ist der ganze Unterschied. Eigentlich wollte ich
Ihnen aber nur sagen, daß zu einem persönlichen Pessimismus
bei dem Zustand der Reife, den Sie schon erreicht haben, kein
Grund vorhanden ist. Sie können einige falsche Ideen fassen,
deren Sie sich sonst leicht erwehrt hätten; aber wie viele falsche
Ideen, die in ruhigen Zeiten aus den nichtigsten Anlässen entstehen, erwirbt man ohnehin und verliert sie wieder!

Und außerdem: sehr stabil ist die gegenwärtige Zeit ja gerade nicht.

Ich wäre mit Vergnügen bereit, mit Ihnen über all das zu
sprechen; schreibt man, und kann es nicht mit strengster An-

spannung tun, hat man immer das Gefühl, das falsche Ende
in der Hand zu haben.

Mit herzlichen Grüßen

Ihr ergebener

Robert Musil

Kirchberg am/Wechsel N. Ö.   6. August 1935.
Am Stein 70.

Sehr geehrter Herr Baedecker!

Ich hatte in den letzten Wochen keine Zeit, Ihnen zu antworten, aber ich werde sie hier finden!

Einstweilen mit vielen Grüßen

Ihr

Robert Musil.

Kirchberg am Wechsel. 16. August 1935.

Lieber Herr Baedeker!

Ich sende Ihnen nächster Tage Ihre beiden kleinen Arbeiten
zurück, die ich mit Vergnügen gelesen habe. Die damit ver-
bundene Frage, ob ich Ihnen rate, vorhandene Möglichkeiten
der Veröffentlichung zu benutzen, kann ich nur bejahen. Sie
werden dadurch an Gewißheit gewinnen und allerhand Erfahrungen machen. Dabei scheint mir eine Veröffentlichung in einer Zeitschrift wirksamer zu sein; sie trifft auf einen kleinen
Kreis, erreicht diesen aber mit größerer Sicherheit. Außerdem
hat ein Buch leicht den Nachteil für den Autor, ihn länger zu
befriedigen; was mit diesen Arbeiten wohl noch nicht der Fall
sein sollte. Denn Sie haben damit Ihren Darstellungsstil ja noch
nicht gefunden. Als Sportsmann werden Sie wissen ,daß man
aber in die Kampfbahn geht, ehe man seinen persönlichen Stil
fertig hat.

Die schwebende Mischung zwischen Betrachtung und Erzählung, die Sie da versuchen, ist also hübsch und lesenswert,
reicht aber doch noch nicht an die Magie heran, die sie be-
schwört. Mit einzelnen Ratschlägen ist dabei, so glaube ich,
nicht zu dienen. Der Stil wird von Ihnen selbst gereinigt werden, wenn Sie das Ganze nochmals durchlesen. Z. B. gleich S. 1
des Ritters und Sandsteingeiers ungefähr in der Mitte das Wort
„stilvoll": es ist Alltagsjargon inmitten der sonst leicht gehobenen Prosa. Da und dort wären ähnliche kleine Verbesserungen nützlich oder es könnte am Ausdruck etwas verdichtet
werden. Auch die Verse kommen teilweise zu leicht aus der
Feder; aber ich habe das Gefühl, daß sie am Platz sind. Im
Ganzen sollte wohl alles so bleiben, wie es ist; denn was Ihnen

vorschwebt, oder das, was ich dabei meine, wird nach verschiedenen Vorversuchen in seiner eigenen Haut geboren werden, eben als ein neues Ganzes.

Dabei ist mir Ihre Frage: Dichter oder Essayist oder eine neue Mischung, so unklar wie Ihnen selbst. Denn zum Dichten gehört immerhin eine gewisse Lust am Erzählen menschlicher Geschichten, und wenn das selbst nicht mehr sein sollte als das Fett, in das man die Salbe bettet. Auch mich reizt die Lebenskombinatorik weit mehr als die einzelne Kombination, und ich bin auch überzeugt, daß eine sich gesund entwickelnde Erzählungskunst in diese Richtung führen wird, aber die Gefahr, daß dabei etwas herauskommt, das nicht Fleisch, noch Fisch ist, bleibt doch immer beträchtlich, und eine geeignete Methode zu finden, ist sehr schwer. Ich möchte es darum begrüßen, wenn Sie den Essay zur Doktorarbeit wählten; denn das Thema ist nicht nur an und für sich bedeutend (und auch meines Wissens vernachlässigt worden), sondern führt angrenzend von der philosophischen Mitteilung unmittelbar zum Dichterischen, so daß Sie sich auf dem Grat Ihrer persönlichen Problematik bewegen könnten und einen Überblick über seinen Aufbau gewännen. Ich glaube, daß Sie daraus auch am ehesten zu erfahren vermöchten, wo und wie Sie sich auf diesem Grenzgebiet für die Zukunft einzurichten haben. Wenn es ernst werden sollte, möchte ich Ihnen gerne die Stellen angeben, wo ich selbst diese Fragen berührt habe, da ich bei diesem Thema nicht gerne übergangen werden will, und Sie, in einem wunderlichen Gegensatz zu Ihrem Lob meines Romans, soviel ich sah, noch keine Lust hatten zu erfahren, was ich sonst geschrieben haben könnte. Daß Ihnen Jaspers von Nietzsche als Ganzem abgeraten hat, finde ich sehr vernünftig, daß Sie den Zarathustrakommentar ablehnen, ebenfalls; was Ihnen wesentlich sein kann, werden Sie durch die Untersuchung der Mitteilungsform hervorholen.

Ich möchte dem nun — auf einen anderen Teil Ihres Briefes eingehend — beifügen, daß ich mir eine fruchtbare philosophische Tätigkeit auf die Dauer ohne eingehende Beschäftigung mit Mathematik und Psychologie nicht denken kann, wie immer man das Wesen der Philosophie auch von diesen Vorkenntnissen abheben möge. Ihre Äußerungen der Abneigung dagegen kommen mir, mit Ihrer Erlaubnis gesagt, ein wenig vorschnell vor; denn auch um zu überwinden (was einen guten Sinn hat), muß man kennen, und wenn ich in Ihrem Brief gerade ansehe, was Sie über Systematik schreiben, liegt es mir nahe, Ihnen zu empfehlen, daß Sie beispielsweise einen Blick (und nicht mehr) in die logische Syntax von Carnap werfen. Das mag Ihnen mißfallen und als „Abakadabra" erscheinen, aber es wird Ihnen zeigen, wie weit sich solche Untersuchungen über Systematik schon von der Erlaubtheit des bloßen Aperçus entfernt haben. (Für eine Arbeit über den Essay ist davon nur Vorsicht nötig.) Und wenn ich also überlege, was Ihre Zukunft sein mag, drängt sich mir als einzige Frage, die ich aus Ihren Briefen positiv beantworten kann, merkwürdigerweise die verwickeltste und abhängigste auf: was Sie machen sollten. Mir scheint — wenn nicht durch Doktorarbeit und Doktorat allerhand Sinnesänderungen eintreten, daß Sie doch gut täten, sich dem ererbten, sauberen und sicheren Geschäft zuzuwenden, das Ihnen nicht allzuviel Arbeitskraft wegnehmen wird und Ihnen, auf die Länge gedacht, einen Rückhalt gibt, der bei heftigem und schwankendem geistigen Temperament nicht unterschätzt werden sollte, doch bitte ich Sie, das durchaus nicht als eine Aufforderung zum Verzicht oder einen Ausdruck meines Zweifels aufzufassen! Zudem: ist es vorstellbar, heute in Deutschland die akademische Laufbahn zu wählen? Und vor der „freien" Schriftstellerei kann ich Sie nur warnen, denn es müßte viel zu weit führen, wenn ich Ihnen meine Erfahrungen erzählte.

Aber ich schließe damit, daß ich nicht weiß, wann mein Buch fertig werden wird, was gerade damit zusammenhängt.

Ich hoffe, daß Ihr Fuß wieder ausgeheilt ist und habe Ihren Unfall sehr bedauert.

Mit vielen Grüßen

Ihr

Robert Musil

Wien. 8. November 1935

Lieber Herr Baedeker!

Ich antworte auf Ihre beiden hübschen Briefe und die freundliche Idee, mir Vinzenz zu übersenden, leider in großer Eile, weil ich am 16. in Zürich, am 17. und 18. in Basel lesen und sprechen soll, und dann vielleicht noch in Bern und vorher sehr viel vorzubereiten und zu versorgen habe. Für heute nur so viel, daß eine Auswahl meiner „kleinen Prosa" vor Weihnachten im Humanitas Verlag, Zürich, unter dem Titel „Nachlaß zu Lebzeiten" erscheinen wird. Ihrer staunenswerten Kenntnis meiner größeren Aufsätze kann ich augenblicklich nur „Politik in Österreich" (Die Aktion. 3. Jahrgang. 26. Juli 1913) und „Politisches Bekenntnis eines jungen Mannes" (Die weißen Blätter. November 1913) hinzufügen. Es sind das zwei

Aufsätze, die ich in den letzten Tagen durch Zufall entdeckt habe. Es gibt wohl auch noch ein paar andere, die meinem Gedächtnis völlig entschwunden sind, wie das auch diese waren. Ich werde mich, wenn ich zurückkehre um Ordnung bemühen und Ihnen Ergebnisse mitteilen, wenn sie einigermaßen nennenswert sind. Ich möchte die Aufsätze sogar ganz gern sammeln und mit ein paar Einleitungen herausgeben, aber die Verhältnisse sind heute so, daß ich mir keinen Verleger dafür denken kann.

Mit den besten Grüßen
Ihr
Robert Musil

Wien. 12. XI. 1935

Lieber Herr Baedeker!
Ich möchte mich sehr freuen, Sie kennen zu lernen, aber was ich sprechen werde, ist kein bedeutender Anlaß. Auf jeden Fall lege ich Ihnen eine Karte von mir bei. Der Vortrag findet, veranstaltet vom P.E.N. Club Basel, am 17. d. um 18 1/2 Uhr im Gasthof Drei Könige in Basel statt. In Eile mit

besten Grüßen
Robert Musil

Wien. III. Rasumofskygasse 20
4. Dezember 1935

Lieber Herr Baedeker!
Ich hatte gerade ein paar Zeilen an Sie geschrieben, worin ich Ihnen sagen wollte, daß ich mich gefreut habe, Sie kennen zu lernen und daß es mir doch leid täte, der Anlaß dieser Reise gewesen zu sein die eine große Leistung bedeutete, der die Gegenleistung fehlte; denn der Abend, als dessen Mitte Sie mich antrafen, obwohl er für mich ganz nett und aus bestimmten Gründen auch eine Unvermeidlichkeit war, erschien mir, mit den Augen des jüngeren Schriftstellers gesehen, doch als etwas wenig Angenehmes. Auch habe ich mich mit Bedauern erinnert, daß wir über Ihre Arbeit, die doch für Ihr Kommen mitbestimmend war, kaum ein Wort hatten sprechen können — als Ihr Schreiben eintraf und zunächst die Folge hatte, daß ich diesen Brief, den ich hiermit kurz resümiert habe, nicht absandte, weil ich Ihnen ausführlicher antworten wollte. Zu dieser Ausführlichkeit kommt es nun aber auch nicht, weil ich wieder im Augenblick viel zu tun habe, mit dem Druck, der nicht rechtzeitig fertig wird und seine Korrekturen regelmäßig dann einschlagen läßt, wenn ich am liebsten ruhig bei meinem Roman wäre, und mit vielen Kleinigkeiten, die zu dem windigen Zustand des Im Leben Stehens gehören.

Es ist mir also eine große Freude, daß Sie mich nicht so schlimm gesehen haben wie ich mich selbst, aber antworten möchte ich heute nur auf einen Satz aus Ihrem Brief: „Es wäre mir auch möglich, gegen viele wichtige Gedanken in Ihrem Werk große Einwände zu machen und meine Philosophie möchte wohl recht anders aussehen..." Dieser Satz enthält etwas, das mir im Lauf der Jahre sehr wichtig geworden ist. Ich glaube nämlich, daß man jemand widersprechen kann, ohne ihn herabzusetzen, und daß — zumal auf dem Gebiet des im weitesten Sinn „Essayistischen"! — auch mehrere Meinungen zugleich recht haben müssen; dieses Rechthaben, in seinem eigentümlichen Verhältnis zur Wahrheit und Subjektivität, ist also ein Hauptproblem des Essays, es ist aber zugleich auch eines des persönlichen Werdens, und ich halte es in letzterem Zusammenhang nicht für gut, es nur im zugedeckten Treibhaus zu halten, sondern bin für ein zeitweiliges Durchlüften. Sie haben mich einmal nach meinem Verhältnis zu Nietzsche gefragt: es ist immer ein unklares gewesen, das in mir selbst Präformierte an mich nehmend, das Fremde beiseite lassend. Das liegt im Wesen des Jüngeren und hängt sicher mit den Bedingungen der Phantasie und der Schaffenskraft zusammen, verträgt nicht zuviel Helle und ist wahrscheinlich auch fruchtbarer als zu bewußte Grenzabsteckung; doch scheint mir die Folge zu sein, daß jene Diskontinuität und Eckigkeit durch Abwendung so entsteht, von der die sachliche Entwicklung, schon über fünfzig Jahre gesehn, mehrfach geschädigt und verlustreich unterbrochen wird, so daß darin wohl ein Problem steckt.

Ich wollte es Ihnen und mir nur andeuten, weil es mir bei Ihrem Brief eingefallen ist.

Ein Bild folgt nächster Tage.

Mit herzlichen Grüßen Ihr

Robert Musil

Wien. 13. I. 1936

Lieber Herr Baedeker!

Um die Erfüllung Ihres Wunsches nicht in die Verzögerung einzubeziehen, die meine Antwort wahrscheinlich erleiden wird (denn ich bin durch Verschiedenes abgehalten), sende ich Ihnen heute bloß das Bild. Ich lege Ihnen ein zweites bei, das ich sehr gern habe, von einer Zeichnung, die meine Frau von mir, allerdings in etwas jüngeren Jahren, gemacht hat und die etlichemal veröffentlicht worden ist.

Mit herzlichen Grüßen und Dank für Ihren Brief

Ihr Robert Musil

Wien. 2. März 1936

Lieber Herr Baedeker!

Es tut mir aufrichtig leid, daß ich Sie so lange habe auf die Antwort warten lassen müssen, zumal da sie wirklich einfach ist: der Anfang, den Sie mir geschickt haben, gefällt mir besonders gut! Aber Anfänge sind wie geschmückte Pforten! Ich möchte bald die ersten Schritte hinter dem Tor und ihren Verlauf hören.

Mit herzlichem Gruß Ihr
Robert Musil

Wien. III. Rasumofskygasse 20
31. Januar 1937

Sehr geehrter Herr Baedeker!

Ich wünsche Ihnen und Ihrem Fräulein Braut herzlichst Glück für Gegenwart und Zukunft!

Vor dieser Nachricht habe ich lange nichts von Ihnen gehört, es muß wohl fast ein Jahr her sein.

Mit den besten Grüßen

Ihr
Robert Musil

EIN GEDENKBLATT FÜR MUSIL

Dr. Walter Großmann

Der Name Robert Musil wurde uns zum erstenmal mit leiser, fast geheimnisvoller Stimme von unserem Deutschprofessor, Normann Linker, zugeflüstert. Was verdanken wir (Jahrgänge von Absolventen des Realgymnasiums an der Stubenbastei) ihm nicht alles! Vor allem, daß er in unsere Ohren Dichternamen hauchte, die dann für manchen von uns zur schicksalshaften Bedeutung wurden. Es war oft anekdotisch Vorgebrachtes, aber in uns rief es eine Sehnsucht nach Unbekanntem und Neuem, nach einer Dichtung, die noch nicht ins Lesebuch Einlaß gefunden hatte, das uns wohl schon mit Rilkes „Panther" bekanntgemacht hatte. Es war nicht immer eine strenge Scheidung der Werte, diese versuchte uns erst später und kompromißloser Josef Lesowsky, ein wahrhaft klarer Geist, wie einer von uns über ihn zu sagen pflegte, anzuerziehen. Kein anderer Name war es aber, der eine solche Magie ausstrahlte, wie Robert Musil, und bald stieß ich bei meinen endlosen Wanderungen durch die Buchhandlungen Wiens auf die „Schwärmer". Was mich so stark anzog, ist schwer heute noch zu sagen, aber wahrscheinlich waren es einige Sätze und Bewegungen, glasharte Gedanken, nicht gelöst von Gefühl und Leidenschaft, der Widerstand gegen das Erstarrte und die Hoffnung auf „ungeheure Möglichkeiten".

Vom Augenblick, da ich die Anzeige, daß Robert Musil aus seinen Werken in einer Schule im 2. Bezirk lesen wird, entdeckte, bis zu dem angesetzten Abend war ich in einem Zustand innerer Spannung. Ich fand meinen Weg zur Schule, die in einer Parallelgasse zur Praterstraße war, und zur Tür, die in ein Klassenzimmer führte, in der eine kleine Gruppe von Menschen bereits versammelt war. Es war ein Winterabend anfangs 1936, unser Maturajahr, die Schulzimmer waren damals gewöhnlich nicht überheizt, und ich glaube, daß einige der Anwesenden ihre Mäntel anbehalten hatten. Ich setzte mich in eine Bank und wartete, und auch kurz darauf ging die Tür auf und drei oder vier Herren und Damen traten ein; alle von beinahe gleicher Größe. Ich glaube, ich erkannte sofort, welcher von ihnen der Dichter war. Er warf über die Schulbänke einige rasche Blicke, die er manchmal mit einem ebenso raschen Lächeln begleitete. Ich hatte das Gefühl, daß die meisten der Anwesenden miteinander bekannt waren. Robert Musil las an diesem Abend „Das Fliegenpapier" und zwei Kapitel aus dem „Mann ohne Eigenschaften". „Kakanien" und „Von der Halbklugheit und ihrer fruchtbaren anderen Hälfte; von der Ähnlichkeit zweier Zeitalter, von dem liebenswerten Wesen Tante Janes und dem Unfug, den man neue Zeit nennt."

Seine Stimme liegt noch heute in meinen Ohren, ihr Ton und die Bewegung seiner Hand und das immer wieder unter den starken Brauen rasche Hervorblicken, noch schweben sie für mich in diesem Raum, der sicherlich inzwischen Zeuge von Leid und Scham geworden und wahrscheinlich nicht mehr existiert. Ich kannte diese Texte damals nicht, aber wenn immer ich sie jetzt lese, ist es Musil, der sie selbst vorliest, und bei der Stelle, wo von Tante Janes mehlbestaubter Stimme die Rede ist, konnte und kann ich mich des Eindrucks nicht erwehren, als würde die Hand des Dichters zart über das auf dem Nudelbrett hingestreute Mehl gleiten. Nach der Vorlesung hielt ich scheu ein Exemplar der „Schwärmer" dem Dichter hin, der, seinen kurzen Augenaufschlag auf mich richtend, seinen Namen einschrieb.

*

Es war meine Gewohnheit, einen Blick auf den Kalender auf dem Schreibtisch des Chefs zu werfen, um so zu erspähen, wer an diesem Tag im Verlag zu erwarten war. Oft auch wagte ich einen weiteren auf die noch unabgelegte Korrespondenz, denn ich hatte früh in meiner Lehrzeit erkannt, daß in dieser das eigentliche Leben des Verlags pulsierte oder begraben war. Im Jahre 1936 fand die Gründung des Bermann-Fischer Verlags in Wien statt und damit mein Eintritt als Lehrling des Herstellers, des guten und gescheiten Dr. Justinian Frisch. Es waren reiche Jahre, und mein Herzschlag ging gemeinsam mit Uhrschlag und Türglocke des Verlags. Für diesen Tag, es muß einer gegen Ende des Jahres 1936 oder schon Anfang 1937 gewesen sein, stand auf dem Kalenderblatt: Musil — Fürst. Als genau zur angesetzten Stunde die Glocke läutete, wurde Robert Musil und seinem Begleiter ehrfurchtsvoll die Tür geöffnet. Bald danach erschien Musils Rede „Über die Dummheit" in der Schriftenreihe „Ausblicke", ein Manualnachdruck des ersten Bandes „Der Mann ohne Eigenschaften" wurde in Druck gegeben, und am aufregendsten, mit dem Satz der Teile, die den 1933 erschienenen zweiten Band fortsetzen, wurde angefangen. Damit begannen auch meine Botengänge mit den Bürstenabzügen, die ich noch druckfeucht in die nur wenige Straßen vom Esteplatz gelegene Rasumofskygasse brachte und hinaus zur Korrektorin, Frau Dr. Brauchbar, die in einem Gemeindehaus auf der Schmelz wohnte. Dr. Frisch ahnte, was diese Sprünge hinüber in Musils Wohnung für mich bedeuteten; anfangs skeptisch begann auch er sich mit diesem Werk immer intensiver einzulassen. Wenn nicht Martha Musil schon mit den korrigierten Fahnen bei der Tür auf mich wartete, sondern noch eine letzte vorläufig definitive Änderung das Aushändigen verzögerte, durfte ich in die wie ein Maulwurfbau angelegte Behausung eintreten und in das Zimmer, das am Ende lag, vordringen, in dem hinter einem großen Schreibtisch Robert Musil saß. Als ich mit der letzten Fahne begeistert anrückte, fragte mich Frau Musil forschend, wie es mir gefalle, und ob ich finde, daß sich dieser neue Teil an den früheren anschließe. Als ich es enthusiastisch bejahte, sagte sie: „Das wird meinen Mann freuen."

Wenige Tage später fand die Machtergreifung statt und setzte der Verlagstätigkeit ein Ende. Da es heute eine mit Akribie arbeitende Musil-Forschung gibt, soll ein kleiner Irrtum, der sich in dem Buch „Robert Musil — Leben, Werk, Wirkung" findet, hier richtiggestellt werden. Es wird dort auf Seite 342 behauptet, daß der „dritte Band ausgedruckt" und „die gesamte Auflage, noch in Bogen, noch nicht gebunden ... beschlagnahmt" wurde. Tatsächlich war diese Fortsetzung des zweiten Bandes, denn Musil wollte ausdrücklich die Bezeichnung „dritter Band" vermeiden, in Fahnen ausgesetzt, aber noch nicht einmal umbrochen. Musils Arbeitsweise ist bekannt, und mein seufzender Lehrer Frisch war sich wohl bewußt, daß ihm noch ein langer Weg zu einem endgültigen Imprimatur bevorgestanden wäre. Ich finde meine Erinnerung in meinem Brief, den mir Musil später nach Amerika schickte, bestätigt, und die betreffenden Zeilen sollen hier wiedergegeben werden:

Genf, 5. September 1940

Ich bin sehr in Arbeit, hoffentlich in guter. Seit jenen „Fahnen" habe ich die Geschichte zwanzigmal umgearbeitet, daß nichts mehr von ihr übrigblieb als die Ziegel, aus denen jetzt der Bau entsteht; es war ein garstiger [?] Prozeß.

Der Verlag blieb kurz unter kommissarischer Leitung und wurde dann von dieser geschlossen. Die Buchhandlung Löwith auf der Wollzeile hatte Arbeitsbewilligung erhalten und bekam in diesen Tagen eine Zufluchtsstätte für alle, die Literatur über

Auswanderungsmöglichkeiten und ferne Länder suchten. Hier fand ich Anstellung, die mir ruheloses Zuhausebleiben ersparte. Meine Gedanken kehrten oft zu Robert Musil, und einmal wagte ich es, bei ihm telephonisch anzurufen. Freundlich erkundigte er sich nach meiner Tätigkeit und fügte dann hinzu: „Ich gehe jetzt wenig unter Menschen, lieber unter Bäume." Als eines Tages die Tür der Buchhandlung aufging, schaute Robert Musil herein. Weniges hätte mir damals mehr Freude bereiten können als sein Besuch. Auch diese Buchhandlung wurde eines Samstagnachmittags geschlossen und der Inhaber, Dr. Max Praeger, von den Gestapomännern fortgeschleppt. Es schien mir ratsam, ein amerikanisches Visum nicht mehr in Wien abzuwarten, und es gelang mir, zu lieben Freunden in die Tschechoslowakei zu fliehen. Auf ein Lebenszeichen, das ich Musil sandte, erhielt ich folgende Zeilen, die mich auch in die Neue Welt wie ein Leitstern begleiteten:

30. November 1938

Ich habe mich sehr über Ihr freundliches Gedenk- und Anhänglichkeitszeichen gefreut und wünsche aufrichtig, daß sich Ihr Leben trotz aller Katastrophen nach den Bestrebungen Ihres Geistes gestalten möge. Daß ich erst heute erwidere, hat seinen Grund darin, daß ich selbst mit vielen Schwierigkeiten zu tun habe.

BEGEGNUNGEN MIT MUSIL

Ignazio Silone

1949 schrieb „Times Literary Supplement" über Robert Musil: „Der bedeutendste Autor deutscher Sprache der ersten Hälfte dieses Jahrhunderts ist einer der am wenigsten bekannten Schriftsteller unserer Zeit." Gewiß, in Österreich und Deutschland hatte Musil schon in den Jahren zwischen 1921 und 1930 — wenn schon nicht beim Publikum, so doch bei der Kritik — beachtliche Anerkennung gefunden, vor allem für das Schauspiel „Die Schwärmer", die Komödie „Vinzenz oder Die Freundin bedeutender Männer" und für die ersten beiden Bände des Romans „Der Mann ohne Eigenschaften". Vergleicht man jedoch die umfangreiche posthume Berühmtheit, die nach dem Krieg um den Namen des österreichischen Schriftstellers entstand, mit dem Schweigen der früheren Jahre, dann muß man den „Times "uneingeschränkt recht geben.

Ich begegnete Musil zum erstenmal im März 1939 in Zürich. Die Schweiz war damals vollgestopft mit Flüchtlingen aus Mitteleuropa und dem Balkan, die durch die rassischen und politischen Verfolgungen gezwungen worden waren, ihre Länder zu verlassen — gar nicht zu reden von den Italienern, die schon vor ihnen gekommen waren. Die Anwesenheit so vieler Emigranten bedeutete für die Wirtschaft und die Politik eine schwere Belastung. Doch gab es unter ihnen Dichter, Schriftsteller, Universitätsprofessoren, Musiker, Schauspieler und Regisseure, die das Kulturleben der Schweiz — vor allem die Verlage und das Theater — zu einer außergewöhnlichen Entfaltung führten. Das Zürcher Schauspielhaus galt in jenen Jahren mit gutem Recht als die beste Sprechbühne Europas, eben wegen der Anwesenheit der Emigranten Brecht und Gyula Hay unter den Dramaturgen, Therese Giese, Kaiser, Langhoff, Horwitz, Paryla und anderen unter den Schauspielern.

In Zürich traf Musil einige Leute wieder, die ihn von früher kannten und sehr schätzten. Zwei dieser alten Freunde bemühten sich auch, gleich nach Musils Ankunft unsere erste Begegnung zustande zu bringen, und zwar der Dramaturg Kurt Hirschfeld und der Schriftsteller Efraim Frisch, der über den „Mann ohne Eigenschaften" in der „Frankfurter Zeitung" eine fundamentale Kritik veröffentlicht hatte, die volles Verständnis offenbarte. Auf Frisch deutend, sagte Musil zu mir: „Er und seinesgleichen sind schuld daran, daß ich nun Emigrant bin."

Musil gehörte in der Tat keiner der beiden Menschengruppen an, in die sich die Emigration teilte: Juden und Politiker. Nicht wenige vereinten in sich beide „Makel", Musil aber war nicht nur kein Jude, er stand auch der Politik vollkommen indifferent gegenüber. Ich fragte ihn, weshalb er Wien überhaupt verlassen habe. „Aus einem sehr einfachen Grunde", erwiderte er, „meine Leser und Kritiker waren fast durchwegs Juden. In den letzten Jahren sind sie nach und nach alle abgereist. Hätte ich allein zurückbleiben sollen, und wozu?"

*

Für Hirschfeld und Frisch war diese Erklärung vollkommen einleuchtend. Sie erinnerte — wenn auch im Sinn ein wenig verschoben — an die Rechtfertigung Thomas Manns, der bekanntlich nach der nationalsozialistischen Machtergreifung zunächst gezögert hatte, Deutschland zu verlassen. Er hatte dem Sohn Klaus und anderen, die ihn deswegen gerügt hatten, geantwortet: „Ich habe in Deutschland meine Leser; es fällt mir schwer, mich von ihnen zu trennen." Dagegen hätte man freilich einwenden können, daß Thomas Mann, anders als Musil, längst schon Leser in allen Ländern der Welt hatte und daß er gewiß in keinem Lande zur Einsamkeit verurteilt gewesen wäre.

Der Geist der Bücher Musils machte die Verständigung viel schwerer. Einen Ausspruch Hegels paraphrasierend und wiederum auf Frisch deutend, sagte er in diesem Zusammenhang bei unserer ersten Begegnung: „Er ist der einzige, der mich verstanden hat." Nach einigem Zögern fügte er hinzu: „Aber auch er hat mich nicht verstanden." Und flüsternd, als spräche er zu sich, schloß er: „Leider verstehe ich mich ja selber nicht."

An der Seite des schüchternen, äußerlich heruntergekommenen, beinahe zerbrechlichen Efraim Frisch bewies Musil absolute Selbstkontrolle: in Haltung und persönlicher Akkuratesse war er der ehemalige österreichische Offizier. Seine Einstellung zur Politik zu präzisieren, war wahrhaftig schwer: 1935 hatte er mit Gide, Malraux, Aragon, Wells, Salvemini und anderen an einem von den Kommunisten angeregten internationalen Schriftstellerkongreß in Paris teilgenommen. Seine Rede war uninteressant und wurde nicht beachtet. Er war weder für Kongresse noch für das Leben in der Öffentlichkeit geschaffen. Später baute er in seinen Roman die Karikatur des „großen

Schriftstellers" ein, der im literarischen Leben als Geschäftsmann agiert und in der Öffentlichkeit als Idealist auftritt; diese Karikatur zeigt die ganze Verachtung, die er für politisierende Literaten empfand.

In einem Essay von Bruno Fürst las ich, Musil sei zur politischen Parteinahme unfähig gewesen, da er in jeder Partei etwas richtiges gesehen habe; er habe sich der Demokratie beinahe ebensosehr widersetzt wie dem Faschismus, überzeugt, daß man die Kultur nicht nur gegen ihre Feinde verteidigen, sondern auch vor ihren Freunden beschützen müsse. Diese Gedanken sind Fürst wahrscheinlich von Musil selber anvertraut worden; ich muß aber betonen, daß er sich bei anderen Gelegenheiten und gegenüber anderen Gesprächspartnern — zumindest hinsichtlich des Nationalsozialismus — weniger verwirrt und weniger unsicher äußerte. Solche Urteile gab er stets nur in privaten Gesprächen von sich. Er schrieb und unterschrieb nichts, was als öffentliche Parteinahme hätte gedeutet werden können, doch tat er dies nicht aus Opportunismus. Er redete nicht gern über Politik, das ist wahr, denn Politik interessierte ihn nicht. Ich glaube auch, daß er sehr wenig davon verstand. Nie begriff er die tiefen politischen Ursachen des Irredentismus, der die Katastrophe der feudalen Strukturen des österreichisch-ungarischen Kaiserreichs ausgelöst hatte, er erfaßte auch die Bedeutung der Klassenkämpfe unserer Zeit nicht.

*

Bei Beginn des Krieges kamen ich und andere häufiger mit ihm zusammen. Wir sprachen von nichts anderem als dem Krieg, Musil aber blieb völlig ungerührt, auch bei den entsetzlichen Berichten, die von der polnischen Front einlangten. Er fühlte schließlich unser Erstaunen über sein Verhalten und meinte, es uns erklären zu müssen. „Es ist die Sintflut", sagte er schlicht, „gegen die Sintflut ist man machtlos." Für sich hatte er eine Arche gegen diese Sintflut gebaut: die ununterbrochene Arbeit an seinem Roman.

Die Apokalypse erschütterte seinen Gleichmut nicht, Einzelschicksale konnten ihn hin und wieder zutiefst beeindrucken und nicht selten sogar rühren. Einmal fragte er mich, ob ich mich erinnerte, gelesen zu haben, daß sich ein deutsches Dienstmädchen aus Schmerz über den Reichstagsbrand umgebracht hatte. Er habe, sagte er, über diesen Vorfall viel nachgedacht und keine Erklärung dafür gefunden. Von den Tausenden Menschen, die in irgendeiner Weise mit dem Reichstag zu tun gehabt hatten, hatte sich keiner umgebracht — warum gerade das Dienstmädchen? Welches Symbol, welchen Mythos konnte der Reichstag für das arme Ding darstellen? (Nach dem 25. Juli 1943 zwang mich ein Ereignis, über Musils Fragen zum Selbstmord des Dienstmädchens wieder nachzudenken: in jener Schweizer Ortschaft, in welcher die Polizei mich interniert hatte, gab es einige faschistische Funktionäre und Techniker; sie nahmen die Nachricht über den Sturz Mussolinis mit einer gewissen Gleichgültigkeit auf; nur ein armer italienischer Gemüsehändler war derart verzweifelt, daß er sich das Leben nahm.)

In den drei Jahren vor seinem Tod, die Musil in der Schweiz verbrachte, litt er unter Schwierigkeiten aller Art, vor allem unter wirtschaftlichen und bürokratischen. Es sind hierüber jedoch übertriebene Darstellungen veröffentlicht worden, die ich wenigstens abschwächen möchte.

Nach dem Ersten Weltkrieg hatte die Inflation Musil wirtschaftlich ruiniert; er war nie imstande gewesen, von dem zu leben, was ihm die schriftstellerische Arbeit einbrachte. Vor der Machtergreifung der Nazi hatten ihm in Berlin und später in Wien Gruppen von Freunden, vor allem Juden, unter die Arme gegriffen. Der Nationalsozialismus hatte diese Freunde entweder in alle Windrichtungen verstreut oder selber arm gemacht. In der Schweiz verschlimmerte das Zusammenwirken verschiedener Ursachen Musils Lage. Die wachsende Zahl von Flüchtlingen aus allen Nachbarländern — zu denen gleich nach Kriegsbeginn Tausende Deserteure kamen — machte es unmöglich, Musil all jene Aufmerksamkeit zu widmen, die er sicher verdient hätte. Zudem gingen Musils Bedürfnisse — seiner außerordentlichen Sensibilität und der angegriffenen Gesundheit wegen — bei weitem über das hinaus, was die Hilfskomitees den Flüchtlingen normalerweise zuwenden konnten. Schließlich muß bedacht werden, daß Musil — da er weder Jude noch Anhänger einer Partei war — gerade die Hilfen der am besten organisierten Komitees nicht beanspruchen konnte. Für ihn mußte also anderwärts Hilfe gesucht werden. Musil hatte das Glück, zwei ihm überaus ergebene Menschen um sich zu haben, die sich Tag für Tag um ihn mühten — seine Gattin Martha und den Wiener Bildhauer Wotruba, dessen Großherzigkeit nicht geringer war als das künstlerische Talent. Wotruba kam auch zu mir und bat mich, ihn bei der Organisierung einer Gruppe von Freunden zu unterstützen, ähnlich jener, die Musil in Wien so wirksam geholfen hatte. Der Versuch war leider von kurzer Dauer. Trotzdem fehlte es Musil nie am Nötigen: für Frau Martha und Wotruba war die Beschaffung dieses Nötigsten allerdings mit großem Zeit- und Nervenaufwand verbunden, und oft genug zitterte man darum, ob die Bemühungen auch Erfolg haben würden.

Es ist ungerecht, immer wieder zu behaupten — erst vor kurzem habe ich solche Klagen wieder gelesen —, Musil habe in der Schweiz Hunger gelitten und in unwürdigen Quartieren gehaust. Derjenige, der die letzten beiden in Genf verbrachten Jahre Musils als „Leben eines Troglodyten" bezeichnet hat, kennt wahrscheinlich den Sinn dieses Begriffes nicht oder er ist unrichtig informiert. Musil bewohnte in Genf eine zwar kleine, aber komfortable Villa mit einem Gärtchen.

Es ist auch an der Zeit, die Scherereien zu entdramatisieren, die wir Flüchtlinge — und Musil mit uns — durch die schweizerische Fremdenpolizei zu erdulden hatten.

Die schweizerische Fremdenpolizei ist eine perfekte Organisation: Belästigungen, Sekkaturen, Ärger und Schikanen, die zum Wesen jeder Polizei gehören, sind bei ihr zur Vollkommenheit gesteigert. Es gibt Länder, in die hineinzukommen äußerst schwierig ist, etwa die USA. Hat man aber einmal ihren Boden unter den Füßen, ist es leicht, jeder Kontrolle zu entgehen. Die Schweiz ist dagegen von allen Seiten leicht zugänglich, mit jedem Fortbewegungsmittel, auch ohne weiteres zu Fuß erreichbar, doch ist es schwer, sich innerhalb des Landes der Kontrolle durch die Ausländerpolizei zu entziehen. Das Land ist klein; die Schweizer betrachten es — anders als die Italiener — nicht als unehrenhaft, die Polizei zu unterstützen. Die Polizei ist demokratisch, ihre Führer werden in Volkswahlen gewählt. Sie wendet ihre Bestimmungen mit der gleichen Pedanterie an, ob sie es nun mit einem berühmten Künstler, einem Geschäftsmann oder einem Arbeiter zu tun hat. Es gibt nur eine Gattung von Privilegierten. Um diese Kategorie, ohne mißverstanden zu werden, zu kennzeichnen, muß ich ein fundamentales Argument erwähnen, das vor allem für jene Kantone gilt, in welchen Wirtschaft und soziale Sicherheit am höchsten entwickelt sind, wie es für Zürich zutrifft. Hier ist es eine der Hauptaufgaben der Polizei, den Wohlstand gegen den unkontrollierten Zustrom armer Leute zu verteidigen. Es ist wichtig, festzuhalten, daß diese autarke Diskriminierung in den reichen Kantonen von allen politischen Parteien gebilligt wird und daß sie sich gleicherweise gegen notleidende Ausländer wie gegen Schweizer aus ärmeren Kantonen richtet. Ein arbeitsloser Tessiner kann somit aus Zürich ebenso leicht entfernt werden wie jeder politische Emigrant, der Tessiner sogar mit weniger Umständen, da er zu seinen Gunsten nicht die Schwierigkeit, anderswo Aufnahme zu finden, ins Treffen führen kann.

Dies begünstigt logischerweise jene Ausländer, die über respektable Bankkonten verfügen. Sie sind also die Privilegierten, von denen ich vorhin gesprochen habe. Die Schweiz ist ohne jeden Zweifel eine Demokratie, aber eben eine mit kapitalistischen Einschränkungen.

Musil besaß kein Bankkonto; er war auch nicht imstande, die 2000 Franken Kaution zu erlegen, welche die Polizei für den Fall eines Spitalaufenthalts und ähnlicher Eventualitäten verlangte. In jedem Gesuch um die Erneuerung seiner Aufenthaltsbewilligung verwies er hartnäckig auf seinen schlechten Zustand. Er begriff nie, daß er gerade damit die Aufmerksamkeit der Ausländerpolizei auf ein Argument lenkte, das gegen ihn sprach.

*

Zur Abrundung des Bildes der bürokratischen Unannehmlichkeiten muß auch — obwohl dies besonders unerfreulich ist — auf das Verhalten des schweizerischen Schriftsteller-Syndikats hingewiesen werden. Die bekanntesten und uneigenützigen Literaten gehörten — wie in anderen Ländern auch — dieser Vereinigung entweder nicht an, oder sie kümmerten sich nicht um das, was sie tat. Der Geist der Schriftsteller-Gewerkschaft war ausgesprochen korporativ; sie hatte einzig und allein die Wahrung der materiellen Interessen ihrer Mitglieder im Auge, andere Ziele kannte sie nicht. Eine eventuelle — und wär's auch nur moralische — Solidarität mit emigrierten Schriftstellern, Dichtern und Musikern war in den Statuten unglücklicherweise nicht vorgesehen. Wahrscheinlich verpflichteten die Statuten auch Arbeiter-Gewerkschaften nicht zu solcher Solidarität, diese unternahmen jedoch — allen voran die Gewerkschaft der öffentlichen Dienste — in jeder Hinsicht sehr viel für die Emigranten aller Art, auch für die Intellektuellen. Die Schriftsteller-Gewerkschaft fühlte sich dagegen offenbar verpflichtet, den Alarmzustand wach zu halten, in welchen ihre aktiven und absolut mittelmäßigen Mitglieder durch die mögliche Konkurrenz der vor den Verfolgungen der Nationalsozialisten in die Schweiz geflüchteten deutschsprachigen Kollegen versetzt worden waren. Es war diesen Flüchtlingen also verboten, in irgendeiner Form literarisch an Schweizer Zeitungen und Zeitschriften mitzuarbeiten. Einige wenige, die — von materieller Not oder einfach vom natürlichen Bedürfnis, etwas auszusagen, dazu gedrängt — dieses Verbot unter Verwendung eines Pseudonyms zu durchbrechen wagten, wurden der Polizei angezeigt und von dieser mit der Ausweisung bedroht. Ich kenne persönlich den Fall einer Schriftstellerin, die wegen der Veröffentlichung einiger Erzählungen in der Basler „National-Zeitung" ausgewiesen wurde. Sie fand in Frankfurt Zuflucht und fiel dort einige Monate später der Gestapo in die Hände.

Diese Art von Verboten rührte Musil nicht. Es gelang ihm anderseits aber auch nicht, sich mit der Uninteressiertheit, um nicht zu sagen mit der Feindseligkeit der kulturellen Institutionen der Schweiz gegenüber den emigrierten Schriftstellern gleichmütig abzufinden. Ich erinnere mich an eine bittere Bemerkung. „Heute", sagte er, „kennen sie uns nicht. Aber wenn wir einmal tot sind, werden sie sich rühmen, uns Asyl gewährt zu haben." In der Tat, heute rühmen sie sich.

Glücklicherweise hat es in der Schweiz stets großmütige Menschen gegeben, die mit eigenen Mitteln das Versagen der Allgemeinheit wieder gutgemacht haben. Jeder von uns hat im schweizerischen Exil einige unvergeßliche Erfahrungen mit solchen Menschen gemacht. Musils Mühsale fanden beim Pastor Robert Lejeune in Zürich brüderliches Verständnis. Der Eintritt dieses gebildeten, edlen Mannes, der der religiös-sozialistischen Bewegung des Leonhard Ragaz anhing, in Musils Leben hätte für den Künstler ein Element der Sicherheit darstellen können. Gleichwohl fand Musils Geist die Heiterkeit nicht. Die Einsamkeit, über die er sich fortwährend beklagte, war in erster Linie selbst auferlegte Isolierung. Diese Selbstisolierung steigerte sich ins Absurde: so lebte zum Beispiel während der ganzen Dauer des Aufenthalts Musils in der Züricher Mühlebachstraße nur ein paar Häuser weiter, in der Pension Delphin, James Joyce; trotzdem kamen die beiden nie zusammen und jeder von ihnen bekundete nicht das geringste Interesse für den anderen. Seltsamerweise betrachtete Musil aber Paul Valéry als geistigen Nachbarn, vielleicht wegen des pseudophilosophischen Sentenzierens, das dieser betrieb.

Musil interessierte sich nicht für Arbeiten der anderen, auch nicht für jene der Jungen. Er war nicht ein Neuer, der Zustimmung, Anhang oder Nachahmer suchte. Er lebte in seiner Arbeit wie in einem freiwilligen Gefängnis. Die Umwelt ließ ihn unberührt. Er schrieb und schrieb die gleiche Seite oder das gleiche Kapitel immer wieder um, fünfzehn oder gar zwanzig Mal. Mit Vorliebe las er wissenschaftliche Abhandlungen und Zeitschriften; dabei machte er sich fortwährend Notizen. Es waren nicht Zitate, sondern Gedankenassoziationen, die ihm die Lektüre eingab, oder Aphorismen. Diese Notizen schrieb er als Glossen auf irgendeine Seite des Romans, auf bereits vollgeschriebene Seiten, auf Seiten, die er neu schreiben wollte, oder als Vorschüsse auf vollkommen weiße Seiten. „Der Mann ohne

Eigenschaften" hatte die Form eines Mosaiks ohne Rahmen. Die Häufung von Gedanken, Bildern und in langen Tagen der Meditation erarbeiteten Überlegungen gab jeder einzelnen Seite am Ende den Charakter eines dichten, überladenen, glatten Gewebes, appretiert durch eine präzise, schneidende, nie vorhersehbare Ausdrucksform. Es war schwierig, eine Vision des Ganzen zu erraten. Musil fehlte sowohl der lyrische Schwung als auch die Gabe des Fabulierens. Die extreme geistige Spannung, in der er lebte, war das Resultat ständigen, angestrengten ideologischen Suchens.

„Der Mann ohne Eigenschaften" ist Roman und Manifest; besser: er ist, da unvollendet, Versuch zu einem Roman und Versuch zu einem Manifest. Er ist weniger Musils Hauptwerk als vielmehr sein einziges Werk, denn die früher geschriebenen Schauspiele und Erzählungen erscheinen uns heute als Arbeiten des Suchens und der Vorbereitung. Worum es im Roman geht, hat Musil selbst in einer kurzen Zusammenfassung gesagt. Es ist ein Geflecht verschiedener Motive oder erzählerischer Vorwürfe. Einer von ihnen schildert die Beteiligung Ulrichs, des Mannes ohne Eigenschaften, an einem Unternehmen, durch welches die sterbende Donaumonarchie (wir sind im Jahre 1913) vergeblich trachtet, der Welt einen gemeinsamen Einheitsgedanken zu schenken. Ein anderer ist der Fall Moosbruggers, des Mörders von Dirnen, zu dessen unsinniger Befreiung auch Ulrich beiträgt. Ein dritter betrifft die Nietzscheanerin Clarisse, in deren Hirn aller Wahnsinn des Jahrhunderts sich wiederfindet. Den vierten schließlich ergibt die abenteuerliche und zweideutige Begegnung Ulrichs mit seiner Schwester Agathe. Diese mehr oder minder zufälligen Haupthandlungen werden von weniger wichtigen Abschweifungen und kleineren Themen überlagert, wie der Autor sagt, in der Art eines Systems von Bächen und Flüssen, die sich am Ende in einem einzigen Strom vereinen und ins Meer fließen. Der Roman endet jedoch, wie gesagt, lang vor der Mündung. Trotz seinen 1500 Seiten ist er unvollendet. Zum Glück für das Buch, wage ich zu sagen, wiewohl das vergebliche Suchen nach einem Abschluß Musil in seinen letzten Lebensjahren gequält hat. Die Ungewißheit stand im übrigen schon am Anfang der Arbeit und äußerte sich in den verschiedenen Titeln, die dem Kopf des Autors entsprangen: „Der Spion" und „Der Erlöser".

Beim Lesen ergibt sich der Eindruck, man habe einen überaus komplizierten Essay vor sich. Musil glaubte an die Wissenschaft; er glaubte, durch intensive geistige Anstrengung werde sich der Kreis des Erkennbaren bereichern und bis zu jenem

Punkt erweitern lassen, da die Lösung der hauptsächlichen Widersprüche des menschlichen Zusammenlebens möglich werden würde. Das war seine edle und vergebliche Ambition, seine persönliche Utopie. Der Bezug auf die Theorien von Mach, Bleuler und Alfred Adler ist im Roman nicht selten. Besonders die Begegnung mit Adler hat Musil, nachdem er sich einer psychoanalytischen Behandlung unterzogen hatte, tief beeindruckt. Alle Personen des Romans stehen in Grenzsituationen. Ulrich ist der Mann ohne Eigenschaften, absolut disponibel, der sich selber erfinden muß und der sich die Welt, in der er zu leben hat, erfindet. Die Welt ist nie ein klar und fest umrissenes historisches Produkt, sondern eine der vielen möglichen Welten. Wer nur etwas über den Existentialismus weiß, wird ihn hier ohne Schwierigkeit wiedererkennen. Ohne Anstrengung läßt sich auch ein Echo der Gestalttheorie vernehmen, welche die Schöpfung nur in sich selbst begründeter geistiger Entitäten unternimmt. Es muß überdies gesagt werden, daß Musil, obschon er häufig auf die Geschicke des österreichisch-ungarischen Kaiserreichs anspielt, der wirkliche Sinn für die Geschichte und für die wahre Komplexität des gesellschaftlichen Lebens abging.

Eine weitere Inkongruenz des Werkes ergibt sich aus dem Kontrast zwischen der Neuheit des Vorwurfs und der traditionellen Technik des Erzählers. Darauf weist Musil selbst in seinem Tagebuch hin. „Ich bin es, der erzählt", liest man dort. Dieses Ich ist nicht eine fingierte Person, sondern der Romancier, ein informierter, verbitterter, enttäuschter Mann. Gleichwohl verfällt die Erzählung nie in den Ton langweiliger Predigten, da sie durch die Schönheit des sprachlichen Ausdrucks und durch viele ironische und satirische Spitzen belebt wird. Musils satirische Pfeile sind gewollt polyvalent: die wirkliche Satire, schrieb Musil, sollte derart sein, daß sie, auf die Klerikalen zielend, auch die Kommunisten in Verlegenheit bringt, und, die Dummheit geißelnd, auch den Autor miteinbezieht.

*

Ich glaube nicht, daß es nötig ist, über Musils Ideen zu diskutieren, obwohl er selbst ihnen große Bedeutung zumaß. Sofern es sich dabei nicht um Anleihen bei anderen handelt (über die man also gesondert reden müßte), sind es Aphorismen: Sentenzen ohne Beweis. Seiner allgemeinen Behauptung, die Gegenwart hinke stets um wenigstens ein Jahrhundert hinter dem Denken einher, ließe sich die ebenso allgemeine, von Marx aufgegriffene gegenteilige Behauptung Hegels entgegenstellen: die Eule der Minerva beginne erst mit der einbrechenden Dämmerung, am Ende des Arbeitstages, ihren Flug. So geht es immer fort, die Probleme bleiben dabei ungelöst.

Die ursprüngliche und dauerhafte Bedeutung erlangt Musil nicht als Philosoph, nicht als Wissenschaftler, nicht als Erfinder einer neuen Religion, sondern als ganz und gar seinem Werk hingegebener Künstler. Die wahre, unvergleichliche Kraft und Würde des „Mannes ohne Eigenschaften" ist der Autor selbst, der, mit seiner Utopie ringend, wie ein lebend Begrabener in diesem Werke ruht.

(Vorabdruck: Forum XII/134)

(Deutsch von Claus Gatterer)

Dieser Aufsatz ist eine erweiterte Fassung der Eröffnungsansprache der Musil-Ausstellung in Rom am 4. Dezember 1964

ROBERT MUSILS SCHWEIZER JAHRE

Erinnerungen von Robert Lejeune

Robert Musil hatte Wien einige Monate nach dem Einmarsch Hitlers verlassen und war nach einem kürzeren Erholungsaufenthalt in Italien Anfang September 1938 nach Zürich gekommen. Persönlich war er in Wien wohl kaum gefährdet, doch ist der Verlag Bermann-Fischer, in dem seine Bücher erschienen, beschlagnahmt und sind seine Bücher verboten worden. Und daß seine Frau als Jüdin auf Schlimmes gefaßt sein mußte, war den beiden natürlich bewußt. Immerhin hofften Robert und Martha Musil, in nicht allzu ferner Zeit nach Wien zurückkehren zu können, weshalb sie ihre Wohnung mit ihren Möbeln, mit Musils Bibliothek, mit seinen eigenen Büchern und reichem Arbeitsmaterial unter der Obhut einer Bekannten zurückließen und auch die Miete weiterhin regelmäßig bezahlten.

Ich lernte Musil durch den Bildhauer Fritz Wotruba kennen, der seinerseits aus Wien geflohen war und während längerer Zeit mit seiner Frau Marian bei uns wohnte. Wotruba hatte Robert Musil, den er von Wien her kannte, eines Tages zufällig auf der Straße getroffen und erzählte mir, wie vereinsamt und verloren dieser ihm erschienen sei — ob er ihn nicht gelegentlich zu uns bringen dürfe?

Robert Musil wohnte damals mit seiner Frau Martha in der Pension „Fortuna" an der Mühlebachstraße, keine fünf Minuten von uns entfernt. Die beiden waren dann öfters bei uns zu Gast, wie auch ich ihn hin und wieder in der „Fortuna" aufsuchte. Es lag mir auch daran, Musil mit einigen Menschen bekannt zu machen, bei denen ich Verständnis für ihn und seine schwierige Lage voraussetzen konnte. So luden wir die beiden Musils mit unseren Freunden Dr. Paul v. Monakow und dessen Frau zusammen ein und verbrachten bald darauf mit ihnen auch einen Abend im Monakow'schen Hause. Auch mit dem Kunsthistoriker Prof. Franz Stadler brachte ich Musil zusammen; dieser war selbst Emigrant und gehörte zu den wenigen Menschen, die Musils Werk kannten und seine Bedeutung richtig einzuschätzen wußten.

Sooft Robert Musil bei uns war, bildete er ungesucht den Mittelpunkt des kleineren oder größeren Kreises von Menschen, die sich bei uns eingefunden hatten. Selten bin ich einem Menschen begegnet, dessen Bedeutung man derart spürte, noch bevor sie sich irgendwie im Gespräch bekundete. Etwas von echter Vornehmheit trat einem in Musil entgegen: wie sich in früheren Zeiten wahre Noblesse schon auf Grund von Herkunft und Rang zu äußern vermochte, so machte sich hier die Vornehmheit des „Geistesfürsten" — um mich dieses Musil'schen Ausdrucks zu bedienen — ganz von selbst geltend. Das kam auch in der Distanz zum Ausdruck, die Musil den Menschen gegenüber wahrte und die es bei aller Herzlichkeit der gegenseitigen Beziehung kaum je zu eigentlicher Vertraulichkeit kommen ließ. Auch Musils hohe Intelligenz wurde einem sofort bewußt — eine Intelligenz, die nichts mit Intellektualismus gemein hatte, sondern in geistigen Bereichen wurzelte, die unseren „Intellektuellen" zumeist verborgen bleiben —, und schon sein Blick schien alles zu durchdringen und das wahre Wesen der Menschen und Dinge zu erfassen.

Nach seiner äußeren Erscheinung hätte man in Robert Musil einen höheren Offizier, einen Obersten oder General a. D. vermuten können: stets nahm er eine aufrechte, geradezu militärische Haltung ein, ließ einen muskulösen, gut trainierten Körper erkennen und wies einen auffallend elastischen Gang auf. Dem entsprach auch seine Kleidung: sie verriet die Maßarbeit eines ersten Schneiders, war immer sorgsam gepflegt und hätte nie die geringste Unordentlichkeit oder Unsauberkeit geduldet. Bei solcher Sorgfalt in Haltung und Kleidung mag gar eine gewisse Eitelkeit mit im Spiel gewesen sein; doch konnte man darin auch einen Ausdruck von Musils geistiger Haltung, nicht zuletzt seiner intellektuellen Genauigkeit und Sauberkeit erblicken.

Daß dieser außergewöhnliche Mensch überhaupt auch gewisse Eigenheiten oder gar „Schwächen" haben mochte, die er mit den vielen teilte, brachte ihn einem eher näher und ließ jene Distanz im Verkehr mit den Menschen mitunter etwas zurücktreten. So war Musil ein leidenschaftlicher Raucher und griff besonders bei der Arbeit immer wieder nach seinen Zigaretten. Er war sich dabei freilich bewußt, daß er dieser Gewohnheit nicht hemmungslos nachgeben durfte, besonders seitdem ein Schlaganfall im Jahre 1936 seine scheinbar robuste Gesundheit schwer erschüttert hatte. Er übte eine strenge Selbstdisziplin, auferlegte sich in seinem täglichen Konsum an Zigaretten eine bestimmte Rationierung und kontrollierte deren

Beachtung mit geradezu pedantischer Gewissenhaftigkeit. Daß Musil auch gerne Schokolade aß und dabei ausgerechnet auf meine eigene Lieblingsschokolade — die dunkle Lindt'sche „Hauchdünn" — gekommen war, heimelte uns geradezu an, und wir haben nach dieser Entdeckung ihn und seine Gattin gerne immer wieder mit solcher „Hauchdünn" versorgt. Zu Musils Gewohnheiten gehörten auch seine täglichen gymnastischen Übungen, bei denen er eine außerordentliche Ausdauer zeigte und es zum Beispiel mit dem „Springseil" auf eine erstaunlich hohe Zahl von Sprüngen brachte. Dieser eisernen Energie und Selbstdisziplin stand eine auffallende Empfindlichkeit gegenüber, die ihn jedes Geräusch und allen Lärm als unerträgliche Störung empfinden ließ. So konnte ihn das häufige Teppichklopfen im Hof der „Fortuna" schier bis zur Verzweiflung treiben und in seiner Arbeit völlig lähmen, wie er auch auf jede Art von Kinderlärm — vom Schreien eines kleinen Kindes bis zu den akustischen Begleiterscheinungen eines fröhlichen Kinderspiels und dem Pausenlärm vom nahen Mühlebach-Schulhause her — überaus heftig reagierte.

In jener Zeit zeigte Fritz Wotruba Lust, Robert Musil zu porträtieren; Musil selbst ging mit sichtlichem Vergnügen auf diesen Vorschlag ein und nahm auch die häufigen Sitzungen, die damit verbunden waren, ganz gerne in Kauf. Um den erforderlichen Ton zu beschaffen, wanderte ich eines Tages mit Wotruba über den Zürichberg nach Stettbach, wo mir eine Töpferei bekannt war. Wir füllten unsere Rucksäcke mit einer gehörigen Menge Ton, stiegen schwerbeladen zur Endstation der Trambahn bei der Allmend Fluntern hinauf und legten dann in unserem Hause ein stattliches Materialdepot an. (Aus diesem Ton schuf der Künstler in der Folgezeit außer dem Porträt Musils und einigen schönen Kleinplastiken auch noch mein eigenes Porträt und das von Leonhard Ragaz; ein Porträt von Manuel Gasser blieb unvollendet und zerbröckelte allmählich auf unserem Estrich.) Da Wotruba über kein eigenes Atelier verfügte, der Kellerraum im Pfarrhaus aber, in dem er eine Zeitlang an seinen Steinen arbeitete, für diese Aufgabe allzu ungünstig war, modellierte er Musils Kopf in einem kleinen Dachraum der „Fortuna". Hier konnte ich den Fortschritt der Arbeit beinahe täglich verfolgen und dabei jeweils das Abbild mit dem Original vergleichen. Nach Beendigung der Arbeit brachten wir die Tonbüste wiederum in die Töpferei nach Stettbach; der Töpfer wagte indessen nicht, diese zu brennen, sondern begnügte sich damit, sie gründlich auszutrocknen. Nach einigen Wochen fand dann Musils Porträtbüste ihren Platz in meinem Arbeitszimmer, wo ich sie mehr als zwanzig Jahre lang ständig vor Augen hatte. Sie wies nicht nur eine verblüffende Ähnlichkeit mit Musil auf, sondern brachte auch dessen geistiges Wesen eindrücklich zur Geltung. Auffallend war mir dabei immer wieder die Verschiedenheit der beiden Gesichtshälften: während die eine an einen chinesischen Weisen erinnerte, gab die andere jenes ironische Lächeln wider, das für Robert Musil so charakteristisch war. Im Jahre 1960 ließ Wotruba die Tonbüste nach Wien holen, wo sie in Bronze gegossen und in der zu Musils 80. Geburtstag veranstalteten Ausstellung gezeigt wurde.

Bald nach der Fertigstellung des Porträts — am 5. Juli 1939 — verlegte Robert Musil seinen Wohnsitz von Zürich nach Genf. Er hoffte, in Genf billiger leben zu können als in der Zürcher Pension. In Genf hatte auch das „Comité international pour le placement des intellectuels réfugiés" seinen Sitz, das Musil eine bescheidene monatliche Unterstützung ausrichtete. Musil hoffte wohl auch, in Genf vermehrte persönliche Beziehungen zu finden. Zu seiner Verabschiedung im Zürcher Hauptbahnhof erschienen auch Fritz und Marian Wotruba, die inzwischen von Zürich nach Zug übersiedelt waren. Als der Zug mit den beiden entwurzelten Emigranten unseren Blicken langsam entschwand, fragte ich mich mit Bangen, ob Robert Musil sich im fremdsprachigen Genf wohl heimisch fühlen werde — ging er nicht einer völlig ungewissen, ja beinahe aussichtslosen Zukunft entgegen?

Noch kurz vor Musils Abreise hatte mir Fritz Wotruba dessen prekäre Situation geschildert und mir nahegelegt, mich auch in materieller Hinsicht seiner nach Möglichkeit anzunehmen. Während seines Aufenthalts bei uns hatte Wotruba beobachten können, wie sozusagen täglich Hilfesuchende der verschiedensten Art ins Pfarrhaus kamen — neben den Armen meiner Gemeinde und zahlreichen regelmäßig Unterstützten auch Emigranten von mitunter recht fragwürdiger Art. Ohne alle Sentimentalität setzte mir Wotruba auseinander, daß in dieser schlimmen Zeit Hunderte und Tausende zugrunde gehen würden und daß ich nichts dagegen ausrichten könne: Da sollte ich mich für die wenigen einsetzen, die dessen wirklich wert wären; ganz besonders aber gelte es jetzt, einen Mann von der Bedeutung Musils durch diese Zeit hindurchzuretten. Ich gab Wotruba gewisse Zusicherungen und ermächtigte ihn, Musil von meiner Hilfsbereitschaft in Kenntnis zu setzen.

So habe ich denn Robert Musil in der Zeit seines Genfer Aufenthalts immer wieder mit Geldbeiträgen geholfen, soweit meine Verhältnisse mir das erlaubten. Ich verschaffte ihm auch eine regelmäßige Unterstützung durch das von Prof. Adolf Keller geleitete „Schweizerische kirchliche Hilfswerk für evangelische Flüchtlinge" in Genf und schrieb unzählige Briefe an alle möglichen Leute, bei denen ich Verständnis für Musil erwarten zu dürfen glaubte. Wenn dies auch meistens mit einer Enttäuschung endete, darf ich doch sagen, daß ich zwar Musils äußere Existenz nicht zu sichern vermochte, wie es dringend wünschbar gewesen wäre, daß ich ihn aber in jenen kritischen Jahren doch einigermaßen über Wasser halten konnte und daß keiner seiner Hilferufe ohne Echo geblieben ist.

Auch nach seiner Übersiedlung nach Genf kam Musil noch verschiedentlich nach Zürich, obschon solche Reisen — wie er sich ausdrückte — „finanziell geradezu Ausschweifung" bedeuteten. In Zürich hielt er sich stets in der Pension „Fortuna" auf, und selbstverständlich trafen wir uns bei allen diesen Besuchen. Musil blieb ja auch weiterhin in Zürich „gemeldet", und nach den damals geltenden Bestimmungen mußte er alle drei Monate um eine Verlängerung seiner Aufenthaltsbewilligung nachsuchen, wobei die Fremdenpolizei selber von einer Verlängerung der „Ausreisefrist" sprach.

Im Dezember veranstaltete Fritz Wotruba im Zürcher Kongreßhaus eine kleinere Ausstellung, in der er neben einigen Figuren, freigestalteten Köpfen und Kleinplastiken auch die beiden Porträts von Musil und mir zeigte (meines war einige Monate nach demjenigen Musils entstanden, während das von Leonhard Ragaz zur Zeit der Ausstellung noch nicht vollendet war.) Robert Musil kam aus Anlaß dieser Ausstellung für einige Tage nach Zürich; er besuchte die Ausstellung mehrmals und schien von seinem Porträt recht befriedigt zu sein, wenn er auch an der Nase irgend etwas auszusetzen hatte.

Bedeutete Musils Zürcher Besuch im Dezember 1939 wohl eine angenehme Abwechslung im Einerlei des Genfer Alltags, so ließ ein weiterer Besuch im Januar 1940 eher einen bitteren Nachgeschmack zurück: Musil war für den 29. Januar für eine Vorlesung nach Winterthur eingeladen worden, und wir knüpften allerlei Hoffnungen an sein Auftreten in der für ihre Pflege der schönen Künste bekannten Stadt. Um so größer war die Enttäuschung, als zu der Veranstaltung — unter Einschluß des Trüppchens aus Zürich — ganze fünfzehn Personen erschienen. Von jenen Repräsentanten des kulturellen Winterthur, auf die wir unsere Hoffnung gesetzt hatten, ließ sich überhaupt niemand blicken. Auch der materielle Ertrag — hundert Franken Honorar nebst Reisespesen — konnte Musil kaum für den ausgebliebenen künstlerischen Erfolg entschädigen. Am 30. Januar notierte er in seinem Tagebuch: „Die Behandlung des Biographischen in der neuen Stimmung: es darf nicht so ärgerlich beschrieben werden, wie es erlebt wird. Zum Beispiel gestern?"

Als Robert Musil Anfang Juli 1939 mit seiner Gattin nach Genf gekommen war, fanden sie bald in der Rue de Lausanne eine kleine Wohnung mit zwei zwar etwas engen, aber recht netten Zimmern und einem kleinen Balkon. Diese Wohnung befand sich hoch oben im fünften Stock, bot aber als Entschädigung für die Mühen des Aufstiegs einen sehr schönen Blick auf die nahen Quaianlagen und den See. Kurze Zeit nach Musils Übersiedlung verband ich einen Besuch der großartigen Ausstellung von Meisterwerken aus dem Prado mit einem Besuche Musils: er erwartete mich zur vereinbarten Stunde an der Treppe des Museums und führte mich dem Quai entlang in seine neue Wohnung. Überraschend schnell hatte er mit Genf Kontakt gefunden; vor allem die Genfer Landschaft mit der ihr eigenen Atmosphäre war ihm rasch lieb geworden. Schon in einem seiner ersten Briefe aus Genf schrieb er mir: „Ich liebe Zürich sehr, aber hier hat die Natur mehr von der Stimmung der Kunst in sich." Täglich machte er kleinere oder größere Spaziergänge in der Umgebung der Stadt, wobei die Ebene zum Salève hin ihn besonders anzog und der Salève selbst ihn immer wieder von neuem stark beeindruckte. Auch in den Tagebüchern gab er seiner Liebe zur Genfer Landschaft öfters Ausdruck: während die Zürcher Landschaft hier nur das Prädikat „anerkennenswert" erhielt, entlockte ihm die Genfer Landschaft geradezu lyrische Töne: „Man ist ständig etwas in sie verliebt." Unter diesen über Erwarten günstigen Umständen hat Musil denn auch in seinem hochgelegenen Balkonzimmer die Arbeit am „Mann ohne Eigenschaften" bald wieder aufgenommen und diese in den knappen drei Jahren seines Genfer Aufenthalts trotz wachsenden äußeren und inneren Schwierigkeiten ein bedeutsames Stück vorwärts gebracht.

Schon nach einem Vierteljahr — am 1. Oktober 1939 — zog Musil von der Rue de Lausanne nach Chêne-Bougeries hinaus, wo ihm in einem zur dortigen Pouponnière gehörenden Haus eine ihm sehr zusagende Wohnung angeboten worden war. Die Leiterin der Pouponnière, Fräulein Barbara v. Borsinger — von Musil gerne „Äbtissin" genannt — brachte ihm freundliches

Verständnis entgegen und die schöne Umgebung des Hauses hat ihn bisweilen geradezu bezaubert. Musil ist während seines Genfer Aufenthaltes am längsten in dieser Wohnung geblieben — anderthalb Jahre lang —, und da seine letzte Wohnung in Champel in absehbarer Zeit abgerissen werden soll, war es gewiß richtig, die Gedenktafel für den Dichter an diesem Hause anzubringen.

Robert Musil sprach zwar von seiner Wohnung in der Pouponnière stets mit einem ironischen Lächeln und sah in seiner Niederlassung in einem Heim für Säuglinge und kleine Kinder eine recht komische Schicksalsfügung, — mit kleinen Kindern konnte er ja zeitlebens nichts anfangen; er empfand sie lediglich als Störung und wich ihnen nach Möglichkeit aus. Was er an seiner neuen Wohnung aber vom ersten Tage an schätzte, war sein geräumiges Arbeitszimmer mit zwei hohen Fenstern und einer in den Garten hinausführenden Glastüre. Endlich konnte er sein Arbeitsmaterial auf dem großen Tisch ausbreiten und ordnen, was ihm den steten Umgang mit all den Mappen, Heften und Manuskripten wesentlich erleichterte.

Zu Musils Wohnung am Chemin des Grangettes gehörte auch der schöne Garten, der damals noch bedeutend größer war und einen weit reicheren Baumbestand aufwies als heute. Diesen Garten liebte Musil gar sehr. Er freute sich an den zahlreichen Bäumen — Birken, Fichten, Cypressen und einer prächtigen Magnolie — und beobachtete aufmerksam den Wuchs der Stämme, Äste und Zweige. Er suchte immer wieder die verschiedenen Sträucher auf und ging mit geradezu wissenschaftlichem Interesse dem Wandel der Farben im Laufe der Jahreszeiten nach. Und wenn er diesen Garten gelegentlich gar in der Dämmerung oder im Mondlicht sah, erschien er ihm als „magisches Bild". Eine Besonderheit des Gartens bildete der ovalförmige, von herabhängendem Efeu überwachsene Brunnen, der nur wenige Schritte von seiner zu ebener Erde liegenden Wohnung entfernt war und ihm bisweilen wie eine geheimnisvolle Grotte vorkam. Auch den verschiedenartigen Vögeln — Finken und Meisen, großen Amseln und eleganten Elstern — schenkte er seine Aufmerksamkeit. Wiederholt hat Musil diesen Garten in seinen Tagebüchern beschrieben und einmal einer solchen Beschreibung die Bemerkung beigefügt: „Ich schreibe so viel von ihm auf, weil er uns glücklich macht." Der Garten der Pouponnière steht auch in deutlichem Zusammenhang mit jenen „Gartengesprächen" im „Mann ohne Eigenschaften", in denen wir wohl den schönsten Ertrag von Musils Schweizer Jahren erblicken dürfen.

Freilich, die Freude am geräumigen Arbeitszimmer und dem in jeder Stimmung schönen Garten vermochte Musils Sorge um seine immer fragwürdiger werdende Situation und damit zugleich um die Vollendung seines Werkes nicht zu verscheuchen. Stets beunruhigte ihn auch der Gedanke an die Verlängerung der ihm jeweils nur für kurze Frist gewährten Aufenthaltsbewilligung. Auch in Genf schwebte die von der Zürcher Fremdenpolizei auf den 30. September 1939 angesetzte Ausreisefrist wie ein Damoklesschwert über seinem Haupte, und die Bemühungen nicht bloß um eine weitere dreimonatige Fristverlängerung, sondern womöglich um eine unbefristete Aufenthaltsbewilligung beschäftigten uns damals ebenso sehr, wie die Versuche zur Sicherung seiner äußeren Existenz.

Mit dem fast allmächtigen Sekretär der Zürcher Fremdenpolizei hatte ich kurz vorher derart üble Erfahrungen gemacht — eine Aufenthaltsbewilligung für die beiden Wotrubas lehnte er schroff ab, als ich zur Begründung ihrer Flucht aus Wien auf Wotrubas entschiedene Gegnerschaft zum Nationalsozialismus und auf die Gefährdung seiner jüdischen Frau hingewiesen hatte! —, daß ich mein Anliegen unter Umgehung des Sekretärs dem damaligen Polizeidirektor, Regierungsrat Briner, persönlich unterbreiten wollte. Dr. Briner zeigte sich entschieden wohlwollender und verlangte nur, daß ich zur Begründung von Musils Gesuch noch einige Empfehlungen von Persönlichkeiten, die im schweizerischen literarischen Leben etwas galten, beibringen möchte. So schrieb ich denn an Hermann Hesse, an Robert Faesi, den Professor für deutsche Literatur an der Universität Zürich, an Felix Möschlin, den damaligen Präsidenten des Schweizerischen Schriftstellervereins, und an Dr. Eduard Korrodi, den bekannten Feuilletonredaktor der „Neuen Zürcher Zeitung", und bat sie um ihre Befürwortung des Gesuches für Musil. Hermann Hesse schickte mir daraufhin eine in warmen Worten gehaltene Empfehlung; auch Professor Faesi, mein einstiger Lehrer am Zürcher Gymnasium, ging freundlich auf mein Anliegen ein, obschon er dem Dichter Robert Musil eher reserviert gegenüberstand; Felix Möschlin ließ sich wohl mehr von seinem menschlichen Verständnis für die schwierige Lage des Emigranten Musil als von der Wertschätzung des Dichters leiten, als auch er meiner Bitte bereitwillig entsprach. Nur Doktor Korrodi lehnte es mit aller Bestimmtheit ab, bei der Fremdenpolizei ein Wort für Robert Musil einzulegen; da er sich aber gleichzeitig bereit erklärte, hin und wieder einen Beitrag Musils in seiner Zeitung aufzunehmen und einen solchen sogar noch höher zu honorieren, als es dem gewohnten Ansatz entsprach, nehme ich an, daß er den Dichter Musil sehr wohl zu würdigen wußte, aber nicht riskieren wollte, unter Umständen als Helfer eines im nationalsozialistischen Deutschland verfemten Emigranten dazustehen. Mit der Unterstützung des Gesuches durch Professor Franz Stadler und Dr. Paul v. Monakow, die beide mit Regierungsrat Briner gut bekannt waren, konnte ich von vornherein rechnen.

Nun, das Gesuch war von Erfolg gekrönt: nachdem zunächst die urspüngliche Frist um einen Monat erstreckt worden war, kam schließlich der Entscheid, daß „die auf den 31. Oktober angesetzte Ausreisefrist einstweilen suspendiert" bleibe. Dieser Bericht brachte Robert Musil, der die Antwort auf das Gesuch in steigender Unruhe erwartet hatte, sicher eine große Erleichterung, und doch vermochte ihn eine solche „einstweilen suspendierte Ausreisefrist" nicht völlig zu beruhigen. Tatsächlich setzte ihn schon im Februar 1940 — anläßlich der eidgenössischen Volkszählung — der Besuch eines Polizeibeamten in neue Aufregung, und eine Anfrage der eidgenössischen Fremdenpolizei vom Dezember 1941, wie es mit seinen Vorbereitungen für die Auswanderung nach den Vereinigten Staaten stehe, zeigte ihm die ganze Fragwürdigkeit seines Schweizer Asyls.

Im Mai 1940 brachte das unerwartete Auftauchen von Fritz und Marian Wotruba etwelche Abwechslung in den gleichmäßigen Ablauf der Tage: die beiden hatten angesichts des stürmischen Vormarsches der Armeen Hitlers Zug fluchtartig verlassen und waren auf ihren Velos nach Genf gefahren, wo sie in einem kleinen Gartenhaus der Pouponnière freundliche Aufnahme fanden. Wotruba konnte sich sogar einen Stein beschaffen und schuf im Garten der Pouponnière eine schöne weibliche Figur, so daß Robert Musil deren Werden aus nächster Nähe verfolgen konnte. Musil stand zwar der bildenden Kunst wesentlich fremder gegenüber als der Dichtkunst und war in seinem Urteil über Kunstwerke eher etwas unsicher; er brachte aber dem künstlerischen Schaffensprozeß größtes Interesse entgegen, was auch verschiedene Eintragungen im Tagebuch aus der Zeit von Wotrubas Aufenthalt in Genf bezeugen. Wotrubas wohlgelungene Genfer Figur stand auch noch während längerer Zeit in Musils Zaubergarten, bis der Künstler sie nach Zug holte, von wo sie dann durch Georg Reinharts Vermittlung den Weg ins Winterthurer Museum gefunden hat.

Nur einige Wochen nach dem munteren Intermezzo, das die Anwesenheit der beiden Wotrubas in Musils meist sehr einsamem Dasein bedeutete, beging Robert Musil in geradezu beklemmender Vereinsamung seinen 60. Geburtstag. Während der Dichter nach seinen eigenen Worten noch einen „großen" fünfzigsten Geburtstag feiern konnte — dieser war mit dem Erscheinen des ersten Bandes des „Mann ohne Eigenschaften" zusammengefallen und hatte Musil eine ganze Reihe von Würdigungen eingetragen —, blieb sein sechzigster Geburtstag völlig unbeachtet. „Es sieht aus, als ob ich schon so gut wie nicht da wäre", schrieb er mir nach diesem Geburtstag. Musil klagte in jener Zeit des Brennstoffmangels öfters über die herrschende Kälte — „Das Wetter läßt uns jämmerlich frieren" —, doch mag die geistige Kälte, die ihn umgab, ihm noch mehr zugesetzt haben. Im gleichen Brief bekannte er: „Hierzulande und heutzutage ist selbst mir kalt geworden, die Wahrheit zu sagen; denn man kann sich doch nicht fortwährend selbst in die Hände blasen."

Im März 1941 überraschte mich Robert Musil mit der Nachricht, daß sie am 1. April ausziehen müßten. Die täglichen Störungen bei der Arbeit durch die Leute im oberen Stock und allerlei unliebsame Auseinandersetzungen, die sich daraus ergaben, hatten ihm die Freude an der Wohnung in der Pouponnière vergällt: „Das Haus ist so leicht gebaut, daß man zu ebener Erde auf Gnade und Ungnade den Lebensäußerungen des ersten Stockes ausgeliefert ist." So hatten sie sich nach etwas Ruhigerem umgesehen, „das wir im Chemin des Clochettes Nr. 1, Champel, gefunden zu haben scheinen."

Die Wohnung in Champel draußen bot Musil tatsächlich größere Ruhe, und wenige Schritte führten ihn in die geliebte Landschaft am Fuße des Salève hinaus. Nur machte sich die Einsamkeit dort draußen noch stärker fühlbar, als in Chêne-Bougeries oder gar an der Rue de Lausanne. Besonders im Herbst war Musil denn auch öfters melancholisch gestimmt. „Es ist jetzt schön, und sehr herbstlich-friedhofsmäßig um unser Häusel", schrieb er Ende September 1941 an einen Freund. „Ich bin sehr melancholisch und schreibe, als ob ich Asphalt in der Füllfeder hätte." Und etwas später heißt es in einem Brief: „So einsam wie in der Schweiz kann man nicht bald irgendwo sein. Diese Schweizer Einsamkeit, es gibt gewiß Schlimmeres in der Welt, aber wenig, das lähmender wäre. Täglich zu erfahren, daß dem Landesgeist alles, was nicht schweizerisch ist, recht eigentlich überflüssig vorkommt, deckt auf die Dauer alle Unternehmungslust mit nasser Asche zu." Im Tagebuch notiert er: „Ich befinde mich in Genf und kein Mensch kennt mich; zu keiner die Kunst berührenden Veranstaltung werde ich eingeladen, Prof. Bohnenblust, der kleine Papst, schneidet mich." Mit Recht fühlte sich denn Musil „von der Gleichgültigkeit meines Pflegevaterlandes beleidigt."

Angesichts dieser Stimmung des Dichters und der Schwierigkeiten, die seine Existenz immer fragwürdiger erscheinen ließen, ist es eigentlich erstaunlich, daß das Werk trotzdem stetig weitergeführt wurde, und daß in Genf noch einige der schönsten und bedeutungsvollsten Kapitel des „Mann ohne Eigenschaften" entstanden sind. Der gleiche Robert Musil, der über „Asphalt in der Füllfeder" klagte und von „nasser Asche" schrieb, die alle Unternehmungslust zudecke, konnte von seiner Arbeit immerhin auch sagen: „Eigentlich gefällt mir das, was ich jetzt schreibe, besser, als ich glauben kann." Und noch unmittelbar vor seinem Tode, als er eben an dem hochbedeutsamen Kapitel „Atemzüge eines Sommertages" geschrieben hatte, war er, nach dem Zeugnis von Martha Musil, mit dem Geschriebenen zufrieden und so heiter, wie sie ihn seit langem nicht gesehen hatte. In diesem letzten, Fragment gebliebenen Kapitel rührten Ulrichs und Agathes „Heilige Gespräche" an Letztes und Höchstes und ließen den tiefsten Sinn dieses eminent autobiographischen Werkes transparent werden.

Schon um dieses einen, unvollendet gebliebenen Kapitels willen ist mir Robert Musils Arbeitsstätte in Champel ehrwürdig. Es ist aber auch der Raum, in dem ich am Vormittag des 17. April 1942 längere Zeit neben dem Toten saß und mit ihm stille Zwiesprache hielt, nachdem Martha Musil mich von Sils-Baselgia, wo ich einige Tage zur Erholung weilte, nach Genf gerufen hatte. Damals wurde auch die Totenmaske abgeformt, die Robert Musils letztes Antlitz festhalten sollte. Und von hier aus fuhr ich am Nachmittag mit Martha Musil und zwei Freunden der beiden Musils hinter dem Leichenwagen durch die belebten Straßen zum Genfer Krematorium hinaus, wo ein kleines Trüppchen Menschen — ein gutes halbes Dutzend — von dem großen Dichter Abschied nahm und ich ihm auf Wunsch der Witwe die „Abdankung" hielt. Nach der Trauerfeier saßen wir dann noch erst zu fünft, dann zu viert, schließlich zu zweit beisammen, bis auch ich meinen Zug aufsuchen mußte, während Martha Musil in das unheimlich leer und still gewordene Haus in Champel zurückfuhr.

Martha Musil bewahrte die Urne mit Robert Musils Asche zunächst noch bei sich in ihrer Wohnung auf, trug sie dann aber vor ihrer Abreise nach den Vereinigten Staaten in ein Wäldchen am Fuße des Salève und zerstreute sie dort. Robert Musil fand also in Genf nicht einmal eine Grabstätte, was wie ein Symbol seines Schicksals im Schweizer Exil anmutet.

Ein kleines Nachspiel erlebte dieses fragwürdige Dasein des Dichters in der Schweiz, als ich auf Wunsch von Martha Musil versuchte, meine Gedenkrede in einer Schweizer Zeitschrift oder Zeitung unterzubringen. Alle angefragten Redaktionen — erst die „Neue Schweizer Rundschau", dann eine ganze Reihe führender Zeitungen mit literarischer Beilage — erklärten mir sozusagen unisono, die einen in freundlich bedauerndem, die andern in nüchtern abweisendem Tone, daß sie diesem österreichischen Schriftsteller unmöglich so viel Platz einräumen könnten. Schließlich bat ich die mir nahestehende Wochenzeitung „Der Aufbau", meine Gedenkrede zu drucken, damit ich einen Separatdruck herstellen könne. Zu meiner Genugtuung hat dann aber Emil Oprecht in Zürich unter Verwendung des Satzes vom „Aufbau" diesen Separatdruck in würdiger Form vornehmen lassen und als kleine Broschüre in seinem Verlag herausgegeben.

Ähnliche Schwierigkeiten stellten sich ein, als Martha Musil auf Grund des vorliegenden reichen Materials einen Nachlaß-Band zum „Mann ohne Eigenschaften" veröffentlichen wollte. Es war unmöglich, dafür einen Verleger zu finden, so daß Martha Musil schließlich den Band in der Imprimerie Centrale in Lausanne drucken ließ, die Druckerei aber für die Bezahlung der Druckkosten auf den zu erwartenden Verkauf des Buches vertrösten mußte. Der Absatz des Buches ging indessen kaum über die Zahl der Subskriptionen hinaus, die wir mühsam genug zusammengebracht hatten, und erst nach Jahren konnte die Schuld getilgt werden, nachdem der ganze Restbestand von einer ausländischen Firma aufgekauft worden war. Auch alle Versuche Martha Musils, für eine Neuausgabe des Gesamtwerkes von Robert Musil einen Verleger zu finden, scheiterten. Anfang 1949 hatte es endlich den Anschein, als würde sich Rowohlt neuerdings für Musil interessieren; als aber Martha Musil auf Grund dieser vagen Hoffnung eigens von Rom nach Zürich kam und sich einige Tage hier aufhielt, gelang es uns nicht, Rowohlt zu einer Besprechung dieser Sache zu bewegen. Drei Monate später ist Martha Musil unerwartet in Rom gestorben, ohne die erhoffte Neuausgabe der Werke Musils gesichert zu wissen, geschweige denn selber noch zu erleben. Erst einige Jahre später sollte Robert Musils Stunde schlagen.

Dieser Aufsatz ist eine erweiterte Fassung der Gedenkansprache anläßlich der Einweihung einer Erinnerungstafel am Gartenhaus der Pouponnière in Genf, Chemin des Grangettes 29, wo Musil anderthalb Jahre gearbeitet hatte, am 15. April 1967, seinem 25. Todestag.

EINIGE BEMERKUNGEN ZUR EDITION EINER HISTORISCH-KRITISCHEN AUSGABE VON ROBERT MUSILS ROMAN >DER MANN OHNE EIGENSCHAFTEN<

Dietrich Uffhausen

Wilhelm Bausingers „Studien zu einer historisch-kritischen Ausgabe von Robert Musils Roman >Der Mann ohne Eigenschaften<", im August 1961 abgeschlossen und als Dissertation an der Universität Tübingen eingereicht, im April 1964 bei Rowohlt im Druck erschienen, bedeuten recht eigentlich den Beginn der Musil-Philologie. In dieser grundlegenden Arbeit (ferner zitiert: B , mit Seitenzahl der Druckfassung) hat Bausinger — in Auseinandersetzung mit der 1952 von Adolf Frisé herausgegebenen, mit redigierten Texten aus dem Nachlaß ergänzten Ausgabe des Romanfragments — die äußerst komplizierten, zuvor jedoch kaum beachteten Probleme einer solchen Nachlaßedition mit bewundernswerter Sachkenntnis und mit gebührender Ausführlichkeit erörtert.

Die gründliche Kritik an der kontaminierenden Verfahrensweise Frisés (dessen Leistung als Herausgeber der ersten Gesamtausgabe er mit Respekt begegnete, dessen Verdienst um Musils Werk ihm aber mehr auf dem literarisch-historischen, denn auf philologisch-editorischem Gebiet zu liegen schien), — von Bausinger anhand eines nahezu überwältigenden Beweismaterials mit Scharfsinn und in souveräner Manier geführt — richtete sich nicht nur gegen einzelne fehlerhafte Stellen, vielmehr gegen die ganze Anlage und mußte so die Authentizität der einzigen allgemein zugänglichen Romanpublikation in Frage stellen. Dabei empfand Bausinger wohl die Notwendigkeit, es nicht bei grundsätzlichen Überlegungen zu belassen und so hat er, im Anschluß an den überwiegend theoretischen Teil, den Versuch unternommen, zur Konkretisierung und Ergänzung seiner Thesen, exemplarisch einige wichtige Entwürfe aus dem Nachlaß textkritisch zu edieren, um damit eine Vorstellung zu geben, in welcher Richtung und mit welchen Mitteln die angestrebte praktische Lösung der Probleme künftig zu suchen sei.

Es hat in der Musil-Forschung über Fragen der Nachlaßedition rege und zum Teil heftige Dispute gegeben. Etwa darüber, ob Musil, seit dem ‚Fontana-Interview‘ im Jahre 1926, eine einheitliche Grundkonzeption für seinen Roman gehabt und, trotz mancher bedeutsamer Umgruppierungen, Ergänzungen und Streichungen, im wesentlichen an ihr bis zuletzt festgehalten habe (eine These, aus der Frisé etwas voreilig und offenbar in Überschätzung ihrer Tragfähigkeit die Rechtfertigung für sein editorisches Verfahren abgeleitet hat; eine These, der u. a. auch Wolfdietrich Rasch sich mit Eifer angenommen und sie in einer Reihe durchaus lesenswerter Aufsätze[1] vorsichtig einschränkend vertreten hat). Oder ob das Charakteristische dieses über Jahrzehnte sich erstreckenden schriftstellerischen Experiments nicht vielmehr im progressiven Wandel einzelner Motive und Konstellationen sichtbar werde, der immer wieder zu Änderungen der Konzeption(en) gezwungen oder aus diesen sich ergeben habe (ein Vorgang, der tief in der Arbeitsweise des Dichters begründet sei und dem gerecht zu werden das eigentliche Anliegen der editorischen Darstellung sein müsse. Diese Ansicht wurde von Kaiser/Wilkins, den englischen Übersetzern des Romans und Herausgebern einer italienischen Ausgabe[2], mit Resolutheit vertreten, und Bausinger konnte sie in vielen Einzelheiten bestätigen, ohne freilich zugleich die sehr persönlichen und mitunter höchst bedenklichen Hypothesen allesamt zu billigen, die Kaiser/Wilkins davon abgeleitet haben).

Weitere strittige Fragen: ob die Hauptfigur der jeweiligen Romankonzeption Achilles-Anders-Ulrich eine gleichbleibende Grundstruktur aufweise, die (wie Musil selbst es gelegentlich getan hat) den generalisierenden Austausch der Namen gestattet; oder ob die Entwicklung von der anfangs viel größeren anarchistischen Aktivität des Helden hin zu einer stark kontemplativen Haltung nicht doch so beträchtlich sei, daß dem Herausgeber — im Gegensatz zum Autor — in keinem Fall das Recht zustehe, Namen auszuwechseln und daß er damit gezwungen sei, die Texte in dem Zusammenhang zu belassen, in dem sie ursprünglich standen.

Ob Musil für die ‚Endführung‘ seines Romans noch in den letzten Schweizer Jahren etwa die Absicht hatte, mit „Der Reise ins Paradies" (einem frühen Entwurf aus den zwanziger Jahren) die Peripetie des Geschwister-Themas und zugleich des gesamten Romans herbeizuführen und dem das Geschehen um Clarisse, um General Stumm und schließlich den Ausbruch des Krieges folgen zu lassen; oder ob Musil an eine Wendung des Schlusses dachte, die ihn der Schilderung all dieser Geschehnisse enthoben hätte . . .

Über diese und ähnliche Fragen (in denen Probleme der Interpretation mit Prinzipien der Textkritik um den Vorrang streiten, anstatt in gegenseitiger Beachtung einander zu ergänzen), über solche Fragen also ist lang und heftig gestritten worden, wenngleich dem Einsichtigen längst deutlich sein mußte, daß eine wirkliche Klärung nur zu erwarten wäre auf Grund sorgfältiger Beschäftigung mit allen nachgelassenen Handschriften und unter Berücksichtigung der ganzen schier unübersehbaren Fülle von Notizen und Dispositionen, die im Nachlaß zu einem guten Teil noch unentziffert liegen. Trotzdem ging die Auseinandersetzung weiter, und da mit dem bisher bekannten Material Gewißheit nicht zu erlangen war, verhärteten sich die Meinungen nur, wurde die Diskussion unergiebig. Und Bausingers kritisches Editions-Modell, das einzige, über das es sinnvoll und fruchtbar gewesen wäre zu diskutieren, dieser aufschlußreiche, wegweisende Versuch ist mit achtungsvollem Schweigen übergangen worden.

An dieser Tatsache ändert auch nichts, was in einigen wenigen Rezensionen und en passant in Zwischenbemerkungen oder in Fußnoten zu Bausingers Arbeit sich geäußert hat. Soweit es nicht bloß schlicht referiert wurde, scheint es die günstige Gelegenheit nur zu nutzen, um (noch einmal aufs neue) zu einer der beiden streitenden Parteien sich zu bekennen; wo Ansätze zur Kritik vorhanden sind, bleibt diese peripher, ohne konstruktives Bemühen, ohne wirkliche Einsicht in die zentralen Probleme der zur Diskussion stehenden Nachlaßedition.

So unerheblich diese Beiträge im einzelnen sind, sie wären kaum des Erwähnens wert, wenn sie insgesamt nicht symptomatisch für die triste Lage wären, in der sich die Musil-Philologie noch heute befindet. Wie groß muß doch die allgemeine Unsicherheit in Fragen der Edition sein, wenn selbst ein so namhafter Literaturfachmann und Musilkenner wie Helmut Arntzen in der Einleitung zu einem Aufsatz, der noch im Jahre 1968 erscheinen konnte[3], sich veranlaßt fühlte, entgegen Bausingers Forderung nach einer philologisch begründeten Edition für die bestehende, in manchem freilich verbesserungswürdige Ausgabe Frisés einzutreten. Schien es zeitweilig, als hätten Bausingers ‚Studien‘ wenigstens im Fachbereich zur allgemeinen Einsicht geführt, daß eine kritische Neuausgabe des ‚Mannes ohne Eigenschaften‘ unbedingt notwendig sei, daß Form und Gehalt des Romans, insbesondere der im Nachlaß bewahrten Texte, nur der chronologischen Betrachtung sich ganz erschließen können und daß die historische Darstellungsweise der Texte allein imstande sei, dem vollendeten Teil des Romans ebenso gerecht zu werden wie seinen Vorstufen und den für den Schlußteil vorgesehenen Entwürfen, so mußte man jetzt, mit nicht geringem Staunen, Arntzen gar für eine ‚Leseausgabe' plädieren sehen, die sich von der bestehenden Ausgabe lediglich zu unterscheiden hätte durch die möglichst vollständige Emendation von Druck- und Lesefehlern und durch ein deutlicheres Hervorheben der ‚graphischen Anordnung', durch deutlichere Unterscheidung zwischen fortlaufendem Text und eingeschobenem Kommentar.

Aber was wäre damit schon erreicht?! Solange man nicht bereit ist anzuerkennen, daß solche Kommentare, wie immer sie gekennzeichnet sein mögen, grundsätzlich nicht in den Text gehören; solange man Frisés Verfahren, sie dennoch in den Text zu nehmen, nicht nur als Notlösung gelten läßt, sondern als eine durchaus akzeptable Lösung betrachtet (wenngleich kein Zweifel darüber bestehen kann, daß nur der Verzicht auf einen kritischen Apparat, durch die Lage seinerzeit mitbedingt, Frisé zu dieser Maßnahme genötigt hat, ein Umstand, der allein für sich ausreichte, um heute von einer gleichartigen Leseausgabe Abstand zu nehmen und endlich mit Energie die Aufgabe einer neuen, kritischen Ausgabe anzupacken); solange man es ablehnt, derlei ‚als Symptom eines zentralen Problems' zu diagnostizieren, eines Verfahrens, das schließlich zu ganz unwahrscheinlichen Kontaminationen führt, zu Texten, die zuvor gar nicht existiert haben und die in der vorliegenden Form vom Autor selbst weder gekannt noch gewollt sind (Bausinger hat das an vielen Beispielen nachgewiesen); solange man sich also weigert, dieses Verfahren generell als unannehmbar zu verwerfen, so lange wird man auch die Notwendigkeit der von Bausinger erhobenen Forderung nicht einsehen, sich einer Editionsmethode zu bedienen, die eine unverfälschte Wiedergabe aller Entwürfe möglich macht.

Die Frage, wie sich der Herausgeber „gegenüber dem Werk als Ganzem und gegenüber dem Teil im Hinblick auf das Ganze zu verhalten habe, zumal wenn dieser Teil nicht durch den Druck vom Autor legitimiert worden ist", diese grundsätzliche Frage bedarf einer ebenso grundsätzlichen Antwort, und die kann nur lauten: der Herausgeber hat im Teil wie im Ganzen den Willen des Autors zu respektieren und Textkontaminationen unbedingt zu vermeiden! Bei der Gestaltung des Ganzen wird er alle nachgelassenen Notizen und Dispositionen des Autors berücksichtigen müssen; bei der Textkonstitution im einzelnen wird ihm der zuletzt erreichte Zustand eines Entwurfs maßgeblich sein, unter Beachtung aller Lesarten und auch der Kommentare, die aber nur im Apparat erscheinen. Freilich hat der Herausgeber auch die Möglichkeit, verschiedene Fassungen eines Entwurfs zusätzlich abzudrucken; und wo zu einem Kapitel mehrere Entwürfe vorhanden sind, wird er sie chronologisch in ihrem Verhältnis zueinander in geeigneter Weise darstellen. In diesem Sinne sind Bausingers Bemühungen zu verstehen, und es beruht sicherlich auf einem Mißverständnis anzunehmen, er lasse den Text nur in der „Urgestalt" zu, versuche ihn herzustellen und verweise alles andere in den Apparat.

Auf diese Annahme stützt sich Arntzen, wenn er der von Bausinger intendierten und der von Frisé instituierten Ausgabe zwei verschiedene Aufgaben zuerkennt, für die eben verschiedene und jeweils adäquate Lösungen gesucht worden seien. Der historisch-kritischen Ausgabe gesteht Arntzen eine „spezifische" Aufgabe zu; er sagt aber nicht, worin sie zu bestehen habe, nämlich darin, einen gesicherten, dem Willen des Autors entsprechenden Text zu gewinnen und in einem kritischen Apparat seine Entstehung klar, knapp und übersichtlich darzustellen. Anhand der Lesarten kann der Benutzer dann die Entwicklung des Textes bis ins einzelne verfolgen, kann der charakteristischen Ausdrucks- und Gestaltungsweise des Dichters nachgehen, seine ganze Ästhetik aufspüren und wird so das Geschaffene nicht bloß bewundern, sondern besser verstehen lernen — gemäß der Äußerung Goethes (an Zelter, am 4. August 1803): „Natur- und Kunstwerke lernt man nicht kennen, wenn sie fertig sind; man muß sie im Entstehen aufhaschen, um sie einigermaßen zu begreifen."[4] Dies die ‚spezifische' Aufgabe einer historisch-kritischen Edition. Ihr gegenüber sieht Arntzen aber die entscheidende Aufgabe darin, daß alles geschehe, „damit der Dichter weniger erhoben und dafür mehr gelesen" werde, und diese entscheidende Aufgabe, glaubt Arntzen, könne eine ‚Leseausgabe' eher erfüllen. Nun hat sich Lessings Wunsch, im Hinblick auf Klopstock „weniger erhoben und fleißiger gelesen" zu werden, sicher nur auf den autorisierten Teil seines Werkes erstreckt. Wer aber schützt den Dichter vor den guten Absichten seiner Herausgeber, wenn er sich nicht mehr wehren kann? Und wer garantiert dem Leser, daß er nicht das Machwerk eines Editors in Händen hält, das sich nur mit einem Dichternamen schmückt? (An dieser Art von Popularität konnte selbst Lessing und gerade er nicht das geringste Interesse haben.)

Die Edition einer Leseausgabe, so schließt Arntzen seinen Gedankengang ab, dürfe freilich „nicht zur Willkür führen,

4

(St. .. nicht einfach ..)

Robert Musil, Der Mann ohne Eigense

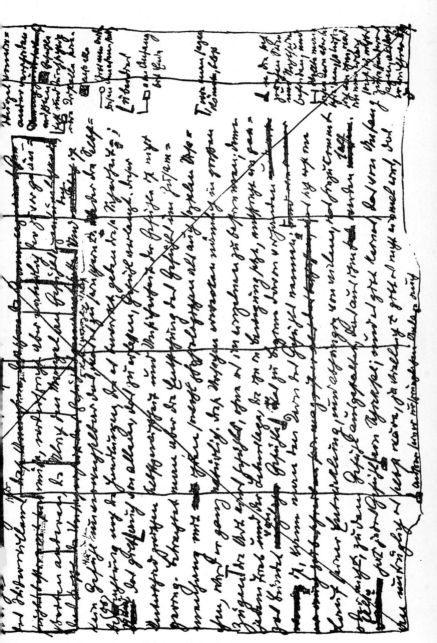

Zweites Buch, Kapitel 51, Seite 4: Reinschrift

doch ebensowenig kann die Kontamination des Nachlasses eines fragmentarischen Werkes von vornherein und grundsätzlich mit einem Verdikt belegt werden." In diesem Satz kommt nun ganz unverhüllt der widersprüchliche Grundzug einer solchen Haltung zum Vorschein. Als wär' nicht eben Tür und Tor der Willkür aufgetan, wenn Kontaminationen nicht nur nicht generell verboten, sondern geradezu gestattet sind. Als müßte nicht gerade der Herausgeber eines fragmentarischen Werkes, der nachgelassene Entwürfe mit einbezieht, besonders darauf bedacht sein, dem Willen des Autors in allen Einzelheiten nachzukommen; das verlangt der Respekt vor dem Dichter, das gebietet das Recht, das er an seinem Werke hat. Und wie anders dürfte erst der Herausgeber einer ‚Leseausgabe' verfahren, da ihm der Verzicht auf einen kritischen Apparat die Möglichkeit benimmt, seine gewiß oft schwierigen Entscheidungen jeweils zu rechtfertigen und im Zweifelsfall durch die Darlegung des Sachverhalts jedermann zu gestatten, seine eigene Wahl zu treffen.

Niemand wird verkennen, daß Frisés Ausgabe einen wichtigen Zweck erfüllt hat. Wenn ihre Absicht allein darin bestand, wie mancherorts betont wurde, Musils Werk die ihm gebührende weltweite Beachtung zu verschaffen, dann ist ihr dies in wirklich unerwartetem Maße gelungen. Mit dem Ruhm aber wuchs auch das Interesse am Text, wuchsen die Zweifel, erhob sich schließlich die Forderung nach einer neuen, kritischen Ausgabe, wurde die Einsicht unausweichlich, daß von einer korrekten Präsentierung der Texte, insbesondere des umfangreichen Nachlaßmaterials, jede ernstzunehmende Interpretation des Werkes, ja das Schicksal des Werkes selbst abhängt.

Was aber weiter und wie? Eine neue, verbesserte, vielleicht erweiterte Leseausgabe im alten Stil, wie Arntzen es vorschlägt, kommt nicht in Betracht; sie würde das alte Übel nur weiterschleppen. Was für eine erste Ausgabe sich möglicherweise noch rechtfertigen ließe, ist für eine zweite längst indiskutabel. Also eine neue Leseausgabe, wie Rasch sie in Erwägung zieht[5], bei der „es freilich nicht ratsam wäre, Frisés Anordnung (mit Beseitigung der Fehler und Montagen) beizubehalten"? Nun, solange die Mittel und Möglichkeiten für eine philologisch exakte Edition nicht vorhanden sind, mag das der einzige Ausweg sein, könnte das sogar dem Ziel einen Schritt näher bringen (denn fraglos befindet sich jede Textausgabe, gleichviel mit welch andersartigen Ansprüchen und Absichten sie auch auftritt, immer schon auf dem Weg zu einer

historisch-kritischen Ausgabe, hat sich jede um einen verantwortlichen und einwandfreien Text zu bemühen, und wird
danach zu bewerten sein, wie nahe sie ihrem Ziel gekommen
ist). So viel steht fest: eine wirklich verläßliche Leseausgabe
wird sich erst aufgrund einer wissenschaftlichen Edition erreichen lassen. Weshalb dann die kleinen und kleinsten Schritte
und nicht gleich der Versuch einer kritischen Ausgabe? Wer
weiß, was auf dem Spiel steht, wer die Aufgabe klar erkennt
und sie ergreift und gewillt ist, sie zu lösen, der wird auch die
Mittel und Möglichkeiten für ihre Verwirklichung finden.

Solche und ähnliche Überlegungen mögen dazu beigetragen
haben, daß Bausinger das kontaminierende Verfahren Frisés
kompromißlos ablehnte und seine ganze Kraft in Richtung auf
eine historisch-kritische Edition einsetzte. Arntzen freilich weiß
es anders, und er weiß sogar, als Resümee seiner kritischen
Kapricen, den wahren Grund für Bausingers Haltung anzu-
geben. „Bausinger", so behauptet er, „vertritt einen puristi-
schen Wissenschaftsstandpunkt, der in sich plausibel ist, denn-
noch problematisch bleibt <...>, weil er ganz an den Wis-
senschaftsmaximen des Positivismus orientiert ist und sie dog-
matisiert." Welch ein absurder Vorwurf! Man bedenke nur,
daß die genetische Methode, gegen die er sich richtet (hat Bausinger doch ganz an ihr sich orientiert und sie adaptiert), ihre
Entstehung gerade auch der Auseinandersetzung mit den positivistischen Darstellungsweisen und ihrer scharfen Ablehnung
verdankt. Hätte Beißners Hölderlin-Ausgabe etwa in ihrer Art
so epochal gewirkt, wenn sie sich nicht von allen derartigen Edi-
tionsversuchen weit distanziert hätte? Und wie sonst könnte sie
heute uneingeschränkt für alle Fachkundigen in irgend einer
Hinsicht Richtpunkt sein? (Freilich, wer glaubt, man dürfe
ruhig auf die Vollständigkeit der Lesarten oder überhaupt ganz
auf sie verzichten, und das schon für die Überwindung des Positivismus und seiner Maximen hält, wer so fortschrittlich denkt,
den wird auch die Stuttgarter Ausgabe noch überfordern müssen). Man bedenke aber auch, daß in der Diskussion der letzten Jahre der genetischen Methode vielfach vorgehalten wurde,
in ihrem Bemühen, verwickelte Entwürfe lesbar darzustellen,
‚idealisiere' sie den Entstehungsprozeß in manchen Punkten,
sie hebe aus den Schichtungen der Handschriften „ideale Fassungen" hervor, konzipiere aus allen Varianten aller zueinander
gehörenden Handschriften einen „idealen Text", kurz, sie
werde dem tatsächlichen Befund nicht immer gerecht und es
sei wünschenswert, in der Darstellung einen höheren Grad an
Realismus zu erreichen.

Das eine wie das andere zeigt wohl in aller Deutlichkeit, wie unsinnig Arntzens Bedenken gegenüber Bausinger sich ausnehmen müssen. Sollte aber sein Vorbehalt gegen eine „puristische" Wissenschaftlichkeit der Sorgfalt und unbestechlichen Gewissenhaftigkeit gelten, mit der Bausinger seine ‚Studien' über Musil getrieben hat, eben jener Akribie, die zu den höchsten Tugenden des editorischen Handwerks gehört, dann, meine ich, kann dieser Vorwurf nur den diskreditieren, der ihn erhebt.

Die genetische, die Entwicklung eines Werkes nach- und mitvollziehende Methode mit ihrer treppenförmigen Anordnung der Entstehungsstufen kam Bausingers Bemühen, die Arbeitsweise Musils getreu nachzubilden, fraglos entgegen. Wie immer man Musils Brief an „Die Literatur" vom Jahre 1930[6] im einzelnen auch ausdeuten mag: daß Musil selbst, im Hinblick auf die eingesandten Manuskriptproben, die Eigenart ihres Entstehungsprozesses als „eine Folge von Stufen" beschrieb, „die von verschiedenen Treppen herrührten und zu einer neuen Gestalt bearbeitet werden mußten"; daß andererseits die an Wieland-Handschriften entwickelte und an der nicht minder verwickelten Handschriften-Situation bei Hölderlin bereits erprobte Methode eben jenen Prozeß in so eindrucksvoller Weise veranschaulicht; beides konnte und mußte Bausinger in der Annahme bestärken, daß er mit dieser Art der Apparatgestaltung auf dem richtigen und angemessenen Wege sei.

Gegenüber der Großen Stuttgarter Hölderlin-Ausgabe hat Bausinger für die Darstellung der Lesarten von Musil-Handschriften die Bezeichnung der verschiedenen Entwicklungsstufen, ihrer weiteren Abstufungen und kleineren Gabelungen nur aus technischen Gründen etwas abgeändert, im Prinzip aber beibehalten. Übernommen hat er gleichfalls den Grundsatz, nach dem die jeweils folgende Stufe die vorhergehende ohne deskriptiven Zusatz aufhebt und tilgt.

Solange der Herausgeber es ausschließlich mit Varianten zu tun hat, mit Substitutionen, Interpolationen, Textumstellungen und Streichungen, also mit eindeutigen Korrekturen (deren zeitliche Abfolge unzweifelhaft festgestellt werden kann), ist dieses vereinfachende Verfahren durchaus angebracht; es bleibt übersichtlich und exakt. Er steht aber vor einer neuen, nicht vorgesehenen Situation, sobald Variable (um diesen von Bausinger verwendeten Terminus zu gebrauchen) auftauchen und im Apparat darzustellen sind, Textstellen, wo zwei oder mehrere Wendungen vom Autor alternativ gesetzt und, wie das bei Musil außerordentlich häufig der Fall ist, im Zustand des Erwägens belassen werden. Darf in einer solchen Situation der Herausgeber bei der Textkonstitution für die eine oder andere Wendung sich entscheiden? Und wird er nicht bei der Wiedergabe der Lesarten das Axiom der Aufhebung und Tilgung aufheben und tilgen müssen?

Wie wichtig die Klärung dieses Sachverhalts und vor allem die befriedigende Lösung des editorischen Problems in der Tat ist, mag deutlich werden, wenn man z. B. die Gelegenheit hat, einen Entwurf aus Musils Nachlaß kennenzulernen, der gleich zweimal editiert worden ist: erstmals als gereinigter Lesetext (ohne kritischen Apparat) von Bausinger (B 155a—160a) und dann erneut als gereinigter Lesetext („Unwesentliche Korrekturen wurden nicht vermerkt"), aber versehen mit einem Kommentar, von Kaiser/Wilkins[7]. Dieser Text enthält die Schilderung von Moosbruggers Ausbruchsversuch, der freilich trotz oder auch wegen der helfenden Teilnahme von Anders und Biziste kläglich scheitert.

Nicht weniger kläglich ist das Ergebnis, wenn die beiden Editionen miteinander konfrontiert werden. Ulrich Karthaus hat in seinem (sonst eher nachlässigen) Forschungsbericht[8] mit Recht auf den mißlichen Umstand hingewiesen, daß auf diesen vier, fünf Seiten mehrere Dutzend Abweichungen zu finden sind, von „belanglosen Einzelheiten der Orthographie" bis hin zu „sinnverändernden Varianten". (Dabei sind etliche Differenzen noch gar nicht mitgerechnet, die bei genauer Kollation der beiden Versionen sich zusätzlich ergeben). Die Ratlosigkeit, die ein solcher Sachverhalt auslösen mußte, ist nur zu gut verständlich. Sie wäre wohl auch weitgehend vermieden worden, wenn Bausinger nicht ausgerechnet bei diesem Entwurf auf die Mitteilung der Lesarten verzichtet hätte. Oder aber, wenn Kaisers ihrem guten Vorsatz treu geblieben wären, „in Fällen, wo Musils Korrektur den Sinn verändert, die ursprüngliche Form der Stelle in eckige Klammern vor <die> Neufassung" zu setzen, bzw. wenn sie dies wirklich konsequent ausgeführt hätten. Da sie es nicht taten, blieb dem interessierten Leser nichts übrig, als sich eigene Gedanken zu machen über das Zustandekommen der groben, sinnverändernden Unstimmigkeiten. Eine Erklärung wäre gewesen, und der Blick ins Original bestätigt es, daß diese jeweils da auftreten, wo von den Herausgebern variable Textstellen unterschiedlich bewertet werden und nur eine Fassung geboten wird anstelle sämtlicher Alternativen. So lautet etwa der von Karthaus besonders beanstandete Satz im Kaiserschen Text:

„Der verdammte Biziste hätte auf ihn <Anders> warten

sollen, aber zugleich sehnte er sich nach ihm wie nach einem göttlichen Führer.“[9]

Hingegen steht bei Bausinger (B 157a) zu lesen, daß Anders sich nach Biziste sehnte „wie nach einem stärkeren Bruder“. Der handschriftliche Befund ergibt, daß Musil bei der ersten Niederschrift (die Grundschicht ist mit Tinte ausgeführt) das Bild vom „göttlichen Führer“ Hermes wählte, dann aber (ob gleich im Anschluß als ‚Sofortkorrektur‘ oder erst nach Beendigung der Zeile, des nächsten Satzes oder noch später, läßt sich mit Gewißheit nicht sagen) die abschwächende Formulierung „stärkeren Bruder“ in Betracht zog und sie (ebenfalls mit Tinte) auf Zeilenhöhe am rechten Rand des Blattes notierte (zu Musils Schreibgewohnheiten vgl. B 136). Schließlich, bei einer nachträglichen Durchsicht des Entwurfs, kritzelte Musil (mit Bleistift) über die ursprüngliche Fassung: „älteren Bruder“.

Da der Autor selbst für keine dieser drei Möglichkeiten sich entscheiden konnte, wäre es eine Eigenmächtigkeit, die wohl über die Kompetenz des Herausgebers hinausginge, wollte er anstelle des Autors die Wahl nach subjektivem Ermessen treffen (oder aufgrund welcher Kriterien sonst, da auch die Chronologie ihm keine Handhabe bietet, im Gegensatz zur Varianten-Situation, wo nur die letzte dem Willen des Autors entsprechende Fassung für den Editor maßgeblich sein kann). Ein Vorgehen, das bei Variablen eine der Fassungen gewissermaßen postum autorisiert, bleibt fragwürdig, wie immer es begründet sein mag.

Bei einer Edition von Musils Entwürfen — und an der grundsätzlichen Berechtigung des Herausgebers, die frühen sowie die späten Entwürfe abzudrucken, sind kaum Zweifel möglich — läßt sich über ihre Anordnung freilich streiten: ob nun in einem Text-Anhang, wie etwa Bausinger es praktiziert hat, alle Entwürfe in chronologischer Reihenfolge zu erscheinen hätten, und zwar im Rahmen der jeweiligen Konzeption des Romanganzen, zu der sie in der vorliegenden Form gehören und unabhängig davon, ob und in welcher Weise Musil sie in seinen letzten Lebensjahren verwenden wollte; oder ob eine Trennung aller jener Entwürfe, die für den Schlußteil in Frage kommen und nach Musils Intentionen bis zuletzt dafür vorgesehen waren, von denen, die durch die Druckfassung der ersten beiden Bände oder durch eine Reinschrift überholt sind und nur mehr den Wert einer überwundenen Vorstufe haben, nicht ‚unbedingt erforderlich‘ wäre, wie Rasch es verlangt hat; oder ob nicht vielleicht beides, sinnvoll aufeinander bezogen, verwirklicht werden könnte, wobei man Textwiederholungen, die sich wohl nicht vermeiden lassen, nach Möglichkeit und den jeweiligen Erfordernissen entsprechend doch einschränken könnte — bei einer solchen Edition also wäre es gut vorstellbar, daß bei der Textkonstitution in Fällen von Variablen nicht ein trügerisch glatter Wortlaut präsentiert würde, sondern alle Alternativlesungen in den fortlaufenden Text mit aufgenommen würden, nur eben durch einen besonderen Schrifttyp gekennzeichnet und gut vom Klartext zu unterscheiden.

Deutlich sollte auch bei Darstellung der Lesarten der Unterschied zwischen Variable und Variante erkennbar sein. Da die genetische Methode in beiden Fällen die nämliche Gestalt aufweisen würde, sei hier gleich der Vorschlag unterbreitet, wie zu verfahren wäre, um beiden Situationen gerecht zu werden. Das bereits besprochene Beispiel mag dazu das Material liefern; die angewandte Methode hingegen greift den später folgenden Ausführungen vor, sie entspricht den dort aufgestellten Grundsätzen. Hier nur so viel: (1) = Grundschicht (Tinte); (2) = erste Überschichtung (Tinte wie in [1]); (3b) = zweite Überschichtung (Bleistift). Die letzte, gültige Fassung wird gegen die überholten Vorstufen im Schriftbild hervorgehoben. Vom Autor durchgeführte Tilgungen werden durch eckige Klammern gekennzeichnet und damit von lediglich überholten Passagen unterschieden. Sofortkorrekturen oder Zusätze, die bei der ersten Niederschrift entstehen, werden in die Grundschicht mit einbezogen. In Zweifelsfällen kann die Lesart etwa in (1) und in (2) erscheinen, sie wird dann mit Fragezeichen versehen. Wortwiederholungen, die nicht vom Autor stammen, werden in runde Klammern gesetzt, alle Zutat des Herausgebers sonst in spitze Klammern.

I. Fall: Varianten (Tilgung)
(1) $<...>$ aber zugleich sehnte er sich nach ihm

(1) wie nach einem [göttlichen Führer].
(2) „   „   „   [stärkeren Bruder].
(3) „   „   „   älteren Bruder.

II. Fall: Variable
(1) wie nach einem göttlichen Führer / stärkeren Bruder $<?>$.
(2) „   „   „   (stärkeren Bruder).
(3b) „   „   „   älteren Bruder.

Diese Art der Darstellung gibt unmißverständlich und in prägnanter Form den realen Sachverhalt wieder. (Fall I ist freilich nur die Abbildung einer fiktiven Situation.) Damit findet eine häufig auftretende, für Musil charakteristische Schreibweise ihre methodische Entsprechung (eine Schreibweise, deren Wiedergabe die genetische Methode nicht vorsieht und nicht erlaubt, will man das ihr zugrundeliegende Prinzip nicht antasten). Daß dies Verfahren nicht klar und übersichtlich sei, durch Anwendung von Klammern eine unzumutbare Komplizierung des Apparats verursache, daß dem Leser die Textentwicklung nicht deutlich vor Augen stehe oder daß die gewonnene Deutlichkeit und Übersichtlichkeit durch unwillkommene Vereinfachung erreicht sei und auf Kosten der Exaktheit gehe, alles das wird man, denke ich, hier nicht behaupten können.

Soweit die treppenförmige Darstellung des genetischen Editionsverfahrens sich modifizieren läßt, hat Bausinger das mit der Einführung des „Fortlaufzeichens" (' ') und mit der Kennzeichnung verschiedener Arbeitsschichten durch Siglen getan.

Mit dem Fortlaufzeichen wird zunächst die Frage der innerhandschriftlichen Chronologie berührt. Hinter einer Entwicklungsstufe angebracht, soll es anzeigen, daß der Text im Manuskript weiterlief, bevor Musil den neuen Wortlaut herstellte. Auf diese Weise können etwa Sofortkorrekturen von nachträglichen Änderungen unterschieden werden. Angenommen, ein Wort oder Satzteil wird gestrichen und anschließend in der gleichen Zeile neu formiert, dann darf man mit einiger Sicherheit von einer Sofortkorrektur sprechen. In solchem Fall würde das Fortlaufzeichen nach der getilgten Stufe fehlen. Nun hat Musil aber die Eigenart, Änderungen auch über der betroffenen Stelle oder gar am Seitenrand vorzunehmen, wenngleich das nächstfolgende Wort noch nicht niedergeschrieben war und somit durchaus die Möglichkeit bestanden hätte, die Besserung innerhalb der Zeile vorzunehmen. Kommen keine anderen Kriterien (des Schriftbilds oder des Schreibmaterials) zu Hilfe, muß offen bleiben, ob die Korrektur unmittelbar bei der Niederschrift oder nachträglich erfolgte. Bausinger sieht in diesen Fällen vor, die Änderung beiden fraglichen Stufen zuzuordnen und das Fortlaufzeichen durch ein Fragezeichen zu ergänzen, damit der Leser die Unsicherheit in der Zuordnung erkennen kann (B 144 f., vgl. auch obiges Beispiel). Vollends ungewiß wird die Chronologie, wenn sich nicht feststellen läßt, wann eine Korrektur nachgetragen wurde, nach dem folgenden Wort oder erst nach Beendigung der Zeile, des Satzes, des Abschnitts oder noch später. Es empfiehlt sich daher, Verbesserungen gleich an der Stelle zu verzeichnen, wo der Autor sie — wenn auch erst später — tatsächlich vorgenommen hat; bei Überlagerungen in der Reihenfolge ihrer vermutlichen Entstehung. Die Darstellung der Lesarten ist dann so zu verstehen, daß Änderungen an den einzelnen Stellen chronologisch erscheinen und in der Reihenfolge des Textes jeweils genannt werden, daß aber mit dem räumlichen Nacheinander noch keine Aussage gemacht wird über die jeweilige Abfolge der Änderungen im Ganzen der innerhandschriftlichen Chronologie. Ihr gegenüber verhält sich der Apparat indifferent und hält lediglich die bestehenden Möglichkeiten der freien Kombination offen. Durch das Fortlaufzeichen werden sie dann auf ihre Wahrscheinlichkeit hin reduziert.

Eine weitere Funktion übernimmt das Fortlaufzeichen als Markierung der Grundschicht. Bausinger sieht die Notwendigkeit der Unterscheidung verschiedener Arbeitsschichten im Hinblick auf ihre „entscheidende Bedeutung für die eigentliche Textentwicklung" (B 141). Unsichere Versuche, einzelne Varianten zu einer Arbeitsschicht zusammenzuordnen, kommen dabei freilich nicht in Betracht; sie gefährden die geforderte Objektivität des Lesartenapparats. Können dagegen aus dem Duktus der Schrift, dem sich ändernden Schreibmaterial oder ähnlichen Merkmalen zuverlässige Kriterien dafür gewonnen werden, daß allemal nachträgliche Textänderungen dem gleichen Arbeitsgang angehören, so tritt dem Fortlaufzeichen, zur Verdeutlichung dieses Sachverhalts, ein der Handschriften-Sigle beigegebener Minuskel-Exponent zur Seite. Er soll eine schichtähnliche Trennung innerhalb der Handschrift anzeigen, und zwar unbhängig davon, ob es sich nun um durchgehende oder bloß um kommunizierende Schichtungen handelt.

Was Bausinger damit an Deutlichkeit und Eindeutigkeit für die Darstellung gewinnt, ist evident. Und doch reichen alle diese Markierungen noch nicht aus, um den Leser in allen Fällen exakt und bei aller gebotenen Knappheit hinlänglich über den handschriftlichen Befund zu informieren. Bausinger konzentriert sich ausschließlich darauf, den bei jeder Entwicklungsstufe des Textes intendierten Wortlaut mitzuteilen und Textänderungen, entsprechend ihrer Entstehung, übersichtlich aufzuführen. Was den Wortlaut der jeweiligen Stufen betrifft, ist ihm allein bedeutsam und wird als essentieller Bestandteil in seine Darstellung einbezogen. Alles andere bleibt als akzidentielles Merkmal, nur das Schriftbild betreffend, unberücksichtigt. Nach dem Leitsatz der genetischen Methode: nicht umständlich beschreiben, sondern übersichtlich darstellen — unterläßt er z. B. jede genaue, streng topographische Positionsangabe von Varianten, und das im allgemeinen sicherlich zu Recht. Darüber hinaus aber wird auf alle näheren Angaben deskriptiven Charakters Verzicht geleistet, weil sie bei der Darstellung komplizierter Entwürfe die klare Linie nur verwirren und die Aufnahme unnötig beeinträchtigen würden. Freilich muß man sich fragen, ob etwa die Anwendung der geraden eckigen Klammer (bei Tilgungen des Autors) wirklich eine unzumutbare oder nicht mehr zu rechtfertigende Komplizierung der Darstellung bedeutet oder ob die einzige Alternative zur Übersichtlichkeit in der Darstellung wirklich die umständliche Beschreibung ist.

Die Frage nach dem Wortlaut des Manuskripts hält Bausinger für verfehlt, da ihn allein der Wortlaut der Entwicklungsstufen interessiert. Deshalb nimmt er etwa auch Wortwiederholungen zur Verdeutlichung des Sinngefüges in Kauf und lehnt es ab, sie als Hinzufügungen des Herausgebers ausdrücklich zu kennzeichnen. Die Frage nach der Textentwicklung beherrscht sein ganzes Verfahren, das gleichwohl ein „Bild von der Arbeitsweise" des Dichters zu geben bemüht ist. Ein Leser (und Herausgeber), der das Wachstum eines Textes verfolgen will, muß aber auch am Arbeitsprozeß des Autors interessiert sein. In dieser Hinsicht kann es nicht gleichgültig sein festzustellen, ob z. B. ein Stück Text gestrichen und noch einmal formuliert wurde oder ob durch eine Einfügung etwa ein ganz neues Element hinzukommt, ob also der Wortlaut einer Entwicklungsstufe durch Streichung und Substitution entsteht oder durch Einführung und Ergänzung. Bausinger gibt beides in gleicher Weise wieder. Eine Unterscheidung wird nicht für notwendig erachtet, da der Vorgang beide Male nachträglich geschieht und die Entwicklung des intendierten Wortlauts nicht unterschiedlich berührt. Und doch verdient alle Beachtung des Herausgebers wie des Lesers nicht nur, was entstanden ist, sondern auch wie es entstanden ist. Ein Nach- und Mitvollziehen des Entwicklungsprozesses eines dichterischen Textes ist sonst in beschränktem Maße möglich. Damit soll keineswegs der These (von Hans Zeller) das Wort geredet werden, Ziel des Herausgebers habe zu sein, dem Leser die Rekonstruktion der Handschrift zu ermöglichen. Im Zeitalter der technischen Reproduzierbarkeit von Kunstwerken nimmt sich ein derartiges Verlangen recht anachronistisch aus. Nein, es soll lediglich die Forderung erhoben werden, die Entstehung eines Textes so darzubieten, daß die Darstellung genau den Grad an Exaktheit erreicht, der nötig ist, um keinen Zweifel zu lassen an dem Wortlaut der jeweiligen Entwicklungsstufe wie auch an dem Prozeß der Entstehung selbst.

Das Kapitel 51 „Es ist nicht einfach zu lieben" gehört zu den letzten Reinschriften, die Musil ausgeführt hat. (Doch die Korrekturen allenthalben zeigen, daß es sich keineswegs schon um druckfertige Manuskripte handelt, mit denen die Arbeit an diesen Kapiteln abgeschlossen gewesen wäre, sondern lediglich um ‚vorläufig letzte' Reinschriften). Das Mundum von Kapitel 51 besteht aus 10 Seiten, die von der 2. Seite an durchnumeriert sind und jeweils als Kopf die Kapitelnummer und in Abbreviatur die Kapitelüberschrift tragen. Die Faksimiles der Seiten 4 und 5 sind dem Aufsatz S. 376/77 u. 392/93 beigefügt[10].

Diese beiden Seiten haben Bausinger als Grundlage gedient bei der Erstellung des Lesarten-Apparats, den er auf Seite 222,27—225,16 seiner Arbeit wiedergibt. Die Zeilenangabe bezieht sich auf den Text, den Frisé in seiner Ausgabe als Kapitel 54 (mit dem Originaltitel) abgedruckt hat. (S. 1163,27 ff. der 1. Auflage = S. 1137,17 ff. der 5. Auflage.) Bausingers Apparat ist ebenfalls diesem Aufsatz beigegeben (S. 394/96).

Die hier interessierende Textpassage beginnt auf Seite 4 mit den Worten: „[Denn] jedes Gefühl <...>" und bricht mitten im Satz „<...> ja vielleicht gibt es nicht einmal eins, das" am unteren Rand der Seite ab. Offenbar hatte Musil den Eindruck, daß die zahlreichen Korrekturen zwischen den Zeilen und am rechten Rand den Charakter der Reinschrift zu stark beeinträchtigten, und so hat er, nach einigen zusätzlichen Bleistift-Korrekturen am alten Text, den ganzen Abschnitt säuberlich auf ein neues Blatt (Seite 5) übertragen. Bei diesem Vorgang berücksichtigt er nicht immer, aber zum überwiegenden Teil die zuvor angebrachten Verbesserungen, und da noch einmal jeder Satz geprüft und abgewogen werden muß, bleibt auch die neue Reinschrift von neuen Korrekturen nicht verschont. Zuletzt hat Musil dann die ganze überholte Passage kreuz und quer durchgestrichen.

Will man nun das eben beschriebene äußere Geschehen im einzelnen, Schritt für Schritt, bei Bausinger verfolgen, ohne das Original als Orientierung zu benutzen, will herausfinden, was den Autor veranlaßt haben mag, ständig in den Vorgang der Reinschrift, die ja das Ergebnis umfangreicher Vorstudien und zahlreicher Textentwürfe darstellen soll, wieder und wieder korrigierend einzugreifen, dann wird man, selbst bei einiger Übung im Lesen von Bausingers Apparat, selbst bei vertrautem Umgang mit der Art seiner Darstellung, schon in den ersten Sätzen auf Schwierigkeiten stoßen, die eine klare Vorstellung vom dichterischen Prozeß kaum noch gestatten. Ganz unabhängig von einigen Unkorrektheiten im Wortlaut — wie man bei der Überprüfung an der Handschrift feststellen wird, hat

Bausinger verschiedentlich Tilgungen des Autors übersehen (etwa an der Stelle: „schon die Verschiedenheit [und Eigentümlichkeit] der Gefühle") oder auch Zusätze und andere Verbesserungen nicht berücksichtigt (z. B. fehlen sämtliche Bleistift-Korrekturen, was freilich zu entschuldigen ist, bedenkt man die geringe Qualität der Kopien oder der amateurhaften Diapositive, die Bausinger bei seiner Arbeit zur Verfügung standen); ja selbst Verlesungen kommen vor (etwa „es" statt „er" in dem Satz „Betrachtet man aber die Entstehung des Gefühls im Zusammenhang <. . .> wird er ganz natürlich.") — Unabhängig also von solchen bedauerlichen Unebenheiten wird es dem Leser nicht immer leicht fallen, den Wortlaut der jeweiligen Stufe zu bestimmen, und so wird er sich nur ein unvollkommenes Bild von der tatsächlichen Textentwicklung machen können. Man versuche nur einmal, die erste Niederschrift sich zu verdeutlichen, aus der direkt oder indirekt alle Änderungen hervorgehen, versuche gleichsam die erste Fassung der Reinschrift aus dem Knäuel der Varianten herauszulösen. Es wird nicht ohne Mühe gelingen, und an manchen Stellen bleiben über den Kontext Zweifel bestehen. Das mag daran liegen, daß Bausinger einmal auf die Siglierung der unterschiedlichen Schichten verzichtet, zum andern die Angabe der Lemmata, bevor das ‚Fortlaufzeichen' in Funktion tritt, und die Kennzeichnung der jeweiligen Anschlußstelle oftmals unterläßt, und zwar überall dort, wo er — immer die Handschrift vor Augen — durch den Sinn der Sätze den Zusammenhang gewährleistet sieht. Anhand des Originals wird man sich wohl auch zurechtfinden; aber ohne diese Hilfe?

Und wenn gar die Situation eintritt, daß auf der Suche nach dem richtigen Stichwort, es nötig wird, umblätternd halbe oder ganze Seiten zu überfliegen, die von umfangreichen, weiter sich verzweigenden Abstufungen und Gabelungen übersät sind und die wieder neue Wortmarkierungen erfordern, so daß auch jede von ihnen vielleicht als die gesuchte Anschlußstelle in Betracht kommt, nach einigen Erwägungen aber doch übergangen werden müßte, damit man wirklich zu der vom Editor gemeinten richtigen Fortsetzung des Wortlauts gelangt —, wird dann in einer solchen Situation die Übersichtlichkeit nicht stark beeinträchtigt? Daß dergleichen nicht nur Fiktion ist, sondern tatsächlich geschehen kann, zeigt sich, sobald man darangeht, Bausingers Grundsatz in die Tat umzusetzen, ohne Ausnahme alle „Korrekturen an der Stelle, wo die Änderung eintrat, in die treppenförmige Darstellung der Entstehungsstufen einzuordnen" (B 143). Aus Gründen, die nicht recht ersichtlich sind, hat Bausinger nämlich im vorliegenden Fall offensichtlich seinem eigenen Prinzip zuwidergehandelt, ohne dafür eine Erklärung zu geben, und hat damit dem Leser zugemutet, den Unterschied zwischen den einzelnen Stufen und Schichten durch mühevolles Vergleichen selber zu ermitteln, also gerade das, was zu vermeiden seine erklärte Absicht war (vgl. B 144).

Diese Mängel, soweit sie rein technischer Natur sind, lassen sich freilich unschwer beheben. Und so war es denn ratsam, erneut einen Lesartenapparat nach Bausingers Richtlinien zu erstellen, um damit den Erweis zu bringen, was die genetische Methode, wie sie von Bausinger gehandhabt wird, wirklich zu leisten imstande ist (und was nicht). Das Ergebnis (S. 397-410) konnte, bei aller Akkuratesse, noch immer nicht recht zufriedenstellen. Vor allem schien es von einigem Vorteil für die Übersichtlichkeit und Lesbarkeit des Ganzen, die Siglen allesamt aus dem Textzusammenhang herauszunehmen und sie jeweils an den Anfang der Änderung und an den Beginn der Zeile zu rücken. Auf diese Art ließen sich die einzelnen Schichtungen besser verfolgen. Schließlich brauchte der Text nur mehr entsprechend ausgerichtet zu werden, und es entstand ein Apparat, dessen größter Vorzug wohl darin zu erblicken ist, daß er horizontal und vertikal in gleicher Weise gelesen werden kann und an jeder beliebigen Stelle eine rasche, mühelose Orientierung über die tatsächliche Textsituation gestattet. Dieser Entwurf einer genetischen Textsynopsis ist allen förderlichen und eventuell erforderlichen Modifizierungen gegenüber aufgeschlossen, — ob es ihm gelungen ist, die Vorzüge der von Bausinger angewandten Methode zu integrieren, hingegen ihre Schwächen zu vermeiden, das zu beurteilen bleibt dem detaillierten und vorurteilsfreien Vergleich vorbehalten.

Die notgedrungen stark verknappten Ausführungen über das Zustandekommen eines genetisch-synoptischen Verfahrens zur Darstellung der Lesarten Musilscher Handschriften wären allzu unvollständig, würde nicht wenigstens erwähnt werden, daß in der Auseinandersetzung mit Bausingers ‚Studien' dem Kapitel über „Horizontale und vertikale Entwicklungszusammenhänge im Schaffen Musils" (B 66—111) besondere Bedeutung zukam. Es trug gewissermaßen den Initiativimpuls zu allem weiteren in sich. Denn was lag näher, als die von Bausinger dort skizzierten und in einer historisch-kritischen Ausgabe des Romans zu berücksichtigenden Gedankengänge, deren Bedeutung für die ‚Entstehungsgeschichte' wie für die ‚Erläuterungen' evident ist, gerade auch für den Lesartenapparat fruchtbar zu machen und in Analogie zu ihnen zu versuchen, alle Lesarten eines Textes (etwa eines bestimmten Kapitels) aus allen dazugehörenden Manuskripten so darzubieten, daß die Lesarten jeder einzelnen Handschrift und die Lesarten aller Handschriften zu einer bestimmten Textstelle in einem sinnvollen Zusammenhang erscheinen und eine gute Übersicht ermöglicht wird. Daß Bausinger bereits vereinzelt (etwa B 238 f.) Erwägungen in gleicher Richtung anstellte, sei gleichsam nur am Rand vermerkt.

Zur Gestaltung des vorgelegten Apparat-Entwurfs habe ich von verschiedenen Seiten Anregungen aufgegriffen, auf die speziellen Erfordernisse bei Musil hin überdacht und nach Kräften auszuwerten gesucht. Neben dem Modell von Kurt Schmidt, das er selber als „partiturmäßige Darstellung" versteht (ein sehr interessanter und glücklicher Versuch, „Die Entwicklung der Grimmschen Kinder- und Hausmärchen" von der Ölenberger Handschrift bis zu den verschiedenen Großen und Kleinen Ausgaben anschaulich zu machen, ein Versuch, der schon 1932 in der Zeitschrift Hermaea, XXX, publiziert wurde, aber aus unerfindlichen Gründen lange Zeit völlig unbeachtet blieb), neben dieser Arbeit von Schmidt sei hier wenigstens noch auf die Brecht-Dissertation von Gerhard Seidel hingewiesen (Diss. Greifswald 1967 [Masch.]). Es braucht nicht erst umständlich ausgeführt zu werden, daß die Textsituation bei Brecht (ähnlich der bei den Grimmschen Märchen, da in beiden Fällen meist eindeutige Druck-Fassungen vorliegen, nur ist bei Brecht die Eigenart der Überlieferung und der Textbearbeitung eben um vieles komplizierter) in wesentlichen Punkten von der Handschriftenlage des Musil-Nachlasses sich unterscheidet. Und doch ist es erstaunlich zu beobachten, wie etwa seit den letzten 10 Jahren überall, wo unabhängig voneinander Anstrengungen unternommen werden, einem dichterischen Werk auch editorisch gerecht zu werden, die Überlegungen in die gleiche Richtung gehen. Es scheint, als sei nach vielen vergeblichen Bemühungen und so zahlreichen unzulänglichen Versuchen endlich das Koordinatensystem gefunden, in das die Eigenarten der jeweiligen Autoren, der Entstehung und Überlieferung ihrer Texte entsprechend, nur mehr eingeordnet werden müßten. Was Seidel nämlich, anhand einiger Brecht-Gedichte, über den schriftstellerischen Arbeitsprozeß bei Brecht zu sagen weiß, in der Darstellung am Werkstellenapparat und am Schichtenapparat demonstriert, um es schließlich in Zeilen-

oder Zeilengruppen-Parallelität zur Synopse zu vereinen, entspricht im Prinzip (bei allen Unterschiedlichkeiten im einzelnen) dem, was Bausinger im Kapitel über die ‚horizontalen und vertikalen Entwicklungszusammenhänge im Schaffen Musils‘ anvisiert hat.

Ein paar Worte noch zum Zweitapparat. Was er zu leisten vermag, hat Seidel in seinem Editionsmodell gezeigt. In dem von mir vorgelegten Entwurf tritt der Zweitapparat kaum in Erscheinung. Das entspricht dem gewählten Textbeispiel und ist keineswegs bedauerlich, denn je unauffälliger er bleibt, desto besser. Bekommt man aber kritisch edierte Entwürfe von Musil zu Gesicht, deren Apparat fast zur Hälfte daraus besteht, daß mit Sorgfalt verzeichnet wird, ob Musil bei der Abkürzung des ‚und‘ den Punkt nun gesetzt oder in der Eile vergessen hat, dann fällt es nicht schwer, sich vorzustellen, wie sehr der Lesartenapparat entlastet werden könnte mit Hilfe des Zweitapparats.

Zu guter Letzt müssen Hans Werner Seifferts „Untersuchungen zur Methode der Herausgabe deutscher Texte" genannt werden (Berlin 1963). Sie enthalten und erörtern verschiedene methodische Beispiele und bieten auch eigene Apparatproben, unter Berücksichtigung schwieriger und verwickelter Handschriften. Darüber hinaus geben sie Auskunft über alle editorischen Probleme. Es ist dies ein Buch, das in die Hand eines jeden Philologen gehört und dessen Kenntnis Voraussetzung sein sollte für jeden, der sich mit Fragen der Edition ernsthaft beschäftigt, sei es als Praktiker oder nur als Kritiker.

---

[1] Wolfdietrich Rasch, Über Robert Musils Roman „Der Mann ohne Eigenschaften", Göttingen 1967 (= Vandenhoeck-Reihe Nr. 242 bis 244).

[2] Kaiser/Wilkins, L' uomo senza qualità, Einaudi, Turin 1962.

[3] Helmut Arntzen, „Die Reise ins Paradies". In: Text + Kritik (1968) Nr. 21/22 (Robert Musil), S. 42—47 (Alle folgenden Zitate nehmen Bezug auf S. 42—43).

[4] Zitiert nach: Friedrich Beißner, Einige Bemerkungen über den Lesartenapparat zu Werken neuerer Dichter, orbis literarum, supplementum II, Kopenhagen 1958, S. 12.

[5] Rasch (s. Anm. 1), S. 6.

[6] Vgl. Robert Musil, Leben, Werk, Bedeutung, Ausstellungskatalog (zusammengestellt von Karl Dinklage), Klagenfurt, 3. Aufl. 1969, S. 22.

[7] Kaiser/Wilkins, Monstrum in animo, Bemerkungen zu einem bisher im Original unveröffentlichten Manuskript aus dem Nachlaß Robert Musils. In: DVjs. 37 (1963), S. 78—119.

(5[1] ... nicht ergänzt...)

Robert Musil, Der Mann ohne Eigenschaften, Zw

V/6
28

[8] Ulrich Karthaus, Musil-Forschung und Musil-Deutung. In: DVjs. 39 (1965), S. 441—483.

[9] Kaiser/Wilkins (s. Anm. 7), S. 95.

[10] Die Kopie des Originals verdanke ich Karl Corino, Tübingen, ebenso den Einblick in den Musil-Nachlaß.

Leseartenapparat

aus: Wilhelm Bausinger, Studien zu einer historisch-kritischen Ausgabe von Robert Musils Roman „Der Mann ohne Eigenschaften", Seite 222—225

<u>27</u>   Denn NACH GESTR.:

(1) Denn jedes Gefühl bringt eine überzeugende Gewißheit seiner selbst mit sich, **‡**

(2) Er leitete sie mit der Erfahrung ein, daß jedes Gefühl eine überzeugende Gewißheit seiner selbst mit sich bringt, was offenbar schon zu seinem Kern gehört (a) ; und man muß aus allgemeinen Gründen **‡‡**

(b) . Aus allgemeinen Gründen muß man aber wohl annehmen, daß (I) schon dieser Kern verschieden ist, mag auch erst das Ganze, ein Beispiel zu wählen: Liebe zu einem Freund oder zu einem Mädchen sein, Liebe zu einer voll ausgeblühten oder zu einer heilig verschlossenen Frau; und erst recht bei noch weiter auseinandergehenden Gefühlen, wie $\lceil$sie$\rceil$ $\lceil$als$\rceil$ Liebe, Verehrung, Lüsternheit oder Hörigkeit verschieden sind; oder gar $\lfloor$in ungleichem Umkreis, als$\rfloor$ die Arten der Liebe von denen des Widerwillens. Diese Annahme, daß schon die Kernanlage eines Gefühls bestimmt sein müsse, widerspricht aber natürlich der zuvor geäußerten anderen, die Ulrich den Mangel an Gefühlseigentümlichkeit, das heißt die Unsicherheit des Gefühls genannt hatte. **‡**

(II) NICHT ENTZIFFERTES WORT**‡‡**

(III) NICHT ENTZIFFERTES WORT

aber bei ' ' '

(IV) bei diesem Kern auch (A) die **‡‡**

(B) schon die Verschiedenheit und Eigentümlichkeit der Gefühle (1 $_1$) NICHT GEDEUTETES WORT

(2 $_1$) beginnt.

Die Liebe zu einem Freund hat anderen Ursprung und andere Grundzüge als die zu einem Mädchen, die Liebe zu einer voll ausgeblühten andere als die zu einer heilig verschlossenen Frau; und erst recht sind weiter auseinandergehende Gefühle wie Liebe, Ver

.ehrung, Lüsternheit oder Hörigkeit, oder gar die Arten der Liebe
und die des Widerwillens schon in der Wurzel voneinander verschieden. (a$_1$) Danach zu urteilen, **²**

     (b$_1$) Gibt man diesen beiden Annahmen statt, müßten
(I$_1$) die **²**

(II$_1$) also alle Gefühle (A$_1$) fest **²**

       (B$_1$) von Anfang bis Ende fest und durch-
sichtig wie Kristalle sein. Und (I$_2$) wirklich **²**

        (2$_2$) doch ist kein Gefühl unver-
wechselbar das, was es zu sein scheint (a$_2$); weder **²**

         (b$_2$). Weder die
(I$_2$) Selbstbetrachtung **²**

(II$_2$) Selbstbeobachtung noch die Handlungen, die es bewirkt, geben
diese Sicherheit (A$_2$) ; und **²**

    (B$_2$). Und **²**

    (C$_2$); und das gilt (I$_3$) auch **²**

       (2$_3$) überdies auch von allem,
das zu erfassen, Gefühl verlangt. Dieser Unterschied zwischen
Selbstgewißheit und Unsicherheit der Gefühle ist nicht gering.
Betrachtet man aber die Entstehung des Gefühls im Zusammenhang mit [mit] ihren sowohl physiologischen als auch sozialen
Ursachen, wird es ganz natürlich. Diese Ursachen erwecken
nämlich in großen Zügen (a$_3$) die Art **²**

     (b$_3$) , wie man sagen könnte, bloß die
Art eines Gefühls, ohne es im einzelnen zu bestimmen; denn
jedem Trieb und der Lebenslage, die ihn in Bewegung setzt,
entspricht ein ganzes Bündel (I$_3$) möglicher Gefühle. Was **²**

     (II$_3$) von Gefühlen, die sich zwischen
Sein und Nichtsein befinden; und was zu Beginn davon vorhanden
[und woran wenig] ist, kann man den Kern des Gefühls nennen
(A$_3$) ; und wie immer er auch zu beschreiben sein mag, ist er als
das beschaffen, was **²**

(B$_3$). Wollte man diesen Kern aber beschreiben, so ließe sich von
ihm, was immer er auch sonst sei, nichts Zutreffenderes sagen,
als daß er ein Etwas ist, das sich erst im Lauf seiner Entwicklung,
und abhängig von vielem, was hinzukommt oder nicht, zu dem
Gefühl ausgestaltet, das aus ihm (I$_4$) hatte werden müssen. **²**

       (2$_4$) werden soll. (a$_4$) Darum **²**

        (b$_4$) Also hat
jedes Gefühl (I$_4$) ein **²**

(II$_4$) außer seiner ursprünglichen Anlage auch ein

Schicksal; und es gibt keines, das von Anfang an untrüglich es selbst

wäre, ja vielleicht gibt es nicht einmal eins, das

〈 ZWEI KURZE ZUSÄTZE IN BLEISTIFT NICHT GEDEUTET 〉

H
xx

27   Denn er] (1) Er **?**

               (2) Denn er   H
                              xx

29   bringe AUS bringt   H
                           xx

29-32   gehöre BIS Gefühle.] (1) gehört. Aus allgemeinen Gründen

muß man aber wohl annehmen, daß bei diesem Kern auch schon

die Verschiedenheit der Gefühle beginnt. **?**

               (2) gehöre, und fügte hinzu, daß aus ebenso allgemeinen Gründen

[aber] auch angenommen werden müsse, schon bei diesem Kern beginne

nicht minder die Verschiedenheit der Gefühle.   H
                                              xx

32   Man BIS Beispielen.] Man höre es an seinen 〈 Beispielen 〉 EINGE-

FÜGT   H
         xx

35   ausgeblühten] ausgeblühten,   H
                                 xx

38   wären ÜBER [sind] H
                           xx

39   von einander] voneinander   H
                                   xx

42f.   scheint; und weder die] scheint (1), und untrüglich es selbst.

                              (2); und weder die   H
                                                 xx

FR S. 1164, 1   nun gewiß EINGEFÜGT   H
                                             xx

9   freilich EINGEFÜGT   H
                             xx

13   ein ÜBER [das] H
                       xx

15   ausgestalten wird,] (1) ausgestaltet, **?**

                              (2) ausgestalten wird,   H
                                                   xx

15   hat werden sollen.] (1) werden sollte. **?**

                              (2) hat werden sollen.   H
                                                 xx

16   außer seiner ursprünglichen Anlage auch] · (1) schon in (a) seiner

ursprünglichen Anlage **?**

                                               (b) seinem

ursprünglichen Werden **?**

                                 (2) WIE FR   H
                                                 xx

Der genetische Lesarten-Apparat

(ergänzt nach den Prinzipien, die W. Bausinger seiner Verfahrensweise zugrundegelegt hat)
Die Handschrift **H** wird in diesem Versuch, der Deutlichkeit halber, nach der Seitenbezifferung der Manuskriptblätter unterteilt in H4 und H5. Ferner werden Überschichtungen der jeweiligen Grundschicht gekennzeichnet mit den kleinen Buchstaben a, b, usf. Die übrigen Zeichen entsprechen dem Gebrauch bei Bausinger (vgl. S. 138—144; 222—225).

Denn er] NACH H4 GESTRICHEN:

(1) [Denn] jedes Gefühl bringt eine überzeugende Gewißheit seiner selbst mit sich, was ''' H4

(2) Er leitete sie mit der Erfahrung ein, daß H4a jedes Gefühl '''
(3) [Er] leitete ''' H5
(4) Denn er H5a leitete sie mit der natürlichen Erfahrung ein, daß jedes Gefühl eine überzeugende Gewißheit seiner selbst mit sich

(a) bringt, ''' H4a, H5

(b) **bringe,** H5a **was offenbar schon zu seinem Kern** (I) gehört (A); [und man muß] aus allgemeinen Gründen wohl ''' H4

allgemeinen Gründen muß man aber wohl H4a annehmen, daß (B). Aus [dieser Kern verschieden ist, mag auch erst das Ganze, ein Beispiel] (1₁) [schon] [zu wählen,] Liebe ''' H4

bei diesem Kern auch die ''' H4a   (2₁) [beginnt]
Kern [beginnt] auch schon H4b die '''   (3₁) bei diesem
Kern auch schon H4c die Verschiedenheit [und Eigentümlichkeit] (4₁) bei diesem der
Gefühle (a₁) <x> . Die H4a Liebe ''' H4
       (b₁) [<x>] Die H4a Liebe ''' H4
       (c₁) <x>[<,> was aus allgemeinen Gründen wohl angenommen werden muß.]

H4c Die H4a Liebe ''' H4
       (d₁) beginnt. H4d Die H4a Liebe ''' H4

(C). [Aus

allgemeinen Gründen [muß man aber wohl annehmen, daß] bei diesem Kern [auch schon] die Verschiedenheit der Gefühle [beginnt]. Die Liebe ''' H5

(II) gehöre (D); und

fügte hinzu, daß aus ebenso H5a allgemeinen Gründen H5 [aber] auch angenommen werden müsse, schon H5a bei diesem Kern H5 beginne nicht minder H5a die Verschiedenheit der Gefühle. H5 Man höre es an seinen H5a <Beispielen.> Die H4a, H5 Liebe zu einem Freund H4, H5

(I₁) [oder] zu einem Mädchen [sein,] Liebe zu einer voll ausgeblühten [oder] zu einer heilig verschlossenen Frau; und ''' H4

(II₁) hat anderen Ursprung und andere Grundzüge als die H4a, H5 zu einem Mädchen H4, H5, die H4a, H5 Liebe zu einer voll ausgeblühten H4, H5,

andere als die H4a, H5 zu einer heilig verschlossenen Frau; und erst recht H4, H5 (A₁) [bei noch] weiter auseinandergehenden Gefühlen, wie [sie als] Liebe, Verehrung, Lüsternheit [oder] Hörigkeit [verschieden sind;] oder gar [in ungleichem Umkreis,] [als] die Arten der Liebe [von denen] des Widerwillens. [Diese '''] H4

(B₁) sind H4a, H5 weiter auseinandergehende Gefühle, wie (1₂) Liebe, ''' H4, H4a
    (2₂) es <,> bei der L.<iebe> zu
    bleiben <,> H4b
    (3₂) es, bei der Liebe zu bleiben, H5
    Liebe,

Verehrung, Lüsternheit (a₂) <,> H4a, H4b
    (b₂) , Hörigkeit (1₂) oder [gar] H4a die Arten ''' H4
    (II₂) oder H4b, H5 die Arten der

Liebe und die des Widerwillens (A₂) [.] schon ''' H4a
    (B₂) sind <,> H4b
    (C₂) [sind,] ''' H5
    (D₂) wären, H5a schon in der Wurzel

voneinander verschieden. H4a, H5

(1₂) [Diese Annahme, daß schon die Kernanlage eines Gefühls bestimmt]
[sein müsse, widerspricht aber natürlich der zuvor geäußerten anderen,]
[die Ulrich den Mangel an Gefühlseigentümlichkeit, das heißt die Un-]
[sicherheit des Gefühls genannt hatte]. Und ''' H4

(2₃) [Danach zu urteilen,] müßten [die] Gefühle fest ''' H4a

(3₃) Gibt man beiden diesen Annahmen statt, H4b, H5 müßten H4a, H5 also
alle H4b, H5 Gefühle H4a, H5 von Anfang bis Ende H4b, H5 fest und durch-

sichtig wie Kristalle sein. H4a, H5 Und (a₃) [wirklich] ist ''' H4
                                                        (b₃) doch H4a, H5 ist kein

Gefühl (1₃) unverwechselbar das, ''' H4, H4a
        (II₃) von diesen H4b unverwechselbar ''' H4
        (III₃) unverwechselbar das, was es zu sein scheint H4, H5

(A₃); weder die Selbstbetrachtung noch ''' H4
(B₃) Weder die Selbstbeobachtung H4a noch ''' H4
(C₃), u<nd> keins untrüglich es selbst. H4b Weder ''' H4a
(D₃), und [untrüglich es selbst.] ''' H5
(E₃); und weder die H5a Selbstbeobachtung H5 noch die Handlung, die
es bewirkt, geben (1₄) diese Sicherheit (a₉)[. Und] das gilt auch ''' H4
                                          (b₉)[,] und H4a
                                              (c₄); und H4b das gilt H4
                                                   das zu erfassen, Gefühl verlangt.

überdies H4a auch von allem, das zu erfassen, Gefühl verlangt.
Dieser Unterschied ''' H4

(2₄) Sicherheit darüber. H5 Dieser Unterschied zwischen

(1₄) Selbstgewißheit und Unsicherheit ''' H4
(II₄) der Selbstgewißheit und der Unsicherheit H5 der Gefühle
ist (A₉) nicht ''' H4, H5

(B₄) nun gewiß H5a nicht gering. Betrachtet man aber die Entstehung
des Gefühls im Zusammenhang (1₅) mit [mit] ''' H4
                            (2₅) mit H5 ihren sowohl physiologischen

als auch sozialen Ursachen, wird er ganz natürlich. Diese

Ursachen erwecken nämlich in großen Zügen (a₅) die Art'''H4
(b₅), wie man sagen könnte,
bloß H4a, H5 die Art eines Gefühls, ohne es im einzelnen zu bestimmen;
denn jedem Trieb und (I₅) der'''H4
(II₅) jeder H5 Lebenslage, die ihn in Bewegung
setzt, entspricht ein ganzes Bündel (A₅) [möglicher] Gefühle[. Was]'''H4
(B₅) von Gefühlen, die H4a, H5

(1₆) sich zwischen Sein und Nichtsein befinden; und was H4a
(2₆) ihnen Genüge leisten können. Und was H5 (a₆) zu Beginn davon'''H4
(b₆) davon zu Beginn H5

vorhanden (1₆) [und woran<?> wenig] ist, kann man den Kern'''H4
(II₆) ist, kann man H5 freilich H5a den Kern H5 des Gefühls
(A₆) nennen (1₇); [und wie immer er auch zu beschreiben sein mag, ist]
[er als das beschaffen, was] sich erst'''H4
(2₇). Wollte man diesen Kern aber'''H4a
(B₆) heißen, das sich noch zwischen Sein und Nichtsein H5

befindet (3₇); wollte man ihn aber beschreiben, so ließe sich
von ihm, (a₇) was immer er auch sonst sei, nichts'''H4a
(b₇) wie immer er auch beschaffen sei, H5 nichts Zutreffenderes
(I₇) sagen,'''H4a
(II₇) angeben, H5 als daß er (A₇) ein'''H4a
(B₇) [das]'''H5
(C₇) ein H5a Etwas ist, das H4a, H5

sich erst im H4, H5 (1₈) Lauf'''H4
(2₈) Verlauf H5 seiner Entwicklung, und abhängig
von vielem, was hinzukommt oder nicht, zu dem Gefühl
ausgestaltet (a₈), das'''H4, H5
(b₈) wird, H5a das aus ihm (I₈) [hatte] werden [müssen]. Darum hat'''H4
(II₈) werden soll. Also H4a hat'''

(III₈) werden sollte.''' H5
(IV₈) hat werden sollen. H5a Also hat

jedes Gefühl (A₈) ein ''' H4
   (B₈) außer seiner ursprünglichen Anlage auch H4a ein ''''
   (C₈) schon in seiner ursprünglichen Anlage ein ''' H5
   (D₈) schon in seinem ursprünglichen Werden H5a ein ''''
   (E₈) außer seiner ursprünglichen Anlage auch H5b ein

Schicksal; H5 und (1₉) es gibt keines, das ''' H4
   (2₉) darum, weil seine spätere Entwicklung erst recht
von hinzutretenden Bedingungen abhängt, gibt es keines, das H4, H5 von
Anfang an untrüglich es selbst wäre, ja vielleicht gibt es nicht einmal
eines, das <H4 WIRD ABGEBROCHEN UND GESTRICHEN> unzweifelbar und
rein Gefühl wäre. H5

Bei der Gestaltung des genetisch-synoptischen Apparats werden folgende allgemeine Grundsätze beachtet:

1) Die Darstellung versucht, soweit dies zum besseren Verständnis der Textentwicklung notwendig scheint, den Befund der Handschrift exakt wiederzugeben. Dabei kann weitgehend auf Deskription akzidentieller Merkmale verzichtet werden (wie auf Angaben über Schriftbild und Wortposition, zum Zweck einer möglichen Rekonstruktion der Handschrift); gleichfalls wird auf diplomatische Abspiegelung des Textes verzichtet. Angestrebt ist einzig die Verdeutlichung essentieller Bestandteile des Wortlauts, und zwar bis zu dem Grad an Exaktheit, der jeglichen Zweifel an der Textgenese ausschließt.

2) Alle Textänderungen werden an der sich ändernden Stelle in die Darstellung eingeordnet, und zwar parallel untereinander in der wahrscheinlichen Reihenfolge ihrer Niederschrift (vgl. dazu 7).

3) Sobald die Änderung aufgeführt ist, tritt die Grundschicht wieder in ihr altes Recht. Kein Wort und keine Variante soll (nach Möglichkeit, d. h. wenn die Lesbarkeit des Apparats darunter nicht leidet) häufiger erscheinen, als vom Autor wirklich verwendet. Aus Gründen der leichteren Übersicht wird der auf der jeweiligen Entwicklungsstufe intendierte Wortlaut durch Rückgriff auf die vorhergehende Fassung gekennzeichnet.

4) Bei Wortauslassung oder -tilgung bleibt die betreffende Stelle in der(n) folgenden Fassung(en) oder Schichtung(en) frei.

5) Bei Textvarianten wird die jeweils letzte Lesart im Druck hervorgehoben. Bei Variabeln geschieht dies ohne Ausnahme. Bleibt die Grundschicht unverändert, so erscheint sie exponiert; der Wortlaut aller sie überlagernden Fassungen geht dann aus ihr hervor.

6) Wo eine sichere Unterscheidung der Arbeits- und Entstehungsschichten möglich ist, etwa bei Verwendung verschiedener Schreibmaterialien, wird dieses Faktum ausdrücklich vermerkt; dies geschieht auch da, wo einzelne Varianten (Überschichtungen) mit dem gleichen Material fixiert sind, ohne jedoch einer durchgehenden Schicht anzugehören.

7) Lesarten, die für die Textentwicklung keine Relevanz besitzen und innerhalb des Grundschemas die Übersicht nur behindern würden, sind als Fußnoten zu behandeln; desgleichen editorische Anmerkungen, wenn etwa bei entlegenen Varianten eine genaue Positionsangabe angebracht und wünschenswert scheint.

Verwendete diakritische Zeichen

[ ]   =   Tilgung des Autors

⌊ ⌋   =   vom Autor versäumte Tilgung

(x)   =   Wiederholung eines Wortes, das in der Handschrift nur einmal erscheint. Meist an Stellen, an denen der neue Wortlaut durch Korrektur weniger Buchstaben hergestellt wurde.

(→)	=	Wortumstellung
<>	=	Hinzufügung des Herausgebers
<x>	=	nicht gedeutetes Wort

Verwendete Siglen

1)	=	Fassung I, Grundschicht (erste Niederschrift) mit Tinte; (= H4).
2)—4)	=	Überschichtungen von H4); im allgemeinen gleichfalls mit Tinte; bei Abweichung wird diese gekennzeichnet durch ein den Zahlen hinzugefügtes b). So bedeutet:
b)	=	Überschichtung mit Blei
5)	=	Fassung II, neue Textfassung (zweite Niederschrift) mit Tinte; (H5).
6)—7)	=	Überschichtungen von H5; gleichfalls mit Tinte.

DIE GENETISCHE TEXTSYNOPSIS

1) [Denn]
2) Denn Er leitete sie mit der   Erfahrung ein, daß
5)   [Er] leitete sie mit der natürlichen Erfahrung ein, daß
6) Denn er   „   „   „   „   „   „   „   „

1) jedes Gefühl bringt eine überzeugende Gewißheit
2)   „   „   (——→)
5) jedes Gefühl   eine überzeugende Gewißheit

1) seiner selbst mit sich,
2)   „   „   „   „   (bringt,)
5)   „   „   „   sich bringt,
6)   „   „   „   (bringe,)

1/5) was offenbar schon zu seinem Kern

1) gehört ; [und man muß]   aus   allgemeinen Gründen
2)   „   .   (Aus)   „
5) gehört .   [Aus]   allgemeinen Gründen
6) (gehöre); und fügte hinzu, daß aus ebenso   „

1)   wohl annehmen, daß
2) muß man aber „   „   „
5) [muß man aber wohl annehmen, daß]
6) [aber] auch angenommen werden müsse,

1) [beginnt] [schon   dieser   Kern]   auch
2)   „   bei diesem Kern [beginnt aber]   schon
3)   „   „   „   „   [beginnt aber]   „   schon

5)   **bei diesem Kern**   [auch schon]
6)   **schon** „ „

1) [verschieden ist, mag auch erst das Ganze,]
2) die Verschiedenheit [und Eigentümlichkeit] der Gefühle $\langle x \rangle$.[1]
3) „   „   „   „ beginnt.
5) „   „   **die Verschiedenheit der Gefühle** [beginnt].
6) **beginne nicht minder** „   „   „   „

1) [ein Beispiel zu wählen,]
6) **Man höre es an seinen** $\langle$Beispielen$\rangle$.[2]

1)   Liebe zu einem Freund [oder]
2) Die „ „ „   „   hat anderen Ursprung und andere
5) **Die Liebe zu einem Freund hat anderen Ursprung und andere**

                  zu einem Mädchen [sein.] Liebe zu einer voll
1)   die
2) Grundzüge als die „   „   , die
5) **Grundzüge als die Liebe zu einem Mädchen, die**   **Liebe zu einer voll**

---

[1] Diese Stelle hat weitere Überschichtungen, vermutlich in der Folge: a) Tilgung von $\langle x \rangle$; b) Aufhebung der Tilgung und Zusatz $\langle$rR oben$\rangle$: [was aus allgemeinen Gründen wohl angenommen werden muß.]; c) Tilgung von b).
Durch Entzifferung des noch ungedeuteten Wortes $\langle x \rangle$ wird es vielleicht möglich, die Entwirrung des Variantenknäuls mit größerer Sicherheit vorzunehmen. Bis dahin bleibt die Chronologie und damit die Reihenfolge der Textänderungen an dieser Stelle fraglich, zumal es den Anschein hat, als wäre selbst dem Autor bei der Niederschrift der syntaktische Zusammenhang mit dem vorausgehenden Hauptsatz streckenweise verloren gegangen.

[2] Konjektur von Frisé?

1) ausgeblühten   [oder]   zu einer heilig verschlossenen Frau;
2)   „   „   , andere als die „   „   „   „   „   „
5) ausgeblühten, andere als die zu einer heilig verschlossenen Frau;

1) und erst recht [bei noch] weiter auseinandergehenden Gefühlen,
2)   „   „   „   sind   (auseinandergehende Gefühle,)
5) und erst recht   sind   weiter auseinandergehende Gefühle,

1) wie   Liebe, Verehrung, Lüsternheit $\wedge\wedge$
2)   „   „   „   „ $\vee\vee$
3b) „ es $<,>$ bei der L.$<$iebe$>$ zu bleiben $<,>$ „   „   „
5) wie es,   bei der Liebe   zu bleiben , Liebe, Verehrung, Lüsternheit

1) [oder] Hörigkeit [verschieden sind;] oder gar [in ungleichem Umkreis,]
2)   „   Hörigkeit,   „   [„]
5)   oder

1) [als] die Arten der Liebe [von denen] des Widerwillens.
2)   „   „   „   „   „   und die   „   „   [.]
3b) „   „   „   „   „   „   „   „   „   sind$<,>$
5) die Arten der Liebe   und die des Widerwillens [sind,]
6)   „   „   „   „   „   „   „   „   wären,

2/5) schon in der Wurzel voneinander verschieden.

1) [Diese Annahme, daß schon die Kernanlage eines Gefühls bestimmt]
1) [sein müsse, widerspricht aber natürlich der zuvor geäußerten]
2)   [Danach zu urteilen,]   müßten   [die]   Gefühle
3) Gibt man beiden diesen Annahmen statt,   „   also alle   „
5) Gibt man beiden diesen Annahmen statt, müßten also alle Gefühle

— 406 —

1) [anderen, die Ulrich den Mangel an Gefühlseigentümlichkeit,]
1) [das heißt die Unsicherheit des Gefühls genannt hatte.]
2)   fest und durchsichtig wie Kristalle sein.
3) von Anfang bis Ende   „   „   „   „
5) von Anfang bis Ende fest und durchsichtig wie Kristalle sein.

1) Und [wirklich] ist kein Gefühl   unverwechselbar das, was
2) „   doch   „   „   „   „
3b) „   „   „   „   von diesen   „   „
5) Und   doch   ist kein Gefühl   unverwechselbar das, was

1) es zu sein scheint;   weder die
2) „   „   „   „   .   (Weder)   „
3b) „   „   „   „   .   u<nd> keins untrüglich es selbst.
5) es zu sein scheint und   [untrüglich es selbst.]
6) „   „   „   „   ;   „   weder die

1) Selbstbetrachtung   noch die Handlung, die es bewirkt,
2) (Selbstbeobachtung)   „   „   „   „   „
5) Selbstbeobachtung   noch die Handlung, die es bewirkt,

1) geben diese Sicherheit [. Und] das gilt   auch
2) „   „   „   [.] und   „   „   überdies   „
3) „   „   „   ;   „   „   „   „
5) geben   Sicherheit darüber.

1) von allem, das zu erfassen, Gefühl verlangt.

1) Dieser Unterschied zwischen   Selbstgewißheit und
5) Dieser Unterschied zwischen der Selbstgewißheit und der

1/5) Unsicherheit der Gefühle ist   nicht gering.
6)   „   „   „   „ nun gewiß „   „

1/5) Betrachtet man aber die Entstehung des Gefühls im Zusammenhang

1/5) mit³ ihren sowohl physiologischen als auch sozialen Ursachen,

1/5) wird er ganz natürlich. Diese Ursachen erwecken nämlich in großen

1) Zügen,   die Art
2) „ , wie man sagen könnte, bloß „ „
5) Zügen, wie man sagen könnte, bloß die Art

1/5) eines Gefühls, ohne es im einzelnen zu bestimmen; denn jedem Trieb

1) und der Lebenslage,
5) und jeder Lebenslage,

1/5) die ihn in Bewegung setzt, entspricht ein ganzes Bündel

1) [möglicher] Gefühle .
2) von (Gefühlen), die sich zwischen Sein und Nichtsein
5) von Gefühlen , die ihnen Genüge leisten können.

1)   Was zu Beginn davon vorhanden [und voran<?> wenig]
2) befinden; und (was) „   „   „   „

³ mit [mit] in 1)

5) _____ Und was davon zu Beginn vorhanden

1/5) ist, kann man   den Kern des Gefühls
6) „   „   „   freilich   „   „   „

1) nennen;
2) „ .
5) „ heißen, das sich noch zwischen Sein und Nichtsein befindet;

1) [und wie immer er auch zu beschreiben sein mag,]
2) Wollte man diesen Kern aber beschreiben, so ließe sich von ihm,
5) wollte man   ihn   aber beschreiben, so ließe sich von ihm,

1) [ist er als das beschaffen,]
2) was immer er auch   sonst   sei, nichts Zutreffenderes   sagen ,
5) wie immer er auch beschaffen sei, nichts Zutreffenderes angeben,

1)   was sich erst im   Lauf
2) als daß er   ein Etwas ist, (das)   „   „   „
5) als daß er [das] Etwas ist, das sich erst im Verlauf
6) „   „   „ ein   „   „   „   „   „   „

1/5) seiner Entwicklung, und abhängig von vielem, was hinzukommt

1/5) oder nicht, zu dem Gefühl ausgestaltet   , das aus ihm
6) „   „   „   „   „   „   wird, „   „   „

1) [hatte] werden [müssen]. [Darum] hat jedes Gefühl
2) „   „   soll . Also   „   „   „

5) hat   werden sollte . Also hat jedes Gefühl
6) hat   „   (sollen).   „   „   „

1)   außer seiner ursprünglichen Anlage auch „   ein Schicksal;
2)   schon in seiner ursprünglichen [Anlage] „   „   ein Schicksal;
5)   [Werden]   „   „   „
6) [„ „ (seinem)]   „
7)   außer seiner   „   Anlage auch „   „   „

1) und
5) und darum, weil seine spätere Entwicklung erst recht

5) von hinzutretenden Bedingungen abhängt,

1) es gibt keines,
5) gibt es keines,

1/5) das von Anfang an untrüglich es selbst wäre, ja vielleicht

1/5) gibt es nicht einmal eins, das[4]

5) unzweifelbar und rein Gefühl wäre.[5]

---

[4] Hier bricht H4 ab und wird (nach Verfertigung von H5) gestrichen.
[5] Der weitere Text von H5 findet sich bei FR 1164, 20—25 = 1138, 9—14. Dazu vgl. B S. 225.